7

SEVENTH EDITION

APA 논문작성법

미국심리학회 편 | 강진령 역

Publication Manual

of the American Psychological Association

학지사

Publication Manual of the American Psychological Association, Seventh Edition
by American Psychological Association

역자 서문

이 땅이 과학적 · 심리학적 연구의 성지가 되는 환상은 예쁜 오렌지 빛깔의 표지를 두른 『APA 논문작성법Publication Manual of the American Psychological Association, 7th edition』의 첫 장을 펼치게 했다. 사람들은 흔히 다른 사람들의 말을 의심 없이 받아들이며 살아간다. 말하는 이가 부모, 스승, 지도자 같이 중요한 타인이라면 더더욱 그렇다. 자기 자신에 대한 것, 세상에 관한 것, 신에 관한 것 등등. 그러나 자신의 진정한 경험에서 온 것이 아니라면 오류가 있을 개연성이 높다. 특히, 우리에게 경험을 통한 검증과 알아차림이 없다면, 인간과 삶에 대한 정의는 외부에서 주어진 과거의 정의 속에 쉽게 묻히게 된다.

세상에는 가 보지 않고도 매력을 느끼게 하는 책이 무수히 많다. 그러나 실제로 가 보지 않는다면, 이 서적들의 오류는 누가 확인할 것인가? 검증되지 않은 진리는 누구도 확인하고자 시도하지 않는다면, 오류 가능성이 더 클 수 있다. 이처럼 진리를 확인해 보려는 시도가 연구이고, 이러한 시도 과정과 결과를 기록한 것이 논문이다. 논문은 진리 탐구의 산물이면서, 다양한 분야의 전문가들의 중요한 소통 수단이다. 연구 결과를 다른 전문가들과 공유하기 위해서는 절차와 결과의 명쾌한 전달을 위한 형식과 체제가 요구된다. 이는 논문의 가독성을 높여 연구자들 사이의 소통을 촉진한다. 이에 일찍이 미국심리학회(APA)는 일관성 있는 논문작성 형식과 체제가 규정된 편람을 개발 · 출판했다. 이 편람은 제7판에 이르기까지 시대의 흐름과 요구에 맞게 업데이트를 거듭했다. 오늘날 『APA 논문작성법』은 자국내에서뿐 아니라, 전 세계적으로 학술논문 및 심리학적 출판물 원고 작성을 위한 필독서가 되었다.

『APA 논문작성법』 제7판에는 학술적 글쓰기와 출판원칙(제1장)에서부터 논문원고 요소와 형식(제2장), 학술지 논문 보고기준(제3장), 논문작성 양식과 문법(제4장), 편견 없는 언어 지침(제5장), 논문 양식의 기계적 요소(제6장), 표와 그림(제7장), 본문에서 저작물의 공로 인정(제8장), 참고문헌 목록(제9장), 참고문헌 예시(제10장), 법적 참고문헌(제11장), 그리고 논문게재 · 출판 과정(제12장)에 이르기까지 논문작성을 위한 필수요소들이 순차적으로 수록되어 있다. 각 장은 독립적으로 구성되어 있으면서, APA 양식에 준하는 논문작성법에 관한 체계적이고 세부적인 내용이 담겨 있다. 그뿐 아니라, 미국심리학회 산하의 학술지에 논문게재를 준비하는 연구자들을 위해 논문게재를 위한 원고 준비와 제출에 관한 필수요건이 상세히 기술되어 있다.

역자는 편람의 특성을 고려하여 원서의 내용을 우리말로 충실히 옮기는 데 주력했다. 또 독자들의 이해를 돕고 가독성을 높이기 위해 주요 제목과 용어는 원문을 병기했다. 그렇지만 우리나라의 편집양식에 익숙한 독자들에게는 때로 낯선 형태의 편집양식이 눈에 들어올 것이다. 대/소문자 표기, 이탤릭체 사용, 더블/1.5/싱글 스페이스, 타이틀 케이스title case('제목 표기법'으로 번역함) 또는 센텐스 케이스sentence case('문장 표기법'으로 번역함) 등이 그 예다. 이에 우리의 것과 다른 편집양식과 용어에 관해서는 역자 주를 통해 독자들의 이해를 돕고자 했다.

다른 한편으로,『APA 논문작성법』제7판에서는 학술지에 게재된 논문을 article, 학술지에 게재하기 위해 제출되는 논문을 paper, 그리고 학생들이 강좌를 수강하면서 작성하는 보고서를 student paper라는 용어로 구분해서 사용하고 있다. 이에 역자는 이러한 용어들을 구분하여 article을 게재논문, paper를 논문원고, manuscript를 원고, 그리고 student paper를 학생보고서로 번역했다. 이 외에도 assignment는 과제, essay는 에세이라는 외래어를 그대로 사용했다.

이 책을 효율적으로 활용하려면, 논문작성에 앞서 제1장부터 12장까지 개략적으로 훑어봄으로써, 전반적인 내용을 살펴볼 것을 권한다. 그러고 나서 논문 원고를 작성하면서 그때그때 필요한 내용을 집중적으로 참조하는 것이 이 책을 효율적으로 사용하는 한 가지 방법이다. 단, 글을 잘 쓰는 방법을 상세히 논의하는 것은 이 책의 범위를 벗어난다.

끝으로, 이 책이 출판되기까지 열과 성을 다해 도와주신 분들에게 깊은 감사의 마음을 전한다. 특히, 이 책의 번역을 역자에게 믿고 맡겨 준 학지사 김진환 사장님, 그리고 이 책이 나오기까지 성심성의껏 도와주신 한승희 부장님, 그리고 꼼꼼하고 친절하게 교정을 맡아 준 유은정 대리님께 깊은 감사의 마음을 전한다. 미력하지만, 이 책이 국내 학술지에 논문을 게재하려는 연구자뿐 아니라, 국외의 영향력 지수가 높은 학술지에 논문을 게재하려는 심리학적 연구자들의 연구와 논문작성에 도움이 되기를 소망하면서 이 글을 맺는다.

2022년 1월

역자

차례

6 논문 양식의 기계적 요소 • 225

7 표와 그림 • 285

8 본문에서 저작물의 공로 인정 • 351

9 참고문헌 목록 • 391

10 참고문헌 예시 • 435

11 법적 참고문헌 • 499

12 논문게재 · 출판 과정 • 521

표와 그림 목록

표

그림

감사의 글

『APA 논문작성법』의 효시는 1929년 7쪽 분량으로 “의심할 여지 없이 예외가 필요하지만, 의심스러운 경우에 참고할 수 있는 절차 기준”(Bentley et al., 1929, p. 57)이라고 묘사한 『Psychological Bulletin』에 실렸습니다. 그 후 편람의 범위와 길이는 사회 및 행동 과학, 보건의료, 자연과학, 인문학 등 분야의 연구자, 학생, 교육자들의 요구에 부응하며 성장을 거듭했습니다. 그러나 원저자들의 의도가 담긴 정신은 여전히 남아 있습니다.

제6판이 출간된 이래, 학술적 글쓰기와 논문게재에서의 변화를 다루기 위해 우리는 여러 전문가 집단의 자문을 받았습니다(이들에 대한 감사의 말은 개별적으로 편집진과 기여자 목록에 제시되어 있음). 우리는 이 편람의 개정과 우리의 안내 지침이 현재 최상의 실천을 반영하고 있음을 확고한 것으로 만들어 준 논문작성법 개정 태스크포스 팀원들에게 감사드립니다. 우리는 또한 APA 양식으로 첫 번째 일련의 양적 및 혼합 방법 JARS 구축에 기념비적인 작업을 해 준 APA 양적 연구 보고기준 실무진APA Working Group on Quantitative Research Reporting Standards과 APA 질적 연구 보고기준 실무진APA Working Group on Reporting Standards for Qualitative Research에게 감사드립니다. 우리는 연령, 장애, 인종 · 민족, 성 지향성과 성별 다양성, 그리고 사회경제적 지위에 대한 편견 없는 언어 지침을 개정해 준 APA 공익이사회와 기타 옹호 집단의 구성원들에게 빚을 졌습니다. 우리는 또한 심리학, 간호학, 교육학, 경영학, 사회복지, 윤리, 그리고 글쓰기 교육을 담당하면서도 가치 있는 관점을 제공해 준 검토위원들에게 감사드립니다.

논문작성법 개정 태스크포스, JARS 작업팀, APA 편견 없는 언어위원회, 그리고 기타 전문가들의 중요한 업적은 이전 팀들의 수고를 토대로 구축되었습니다. 이에 우리는 또한 이전의 태스크포스 팀의 중요한 기여, 그리고 이전 판들을 개정했던 APA 실무진에게 감사를 표합니다.

존경과 존엄성[dignity]으로 나이 든 성인들에 대한 글쓰기 안내 지침에 대해 우리는 미국노인의학회[American Geriatrics Society]의 Nancy Lundebjerg와 Dan Trucil에게 감사드립니다. 인종과 민족에 관한 절에 대한 기여에 대해 우리는 보스턴 매사추세츠 대학교의 Karen Suyemoto에게 감사드립니다. 성 지향성, 성별, 그리고 장애에 대한 통찰에 대해 우리는 인권운동가협회[Human Rights Campaign]의 검토위원들(Jay Brown, Katalina Hadfield, Ellen Kahn, 그리고 Sula Malina)에게 감사드립니다. 우리는 또한 성 지향성 및 성별 다양성에 관한 절 개정을 위해 전문성을 아끼지 않은 APA 44분과 성 지향성 및 성별 다양성 심리학회[Society for the Psychology of Sexual Orientation and Gender Diversity]의 위원들(Lore M. Dickey, Mira Krishnan, 그리고 Anneliese A. Singh)에게 감사드립니다. 물질 사용 언어에 관한 제안에 대해 우리는 캔터키 대학교 의과대학의 William W. Stoops에게 감사를 표합니다. 이들은 모두 공동체를 위해 지혜와 열정을 나누어 줌으로써 사람들이 존중과 포용력으로 글을 쓸 수 있도록 도왔습니다.

『APA 논문작성법』 제7판은 데이비드 버먼 커뮤니케이션스사[David Berman Communications](특히, David Berman, Michael E. Cooper, Hannah Langford Berman, 그리고 Krisandra Ivings)의 열정적이고 세밀하며 사려 깊은 기여 덕분이라고 해도 전혀 무리가 없습니다. 이들은 이 편람을 사용할 모든 사람에게 혜택을 주기 위해 글자체, 소제목, 참고문헌 양식, 색상 대비 등에 대한 우리의 권장사항 개선에 많은 도움을 제공했습니다.

우리는 표와 그림에서 연구 결과 제시에 관한 안내 지침을 제공해 준 Adelheid A. M. Nocol과 Penny M. Pexman에게 감사를 표합니다. 또한 출판에 통찰력을 제공해 준 Gilad Chen, Anne M. Galletta, Roger Giner-Sorolla, Kevin Grimm, Lisa L. Harlow, Wendy Rogers, 그리고 Nadine Michele Weidman에게 감사드립니다. 우리는 반복 및 출판윤리에 관한 전문성을 발휘해 준 열린과학 및 방법론학회[Open Science and Methodology]의 회장 Steve W. J. Kozlowski에게 감사드립니다. 그리고 법적 참고문헌에 대한 가치 있는 전문성을 제공해 준 드렉셀 대학교의 David DeMatteo와 Kirk Hellbrun에게도 감사드립니다.

우리는 또한 자신들의 피드백과 전문성을 기부해 준 APA 실무진과 자문위원들에게 감사드립니다. 이들은 APA 출판부, 교육이사회, 집행부, 정보기술 서비스부, 총회 본부, 공익이사회, 그리고 과학이사회에 걸쳐 근무하고 있습니다(Joe Albrecht, Emma All, Ida Audeh, David Becker, Cara Bevington, Martha Boenau, Marla Bonner, Liz Brace, Dan Brachtesende, Dan Brown, Ann Butler, Kerry Cahill, Brenda Carter, Lindsay Chidress-

Beatty, Alison Cody, Lyndsey Frasier, Rob Fredley, Dana Gittings, Hannak Greenbaum, Rachel Hamilton, Sue Harris, Beth Hatch, Annie Hill, Se Houston, Shelby Jenkins, Robert Johnson, Lois Jones, Shontay Kincaid, Kristen Knight, Kristen Walker Kniss, Marla Koenigsknecht, David Kofalt, George Kowal, J. J. Larrea, Stefanie Lazer, Katy Lenz, Glynne Leonard, Kathryn Hyde Loomis, Tim Meagher, Jennifer Meidinger, Claire Merrenda, Necco McKinley, Debra Naylor, David Nygren, Sangeeta Panicker, Amy Pearson, Steph Pollock, Lee Rennie, Natalie Robinson, Kathleen Sheedy, Jasper Simons, Rose Sokol Chang, Ann Springer, Elizabeth Stern, Amber Story, Daniya Tamendarova, Nina Tandon, Ron Teeter, Karen Thomas, Jenna Vaccaro, Purvi Vashee, Chi Wang, Jason Wells, Sarah Wiederkehr, Angel Williams, Kimberly Williams, Aaron Wood, 그리고 Sherry Wynn).

끝으로, 이메일, 설문지, 인터뷰, 포커스 그룹, 그리고 소셜 미디어를 통한 피드백을 제공한 여러 사용자에게 감사드립니다. APA 양식에서 유익한 점과 보완할 점에 대한 이들의 통찰은 이번 판의 내용 개정과 제작에 매우 유용했습니다.

서론

글쓰기에서 수월성excellence은 여러 학문적 · 전문적 활동에서의 성공에 대단히 중요하다. APA 양식은 저자들(초심이든 경험이 많든)이 글쓰기에서 수월성 성취를 돕는 명확하고 정확한 일련의 지침이다. 이 지침은 심리학 및 간호학에서부터 사회복지학까지, 커뮤니케이션에서부터 교육학까지, 경영학에서부터 공학까지, 그리고 기타 학문 영역에서 논문게재를 위한 원고 준비뿐 아니라 학생보고서, 박사 및 석사 학위논문 작성을 위해 수백만 명의 사람들에 의해 사용되고 있다. 『APA 논문작성법』은 APA 양식을 위한 권위 있는 자원으로, 우리는 제7판을 펴내게 된 것을 자랑스럽게 생각한다.

왜 APA 양식을 사용하는가

APA 양식은 저자가 자신의 아이디어를 명확 · 간결하고 조직적인 방식으로 제시하는 데 도움을 제공함으로써, 효과적인 학문적 의사소통의 기초를 제공한다. 통일성과 일관성은 독자들이 ① 형식보다는 제시된 아이디어에 초점을 맞추고, ② 저작물의 핵심 포인트, 결과, 그리고 자료를 신속하게 살펴볼 수 있게 해 준다. 양식의 지침은 저자들이 핵심 정보를 완전히 드러내도록 돕고, 불필요하게 독자들의 집중을 저해하는 사항(예, 구두점, 대문자 표기, 참고문헌 인용, 그리고 통계 제시의 비일관성 또는 생략)을 없애 준다.

논문작성 양식이 최상으로 기능할 때, 아이디어는 논리적으로 흐르고, 출처는 적절한 방식으로 그 공로가 인정되며, 논문원고paper는 예상대로 일관되게 구성된다. 사람들은 가치와 존엄성을 인정하는 언어로 기술된다. 저자들은 윤리준수를 위한 계획을 세우고, 연구 프로토콜의 중요한 세부사항을 보고함으로써, 독자들이 연구 결과물을 평가하고 향후 다른 연구자들이 연구를 반복할 수 있도록 한다. 표와 그림에서는 매력적이고 일관된 방식으로 데이터가 제시된다.

APA 양식을 강의시간에 또는 커리어 내내 사용하든 간에, 우리는 독자들에게 글쓰기에 대한 성실한 접근의 혜택을 인식할 것을 권한다. 이 지침은 여러 영역에 걸쳐 적용되고 학습에 시간과 실천이 요구되지만, 우리는 이러한 것들이 지시성[directiveness]과 유연성의 균형을 제공하고, 종국에는 제2의 천성[second nature]이 되기를 소망한다.

학생들을 위한 APA 양식

『APA 논문작성법』은 오랫동안 학술적 글쓰기를 위한 권위 있는 자료가 되어 왔고, 이번 판에는 학생들을 겨냥한 안내 지침과 지원 서비스가 마련되었다. 추구하는 진로 방향과 관계없이 모든 학생은 자신의 비판적 사고 기술을 개발하고, 의사소통의 정확성과 명확성 연마를 위한 방법으로 학술적 글쓰기를 터득함으로써 혜택을 누릴 수 있다.

이 편람에 있는 지침들 대부분은 학생보고서와 전문적 원고에 적용될 수 있다. 또한 이 편람에는 학생들을 위해 명확하게 설계된 요소들이 있다(① 학생보고서 제목 페이지, ② 강의실 또는 인트라넷 자료 인용에 관한 안내, 그리고 ③ 학생보고서의 일반 유형에 관한 기술[예, 주석이 달린 서지목록, 소감문, 박사 및 석사 학위논문]). 학술지 논문 보고기준[journal article reporting standards](JARS)은 일차적으로 논문게재 계획이 있는 저자들을 위한 것이지만, 고급 연구 프로젝트를 완수하려는 학생들에게 도움이 될 수 있다.

유용성과 접근용이성

우리는 사용자들의 실용적 요구를 염두에 두고『APA 논문작성법』제7판을 제작했다. 각 장의 내용은 번호가 붙여진 절로 조직함으로써, 사용자가 의문점에 대한 답을 찾기에 편리하게 되어 있다. 이러한 가항성[navigability]의 용이성과 내용의 깊이는 이 편람이 참고문헌과 학술적 글쓰기에 관한 교재로 사용될 수 있음을 의미한다.

이번 판은 모든 이를 위한 접근용이성[accessibility]이 향상되었다(장애가 있는 사용자 포함). 전문가들의 도움을 받아, 우리는 이 지침이 다양한 방식(화면[단말기] 독자들과 기타 보조공학적 도구)을 통해 APA 양식으로 작성된 저작물을 읽고 쓰는 사용자들을 지원할 수 있도록 했다. 예를 들면, 글쓰기와 읽기에 대한 부담을 줄이기 위해 본문 내 인용에 간소화된 형식[streamlined format]을 적용했다. 우리는 웹 콘텐츠 접근용이성 지침[Web Content Accessibility Guidelines]을 충족시키기 위해 그림에서 적절한 대비 사용법에 관한 안내 지침을 마련했다(Web Accessibility Initiative, 2018). 우리는 또한 일반적인 워드프로세싱 프로그램의 다양한 글자체 사용과 디폴트 설정을 권한다(APA 양식으로 원고작성을 할 준비를 하기 위해 사용자가 자신의 시스템을 덜 조정해도 됨을 의미함). 무엇보다도 우리의 목표는 사람들이 소통하는 많은 방법을 지원하는 것이다. 우리는 저자들이 작성하는 글의 대상자들과 저작물로부터 혜택을 받을 독자들에게 성실하고 존중하는 태도를 보일 것을 권한다.

제7판에서 새로워진 것은 무엇인가

새롭게 업데이트된 내용에 관한 짧은 기술은 다음과 같이 장별로 제시되어 있다. 각 장의 변화에 관한 더 포괄적인 개요는 APA 양식 웹사이트(https://apastyle.apa.org)를 참조하라.

제1장 학술적 글쓰기와 출판원칙

제1장에서는 논문원고와 윤리준수에 관해 다루고 있다.

- 새로운 안내 지침에서는 양적 · 질적 · 혼합 방법 논문뿐 아니라 학생보고서, 박사 및 석사 학위논문에 관해 다루고 있다.
- 윤리준수 계획과 보장을 위한 정보는 최상의 실천을 반영하는 것이다.
- 데이터 공유에 관한 안내 지침(질적 연구 포함)은 열린 실천 기준open practice standards을 반영하고 있다.

제2장 논문원고 요소와 형식

제2장은 APA 양식의 초심 사용자들이 논문원고 요소를 선택, 포맷, 그리고 조직하는 것을 돕기 위해 고안되었다.

- 제목 페이지는 전문가들을 위해 업데이트되었고, 새롭게 학생보고서 제목 페이지가 제시되어 있다.
- 모든 논문원고의 제목 페이지 저자란과 소속 형식은 출판기준에 맞추어져 있다.
- 저자 주에는 ORCID iDs, 이권충돌 또는 이권충돌 없음 공시, 그리고 연구등록 정보 등 더 많은 정보가 담겨 있다.
- 난외표제running head 형식은 전문적 저자들을 위해 단순화되었는데, 이는 학생들에

게 필수로 요구되지는 않는다.

- 글자체 사양은 접근용이성의 요구 수용에 더 유연해졌다.
- 3, 4, 5수준을 위해 업데이트된 소제목은 가독성을 높이고, 워드프로세스 프로그램의 소제목 양식을 사용하는 저자들에게 도움을 주고 있다.
- 전문적 논문원고와 학생보고서의 새로운 샘플 논문원고가 실제로 작성될 때, 구체적인 요소들의 제시되는 방식이 라벨과 함께 제시되어 있다.

제3장 학술지 논문 보고기준

제3장에서는 사용자들에게 학술지 논문 보고기준(JARS)에 관해 안내하는 한편, 양적 · 질적 · 혼합 방법의 연구 보고를 위한 기준의 개요에 관한 표들이 제시되어 있다.

- 양적 연구를 위한 JARS는 대폭 확장 · 업데이트되었다(Appelbaum et al., 2018; Cooper, 2018 참조).
- 업데이트된 JARS에는 이젠 질적 · 혼합 방법 연구가 포함되어 있다(Levitt, 2019; Levitt et al., 2018 참조).

제4장 논문작성 양식과 문법

제4장에는 논문작성 양식과 문법에 관한 안내가 제시되어 있다.

- 단수형 'they'가 포괄적인 용법과 일관되게 제시되어 있다.
- 세부적인 안내 지침은 논문작성자들이 의인화anthropomorphism를 피하는 데 도움을 준다.

제5장 편견 없는 언어 지침

제5장에는 저자들이 포용력과 존경심으로 사람들에 관해 글을 쓰도록 힘을 북돋워 주기 위한 편견 없는 언어 지침이 제시되어 있다.

- 연령, 장애, 성별, 인종 · 민족 정체성, 그리고 성 지향성에 관한 기존의 안내 지침이 최상의 실천을 위해 업데이트되었다.
- 연구 참여, 사회경제적 지위, 그리고 교차성intersectionality에 관한 새로운 안내 지침이

제시되어 있다.

제6장 논문 양식의 기계적 요소

제6장에서는 논문 양식의 기계적 요소(본문에서의 구두점, 대문자 표기, 약어, 숫자, 통계 포함)를 다루고 있다.

- 업데이트된 안내 지침은 잦은 질문에 대한 답을 제공한다. 만일 교·강사 또는 출판사에서 다른 요청이 없다면, 문장의 끝에 마침표 다음에 한 칸을 띄운다.
- 언어적 예시 형식에 변화가 있었다. 즉, 접근용이성 증진을 위해 예시에서는 이제 이탤릭체보다는 따옴표가 사용된다.
- 고유명사, 직업명, 질병과 장애 등에 대한 확장된 안내 지침이 마련되어 있다.
- 약어 제시를 위한 지침은 일반적인 질문(예, 약어가 있는 인용문을 포함하는 법)에 관해 다루고 있다.
- 저작물 내내 일관성 유지를 위한 숫자 제시 지침이 업데이트되었다(즉, 이젠 초록에 숫자 제시를 위한 예외 조항이 없다).
- 유전자와 단백질 명칭을 쓰는 방법에 관한 새로운 안내 지침이 제시되어 있다.
- 업데이트된 지침은 글자, 숫자, 그리고 불릿 기호(•)가 붙은 목록에 대한 유연성을 높였다.

제7장 표와 그림

제7장에는 표와 그림 제작에 대한 안내 지침이 제시되어 있다.

- 다양한 연구 유형과 주제를 다룬 40개 이상의 새로운 샘플 표와 그림이 서로 다른 절에 제시되어 있다.
- 본문에서 표와 그림 제시는 더 유연해졌다(분리된 페이지의 참고문헌 다음에 제시하거나 본문에 삽입한다).
- 표와 그림의 형식은 병렬적이다(숫자, 제목, 그리고 주notes를 위한 일관된 양식 포함).
- 그림에서 사용하기 쉬운 색채 사용에 관한 내용이 언급되어 있다.

제8장 본문에서 저작물의 공로 인정

제8장에서는 표절, 자기표절, 그리고 기타 비윤리적인 글쓰기뿐 아니라, 인용의 적절한 수준을 다루고 있다.

- 본문에서의 인용은 단순화되었다. 3인 이상 저자 저작물의 모든 본문 인용은 첫 번째 저자명 다음에 "외[et al.]"를 기입하는 것으로 단축되었다(단, 이 방식이 모호함을 유발하는 경우는 제외).
- 녹음 · 녹화 또는 비녹음 · 비녹화된 원주민들의 전통 지식과 구전[Traditional Knowledge and Oral Traditions of Indigenous Peoples]의 인용 방법에 관한 새로운 안내 지침이 마련되어 있다.
- 재진술[paraphrase] 예시는 과도한 인용 없이 명확한 귀속[attribution]을 제시할 방법을 보여주고 있다.
- 연구 참여자들로부터의 인용구문 작성을 위한 새로운 안내 지침이 마련되어 있다.

제9장 참고문헌 목록

제9장에서는 참고문헌 목록의 입력자료 4요소(저자, 날짜, 제목, 출처)에 대해 살펴본다.

- 참고문헌 입력자료에 포함된 저자 수에 관한 규정이 바뀌었다. 이제 20명까지 저자명이 이름 앞에 제시될 수 있다. 참고문헌 입력자료에 포함될 저자 수가 변경되었다. 즉, 이제 저자명은 20명까지 열거되고, 그다음에는 생략점[ellipsis]으로 표시된다.
- 디지털 대상 식별자[digital object identifiers](DOIs)와 URLs 제시가 표준화되었다. 둘 다 하이퍼링크[hyperlinks]로 제시되고, "DOI:"라는 라벨은 더 이상 사용되지 않으며, 검색일이 요구되는 경우에만 "~로부터 검색됨[Retrieved from]"이라는 말을 사용한다.
- 업데이트된 안내 지침에는 전매특허를 받은 데이터베이스(ERIC 또는 UpToDate)뿐 아니라 대부분의 학술적 연구 데이터베이스에서 검색된 저작물의 DOI와 URL을 포함해야 하는 시기에 대한 설명이 제시되어 있다.
- 주석이 달린 서지목록에 대한 새롭게 편성된 안내 지침이 마련되어 있다.

제10장 참고문헌 예시

제10장에는 100가지 이상의 APA 양식 참고문헌이 제시되어 있다. 각 참고문헌에는 소괄호 및 서술식 본문에서의 인용in-text citation 방법이 들어 있다.

- 모든 참고문헌 범주에 대해 템플릿이 마련되어 있다.
- 참고문헌은 간소화되어 있다. 예를 들면, 학술지 논문 참고문헌은 항상 호수를 포함하고, 서적 참고문헌은 이제 출판사 위치를 생략한다.
- 시청각 자료에 관해서는 유튜브YouTube 동영상, 파워포인트PowerPoint 슬라이드와 강의노트, 테드 토크TED Talks 등에 대한 새로운 예시들로 더욱 확장해서 다루어지고 있다.
- 소셜 미디어social media, 웹페이지webpages, 그리고 웹사이트websites는 새로운 범주에서 다루고 있다. 논문을 게재하는 블로그와 기타 온라인 플랫폼들은 일관성과 구성의 편의성을 위해 정기간행물 범주에 수록되었다.

제11장 법적 참고문헌

제11장에는 확장 및 업데이트된 법적 참고문헌 예시가 제시되어 있다.

- '관보: 표준인용체제The Bluebook: A Uniform System of Citation'의 지침은 약간의 수정과 함께 계속해서 APA 양식 법적 참고문헌의 기초가 되고 있다.
- 새로운, 관련된 법적 참고문헌 예시가 마련되어 있다(예, 모든 학생의 성공을 위한 법안Every Student Succeeds Act[ESSA] [***역자 주.** 2015년 12월 10일 버락 오바마 대통령이 서명한 미국의 교육정책을 담은 법령]).

제12장 논문게재 · 출판 과정

제12장에는 논문게재 · 출판 과정publication process에 관한 안내 지침이 마련되어 있다.

- 새로운 내용은 신진 연구자들이 박사 또는 석사 학위논문을 학술지 논문 또는 기사로 개작하고, 논문게재를 위한 학술지를 선택하며, 포식적/기만적인 출판사들을 피하고, 학술지 투고를 위한 방향 안내에 도움을 주고 있다.
- 학술지 논문게재 · 출판 과정에 관한 개선된 안내 지침에는 저자들이 논문원고 투

고를 준비할 때 알고 있을 필요가 있는 현재의 과정과 정책들이 반영되어 있다.

- 새로운 안내 지침은 논문게재 후에 저자가 자신의 논문을 공유 · 홍보할 방법에 관해 다루고 있다.

APA 양식 온라인

APA 양식 웹사이트(https://apastyle.apa.org)는 APA 양식에 관한 최고의 권위 있는 온라인 목적지[destination]다. 다수의 무료 자료와 교육용 보조자료 외에, 이 사이트에는 편람 내내 참조할 보충내용(추가적인 참고문헌 예시, 샘플, 샘플 논문원고, 그리고 그림에서 효과적이고 구하기 쉬운 색상 사용에 관한 안내 지침 등)이 수록되어 있다.

JARS 웹사이트(https://apastyle.apa.org/jars)에는 폭넓은 연구설계를 위한 학술지 논문 보고기준에 관한 다량의 정보를 담고 있는 저장소가 수록되어 있다. 이 웹사이트는 무료로 이용할 수 있어서 제3장에 제시된 정보의 위치 추적에 도움을 준다.

아카데믹 라이터[Academic Writer](https://digitallearning.apa.org/academic-writer)는 효과적인 논문작성의 교수 · 학습을 위한 APA의 클라우드 기반 도구다. APA 양식을 만든 사람들에 의해 개발된 이 제품은 학생과 전문적인 저자들이 연구 논문원고 작성 및 APA 양식 제7판의 적용 방법을 완전히 학습하는 데 도움을 주고 있다.

사용자들에 대한 메모

출판편람은 미국심리학회[Americal Psychological Association](APA)와 연계되지 않았지만 독자들이 연구, 집필 및 출판 과정에서 접하거나 사용하는 많은 제품과 서비스와 관련이 있다. 출판편람에서 참조된 상표들은 각 소유자들의 재산이다. 비 APA 제품의 포함은 오직 참조를 위한 것이므로, APA와 이러한 제품, 그리고 각 상표 소유자들 간에 권리양도를 위한 합의 또는 제휴가 있는 것으로 해석되어서는 안 된다. 끝으로, 일부 예리한 사용자들은 왜 APA 양식의 모든 측면이 이 편람 내내 적용되지 않는지에 대해 문의해 왔다. 편람은 출판된 저작물이지만, APA 양식의 지침서는 출판을 위해 제출되는 원고 또는 학생보고서에 적용된다. 이 서적처럼 출판된 저작물에 대한 고려사항(예, 조판, 줄 간격, 길이, 글자체, 색상 사용, 여백주기)은 초고 또는 학생보고서의 것들과 다르므로, APA 양식의 서식과는 달라야 할 필요성이 있다. 또한 글쓰기에 관해 글을 쓰고 있는 이 편람에서 글자체, 색상, 그리고 기타 디자인 요소들을 통해 설명적인 본문과 예시를 자주 구분할 필요가 있다. 그러나 가능한 한, 우리는 APA 양식에 관해 집필하는 동안 이를 실제로 보여 주고, 전 세계의 수많은 사용자가 사용하기 쉬운 방법으로 정보를 제시하기 위해 애써 왔다.

1

학술적 글쓰기와 출판원칙

목차

1

학술적 글쓰기와 출판원칙

연구는 학자들이 자신의 연구 결과 또는 발견사항을 과학적 공동체와 공유할 때 완결된다. 연구자들은 학술적 협력 사이트 또는 사전인쇄 서버preprint servers에 논문을 업로드하거나 비공식적으로 이메일 또는 직접 공유를 하기도 하지만, 공식적인 학술적 의사소통을 위해 가장 널리 인정받고 있는 수단은 동료심사를 받는 과학적 학술지에 게재하는 것이다. 과학적 학술지는 주요 연구 문헌을 수록함으로써, 한 분야의 축적된 지식의 보고寶庫 기능을 한다.

학생들 역시 학술 공동체의 중요한 구성원들이다. 학생들의 글은 대부분 공식적으로 출판되지는 않는다. 그러나 학생들은 논문작성을 통해 비판적 사고, 깊이 있는 자기성찰, 그리고 과학적 탐구에 참여하고, 이를 통해 지식 축적에 독자적으로 기여할 준비를 하게 된다. 그러므로 학생들의 논문작성은 전문적인 논문작성 못지않게 배려와 관심을 받을 만한 가치가 있다.

이 장에는 전문가와 학생 저자들이 논문작성 및 연구 시작에 앞서 고려해야 할 중요한 원칙들이 제시되어 있다. 이는 전문가와 학생 저자들이 작성하는 서로 다른 유형의 논문 개요를 살펴보는 것으로 시작된다. 다음으로, 모든 학술적 저작물의 저자들이 작성하고 있는 논문 유형 또는 경험 수준에 상관없이, 유념 · 준수해야 할 출판의 윤리적 · 법적 기준에 관한 논의가 이어진다. 예를 들면, 인간 참여자 또는 비인간 동물에 관해 수행되는 연구는 반드시 기관의 임상연구 심의위원회institutional review board(IRB)(*역자 주. 생명윤리위원회), 임상연구 동물 돌봄 · 사용위원회institutional animal care and use committee(IACUC), 또는 다른 윤리위원회의 승인을 받아야 한다. 마찬가지로, 인간 참여자들에 관한 논문을 작성 중인 저자는 데이터 공유를 위한 최상의 실천을 해야 하는 동시에, 이들의 비밀을 보호해야 한다. 게다가, 학과목 보고서에서부터 학술지에 게재된 원고에 이르기까지 글로 작성된 것은 오리지널 기여original contribution임을 나타내야 하고, 타인의 저작물에 대해서는 적절한 인용문을 포함해야 한다. 따라서 모든 형태의 학술적 글쓰기와 출판은 본질적으로 윤리적 맥락에서 이루어지고 안내되어야 한다.

논문의 유형

양적 · 질적 · 혼합 방법의 경험적 논문과 반복연구를 비롯한 많은 유형의 논문들이 과학적 학술지에 게재된다. 이러한 학술지 논문들은 일차primary 또는 오리지널 연구(이전에 공식적으로 게재된 적이 없는 연구)를 보고한다. 이론논문과 방법론적 논문은 연구 결과를 제시하지 않고, 이론 또는 방법에서의 진보된 점들을 기술한다. 일차연구를 리뷰 또는 종합하는 학술지 논문에는 문헌고찰과 양적 · 질적 메타분석이 포함된다. 서로 다른 논문 유형과 정보 유형들이 가장 효율적으로 전달하는 특징을 이해함으로써, 독자들은 자신의 연구에 적합한 논문 유형을 선택할 수 있고, 적절한 학술지 논문 보고기준(제3장에서 논의)을 따를 수 있게 될 것이다. 학생들은 학술지에 게재할 의도가 없는 학생 논문(학과목 과제물, 박사학위논문, 석사학위논문 등; 1.10절 참조)뿐 아니라, 학술지에 게재되는 같은 종류의 논문을 작성할 수 있다. 샘플논문은 제2장의 끝부분과 APA 양식 웹사이트(https://apastyle.apa.org)에 제시되어 있다.

1.1 양적 논문

양적 논문quantitative article에서 저자들은 오리지널 경험적 · 양적 연구를 보고한다. **양적 연구**quantitative research란 행동 · 사회과학과 관찰된 성과가 수치로 나타나는 관련 분야에서 흔히 사용되는 일련의 접근법을 말한다. 이러한 연구의 결과는 전형적으로 측정 시스템의 수량적 성질에 의존하는 방법(통계, 데이터 분석, 모델링 기법)을 사용하여 분석된다. 양적 연구에는 다양한 실험설계와 분석 기법이 사용된다. 일부 양적 논문에는 이전에 관련된 데이터 보고서에서 고려되거나 언급되지 않은 참신한 가설과 데이터 분석이 제시된다. 논문에서 저자들은 연구 요소에 관해 3인칭으로 기술해야 한다(4.16절 참조). 양적 접근을 사용하는 연구자들은 양적 학술지 논문 보고기준에 따라 자신들이 발견한 내용을 보고해야 한다(3.5–3.12절 참조). 양적 논문에는 전형적으로 다음과 같은 순서로 연구과정의 단계가 반영된 구분된 절이 포함된다.

- **서론**Introduction: 연구목적 서술, 배경 문헌 고찰, 그리고 명쾌한 연구가설 서술(3.4절 참조)
- **방법**Method: 연구의 각 단계에 관한 상세한 기술(수행된 절차와 사용된 자료에 관한 세부사항[반복하기에 충분한], 연구설계에 관한 상세한 서술, 인간 참여자 또는 비인간 피험동물 보호와 사전동의에 관한 서술, 그리고 연구를 통한 참여자들의 흐름[단어 및/또는 그림에서]에 관한 기술 포함; 3.6절 참조)
- **결과**Results: 데이터 분석과 연구를 통해 발견한 내용의 보고(3.7절 참조)
- **논의**Discussion: 연구 결과의 해석, 한계, 시사점을 비롯한 연구의 요약(3.8절 참조)

복수 연구 보고. 양적 논문의 저자들은 흔히 한 원고에서 몇 가지 개념적으로 연결된 연구를 통해 발견한 내용을 보고하게 된다. 이들은 독자들에게 각 연구study의 근거, 논리, 순서, 방법을 명확하게 전달해야 한다. 각 연구에 대해서는 소제목heading(예, '실험 1' '실험 2' 등)이 사용되어야 한다. 이러한 형식을 통해 절sections이 체계화되고, 원고 또는 추후의 연구논문에서 절에 담긴 내용에 관한 논의가 더 용이해진다. 방법과 결과의 하위 절들은 각 연구의 소제목 아래에 제시될 수 있다. 만일 적절하다면, 저자들은 '논의'라는 제목의 짧은 하위 절을 포함하여, 각 연구 결과의 시사점을 탐색하거나, 논의를 '결과와 논의Results and Discussion' 같은 소제목 아래 연구 결과 기술과 결합할 수 있다. 저자들은 항상 논문의 말미에 모든 연구 활동에 대한 종합적이고 일반적인 논의를 포함해야 하는데, 여기에는 흔히 '일반 논의General Discussion'라는 소제목이 붙여진다.

1.2 질적 논문

질적 논문qualitative article에서 저자들은 오리지널 경험적 · 질적 연구를 보고한다. **질적 연구**qualitative research란 인간 경험 및/또는 행위(예, 사회적 과정)에 관한 지식 생성에 사용되는 과학적 실천을 말한다. 질적 접근은 다음 네 가지 특징을 공유하는 경향이 있다.

- 연구자들은 숫자로 된 데이터 수집 및 수학적 분석 수행보다는 자연 언어(즉, 단어), 연구자 관찰(예, 사회적 상호작용) 및/또는 참여자들의 표현(예, 예술적 표현)으로 구성된 데이터를 분석한다. 보고서는 자연 언어를 사용한 질적 연구를 통해 발견한 사실의 발달을 나타내는 경향이 있다(그렇지만 질적 연구를 통해 발견한 사실의 기술 또는 탐색에서 부가적으로 숫자가 사용될 수 있음).

- 연구자들은 흔히 지속적인 데이터 분석을 토대로 한 연구를 통해 발견한 내용을 재검토하고 초기의 결과를 다듬는 분석의 반복적 과정을 사용한다. 이런 방식으로 분석과정은 자기수정적self-correcting이고 독창적인 지식을 생성하게 된다.
- 연구자들은 자신들의 관점이 연구과정을 어떻게 지지 또는 손상시킬 수 있는지와 이들의 방법이 어떻게 가장 잘 수행될 수 있는지에 관한 연구자들의 성찰reflexivity이 필수로 요구되는 탐구와 방법을 반복적으로 결합한다.
- 연구자들은 의미가 변화 · 진화할 수 있는 경험과 실행을 연구하는 경향이 있다. 그러므로 이들은 자신들이 발견한 내용을 맥락과 관계없이 안정된 상태로 잔류할 것으로 기대되는 법칙 개발을 모색하기보다는 장소와 시간 내에 놓여 있는 것으로 여기는 경향이 있다.

질적 접근을 사용한 연구자들은 질적 학술지 논문 보고기준에 따라 자신들이 연구를 통해 발견한 사실을 보고해야 한다(3.13–3.17절 참조).

사례연구와 질적 논문의 기타 유형. 다양한 방법이 질적 논문에서 보고되고, 질적 논문의 구조는 연구의 성격에 따라 다양하다. 예를 들면, **사례연구**case study에서 연구자는 개인, 집단, 지역사회, 또는 단체와 긴밀하게 작업하는 동안 수행한 분석 또는 관찰 결과를 보고한다. 사례연구는 한 가지 문제를 심도 있게 보여 주고, 문제해결을 위한 수단 제시 및/또는 필요한 연구, 임상적 적용, 또는 이론적 사안을 조명한다. 질적 논문 역시 다수의 참여자, 집단, 지역사회, 또는 단체들과의 연구를 통해 발견한 사실을 기술함으로써, 대상들 간의 공통점 및/또는 차이점을 확인한다. 이러한 연구는 체계적 초점을 가지고 사회적 과정, 실행, 또는 담론이 구조화되는 방식을 탐구할 수 있다.

저자들이 사용하는 질적 연구 접근과 상관없이, 저자들은 보고서를 작성할 때 중요한 증거가 되는 자료 제공과 참여자의 사적인 데이터의 책임 있는 사용 사이의 균형을 신중히 고려해야 한다(비밀유지에 관해서는 1.15절, 1.18–1.19절 참조). 질적 연구 보고서는 주제별 또는 연대순으로 체계화되어, 전형적으로 반성적, 1인칭 형식으로 연구자들이 그 분야를 위한 질문, 방법, 결과, 그리고 고려사항에 도달한 방식을 세세하게 제시한다.

1

1.3 혼합방법 논문

혼합방법 논문mixed methods articles에서 저자들은 질적 및 양적 경험적 접근법을 결합한 연구내용을 보고한다. 혼합방법 연구는 양적 절차인 **혼합모델 연구**mixed models research 또는 동일 접근으로부터 다수의 방법 사용을 수반하는 다중방법 연구multimethods research와 혼동해서는 안 된다. 혼합방법 연구에는 다음과 같은 사항이 포함된다.

- 연구설계를 알리기 위해 사용된 철학적 가정 또는 이론적 모델 기술(Creswell, 2015)
- 연구목적과 관련된 구체적인 방법론, 연구설계, 그리고 절차 기술
- 연구목적, 질문, 또는 가설에 대한 질적 및 양적 데이터 수집 및 분석
- 의도적으로 새로운 통찰을 생성할 두 가지 방법론으로부터 연구를 통해 발견한 사실 통합

혼합방법 접근의 기본가정은 질적 및 양적 연구가 결합하여 산출된 연구 결과는 질적 또는 양적 결과만으로는 얻지 못하는 부가적인 통찰로 이어진다는 것이다(Creswell, 2015; Greene, 2007; Tashakkori & Teddlie, 2010). 혼합방법 연구를 설계하기 위한 여러 방법이 있다는 점에서 혼합방법 논문의 구조는 연구의 특정 성격, 그리고 두 가지 방법론 사이의 균형에 따라 다르다. 혼합방법 접근을 사용한 연구자들은 혼합방법 학술지 논문 보고기준에 따라 연구를 통해 발견한 사실을 보고해야 한다(3.18절 참조).

1.4 반복논문

반복논문replication articles에서 저자들은 선행연구에서 발견된 사실을 입증 또는 재생하기 위해 저작물의 결과를 보고한다. **반복연구**replication study의 목적은 이전 연구로부터의 결론이 변이에 따라 오리지널 연구 수행에서 같거나 유사한 상태로 유지되고 있는지를 검정하는 것이다. 반복에는 내적 형태와 외적 형태가 있는데, APA 학술지 논문 보고기준에서는 외적 반복만이 언급된다(3.10절 참조). **외적 반복**external replications에서는 연구자들이 중복되는 새로운 표본을 수집함으로써, 최대한 가능하거나 바람직하게 오리지널 연구의 특성이 반복된다. 새로운 설계, 측정, 및/또는 데이터 분석 방법은 또한 연구를 통해 발견된 사실이 원저작물에서 연구된 특정 상황을 넘어선 일반성generality이 있는지 검정하는 데 사용될 수 있다. 그러나 이러한 변이variations는 보고서에

명시되어야 한다.

외적 반복을 수행하는 연구자들은 독자들이 연구가 직접적(정확한, 문자 그대로의) 반복, 대략적 반복, 또는 개념적conceptual(구성개념construct) 반복이었는지 결정할 수 있도록 충분한 정보를 보고해야 한다. **직접적 반복**direct replication에서 연구자들은 이전 연구의 조건과 최대한 같은 방식으로 새로운 표본으로부터 데이터를 수집하여 연구를 반복한다. 직접적 반복은 연구자들이 오리지널 실험과 동일하거나 최대한 재현된 절차를 사용한다는 점에서 정확한 반복exact replication 또는 문자 그대로의 반복literal replication으로 불린다(예, 오직 해당 연구의 위치에서 변이만으로 연구자들이 연구를 수행함). 이러한 형태의 반복은 오리지널 연구를 통해 발견된 사실이 신뢰할 만하다는 사실을 입증하는 데 유용하다. **대략적 반복**approximate replication(또는 **수정된 반복**modified replication)에서 연구자들은 대안적 절차와 추가 조건을 오리지널 연구의 특성과 결합한다. 이러한 반복에는 보통 몇 가지 추가 연구의 특성과 함께 오리지널 연구설계가 포함된다. 대략적 또는 수정된 반복의 목적은 연구 반복뿐 아니라 오리지널 공식화에 포함되지 않은 몇몇 요인이 성과에 영향을 미치는지를 결정하기 위해서일 수 있다. 개념적 반복에서 연구자들은 이론적 정보를 얻기 위해 다른 기법과 조작 방법을 소개한다. 이는 초기 연구의 특성이 유지되지 않을 가능성이 있다. 연구자들은 반복에 대해 다른 라벨 또는 기술descriptions을 사용할 수 있다(이 쟁점에 대한 탐색을 위해서는 National Academies of Sciences, Engineering, and Medicine, 2019 참조). 이 절에서 서술된 내용은 APA 심리학 사전APA Dictionary of Psychology(https://dictionary.apa.org)에서 발췌된 것이다.

1.5 양적 및 질적 메타분석

메타분석meta-analysis이란 연구자들이 한 가지 주제에 관한 현존하는 연구에 근거하여 일반적인 결론 도출을 위해 일련의 관련 연구에서 발견된 사실을 사용하는 일단의 기법을 말한다. 개인 참여자 또는 피험자 데이터는 메타분석에 사용되지 않는다. 왜냐하면 분석된 데이터는 그 연구 수준에 있기 때문이다. 양적 및 질적 연구의 보고기준이 연구설계에 따라 달라지는 것처럼, 메타분석의 보고기준 역시 연구에서의 특정 질문과 이러한 질문에 대한 답을 얻기 위해 사용되는 접근법에 따라 다르다. 연구study는 메타분석의 입력 단위이므로, 메타분석에 포함된 연구들은 참고문헌 목록에 제공되고 메타분석의 일부였음을 나타내는 지표로 표시된다. 이 지표는 메타분석에 포함된 연구들을 다른 참고문헌들과 구분시켜 준다. 예를 들면, APA 양식 논문에서 메타분석에 사용된 참고문헌의 앞에는 별표[asterisk]를 붙인다(9.52절 참조).

양적 메타분석. 양적 접근법 내에서 메타분석은 일반적으로 개별 연구들로부터의 효과크기 측정값이 분석에 대한 입력이 되는 기법을 명시한다. 메타분석은 또한 양적 연구에서 성과 크기와 관련될 수 있는 요인 결정을 위해 사용된다(예, 설계요인[무선할당[randomized] 대 비무선할당[nonrandomized]], 인구통계학적 요인[빈곤선[poverty line] 아래에 속하는 연구 표본의 백분율] 등). 메타분석 보고서는 보통 양적 연구와 같은 기본 구조를 따르고(1.1절 참조). 서론, 방법, 결과, 논의 절로 구성된다. 양적 메타분석 접근을 사용하는 연구자들은 양적 메타분석의 보고기준을 따라야 한다(3.12절 참조).

질적 메타분석. 질적 연구에는 질적 메타통합[metasynthesis], 메타문화기술법[metaethnography], 메타방법[metamethod], 중요한 해석적 통합을 포함한 메타분석의 다양한 접근법이 있다. 이러한 접근법들은 흔히 일차 질적 분석 전략을 통해 연구에서 발견된 사실을 종합한다. 질적 메타분석은 방법론적 동향 조명, 공통적인 연구 결과와 차이점 확인, 새로운 이해 발달, 그리고 향후 연구 영역의 방향 제시에 사용된다. 질적 메타분석 보고서는 분석에 포함된 일차적 연구 저자들의 관점과 내재성[situatedness]에 관한 기술 외에, 일차적인 질적 보고서들과 구조가 유사하다. 질적 메타분석은 단일 절차보다는 메타분석적 접근법의 일반적인 응집[aggregating] 기능이 요구된다. 질적 메타분석을 저자들이 양적 문헌에 근거하여 내러티브 기술[narrative description]을 만들어 내는 양적 고찰[quantitative reviews]과 혼동해서는 안 된다. 우리는 질적 메타분석과의 혼동을 피하기 위해 이런 연구들을 **문헌고찰**[literature reviews] 또는 **내러티브 문헌고찰**[narrative literature reviews]이라고 칭할 것을 추천한다(1.6절 참조). 질적 메타분석적 접근법을 사용한 연구자들은 질적 메타분석의 보고기준을 따라야 한다(3.17절 참조).

1.6 문헌고찰 논문

문헌고찰 논문[literature review articles](또는 내러티브 문헌고찰 논문)은 문헌 근거 내에서 연구에서 발견한 사실 또는 이론 요약과 평가를 제공한다. 문헌 근거[base]는 질적, 양적 및/또는 혼합 방법 연구가 포함될 수 있다. 문헌고찰은 문헌에서의 트렌드를 찾아낸다. 이러한 형태의 논문에서는 초기 연구에서 발견한 사실에 대한 체계적인 양적 또는 질적 메타분석에 관여하지 않는다. 문헌고찰 논문에서 저자들은 다음과 같은 작업을 해야 한다.

- 연구 문제를 정의하고 명료화한다.
- 독자들에게 연구의 상태를 알리기 위해 선행연구들을 요약한다.
- 문헌에서 관계, 반박, 공백gaps, 그리고 불일치성을 확인한다.
- 문제해결을 위한 다음 단계를 제안한다.

문헌고찰 논문의 구성요소는 다양한 방법으로 배열될 수 있다. 예를 들면, 관심 있는 개념 또는 이론의 유사성, 검토된 연구의 방법론적 유사성, 또는 그 분야의 역사적 발달을 토대로 연구를 집단화하는 것이다.

1.7 이론논문

이론논문theoretical articles은 이론의 진보를 위해 기존의 연구 문헌으로부터 추출한다. 이론논문은 설명되고 있는 이론적 쟁점을 진전시킬 때에만 경험적 정보를 제시한다. 이론논문의 저자들은 이론 구축의 확장 · 개선, 새로운 이론 제시, 또는 기존 이론의 분석을 위해 이론의 발달을 추적한다. 전형적으로 이들은 다른 이론과 비교하는 경우, 특정 이론의 결점을 지적하거나 증거를 들어 가며 장점을 보여 준다. 저자들은 또한 이론의 **내적 합치도**internal consistency와 **외적 타당도**external validity를 탐구한다. 이론논문 절의 순서는 다를 수 있다.

1.8 방법론적 논문

방법론적 논문methodological articles은 연구 또는 실제의 새로운 접근, 기존 방법의 수정된 형태, 또는 양적 및/또는 질적 데이터 분석에 관한 논의를 제시한다. 이러한 논문에서는 경험적 데이터(양적, 질적, 또는 둘 다)를 연구의 한 접근을 분명히 제시하기 위한 수단으로만 사용한다. 일부 방법론적 논문에서는 모의 데이터를 사용하여 연구 방법이 다양한 조건(예, 서로 다른 표본크기, 변수의 개수, 비정상성nonnormality 수준, 계수 크기)에서 어떻게 작동하는지 보여 준다.

방법론적 논문은 연구자들이 방법론의 적용 가능성과 연구를 위해 고안된 연구 문제 유형의 실행 가능성 평가에 필요한 세부사항을 제공한다. 나아가, 이러한 논문은 독자들이 제안된 방법을 현재 사용하고 있는 것과 비교할 수 있게 해 준다. 방법론적 논문에서는 고도로 기술적인 자료(예, 파생물, 증거, 데이터 생성, 컴퓨터 코드, 모의실험의 광범위한 세부사항)를 부록에 제시하거나 보충 자료로 제시함으로써, 전반적인 논문의 가독성을 높여야 한다. 상세한 정보(예, 모의실험에 사용된 모수parameters) 확보가 독자들이 연구에서 생성된 요지 이해에 필요한 경우, 이러한 세부사항은 논문의 본문에 제시되어야 한다.

1.9 기타 논문 유형

학술지에 게재되는 논문의 추가 유형에는 짧은 보고서, 이전에 게재된 논문에 대한 답글, 평론, 부고obituaries, 그리고 편집자에 대한 서신이 포함된다. 저자들은 이러한 종류의 논문에 관한 구체적인 정보를 위해 개별 학술지 편집자에게 문의하거나 저자 지침을 참조해야 한다.

1.10 학생보고서 · 박사학위논문 · 석사학위논문

출판편람이 학술지에 논문을 게재하려는 저자들을 위한 가이드로 제작되었다고 하더라도, 이 편람은 학술적 논문작성 시 학생들에게 APA 양식의 사용을 필수로 요구하는 대학 교수, 학과, 그리고 기관에 의해 널리 채택되어 사용되고 있다. 학생들은 전문적으로 학술지에 게재된 것과 동일 유형의 논문(예, 문헌고찰 논문) 또는 이러한 범위(예, 박사 또는 석사 학위논문, 에세이, 반응보고서, 주석이 달린 서지목록)를 벗어나는 과제물을 작성할 수 있다. 마찬가지로, 이 편람은 역사적으로 심리학 분야에서 활동하는 연구자들의 문제를 해결해 주었다. 그러나 다른 분야와 학문 분야(사회복지, 간호학, 언론정보, 교육학, 경영학 등)의 학생과 연구자들은 APA 양식을 사용한다. 이러한 분야에서 APA 양식을 필수로 요구하는 학술지도 있지만, 그렇지 않은 학술지도 있다. 기타 분야별로 특수한 필수요건이 적용되기도 한다(예, 간호사들은 심리학자의 윤리강령보다는 간호사 윤리강령을 준수해야 할 수 있음).

흔히 대학생 수준에서 작성되는 **학생 과제물**student assignment로는 주석이 달린 서지목록bibliography, 많은 유형의 에세이, 그리고 반응보고서가 있다. 다음에 제시된 설명은 일반적으로 이러한 보고서 유형을 나타낸 것이다. 구체적인 지침은 담당 교수 또는 기관에 확인하라.

- **주석이 달린 서지목록**annotated bibliographies은 참고문헌 목록 입력자료에 이어 주석annotations이라고 불리는 저작물의 짧은 기술로 구성된다. 강좌 담당 교수들은 일반

적으로 이러한 보고서를 위한 필수요건을 설정하지만, 많은 APA 양식 지침이 적용된다(9.51절 참조).

- **인과관계 에세이**cause-and-effect essays는 특정 사건들이 어떻게 특정 결과로 이어지는지, 또는 특정 지위를 옹호하는지를 보고한다. 명확하고 잘 작성된 논지thesis는 이런 유형의 에세이에 튼튼한 기초를 제공한다. 단락들은 일반적으로 각각의 원인과 부수적 효과 기술에 의해 구조화되고, 이들 사이에 논리적 전환이 이루어진다.
- **비교 에세이**comparative essays는 중심적인 논지하에 이질적인 항목 연결의 목표가 있는 2개(또는 그 이상) 항목을 비교 · 대조한다. 이 보고서의 구조는 주제 1에 초점을 맞춘 다음, 주제 2에 초점을 맞추도록 체계화될 수 있다. 또는 이러한 주제들이 뒤섞일 수 있다.
- **설명 에세이**expository essays는 복수 단락 구조(예, 5개 단락)를 따르고, 특정 주제에 관해 설명하거나 정보를 제공한다. 이 보고서의 구조는 서론, 본론, 결론으로 되어 있다. 보고서에 상세히 명시된 주장을 강화하려면, 증거가 제시되어야 한다.
- **내러티브 에세이**narrative essays는 분명한 관점으로부터 한 가지 이야기를 전달하고 시작, 중간, 종결을 포함한다. 내러티브 에세이는 명확하게 정의된 목적과 초점이 있어야 하고, 간결하면서도 좋은 생각을 떠올리게 하는 언어를 담고 있어야 한다.
- **설득 에세이**persuasive essays는 독자들이 특정 견해를 채택하도록 설득하거나 특정 조치를 취하게 하려는 의도가 있다. 이 보고서는 명확한 주장을 제시하고, 논리적 전개를 포함하며, 설명적 에세이와 유사한 보고서 구조를 지니고 있다.
- **요약문**Précis은 단일 저작물로부터의 핵심 포인트, 서술문, 또는 사실에 대한 학생들의 글을 간결하게 요약한 것이다. 요약문의 길이는 전형적으로 원저작물 길이의 약 1/4이다. 요약문의 구조는 짧은 학위논문, 그리고 원저작물의 절들(방법, 결과, 논의)을 반영하는 절들을 포함한다.
- **반응보고서**response or reaction papers는 한 가지 이상의 저작물을 요약하고, 이에 대한 학생들의 개인적인 반응을 기술한 것이다(예, 특정 작품이 이들에게 어떤 영향을 주었고, 이들의 삶에 어떤 관련이 있는지 등). 이 유형의 보고서는 전형적으로 길이가 짧다(예, 3쪽 정도). 개인적 반응 기술에는 3인칭이 사용된다(4.16절 참조).

박사학위논문dissertation 또는 **석사학위논문**thesis은 전형적으로 대학원생들에게 필수로 요구되지만, 고급 연구 프로젝트를 완수하는 대학생들은 이와 유사한 유형의 논문을 작성하게 될 수 있다. 고등교육기관 또는 학과들은 박사 또는 석사 학위논문 작성법에 대한 세부 지침을 마련하고 있고, 필수요건과 수용 가능한 형식은 학문 분야에 따라 다르다. 수백 페이지에 달하고 빈틈없는 문헌고찰과 철저한 참고문헌 목록이 들어 있는 박사 및 석사 학위논문이 있는가 하면, 개별적 게재를 목적으로 작성된 여러 편의 더 짧고 관련 논문들로 구성된 다수의 논문 형식을 따르는 것들도 있다. 박사 또는 석사 학위논문을 학술지 논문으로 개작하기 위한 안내는 12.1절을 참조하라.

이 편람의 서론에서 언급한 바와 같이, 출판편람의 지침 대부분은 학생보고서에 적용될 수 있다. 그러나 학생보고서를 구성하는 범위가 넓고 유연하며, 학생들이 APA 학술지보다는 자신들이 소속한 교육기관에 보고서를 제출하기 때문에, 우리는 APA 양식에 따른 학생보고서의 성격 또는 내용에 대한 공식적인 필수요건은 지정하지 않았다. 따라서 보고서 길이와 필수적인 절 등에 관한 질문은 과제물을 낸 교수 또는 기관의 답변이 최선이다. 논문원고(박사학위논문, 석사학위논문 등)를 작성하는 경우, 학생들은 교수, 학과, 및/또는 교육기관에 의해 지정된 지침과 필수요건을 따라야 한다. 이러한 지침과 필수요건은 이 편람에 기술된 APA 양식 지침의 각색 또는 추가를 수반할 수 있다. 우리는 학술지 게재 맥락 외에도 APA 양식을 사용하는 논문작성자, 교수, 학과, 교육기관이 자신의 요구에 맞도록 APA 양식을 조정할 것을 권장한다.

논문게재 · 출판의 윤리적 · 법적 · 전문적 기준

논문작성과 학술지 게재에 대한 기준 준수 외에, 학술적 연구의 저자들 역시 연구를 수행할 때 윤리기준(예, 8절, APA 심리학자 윤리원칙과 행동강령Ethical Principles of Psychologists and Code of Conduct의 연구와 출판[이하 'APA 윤리강령'이라 칭함]; APA, 2017a; https://www.apa.org/ethics/code 참조)과 더 폭넓은 전문적 기준을 따라야 한다. 게다가 어떤 유형의 연구를 수행, 분석, 또는 보고에 참여하는 사람들은 이 일의 능숙한 수행을 위해 필요한 기술과 경험을 습득해야 한다(예, APA 윤리강령 2절, 역량[다문화 지침: 맥락, 정체성, 그리고 교차성에 대한 생태학적 접근Multicultural Guidelines: An Ecological Approach to Context, Identity, and Intersectionality], 2017b 참조). 윤리적 · 법적 원칙은 모든 학술적 연구와 논문 작성의 기저를 이룬다. 이러한 오래된 원칙은 다음의 목적 성취를 위해 고안되었다.

- 과학적 발견의 정확성 보장
- 연구 참여자와 피험자의 권리와 복지 보호
- 지적재산권 보호

사회 · 행동과학 분야의 논문작성자들은 이러한 목적을 수호하고 자신들의 전문적 학문 분야의 원칙 준수를 위해 노력한다. 이 절의 지침은 APA 윤리강령(APA, 2017a)에서 추출된 것이다. 이 지침은 논문을 어디에 게재하고, 과학적 데이터의 보고 · 게재에 관한 기준이 어디에 수록되어 있든 간에, 모든 APA 회원에게 적용된다. APA 윤리강령은 고정된 문서가 아니다. 이 강령은 과학과 기술의 진보와 문화규범의 진화에 맞게 과학적 공동체에 의해 선의[beneficence]와 무해성[nonmaleficence], 충실성[fidelity]과 책임[responsibility], 진실성[integrity], 공정성[justice], 그리고 존중[respect] 원칙에 대한 이해와 신념의 변동 또는 변화를 반영하기 위해 시간의 흐름에 따라 개정된다. APA 윤리강령의 개정판 또는 새 버전은 APA 대표자 회의[APA Council of Representatives]에 의해 채택된 후 APA 웹사이트에 업로드된다.

과학적 발견의 정확성 보장

1.11 윤리준수를 위한 계획

논문 유형과 상관없이, 윤리 문제에 대한 주의는 논문원고가 학술지 게재를 위해 제출되기 훨씬 전부터 시작되어야 한다. 연구의 계획 단계에서 신중히 고려해야 할 쟁점으로는 기관의 승인, 사전동의[informed consent], 연구에서의 속임수, 참여자 보호, 그리고 데이터 공유와 관련된 것들이 있다. 대부분의 학술지(APA 학술지 포함)에서는 논문게재를 위해 원고를 제출하는 저자들에게 연구와 논문게재를 위한 윤리기준을 준수했음과 저자들 간의 이권충돌이 없음을 입증하는 서류도 함께 제출할 것을 필수로 요구한다(이에 관한 정보와 APA 윤리준수 양식에 대한 접속에 관해서는 12.13절 참조). 우리는 모든 저자에게 APA 학술지에 논문원고 제출 여부와 관계없이, 연구 프로젝트를 시작하기에 앞서 연구과정 내내 정기적으로 이러한 윤리 관련 자원을 참조할 것을 권장한다. 윤리기준에의 부합 여부를 확인하려면, 저자들은 연구 프로젝트를 시작하기에 앞서, 소속기관 또는 국가의 적절한 IRB 또는 윤리심의기관에 문의하여 윤리승인이 필수로 요구되는 연구의 종류, 윤리승인을 받기 위한 절차, 윤리적 연구의 필수요건 등에 관한 정보를 얻어야 한다. IRB가 있는 대학, 병원, 또는 기타 기관에 소속되지 않은 저자들 역시 연구 수행에서 윤리기준을 준수할 것이 기대되므로, 필요한 경우 외부의 IRB에게 자문을 구해야 한다. IRB에 관한 정보는 APA 웹사이트(https://on.apa.org/2FuiPJ1)를 참조하라.

제3장의 APA 학술지 논문 보고기준에 기술되어 있는 것처럼, 저자들은 원고의 본문에 연구에 대한 기관의 승인 여부를 보고할 것이 권장된다(3.6절, 3.14절, 표 3.1-3.3 참조). 저자들은 또한 논문심사 과정에서 편집자 또는 심사위원들로부터 이러한 쟁점과 관련된 질문에 답변할 준비를 해야 한다(12.13절 참조). 논문원고 제출에 앞서 최종 단계로, 저자들은 1.25절의 윤리준수 체크리스트를 참조해야 한다.

1.12 윤리적이고 정확한 연구 결과 보고

모든 과학적 보고에서 윤리의 본질은 저자가 자신의 연구 방법과 결과를 완전하고 정확하게 보고하는 것이다. 그러므로 이 절에서 논의되는 윤리적 · 전문적 쟁점들은 양적, 질적, 그리고 혼합 방법 연구에 동일하게 적용된다(추가적인 보고기준은 제3장 참조). 저자들은 데이터를 날조하거나 위조해서는 안 된다(APA 윤리강령 기준Ethics Code Standard 8.10a, 연구 결과 보고Reporting Research Results). 이론 또는 가설 지지를 위해 결과를 수정하거나(시각적 이미지 포함) 더 설득력 있게 만들기 위해 문제가 되는 관찰내용을 보고서에서 누락시키는 일 역시 금지된다(APA 윤리강령 기준 5.01b, 거짓 또는 기만적 진술 방지Avoidance of False or Deceptive Statements). 이와 마찬가지로, 데이터-생성 가설(사후post hoc)이 마치 사전에 계획된 것처럼 제시하는 것은 기본적인 윤리원칙을 위반하는 것이다. '문제가 되는 관찰 누락omitting troublesome observations' 실행에는 다음과 같은 행위가 포함된다.

- 방법론적으로 온전하고, 가설, 이론, 또는 연구 문제와 관련은 있지만, 선호하는 서술을 지지하지 않는(즉, 현 연구에서 얻어진 결과와 대조적인) 결과를 산출한 연구를(예, 서론 또는 논의에서) 선택적으로 보고하지 않는 행위
- 유사한 이유로 연구 내에 관련된 조작, 절차, 측정도구, 또는 연구 결과의 보고를 선택적으로 누락시키는 행위
- 바람직한 결과를 성취하기 위해 타당한 방법론적 근거 없이 참여자 또는 다른 개별적인 데이터 관찰 결과를 선택적으로 배제하는 행위

보고에 대한 기대를 명확하게 하고 과학적 진실성을 보호하기 위해 APA(다른 과학적 단체처럼)는 일련의 보고기준을 제정 · 발표했다(Appelbaum et al., 2018; Cooper, 2018; Levitt, 2019; Levitt et al., 2018). 제3장에서 논의된 이 기준은 실험에 대한 윤리적 보고의 여러 측면에 관해 언급하고 있다. 이 기준은 ① 모든 측정된 변수 서술, ② 아무런 언급 없이 선택적으로 배제되는 참여자가 없도록 연구가 진행되는 동안 참여자 흐름 추적(원형 그림 첨부에 관해서는 7.36절의 그림 7.5 참조), 그리고 ③ 특수한 부류의 연구(예, 임상실험) 보고에 대한 기대사항을 포함하고 있다.

APA 윤리강령처럼 보고기준은 고정된 것이 아니라, 연구자들의 결과보고 방법 개선을 위해 계속해서 변화가 이루어진다. 양적 연구보고에 대한 최근의 중요한 변화 중 하나는 이젠 가설을 세 범주(① 사전계획된-일차preplanned-primary, ② 사전계획된-이차preplanned-secondary, ③ 탐색적exploratory[사후post hoc]) 내에서 설정해야 한다는 것이다. 탐색적 가설은 허용 가능하고, 사전계획된 것처럼 위장하려는 압력이 없어야 한다. 마찬가지로, 질적 연구자는 연구의 시작점에서 자신의 기대를 연구보고의 일부로 투명하게 기술해야 한다.

1.13 논문게재 · 출판 후 오류 · 수정 · 철회

논문게재를 위해 세심한 원고 준비는 필수적이지만, 그럼에도 여전히 최종적으로 게재된 논문에서 오류가 발견될 수 있다. 오류가 독자들의 연구 또는 결과해석 이해에 영향을 줄 만큼 상당한 경우, 저자들은 오류를 공표해야 할 책임이 있다.

수정. 수정correction이 필요한 경우, 첫 번째 조치는 편집자와 학술지 출판사에 알려 공식적인 수정 통지문correction notice(정오표erratum)이 공지될 수 있도록 하는 것이다. 이 통지문의 목적은 학술지에 게재된 논문의 정보에 대한 현재 및 미래 사용자들을 위한 지식기반을 공개적이고 투명하게 바로잡는 것이다. 수정 통지문은 보통 연구 데이터베이스의 오리지널 논문의 기록에 첨부되어 독자들이 논문 또는 데이터베이스의 논문 기록에 접근할 때 검색될 것이다. 때로 논문 자체 역시 수정될 수 있다. 수정 통지문 작성 시기와 방법에 관한 정보는 APA 윤리강령 기준Ethics Code Standard 8.10b, 연구 결과 보고Reporting Research Results뿐 아니라, 이 편람의 12.22절을 참조하라.

철회. 때로 게재논문의 문제가 너무 크면(예, 표절, 데이터 위조 또는 변조, 연구 결과의 해석이 바뀌는 계산 또는 측정오류의 뒤늦은 발견), 전체 논문의 게재가 저자 또는 저자들, 이들의 기관, 또는 출판사에 의해 철회retractions되기도 한다. 철회 사유가 무엇이건 간에, 그 의도는 과학적 문헌으로부터 해당 정보를 제거함으로써, 문제가 있는 결과에 의존 또는 반복하고자 할 수 있는 다른 과학자들의 시간과 자원 낭비를 피하기 위함이다. 철회된 논문은 여전히 데이터베이스에서 이용할 수 있다. 그러나 철회 통보 사실은 독자들에게 공지될 것이다. 저자들은 그 인용이 꼭 필요한 상황이 아니라면 철회된 논문의 인용을 피해야 한다. 만일 철회된 논문을 인용한다면, 참고문헌 목록 입력자료에 해당 논문의 게재가 철회된 사실이 명시되어야 한다(예시는 https://apastyle.apa.org의 APA 양식 웹사이트 참조).

1.14 데이터 보유와 공유

데이터 보유. 저자들은 기관의 필수요건, 재정지원자의 필수요건, 참여자 동의, 그리고 APA 학술지에 게재하는 경우, APA 윤리강령(기준 8.14, 조회를 위한 연구 데이터 공유Sharing Research Data for Vefication)에 따라 게재된 논문과 연관된 데이터를 보유해야 한다. 연구계획과 데이터 수집에 앞서, 저자는 데이터를 어떻게 보유 · 공유할 것인지, 그리고 IRB 또는 다른 윤리위원회에 제출된 연구 원본에서의 명확한 데이터 처리 절차의 개요를 어떻게 서술할 것인지 고려할 것이 권장된다. 사전동의informed consent 과정이 진행되는 동안, 저자는 참여자들에 관한 연구를 위해 수집, 저장, 및/또는 다른 연구자들과 공유하고자 한 데이터를 서술하고, 이들의 승인을 얻어야 한다. 질적 연구에서의 데이터 공유는 비밀유지, 동의, 그리고 기타 한계점 때문에 적절하지 않을 수 있다(1.15절 참조).

데이터 공유. APA 윤리강령에서는 참여자의 비밀유지가 보장되는 한, 대부분의 경우 재분석을 통한 검정을 위해 자격을 갖춘 요청자의 데이터 전송 요구를 저자들이 거부하는 것을 금하고 있다(기준 8.14, 검정을 위한 공유 연구 데이터 참조). APA 윤리강령에서는 데이터 제공과 연관된 비용에 대한 책임은 요청자가 져야 한다는 심리학자들의 요구를 인정하고 있다. 점점 더 많은 재정지원자들 역시 데이터가 개방된 또는 보안-접속 문서저장소에서 공유되거나, 그렇지 않으면 데이터-관리 계획을 명시할 것을 요구하고 있다. APA 학술지에 논문을 게재하는 저자들은 열린과학체계Open Science Framework의 APA 포털에 데이터를 공유하도록 요구된다(https://osf.io/view/apa/).

특히, 자신의 데이터를 공유하려는 연구자에게는 인센티브가 제공된다(예, 열린과학

센터Center for Open Science를 통해 열린과학배지Open Science Badges가 제공됨). 열린과학배지는 ① 데이터 수집과 분석 과정에서 연구자들이 사용한 **자료**materials(예, 지시사항, 자극물, 빈 질문지, 처치 매뉴얼, 소프트웨어, 인터뷰 프로토콜, 세부 절차, 수학적 모델의 부호), ② 연구 참여자들의 반응을 글, 전자장치, 또는 시청각 기재로 기록한 **원자료**source data(예, 종이로 된 질문지, 대본, 출력파일, 관찰노트, 동영상 녹화 기록물), ③ 논문원고에 보고된 분석 산출에 사용된 원자료의 처치 버전인 **분석 데이터**analysis data를 공유하면 수여된다.

심사 기간 동안의 공유. 다음에 논의되는 조건과 예외에 따라, 심사 및 게재 과정 동안 보고서의 정확성에 관한 의문점이 생기는 경우, 저자는 데이터, 분석 및/또는 자료를 공유해야 한다. 요청이 있으면, 저자는 학술지 편집자와 (편집자의 승인을 받으면) 심사위원에게 원자료를 공유함으로써 보고된 분석과 데이터의 정확성, 그리고 연구에 엄격히 적용했음을 입증해야 한다. 만일 원자료에 대한 진실성 또는 처리과정에 의문점이 생긴다면, 요청 즉시 저자는 편집자와 원자료에 대한 접근을 공유해야 한다. 심사과정에서 요청된 데이터 공유에 드는 비용은 저자가 지불해야 한다. 마찬가지로, 학생들은 박사학위논문, 석사학위논문, 또는 연구 프로젝트를 심사하는 교수진에게 원자료를 제공해야 할 것으로 예상해야 한다. 만일 심사과정에서 요청된 자료 또는 데이터 공유를 저자가 거절한다면, 학술지 편집자는 논문게재를 거부할 권리가 있다. 학생 저작물의 경우, 요청된 자료 또는 데이터 공유에 대한 거절은 낙제점수 또는 논문심사 탈락으로 이어질 수 있다. 질적 연구로부터의 데이터에 대한 공유 접속 시 추가의 고려사항은 1.15절을 참조하라.

논문게재 · 출판 후 공유. 저자는 논문게재 후, 조건과 예외하에 자신의 소속기관, 학술지, 재정지원기관, 또는 기타 지원단체가 명시한 보유기간 동안 다른 연구자들이 데이터를 공유하게 해야 한다. 이는 역량을 갖춘 다른 전문가들이 저자가 내린 결론의 토대가 되는 데이터를 사용하여 보고된 분석 결과를 확인하거나, 논문의 가설을 다룬 대안적 분석을 조회할 수 있게 해 준다(APA 윤리강령 기준 8.14a, 입증을 위한 연구 데이터 공유Sharing Research Data for Verification, 그리고 기준 6.01, 전문적 · 과학적 저작물의 문서화와 기록 유지Documentation of Professional and Scientific Work and Maintenance of Records 참조). 역량을 갖춘 전문가competent professionals란 현재 연구기관 또는 교육적 고용주 책임을 맡고 있는 사람들과 연구의 배경, 방법, 분석을 이해할 수 있을 정도의 훈련을 받았고, 그에 따른 자격증을 소지하고 있는 사람들을 말한다. 학술지 편집자는 연구주제에 대해 역량을 갖춘 전문가의 자격을 입증하도록 요청받을 수 있다. 질적 연구 데이터를 공유하는 경우의 추가 고려사항은 1.15절을 참조하라.

일반적으로 내부 데이터 유지(예, 익명화anonymization, 데이터 전송, 번역)에 관한 일반 기준 외에 데이터 요청에 응하는 데에 드는 추가 비용은 요청자가 부담해야 한다. 그리고 이러한 비용은 필요한 서비스와 자료에 대해 합리적인 현지 요금에 따라 부과되어야 한다. 만일 저자가 보유기간 내에 조회를 위한 데이터 공유를 꺼리거나 공유할 수 없는 상황이 발생하면, 학술지의 현 편집자는 해당 논문을 철회하거나 발행인publisher 방침에 따라 연구 결과물에 관한 '우려 표시Expression of Concern' 공문을 발부할 수 있다.

데이터와 자료는 때로 논문게재 후에 이전에 개요를 서술한 것 외의 목적으로 요청될 수 있다. 데이터와 자료의 요청 사유와 상관없이 오해를 피하기 위해서는 데이터를 요청한 연구자와 이를 제공하는 연구자가 데이터 공유 조건에 관해 서면동의를 주고받는 것이 중요하다(APA 윤리강령 기준 8.14a, 입증을 위한 연구 데이터 공유Sharing Research Data for Verification 참조). 일반적으로, 이러한 동의에는 공유된 데이터의 용도에 대한 한계(예, 이미 게재된 결과의 조회, 메타분석 연구에의 포함, 이차 분석), 누가 데이터에 접근해도 좋은지(예, 요청자만, 요청자와 직접적인 수퍼바이지, 아무런 제한 없이 관심 있는 사람은 누구나), 그리고 요청자가 데이터를 어떻게 저장·폐기할 것인지가 명시된다. 더욱이, 동의에는 데이터를 기반으로 수행된 분석 결과의 보급에 대한 한계(예, 학술대회 발표논문, 내부 보고서, 학술지 논문, 또는 서적 장으로 발표할 수 있는지), 그리고 공유된 데이터에 근거를 둔 논문게재의 저자권에 대한 기대사항이 명시되어야 한다. 데이터 공유 절차는 저작권 소유자의 권리(12.20절 참조), 참여자 동의, 재정지원기관의 요구조건, 연구 수행을 허가한 IRB와 기타 윤리위원회의 요구조건, 그리고 데이터 보유자의 고용주가 공표한 규칙에 대해 적절히 고려함으로써 시작되어야 한다.

저자는 데이터 및/또는 자료를 온라인에 공개적으로 업로드하는 것을 선택 또는 요청받을 수 있다. 학술지 편집자는 개방적인 공유 권장, 의무화, 및/또는 저자들에게 데이터와 자료를 공유할 수 없는 이유(예, 참여자의 사생활권 침해 위험)를 제시하게 하는 방침을 정할 수 있다. 개방적 공유를 위해 특정 데이터 또는 자료에 대한 영구적인 링크 URL은 저자주의 개방적 실천 절(2.7절 참조)에서처럼 논문에 제시되어야 하고, 데이터 세트에 대한 참고문헌 역시 논문의 참고문헌 목록에 포함되어야 한다(인용 방법에 관해서는 10.9절 참조). 연방정부의 재정지원을 받거나 연구비 지원을 받은 연구는 종종 데이터 공유에 대한 요구조건의 영향을 받는다. 예를 들면, 미 국립보건원

National Institutes of Health(n.d.)의 데이터 공유 정책을 참조하라.

데이터 공유의 조건과 예외. 특정 목적으로 데이터와 자료를 공유 또는 업로드에 앞서, 연구자는 개인적으로 식별 가능한 정보 또는 개별 참여자의 개인정보에 링크를 재설정할 수 있는 코드를 삭제해야 한다. 때로 인구통계학적 또는 기타 공적 정보의 독특한 결합은 참여자의 개인정보 확인에 사용될 수 있으므로, 연구자는 이러한 가능성도 유념해야 한다. 데이터 공유와 건강정보 보호를 위한 개인정보 제거 조건에 관한 규정과 지침을 확인하려면, 소속기관 또는 국가의 관련 정책을 참조하라(예, 유럽연합 일반 데이터보호규정European Union General Data Protection Regulation[GDPR], 미국 건강보험 양도 및 책임에 관한 법Health Insurance Portability and Accountability Act[HIPAA]).

연구 참여자의 비밀유지 외에, 일부 독점계약은 데이터와 자료 공유를 금할 수 있다(예, 기업에 의해 비밀로 제공되는 데이터, 저자에 의해 상업적으로 개발된 코딩 도식). 연구의 정확성과 진실성이 일반적인 방식으로 확인될 수 없는 경우, 편집자는 독점계약이 설정된 연구물 게재에 대한 수용가능성에 관한 학술지 정책을 마련할 책임이 있다. 이 정책은 과학적 진실성에 관한 관심을 충족시킬 대안적 방식의 이용가능성에 달려 있을 수 있다. 예를 들면, 충분한 자격을 갖춘 연구자가 독점적인 성격검사를 구매함으로써 누군가가 독립적인 검정을 도울 수 있음이 확인된다면, 그 검사를 사용하는 연구는 수용될 수 있다.

1.15 질적 연구를 위한 추가 데이터 공유 시 고려사항

편집자, 동료, 그리고 기타 연구자들과의 질적 데이터 공유에 대해서는 1.14절에서 기술된 것 외에 별도의 고려사항이 있다. 인간연구에 관한 APA 위원회에 다수의 질적 연구자들은 질적 연구 데이터 공유에 대한 우려를 표해 왔다(Data Sharing Working Group, 2015; DuBois et al., 2018; Guishard, 2018). 이러한 쟁점을 처리하기 위한 방법에 대해 아직 의견의 일치를 보지 못하고 있지만, 이 절에서는 데이터 공유에 대한 대안 사용을 금지 또는 제안하는 몇 가지 사항에 집중 조명한다.

연구보고서에서의 원자료 제시. 질적 연구보고서에서 데이터는 보통 재생산된다. 데이터의 일부(예, 인터뷰 내용 인용문)는 분석과정 예시와 데이터에서 연구 결과의 근거를 보여 주기 위해 제시된다. 이 원자료는 조회를 위해 논문의 본문에 수록되어, 원고 심사 과정에서 편집자와 심사위원뿐 아니라 독자들이 연구에서 도출된 결론의 적절성을 평가 · 질문할 수 있는 근거를 제공한다.

비밀유지 한계. 참여자의 비밀유지 의무는 질적 데이터 공유에 대한 윤리적 쟁점이 될 수 있다. 예를 들어, 참여자의 삶에 관한 다수의 세부적인 이야기를 비롯한 질적 연구의 원자료에는 데이터를 의미 있게 하는 세부사항이 담겨 있을 수 있지만, 삼각관계가 되는[triangulated] 경우에는 절충해서 노출할 수 있다. 질적 연구는 또한 선발된 사람들의 독특한 속성 때문에 이들에 관한 집중적인 사례연구를 포함할 수 있다. 연구자는 원고 내에서 참여자들의 개인정보를 가리고자 할 수 있지만, 완전한 데이터 세트가 공유된다면, 분석 결과 평가에 의미 있는 모든 것을 보유할 수 있어서 참여자의 비밀유지가 가능하지 않을 수 있다. 의미를 상실하는 일련의 데이터를 생성해야 하는 경우, 참여자 식별로 이어질 모든 정보를 제거해야 하는 일에 대해 연구자에게 큰 부담을 지울 수는 없다. 그 결과, 연구자는 대신 참여자들의 비밀유지를 위해 중요한 데이터를 제공하지 않을 수 있기 때문이다(때로 이 과정을 금지하는 문제는 McCurdy & Ross, 2018 참조).

동의 한계. 참여자들이 연구 참여를 위해 특정 연구자 집단에는 동의하되, 다른 연구자들에게는 확대하지 않는 경우도 있다. 이러한 경우는 취약층 사람들에게 특별한 문제가 될 수 있다. 예를 들어, 레즈비언 참여자는 자신에 관한 데이터를 분석하는 것에 대해 자신의 공동체에 속하면서 자신들의 권리를 지지하고자 하는 연구자에게는 동의하지만, 다른 동기가 있는 연구자에게는 동의하지 않을 수 있다. 마찬가지로, 연구자에 따라서는 여러 해 동안 신뢰를 구축하여 특정 공동체로부터 데이터를 수집 · 분석하지만, 공동체 구성원들은 이러한 신뢰를 다른 연구자 집단에게는 확대하지 않을 수 있다. 실제로, 공동체에 따라서는 데이터 자체의 소유자 또는 공동소유자가 될 수 있고, 데이터 공유를 거부할 수도 있다(DuBois et al., 2018; Tuck & Yang, 2014). 그 결과, 연구자와 참여자의 관계는 중요한 윤리적 고려사항이면서 데이터 공유 거부에 영향을 주는 요소가 될 수 있다.

연구자들의 관점 한계. 많은 질적 연구자는 자신들의 역사와 인식론적 관점을 탐구과정에 대한 타당한 영향력으로 간주한다. 따라서 질적 연구 데이터를 공유하는 경우, 연구자의 관점과 경험이 고려되어야 한다. 만일 연구자가 사려 깊지 못하거나 목적의식이 없거나 이러한 영향에 대해 솔직하지 않다면, 연구는 위태로워질 수 있다. 그러나 연구자가 깨어 있다면, 신중하게 탐구적 태도(예, 현상학적 범주화bracketing), 개인적 경험(예, 문화기술적 연구), 연구팀(분석 대상의 공동체로부터의 연구자들 포함), 또는 분석 렌즈(예, 비판 이론)를 정교화함으로써, 연구의 질을 높이는 한편, 분석 작업의 예리함을 심화시킬 수 있다(Guishard et al., 2018). 이러한 질적 연구자들은 편집자 또는 외부 연구자가 자신들의 관점을 공유하지 않을 수 있으므로, 자신들의 분석을 평가할 때 똑같은 방식으로 자신들의 연구를 해석할 것으로 기대하지 않을 것이다.

질적 탐구에서는 연구자가 분석도구가 된다. 이에 데이터 세트에 대한 상세 이해를 발달시킨 사람들 또는 데이터에 대한 자신의 민감성 증진을 위해 관점을 발달시킨 사람들은 전형적으로 미묘한 차이, 암묵적 의미, 그리고 전체에 영향을 주는 연관성에 더 집중한다. 이는 편집자 또는 외부 연구자는 연구 결과의 반복을 기대해서는 안 되고, 데이터를 공유하기 전에 공유된 데이터 검토를 위한 적절한 목적과 근거를 구체적으로 밝혀야 함을 의미한다. 선택된 연구에의 접근은 연구자와 참여자들의 인식론적 책무를 나타낼 수 있고, 이런 가치는 데이터 공유 노력에서 고려되고 존중될 필요가 있다. 어떤 경우에도 데이터 검토는 질적 연구에서 분명한 인식론적 위치와 분석 과정에 대한 예리한 인식과 함께 수행될 필요가 있을 것이다.

1.16 데이터의 중복 · 단편 게재

문헌상의 보고는 분리된 연구 노력의 독립성을 정확하게 반영해야 한다. 데이터의 중복게재와 단편게재는 과학적 지식 축적에서 오리지널 연구의 양을 잘못 제시되게 한다. **중복게재**duplicate publication란 동일한 데이터 또는 아이디어를 2개의 분리된 저작물로 학술지에 게재하는 것을 말한다. **단편게재**piecemeal publication란 한 가지 연구 노력으로부터의 연구 결과물을 불필요하게 다수의 저작물로 나누는 것을 말한다.

중복게재. 이전에 게재되었던 데이터를 오리지널로 잘못 발표하는 것은 APA 윤리강령에서 엄격하게 금지된다(기준 8.13, 데이터의 중복게재Duplicate Publication of Data). 중복게재는 실제로 존재하는 것보다 더 많은 정보가 이용 가능한 것처럼 보이게 함으로써 지식 기반을 왜곡시킨다. 이는 또한 부족한 자원을 낭비한다(학술지 페이지와 편집인과 심사위원의 시간과 노력). 중복게재의 금지는 학문 분야의 축적된 지식을 위해 특히 중요하다. 중복게재는 연구를 통해 발견된 사실이 실제보다 더 반복되거나, 특정 결론이 누적된 증거에 의해 정당화되는 것보다 더 강하게 지지되고 있다는 잘못된 인상을 심어 줄 수 있다. 중복게재는 또한 저작권 위반으로 이어질 수 있다. 저자들은 1인 이상의 학술지 발행인에게 똑같은 자료에 대한 저작권을 할당할 수 없다. 게재를 위한 원고를 제출할 때, 저자들은 자신들이 원고를 온라인에 게시했는지를 알릴 의무가 있다(논문 전체 또는 중요한 부분만). 일부 편집인은 이러한 포스팅을 사전 게재prior publication로 간주할 수 있다.

☐ **중복게재의 예시와 예외.** 저자는 어디에든지 전체 또는 중요한 부분에서 이미 게재했던 원고를 제출해서는 안 된다(이전에 게재된 자신의 저작물과 상당히 유사한 형태 또는 내용의 원고 포함). 이 방침은 번역물에도 적용된다. 연구를 한 가지 언어로 게재한 후, 타 언어로 번역하여 다시 게재하는 것은 허용되지 않는다. 이전 게재에 관해 의구심이 드는 저자는 원고를 제출하려는 학술지의 편집자에게 문의해야 한다.

중복게재에 대한 방침에 의하면, 공매public sale를 위해 제공된 출판물(예, 학술대회, 발표자료집, 또는 서적의 장)에 게재되었던 동일 또는 중복된 자료는 어디서든 재출판하지 않아야 한다. 그 이유는 이 자료는 널리 이용 가능한 것으로 간주되기 때문이다. 예컨대, 짧은 보고서는 반복 가능한 방법론에 관한 기술을 포함하기 때문에, 확장된 보고서가 어디서든 게재되지 않을 것이라는 암묵적 합의로 APA 학술지에 게재된다. 짧은 보고서는 저작물에 대한 아카이브 기록이다.

중복게재에 관한 정책에는 몇 가지 배제 조항이 있다. 이전에 초록 형태(예, 학술대회, 발표자료집) 또는 제한된 부수 또는 이용 가능한 정기간행물(예, 대학의 학과 또는 정부기관 보고서, 박사학위논문)에 게재되었던 원고는 폭넓게 보급되는 곳venue(예, 학술지)에는 다시 게재될 수 있다. 박사 또는 석사 학위논문에 보고되었거나 사전인쇄 문서 저장소preprint repository에 게재되었던 연구가 학술지 논문으로서 동료심사와 출판으로부터 혜택을 받을 수 있는지 알아보려면, 학술지 편집자에게 문의하라.

마찬가지로, 새로운 이론 또는 방법론에 따라 이미 게재된 데이터를 재분석하는 것은 중복게재로 간주되지 않는다. 단, 재분석이 명확하게 이러한 용도로 라벨이 붙어 있고 연구된 현상에 대해 새로운 통찰을 제공하는 경우에 한한다. 이 정책 역시 후속 연구follow-up study에는 적용되지 않는다. 예를 들면, 연구자는 임상실험을 통해 처음으로 초기 연구를 통해 발견한 사실을 보고하고, 이어 실험 종료 2년 후에 후속 평가 결과를 보고할 수 있다.

☐ **이전 저작물 인정 및 인용.** 저자들은 때로 근본적으로 같은 자료를 1개 이상의 공

간에 게재하여 다른 독자들에게 도달하고 싶어 한다. 게재된 저작물을 온라인에서 접속할 수 있게 한다면, 이러한 중복출판은 거의 정당화될 수 없다. 만일 저자들이 이러한 행위가 정당화될 수 있다고 생각한다면, 논문에 오리지널 보고서에 대한 참고문헌을 포함해야 한다(편집자, 심사위원, 독자들에게 알리기 위해, 그리고 이전 저작물의 저작권자에 대한 저자의 의무를 다하기 위해). 만일 이전에 출판된 자료를 과학적으로 다시 제시할 필요가 있다고 여겨진다면(예를 들어, 저자의 실험실로부터 이전 저작물에 대한 후속으로 새로운 분석을 보고하거나 새로운 연구의 틀을 구성하기 위해), 다음의 조건이 충족되어야 한다.

1. 중복자료의 양이 본문의 총 길이보다 적어야 한다.
2. 저자는 저자 주와 본문의 모든 관련된 절(예, 방법, 결과)에서 해당 정보가 이전에 보고되었던 적이 있음을 밝히고, 이전 저작물을 인용해야 한다.
3. 저자는 재인쇄되거나 개작된 표와 그림에 대한 저작권 귀속을 제공해야 하고, 저작권자로부터 허가를 받아야 한다(12.14–12.18절 참조).
4. 원저작물은 참고문헌 목록에 분명하고 정확하게 인용되어야 한다(자기표절에 관한 논의는 1.17절, 8.3절 참조).

원저작물의 저자가 다수이고 새로운 저작물의 저자권이 같지 않은 경우, 원저작물의 모든 저자는 자신의 후속 게재에서의 기여에 대해 적절한 저작권 허가copyright permission(12.20절 참조)를 제공해야 하고, 동의된 크레딧agreed-upon credit(예, 저자 주에서; 2.7절 참조)을 받아야 한다.

단편게재. 저자는 학술지의 한정된 공간에 최대한 경제적이고 완전하게 저작물을 제시할 의무가 있다. 단일 논문에서 의미 있게 결합할 수 있는 데이터는 함께 제시함으로써 효과적인 소통을 증진해야 한다.

연구 결과의 단편piecemeal 또는 분할 게재fragmented publication는 오해의 소지가 될 수 있다. 다수의 보고서가 데이터 수집 또는 분석의 독립적인 사례들을 제시하기 위한 것처럼 보이는 경우에 그렇다. 특히, 이는 심사 또는 메타분석에서 과학적 문헌의 왜곡을 초래할 수 있다. 그러므로 단일 연구 결과의 단편게재는 이에 대한 명백한 이유가 없다면 바람직하지 않다. 타당한 이유가 있는지를 결정하는 것은 매우 어려울 것이다. 그러므로 다른 데서 출판했거나 제출했던 저작물에 제시된 연구 또는 데이터를 근거로 원고를 제출하는 저자는 그 자료와 중복된 범위를 학술지 편집자에게 알려야 하고, 제출하려는 논문이 어떻게 이전의 보고서를 토대로 작성되었는지 상세히 알려야 한다. 동일하거나 밀접하게 관련된 연구에 근거를 둔 둘 또는 그 이상의 논문원고 게재가 분할게재가 되는지는 편집자가 판단할 문제다.

□ **대규모 척도, 종단 프로젝트, 질적 · 혼합 방법 연구로부터의 다수 게재.** 다수의 보고서 게재가 필요하고 적절한 시기들이 있다. 다학제간[multidisciplinary] 프로젝트는 흔히 다양한 주제를 다루고, 서로 다른 연구 질문에 답한다. 따라서 이러한 연구 결과들을 단일 논문에 게재하는 것은 부적절할 수 있다. 마찬가지로, 연구자들은 때로 동일한 도구를 사용하여 서로 다른 이론적 질문을 다루기 위한 목적으로 연구를 설계한다. 만일 분리된 연구보고서로 작성된다면, 각 보고서는 독자적으로 기여해야 하고, 다른 보고서 또는 이전에 게재되었던 자료와 상당 부분 중복되지 않아야 한다. 연구자들은 데이터 수집을 시작할 때부터 데이터가 어떻게 제시될 것인지 고려해야 한다(예, 단일 보고서 vs. 다수의 보고서). 데이터 분석과정에서 새로운 연구 문제 또는 분석이 이루어지더라도, 연구자는 추가 연구를 추출할 목적만으로 데이터를 파헤쳐서는 안 된다. 모든 보고서가 동일한 전체 프로젝트로부터 나오더라도, 각 보고서의 서론, 결과, 논의 절은 독자적으로 작성되어야 하고, 적어도 방법 절의 일부 역시 독자적으로 작성되어야 한다.

서로 다른 시점에서 수집된 데이터가 독자적인 과학적 기여를 한다는 점에서 다수의 논문게재가 적절한 경우, 종단연구 또는 대규모 척도 연구가 또 다른 대안이 된다. 더욱이, 유용한 지식은 가급적 신속하게 다른 사람들에게 이용 가능하게 해야 한다. 만일 논문게재가 모든 연구가 종결될 때까지 지체된다면, 이는 불가능하게 된다.

질적 데이터 수집과 분석이 단일 논문으로의 게재에 적절하지 않은 여러 권으로 된 연구 결과를 산출하는 경우, 일부 질적 · 혼합 방법 연구에서는 다수의 보고서가 요구될 수 있다(예, 연구자들이 분리된 문헌과 관심사와 관련하여 별개의 목적이 있고 의미 있는 연구 질문 탐색을 위해 면접을 수행하는 경우). 혼합방법 연구로, 저자들은 다수의 논문을 게재할 것이다(예, 질적 연구, 양적 연구, 혼합방법 개요 연구[각 연구는 이러한 방법들을 통해 산출된 연구 결과에 기초한 새로운 통찰에 초점을 맞춤]).

이런 부류의 연구들을 기반으로 다수의 보고서를 작성하는 경우, 저자는 프로젝트에 대한 이전의 보고서를 인용함으로써, 독자들이 해당 저작물을 정확하게 이해할 수 있게 해야 한다. 예를 들어, 종단연구 초기에 저자는 연구를 기반으로 게재된 이전의 모든 저작물을 인용해야 한다. 잘 알려진 또는 장기 종단연구의 경우, 저자는 오리지널 출판물, 최근 요약본, 그리고 현재의 보고서에 언급된 동일 또는 관련 있는 과학적 문제에 초점을 둔 이전의 논문들을 인용해야 한다. 완성된 데이터 세트와 여전히 수집 중인 데이터 세트의 구분은 유익하다. 전체 보고서에서 이전 보고서의 설계와 방법에 관한 기술 반복은 필요하지 않다. 저자는 독자들이 이런 세부 정보에 관해 이전의 출판물을 찾아보게 할 수 있다. 충분한 정보를 제공하여 독자들이 현 보고서를 평가할 수 있게 하는 것은 중요하다. 대규모 연구들을 기반으로 작성된 다수의 보고서에 샘플 중복 수준을 명확하게 밝히는 일 역시 중요하다. 다시 말해서, 저자들은 이러한 유형의 원고를 제출하기 전에 학술지 편집자들에게 알리고 자문을 구해야 한다.

동일하거나 밀접하게 관련이 있는 연구에 근거를 둔 둘 또는 그 이상의 보고서 게재가 단편출판으로 볼 수 있는지는 원고가 다른 출판기준에 부합되는지의 결정과 마찬가지로 편집자가 판단할 문제다. 저자는 연구와 관련된 모든 이전의 저작물을 참고문헌 목록에 포함하고 본문에 인용함으로써 원고에 명시해야 한다(이전의 저작물 인정과 인용에 관해서는 앞 절 참조). 원고를 제출할 때, 저자는 이미 출판된 적이 있거나, 논문게재 허가를 받았거나, 동일한 학술지 또는 기타 기관에 동시에 제출했던 유사한 원고에 관해 커버레터에 학술지 편집자에게 알려야 한다. 그러면 편집자는 제출된 원고가 고려할 만큼 충분히 새로운 정보를 포함하고 있는지에 대해 정보에 기반한 판단을 할 수 있다. 만일 저자의 개인정보가 심사를 위해 익명 처리된다면, 이전 저작물의 참고문헌 역시 심사과정이 완료되기 전까지 감춰져야 한다.

만일 심사 또는 생산 과정에서 원고가 중복 또는 단편 게재 방침을 위반했고 저자가 편집자에게 위반 가능성을 알리지 않은 사실이 밝혀진다면, 원고는 더 이상 고려되지 않은 상태에서 게재가 거부될 수 있다. 만일 이러한 위반이 APA 학술지에 게재된 후에 밝혀진다면, 발행자에 의해 철회 또는 중복게재 통보 같은 적절한 조치가 취해질 수 있다.

서적의 장으로의 논문 재출판. 학술지 논문은 때로 서적 장chapter으로의 출판을 위해 수정된다. 저자는 독자들에게 새로운 저작물의 부분이 이전에 출판되었음을 밝히고, 참고문헌과 출처를 인용할 책임이 있다. 만일 저작권이 출판사 또는 다른 사람에게 있다면, 저자는 저작물의 재인쇄 또는 개작을 위한 허가를 받아야 하고, 해당 장에 저작권 귀속을 포함해야 한다(12.14–12.18절 참조).

1.17 표절과 자기표절의 시사점

표절plagiarism이란 다른 사람의 단어, 아이디어, 또는 이미지를 자신의 것으로 제시하는 행위를 말한다. 이러한 행위는 마땅히 크레딧이 주어져야 하는 상황에서 저자의 크레딧을 부인하는 것이다. 고의든 아니든 간에, 표절은 학문에서의 윤리기준을 위반하는 행위(APA 윤리강령 기준 8.11, 표절 참조)인 동시에 현실세계에 심각한 영향을 미친다. 표절된 저작물을 게재하려는 저자는 게재 거부에 직면하게 될 뿐 아니라, 전문가 단체의 제재, 소속기관의 처벌, 및/또는 연방정부의 재정지원 신청 대상자에서 배제될 수 있다. 표절한 과제물을 제출하는 학생들은 낙제점수에 직면할 수 있고, 학생 또는 대학징계위원회로부터의 제재, 정학, 또는 퇴학 처분을 받을 수 있다. **자기표절**self-plagiarism이란 이전에 오리지널로 게재한 자신의 저작물을 제시하는 행위를 말한다. 이는 독자를 호도하고 특정 주제에 관한 출판물 수를 잘못 부풀리는 결과를 초래한다. 표절과 마찬가지로, 자기표절은 비윤리적이다. 표절과 자기표절 여부 판단과 이를 피할 방법에 관해서는 8.2–8.3절을 참조하라.

연구 참여자와 피험자의 권리와 복지 보호

1.18 연구 참여자와 피험자의 권리와 복지

APA 윤리강령(3절, 8절)에는 심리학자가 인간 참여자와 비인간 피험동물을 통한 연구 수행 시 준수해야 하는 기준이 명시되어 있다. 연구에서 인간과 비인간 동물은 윤리적 · 인도적 대우를 받을 권리가 있다. 인간 참여자를 통한 연구에는 추가적인 권리와 복지 보호가 포함된다. 예를 들면, 연구자는 다음 사항을 필히 준수해야 한다.

- 연구 참여자가 합리적으로 이해할 수 있는 언어를 사용하여 적절한 방법으로 사전 동의, 승인, 또는 허가 획득
- 다음 사항에 대한 참여자 노출 회피 또는 최소화
  - 신체적, 정서적, 또는 심리적 손상
  - 착취적 관계
  - 연구자의 지위, 권력, 또는 권위에 의한 부당한 영향

- 과도하거나 부적절한 연구 참여 유인책
- 정당화될 수 없는, 과도하게 지연된 속임수 또는 사후설명debriefing 절차

• 적절한 측정도구를 사용함으로써 참여자 데이터가 사전동의에 명시되지 않은 일반인 또는 다른 연구자들에게 무단 접속 또는 방출되지 않도록 함(예, 연구 데이터 공유에 대한 사전 서면 동의서 수집을 통해)

비인간 피험 동물은 연구시설에 머무는 동안 인도적으로 돌봄을 받아야 하고, 위생적인 환경이 제공되어야 한다. 비인간 동물 대상 연구의 프로토콜은 수행되기 전에 적절한 **동물돌봄위원회**animal care committee(예, IACUC)의 심의를 받음으로써, 절차가 적절하고 인도적인지 확인해야 한다(APA, 2012a).

APA 회원인 연구자는 분야에 관계없이 대부분의 학술지(APA 학술지 포함)에 논문게재를 위한 선행조건으로 윤리기준을 준수했음을 반드시 입증해야 한다(12.13절 참조). 제3장의 APA 학술지 논문 보고기준에서 기술한 것처럼, 우리는 저자가 자신의 연구가 윤리기준과 기관의 지침을 준수했다는 증명을 원고의 본문에 명시할 것을 권장한다. 예를 들어, 연구 참여자가 자신의 개인정보 노출에 동의했다면(예, 이름), 저자는 동의가 이루어진 사실을 논문의 방법 절에 제시해야 한다. 이 기준의 불이행은 논문게재 거부 또는 게재된 논문 철회의 사유가 될 수 있다.

1.19 비밀유지

저자가 자신의 연구내용을 기술할 때, 참여자가 자신의 개인정보를 노출해도 좋다고 문서로 동의하지 않았다면, 연구자는 "비밀이 보장되어야 할, 자신의 내담자/환자, 학생, 연구 참여자, 기관의 내담자, 또는 기타 이들의 서비스 수혜자에 관한 개인적 신상정보" 노출을 금해야 한다(APA 윤리강령 기준 4.07, 교훈적 또는 기타 목적을 위한 비밀보장이 요구되는 정보의 사용Use of Confidential Information for Didactic or Other Purposes). 문서화를 위한 엄밀한 필수요건은 동의의 성격과 연구의 유형에 따라 다르다.

사례연구에서 **비밀유지**confidentiality는 때로 지켜지기 어려울 수 있다. 예를 들어, 연구자는 연구논문을 학술지에 게재하기 위한 보고서의 피험자로부터 서면동의를 받을 수는 있을 것이다. 연구자는 피험자를 착취하지 않도록 유의해야 한다. 내담자, 환자, 수퍼바이지, 피고용자, 또는 기관의 내담자의 경우처럼, 연구자가 이들에 대한 지도감독, 평가, 또는 기타 권위를 가지고 있는 경우가 그 예다(APA 윤리강령 기준 3.08,

착취적 관계, 그리고 기준 3.05, 다수의 관계 참조).

일부 질적 연구의 유형(참여활동 연구participatory action research, 자문화기술지autoethnography[*역자주. 연구자 자신의 자기성찰을 바탕으로 사회현상을 조망하는 질적 연구])에서 참여자는 연구자와 저자가 될 수 있다(개인적 신상이 드러날 수 있음을 의미함). 참여자 저자 또는 참여자 연구자는 자신에 관한 어떤 정보가 보고서에 제시되는지에 대해 통제권을 지니고 있어야 한다(질적 연구로부터의 데이터 공유에 관해서는 1.15절 참조).

확인 가능한 자료의 위장 전략. 연구자는 피험자 또는 제3자(예, 가족구성원, 고용주)의 신상이 드러나지 않도록 데이터의 일부 측면을 위장함으로써 비밀을 보호할 수 있다. 이를 위한 네 가지 주요 전략으로는 ① 구체적인 특징 변경, ② 구체적인 특징에 관한 기술 제한, ③ 관련 없는 자료를 추가함으로써 사례의 세부사항을 모호하게 만듦, 그리고 ④ 합성 기술 사용이 있다. 개인정보의 위장은 독자들이 잘못된 결론을 도출하게 할 수 있는 방식으로 변수가 변형되지 않는 것이 중요하다는 점에서 신중히 이루어져야 한다(Sweeney et al., 2015). 예를 들면, 개인의 성별이 치료에 중요한 역할을 한다면, 유망한 성폭행 트라우마 치료법을 소개하는 사례에서 개인의 성별 변경은 그 교육적 가치를 저해할 수 있다. 피험자에 관한 세부사항은 기술되고 있는 현상에서 핵심적이지 않다면 생략되어야 한다. 비밀유지는 임상적 또는 과학적 정확성을 위해 희생되어서는 안 된다. 피험자의 신상이 적절히 위장될 수 없는 보고서는 학술지에 게재되어서는 안 된다. 사례자료를 본문에 통합하는 방법에 관한 예시(예, 연구 참여자로부터의 인용문)는 8.36절을 참조하라.

데이터 확인 가능성 제거. 다수 형태의 데이터 또는 보호받고 있는 건강정보가 담겨 있는 데이터 세트로 작업하는 경우 참여자의 비밀유지를 위해서는 추가적인 조치가 필요할 수 있다. HIPAA 웹사이트에는 데이터의 개인정보 제거deidentification를 위한 지침이 마련되어 있다(https://www.hhs.gov/hipaa/for-professionals/privacy/special-topics/de-identification/index.html 참조). 연구자들 역시 다양한 종류의 데이터에서 개인정보 제거를 위한 방법을 개발해 왔다. 예를 들면, 데이터 개인정보 보호연구소Data Privacy Lab의 저작물을 참조하라(https://dataprivacylab.org/projects/index.html).

1.20 이권충돌

APA 윤리강령(기준 3.06, 이권충돌Conflict of Interest)에서 **이권충돌**은 대략적으로 전문적 품

행에 부정적으로 영향을 미치거나 전문적 상호작용을 하는 사람들에게 해를 입히게 될 수 있는 "개인적, 과학적, 전문적, 법적, 재정적, 또는 기타 이익 또는 관계"를 포함하는 것으로 정의된다(2.7절, 12.13절 참조). 따라서 논문게재에서 이권충돌이 발생하는 경우의 주요 문제는 연구 수행과 평가에서의 객관성 손상과 연구 참여자에 대한 피해와 착취 가능성이다.

저자 이익. 모든 과학적 학문 분야에서 전문적 의사소통은 증거에 대한 객관적이고 편견 없는 해석의 기반이 될 것으로 가정한다. 증거와 해석과 관련된 연구자의 입지position에 대한 투명성transparency이 핵심이다. 예를 들면, 연구에서 사용되거나 원고에서 논의된 제품 또는 서비스로 인해 산출되는 저자의 경제적 · 상업적 이익은 증거 수집 및 충실히 해석하는 저자의 능력을 왜곡할 수 있다. 이러한 이익의 발생이 비윤리적인 이권충돌의 원인이 되지 않는다고 하더라도, 해당 분야의 진실성 원칙에 의하면 이런 가능성이 있는 경우 그 가능성을 개방적이고 정직하게 밝혀야 한다. 일반적으로 저자의 가장 안전하고 투명한 행동 방침은 다른 사람들에게 알려지는 경우 이권충돌로 비칠 수 있는(저자는 어떤 갈등 또는 편견이 존재하지 않는다고 믿고 있더라도) 가능성을 저자 주에 명시하는 것이다.

이익이 특별한 의미가 있는지는 개별 상황에 달려 있을 뿐, 역치 값에 의해 정의될 수는 없다. 뮤추얼 펀드mutual fund(*역자 주. 여러 다양한 분야에 대한 투자 서비스를 제공하는 투자 자문 회사)를 통한 회사의 자산은 보통 노출을 정당화하기에 충분하지 않은 반면, 급여, 연구 지원금, 자문 수수료, 그리고 개인의 주식재산은 공개되어야 한다. 이사회 참여 또는 어떤 식으로든 연구 프로젝트의 일부가 되는 단체와의 여타 관계 역시 신중히 공개해야 할 사안이다.

저자가 특정 연구 결과를 지지하게 만들 수 있는 영향력 공개 외에, 저자는 특정 제품, 서비스, 시설, 또는 개인에게 부정적 영향을 줄 수 있는 상황 역시 공개하는 것을 고려해야 한다. 예컨대, 경쟁적인 심리검사 또는 사정 프로토콜에 대한 저작권 또는 저작권 사용료 수익을 얻는 것은 다른 검사도구에 대해 부정적인 편견을 갖게 하는 원인으로 보일 수 있다(American Educational Research Association et al., 2014).

편집자와 심사위원 이익. 학술지 게재를 위해 제출된 원고를 평가하는 편집자와 심사위원의 경우, 이권충돌은 경제적 이익보다 더 폭넓게 정의되고, 보통 공개보다는 기피recusal에 의한 것으로 다루어진다. 자신들의 이권충돌 인정, 이권충돌을 원고를 배정한 사람에게 알리는 것, 그리고 요청 거절 또는 결정을 위한 위원 배정 요청은 편집자와 심사위원들의 책임이다.

편집자와 심사위원들의 경우, 앞서 저자에 관해 기술한 것처럼, 이권충돌은 경제적인 것일 수 있다. 만일 논문의 주제가 편집자 또는 심사위원의 상업적 이익과 직결된다면, 해당 위원은 논문심사 요청을 거절해야 한다. 심사와 관련된 경제적 갈등은 원고를 결정하도록 배정한 사람에게 달려 있다.

편집자와 심사위원들의 이권충돌 역시 인맥의 형태를 띨 수 있다. 저자와의 유대관계, 결혼관계, 절친한 친구관계, 또는 연인관계는 일반적으로 이권충돌로 간주된다. 전문적 관계 역시 이권충돌의 원인이 될 수 있다. 예컨대, 저자 중 한 사람이 공저자, 과거 또는 현재의 협력자, 과거의 박사과정 학생 또는 수퍼바이저, 또는 현재 편집자 또는 심사위원의 동료인 경우에 그렇다. 편집장은 협력에 근거를 둔 갈등이 평생 또는 일정한 시간이 지난 후까지 이어져도 좋은지에 관한 학술지를 위한 정책을 마련해야 한다. 만일 편집자 또는 심사위원이 익명 처리된 저자의 신원을 추측할 수 있고, 개인적 갈등의 가능성이 있다면, 편집자 또는 심사위원은 위원을 배정하는 사람에게 이 사실을 알려야 한다.

과학적 또는 정치적 견해차가 원고의 평가에 영향을 미칠 수 있지만, 의견 기반의 동의 또는 반대를 이권충돌과는 무관한 것으로 정의하는 것은 비현실적이다. 그러나 만일 편집자 또는 심사위원이 자신들의 견해가 근본적으로 원고의 근거 또는 접근에 반대된다는 사실을 알게 된다면, 이 사실을 위원을 배정하는 사람에게 알려야 한다. 이 경우, 편집자는 논란의 여지가 있다고 알려진 원고를 평가할 때, 다양한 지위의 심사위원들로부터 의견을 구해야 한다.

지적재산권 보호

1.21 출판 크레딧

저자권authorship은 출판된 저작물에 대해 상당한 기여를 하고 책임을 수용하는 사람들을 지칭하는 말이다. 사람들은 자신들이 수행했거나 상당한 정도로 기여한 저작물에 대해서만 저자권 크레딧을 소유할 수 있게 된다(APA 윤리강령 기준 8.12a, 출판 크레딧Publication Credit). 그러므로 저자권은 논문작성자뿐 아니라 연구에 대해 상당한 정도로 과학적 기여를 한 사람들을 아우른다. 상당한 정도의 전문적 기여로는 문제 또는 가설 설정, 실험연구 설계 구성, 분석 조직 및 수행, 또는 결과와 발견내용 해석이 있다. 이처럼 기여한 사람들은 저자란에 저자로 기재된다. 기여의 정도가 다소 덜한 경우, 저자권은 주어지지 않지만, 저자 주[author note]에 명시될 수 있다(2.7절 참조, https://casrai.org/credit에서 CRediT이라 불리는 자연과학에서의 저자권 분류체계 참조). 더 낮은 수준의 기여로는 연구 장치의 설계 또는 구축, 분석에 관한 제안 또는 조언, 데이터 수집 또는 입력, 컴퓨터 프로그램의 수정 또는 구조화, 참여자 모집, 그리고 동물 섭외 같은 지원 기능이 있다. 연구에서 사용된 일상적인 관찰 또는 진단의 수행은 저자권에 해당하지 않는다. 그러나 이러한 업무와 다른 과업의 결합은 저자권으로 정당화될 수 있다.

연구 프로젝트에서 실행 가능할 정도로 이른 시기에 공동연구자들은 어떤 과업이 프로젝트의 완성을 위해 필요한지, 이 작업을 어떻게 나눌 것인지, 어떤 과업 또는 과업의 결합이 저자권 크레딧 혜택을 받을 수 있는지, 그리고 어떤 수준의 크레딧이 주어질 것인지(첫 번째 저자, 두 번째 저자 등)를 결정해야 한다. 만일 프로젝트 진행과 논문게재 과정에서 상대적인 기여도에 변화가 생긴다면, 공동연구자들은 저자권 크레딧과 순서를 재사정할 필요가 있다. 이러한 상황은 특히 학생들이 애초에 예견되었던 것보다 더 집중적인 지도가 필요할 때, 학생들의 현재 훈련 수준 범위를 초과하는 추가분석이 요구될 때, 학생들의 기여 수준이 애초에 예견되었던 수준을 초과할 때 교수-학생 협력에서 발생할 수 있다.

원고가 학술지 게재 허락을 받는 경우, 저자란에 기재되는 사람은 자신이 ① 저자로 등재되는 데 대한 동의, ② 저자란에 제시되는 저자의 저자권 승인, 그리고 ③ 저자권의 책임을 수용한다는 것을 서면으로 나타내야 한다.

1.22 저자의 순서

전문가 저자. 저자는 저자권 결정과 2인 또는 그 이상의 저자명이 저자란에 기입될 순서를 명시할 책임이 있다. 주 저자권과 저자권 크레딧 순서는 연구에 포함된 사람들의 상대적인 기여도를 정확하게 반영해야 한다(APA 윤리강령 기준 8.12b, 출판 크레딧). 상대적 지위(예, 학과장, 직급이 낮은 교수, 학생)에 따라 저자의 저자권 순서가 결정되면 안 된다. 일반 규칙은 주 기여자의 이름이 첫 번째로 기입되고, 나머지는 기여도 순으로 기입하는 것이다. 일부의 경우, 다른 주요 기여자가 맨 끝에 기입되기도 한다. 이러한 전통은 분야와 학술지에 따라 다를 수 있다. 초심 저자는 원고를 제출하려는 학술지의 편집자에게 지침에 관한 조언을 구할 것이 권장된다. 만일 여러 저자가 연구와 논문게재에서 같은 정도의 역할을 했다면, 이 사실을 저자 주에 명시할 수 있다(2.7절 참조).

전문가와 학생의 협력. 드문 경우를 제외하면, 박사학위 저작물은 학생에 의해 특정 분야에 대해 독립적 · 독창적 기여가 이루어졌을 것으로 기대된다는 점에서, 학생이 박사학위논문에 상당히 기여한 다수의 저자와 함께 논문원고의 주 저자로 기입되어야 한다(APA 윤리강령 기준 8.12c, 출판 크레딧). 박사학위를 받은 학생에 대한 특이한 예외의 경우는 박사학위논문이 다른 연구자들이 포함된 연구물 수집의 일부로 게재될 때, 또는 최종 원고에 대한 작업이 공저자에 의해 상당 부분 수행되었을 때다. 학생들이 석사 수준 또는 기타 박사 전 연구에 근거를 둔 논문원고에 대한 **주 저자권**principal authorship 혜택을 받을 것인지는 연구에 대한 구체적인 기여도에 달려 있다. 석사과정 학생이 연구에 일차적인 기여를 하는 경우, 이 학생이 첫 번째 저자로 기입되어야 한다. 학생 역시 자신의 석사학위논문에서 주요한 과학적 기여를 할 기술습득을 위한 방법으로 교수 주도의 프로젝트에 교수와 협력할 수 있다. 이 경우, 저자권은 그 프로젝트에 대해 학생과 교수의 상대적 기여도에 따라 결정되어야 한다(Fisher, 2017).

학생 과제물. 학생들이 강좌 담당 교수에게 제출하는 집단 프로젝트에 동일한 수준으로 기여한 경우(논문게재를 위한 것이 아닌 경우), 학생들은 저자란에 자신들의 이름을 특정 순서로 기입할 수 있다(예, 알파벳순, 역알파벳순).

1.23 원고심사 기간 중 저자의 저작권

원고에 대한 편집자 심사에는 편집자와 심사위원들의 원고 윤독과 논의가 필수로 요구된다. 심사과정에서 원고는 비밀유지가 요구되는 기밀문서다. 편집자와 심사위원들은 저자의 명시된 허가 없이는 심사 중인 원고의 내용을 인용하거나 심사 외의 목적으로 사본을 타인(대학원생 또는 박사후 학생)이 볼 수 있게 해서는 안 된다(APA 윤리강령 기준 8.15, 심사위원Reviewers; 동료심사 과정에 관한 상세한 논의에 대해서는 12.7절 참조). 만일 심사위원이 원고의 일부에 관해 동료 자문을 구하고 싶다면, 사전에 편집자에게 허가를 요청해야 한다. 학술지에서는 편집상의 심사 진행 방법에 관한 서로 다른 방침을 정해 놓고 있고, 심사위원들은 의문사항에 대해 편집자에게 자문을 구해야 한다. 더욱이, 편집자와 심사위원은 저자의 동의 없이 자신의 저작물 진보를 위해 미출판 원고의 자료를 사용해서는 안 된다.

1.24 미출판 원고에 대한 저자의 저작권

저자는 자신의 미출판 원고에 대해 권한 없이 사용하는 것에 대해 법의 보호를 받는다. 1976 저작권 법안(미연방법전United States Code 타이틀 17)하에 미출판 저작물은 "저자권의 원저작물이 정해지는 시점(저작물이 실재하는 방식으로 존재하는 순간을 가리킴[예, 페이지 입력])부터 자동적으로" 저작권이 설정된다(U.S. Copyright Office, 2017, p. 1). 저자가 공식적으로 저작권을 이양하기 전까지, 저자는 미출판 원고에 대한 저작권을 갖는다. 학술지에 게재된 저작물에 대한 저작권 소유자의 모든 독점적 권리 역시 미출판 저작물의 저자들에게 주어진다. 저작권 보호를 공고히 하기 위해 발행인은 모든 저작물에 대해 저작권 공고를 한다(예, Copyright [연도] by [저작권 소유자명] [*역자 주. 미국의 형식임]). 저작권 공고는 미출판 저작물에 대해서는 제시될 필요가 없다. 그렇지만 게재되었든 그렇지 않든 간에 저자에게는 모든 저작물에 대해 저작권 공고를 포함할 것이 권장된다. 저작권 등록(예, 미저작권국U.S. Copyright Office, https://www.copyright.gov/registration/)은 보통 공공기록 제공과 법적 조치를 위한 선행요건이다.

1.25 윤리준수 체크리스트

다음의 체크리스트는 윤리의 필수요건 준수를 공고히 하기 위한 일반 안내 지침을 제공한다.

윤리준수 체크리스트

- ☐ 다른 연구자가 자신의 것(전매특허proprietary)으로 여길 수 있는 미출판 도구, 절차, 또는 데이터 사용에 대한 서면 허가를 받았는가?
- ☐ 원고에 제시된 모든 출판된 저작물, 미출판 저작물, 그리고 기타 저작물의 아이디어와 창작물을 적절히 인용했는가? 필수로 요구되는 항목에 대해 허가와 서면으로 저작권 사용 허가를 받았는가?
- ☐ 원고의 방법 절에 연구에 대한 기관의 검토 사실을 보고했는가?
- ☐ 사전동의, 승인 및/또는 사후보고debriefing 절차에 관해 편집자의 질문에 답할 준비가 되어 있는가?
- ☐ 수행한 연구에 비인간 피험 동물이 포함되어 있다면, 이러한 동물에 대한 인도적 돌봄과 처우에 관한 편집자의 질문에 답할 준비가 되어 있는가?

- ☐ 모든 저자가 원고를 검토했고 그 내용에 대한 책임에 동의했는가?
- ☐ 원고에 제시된 정보의 출처가 된 연구 참여자, 내담자/환자, 기관, 제3자, 또는 기타 대상자들을 적절히 보호했는가?
- ☐ 연구를 위해 사전동의에 명시된 동의내용과 일치된 데이터만 참여자에게 방출 또는 공유했는가?
- ☐ 만일 수행한 연구가 임상실험이고 등록되었다면, 등록 사실을 저자 주와 본문에 보고했는가?

2

논문원고 요소와 형식

목차

2

논문원고 요소와 형식

논문원고의 순서, 구조, 형식의 일관성은 독자들이 논문원고의 제시 방식보다는 내용에 초점을 맞출 수 있게 해 준다. 논문원고의 요소 제시에 있어서 일관성 유지를 위해 APA 양식 지침을 따르는 것은 효과적인 학술적 저작물의 공들인 작성에 필수적이다. 이 장에서 우리는 논문원고 요소의 구성, 형식, 조직방법 등, 이에 대한 개요를 제공한다. 이러한 지침은 어떤 APA 양식 논문원고에라도 폭넓게 적용되고, 특히 APA 양식이 익숙하지 않은 학생 또는 연구자에게 유용할 수 있다. 논문게재를 위한 원고를 준비 중인 연구자들을 위한 심도 있는 지침, 즉 양적 · 질적 · 혼합 방법 연구를 위한 학술지 논문 보고기준journal article reporting standards(JARS)은 제3장에서 논의된다. 학생들은 1.10절과 12.1절에서 박사 및 석사 학위논문을 위한 지침을 확인할 수 있다. 이 장의 끝부분에는 샘플 APA 양식 논문원고가 제시되어 있다. 추가적인 샘플 논문원고는 APA 양식 웹사이트(https://apastyle.apa.org)에서 이용이 가능하다.

필수요소

2.1 전문적 논문원고의 필수요소

논문원고 요소는 저작물의 성격에 따라 다양한 복합적인 형태로 제시된다. 학술지 게재를 위해 제출된 원고는 항상 ① 논문원고 제목(2.4절 참조)이 담긴 제목 페이지(2.3절 참조), 저자명과 소속기관(2.5–2.6절 참조), 저자 주(2.7절 참조), ② 난외표제running head와 페이지 번호(2.8절, 2.18절 참조)와 함께 페이지 표제headers, ③ 초록(2.9절 참조), ④ 본문(2.11절 참조), 그리고 ⑤ 참고문헌 목록(2.12절 참조)을 포함한다. 논문원고는 또한 핵심어(2.10절 참조), 각주(2.13절 참조), 표(제7장 참조), 그림(제7장 참조),

부록(2.14절 참조), 및/또는 보충자료(2.15절 참조)를 포함할 수 있다. 학술지에 논문을 게재하려는 저자는 학술지의 저자들을 위한 지침 또는 APA 양식에서 명시된 지침, 그리고 추가적인 필수요건에 대한 원고제출 지침을 참조해야 한다.

2.2 학생보고서 필수요소

학생보고서student papers(예, 내러티브 에세이narrative essays, 반응보고서, 문헌고찰 보고서, 1.10절 참조)는 보통 최소한 ① 제목 페이지(2.3–2.6절 참조), ② 페이지 번호(2.18절 참조), ③ 본문(2.11절 참조), 그리고 ④ 참고문헌 목록(2.12절 참조)을 포함한다. 이 역시 표(제7장 참조), 그림(제7장 참조), 및/또는 부록(2.14절 참조)을 포함할 수 있다. 학생보고서는 강좌 담당 교수 또는 기관에 의해 구체적으로 요구되지 않는다면, 보통 난외표제, 저자 주, 또는 초록을 포함하지 않는다. 학생보고서에는 학생 특이적 버전의 제목 페이지(2.3절 참조)가 포함된다.

논문원고의 요소

2.3 제목 페이지

제목 페이지는 모든 APA 양식의 논문원고에 필수적으로 요구된다. 제목 페이지에는 전문적 버전과 학생 버전이 있다.

전문적 제목 페이지. 전문적 제목 페이지(그림 2.1 참조)는 다음 요소를 포함한다.

- 논문원고의 제목(2.4절 참조)
- 논문원고의 저자명(저자란; 저자권 순서 결정은 1.22절 참조, 저자란 구성은 2.5절 참조)
- 저자의 소속(2.6절 참조)
- 저자 주(2.7절 참조)
- 난외표제(역시 모든 페이지에 포함됨; 2.8절 참조)
- 페이지 번호(역시 모든 페이지에 포함됨; 2.18절 참조)

각 요소에 대한 구성 지침은 해당 절을 참조하라.

그림 2.1 샘플 전문적 제목 페이지

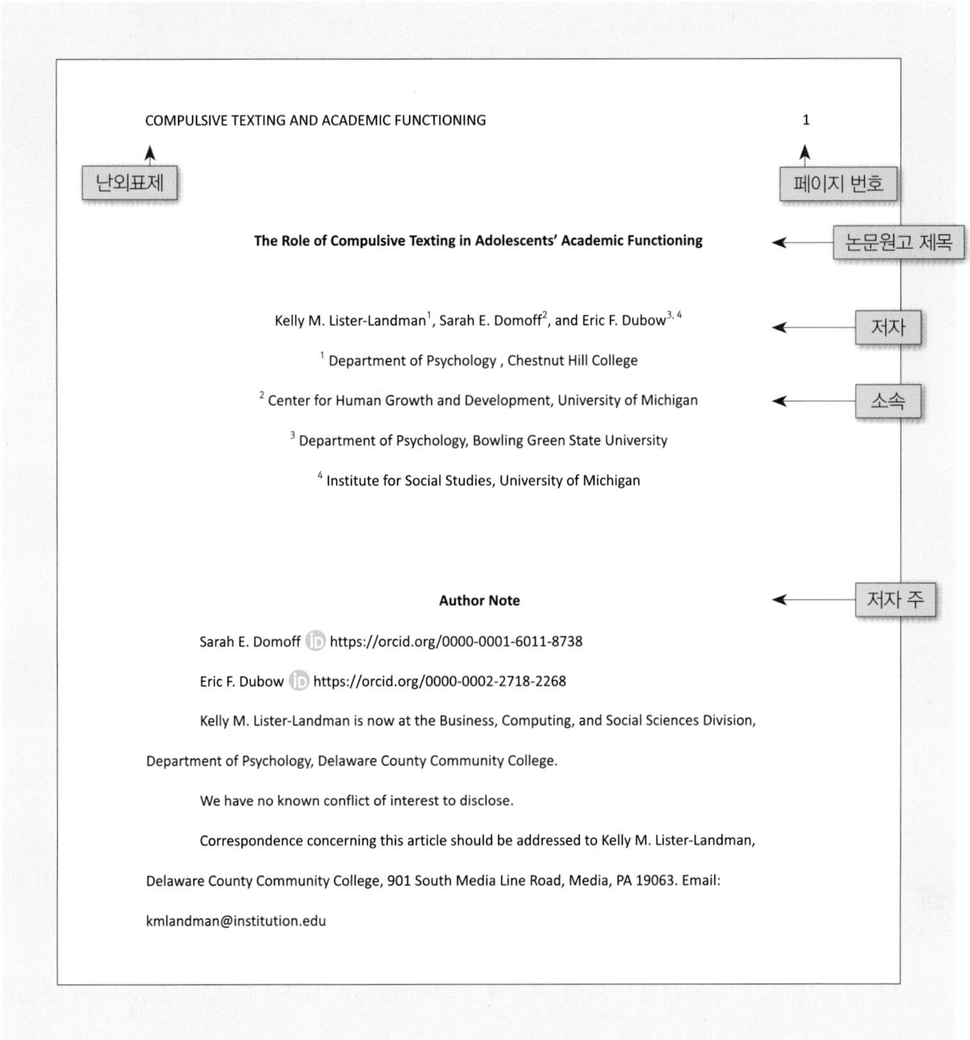
COMPULSIVE TEXTING AND ACADEMIC FUNCTIONING 1

The Role of Compulsive Texting in Adolescents' Academic Functioning

Kelly M. Lister-Landman[1], Sarah E. Domoff[2], and Eric F. Dubow[3, 4]

[1] Department of Psychology , Chestnut Hill College

[2] Center for Human Growth and Development, University of Michigan

[3] Department of Psychology, Bowling Green State University

[4] Institute for Social Studies, University of Michigan

Author Note

Sarah E. Domoff https://orcid.org/0000-0001-6011-8738

Eric F. Dubow https://orcid.org/0000-0002-2718-2268

Kelly M. Lister-Landman is now at the Business, Computing, and Social Sciences Division, Department of Psychology, Delaware County Community College.

We have no known conflict of interest to disclose.

Correspondence concerning this article should be addressed to Kelly M. Lister-Landman, Delaware County Community College, 901 South Media Line Road, Media, PA 19063. Email: kmlandman@institution.edu

학생 제목 페이지. 학생은 어떤 제목 페이지 형식이 사용하기에 가장 적절한지를 결정할 때, 강좌 담당 교수 또는 기관의 가이드라인을 따라야 한다. 만일 지시사항이 없다면, 학생은 제목 페이지에 관해 다음 요소를 포함해야 한다(그림 2.2 참조).

- 보고서의 제목(2.4절 참조)
- 보고서의 저자명(저자란; 저자권 순서 결정은 1.22절, 저자란 구성은 2.5절 참조)
- 저자의 소속, 전형적으로 재학 중인 대학(학과 또는 학부 명칭 포함; 2.6절 참조)

그림 2.2 샘플 학생보고서 제목 페이지

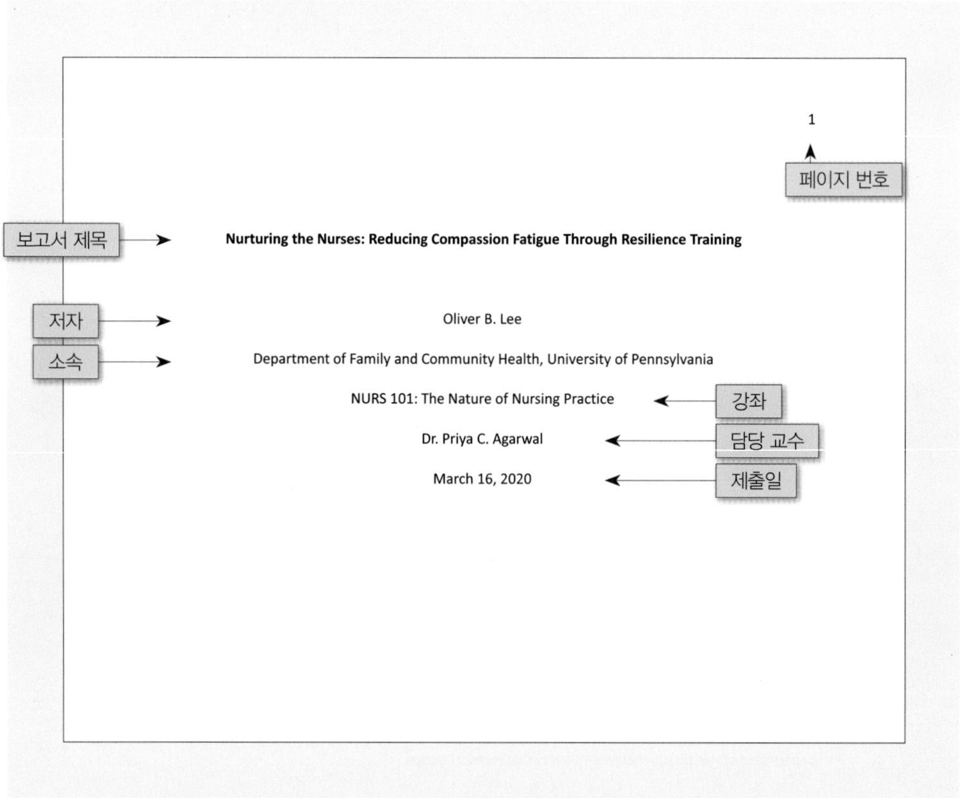

- 보고서가 제출되는 강좌번호와 강좌명(기관의 자료에 제시된 형식을 사용함[예, PSY204, PSYC 4301, NURS 303])
- 담당 교수명(선호되는 형식은 담당 교수에게 확인[예, Dr. Hülya F. Akış; Professor Levin; Kwame Osei, PhD; Mariam Sherzai, RN])
- 과제물 제출 마감일, 미국의 경우 월, 일, 연 형식으로 작성(보통 November 4, 2020, 또는 4 November 2020; 미국에서는 '월'은 글자표기가 권장되지만, 국제표준일자를 사용하는 나라에서는 2020-11-04 같은 형식을 사용함)
- 페이지 번호(역시 모든 페이지에 포함됨; 2.18절 참조)

이러한 요소에 대한 구성 지침은 제목, 저자란, 소속, 그리고 페이지 번호에 관한 절을 참조하라. 강좌번호와 강좌명, 담당 교수명, 그리고 과제물 제출일은 분리된 줄, 이 순서로 중앙정렬, 소속 아래에 위치시킨다(줄 간격에 관한 세부사항은 2.21절 참조).

2.4 제목

제목title은 단순히 논문원고의 주요 아이디어를 요약한 것이어야 하고, 가능하면 독자들이 활용하는 방식으로 작성되어야 한다. 연구논문의 경우에는 연구의 핵심 주제를 간결하게 서술한 것이어야 하고, 연구 중인 변수 또는 이론적 쟁점과 이들 사이의 관계를 알아보게 하는 것이어야 한다. APA 양식에서는 미리 정해진 제목 길이의 제한은 없지만, 저자는 자신의 제목이 초점이 맞고 간결함을 유지하도록 권장된다. 연구는 단순하고 간결한 제목과 더 높은 수의 논문 다운로드와 인용 사이에 연관성을 보여 왔다(Hallock & Dillner, 2016; Jamali & Nikzad, 2011).

제목에 핵심 용어들을 포함하라. 이는 검색과정에서 독자들의 저작물 검색 능력을 향상시킨다. 또한 저작물이 학술지에 게재된 경우, 독자들이 데이터베이스에서 저작

2

표 2.1 효과적 vs. 비효과적 논문원고 제목

□ 효과적인 제목	□ 비효과적인 제목	□ 근거
• 우울증이 임상실험 참여 결정에 미치는 효과 • Effect of Depression on the Decision to Join a Clinical Trial	• 우울증이 임상실험 참여 결정에 미치는 효과에 관한 연구 • A Study of the Effect of Depression on the Decision to Join a Clinical Trial	☞ 더 직접적임 ☞ 불필요한 단어가 생략되었음
• 왜 그리고 언제 위계가 팀 효과성에 영향을 미치는가: 메타분석적 통합 • Why and When Hierarchy Impacts Team Effectiveness: A Meta-Analytic Ingegration	• 위계와 팀 효과성 • Hierarchy and Team Effectiveness	☞ 더 정확함 ☞ 변수들 간의 관계가 명료화되었음 ☞ 연구 유형(메타분석)이 명시되었음
• 눈 감고 마음 따르기: 강력한 직관적 선호성 보호를 위한 정보 피하기 • Closing Your Eyes to Follow Your Heart: Avoiding Information to Protect a Strong Intuitive Preference	• 눈 감고 마음 따르기 • Closing Your Eyes to Follow Your Heart	☞ 더 유용한 정보를 제공함 ☞ 창의적인 제목이 실질적인 하위 제목과 균형을 유지함

물 발췌 및 색인 작성을 돕는다. 목적이 없는 단어는 피하라. 이런 단어는 제목의 길이를 늘이고 색인 작성자들을 호도할 수 있다. 예를 들면, ‘방법methods’과 ‘결과results’라는 단어는 보통 제목에 제시되지 않는다. 그뿐 아니라 ‘~에 관한 연구a study of’ 또는 ‘~에 관한 실험연구an experimental investigation of’ 같은 구문 역시 제시되지 않는다. 때로 ‘연구합성research synthesis’ ‘메타분석’, 또는 ‘fMRI 연구’ 같은 용어들은 잠재적 독자들에게 중요한 정보를 전달하므로 제목에 포함된다. 제목에서 약자 사용은 피한다. 용어의 철자를 모두 풀어쓰는 것은 논문에 대한 정확하고 완전한 색인 작성에 도움을 주고, 독자들이 그 의미를 더 쉽게 이해할 수 있게 해 준다. 동물 이름(예, ‘쥐Rat’)이 제목에 있다면, 이 역시 과학적 명칭을 소괄호 안에 이탤릭체로 표기한다(*Rattus norvegicus*). 효과적인 논문원고 제목과 비효과적인 논문원고 제목의 예시는 표 2.1을 참조하라.

형식. 논문원고 제목은 **제목 표기법**title case(***역자 주**. 전치사, 관사 등을 제외한 제목의 모든 단어의 첫 글자를 대문자로 표기하는 방법; 6.17절 참조), 굵은체bold, 중앙정렬centered, 그리고 제목 페이지의 상반부에 위치하도록 작성되어야 한다(예, 페이지 상단 여백으로부터 3줄 또는 4줄 아래). 필요한 경우, 긴 저자 주를 조정하려면 제목을 위로 옮긴다. 제목이 한 줄 이상인 경우, 원한다면 주 제목과 하위 제목을 더블 스페이스로 된double-spaced(***역자 주**. 한 번에 Enter 키를 2회 누르는 것 같은 효과를 냄으로써, 행과 행 사이에 공백을 만드는 것을 의미함) 행으로 분리할 수 있다. 논문원고 제목 역시 본문의 첫 페이지 상단에 제시된다는 사실을 유념하라(2.11절, 2.28절 참조).

2.5 저자명 (저자란)

모든 논문원고에는 **저자명**author name이 포함된다(저자란). 저자명의 선호되는 형태는 첫 번째 이름first name, 중간이름 머리글자middle initial(s), 그리고 성last name이다. 이 형태는 신원이 잘못될 가능성을 줄인다(예, 첫 번째 이름과 성이 동일한 저자들이 있는 경우). 연구자와 사서를 돕기 위해서는 가능하다면 커리어 내내 출판을 위한 동일한 형태의 저자명을 사용하라. 예를 들면, 한 원고에서는 중간이름의 머리글자를 사용하고, 다른 논문원고에서는 머리글자를 생략하지 말라. 예컨대, Marisol G. Rodríguez가 M. G. Rodríguez와 동일한 인물인지 확인하기 어려울 수 있다. 인용 기간의 햇수와 소속이 달라지는 경우에 특히 그렇다. 만일 커리어 기간 동안 이름을 바꾼다면, 마찬가지로 새로운 이름을 일관된 형태로 제시하라. 모든 전문가 타이틀(예, 박사, 교수)과 학위명, 또는 면허(예, PhD, EdD, MD, MA, RN, MSW, LCSW)는 저자란에서 생략하라.

형식. 저자란은 논문원고 제목 다음에 제목 페이지에 기입하라. 논문원고 제목과 저자란 사이는 더블 스페이스로 타이핑하라. 저자란 구성은 다음의 지침을 따르라.

- 저자가 1인인 경우, 저자명은 중앙정렬로 표준 글자체(즉, 비 진한 글자, 비이탤릭체)로 기입하라.
- 저자가 다수인 경우, 기여도에 따라 저자명을 기입하라. 모든 이름은 같은 행(필요한 경우, 다음 행으로 넘어감)에 중앙정렬, 표준 글자체로 기입하라. 2인 저자의 경우, '와' 또는 '과[and]'로 이름을 분리하라. 저자가 3인 또는 그 이상인 경우, 이름을 쉼표로 분리하고, 마지막 저자명 앞에 '와' 또는 '과[and]'를 기입하라.
- 접미사가 있는 이름의 경우, 접미사는 한 칸 띄우고, 나머지 이름을 쉼표가 아닌 접미사로 분리하라(예, Roland J. Thorpe Jr.).

저자의 저자란과 소속을 제시하는 법의 예시는 표 2.2를 참조하라.

2.6 저자 소속

소속[affiliation]은 저자의 연구가 수행되었던 시점에 저자가 근무(학생 저자의 경우는 재학)했던 기관이다(보통 대학 또는 기타 기관). 만일 2개 기관이 연구에 상당한 정도로 기여했다면, 이중 소속을 기입한다. 소속은 저자 1인당 2개를 초과하지 못한다. 만일 저작물이 완결된 이래 소속이 변경되었다면, 저자 주에 현재 소속을 명시하라(2.7절 참조). 소속을 제시할 때는 다음 지침을 준수하라.

- 교육기관 소속(예, 대학, 의과대학 부속병원)은 학과 또는 부서명과 기관명을 쉼표로 분리하여 포함해야 한다. 위치가 기관명의 일부가 아니라면, 기관의 위치를 포함할 필요는 없다.
- 비교육기관 소속(예, 대학과 연계되지 않은 병원, 독자적인 실험실, 기타 기관)은 부서명, 기관명, 그리고 기관의 위치를 쉼표로 분리하여 포함해야 한다.
- 개업 중이거나 기관에 소속되지 않은 저자는 자신의 위치[location]를 포함해야 한다.
- 위치를 제공하는 경우(비교육기관과 개업 중인 경우), ① 도시[city], ② 주[state], 도[province], 또는 영/제도[territory], ③ 국가를 명시하라. 약자보다는 주, 도, 영/제도의 명칭을 기입하라.

형식. 소속의 형식은 다음과 같이 저자명과 서로 다른 저자들의 소속이 서로 다른지에 달려 있다. 소속명 기입은 저자란 다음에 행을 바꿔서 시작하라. 다른 소속들은 이들의 자체적인 행에 위치시킨다. 소속명들 사이 또는 저자란과 첫 번째 소속 사이에 빈 행을 추가하지 말라. 저자란과 소속 기입 방법 예시는 표 2.2를 참조하라.

표 2.2 저자란과 소속 예시

변이	예시
▢ 1인 저자, 1개 소속	Maggie C. Leonard Department of Psychology, George Mason University
▢ 1인 저자, 2개 소속	Andrew K. Jones-Willoughby School of Psychology, University of Sydney Center for Behavioral Neuroscience, American University
▢ 1인 저자, 소속 없음	Isabel de Vries Rochester, New York, United States
▢ 2인 저자, 소속 공유	Mackenzie J. Clement and Talia R. Cummings College of Nursing, Michigan State University
▢ 2인 저자, 다른 소속	Wilhelm T. Weber[1] and Latasha P. Jackson[2] [1] Max Planck Institute for Human Development, Berlin, Germany [2] College of Education, University of Georgia
▢ 3인 이상의 저자, 소속 공유	Madina Wahab, DeAndre L. Washington Jr., and Julian H. Lee School of Public Health, University of California, Berkeley
▢ 3인 이상의 저자, 다른 소속	Savannah C. St. John[1], Fen-Lei Chang[2, 3], and Carlos O. Vásquez III[1] [1] Educational Testing Service, Princeton, New Jersey, United States [2] MRC Cognition and Brain Sciences Unit, Cambridge, England [3] Department of Psychology, University of Cambridge

▢ **모든 저자의 소속이 동일한 경우**. 만일 논문원고의 저자가 1개 소속의 1인이거나, 다수 저자에 의해 작성된 논문원고의 모든 저자의 소속이 하나이면, 소속은 저자란보다 한 행 아래에서 시작되는 소속란에 중앙정렬과 표준 글자체로 기입하라. 위첨자 숫자는 포함하지 말라.

▢ **모든 저자의 소속이 2개인 경우**. 만일 논문원고의 저자가 2개 소속의 1인이거나, 다수 저자에 의해 작성된 논문원고의 모든 저자의 소속이 똑같이 2개이면, 각 소속명

은 저자란보다 한 행 아래에서 시작되는 소속란에 중앙정렬과 표준 글자체로 기입하라. 위첨자 숫자는 포함하지 말라.

☐ **다수 저자들의 소속이 다른 경우.** 만일 논문원고의 저자가 서로 다른 소속의 2인 또는 그 이상이면(같은 대학의 다른 학과 포함), 위첨자로 표기된 아라비아 숫자를 사용하여 저자명을 적절한 소속과 연결하라. 저자들의 소속은 저자란에 저자들의 순서에 따라 나열하라. 예를 들면, 소속이 다른 2인 저자의 논문원고의 경우, 첫 번째 저자의 소속을 먼저 기입하고 난 다음, 두 번째 저자의 소속을 기입하라. 각 저자의 소속은 저자란보다 한 행 아래에서 시작하여 중앙정렬과 표준 글자체로 기입하라. 첫 번째 저자의 성 다음에 위첨자로 표기된 숫자 1을 이름과 숫자 사이에 빈 공간 없이 기입하라(논문원고의 저자가 3인 또는 그 이상이고, 쉼표가 각 저자명 다음에 붙여지는 경우, 성 다음과 쉼표 앞에 숫자를 기입하라). 그런 다음, 해당하는 소속명 앞에 위첨자로 된 숫자 1을 기입하라(숫자와 소속명의 첫 글자 사이에 한 칸 띄워라). 두 번째 저자에 대해서는 숫자 2를 사용하여 이 과정을 반복하라(논문 저자 수가 더 많은 경우, 이 과정을 반복하라).

만일 모두가 아닌 일부 저자의 소속이 같다면, 소속을 한 번 기입하고 저자란에서 위첨자로 표기된 숫자를 재사용하라. 위첨자 쉼표와 한 칸 띄운, 적절한 위첨자로 표기된 숫자들로 분리함으로써 소속이 2개인 저자들을 저자란에서 식별할 수 있게 하라. 만일 논문원고의 저자가 1인이거나, 저자가 다수이지만 모든 저자가 하나 또는 2개 소속이 있는 다수의 저자가 있다면, 위첨자 숫자는 사용하지 말라.

☐ **집단 저자.** 집단 저자(예, 태스크포스, 실무진, 기관)의 경우, 집단은 본질적으로 그 자체로 소속이기 때문에 위첨자로 표기된 숫자는 사용하지 않는다.

2.7 저자 주

저자 주^author note^는 저자, 연구 등록, 데이터 공유, 권리포기 각서 또는 이권충돌에 관한 진술문, 그리고 연구를 지원한 조력 또는 재정지원에 관한 추가 정보를 제공한다. 또한 관심 있는 독자들을 위한 접촉점^contact point^을 제공한다. 학생보고서는 전형적으로 저자 주를 포함하지 않는다.

저자 주는 분리된 단락으로 배열하라. 만일 한 단락이 원고에 적용될 수 없다면, 이를 저자 주로부터 생략하라. 또한 다음의 필수요건이 APA 학술지에 제출되는 원고에 적용된다. 학술지마다 서로 다른 필수요건이 있을 수 있다(예, 어떤 학술지는 저자 주보다는 원고 끝부분에 분리된 페이지로 공시disclosures 및 감사의 글acknowledgments을 필수로 제공하게 한다).

첫 번째 단락: ORCID iDs. 저자는 자신의 ORCID 식별번호identification number(iD)가 하나이면 이를 포함할 수 있다(더 구체적인 정보는 ORCID 웹사이트 https://orcid.org/ 참조). ORCID iD(***역자 주.** Open Researcher and Contributor ID의 약자로, 학술지에 논문을 제출할 때, 연구자 고유의 등록번호임)는 이름을 바꾸었거나 이름이 같은 저자들이 논문게재가 제대로 업적으로 인정되고 있는지 확인하는 데 도움을 준다. ORCID iD를 제시하려면, 저자명, ORCID iD 부호, 그리고 완전한 URL을 제공하되, 분리되고 들여쓰기가 설정된 행에 각 저자명을 기입하라. 각 ORCID의 권고사항에 대한 iD 부호가 링크에 포함되어야 한다.

> Josiah S. Carberry iD https://orcid.org/0000-0002-1825-0097
> Sofia Maria Hernandez Garcia iD https://orcid.org/0000-0001-5727-2427

ORCID iD가 있는 저자들의 이름만 포함하라. 만일 ORCID iD가 있는 저자가 없다면 이 단락은 생략하라.

두 번째 단락: 소속 변경. 연구가 수행된 시기 이후에 저자 소속의 변동사항을 밝혀라. 다음의 문구wording를 사용하라("[저자명]은 현재 [소속]이다. [Author's name] is now at [Affiliation]."). 이 단락은 또한 저자의 사망 소식을 알리는 데 사용될 수 있다.

세 번째 단락: 공시 및 감사의 글. 만일 공시 및 감사의 글이 짧다면, 이를 한 단락으로 합하라. 이들의 길이가 길면, 여러 개 단락으로 분리하라.

☐ **연구 등록.** 만일 연구가 등록되었다면, 저자주에 등록명과 문서입력 자료를 제공하라. 임상실험과 메타분석은 흔히 등록된다. 예를 들면, "이 연구는 ClinicalTrials.gov(Identifier NCT998877)로 등록되었음[This study was registered with ClinicalTrials.gov(Identifier NCT998877)]."이라고 쓴다. JARS에 관한 것처럼 연구 등록 정보에 관한 더 상세한 정보는 3.9절을 참조하라.

☐ **열린 실천과 데이터 공유.** 만일 연구 데이터 및/또는 자료가 논문게재의 일부로 공개적으로 공유되어야 한다면(1.14절 참조), 이 사실을 저자 주에 밝혀라. 데이터 세트

는 저자 주에 인용하고, 데이터 세트에 대한 참고문헌은 참고문헌 목록에 기입하라 (10.9절 참조).

□ **관련 보고서와 이권충돌 공시**. 만일 논문이 이전에 게재되었던 보고서(예, 종단연구), 박사학위논문, 또는 학술대회 발표논문에 근거를 둔 것이라면, 이 정보를 공시하고 본문 인용에 포함하라. 예를 들면, "이 논문은 Pulaski(2017)에 게재되었던 데이터에 기초하고 있다[This article is based on data published in Plaski(2017)]." 또는 "이 논문은 Graham(2018)에 의해 작성된 박사학위논문에 기초하고 있다[This article is based on the dissertation completed by Graham (2018)]."라고 쓰고, Pulaski(2017) 또는 Graham(2018)에 대한 입력자료는 참고문헌 목록에 포함하라. 또한 관련된 보고서(동일한 데이터에 근거를 둔 보고서)의 게재 사실을 밝혀라. 추가로, 어떤 저자가 이권충돌의 가능성이 있는지 또는 이권충돌이 있을 것으로 인식되고 있는지를 이 단락에서 밝혀라(예, 연구에서 사용된 약물을 제조하는 회사의 주식 소유권). 그렇지 않으면, 이권충돌 문제가 없다고 기술하라. 예를 들어, 논문작성자의 고용주 또는 연구비 보조기관에서 보고된 연구가 해당 기관의 견해를 반영하지 않는다는 권리포기각서[disclaimer]를 필수로 요구한다면, 이 진술문은 이 단락에 포함하고 해당 기관에 의해 지정된 형식 또는 문구를 따르라.

□ **재정지원과 기타 지원에 대한 감사의 글**. 논문작성자의 논문에 대한 완전하고 정확한 재정지원 정보는 저자 주에 포함되어야 한다. ① 모든 재정지원 기관명, ② 모든 연구보조금, 펠로우십, 또는 상 번호 및/또는 명칭, ③ 재정지원금 수혜자 이름, 그리고 ④ 재정지원을 받은 연구의 대표 연구자명을 보고하라. 연구지원금 번호 앞에 'No.' 또는 '#'를 붙이지 말라(예, '연구지원금[Grant] No. A-123' 또는 '연구지원금 #A-123'이 아니라, "우리는 국립과학재단 연구보조금 A-123으로부터 재정지원을 받았습니다[We received funding from Grant A-123 from the National Science Foundation]." 또는 "국립과학재단 연구보조금 A-123이 이 연구를 지원하였습니다[National Science Foundation Grant A-123 funded this work]."라고 기입하라). 다음으로, 연구 수행에 도움을 주었거나 원고에 대해 의견을 주었지만 저작물의 저자가 아닌 동료들의 노고를 인정하는 내용의 글을 작성하라. 연구 참여자들은 필요하다면 예외적인 기여에 대해 인정받을 수 있다. 그런 다음, 원고 준비 또는 원고 교정 같은 개인적인 도움에 대한 감사를 표하라. 이 단락은 저자권에 관한 특정한 동의내용에 관한 설명으로 마친다(예, 저자들이 연구에 동일

하게 기여한 사실). 이 단락에서는 원고 심사와 채택처럼 일상적으로 관여하는 사람들에 대해서는 감사를 표하지 말라(예, 논문원고를 제출하고자 하는 학술지의 동료 심사위원, 편집자, 보조 편집자, 자문 편집자). 만일 심사위원 또는 학술지 편집자에 의해 제안된 구체적인 아이디어에 대해 감사의 글을 적고 싶다면, 그 아이디어가 논의되는 본문의 각주에 제시하라.

네 번째 단락: 접촉정보. 교신저자corresponding authors는 논문이 게재된 후 저작물에 관한 문의에 답하고 적절한 기간 동안 데이터가 잘 보유되도록 한다. 저자는 누구든 교신저자가 될 수 있다. 교신저자의 성명과 완전한 우편주소를 제공한다(성명과 주소는 쉼표로 분리하고 주소 다음에 마침표를 찍는다). 그런 다음, 교신저자의 이메일 주소를 제공하라(그 뒤에 마침표를 찍지 않는다). 다음의 형식을 사용하라.

> 이 게재논문에 관한 교신은 [저자 성명], [완전한 우편주소]. 이메일: 저자@기관.edu
>
> Correspondence concerning this article should be addressed to [author's name], [Complete mailing address]. Email: author@institution.edu

그림 2.3 샘플 저자 주

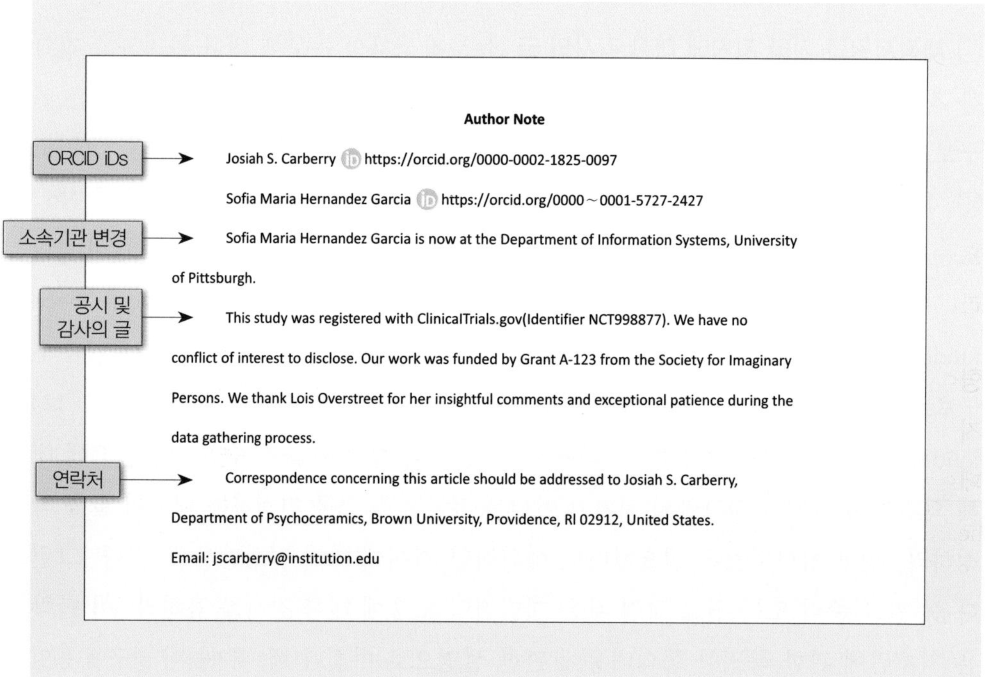

Author Note

Josiah S. Carberry https://orcid.org/0000-0002-1825-0097

Sofia Maria Hernandez Garcia https://orcid.org/0000～0001-5727-2427

Sofia Maria Hernandez Garcia is now at the Department of Information Systems, University of Pittsburgh.

This study was registered with ClinicalTrials.gov(Identifier NCT998877). We have no conflict of interest to disclose. Our work was funded by Grant A-123 from the Society for Imaginary Persons. We thank Lois Overstreet for her insightful comments and exceptional patience during the data gathering process.

Correspondence concerning this article should be addressed to Josiah S. Carberry, Department of Psychoceramics, Brown University, Providence, RI 02912, United States. Email: jscarberry@institution.edu

형식. 저자 주는 제목 페이지의 하반부, 제목, 저자란, 소속 아래에 기입하라. 소속과 저자 주 라벨 사이에는 최소한 한 행을 띄워라. '저자 주'(진한 글자) 라벨은 중앙정렬로 입력하라. 저자 주의 각 단락은 들여 쓰고, 모든 단락은 좌측정렬을 하라. 이 절의 저자 주 단락에 라벨을 붙이는 것이 이들에 관한 설명에 도움이 되더라도, 논문원고의 저자 주 단락에는 라벨을 붙이지 말라. 샘플 저자 주는 그림 2.3을 참조하라.

2.8 난외표제

난외표제running head는 독자들이 확인할 수 있도록 매 페이지의 상단에 제시되는 논문 제목의 단축 버전이다(특히, 게재논문의 사본 독자들). 난외표제는 학술지 게재를 위해 제출되는 원고에 대해서만 필수로 요구된다. 난외표제는 강좌 담당 교수 또는 기관이 요구하지 않는 한, 학생보고서에는 필수로 요구되지 않는다. 따라서 학생보고서의 표제에는 페이지 번호만 포함된다.

저자들은 난외표제를 출판사에 맡기기보다는 스스로 설정해야 한다. 왜냐하면 저자가 축약된 제목에 가장 중요한 단어를 가장 잘 선택할 수 있기 때문이다. 난외표제에는 제목과 같은 순서로 동일한 단어로 구성할 필요는 없다. 대신, 제목의 아이디어가 단축된 형태로 전달되어야 한다. 예를 들면, "휴식 없는 밤: 카페인 섭취로 인한 수면잠복기 증가 및 수면의 질 감소Restless Nights: Sleep Latency Increases and Sleep Quality Decreases With Caffeine Intake"라는 제목의 논문의 난외표제는 "카페인으로 유발된 수면효율성 감소CAFFEINE-INDUCED REDUCTIONS IN SLEEP EFFICIENCY"로 정할 수 있다.

난외표제는 최대 50자로 작성되어야 한다(글자, 구두점, 그리고 단어 사이의 빈 칸도 문자로 간주됨). 만일 제목이 이미 50자 이하라면, 전체 제목이 난외표제로 사용될 수 있다. 난외표제에는 약자 사용을 하지 말라. 그러나 만일 필요하면 '그리고(and)'보다는 앰퍼샌드 부호(&)를 사용할 수 있다.

형식. 페이지 표제header의 난외표제는 좌측 끝부터 모두 대문자로, 우측정렬된 페이지 번호로부터 가로질러서 작성하라. 똑같은 난외표제를 제목 페이지를 포함하여 매 페이지에 사용하라. 어떤 페이지에도 난외표제임을 나타내기 위해 '난외표제(running head)'라는 라벨을 포함하지 말라(이 장의 끝부분에 있는 샘플 논문원고 참조).

2.9 초록

초록[abstract]은 논문원고의 내용을 짧고 이해하기 쉽게 요약한 글이다. 학술지 게재를 위해 논문을 작성하는 저자는 3.3절에 제시된 초록의 보고기준에 따라야 한다. 대부분의 학술지는 초록을 필수로 요구한다. 학술지 고유의 지침에 대해서는 논문을 제출하려는 학술지의 저자들을 위한 지침 또는 웹페이지를 확인하라. 예를 들면, 일부 학술지의 경우, 초록과 함께 일반 독자들을 위해 연구의 중요성을 요약한 공공 의의 진술문[public significance statement]을 게재한다. 학생보고서는 강좌 담당 교수 또는 기관이 요구하지 않는다면, 보통 초록은 필수로 요구되지 않는다.

형식. 초록은 전형적으로 250단어 이내로 제한된다. 만일 학술지 게재를 위해 저작물을 제출하고자 한다면, 초록 길이와 형식의 필수요건에 관한 해당 학술지의 저자들을 위한 지침을 확인한다. 이는 APA 학술지의 것과 다를 수 있다. 초록은 제목 페이지 다음의 해당 페이지에 작성하라(즉, 2페이지). 이 부분은 해당 페이지의 위쪽에 '초록'이라는 라벨을 진한 글자로 제목 표기법 형식으로 중앙정렬로 붙이고, 라벨 아래에 초록을 배치하라.

초록은 단락 또는 구조화된 형식으로 제시될 수 있다. 단락 형식의 초록은 첫 번째 행을 들여 쓰지 말고, 단일 단락으로 작성하라. 구조화된 초록 역시 들여쓰기 없이 단일 단락으로 작성하고, 다양한 절(예, 목적, 방법, 결과, 결론)을 나타내는 라벨을 삽입하라. 논문저자는 원고를 제출하고자 하는 학술지의 규정에 따라 라벨과 형식을 사용하라(예, APA 학술지에서는 라벨을 진한 글자로 된 이탤릭체로 표기함).

2.10 핵심어

핵심어[keyword]는 논문원고의 가장 중요한 측면을 서술한 단어, 구, 또는 두문자어다. 이는 데이터베이스에서 색인 및 독자들이 검색 중 특정 저작물을 찾는 것을 돕기 위한 용도로 사용된다. APA 학술지에 제출되는 원고의 경우, 내용을 기술하는 3–5개 핵심어를 제공한다. 핵심어는 강좌 담당 교수 또는 기관이 요구하지 않는다면, 학생보고서에는 필수로 요구되지 않는다.

형식. 초록 한 줄 아래에, 보통 단락처럼 0.5인치(1.27cm) 들여쓰기로 "핵심어 Keywords:"(이탤릭체로)라는 라벨 바로 다음에 소문자로 핵심어를 쓰고(고유명사는 대문자로; 6.14절 참조), 쉼표로 구분하라. 핵심어는 어떤 순서로도 열거될 수 있다. 마지막 핵심어 다음에는 마침표 또는 다른 구두점을 사용하지 말라(이 장의 끝부분에 있는 샘플 전문적 논문 참조). 만일 핵심어가 둘째 줄에 제시된다면, 둘째 줄은 들여 쓰지 말라.

2.11 본문 (몸체)

제출논문의 본문 또는 몸체[body]는 문헌에 대한 저자들의 주요 공헌을 담고 있다. 전문가와 학생 저자 모두 이 장에 기술된 내용과 구성 형식 지침과 제8장과 제9장에 기술된 인용원칙을 따라야 한다. 학술지 게재를 위해 원고를 준비하고 있는 연구자들 역시 제3장에 기술된 양적, 질적, 또는 혼합 방법 연구를 위한 보고기준을 검토해야 한다. 다양한 유형의 제출논문 내용에 대한 안내는 1.1–1.10절을 참조하라.

본문은 여러 방식으로 조직될 수 있고, 그 조직은 일반적으로 논문원고 유형에 따라 다르다(1.1–1.10절 참조). 대부분의 논문원고에는 연구의 중요성을 기술하고, 기존의 문헌에서 해당 연구의 맥락과 관련지으며, 연구의 목적을 서술한 서론이 포함된다. 서론 외에, 논문원고에는 논문원고의 주요 전제를 설명하는 단락 또는 절이 포함되어야 한다. 본문의 나머지 부분 작성에는 많은 가능한 형식이 있다. 예를 들면, 양적 연구 논문에는 전형적으로 '방법,' '결과,' 그리고 '논의'라 불리는 절들이 포함되는 반면, 질적 연구 논문은 '결과[Results]' 대신 '발견내용[Findings]'이라 불리는 절을 포함하거나, 탐구의 성격에 따라 다른 절의 소제목을 함께 제시할 수 있다. 짧은 학생보고서(예, 소감문)에는 절의 소제목을 붙이지 않거나 이 편람에서 기술된 것들과는 다른 소제목의 절을 포함할 수 있다. 조직에 관해서는 2.26절을 참조하라.

형식. 본문은 제목 페이지와 초록 다음에 새 페이지로 시작해야 한다(논문원고가 초록을 포함한다면). 본문의 첫 페이지의 첫 번째 줄에는 논문원고의 제목을 제목 표기법, 진한 글자, 중앙정렬로 기입하라. 본문은 좌측정렬과 더블 스페이스로 작성되어야 하고, 각 단락의 첫 행은 한 탭 들여쓰기(0.5인치[1.27cm])가 설정되어야 한다(2.23–2.24절 참조). 본문 내에 필요하고 적절한 소제목을 사용함으로써, 각 절을 분리하고 내용의 조직적 구조를 반영하라(2.26–2.27절 참조). 새로운 소제목이 있는 경우, 새 페이지로 시작하거나 추가로 행을 바꾸지 말라. 본문의 각 행은 행 바꿈 없이 다음 것에 이어 작성되어야 한다.

2.12 참고문헌 목록

참고문헌 목록reference list은 이전의 학문적 업적을 인정하는 의미에서 저자들이 인용한 저작물의 위치를 독자들이 찾을 수 있게 하는 신뢰 가능한 방법을 제공한다. 참고문헌은 문헌에 관한 진술문을 문서화하고, 실증적인 자료로 남기기 위해 사용된다. 이는 논문원고의 데이터가 해석과 결론을 뒷받침하기 위해 사용되는 것과 같다. 논문원고에서 인용된 참고문헌은 모든 내용을 담고 있어야 할 필요는 없지만, 논문작성자의 연구에 필요한 부분을 뒷받침하고 독자들이 이전의 연구와 이론화 맥락에 놓을 수 있기에 충분해야 한다. 본문에서 자료 인용과 참고문헌 목록 준비에 관한 세부 지침은 제8장과 제9장을 참조하라.

형식. 참고문헌 목록은 본문 다음에, 표, 그림, 및/또는 부록 앞에 새 페이지로 시작하라. 참고문헌 목록에는 대문자, 진한글자, 그리고 중앙정렬로 된 '참고문헌References'이라는 라벨을 붙여라. 모든 참고문헌 목록의 자료는 더블 스페이스로 입력하라(참고문헌 내와 사이 포함). 모든 참고문헌에 대해서는 내어쓰기hanging indent를 사용하라. 이는 각 참고문헌의 첫 행을 좌측 정렬하고, 다음 행부터는 0.5인치(1.27cm) 들여 쓰는 것을 의미한다. 이때 자동으로 내어쓰기가 적용되도록 하는 워드프로세싱 프로그램의 단락설정 기능을 사용하라. 참고문헌 목록에서의 저작물 순서는 9.44–9.49절을 참조하라.

2.13 각주

각주footnote는 추가 내용 또는 저작권 귀속을 제공하는 짧은 글이다. 어떤 유형의 논문원고이든 간에 각주를 포함할 수 있다.

내용 각주. **내용 각주**content footnotes는 본문에서 실질적인 정보를 보충 또는 확장한다. 여기에는 복잡하거나, 관련 없거나, 중요하지 않은 정보는 포함되지 않아야 한다. 이러한 정보는 독자들의 주의를 산만하게 할 수 있으므로, 내용 각주는 논의를 강화하는 경우에만 포함되어야 한다. 내용 각주는 한 가지 아이디어만 전달해야 한다. 만일 각주를 작성하면서 단락을 생성하거나 등식을 제시한다면, 본문 또는 부록이 해당 정보 제시에 더 적절한 공간이다. 다른 대안은 보충자료가 온라인에서 이용 가능하다는 짧은 각주에 표시하는 것이다(2.15절 참조). 대부분의 경우, 저자들은 중요한 정보를 각주가 아닌 본문에 제시함으로써 자신의 아이디어를 논문에 잘 통합한다.

저작권 귀속. 저자들이 긴 인용문 및/또는 검사 또는 척도 문항을 본문에 재생하는 경우, 보통 저작권 귀속copyright attribution이 필수로 요구되고 각주에 제시되어야 한다. 재생된 표 또는 그림 역시 저작권 귀속이 필수로 요구되지만, 이에 대한 귀속은 표 또는 그림 주에 제시한다. 또한 자료 재생을 위한 승인 요청과 저작권 귀속을 위한 적절한 문구에 관한 지침은 12.14–12.18절에 제시되어 있다.

각주 발호 번호 지정과 형식. 모든 각주는 본문에 제시된 순서로 연속해서 위첨자 아라비아 숫자로 표기하라. 각주 발호callout(*역자 주. 통신망에 접속된 단말기기가 통신을 행하는 상대기기를 불러내기 위한 행위)는 대시를 제외한 구두점 다음에 '○○○[1]'과 같이 위첨자로 표기되어야 한다. 대시와 함께 제시되는 각주는 '—○○○[2]—'와 같이 항상 대시가 앞에 오도록 표기한다. (발호가 소괄호 안의 내용에 적용된다면, 발호는 닫는 소괄호 안에 표기되는데, ○○○.[3]) 본문에서 각주 발호 앞은 칸을 띄우지 말라. 소제목에는 각주 발호를 넣지 말라. 발호가 사용된 후에 다시 각주를 참조하려면, 본문에서 각주 번호로 확인하라(예, "각주 3 참조[see Footnote 3]"라고 쓴다). 각주 발호 또는 각주 전체를 반복하지 말라.

각주는 워드프로세싱 프로그램의 각주 기능을 사용하여 각주 내용에 관해 논의되고 있는 페이지의 맨 아래에 제시하라(예시는 이 장 끝에 샘플 전문적 논문원고 참조). 그렇지 않으면, 각주는 참고문헌 다음에 분리된 페이지에 연속적인 순서로 제시하라. 이 경우, 이 페이지의 맨 위에 진한 글자, 중앙정렬로 '각주Footnotes'라는 라벨을 붙여라. 그런 다음, 각주를 위첨자 각주 번호로 시작하는 더블 스페이스로 들여 쓴 단락으로 각주를 작성하고, 각주와 그다음에 이어지는 텍스트 사이에 한 칸을 띄워라. 각주 발호 번호가 각주가 달린 본문에 제시된 번호와 일치하는지 확인하라.

2.14 부록

때로 저자들은 논문원고의 내용을 보충하는데, 본문에 제시하면 산만해지거나 부적절한 경우가 생길 수 있는 자료를 포함하고 싶을 수 있다. 이러한 자료는 흔히 논문의 인쇄된 형태로 부록에 포함될 수 있다. 또한 학술지가 관리하는 온라인 전용 보충 아카이브에서 이용 가능한 보충자료(2.15절 참조)의 형태로 전자 버전으로 업로드될 수 있다.

부록appendices은 독자들의 연구 또는 이론적 논쟁의 이해, 평가, 또는 반복에 도움이 되는 경우에만 포함하라. 저작권 귀속, 정확한 데이터 제시, 인간 참여자 보호 등(예, 이 기준이 식별 가능한 사람들의 이미지 또는 동영상에 적용되는 경우), 부록에 제시된 자료가 모든 관련된 윤리기준에 따라 작성되었는지 확인하라(1.18절, 12.17절 참조).

일반적으로, 부록은 비교적 짧고 쉽게 인쇄된 형식으로 제시되는 자료에 적절하다. 부록에 적절한 자료의 예로는 ① 자극 자료 목록(예, 심리언어적 연구에 사용된 것들), ② 참여자에 대한 지시사항, ③ 연구를 위해 개발된 검사, 척도, 또는 평가도구, ④ 복잡한 장비에 관한 세부 기술, ⑤ 연구에서 하위인구에 관한 상세한 인구통계학적 기술, 그리고 ⑥ 제3장에 기술된 기타 세부적인 또는 복잡한 보고 항목이 있다. 학생보고서는 부록을 포함할 수 있다.

형식. 각 부록은 참고문헌, 각주, 표, 그림 다음에 분리된 페이지에 시작하라. 각 부록에는 라벨과 제목을 붙여라. 만일 논문원고의 부록이 하나라면, '부록[Appendix]'이라는 라벨을 붙여라. 만일 논문원고의 부록이 1개 이상이라면, 본문에서 언급된 순서로 각 부록에 대문자로 라벨을 붙여라(예, '부록 A' '부록 B'). 각 부록은 적어도 한 번은 본문에서 라벨로 언급되어야 한다(예, '부록 A 참조[see Appendix A]'). 부록 제목은 부록의 내용이 서술된 것이어야 한다. 부록 라벨과 제목은 진한 글자와 중앙정렬로, 부록이 시작하는 페이지 상단에 분리된 줄에 위치시켜라. 부록 라벨과 제목은 제목 표기법을 사용하라(6.17절 참조).

부록은 본문, 표, 그림, 또는 이러한 요소들이 결합된 방식으로 구성될 수 있다. 텍스트 부록은 소제목과 제시된 등식을 포함할 수 있다. 만일 부록이 텍스트를 포함하고 있다면, 텍스트의 단락은 논문원고의 본문과 동일하게 들여쓰기가 설정된 단락으로 작성한다. 만일 텍스트 부록에 표, 그림, 각주 및/또는 제시된 등식이 들어 있다면, 부록이라는 글자 다음에 숫자를 할당하라(예, 표 A1은 부록 A 또는 글자로 된 라벨이 붙여지지 않은 단독 부록의 첫 번째 표이고, 등식 B1은 부록 B에서 첫 번째 등식이며, 그림 C2는 부록 C의 두 번째 그림이다). 글자로 된 라벨이 붙여지지 않은 단독 텍스트 부록에서는 모든 표, 그림, 각주, 등식 번호 앞에 글자 'A'를 붙임으로써 본문의 것들과 구분하라. 텍스트 부록 내의 모든 표와 그림은 부록에서 반드시 언급되어야 하고, 언급된 순서대로 번호가 붙여져야 한다. 텍스트 부록 내의 표와 그림은 7.6절에 기술된 바와 같이 본문에 들어 있어야 한다.

만일 부록이 표 또는 그림만으로 구성되어 있다면, 부록 라벨은 표 또는 그림 번호를 대신하고, 부록 제목은 표 또는 그림 제목으로 대신하라. 따라서 만일 부록 B가 표 전용 부록이라면, 표는 표 B1보다는 부록 B로 제시하라. 마찬가지로, 부록 C가 그림 전용 부록이라면, 그림은 그림 C1보다는 부록 C로 제시하라. 만일 다수의 표 및/또는 그림(텍스트 없음)이 하나의 부록으로 제시된다면, 부록에 라벨과 제목을 붙이고, 부록 내에 표 및/또는 그림에 번호와 제목을 붙여라(예, 표 D1과 D2는 부록 D에 수록된 2개의 표를 가리킨다).

2.15 보충자료

학술지 논문에 대한 **보충자료**supplemental materials는 온라인 전용으로 게재된다. 이러한 자료들은 독자들의 경험의 질을 높이고 논문내용의 이해를 돕는다. 온라인 전용 게재는 다운로드가 가능한 파일로 이용할 수 있을 때 더 유용한 자료와 인쇄본으로 제시되기 쉽지 않은 자료에 적절하다. 보충자료로 제공된 내용의 예는 다음과 같다.

- 비디오 클립, 오디오 클립, 또는 애니메이션
- 긴 컴퓨터 코드
- 수학적 또는 컴퓨터를 사용한 모델의 세부사항
- 크기가 초과되는 표
- 상세한 개입 프로토콜
- 확장된 방법론 기술
- 컬러로 된 그림 또는 기타 이미지(7.26절 참조)
- 출력 가능한 템플릿과 워크시트worksheets
- 데이터 파일(예, SPSS 또는 기타 소프트웨어를 사용하여 생성된)

보충자료는 게재된 논문이 동반될 때 내용 해석이 가능한 정보여야 한다. 또한 논문작성자의 파일이 모든 독자에게 개방될 수 있을 뿐 아니라, 접근 가능한지 확인하기 위한 온라인 또는 상호작용 자료에 속하게 된다는 점에서 접근용이성 지침을 유념하라.[1] 완전한 데이터 세트가 온라인 저장소 또는 아카이브에서 보충자료의 형태로 적절하게 이용 가능하도록 준비되어야 한다. 데이터 보유와 공유에 관해서는 1.14–1.15절을 참조하라.

---

1 웹문서 접근성 지침Web Content Accessibility Guidelines(WCAG)에는 장애가 있는 사람들에게 접근 가능한 온라인 콘텐츠 제작 방법에 관해 기술되어 있다(Web Accessibility Initiative, 2018).

이러한 콘텐츠는 해당 분야에 유용할 수 있으므로, APA와 많은 다른 학술지는 보충자료를 온라인에 포스팅하고 게재된 논문과 링크를 설정함으로써, 폭넓은 독자층에게 보충자료를 제공하고 있다. 이러한 파일들은 (부록처럼) 일차적 학술지 기록의 일부가 되어 추가, 변경, 또는 삭제될 수 없게 된다. 이처럼 보충자료로 포함되는 자료는 폭넓게 접근할 수 있는 형식으로 제출되어야 한다. 우리는 선호되는 파일 형태와 제한사항에 대해서는 학술지에 문의할 것을 권장한다.

덜 폭넓게 사용되는 파일 형식(TeX, LaTeX, 내담자 또는 서버 측 스크립팅[예, Java, CGI], 실행파일, 소프트웨어 애플리케이션 등)은 수용될 수 있지만, 전문화된 프로그램에 접속하지 않는 독자들이 덜 사용한다. 바이러스에 감염되거나 악성 소프트웨어malware를 다운로드할 위험성 때문에 많은 흔치 않은 파일 유형 또는 실행파일은 방화벽과 바이러스 퇴치용 보호 프로그램, 시스템 관리자, 또는 사용자에 의해 차단될 수 있다. 그러므로 이러한 유형의 파일이 자료 이해 또는 사용에 절대적으로 중요하지 않다면, 이러한 파일 유형의 사용은 권장되지 않는다(예, SPSS macro 같은 방법론적 논문으로부터의 프로그래밍 구문syntax은 SPS 확장자와 함께 저장되어 다른 연구자들에 의해 직접적으로 사용될 수 있을 것이다). 보충자료는 본문 또는 본문의 각주에 적절한 정도로 짧게 기술하라(2.13절 참조).

대부분의 학술지는 보충자료를 동료심사에 맡기고 초고와 함께 제출할 것을 요구한다. 일단 논문원고가 '게재가'로 결정되면, 보충자료는 전형적으로 편집, 서식 변경, 또는 조판 없이 게시된다. APA 학술지의 경우, 게재된 논문에 보충자료에 대한 링크가 제시되어 독자들을 서지목록 인용, 게재된 논문에 대한 링크, 상황 진술문과 각 보충파일에 대한 링크가 포함된 랜딩 페이지로 연결시켜 준다(랜딩 페이지 예시는 https://on.apa.org/2CmDGd6 참조). 다른 학술지들은 보충파일을 직접 열 수 있는 링크를 논문에 제시해 놓기도 한다. JARS에서의 보충자료의 역할에 관한 자세한 사항은 제3장을 참조하라. 보충자료에 관한 추가 정보는 APA 웹사이트(https://on.apa.org/2Qo7OhX)를 참조하라.

형식

2.16 형식의 중요성

모든 APA 양식 논문원고 **형식**format은 이 절의 지침을 사용하라. 논문원고의 물리적

외양은 논문을 고양시킬 수도 있고 산만하게 보이게 할 수 있다. 잘 준비된 논문원고는 편집자와 심사위원들을 고무시킬 뿐 아니라, 학생들의 경우에는 강좌 담당 교수로 하여금 저자의 저작물을 전문적인 것으로 볼 수 있게 한다. 이와는 달리, 보고서의 기계적 결함mechanical flaws은 심사위원 또는 강좌 담당 교수로 하여금 내용을 오해하거나 저자의 전문성 또는 세부사항에 대한 주의에 의문을 제기할 수 있으므로, 학생들은 형식의 오류 때문에 낮은 점수를 받게 될 수 있다. 논문게재를 위해 제출하는 원고의 경우, 학술지들은 워드프로세싱 파일을 사용하여 제출된 논문에 대한 조판 버전으로 변환할 것이므로, 제출된 논문이 적절히 포맷되어 있는 것이 중요하다.

2.17 페이지 순서

논문원고의 페이지는 다음과 같은 순서로 배열한다.

- 제목 페이지 (페이지 1)
- 초록 (제목 페이지 다음에 새 페이지로 시작하라)
- 본문 (초록 다음 또는 논문원고에 초록이 없다면 제목 페이지 다음에 새 페이지로 시작하라)
- 참고문헌 (본문의 끝부분 다음에 새 페이지로 시작하라)
- 각주 (참고문헌 다음에 새 페이지로 시작하라)
- 표 (각각 각주 다음에 새 페이지로 시작하라)
- 그림 (각각 표 다음에 새 페이지로 시작하라)
- 부록 (각각 표 및/또는 그림 다음에 새 페이지로 시작하라)

APA 양식에서는 각주, 표, 그림 디스플레이를 위한 옵션을 제공하고 있다. 각주는 처음 언급된 페이지의 꼬리말(2.13절 참조) 또는 참고문헌 다음에 분리된 페이지에 제시할 수 있다. 표와 그림은 언급된 다음 본문에 끼워 넣거나, 각각의 표와 그림은 각주 다음에 분리된 페이지에 제시될 수 있다(만일 각주 페이지가 없다면, 참고문헌 다음에 제시하라; 7.6절 참조).

2.18 페이지 표제

모든 논문원고에는 각 페이지의 표제page header 위치에 우측 정렬된 페이지 번호가 포함되어야 한다. 워드프로세싱 프로그램의 자동 페이지 번호 붙이기 기능을 사용하여 페이지의 우측 상단 모서리에 페이지 번호를 삽입하라. 수작업으로 페이지 번호를 타이핑하지 말라. 제목 페이지는 페이지 번호 1이다.

논문게재를 위해 제출될 원고에는 페이지 번호 외에 페이지 표제에 난외표제(2.8절 참조)가 포함되어야 한다. 두 요소가 제시될 때, 난외표제는 좌측정렬로, 페이지 번호는 우측정렬로 설정되어야 한다. 학생보고서는 강좌 담당 교수 또는 기관에서 난외표제를 필수로 요구하지 않는다면, 페이지 표제에 페이지 번호만 요구된다.

2.19 글자체

APA 양식 논문원고는 모든 사용자가 접근할 수 있는 글자체font로 작성되어야 한다. 역사적으로, 온라인 저작물에 대해서는 산세리프sans serif체가, 인쇄된 저작물은 세리프serif체가 선호되어 왔다. 그러나 오늘날 화면 해상도는 일반적으로 각 글자체 유형을 수용할 수 있다. 그리고 보조공학assistive technologies을 사용하는 사람들은 기호에 따라 글자체를 설정할 수 있다. 따라서 APA 양식에서는 다양한 글자체 선택이 허용된다. 이 또한 출판사, 강좌 담당 교수, 또는 기관에 글자체에 관한 어떤 필수요건이 있는지 확인해 보라. 논문원고의 본문에서는 동일한 글자체를 사용하라. 선택사양은 다음과 같다.

- 산세리프체(11포인트 칼리브리Calibri체, 11포인트 애리얼Arial체, 또는 10포인트 루시다 산스 유니코드Lucida Sans Unicode체)
- 세리프체(12포인트 타임즈 뉴로먼Times New Roman체, 11포인트 조지아Georgia, 또는 표준(10포인트) 컴퓨터 모던Computer Modern체(후자는 LaTex에 대한 디폴트 글자체임)

이런 글자체들이 읽기 쉽고 널리 사용 가능하며 특수문자(수학기호와 그리스 문자)를 사용할 수 있다는 점에서 우리는 이러한 글자체들을 권장한다. APA 양식 논문원고에는 다음의 상황에서 다른 글자체 또는 글자크기가 포함되어 있을 수 있다.

- 그림 이미지 내에서는 글자크기가 8–14포인트 사이의 산세리프체를 사용하라.
- 컴퓨터 부호를 제시하는 경우, 고정너비 글자체(10포인트 루시다 컨콘솔Lucida Console체 또는 10포인트 쿠리어 뉴Courier New체)를 사용하라.
- 페이지 꼬리말에서 각주를 제시하는 경우, 워드프로세싱 프로그램의 디폴트 각주

설정이 수용될 수 있다(예, 단일 줄 간격의 10포인트 글자체).

다른 글자체들은 한 페이지에서 다른 정도의 공간을 차지하기 때문에 우리는 페이지 총수보다는 단어 수 세기를 사용하여 논문원고의 길이를 가늠해 볼 것을 권장한다(2.25절 참조). 글자체와 접근 가능한 조판에 관한 세부 논의는 APA 양식 웹사이트(https://apastyle.apa.org)를 참조하라.

2.20 특수문자

특수문자special characters는 강조된 글자와 기타 발음 구별 부호diacritical marks, 그리스 문자, 수학기호, 그리고 부호다. 특수문자는 워드프로세싱 프로그램의 특수문자 기능 또는 MathType 같은 플러그 인(*역자 주. 추가하여 컴퓨터 시스템의 기능을 확장할 수 있는 소프트웨어)을 사용하여 타이핑하라. 이용 가능하지 않은 문자는 이미지로 제시되어야 한다. 그리스 문자와 수학기호에 관해서는 6.44–6.45절을 참조하라.

2.21 줄 간격

전체 논문원고의 **줄 간격**line spacing은 더블 스페이스로 하되(제목 페이지, 초록, 본문, 소제목, 블록인용, 참고문헌 목록, 표와 그림 주, 그리고 부록 포함), 예외는 다음과 같다.

- **제목 페이지**: 제목 페이지 요소들은 더블 스페이스로 작성하되, 제목과 저자란 사이에는 추가적인 더블 스페이스로 한 행이 공백 상태가 되게 하라. 최종 소속과 저자 주 사이 역시 적어도 한 행씩 띄어라(그림 2.1 참조).
- **표 몸체와 그림 이미지**: 그림의 이미지 부분 내의 표 몸체(셀)와 단어는 가장 효과적으로 데이터를 제시할 수 있는 여건에 따라 싱글 스페이스, 1.5 스페이스, 또는 더블 스페이스로 작성될 수 있다. 만일 본문이 표 또는 그림과 같은 페이지에 있다면, 본문과 표 또는 그림 사이에 더블 스페이스로 공백 상태의 한 행을 삽입하라(표와 그림 배치에 관한 세부정보는 7.6절 참조).
- **각주**: 페이지 맨 아래에 제시되는 각주는 싱글 스페이스single-space(*역자 주. Enter 키를 한 번 눌러서 행을 바꿔 두 행 사이에 공백이 없이 타이핑하는 것을 의미함)로 작성하되, 워드프로세싱 프로그램의 디폴트로 설정될 수 있다. 참고문헌 다음에 독자적인 페이지에 제시되는 각주는 본문의 정식 단락처럼 작성되어야 한다(즉, 들여쓰기와 더블 스페이스).

- **등식 제시**: 특수한 상황(제시된 등식의 앞과 뒤)에서는 트리플triple-spacing(*역자 주. Enter 키를 세 번 누르는 정도의 행 띄우기) 또는 쿼드러플 스페이스quadruple-spacing(*역자 주. Enter 키를 네 번 누르는 정도의 행 띄우기)가 허용된다.

만일 소제목이 한 페이지의 끝부분에서 끝난다면, 소제목의 앞 또는 다음에 공백 줄을 추가할 필요는 없다. 단락 사이에 추가로 줄을 띄우지 말라.

2.22 여백

페이지의 모든 면(상단, 하단, 좌측, 우측)에는 1인치(2.54cm)의 여백margins을 준다. 대부분의 워드프로세싱 프로그램에서는 디폴트로 페이지 여백 주기를 설정할 수 있다. 박사 및 석사 학위논문은 제본을 위한 다른 필수요건이 있을 수 있다(예, 1.5인치[1.27cm]의 좌측 여백 주기).

2.23 단락 정렬

본문은 좌측 끝에 맞추고, 우측 여백은 균일하지 않은 상태('고르지 않은 상태')로 놔둔다(*역자 주. 언어의 특성상 국내에서는 '혼합정렬'로 균일한 상태로 작성함). 행의 끝을 균일하게 맞추는 기능, 즉 단어 사이에 공백을 조정하여 모든 행의 끝을 균일하게 맞추는 기능을 사용하지 말라. 행의 끝에 있는 단어를 수작업 또는 하이픈을 사용하여 나누지 말라. 긴 DOI 또는 URL을 수작업으로 행을 나누지 말라. 그러나 워드프로세싱 프로그램에 의해 자동으로 적용되는 DOI 또는 URL 나누기는 허용된다.

2.24 단락 들여쓰기

매 단락의 첫 번째 줄은 0.5인치(1.27cm) 들여쓰기를 하라. 일관성을 위해 탭 키tap key를 사용하거나 워드프로세싱 프로그램의 자동 단락 설정 기능을 사용하라. 대부분의 워드프로세싱 프로그램의 디폴트 설정은 수용될 수 있다. 단락의 나머지 행은 좌측 정렬로 작성하라. 이러한 단락 들여쓰기의 예외는 다음과 같다.

- 전문적인 논문원고의 경우, 제목 페이지의 제목(굵은체), 저자란, 그리고 소속은 중앙정렬로 작성하라(그림 2.1 참조).
- 학생보고서의 경우, 제목(굵은체), 저자란, 소속, 강좌번호와 강좌명, 담당 교수명, 그리고 과제물 제출일은 중앙정렬로 작성하라(그림 2.2 참조).

- 절 라벨은 중앙정렬(굵은체)로 작성하라(2.28절 참조).
- 초록의 첫 번째 줄은 좌측정렬(들여쓰기 없음)로 작성하라(2.9절 참조).
- 블록인용의 전체는 0.5인치(1.27cm)의 좌측 여백을 주어야 한다. 만일 블록인용이 한 단락 이상의 크기라면, 블록인용의 두 번째와 그 이후의 단락의 첫 번째 줄은 추가로 0.5인치(1.27cm) 들여써라(총 1인치[2.54cm]; 8.27절 참조).
- 1수준 소제목은 중앙정렬(굵은체)로 작성하고, 2수준과 3수준 소제목은 좌측정렬(각각 굵은체 또는 진한 이탤릭체)로 작성하라(2.27절 참조).
- 표와 그림 번호(7.10절, 7.24절), 제목(7.11절, 7.25절), 그리고 주(7.14절, 7.28절)는 좌측정렬로 작성하라.
- 참고문헌 목록 입력자료는 0.5인치(1.27cm) 내어쓰기를 설정하라(2.12절 참조).
- 부록 라벨과 제목은 중앙정렬(굵은체)로 작성하라(2.14절 참조).

2.25 논문원고 길이

학술지마다 게재하는 논문의 평균 길이가 다르다. 제출논문의 유형에 대한 적절한 길이를 결정하려면, 저자들을 위한 학술지의 지침을 참조하라. 학생보고서의 길이는 과제물 지침에 따라 결정된다.

만일 논문원고가 목표 길이를 초과하면, 명확하고 직접적으로 요점을 기술하고, 논의를 연구 중인 구체적인 문제에 국한하며, 제시된 데이터를 삭제 또는 합치고, 절마다 반복되는 부분을 삭제하며, 능동태로 작성함으로써 원고의 길이를 줄여라. 문장과 단락 길이 개선에 관한 안내 지침은 4.6절을 참조하라. 그래도 길이가 너무 긴 전문적 논문원고는 각각 좀 더 구체적인 초점을 맞춘 두 편 이상의 원고로 나눌 필요가 있다(단편 출판에 대해서는 1.16절 참조).

논문원고 길이 목표는 페이지 수 세기 또는 단어 수 세기 기능에 의해 명시될 수 있다. 다른 글자체들은 약간 크기가 달라서 페이지 수가 달라질 수 있으므로, 우리는 단어 수 세기의 사용을 권장한다. 일반적으로, 페이지 수를 결정하려면 모든 페이지(제목 페이지와 참고문헌 목록 포함)를 세어야 한다. 마찬가지로, 단어 수를 결정하려면, 처음부터 끝까지 모든 단어([단어 수 세기 프로그램이 인식하지 못할 수 있는 그림 이미지의 단어 외의] 모든 본문 인용, 참고문헌 입력자료, 표, 그림 포함)를 세어야 한다. 워드 프로세싱 프로그램의 단어 수 세기 기능의 디폴트 설정은 단어 수 결정을 위해 수용될 수 있다. 페이지 표제(즉, 난외표제 및/또는 페이지 번호)에 있는 문자 수를 세거나 그림 이미지 내의 단어를 수작업으로 단어 수에 추가하지 말라(이러한 단어들은 일반적으로 프로그램[Microsoft Word, Academic Writer, 또는 Google Docs]의 자동 단어 수 세기에 포함되지 않음). 만일 논문원고를 제출하려는 학술지가 페이지 수 또는 단어 수 결정을 위한 다른 세부원칙을 가지고 있다면, 학술지의 지침을 따르라.

조직

2.26 조직 원칙

학술적 글쓰기에서 온전한 조직구조는 명확한 · 정확한 · 논리적인 의사소통의 열쇠다. 글쓰기를 시작하기에 앞서, 연구를 통해 발견한 사실을 위한 최적의 논문원고 길이와 구조를 고려하라. 문장과 단락 수준 둘 다에서 사고를 논리적으로 정리하는 것 역시 글쓰기의 영향력을 강화할 것이다.

문서에서 소제목은 각 절 내에서 내용의 주제 또는 목적을 확인할 수 있게 해 준다. 소제목은 독자들로 하여금 논문원고 내용의 조직에 익숙해지게 함으로써, 원하는 정보를 쉽게 찾을 수 있게 해 준다. 소제목은 간결하면서도 내용을 충분히 기술할 정도로 길어야 한다. 효과적인 소제목의 예시는 이 장의 끝에 제시된 샘플 논문원고를 참조하라. 간결한 소제목은 독자들로 하여금 핵심적인 요점 예측과 논문작성자의 논거 발달 추적에 도움을 준다. 잘 구성되어 있고 명확한 단어로 작성된 소제목은 다양한 수준의 시각적visual · 비시각적nonvisual 독자들에게 도움이 된다. 소제목은 본문과 명확하게 식별될 수 있어야 한다. 모든 사용자(보조공학 사용자 포함)를 위한 효과적인 소제목 설정과 사용 방법에 관한 세부적인 논의는 APA 양식 웹사이트(https://apastyle.apa.org)를 방문해 보라.

APA 양식에는 5개의 소제목 수준이 있다(2.27절 참조). 같은 정도로 중요성을 지닌 모든 주제는 같은 수준의 소제목이 붙여져야 한다. 예를 들면, 다중실험 논문원고에서 실험 1에 대한 방법과 결과 절의 소제목은 실험 2에 대한 방법과 결과 절의 소제목과 병렬식 문구로 같은 수준으로 붙여져야 한다. 단일 실험 논문원고에서 방법, 결과, 그리고 논의 절에는 같은 수준의 소제목이 붙여져야 한다. 마치 개요outline에서처럼 1개의 절 내에 1개의 하위 절에 소제목을 붙이는 것은 피하라. 1개의 절 내에서는 적어도 2개의 하위 절을 사용하거나 하위 절을 사용하지 말라(예, 개요에서 로마 숫자로 번호가 붙여진 1개의 절은 최소한 하위 절 A와 B로 나누거나 하위 절을 사용하지 말라. 1개의 하위 절은 존립될 수 없다).

2.27 소제목 수준

APA 양식의 소제목에는 5개의 가능한 수준이 있다. 1수준 소제목은 상위 수준 또는 주요 절을 위해 사용되고, 2수준 소제목은 1수준의 하위 절이며 등등. 1개의 절 내에 하위 소제목 수준의 개수와 상관없이 모든 절의 소제목 구조는 동일한 하향식 진행 방식을 따른다. 설령 1개의 절에 다른 절보다 더 적은 수준의 하위 소제목이 있더라도, 각 절은 가장 높은 수준의 소제목으로 시작한다. 예를 들면, 1수준의 방법, 결과, 그리고 논의 소제목이 있는 논문원고에서 방법과 결과 절에 각각 2개의 하위 소제목 수준(2수준과 3수준)이 붙여질 수 있고, 논의 절에는 1개 수준의 하위 소제목(2수준)이 붙여질 수 있다. 따라서 논문원고에는 전반적으로 세 수준의 소제목이 붙여지게 될 것이다.

서론의 소제목. 논문원고의 첫 단락은 도입부의 내용으로 이해되기 때문에 "서론Introduction"이라는 소제목은 필요하지 않다. 논문원고를 "서론"이라는 소제목으로 시작하지 말라. 본문의 첫 페이지 상단의 논문원고 제목은 사실상 1수준 소제목 역할을 한다(그림 2.4 참조). 서론 내 하위 절의 경우, 하위 절의 첫 번째 수준에 대해서는 2수준 소제목을, 2수준 소제목의 하위 절에 대해서는 3수준 소제목을 사용하고 등등. 서론 다음에는 (소제목을 포함하고 있는지에 상관없이) 논문원고의 다음 주요 절(예, 방법)에 대해서는 1수준 소제목을 사용하라.

논문원고에서 소제목의 수. 논문원고에 필요한 소제목 수준의 개수는 원고의 길이와 복잡성에 달려 있지만, 3개가 평균이다. 만일 1개 수준의 소제목이 필요하다면, 1수준을 사용하라. 만일 2개 수준이 필요하다면, 1수준과 2수준을 사용하라. 만일 3개 수준이 필요하다면, 1, 2, 3수준을 사용하라. 논문원고에서 구분된 절의 식별에 필요한 소제목의 수만 사용하라. 짧은 학생보고서에는 소제목이 필수로 요구되지 않을 수 있다. 소제목에는 번호 또는 글자와 함께 라벨을 붙이지 말라.[2]

형식. 표 2.3은 소제목의 각 수준의 구성 방식을 보여 주고 있고, 그림 2.4는 서론의 소제목 사용을 나타내고 있다. 그리고 그림 2.5에는 샘플 논문원고에서 올바른 방식

[2] 출판편람에는 찾아보기와 교차참조를 위해 절과 소제목에 번호가 붙여져 있다.

으로 사용된 모든 소제목이 수록되어 있다. 이 장의 끝부분에 있는 샘플 논문원고는 문맥 내에서 소제목의 사용 방법을 보여 주고 있다.

표 2.3 APA 양식에서 소제목의 5개 수준 형식

수준	형식
1	**중앙정렬, 진한 글자, 제목의 주요 단어 대문자 표기** 본문은 새 단락으로 시작한다.
2	**좌측정렬, 진한 글자, 제목의 주요 단어 대문자 표기** 본문은 새 단락으로 시작한다.
3	***좌측정렬, 진한 글자로 이탤릭체, 제목의 주요 단어 대문자 표기*** 본문은 새 단락으로 시작한다.
4	**들여쓰기, 진한 글자, 제목의 주요 단어 대문자 표기, 제목 끝에 마침표**. 본문은 같은 줄에서 시작하고, 계속해서 한 단락으로 작성한다.
5	***들여쓰기, 진한 글자로 이탤릭체, 제목의 주요 단어 대문자 표기, 제목 끝에 마침표***. 본문은 같은 줄에서 시작하고, 계속해서 한 단락으로 작성한다.

주. 제목 표기법, 즉 제목의 주요 단어의 대문자 표기에서, 대부분의 단어는 대문자로 표기된다(6.17절 참조).

그림 2.4 샘플 서론에서의 소제목 사용

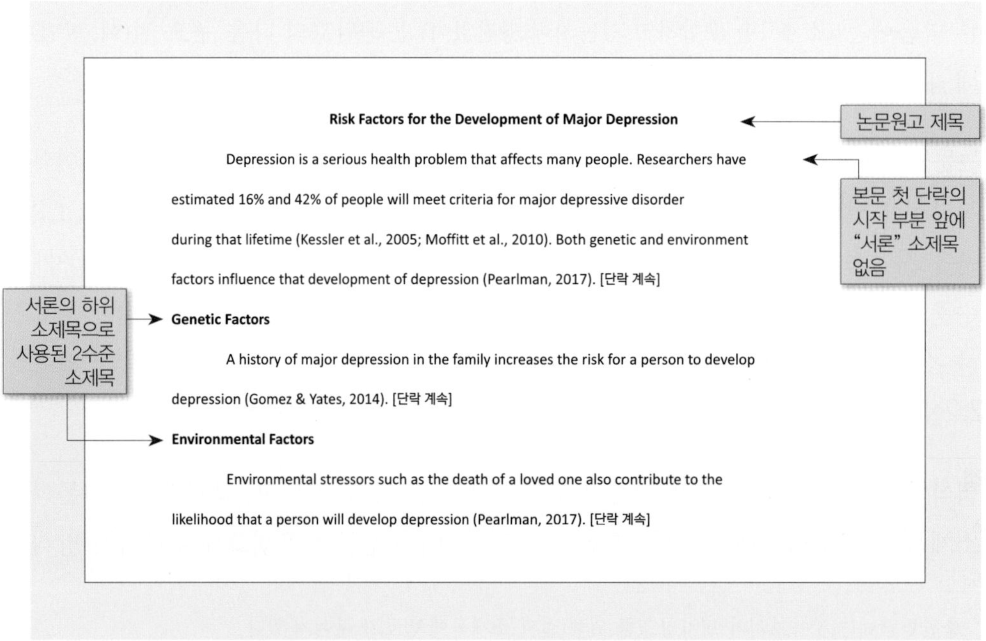

그림 2.5 샘플 논문원고에서의 소제목 형식

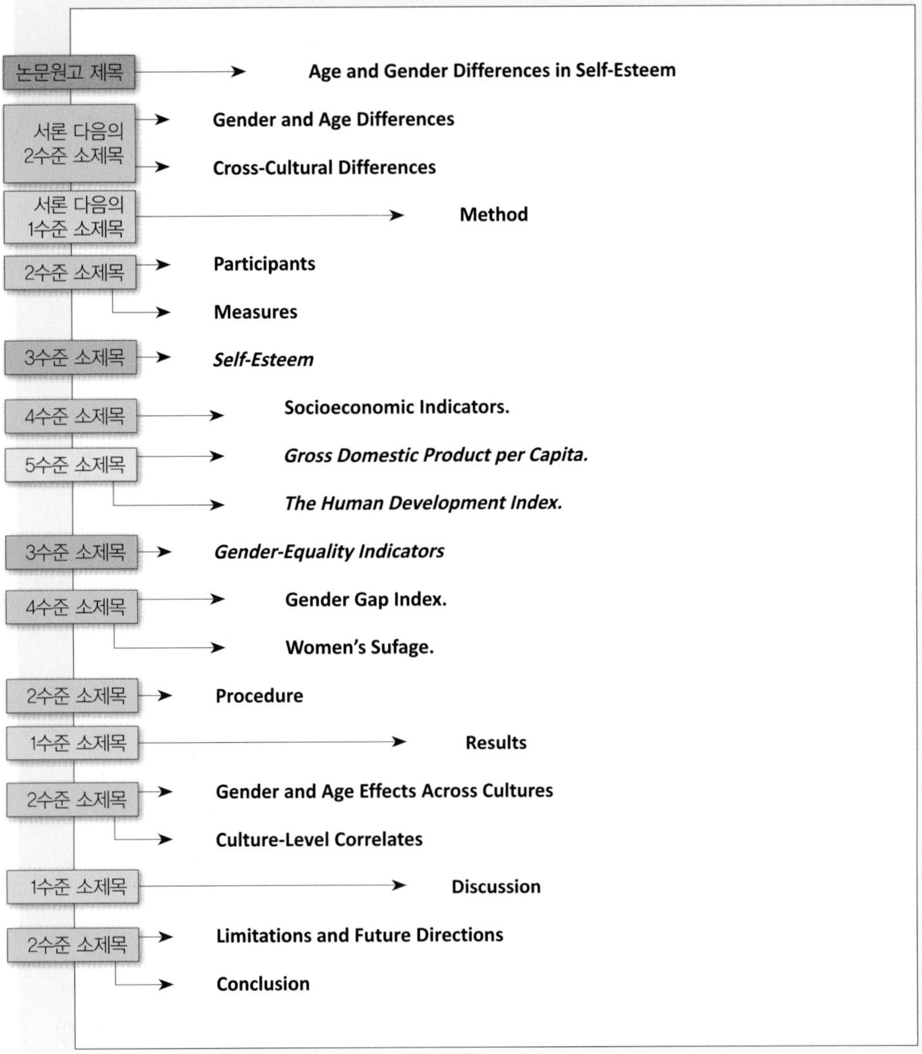

2.28 절 라벨

절 라벨section labels은 "저자 주," "초록," 본문 첫 페이지 상단에 논문원고 제목, "참고문헌," "각주," 그리고 "부록 A"(그리고 기타 부록 라벨)를 포함한다. 절 라벨은 절이 시작되는 페이지 상단에 분리된 줄에 굵은체와 중앙정렬로 위치시켜라.

샘플 논문원고

샘플 전문적 논문 원고

COMPARISON OF STUDENT EVALUATIONS OF TEACHING 1

Comparison of Student Evaluations of Teaching With Online and Paper-Based Administration

전문적
제목 페이지 2.3

Claudia J. Stanny[1] and James E. Arruda[2]

[1] Center for University Teaching, Learning, and Assessment, University of West Florida

[2] Department of Psychology, University of West Florida

Author Note

Data collection and preliminary analysis were sponsored by the Office of the Provost and the Student Assessment of Instruction Task Force. Portions of these findings were presented as a poster at the 2016 National Institute on the Teaching of Psychology, St. Pete Beach, Florida, United States. We have no conflicts of interest to disclose.

Correspondence concerning this article should be addressed to Claudia J. Stanny, Center for University Teaching, Learning, and Assessment, University of West Florida, Building 53, 11000 University Parkway, Pensacola, FL 32514, United States. Email: cstanny@institution.edu

COMPARISON OF STUDENT EVALUATIONS OF TEACHING 2

초록 2.9
절 라벨 2.28

Abstract

When institutions administer student evaluations of teaching (SETs) online, response rates are lower relative to paper-based administration. We analyzed average SET scores from 364 courses taught during the fall term in 3 consecutive years to determine whether administering SET forms online for all courses in the 3rd year changed the response rate or the average SET score. To control for instructor characteristics, we based the data analysis on courses for which the same instructor taught the course in each of three successive fall terms. Response rates for face-to-face classes declined when SET administration occurred only online. Although average SET scores were reliably lower in Year 3 than in the previous 2 years, the magnitude of this change was minimal (0.11 on a five-item Likert-like scale). We discuss practical implications of these findings for interpretation of SETs and the role of SETs in the evaluation of teaching quality.

핵심어 2.10

Keywords: college teaching, student evaluations of teaching, online administration, response rate, assessment

샘플 전문적 논문 원고 (계속)

난외 표제 2.8

제목 2.4, 표 2.1

COMPARISON OF STUDENT EVALUATIONS OF TEACHING 3

Comparison of Student Evaluations of Teaching With Online and Paper-Based Administration

Student ratings and evaluations of instruction have a long history as sources of information about teaching quality (Berk, 2013). Student evaluations of teaching (SETs) often play a significant role in high-stakes decisions about hiring, promotion, tenure, and teaching awards. As a result, researchers have examined the psychometric properties of SETs and the possible impact of variables such as race, gender, age, course difficulty, and grading practices on average student ratings (Griffin et al., 2014; Nulty, 2008; Spooren et al., 2013). They have also examined how decision makers evaluate SET scores (Boysen, 2015a, 2015b; Boysen et al., 2014; Dewar, 2011). In the last 20 years, considerable attention has been directed toward the consequences of administering SETs online (Morrison, 2011; Stowell et al., 2012) because low response rates may have implications for how decision makers should interpret SETs.

1인 저자 저작물의 소괄호 인용 8.17

복수 저작물의 소괄호 인용 8.12

동일 저자 및 동일 날짜 저작물의 소괄호 인용 8.19

Online Administration of Student Evaluations

서론에서 2수준 소제목, 2.27, 표 2.3, 그림 2.4

Administering SET
devote more class time to
integrity of the process. St
answers and write more de
Because electronic aggrega
comments (sometimes wri
and verbatim comments sh
following term.

Despite the many
concerns about online adm
not confidential when they
(Dommeyer et al., 2002). H
administration. For exampl

COMPARISON OF STUDENT EVALUATIONS OF TEACHING 4

students do not write comments on paper-based forms), oran instructor might remain present during SET administration (Avery et al., 2006).

In-class, paper-based administration creates social expectations that might motivate students to complete SETs. In contrast, students who are concerned about confidentiality or do not understand how instructors and institutions use SET findings to improve teaching might ignore requests to complete an online SET (Dommeyer et al., 2002). Instructors in turn worry that low response rates will reduce the validity of the findings if students who do not complete an SET differ in significant ways from students who do (Stowell et al., 2012). For example, students who do not attend class regularly often miss class the day that SETs are administered. However, all students (including nonattending students) can complete the forms when they are administered online. Faculty also fear that SET findings based on a low-response sample will be dominated by students in extreme categories (e.g., students with grudges, students with extremely favorable attitudes), who may be particularly motivated to complete online SETs, and therefore that SET findings will inadequately represent the voice of average students (Reiner & Arnold, 2010).

서론에서 2수준 소제목, 2.27, 표 2.3, 그림 2.4

Effects of Format on Response Rates and Student Evaluation Scores

서술식 인용, 8.11, 재진술, 8.23

The potential for biased SET findings associated with low response rates has been examined in the published literature. In findings that run contrary to faculty fears that online SETs might be dominated by low-performing students, Avery et al. (2006) found that students with higher grade-point averages (GPAs) were more likely to complete online evaluations. Likewise, Jaquett et al. (2017) reported that students who had positive experiences in their classes (including receiving the grade they expected to earn) were more likely to submit course evaluations.

Institutions can expect lower response rates when they administer SETs online (Avery et al., 2006; Dommeyer et al., 2002; Morrison, 2011; Nulty, 2008; Reiner & Arnold, 2010; Stowell et al., 2012; Venette et al., 2010). However, most researchers have found that the mean SET rating does not change

샘플 전문적 논문 원고 (계속)

복수 저작물의 소괄호 인용, 8.12

2개 연구로부터의 방법 재진술에 사용된 서술식 인용, 8.23

긴 재진술, 8.24

서론에서 2수준 소제목, 2.27, 표 2.3, 그림 2.4

COMPARISON OF STUDENT EVALUATIONS OF TEACHING 5

significantly when they compare SETs administered on paper with those completed online. These findings have been replicated in multiple settings using a variety of research methods (Avery et al., 2006; Dommeyer et al., 2004; Morrison, 2011; Stowell et al., 2012; Venette et al., 2010).

Exceptions to this pattern of minimal or nonsignificant differences in average SET scores appeared in Nowell et al. (2010) and Morrison (2011), who examined a sample of 29 business courses. Both studies reported lower average scores when SETs were administered online. However, they also found that SET scores for individual items varied more within an instructor when SETs were administered online versus on paper. Students who completed SETs on paper tended to record the same response for all questions, whereas students who completed the forms online tended to respond differently to different questions. Both research groups argued that scores obtained online might not be directly comparable to scores obtained through paper-based forms. They advised that institutions administer SETs entirely online or entirely on paper to ensure consistent, comparable evaluations across faculty.

Each university presents a unique environment and culture that could influence how seriously students take SETs and how they respond to decisions to administer SETs online. Although a few large-scale studies of the impact of online administration exist (Reiner & Arnold, 2010; Risquez et al., 2015), a local replication answers questions about characteristics unique to that institution and generates evidence about the generalizability of existing findings.

Purpose of the Present Study

In the present study we examined patterns of responses for online and paper-based SET scores at a midsized, regional, comprehensive university in the United States. We posed two questions: First, does the response rate or the average SET score change when an institution administers SET forms online instead of on paper? Second, what is the minimal response rate required to produce stable average SET scores for an instructor? Whereas much earlier research relied on small samples often

샘플 전문적 논문 원고 (계속)

COMPARISON OF STUDENT EVALUATIONS OF TEACHING 6

limited to a single academic department, we gathered SET data on a large sample of courses (*N*=364) that included instructors from all colleges and all course levels over 3 years. We controlled for individual differences in instructors by limiting the sample to courses taught by the same instructor in all 3 years. The university offers nearly 30% of course sections online in any given term, and these courses have always administered online SETs. This allowed us to examine the combined effects of changing the method of delivery for SETs (paper-based to online) for traditional classes and changing from a mixed method of administering SETs (paper for traditional classes and online for online classes in the first 2 years of data gathered) to uniform use of online forms for all classes in the final year of data collection.

Method

서론 다음의 1수준 소제목, 2.27, 표 2.3, 그림 2.5

Sample

2수준 소제목, 2.27, 표 2.3, 그림 2.5

Response rates and evaluation ratings were retrieved from archived course evaluation data. The archive of SET data did not include information about personal characteristics of the instructor (gender, age, or years of teaching experience), and students were not provided with any systematic incentive to complete the paper or online versions of the SET. We extracted data on response rates and evaluation ratings for 364 courses that ha

(2012, 2013, and 2014).

The sample included

instructors (30%) taught in the

Science

taught

provided data on one course.

courses, and 105 (29%) provid

face-to-face and online course

2수준 소제목, 2.27, 표 2.3, 그림 2.5

척도의 앵커에 대해 사용된 이탤릭체 6.22

COMPARISON OF STUDENT EVALUATIONS OF TEACHING 7

beginning undergraduate level (1st- and 2nd-year students), 205 courses (56%) at the advanced undergraduate level (3rd- and 4th-year students), and 52 courses (14%) at the graduate level.

Instrument

The course evaluation instrument was a set of 18 items developed by the state university system. The first eight items were designed to measure the quality of the instructor, concluding with a global rating of instructor quality (Item 8: "Overall assessment of instructor"). The remaining items asked students to evaluate components of the course, concluding with a global rating of course organization (Item 18: "Overall, I would rate the course organization"). No formal data on the psychometric properties of the items are available, although all items have obvious face validity.

Students were asked to rate each instructor as *poor* (0), *fair* (1), *good* (2), *very good* (3), or *excellent* (4) in response to each item. Evaluation ratings were subsequently calculated for each course and instructor. A median rating was computed when an instructor taught more than one section of a course during a term.

The institution limited our access to SET data for the 3 years of data requested. We obtained scores for Item 8 ("Overall assessment of instructor") for all 3 years but could obtain scores for Item 18 ("Overall, I would rate the course organization") only for Year 3. We computed the correlation between scores on Item 8 and Item 18 (from course data recorded in the 3rd year only) to estimate the internal consistency of the evaluation instrument. These two items, which serve as composite summaries of preceding items (Item 8 for Items 1-7 and Item 18 for Items 9-17), were strongly related, $r(362) = .92$. Feistauer and Richter (2016) also reported strong correlations between global items in a large analysis of SET responses.

수의 범위에 사용된 엔 대시, 6.22

본문에 제시된 통계치, 6.43

2수준 소제목, 2.27, 표 2.3, 그림 2.5

Design

This study took advantage of a natural experiment created when the university decided to administer all course evaluations online. We requested SET data for the fall semesters for 2 years

샘플 전문적 논문 원고 (계속)

preceding the change, when students completed paper-based SET forms for face-to-face courses and online SET forms for online courses, and data for the fall semester of the implementation year, when students completed online SET forms for all courses. We used a 2 × 3 × 3 factorial design in which course delivery method (face to face and online) and course level (beginning undergraduate, advanced undergraduate, and graduate) were between-subjects factors and evaluation year (Year 1: 2012, Year 2: 2013, and Year 3: 2014) was a repeated-measures factor. The dependent measures were the response rate (measured as a percentage of class enrollment) and the rating for Item 8 ("Overall assessment of instructor").

Data analysis was limited to scores on Item 8 because the institution agreed to release data on this one item only. Data for scores on Item 18 were made available for SET forms administered in Year 3 to address questions about variation in responses across items. The strong correlation between scores on Item 8 and scores on Item 18 suggested that Item 8 could be used as a surrogate for all the items. These two items were of particular interest because faculty, department chairs, and review committees frequently rely on these two items as stand-alone indicators of teaching quality for annual evaluations and tenure and promotion reviews.

1수준 소제목, 2.27, 표 2.3, 그림 2.5

Results

2수준 소제목, 2.27, 표 2.3, 그림 2.5

Response Rates

본문에 언급된 표, 7.5, 표 번호, 7.10

Response rates are presented in Table 1. The findings indicate that response rates for face-to-face courses were much higher than for online courses, but only when face-to-face course evaluations were administered in the classroom. In the Year 3 administration, when all course evaluations were administered online, response rates for face-to-face courses declined (M = 47.18%, SD = 20.11), but were still slightly higher than for online courses (M = 41.60%, SD = 18.23). These findings produced a statistically significant interaction between course delivery method and evaluation year, F(178, 716) =

본문에 제시된 통계치, 6.43

샘플 전문적 논문 원고 (계속)

COMPARISON OF STUDENT EVALUATIONS OF TEACHING 9

[각주 호출, 2.13]

101.34, *MSE* = 210.61, $p < .001$.[1] The strength of the overall interaction effect was .22 (η_p^2). Simple main-effects tests revealed statistically significant differences in the response rates for face-to-face courses and online courses for each of the 3 observation years.[2] The greatest differences occurred during Year 1 ($p < .001$) and Year 2 ($p < .001$), when evaluations were administered on paper in the classroom for all face-to-face courses and online for all online courses. Although the difference in response rate between face-to-face and online courses during the Year 3 administration was statistically reliable (when both face-to-to-face and online courses were evaluated with online surveys), the effect was small ($\eta_p^2 = .02$). Thus, there was minimal difference in response rate between face-to-face and online courses when evaluations were administered online for all courses. No other factors or interactions included in the analysis were statistically reliable.

[2수준 소제목, 2.27, 표 2.1, 그림 2.5]

Evaluation Ratings

The same 2 × 3 × 3 analysis of variance model was used to evaluate mean SET ratings. This analysis produced two statistically significant main effects. The first main effect involved evaluation year, $F(1.86, 716) = 3.44$, *MSE* = 0.18, $p = .03$ ($\eta_p^2 = .01$; see Footnote 1). Evaluation ratings associated with the Year 3 administration ($M = 3.26$, $SD = 0.60$) were significantly lower than the evaluation ratings associated with both the Year 1($M = 3.35$, $SD = 0.53$) and Year 2($M = 3.38$, $SD = 0.54$) administrations. Thus, all courses received lower SET scores in Year 3, regardless of course delivery method and course level. However, the size of this effect was small (the largest difference in mean rating was 0.11 on a five-item scale).

[이전의 각주 언급, 2.13]

[페이지 꼬리말 각주, 2.13]

---

[1] A Greenhouse-Geisser adjustment of the degrees of freedom was performed in anticipation of a sphericity assumption violation.

[2] A test of the homogeneity of variance assumption revealed no statistically significant difference in response rate variance between the two delivery modes for the 1st, 2nd, and 3rd years.

10

de, $F(l, 358) = 23.51$, *MSE* =

= 0.50) received significantly

s of evaluation year and

tatistically reliable.

Stability of Ratings

[본문에 언급된 그림, 7.5, 그림 번호, 7.24]

The scatterplot presented in Figure 1 illustrates the relation between SET scores and response rate. Although the correlation between SET scores and response rate was small and not statistically significant, $r(362) = .07$, visual inspection of the plot of SET scores suggests that SET ratings became less variable as response rate increased. We conducted Levene's test to evaluate the variability of SET scores above and below the 60% response rate, which several researchers have recommended as an acceptable threshold for response rates (Berk, 2012, 2013; Nulty, 2008). The variability of scores above and below the 60% threshold was not statistically reliable, $F(1, 362) = 1.53$, $p = .22$.

[동일 저자의 복수 논문원고의 소괄호 인용, 8.12]

[1수준 소제목, 2.27, 표 2.3, 그림 2.5]

Discussion

Online administration of SETs in this study was associated with lower response rates, yet it is curious that online courses experienced a 10% increase in response rate when all courses were evaluated with online forms in Year 3. Online courses had suffered from chronically low response rates in previous years, when face-to-face classes continued to use paper-based forms. The benefit to response rates observed for online courses when all SET forms were administered online might be attributed to increased communications that encouraged students to complete the online course evaluations. Despite this improvement, response rates for online courses continued to lag behind those

샘플 전문적 논문 원고 (계속)

Although the average SET rating was significantly lower in Year 3 than in the previous 2 years, the magnitude of the numeric difference was small (differences ranged from 0.08 to 0.11, based on a 0-4 Likert-like scale). This difference is similar to the differences Risquez et al. (2015) reported for SET scores after statistically adjusting for the influence of several potential confounding variables. A substantial literature has discussed the appropriate and inappropriate interpretation of SET ratings (Berk, 2013; Boysen, 2015a, 2015b; Boysen et al., 2014; Dewar, 2011; Stark & Freishtat, 2014).

복수 저작물의 소괄호 인용, 8.12

Faculty have often raised concerns about the potential variability of SET scores due to low response rates and thus small sample sizes. However, our analysis indicated that classes with high response rates produced equally variable SET scores as did classes with low response rates. Reviewers should take extra care when they interpret SET scores. Decision makers often ignore questions about whether means derived from small samples accurately represent the population mean (Tversky & Kahneman, 1971). Reviewers frequently treat all numeric differences as if they were equally meaningful as measures of true differences and give them credibility even after receiving explicit warnings that these differences are not meaningful (Boysen, 2015a, 2015b).

2인 저자 저작물의 소괄호 인용, 8.17

Because low response rates produce small sample sizes, we expected that the SET scores based on smaller class samples (i.e., courses with low response rates) would be more variable than those based on larger class samples (i.e., courses with high response rates). Although researchers have recommended that response rates reach the criterion of 60%-80% when SET data will be used for high-stakes decisions (Berk, 2012, 2013; Nulty, 2008), our findings did not indicate a significant reduction in SET score variability with higher response rates.

범위에서 반복되는 퍼센트 기호, 6.44

Implications for Practice

2수준 소제목, 2.27, 표 2.3, 그림 2.5

Improving SET Response Rates

3수준 소제목, 2.27, 표 2.3, 그림 2.5

When decision makers use SET data to make high-stakes decisions (faculty hires, annual evaluations, tenure, promotions, teaching awards), institutions would be wise to take steps to ensure

샘플 전문적 논문 원고 (계속)

COMPARISON OF STUDENT EVALUATIONS OF TEACHING 12

that SETs have acceptable response rates. Researchers have discussed effective strategies to improve response rates for SETs (Nulty, 2008; see also Berk, 2013; Dommeyer et al., 2004; Jaquett et al., 2016). These strategies include offering empirically validated incentives, creating high-quality technical systems with good human factors characteristics, and promoting an institutional culture that clearly supports the use of SET data and other information to improve the quality of teaching and learning. Programs and instructors must discuss why information from SETs is important for decision-making and provide students with tangible evidence of how SET information guides decisions about curriculum improvement. The institution should provide students with compelling evidence that the administration system protects the confidentiality of their responses.

"see also" 인용, 8.12

Evaluating SET Scores

3수준 소제목, 2.27, 표 2.3, 그림 2.5

In addition to ensuring adequate response rates on SETs, decision makers should demand multiple sources of evidence about teaching quality (Buller, 2012). High-stakes decisions should never rely exclusively on numeric data from SETs. Reviewers often treat SET ratings as a surrogate for a measure of the impact an instructor has on student learning. However, a recent meta-analysis (Uttl et al., 2017) questioned whether SET scores have any relation to student learning. Reviewers need evidence in addition to SET ratings to evaluate teaching, such as evidence of the instructor's disciplinary content expertise, skill with classroom management, ability to engage learners with lectures or other activities, impact on student learning, or success with efforts to modify and improve courses and teaching strategies (Berk, 2013; Stark & Freishtat, 2014). As with other forms of assessment, any one measure may be limited in terms of the quality of information it provides. Therefore, multiple measures are more informative than any single measure.

1인 저자 단일 저작물의 소괄호 인용, 8.17

2개 저작물의 소괄호 인용, 8.12

A portfolio of evidenc

include summaries of class ob

assignments and exams can d

COMPARISON OF STUDENT EVALUATIONS OF TEACHING 13

samples of student work. Course syllabi can identify intended learning outcomes; describe instructional strategies that reflect the rigor of the course (required assignments and grading practices); and provide other information about course content, design, instructional strategies, and instructor interactions with students (Palmer et al., 2014; Stanny et al., 2015).

2수준 소제목, 2.27, 표 2.3, 그림 2.5

Conclusion

Psychology has a long history of devising creative strategies to measure the "unmeasurable," whether the targeted variable is a mental process, an attitude, or the quality of teaching (e.g., Webb et al., 1966). In addition, psychologists have documented various heuristics and biases that contribute to the misinterpretation of quantitative data (Gilovich et al., 2002), including SET scores (Boysen, 2015a, 2015b; Boysen et al., 2014). These skills enable psychologists to offer multiple solutions to the challenge posed by the need to objectively evaluate the quality of teaching and the impact of teaching on student learning.

반어적 논평 제시에 사용되는 따옴표, 6.7

Online administration of SET forms presents multiple desirable features, including rapid feedback to instructors, economy, and support for environmental sustainability. However, institutions should adopt implementation procedures that do not undermine the usefulness of the data gathered. Moreover, institutions should be wary of emphasizing procedures that produce high response rates only to lull faculty into believing that SET data can be the primary (or only) metric used for high-stakes decisions about the quality of faculty teaching. Instead, decision makers should expect to use multiple

샘플 전문적 논문 원고 (계속)

COMPARISON OF STUDENT EVALUATIONS OF TEACHING 14

References

참고문헌 목록, 2.12, 9장; 절 라벨, 2.28

Avery, R. J., Bryant, W. K., Mathios, A., Kang, H., & Bell, D. (2006). Electronic course evaluations: Does an online delivery system influence student evaluations? *The Journal of Economic Education, 37*(1), 21-37. https://doi.org/10.3200/JECE.37.l.21-37

학술지 논문 참고문헌, 10.1

Berk, R. A. (2012). Top 20 strategies to increase the online response rates of student rating scales. *International Journal of Technology in Teaching and Learning, 8*(2), 98-107.

DOI 없는 학술지 논문 참고문헌, 10.1

Berk, R. A. (2013). *Top 10 flashpoints in student ratings and the evaluation of teaching*. Stylus.

서적 참고문헌, 10.2

Boysen, G. A. (2015a). Preventing the overinterpretation of small mean differences in student evaluations of teaching: An evaluation of warning effectiveness. *Scholarship of Teaching and Learning in Psychology, 1*(4), 269-282. https://doi.org/10.1037/stl0000042

동일 저자와 연도의 복수 저작물 연도 다음에 사용된 문자, 9.47

Boysen, G. A. (2015b). Significant interpretation of small mean differences in student evaluations of teaching despite explicit warning to avoid overinterpretation. *Scholarship of Teaching and Learning in Psychology, 1*(2), 150-162. https://doi.org/10.1037/stl0000017

Boysen, G. A., Kelly, T. J., Raesly, H. N., & Casner, R. W. (2014). The (mis)interpretation of teaching evaluations by college faculty and administrators. *Assessment & Evaluation in Higher Education, 39*(6), 641-656. https://doi.org/10.1080/02602938.2013.860950

Buller, J. L. (2012). *Best practices in faculty evaluation: A practical guide for academic leaders*. Jossey-Bass.

Dewar, J. M. (2011). Helping stakeholders understand the limitations of SRT data: Are we doing enough? *Journal of Faculty Development, 25*(3), 40-44.

Dommeyer, C. J., Baum, P., & Hanna, R. W. (2002). College students' attitudes toward methods of collecting teaching evaluations: In-class versus on-line. *Journal of Education for Business, 78*(1), 11-15. https://doi.org/10.1080/08832320209599691

15

g faculty teaching evaluations
aluations. *Assessment &*
80/02602930410001689171
eaching quality? A variance
, 42(8), 1263-1279.
The psychology of intuitive
9780511808098
een grade point averages
sment & Evaluation in
.2013.831809

Jaquett, C. M., VanMaaren, V. G., & Williams, R. L. (2016). The effect of extra-credit incentives on student submission of end-of-course evaluations. *Scholarship of Teaching and Learning in Psychology, 2*(1), 49-61. https://doi.org/10.1037/stl0000052

Jaquett, C. M., VanMaaren, V. G., & Williams, R. L. (2017). Course factors that motivate students to submit end-of-course evaluations. *Innovative Higher Education, 42*(1), 19-31. https://doi.org/10.1007/sl0755-016-9368-5

Morrison, R. (2011). A comparison of online versus traditional student end-of-course critiques in resident courses. *Assessment & Evaluation in Higher Education, 36*(6), 627-641. https://doi.org/10.1080/02602931003632399

Nowell, C., Gale, L. R., & Handley, B. (2010). Assessing faculty performance using student evaluations of teaching in an uncontrolled setting. *Assessment & Evaluation in Higher Education, 35*(4), 463-475. https://doi.org/10.1080/02602930902862875

샘플 전문적 논문 원고 (계속)

Nulty, D. D. (2008). The adequacy of response rates to online and paper surveys: What can be done? *Assessment & Evaluation in Higher Education, 33*(3), 301-314. https://doi.org/10.1080/02602930701293231

Palmer, M. S., Bach, D. J., & Streifer, A. C. (2014). Measuring the promise: A learning-focused syllabus rubric. *To Improve the Academy: A Journal of Educational Development, 33*(1), 14-36. https://doi.org/10.1002/tia2.20004

Reiner, C. M., & Arnold, K. E. (2010). Online course evaluation: Student and instructor perspectives and assessment potential. *Assessment Update, 22*(2), 8-10. https://doi.org/10.1002/au.222

Risquez, A., Vaughan, E., & Murphy, M. (2015). Online student evaluations of teaching: What are we sacrificing for the affordances of technology? *Assessment & Evaluation in Higher Education, 40*(1), 210-234. https://doi.org/10.1080/02602938.2014.890695

물음표로 끝나는 제목, 9.19

Spooren, P., Brockx, B., & Mortelmans, D. (2013). On the validity of student evaluation of teaching: The state of the art. *Review of Educational Research, 83*(4), 598-642. https://doi.org/10.3102/0034654313496870

Stanny, C. J., Gonzalez, M., & McGowan, B. (2015). Assessing the culture of teaching and learning through a syllabus review. *Assessment & Evaluation in Higher Education, 40*(7), 898-913. https://doi.org/10.1080/02602938.2014.956684

Stark, P. B., & Freishtat, R. (2014). *An evaluation of course evaluations. ScienceOpen Research*. https://doi.org/10.14293/S2199-1006.I.SOR-EDU.AQFRQA.vl

Stowell, J. R., Addison, W. E., & evaluations of instructi https://doi .org/10.108

Tversky, A., & Kahneman, D. (1 105-110. https://doi.or

호수가 누락된 학술지 논문 참고문헌, 9.26

Uttl, B., White, C. A., & Gonzalez, D. W. (2017). Meta-analysis of faculty's teaching effectiveness: Student evaluation of teaching ratings and student learning are not related. *Studies in Educational Evaluation, 54*, 22-42. https://doi.org/10.1016/j.stueduc.2016.08.007

Venette, S., Sellnow, D., & McIntyre, K. (2010). Charting new territory: Assessing the online frontier of student ratings of instruction. *Assessment & Evaluation in Higher Education, 35*(1), 101-115. https://doi.org/10.1080/02602930802618336

Webb, E. J., Campbell, D. T., Schwartz, R. D., & Sechrest, L. (1966). *Unobtrusive measures: Nonreactive research in the social sciences*. Rand McNally.

샘플 전문적 논문 원고 (계속)

COMPARISON OF STUDENT EVALUATIONS OF TEACHING 18

표 번호, 7.10

Table 1

표 제목, 7.11

Means and Standard Deviations for Response Rates (Course Delivery Method by Evaluation Year)

Administration year	Face-to-face course		Online course	
	M	*SD*	*M*	*SD*
Year 1: 2012	71.72	16.42	32.93	15.73
Year 2: 2013	72.31	14.93	32.55	15.96
Year 3: 2014	47.18	20.11	41.60	18.23

표 주, 7.14

Note. Student evaluations of teaching (SETs) were administered in two modalities in Years 1 and 2: paper based for face-to-face courses and online for online courses. SETs were administered online for all courses in Year 3.

COMPARISON OF STUDENT EVALUATIONS OF TEACHING 19

그림 번호, 7.24

Figure 1

그림 제목, 7.25

Scatterplot Depicting the Correlation Between Response Rates and Evaluation Ratings

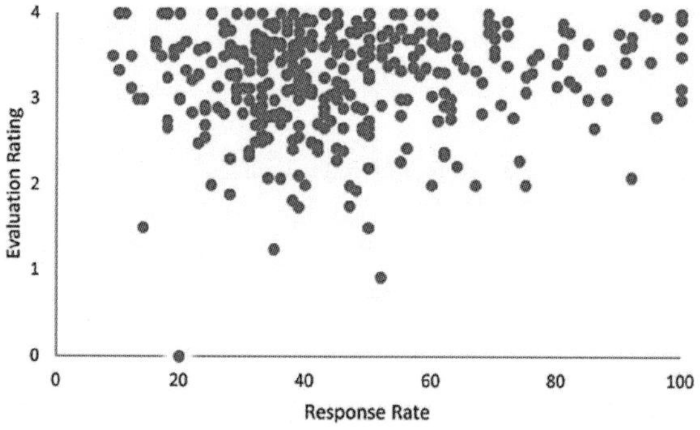

그림 주, 7.28

Note. Evaluation ratings were made during the 2014 fall academic term.

샘플 학생보고서

1

Guided Imagery and Progressive Muscle Relaxation in Group Psychotherapy

학생 제목 페이지, 2.3

Hannah K. Greenbaum

Department of Psychology, The George Washington University

PSYC 3170: Clinical Psychology

Dr. Tia M. Benedetto

October 1, 2019

2

보고서 제목, 2.4, 2.27, 표 2.1, 그림 2.4

Guided Imagery and Progressive Muscle Relaxation in Group Psychotherapy

집단 저자, 9.11

2인 저자 단일 저작물의 소괄호 인용, 8.17

핵심어 강조를 위한 이탤릭체, 6.22

1인 저자의 단일 저작물의 소괄호 인용, 8.17

반복인용, 8.1

일인칭 사용, 4.16

소괄호 내 난외 문구의 서술식 인용, 8.11

A majority of Americans experience stress in their daily lives (American Psychological Association, 2017). Thus, an important goal of psychological research is to evaluate techniques that promote stress reduction and relaxation. Two techniques that have been associated with reduced stress and increased relaxation in psychotherapy contexts are guided imagery and progressive muscle relaxation (McGuigan & Lehrer, 2007). *Guided imagery* aids individuals in connecting their internal and external experiences, allowing them, for example, to feel calmer externally because they practice thinking about calming imagery. *Progressive muscle relaxation* involves diaphragmatic breathing and the tensing and releasing of 16 major muscle groups; together these behaviors lead individuals to a more relaxed state (Jacobson, 1938; Trakhtenberg, 2008). Guided imagery and progressive muscle relaxation are both cognitive behavioral techniques (Yalom & Leszcz, 2005) in which individuals focus on the relationship among thoughts, emotions, and behaviors (White, 2000).

Group psychotherapy effectively promotes positive treatment outcomes in patients in a cost-effective way. Its efficacy is in part attributable to variables unique to the group experience of therapy as compared with individual psychotherapy (Bottomley, 1996; Yalom & Leszcz, 2005). That is, the group format helps participants feel accepted and better understand their common struggles; at the same time, interactions with group members provide social support and models of positive behavior (Yalom & Leszcz, 2005). Thus, it is useful to examine how stress reduction and relaxation can be enhanced in a group context.

The purpose of this literature review is to examine the research base on guided imagery and progressive muscle relaxation in group psychotherapy contexts. I provide overviews of both guided imagery and progressive muscle relaxation, including theoretical foundations and historical context. Then I examine guided imagery and progressive muscle relaxation as used on their own as well as in combination as part of group psychotherapy (see Baider et al., 1994, for more). Throughout the review, I

샘플 학생보고서 (계속)

highlight themes in the research. Finally, I end by pointing out limitations in the existing literature and exploring potential directions for future research.

1수준 소제목, 2.27, 표 2.3, 그림 2.5

Guided Imagery

2수준 소제목, 2.27, 표 2.3, 그림 2.5

Features of Guided Imagery

Guided imagery involves a person visualizing a mental image and engaging each sense (e.g., sight, smell, touch) in the process. Guided imagery was first examined in a psychological context in the 1960s, when the behavior theorist Joseph Wolpe helped pioneer the use of relaxation techniques such as aversive imagery, exposure, and imaginal flooding in behavior therapy (Achterberg, 1985; Utay & Miller, 2006). Patients learn to relax their bodies in the presence of stimuli that previously distressed them, to the point where further exposure to the stimuli no longer provokes a negative response (Achterberg, 1985).

Contemporary research supports the efficacy of guided imagery interventions for treating medical, psychiatric, and psychological disorders (Utay & Miller, 2006). Guided imagery is typically used to pursue treatment goals such as improved relaxation, sports achievement, and pain reduction. Guided imagery techniques are often paired with breathing techniques and other forms of relaxation, such as mindfulness (see Freebird Meditations, 2012). The evidence is sufficient to call guided imagery an effective, evidence-based treatment for a variety of stress-related psychological concerns (Utay & Miller, 2006).

2수준 소제목, 2.27, 표 2.3, 그림 2.5

Guided Imagery in Group Psychotherapy

Guided imagery exercises improve treatment outcomes and prognosis in group psychotherapy contexts (Skovholt & Thoen, 1987). Lange (1982) underscored two such benefits by showing (a) the role of the group psychotherapy leader in facilitating reflection on the guided imagery experience, including difficulties and stuck points, and (b) the benefits achieved by social comparison of guided imagery

글자를 넣은 목록, 6.50

샘플 학생보고서 (계속)

4

experiences between group members. Teaching techniques and reflecting on the group process are unique components of guided imagery received in a group context (Yalom & Leszcz, 2005).

Empirical research focused on guided imagery interventions supports the efficacy of the technique with a variety of populations within hospital settings, with positive outcomes for individuals diagnosed with depression, anxiety, and eating disorders (Utay & Miller, 2006). Guided imagery and relaxation techniques have even been found to "reduce distress and allow the immune system to function more effectively" (Trakhtenberg, 2008, p. 850). For example, Holden-Lund (1988) examined effects of a guided imagery intervention on surgical stress and wound healing in a group of 24 patients. Patients listened to guided imagery recordings and reported reduced state anxiety, lower cortisol levels following surgery, and less irritation in wound healing compared with a control group. Holden-Lund concluded that the guided imagery recordings contributed to improved surgical recovery. It would be interesting to see how the results might differ if guided imagery was practiced continually in a group context.

짧은 인용, 8.25, 8.26

연도가 생략된 서술식 인용 반복, 8.16

Guided imagery has also been shown to reduce stress, length of hospital stay, and symptoms related to medical and psychological conditions (Scherwitz et al., 2005). For example, Ball et al. (2003) conducted guided imagery in a group psychotherapy format with 11 children (ages 5-18) experiencing recurrent abdominal pain. Chi
psychotherapy sessions where
diaries and parent and child p
pain. Despite a small sample s
that guided imagery in a grou
abdo

techn

3인 이상 저자의 저작물에 대한 "~외[et al.]" 인용, 8.17

1수준 소제목, 2.27, 표 2.3, 그림 2.5

2수준 소제목, 2.27, 표 2.3, 그림 2.5

5

met once in a group to learn guided imagery and then practiced guided imagery individually on their own (see Menzies et al., 2014, for more). Thus, it is unknown whether guided imagery would have different effects if implemented on an ongoing basis in group psychotherapy.

Progressive Muscle Relaxation

Features of Progressive Muscle Relaxation

Progressive muscle relaxation involves diaphragmatic or deep breathing and the tensing and releasing of muscles in the body (Jacobson, 1938). Edmund Jacobson developed progressive muscle relaxation in 1929 (as cited in Peterson et al., 2011) and directed participants to practice progressive muscle relaxation several times a week for a year. After examining progressive muscle relaxation as an intervention for stress or anxiety, Joseph Wolpe (1960; as cited in Peterson et al., 2011) theorized that relaxation was a promising treatment. In 1973, Bernstein and Borkovec created a manual for helping professionals to teach their clients progressive muscle relaxation, thereby bringing progressive muscle relaxation into the fold of interventions used in cognitive behavior therapy. In its current state, progressive muscle relaxation is often paired with relaxation training and described within a relaxation framework (see Freebird Meditations, 2012, for more).

이차자료 인용, 8.6

서술문에서 연도가 있는 서술식 인용 8.11

"추가사항[for more]" 인용, 8.11

Research on the use of progressive muscle relaxation for stress reduction has demonstrated the efficacy of the method (McGuigan & Lehrer, 2007). As clients learn how to tense and release different muscle groups, the physical relaxation achieved then influences psychological processes (McCallie et al., 2006). For example, progressive muscle relaxation can help alleviate tension headaches, insomnia, pain, and irritable bowel syndrome. This research demonstrates that relaxing the body can also help relax the mind and lead to physical benefits.

Progressive Muscle Relaxation in Group Psychotherapy

Limited, but compelling, research has examined progressive muscle relaxation within group psychotherapy. Progressive muscle relaxation has been used in outpatient and inpatient hospital

샘플 학생보고서 (계속)

6

settings to reduce stress and physical symptoms (Peterson et al., 2011). For example, the U.S. Department of Veterans Affairs integrates progressive muscle relaxation into therapy skills groups (Hardy, 2017). The goal is for group members to practice progressive muscle relaxation throughout their inpatient stay and then continue the practice at home to promote ongoing relief of symptoms (Yalom & Leszcz, 2005).

긴 재진술, 8.24

Yu (2004) examined the effects of multimodal progressive muscle relaxation on psychological distress in 121 elderly patients with heart failure. Participants were randomized into experimental and control groups. The experimental group received biweekly group sessions on progressive muscle relaxation, as well as tape-directed self-practice and a revision workshop. The control group received follow-up phone calls as a placebo. Results indicated that the experimental group exhibited significant improvement in reports of psychological distress compared with the control group. Although this study incorporated a multimodal form of progressive muscle relaxation, the experimental group met biweekly in a group format; thus, the results may be applicable to group psychotherapy.

Progressive muscle relaxation has also been examined as a stress-reduction intervention with large groups, albeit not therapy groups. Rausch et al. (2006) exposed a group of 387 college students to 20 min of either meditation, progressive muscle relaxation, or waiting as a control condition. Students exposed to meditation and progressive muscle relaxation recovered more quickly from subsequent stressors than did students in the control condition. Rausch et al. (2006) concluded the following:

시간 약자, 6.28

블록인용, 8.25, 8.27

> A mere 20 min of these group interventions was effective in reducing anxiety to normal levels ... merely 10 min of the interventions allowed [the high-anxiety group] to recover from the stressor. Thus, brief interventions of meditation and progressive muscle relaxation may be effective for those with clinical levels of anxiety and for stress recovery when exposed to brief, transitory stressors. (p. 287)

Thus, even small amounts of p

anxiety.

Guided Imagery

Combinations of relax

muscle relaxation, have been shown to improve psychiatric and medical symptoms when delivered in a group psychotherapy context (Bottomley, 1996; Cunningham & Tocco, 1989). The research supports the existence of immediate and long-term positive effects of guided imagery and progressive muscle relaxation delivered in group psychotherapy (Baider et al., 1994). For example, Cohen and Fried (2007) examined the effect of group psychotherapy on 114 women diagnosed with breast cancer. The researchers randomly assigned participants to three groups: (a) a control group, (b) a relaxation psychotherapy group that received guided imagery and progressive muscle relaxation interventions, or (c) a cognitive behavioral therapy group. Participants reported less psychological distress in both intervention groups compared with the control group, and participants in the relaxation psychotherapy group reported reduced symptoms related to sleep and fatigue. The researchers concluded that relaxation training using guided imagery and progressive muscle relaxation in group psychotherapy is effective for relieving distress in women diagnosed with breast cancer. These results further support the utility of guided imagery and progressive muscle relaxation within the group psychotherapy modality.

서술식 인용, 8.11, 재진술, 8.23

Conclusion

1수준 소제목, 2.27, 표 2.3, 그림 2.5

Limitations of Existing Research

Research on the use of guided imagery and progressive muscle relaxation to achieve stress reduction and relaxation is compelling but has significant limitations. Psychotherapy groups that

샘플 학생보고서 (계속)

8

usually expected to practice the techniques by themselves (see Menzies et al., 2014). Future research should address how these relaxation techniques can assist people in diverse groups and how the impact of relaxation techniques may be amplified if treatments are delivered in the group setting over time.

Future research should also examine differences in inpatient versus outpatient psychotherapy groups as well as structured versus unstructured groups. The majority of research on the use of guided imagery and progressive muscle relaxation with psychotherapy groups has used unstructured inpatient groups (e.g., groups in a hospital setting). However, inpatient and outpatient groups are distinct, as are structured versus unstructured groups, and each format offers potential advantages and limitations (Yalom & Leszcz, 2005). For example, an advantage of an unstructured group is that the group leader can reflect the group process and focus on the "here and now," which may improve the efficacy of the relaxation techniques (Yalom & Leszcz, 2005). However, research also has supported the efficacy of structured psychotherapy groups for patients with a variety of medical, psychiatric, and psychological disorders (Hashim & Zainol, 2015; see also Baider et al., 1994; Cohen & Fried, 2007). Empirical research assessing these interventions is limited, and further research is recommended.

"see also" 인용, 8.12

Directions for Future Research

2수준 소제목, 2.27, 표 2.3, 그림 2.5

There are additional considerations when interpreting the results of previous studies and planning for future studies of these techniques. For example, a lack of control groups and small sample sizes have contributed to low statistical power and limited the generalizability of findings. Although the current data support the efficacy of psychotherapy groups that integrate guided imagery and progressive muscle relaxation, further research with control groups and larger samples would bolster confidence in the efficacy of th

participants over time, researc

attrition. These factors are esp

rates and changes in medical s

사적 통신문, 8.9

9

participation (L. Plum, personal communication, March 17, 2019). Despite these challenges, continued research examining guided imagery and progressive muscle relaxation interventions within group psychotherapy is warranted (Scherwitz et al., 2005). The results thus far are promising, and further investigation has the potential to make relaxation techniques that can improve people's lives more effective and widely available.

샘플 학생보고서 (계속)

10

References

서적 참고문헌, 10.2

Achterberg, J. (1985). *Imagery in healing*. Shambhala Publications.

보고서 참고문헌, 10.4

American Psychological Association. (2017). *Stress in America: The state of our nation*. https://www.apa.org/news/press/releases/stress/2017/state-nation.pdf

학술지 논문 참고문헌, 10.1

Baider, L., Uziely, B., & Kaplan De-Nour, A. (1994). Progressive muscle relaxation and guided imagery in cancer patients. *General Hospital Psychiatry, 16*(5), 340-347. https://doi.org/10.1016/0163-8343(94)90021-3

Ball, T. M., Shapiro, D. E., Monheim, C. J., & Weydert, J. A. (2003). A pilot study of the use of guided imagery for the treatment of recurrent abdominal pain in children. *Clinical Pediatrics, 42*(6), 527-532. https://doi.org/10.1177/000992280304200607

Bernstein, D. A., & Borkovec, T. D. (1973). *Progressive relaxation training: A manual for the helping professions*. Research Press.

Bottomley, A. (1996). Group cognitive behavioural therapy interventions with cancer patients: A review of the literature. *European Journal of Cancer Cure, 5*(3), 143-146. https://doi.org/10.1111/j.1365-2354.1996.tb00225.x

Cohen, M., & Fried, G. (2007). Comparing relaxation training and cognitive-behavioral group therapy for women with breast cancer. *Research on Social Work Practice, 17*(3), 313-323. https://doi.org/10.1177/1049731506293741

Cunningham, A. J., & Tocco, E. K. (1989). A randomized trial of group psychoeducational therapy for cancer patients. *Patient Education and Counseling, 14*(2), 101-114. https://doi.org/10.1016/0738-3991(89)90046-3

유튜브 동영상 참고문헌, 10.12

Freebird Meditations. (2012, June 17). *Progressive muscle relaxation guided meditation* [Video]. YouTube. https://www.youtube.com/watch?v=fDZI-4udE_o

11

블로그 포스트 참고문헌, 10.1

Hardy, K. (2017, October 8). Mindfulness is plentiful in "The post-traumatic insomnia workbook." *Veterans Training Support Center*. http://bit.ly/2D6ux8U

짧은 URL, 9.36

Hashim, H. A., & Zainol, N. A. (2015). Changes in emotional distress, short term memory, and sustained attention following 6 and 12 sessions of progressive muscle relaxation training in 10-11 years old primary school children. *Psychology, Health & Medicine, 20*(5), 623-628. https://doi.org/10.1080/13548506.2014.1002851

Holden-Lund, C. (1988). Effects of relaxation with guided imagery on surgical stress and wound healing. *Research in Nursing & Health, 11*(4), 235-244. http://doi.org/dztcdf

Jacobson, E. (1938). *Progressive relaxation* (2nd ed.). University of Chicago Press.

학술대회 발표 참고문헌, 10.5

Lange, S. (1982, August 23-27). *A realistic look at guided fantasy* [Paper presentation]. American Psychological Association 90th Annual Convention, Washington, DC.

짧은 URL, 9.36

McCallie, M. S., Blum, C. M., & Hood, C. J. (2006). Progressive muscle relaxation. Journal of Human Behavior in the Social Environment, 13(3), 51-66. http://doi.org/b54qm3

편집된 서적의 장 참고문헌, 10.3

McGuigan, F. J., & Lehrer, P. M. (2007). Progressive relaxation: Origins, principles, and clinical applications. In P. M. Lehrer, R. L. Woolfolk, & W. E. Sime (Eds.), *Principles and practice of stress management* (3rd ed., pp. 57-87). Guilford Press.

Menzies, V., Lyon, D. E., Elswick, R. K., Jr., McCain, N. L., & Gray, D. P. (2014). Effects of guided imagery recovery. *International Journal of Stress Management, 13*(3), 273-290. https://doi.org/10.1037/1072-5245.13.3.273

Scherwitz, L. W., McHenry, P., & Herrero, R. (2005). Interactive guided imagery therapy with medical patients: Predictors of health outcomes. *The Journal of Alternative and Complementary Medicine, 11*(1), 69-83. https://doi.org/10.1089/acm.2005.11.69

Skovholt, T. M., & Thoen, G. A. (1987). Mental imagery and parenthood decision making. *Journal of Counseling & Development, 65*(6), 315-316. http://doi.org/fzmtjd

Trakhtenberg, E. C. (2008). The effects of guided imagery on the immune system: A critical review. *International Journal of Neuroscience, 118*(6), 839-855. http://doi.org/fxfsbq

짧은 DOI, 9.36

Utay, J., & Miller, M. (2006). Guided imagery as an effective therapeutic technique: A brief review of its history and efficacy research. *Journal of Instructional Psychology, 33*(1), 40-43.

White, J. R. (2000). Introduction. In J. R. White & A. S. Freeman (Eds.), *Cognitive-behavioral group therapy: For specific problems and populations* (pp. 3-25). American Psychological Association. https://doi.org/10.1037/10352-001

Yalom, I. D., & Leszcz, M. (2005). *The theory and practice of group psychotherapy* (5th ed.). Basic Books.

Yu, S. F. (2004). *Effects of progressive muscle relaxation training on psychological and health-related quality of life outcomes in elderly patients with heart failure* (Publication No. 3182156) [Doctoral dissertation, The Chinese University of Hong Kong]. ProQuest Dissertations and Theses Global.

박사학위논문 참고문헌, 10.6

3

학술지 논문 보고기준

목차

3

학술지 논문 보고기준

이 장에서는 독자들에게 APA가 개발한 특화된 일련의 지침, 즉 **학술지 논문 보고기준**journal article reporting standards(JARS)에 관해 소개한다. 이 기준은 저자들에게 학술지 논문에 최소한 어떤 정보가 포함되어야 하는지에 대한 지침을 제공한다. JARS 사용을 통해 저자는 독자들에게 자신의 연구를 더 명확하고, 더 정확하며, 더 투명하게 전달할 수 있다. 명확하게 글을 쓰고 더 이해하기 쉬운 방식으로 연구를 보고하는 것은 과학적으로 왕성하고 방법론적으로 진실함을 공고히 하고, 게재된 연구의 질 향상에 도움을 준다. 보고기준은 연구가 설계 · 수행되는 방식과 밀접하게 관련이 있지만, 연구의 설계 또는 수행 방법을 처방해 주지는 않는다. 이 기준은 연구주제 또는 연구가 게재될 수 있는 특정 학술지에 의존하지 않는다. 포괄적이고 통일된 보고기준은 연구 비교, 개별 연구의 시사점 이해, 그리고 메타분석 기법의 효율적 수행을 용이하게 해 준다. 방침과 실행 결정자들 역시 연구가 어떻게 수행되었고 무엇을 발견했는지에 대한 이해의 중요성을 강조했다.

이 장에는 연구를 보고할 때 JARS를 사용할 저자들(일차적으로 고급 연구 프로젝트를 수행하는 대학생 또는 대학원생뿐 아니라, 전문적인 논문게재를 원하는 저자들)을 위한 실용적인 안내 지침이 수록되어 있다. 덜 복잡한 연구보고서를 작성하고 있는 대학생 역시 도움이 되는 초록과 서론에 관한 기준을 발견할 수 있다(3.3–3.4절 참조). JARS에 관해 이용 가능한 정보들이 실질적이고 상세하다는 사실에 주목하라. 이 장은 서론에 불과하다. APA 양식 JARS 웹사이트(https://apastyle.apa.org/jars)에는 풍부한 자원이 수록되어 있다(이 장에 수록되어 있는 다수의 웹사이트 링크). JARS 역시 새로운 기준이 개발됨에 따라 향후 개정 · 확장될 수 있다. 개정된 내용은 웹사이트에 반영될 것이다. 다음 절에서는 JARS 원칙과 적용에 관해 논의된다(기준의 존재 이유와 진화되어온 방법, JARS에 관한 논의에 사용된 용어, JARS 웹사이트상의 용어사전에의 링크, 연구논문의 모든 유형에 관한 초록과 서론의 보고기준, 그리고 양적 · 질적 · 혼합 방법 연구의 구체적인 기준 포함).

보고기준의 개요

3.1 JARS 원칙의 적용

논문에서 JARS를 채택 · 준수함으로써 연구자들은 다음과 같이 할 수 있다.

- 독자들의 보고되는 연구의 완전한 이해와 저작물로부터 타당한 결론을 도출하도록 도울 수 있다.
- 심사위원과 편집자가 학술지 게재를 위해 제출되는 원고들을 과학적 가치에 따라 적절히 평가할 수 있게 해 준다.
- 미래의 연구자들이 이미 보고된 연구를 반복할 수 있게 해 준다.
- 투명성을 강화한다(JARS에서 투명성 윤리는 JARS 웹사이트[https://apastyle.apa.org/jars/transparency]를 참조하라).
- 출판된 연구의 질을 향상시킨다.

그러나 보고기준을 위한 이런 지침에는 이 기준이 서로 다른 유형의 연구에 적용되는 방법에 있어서 유연성이 있다. 논문 내에서 JARS에서 추천하는 정보를 어디에 포함시켜야 하는지에 관한 지침은 대부분의 경우에 융통성이 있다(예외는 제목 페이지, 초록, 또는 저자 주에 제시해야 하는 정보인데, 이 장의 후반부에 있는 표 3.1–3.3을 참조하라). 일반적으로, 연구 이해와 해석에 필요한 정보는 학술지 논문의 본문에 수록되어야 하고, 반복을 위해 필요할 수 있는 정보는 독자들에게 거의 장벽 없이 온라인에서 이용 가능한 보충자료에 포함될 수 있다. 저자들은 어떤 정보를 어디에 포함시켜야 할지에 관한 의문점을 해소하려면 학술지 편집자에게 자문을 구함으로써, 논문의 가독성을 가장 중요한 고려사항으로 삼아야 한다. 심사위원과 편집자에게는 연구발표의 수사적인 양식과 관계없이 보고기준에 충족되었는지를 알아보는 법을 터득할 것이 권장된다.

보고기준은 연구 공동체의 요구를 반영하기 위해 진화하고 있다. **출판편람**Publication

Manual 제6판(APA, 2010)뿐 아니라, 학술지 *American Psychologist* (APA Publications and Communications Board Working Group on Journal Article Reporting Standards, 2008)에 게재된 오리지널 JARS에는 양적 연구에 관해서만 다루었다. 2018년 출판된 업데이트된 JARS (Appelbaum et al., 2018; Levitt et al., 2018 참조)에는 양적 연구(JARS-Quant)에서 다룬 표의 유형에 관한 내용이 확장되어 있고, 현재는 질적(JARS-Qual) 및 혼합 방법(JARS-Mixed) 연구보고를 위한 기준이 포함되어 있다. 연구 접근법이 계속해서 진화함에 따라, 저자들은 이러한 기준을 사용하여 연구의 게재를 뒷받침해야 한다. 동시에, 이러한 기준이 새로운 방법의 발달을 제한하게 해서는 안 된다.

3.2 JARS에서 사용되는 용어

연구자는 연구목적 성취를 위해 다수의 방법과 전략을 사용한다. 그리고 JARS의 지침은 연구 전통의 범위에 걸쳐 연구보고의 촉진을 위해 개발되었다(Appelbaum et al., 2018; Levitt et al., 2018). 이 방법들은 양적(1.1절, 3.5-3.8절), 질적(1.2절, 3.13-3.16절), 또는 혼합 방법(1.3절, 3.18절) 전통 중 하나에 속한다. 각각의 전통에 대해서는 서로 다른 보고기준이 있다. 또한 메타분석처럼 특정한 양적(3.9-3.12절 참조) 및 질적 방법론(3.17절 참조)에 대한 특화된 기준도 있다.

이러한 다양성 속에서 이 장에서 사용되는 용어들은 일부 독자에게는 낯설게 느껴질 수 있다. 관련 용어("탐구에의 접근," "데이터 분석 전략," "데이터 수집 전략," "방법론적 진실성," "연구설계," "신뢰성trustworthiness 등)에 대한 설명은 JARS 웹사이트를 참조하라. 연구자들이 항상 용어에 동의하는 것은 아니므로, 우리는 저자가 이러한 용어들을 자신이 선호하는 접근을 반영하여 해석함으로써, 독자들에게 용어 정의를 제공할 것을 권장한다. 우리는 우리의 언어가 필연적으로 철학적 시사점을 담고 있음을 인정한다(예, 연구자들은 연구 결과를 "발견," "이해," 또는 "공동 구축"하고 있는가?). 우리는 또한 심사위원과 편집자가 우리의 용어들을 저자들의 연구 전통의 가치를 반영하기 위해 저자에 따라 유용하게 달라질 수 있는 플레이스홀더placeholders(*역자 주. 임시로 자리를 맡아 주는 역할을 하는 존재)로 여겨 줄 것을 당부한다.

연구설계의 일반 보고기준

과학적 과정의 많은 측면은 양적, 질적, 그리고 혼합 방법적 접근에 걸쳐 공통적이다. 이 절에서는 학술지 논문의 두 가지 첫 요소(초록과 서론)에 대해 상당한 정도로 겹쳐 있는 보고기준을 검토한다. 우리는 초록과 서론의 공통적인 보고기준뿐 아니라, 각 접근의 일부 구별되는 특징을 제시한다. 제목, 저자란과 소속기관, 저자 주, 난외표제, 초록, 핵심어, 본문(논문원고의 몸체), 참고문헌 목록, 각주, 부록, 그리고 보충자료를 위한 기술 및 구성 지침은 제2장(2.4–2.15절)을 참조하라.

3.3 초록 기준

초록[abstract]은 논문원고 내용을 짧고 포괄적으로 요약한 것이다. 잘 준비된 초록은 논문에서 가장 중요한 단락이 될 수 있다. 많은 사람은 문헌을 탐색하다가 제목과 초록을 통해 논문과 처음 접촉하면서 보통 몇몇 다른 논문과 비교하게 된다. 독자들은 자주 초록을 토대로 전체 논문을 읽을 것인지를 결정한다. 초록은 정보로 압축되어 있을 필요가 있다. 논문작성자는 초록에 핵심 용어들을 끼워 놓음으로써, 해당 논문을 발견할 가능성을 높일 수 있다. 이 절에서는 좋은 초록의 특성과 다른 논문원고 유형에 따른 초록에 포함시켜야 할 것에 대한 기준을 다루고 있다(1.1–1.10절 참조). 초록 길이에 대한 필수요건과 초록 구성에 대한 지침은 2.9절에 제시되어 있다.

잘 작성된 초록의 특성. 잘 작성된 초록은 다음과 같다.

- **정확하다**. 초록이 논문원고의 목적과 내용을 올바르게 반영하고 있는지 확인하라. 논문원고의 몸체에 제시되어 있지 않은 정보는 포함시키지 말라. 만일 연구가 이전의 연구를 확대 또는 반복한 것이라면, 저자–날짜 인용 형식으로 관련된 저작물을 인용하라.
- **비평가적이다**. 평가하기보다는 보고하라. 논문원고의 몸체에 있는 내용에 추가 또는 논평하지 말라.
- **조리 있고 가독성이 높다**. 명확하고 신중한 언어로 작성하라. 명사 상당 어구보다는 동사를, 수동태보다는 능동태를 사용하라(예, "에 관한 연구[an investigation of]" 대신 "연구된[investigated]," "결과가 제시되어 있다[results are presented]." 대신 "우리는 결과를 제시한다[we present results]."; 4.13절 참조). 추출된 결론 또는 지속적으로 적용 가능성이 있는 결과의 기술은 현재시제를 사용하라. 조작된 특정 변수 또는 측정된 성과 기술은 과거시제를 사용하라. 만일 통계 또는 수학적 정보를 제시한다면, 적절한 형식에 대해서는 6.40–6.48절을 참조하라.
- **간결하다**. 짧게, 그리고 각 문장에 최대한 유용한 정보를 담아라(특히 선도 문장).

가장 중요한 요점으로 초록을 시작하라. 제목을 반복함으로써 공간을 낭비하지 말라. 4–5개의 가장 중요한 개념, 연구 결과, 또는 시사점만을 포함하라. 독자들이 자료탐색에서 사용할 것을 생각되는 구체적인 단어를 초록에서 사용하라.

경험적 논문. 경험적 논문empirical articles(양적, 질적, 또는 혼합 방법; 1.1–1.3절 참조)의 초록에는 다음과 같은 내용이 기술되어야 한다.

- 조사 중인 문제, 가능하면 한 문장으로; 양적 분석을 제시하는 경우, 조사 중인 주요 가설, 연구 문제, 또는 이론을 포함하라.
- 참여자 또는 데이터 자원, 관련된 특징 명시(예, 비인간 동물연구의 경우, 속genus과 종species을 포함함); 참여자들에 대해서는 논문의 본문에 더 상세히 기술될 것이다.
- 연구 방법의 핵심적 특징
  - 연구설계(예, 실험, 관찰, 질적, 혼합 방법)
  - 분석 전략(예, 문화기술법ethnography, 요인분석)
  - 데이터 수집 절차
  - 표본크기(전형적으로 양적 분석의 경우) 또는 관찰의 규모 또는 참여자 수에 관한 기술(전형적으로 질적 분석의 경우)
  - 사용된 자료 또는 중심이 되는 측정도구
  - 연구가 이차 데이터 분석인지에 관한 서술문
- 기본적으로 발견한 내용
  - 양적 분석의 경우, 가능하면 통계적 유의성 수준 외에도 효과크기와 용어구간
  - 질적 방법의 경우, 중심이 되는 특징, 그리고 관련 있는 주요 발견사항
- 결론과 시사점 또는 연구에서 발견된 내용의 적용

반복논문. 반복논문relication articles(1.4절 참조)의 초록에는 다음과 같은 내용이 기술되어야 한다.

- 보고되고 있는 반복의 유형(예, 직접적[정확한, 문자 그대로의], 거의 정확한, 개념적[구성개념])
- 상세한 반복 범위
- 반복 중인 오리지널 연구

3

- 반복에서 도달된 일반적인 결론

양적 또는 질적 메타분석. 양적quantitative 또는 질적 메타분석qualitative meta-analysis(1.5절 참조)의 초록에는 다음과 같은 내용이 기술되어야 한다.

- 조사 중인 연구 문제, 질문, 또는 가설
- 연구에 포함된 내용의 특징
  - 양적 메타분석의 경우, 독립변수, 종속변수, 그리고 합당한 연구설계
  - 질적 메타분석의 경우, 연구 주제와 설계 면에서의 적합성 기준
  - 혼합방법(연구 요약 또는 비교에 사용된 통계 또는 질적 메타방법, 연구 통합에 사용된 구체적인 방법 포함)
- 주요 결과
  - 모든 연구의 경우, ① 연구 수, ② 참여자, 관찰, 또는 데이터 자원 수, ③ 이들의 중요한 특징
  - 양적 분석의 경우, 가장 중요한 효과크기와 이러한 효과크기의 중요한 조절변인
  - 질적 분석의 경우, 가장 중요한 발견내용
- 결론(제한점 포함)
  - 이론, 정책 및/또는 실천을 위한 시사점

문헌고찰 논문. 문헌고찰 논문literature review articles(내러티브 문헌고찰 논문narrative literature review article으로도 불림; 1.6절 참조)의 초록에는 다음과 같이 고찰된 실질적인 내용이 기술되어야 한다.

- 고찰(예, 학술지, 서적, 미출판 초록)에서 검토된 문헌의 범위와 문헌고찰에 포함된 항목의 수
- 고찰에 소요된 시간(예, 연수의 범위)
- 고찰에서 도출된 일반적인 결론

이론논문. 이론논문theoretical articles(1.7절 참조)의 초록에는 다음과 같이 기술되어야 한다.

- 이론 또는 모델이 어떻게 작동하는지 및/또는 이것에 기초한 원리
- 이론 또는 모델이 설명하는 현상이 무엇이고 경험적 결과와의 연결성

방법론적 논문. 방법론적 논문methodological articles(1.8절 참조)의 초록은 다음과 같이 기술되어야 한다.

- 논의되고 있는 방법, 방법론, 또는 인식론적 신념의 일반 부류, 핵심적 특징, 그리고 적용 범위
- 보고되고 있는 접근의 핵심적 특성(예, 통계 절차 또는 방법론적 진실성 사례에서의 견고성 또는 검정력 효율성과 질적 방법 사례에서의 신뢰성)

3.4 서론 기준

논문의 본문은 항상 서론으로 시작한다. **서론**introduction에는 보고될 쟁점의 간결한 기술, 역사적 선행연구, 그리고 연구의 목적이 들어 있다.

문제의 중요성 틀을 구성하라. 논문의 서론은 연구된 쟁점의 틀로 구성된다. 논문작성자의 쟁점과 연관된 다양한 관심사와 이러한 것들이 다른 성과에 대한 미치는 효과를 고려하라(예, 공유된 이야기책 읽기가 아동의 단어학습에 미치는 효과[the effects of shared storybook reading on word learning in children]). 이러한 틀은 기본적인 심리학 이론, 치료적 사용을 포함한 잠재적 적용, 공공정책을 위한 입력 등을 고려하여 구성될 수 있다. 적절한 틀 구성은 보고서에 포함 또는 포함시키지 않을 것에 대한 독자들의 기대 설정에 도움을 준다.

역사적인 선행연구. 문헌을 간결하게 검토하여 독자들에게 문제의 범위, 그 맥락, 그리고 그것의 이론적 또는 실제적 시사점을 전달하라. 논문원고의 어떤 요소들이 이전 연구의 초점이 되어 왔고, 논문작성자의 저작물이 이전의 보고서들과 어떻게 다른지 명확하게 언급하라. 이 과정에서 어떤 핵심 쟁점, 논의, 그리고 이론적 틀을 서술하고, 장벽, 지식 공백, 또는 실질적인 필요성을 명확하게 언급하라. 이러한 기술을 포함하는 것은 논문작성자의 저작물이 특정 분야에서 이미 성취되어 온 것 위에 어떻게 유용하게 축적되는지를 보여 줄 것이다.

연구목적을 분명히 표현하라. 연구의 목표, 세부목표, 및/또는 목적을 명확하게 진술하고 범위를 설정하라. 목표 · 목적과 관련된 연구설계의 적절성에 대한 근거를 분명히 서술하라. 사용한 연구 방법의 적절성을 명확하게 밝히는 방식으로 연구목적을 기술하라.

☐ **양적 목적**. 양적 논문에서 서론은 일차 및 이차 가설뿐 아니라 탐색적 가설이 포함되어, 가설이 어떻게 선행연구에서 논의된 아이디어로부터 추출된 것이고, 탐색적 가설이 계획된 또는 계획되지 않은 분석의 결과로 도출되었는지를 구체적으로 밝혀야 한다.

☐ **질적 목적**. 질적 논문에서 서론에는 사례 예시, 개인적 내러티브, 삽화, 또는 기타 설명에 도움을 주는 자료가 제시될 수 있다. 서론에는 연구목적과 탐구inquiry에의 접근방법에 관해 기술되어야 한다. 질적 연구목적의 예시에는 ① 이론, 가설, 그리고 깊은 이해의 발달(예, Hill, 2012; Stiles, 1993), ② 사회적 구성개념의 발달 검토(예, Neimeyer et al., 2008), ③ 사회의 불공정성 언급(예, Fine, 2013), 그리고 ④ 사회적 담론 실천, 즉 대인 간 및 대중적 의사소통이 이루어지는 방식(예, Parker, 2015)이 포함되어야 한다. **탐구에의 접근**approaches to inquiry이라는 용어는 연구 전통 또는 전략의 기저에 있는 철학적 가정을 의미한다(예, 연구자들의 인식론적 신념, 세계관, 패러다임, 전략, 또는 연구 전통; Creswell & Poth, 2018; Morrow, 2005; Ponterotto, 2005). 예를 들면, 탐구에 대한 자신의 접근법이 구성주의constructivist, 비판적, 서술적, 여성주의feminist, 해석적, 포스트모던, 탈실증주의postpositivist, 실용주의, 또는 정신분석인지 밝힐 수 있다. 연구자는 이러한 철학을 다르게 정의할 수 있고, 일부 질적 연구는 더 많은 질문을 추출하고, 이론적이기보다는 실용적이라는 점에 주목하라. 논문작성자 역시 방법 절에서 탐구에 대한 자신의 접근방법을 언급할 수 있다(3.14절 참조).

☐ **혼합방법 목적**. 혼합방법 또는 다중방법 논문의 서론에서는 제시된 모든 연구 구성요소에 대한 세부목표, 1개 연구에 제시된 것에 대한 근거, 그리고 논문원고에 제시된 순서에 대한 근거가 기술되어야 한다(3.18절 참조). 모든 사례에서 연구 문제 또는 가설이 어떻게 연구설계로 이어져 연구목적을 성취했는지를 명확하게 기술하라.

☐ **기타 논문원고 유형의 목적**. 기타 논문원고 유형의 서론에서는 유사한 원칙에 따라 연구의 구체적인 동기를 명확하게 기술하라. 예를 들어, 양적 연구로 수행된 반복연구는 양적 연구의 서론을 위한 원칙에 따르지만, 특정 연구 또는 일련의 연구를 반복할 필요성뿐 아니라, 원했던 반복 성취에 사용된 방법을 강조하는 서론이 작성될 것이다.

양적 연구의 보고기준

3.5 양적 연구 보고의 기본 기대

논문원고의 초록과 서론에서 정보의 보고기준이 모든 종류의 연구(3.3–3.4절 참조)에 공통적인 반면, 방법, 결과, 논의 절이 포함된 구체적인 양적 연구의 보고기준이 있다(3.6–3.8절 참조). 이는 개념적으로 분리한 것이지만, 실제로는 이러한 세 가지 보고기준 세트에서 명시된 정보는 가독성을 높이기 위해 논문원고의 몇 개 절에 혼합되어 있을 수 있음에 주목하라. 질적 및 혼합 방법 연구에 대해 특화된 기준은 각각 3.17–3.17절과 3.18절에 제시되어 있다.

양적 연구 보고를 위한 기본적인 기대사항은 표 3.1에 제시되어 있다.[1] 이 표에는 모든 양적 기반 연구에 적용되는 최소한의 보고기준이 서술되어 있다. 추가 표에는

표 3.1 양적 설계 보고기준(JARS–Quant)

제목과 제목 페이지
제목
• 연구 중인 주요 변수와 이론적 쟁점 및 이들 사이의 관계를 확인하라.
• 연구된 모집단을 밝혀라.
저자 주
• 감사의 글과 다음 사항이 포함된 특수 상황에 관해 설명하라.
– 연구가 등록된 경우, 등록 정보
– 이전의 게재에도 제시되었던 데이터 사용
– 박사학위논문 또는 학술대회 발표논문의 기본 데이터 사전 보고
– 재정지원 또는 기타 지원의 출처
– 이권충돌로 여겨질 수 있는 관계 또는 소속
– 연구가 수행된 소재지와 다른 경우, 저자의 이전(또는 현재) 소속
– 교신저자를 위한 접촉정보
– 논문원고의 다른 절에 적절하지 않게 포함될 수 있는 중요한 추가 정보

[1] 이 장의 표와 그림 역시 다른 번호로 된 JARS 웹사이트(https://apastyle.apa.org/jars)의 양적, 질적 및 혼합 방법 연구설계를 위한 지침에서 확인할 수 있다. JARS 웹사이트에는 자신의 연구에서 사용할 저자들을 위한 기타 연구설계(실험[예, 임상실험], 비실험[예, 관찰], 그리고 특수[예, 종단연구])가 포함된 추가적인 표들이 수록되어 있다.

표 3.1 양적 설계 보고기준(JARS-Quant) (계속)

초록
세부목표
• 연구 문제를 기술하라(주요 가설 포함).
참여자
• 피험자(비인간 동물 연구) 또는 참여자(인간 연구)를 연구의 목적과 연관된 특징을 특정하여 기술하라. 동물 연구의 경우, 속genus과 종species을 포함하라. 참여자에 관해서는 논문 원고의 본문에 상세히 기술되어야 한다.
연구 방법
• 연구 방법은 다음 요소들을 포함하여 기술하라. – 연구설계(예, 실험, 관찰연구) – 표본크기 – 사용된 자료(예, 도구, 장치) – 성과outcome 측정값 – 데이터 수집 절차(이차 데이터 자원에 관한 간단한 설명 포함). 연구가 이차 데이터 분석이라면, 이에 관해 기술하라.
발견내용Findings
• 연구를 통해 발견한 내용을 보고하라(효과크기와 신뢰구간 또는 통계적 유의성 수준 포함).
결론
• 결론을 기술하고(단순히 결과에 국한된 것이 아닌) 시사점 또는 적용에 관해 보고하라.
서론
문제
• 문제의 중요성을 서술하라(이론적 또는 실제적 시사점 포함).
관련 연구 검토
• 다음 요소를 포함하여 관련 연구에 대한 간단명료한 검토내용을 제공하라. – 선행연구와의 관계 – 만일 현재의 연구가 이전에 보고되었던 적이 있다면, 이 보고서와 선행연구의 차이점
가설 · 목표 · 세부목표
• 다음 요소를 포함하여 구체적인 가설, 목표, 그리고 세부 목표를 기술하라. – 가설 도출에 사용된 이론 또는 기타 수단 – 일차 · 이차 가설 – 기타 계획된 분석 • 가설과 연구설계가 서로 어떻게 관련이 있는지 서술하라.

표 3.1 양적 설계 보고기준(JARS-Quant) (계속)

방법
포함과 배제
• 포함과 배제 기준을 보고하라(인구통계학적 특성demographic characteristics에 근거한 제한점 포함).
참여자 특징
• 주요 인구통계학적 특성(예, 연령, 성별, 민족, 사회경제적 지위)과 중요한 주제 특이적 특성(예, 교육적 개입에 관한 연구에서 성취 수준)을 보고하라. • 동물 연구의 경우, 속, 종, 그리고 계통 번호 또는 기타 구체적인 신원확인을 위한 정보(예, 공급자명과 소재지, 그리고 가축 지정)를 보고하라. 동물 번호와 동물의 성별, 연령, 체중, 생리학적 조건, 유전학적 수정 상태, 유전자형, 건강-면역 상태, 약물 또는 검사 결과, 그리고 해당 동물이 연구에 투입된 사전 절차를 제시하라.
표집 절차
• 다음 요소를 포함하여 참여자 선발 절차를 기술하라. – 체계적인 표집 계획이 실행되었다면, 표집 방법 – 교섭 후 실제로 참여한 표본의 백분율 – 연구에의 자기선발self-selection 여부(개별적으로 또는 단위로[학교 또는 클리닉]) • 데이터가 수집된 장면과 위치뿐 아니라 데이터 수집 날짜를 기술하라. • 참여자에게 수행된 동의와 지급금을 기술하라. • 기관의 심의위원회 동의 여부, 윤리기준 준수 내역, 그리고 안전성 모니터링 결과를 기술하라.
표본크기, 검정력, 그리고 정확성
• 다음 요소를 포함하여 표본크기, 검정력, 그리고 정확성에 관해 기술하라. – 의도한 표본크기 – 만일 의도한 표본크기와 다르다면, 성취한 표본크기 – 다음 요소를 포함한 표본크기 결정 ▷ 검정력 분석, 또는 모수 측정값의 정확성 결정에 사용된 방법 ▷ 중간 분석과 적용된 중단 규칙에 관한 설명
측정값과 공변인
• 모든 일차 및 이차 측정값과 공변인들을 정의하라(수집된 측정값을 포함하지만, 보고서에는 포함하지 않음).
데이터 수집
• 데이터 수집에 사용된 방법을 기술하라.

표 3.1 양적 설계 보고기준(JARS-Quant) (계속)

방법 (계속)

측정의 질

- 다음 요소를 포함하여 측정의 질 향상을 위해 사용된 방법을 기술하라.
  - 데이터 수집자 훈련과 신뢰도
  - 다수의 관찰 사용

측정도구

- 개별 연구를 위해 창안되어 타당화 또는 특수 제작된 도구에 관한 정보를 제공하라(예, 심리측정학적 및 생물측정 도구).

마스킹Masking

- 참여자, 실험 조작 수행자, 그리고 성과 평가 수행자가 조건 할당을 알고 있었는지 보고하라.
- 만일 마스킹이 실시되었다면, 어떻게 완수되었고 마스킹의 성공 여부와 어떻게 평가되었는지에 관해 진술하라.

심리측정

- 가능하면, 분석한 점수(즉, 연구자의 표본)에 대한 신뢰도 계수를 추산하여 보고하라. 관련이 있는 경우, 수렴 및 변별 타당도의 추정값을 제공하라.
- 다음 요소를 포함하여 측정값의 신뢰도와 관련 있는 추정값을 보고하라.
  - 주관적인 측정값과 평정값에 대한 평정자 간 신뢰도
  - 재검사 간격이 연구에서 사용된 측정 일정과 일치하는 종단연구에서의 검사-재검사 계수
  - 이러한 지표들이 연구에서 사용된 도구의 성질 이해에 적절한 복합적인 척도들에 대한 내적 합치도 계수
- 기타 표본으로부터의 신뢰도 또는 타당도를 보고하는 경우, 이러한 표본의 기본적인 인구통계학적 특성을 보고하라(예, 검사편람 또는 도구의 규준화 정보).

조건 및 설계

- 조건들이 조작되었는지 또는 자연 상태에서 관찰되었는지 진술하라. JARS-Quant 표에 따라 설계 유형을 보고하라.
  - 참여자들이 무선할당된 실험 조작
    - ▷ 표 2와 모듈 A
  - 무선할당 없는 실험 조작
    - ▷ 표 2와 모듈 B
  - 무선할당된 임상실험
    - ▷ 표 2와 모듈 A와 C

표 3.1 양적 설계 보고기준(JARS-Quant) (계속)

방법 (계속)

- 무선할당 없는 임상실험
  ▷ 표 2와 모듈 B와 C
- 비실험설계(즉, 실험조작 없음): 관찰설계, 역학설계[epidemiological design], 자연사[natural history] 등등(단일집단 설계 또는 다수집단 비교)
  ▷ 표 3
- 종단 설계
  ▷ 표 4
- 단일 대상 연구[N-of-1 studies]
  ▷ 표 5
- 반복
  ▷ 표 6

• 현재는 JARS-Quant에서 다루지 않고 있는 설계에 주어진 명칭을 보고하라.

데이터 진단

• 다음 요소를 포함하여 계획된 데이터 진단법[data diagnostics]을 기술하라.
- 만일 있다면, 참여자에 대한 데이터 수집 후 배제를 위한 기준
- 결측 데이터 추론 시기와 결측 데이터의 귀속[imputation]에 사용된 방법의 결정기준
- 통계 아웃라이어[outliers]의 정의와 처리
- 데이터 분포 분석
- 만일 있다면, 사용된 데이터 변환

분석 전략

• 다음 요소에 대한 추리통계와 실험 관련 오류 방지를 위한 분석적 전략을 기술하라.
- 일차 가설
- 이차 가설
- 탐색적 가설

결과

참여자 흐름

• 다음 요소를 포함하여 참여자의 흐름을 보고하라.
- 연구의 단계별 집단 참여자 총수
- 연구의 각 단계를 통한 참여자 흐름(가능하면, 그림으로 나타낸 흐름도를 포함할 것; 그림 7.5 참조)

표 3.1 양적 설계 보고기준(JARS-Quant) (계속)

결과 (계속)
모집
• 모집 기간을 규정한 날짜와 반복된 측정값 또는 후속 작업에 관한 내용을 명시하라.
통계 및 데이터 분석
• 다음 요소를 포함하여 통계와 데이터 분석 방법에 관한 세부 정보를 제공하라. – 결측 데이터 ▷ 결측 데이터의 빈도 또는 백분율 ▷ 데이터 결측 원인에 대한 경험적 증거 및/또는 이론적 논거(예, 임의 완전 결측missing completely at random[MCAR], 임의 결측missing at random[MAR], 또는 비임의 결측missing not at random[MNAR]) ▷ 만일 있다면, 결측 데이터를 다루기 위해 실제로 사용된 방법 – 일차 및 이차 성과 각각에 관한 기술(총 표본 및 각 하위집단 포함[사례 수, 셀 평균, 표준편차, 그리고 사용된 데이터의 특징을 나타내는 기타 측정값 등]) – 다음 요소를 포함한 추리통계 ▷ 수행된 모든 추리검정 결과(만일 영가설 유의성 검정null hypothesis significance testing[NHST] 방법이 사용되었다면, 정확한 p 값을 포함하고, 검사 구안에 필요했던 최소한도로 충분한 일련의 통계[예, 자유도, 평균제곱^{MS} 효과, MS 오차]에 관해 보고할 것) ▷ 가능한 경우, 수행된 각 추리검정에 상응되는 추정값에 대한 효과크기 추정값과 측정값에 대한 신뢰구간 ▷ 일차 가설과 이들의 검사 추정값, 이차 가설과 이들의 검사 측정값, 그리고 탐색적 가설과 이들의 검사 추정값 사이의 명확한 구별 – 다음 요소를 포함하여 복잡한 데이터 분석(예, 구조방정식 모델링 분석[JARS 웹사이트에 관해서는 표 7 참조], 위계선형hierarchical linear 모델, 요인분석, 다변량분석 등등) ▷ 추정된 모델에 관한 세부사항 ▷ 연관된 분산과 공분산(또는 상관관계) 매트릭스matrix or matrices ▷ 분석에 사용된 통계 소프트웨어 명시(예, SAS PROC GLM 또는 특정 R 패키지) – 추정estimation 문제(예, 수렴 실패, 좋지 않은 해법 공간), 회귀 진단, 또는 탐지된 분석 이상과 문제 해소 – 수행된 기타 데이터 분석(조정된 분석 포함), 만일 수행되었다면 계획된 것과 계획되지 않음을 나타낼 것(하지만 일차분석 수준에서는 필수적이지 않음). • 발견내용의 타당도에 영향을 미칠 수 있는 통계적 가정 및/또는 데이터 분포가 있는 문제를 보고하라.

표 3.1 양적 설계 보고기준(JARS-Quant) (계속)

논의
원가설 지지
• 다음 요소를 포함하여 일차 또는 이차이든 모든 가설에 대한 지지 또는 비지지nonsupport에 관해 진술하라. – 일차와 이차 가설에 따른 차이점 – 통제되지 않을 수 있는 실질적인 발견내용과 오차의 측면에서 탐색적 분석의 시사점에 관한 논의
결과의 유사성
• 보고된 결과와 다른 저자들의 저작물 사이의 유사성과 차이점을 논의하라.
해석
• 다음 요소를 고려하여 결과를 해석하라. – 잠재적 편향과 내적 및 통계 타당도에 대한 위협의 근거 – 측정 프로토콜의 부정확성 – 총 검사 수 또는 검사들 간의 중복성 – 표본크기의 적정성과 표집의 타당성
일반화 가능성
• 다음 요소를 고려한 발견내용의 일반화 가능성(외적 타당도)을 논의하라. – 표적 모집단target population(표집 타당도) – 기타 맥락적 쟁점(장면, 측정, 시간; 생태학적 타당도)
시사점
• 향후 연구, 프로그램, 또는 정책을 위한 시사점을 논의하라.

특정 연구설계의 특성 또는 경험적 주장 때문에 추가된 다른 보고의 특성이 기술되어 있다. 자신의 양적 연구와 JARS 웹사이트상에서 모든 표에 대한 링크를 위해 사용할 표를 결정하려면 그림 3.1을 참조하라(이 장은 JARS에 대한 방향안내이므로, 주요 양적 표만 여기에 제시되어 있음). 모든 경험적 연구에는 표 3.1로부터의 특성과 적어도 한 개의 추가 표로부터의 특성이 포함되어야 한다. 표 3.1의 내용만으로는 양적 연구를 위한 보고기준의 기술로 충분하지는 않다. 각 추가 표에 관한 기술은 3.9-3.12절을 참조하라.

그림 3.1 연구설계별로 따라야 할 양적 보고기준에 관한 플로차트

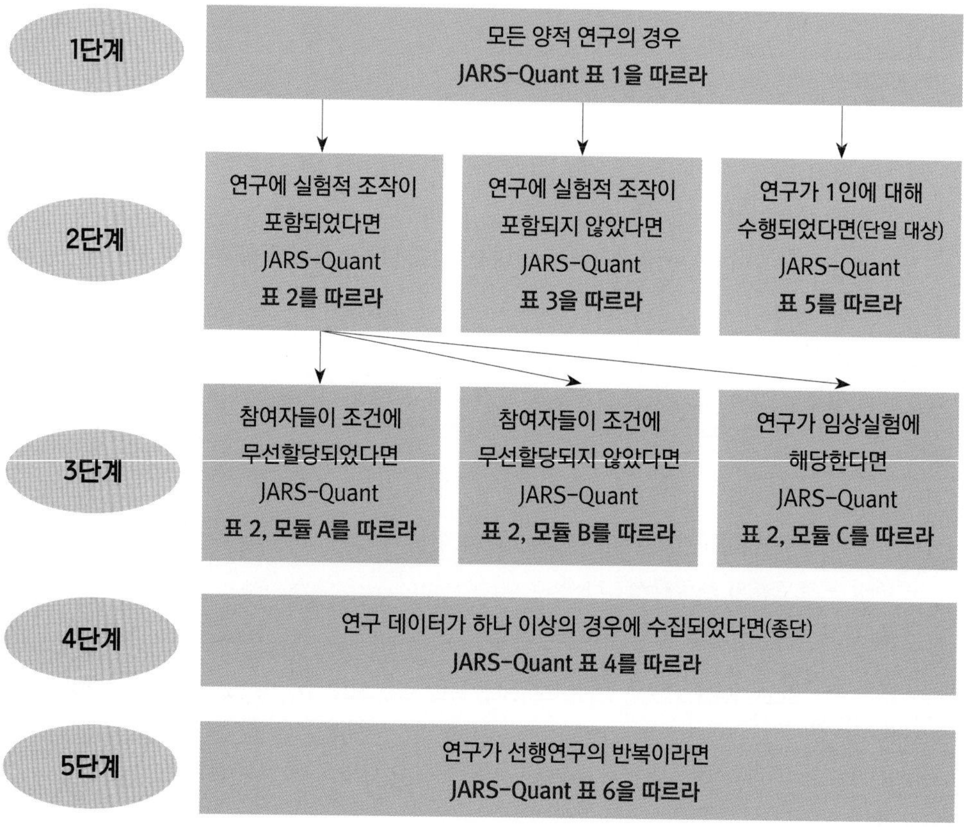

주. JARS-Quant = 양적 학술지 논문 보고기준. 자세한 정보는 APA 양식 JARS 웹사이트(https://apastyle.apa.org/jars)를 참조하라.

3.6 양적 방법 기준

논문원고의 방법 절은 경험적 연구에서 어떤 것이 실행되었는지 독자들이 완전히 이해할 필요가 있는 대부분의 정보를 제공한다. 이 절은 독자들이 연구 반복의 핵심 내용을 이해하는 데 도움을 주는 정보를 제공한다. 그렇지만 반복의 개념은 연구의 성격에 달려 있다. 결과 이해에 필요한 기본 정보는 (일반적으로) 가장 중요한 논문에 제시되어야 하는 반면, 기타 방법론적 정보(예, 절차에 관한 자세한 기술)는 보충자료에 제시될 수 있다. 이런 결과로 초래된 논문원고의 가독성은 자료를 궁극적으로 어디에 위치시킬 것인지에 대한 결정의 일부가 되어야 한다. 어떤 내용이 양적 논문의 방법 절에 제시될 필요가 있는지에 관한 자세한 사항은 표 3.1에 제시되어 있고, JARS 웹사이트(https://apastyle.apa.org/jars/quantitative)에서 JARS-Quant 표 2에서 표 9까

지와 함께 사용되어야 한다.

참여자(피험자) 특징. 연구 참여자에 대한 적절한 신원확인은 과학과 심리학의 실제에 중요하다. 이는 발견내용findings의 일반화, 반복연구 간의 비교, 그리고 연구 통합과 이차 데이터 분석에서 증거 사용에 특히 중요하다. 표본의 주요 인구통계학적 특성을 상세히 기술하라(예, ① 중요한 주제 특이적 특징[교육적 개입 연구에서 성취 수준 등]뿐 아니라, ② 연령, ③ 성별, ④ 민족집단 및/또는 인종집단, ⑤ 교육 수준, ⑥ 사회경제적 지위, 세대, 또는 이민자 상태, ⑦ 장애 상태, ⑧ 성 지향성, ⑨ 성 정체성, 그리고 ⑩ 언어 선호도). 일반적으로, 최대한 집단을 구체적으로 기술하여 결과 해석과 관련될 수 있는 특징을 강조하라. 참여자 특징은 표본의 특성과 결과의 일반화 가능성 범위 이해에 중요할 수 있다. 예를 들면, 다음은 표본의 유용한 특징에 관한 진술이다.

> 두 번째 집단에는 20-30세 사이의 시스젠더(***역자 주.** 생물학적 성과 성 정체성이 일치하는 사람) 여성 40명이 포함되었는데(M=24.2, SD=2.1, Mdn=25.1), 이들 모두는 엘살바도르로부터 이주했고, 적어도 12년간 교육을 받았으며, 최소한 10년간 미국 영주권자였고, 워싱턴 DC에서 거주했다.

독자들이 데이터의 일반화 범위를 결정하도록 도우려면, 하위집단 확인이 유용하다는 사실을 알게 될 것이다.

> 아시아인 참여자로는 30명의 중국인과 45명의 베트남인이 포함되었다.
>
> 라틴계와 히스패틱계 미국인 남성 중 20명은 멕시코계 미국인이었고 20명은 푸에르토리코인이었다.

한 가지 특성이 데이터 분석에 사용되지 않을 때조차, 그것을 보고하는 것은 독자들이 표본과 결과의 일반화 가능성을 더 완전하게 이해할 수 있게 할 것이고, 논문 결과를 구체화하는 메타분석 연구에서 그 유용성을 입증할 수 있을 것이다. 참여자 특징에 관한 기술은 참여자들이 자신들의 정체성, 지위, 역사 등을 이해·표현하는 방식에 민감하게 작성되어야 한다. 제5장에는 편견 없는 글쓰기에 관한 더 상세한 안내지침이 제시되어 있다.

비인간 피험동물이 사용되는 경우, 속, 종, 그리고 계통 번호 또는 기타 구체적인 신원확인을 위한 정보(예, 공급자명과 소재지, 그리고 가축 지정)를 보고하라. 비인간 피험동물의 번호와 성별, 연령, 체중, 그리고 생리학적 조건을 제시하라.

표집 절차. 참여자 선발 절차를 기술하라(① 체계적인 계획이 실행되었다면, 표집 방법, ② 교섭 후 실제로 참여한 표본의 백분율, 그리고 ③ 연구에의 자기선발 여부[개별적으로 또는 학교 또는 클리닉 단위로]와 선발되어 표본이 된 참여자 수 포함). 포함과 배제 기준을 보고하라(인구통계학적 특성에 근거한 제한점 포함). 데이터가 수집된 장면과 위치를 기술하고 데이터 수집 날짜를 일반적인 날짜 범위로 제공하라(반복측정과 후속 작업의 날짜 포함). 참여자에게 수행된 동의와 지급금 내역을 기술하라. 기관의 심의위원회 승인, 데이터 안전위원회 조치사항, 그리고 기타 윤리기준 준수 사실을 제시하라.

표본크기, 검정력, 그리고 정확성. 만일 별개의 조건들이 사용되었다면, 의도된 표본크기와 각 조건에 할당하려 했던 사람의 수를 제공하라. 성취된 표본이 의도했던 표본과 알려진 방식과 다른지 언급하라. 결론과 해석은 성취된 표본이 보증하는 범위를 넘어서면 안 된다. 의도했던 표본크기가 어떻게 결정되었는지 언급하라(검정력 또는 정확성 분석). 만일 바람직한 표본크기의 수정을 위해 중간 분석과 중단 규칙이 사용되었다면, 방법론과 그 방법론의 적용 결과를 기술하라.

측정값과 공변인. 방법 절에는 모든 일차 및 이차 성과 측정값과 공변인의 정의를 포함하라(수집된 측정값은 포함하지만, 현재의 보고서에는 포함하지 않음). 사용된 도구들에 관한 정보(도구의 심리측정학적 및 생물측정학적 특질과 문화적 타당도의 증거 포함)를 제공하라(하드웨어 hardware 와 장치 인용 방법은 10.10절, 그리고 검사, 척도, 평정도구의 인용 방법은 10.11절을 참조하라).

데이터 수집. 데이터 수집에 사용된 방법을 기술하라(예, 서면 질문지, 면접, 관찰). 연구에서 참여자의 마스킹(즉, 참여자, 조작 수행자, 및/또는 성과 평가자들이 조건에 대한 참여자의 할당 사실을 모르고 있었는지의 여부), 마스킹이 어떻게 완수되었는지, 그리고 마스킹이 어떻게 평가되었는지에 관한 정보를 제공하라. 연구에 사용된 측정도구에 관해 연구의 정확한 반복이 가능할 정도로 상세히 기술하라(표준화된 평가, 물리적 장비, 그리고 영상 프로토콜 포함).

측정의 질. 측정의 질 향상을 위해 사용된 방법을 기술하라(데이터 수집자의 훈련과 신뢰도, 다수의 관찰자 사용, 연구 자료의 번역, 그리고 측정도구의 초기 발달에 포함되지 않았던 모집단에 대한 자료의 사전검사 포함). 현대의 검사기준과 조사 대상 표본의 맥락에서 측정의 심리측정학적 특성에 주목하라. **교육 · 심리검사 기준** Standards for Educational and

Psychological Testing(American Educational Research Association et al., 2014)에 명시된 원칙에 따라 사용된 도구들의 심리측정학적 특징을 보고하라. 지필 측정의 심리측정학적 특징 외에, 주관적 측정값과 평정값에 대한 평정자 간 신뢰도를 제공하라. **내적 합치도 계수**internal consistency coefficients는 복합적인 척도 이해에 유용할 수 있다.

연구설계. 방법 절에 연구설계를 명시하라. 예를 들면, 참여자들은 조작된 조건에 배치되었는가, 아니면 자연적인 상황에서 관찰되었는가? 만일 다수의 조건이 창안되었다면, 참여자들은 어떻게 할당되었는가(무선할당 또는 어떤 다른 선발 방법)? 연구는 피험자 간between-subjects 또는 피험자 내within-subjects 설계로 수행되었는가? 보고기준은 연구설계에 따라 다르다(예, 무선화에 의한 실험 조작, 무선화가 없는 임상실험, 종단설계). JARS 웹사이트에서 어떤 표를 연구설계에 사용할 것인지 결정하려면, 그림 3.1을 참조하라. 설계에 특화된 보고기준 요약은 3.9–3.10절을 참조하라. 특정한 분석 방법 기준은 3.11절, 양적 메타분석 기준은 3.12절을 참조하라.

연구는 다양한 유형이 혼합된 것일 수 있다. 예를 들어, 연구에는 종단 형태로 반복된 몇몇 요인과 함께 무선화된 실험 조작이 포함될 수 있다. 현재 JARS에서 다루어지지 않는 연구의 경우, 해당 설계에 대해 흔히 사용되는 명칭을 제공하라. 혼합방법 설계에 관한 자세한 사항은 3.18절을 참조하라.

실험 조작 또는 개입. 만일 실험 조작 또는 개입이 연구에서 사용되었다면, 이에 관한 구체적인 내용을 기술하라. 각 연구조건에 대해 의도했던 개입 또는 조작에 관한 세부사항을 포함하고(통제집단[만일 있다면] 포함), 개입 또는 실험 조작이 어떻게 · 언제 수행되었는지 기술하라. 만일 그것이 연구 또는 통제조건으로 포함된다면, "평상시 같은 처치treatment as usual"의 핵심적 특성을 기술하라.

사용된 구체적인 개입 또는 실험 조작의 내용을 신중히 기술하라. 흔히, 이 부분에는 참여자에게 제공된 지시사항을 간략히 요약한 내용 제시가 포함된다. 만일 지시사항이 특이하거나, 지시사항 자체가 실험 조작의 일부라면, 부록 또는 보충자료에 축어록verbatim을 제시하라. 만일 지시사항이 짧다면, 보고서의 가독성을 저해하지 않는 범위 내에서 논문원고의 본문에 제시하라.

조작 및 데이터 획득 방법을 기술하라. 만일 자극 자료 제시 또는 데이터 수집에 기계 장치가 사용되었다면, 절차에 관한 기술에 장치 모델 번호와 제작자(**신경영상법**neuroimaging 연구에서처럼 중요한 경우), 핵심 설정 또는 한도(예, 맥박 설정), 그리고 해상도(예, 자극 방출, 녹음 자료 정확도)를 포함하라. 실험 조작 또는 개입에 관한 기술과 같이, 이 자료는 논문원고의 본문, 부록, 또는 보충자료에 제시될 수 있다.

관련이 있는 경우(임상적 · 교육적 개입의 적용에서처럼), 이런 절차 역시 개입을 수행한 사람에 관한 기술을 포함해야 한다(이들의 전문적 훈련 수준과 구체적인 개입에서 이들의 훈련 수준 포함). 개입 수행자 수와 함께, 각 수행자에 의해 처치된 사람들 또는 단위의 평균, 표준편차, 그리고 수를 제시하라.

① 조작 또는 개입이 투입된 장면, ② 조작 또는 개입에 대해 의도된 노출 양과 기간(즉, 얼마나 많은 회기, 에피소드, 또는 사건events을 투입하고자 했는지와 얼마 동안 지속하고자 했는지), ③ 각 단위에 대한 조작 또는 개입 실행을 위한 시간(예, 조작 실행이 한 회기에 완결되었는지, 또는 참여자들이 다수의 회기에 참여했다면, 첫 회기와 마지막 회기 사이에 얼마나 오랜 시간이 지났는지), 그리고 ④ 규정 준수 향상을 위해 사용된 활동 또는 인센티브에 관한 정보를 제공하라.

측정도구가 제작된 언어 외의 언어로 번역된 경우, 구체적인 번역 방법을 기술하라(예, **역번역**back translation, 즉 글을 타 언어로 번역한 다음, 다시 첫 번째 언어로 번역하여 그 결과가 일치하는지 확인하라).

참여자들이 데이터 획득 기간 동안 어떻게 집단으로 편성되었는지를 기술하라(즉, 개인에게 실행된 조작 또는 개입은 개인, 소집단, 또는 온전한 집단 상태[예, 교실]로 실행되었는가?). 효과 평가를 위해 분석된 최소 단위(예, 개인, 작업집단, 학습)를 명시하라. 만일 다른 통계분석을 위해 사용된 단위가 개입 또는 조작 실행에 사용된 단위와 다르다면(즉, 무작위 추출 단위와 다른 경우), 이를 설명하기 위해 사용된 분석 방법을 기술하라(예, 표준오차 측정값 조정, 다수준 분석 사용).

데이터 진단. 데이터가 수집된 후에 어떻게 검토되었고, 만일 관련 있다면, 수정 여부를 기술하라. 이 절차에는 기준에서 벗어나는 데이터 탐지와 처리, 경험적 데이터 분포에 근거한 데이터 변환, 그리고 결측 데이터의 처치 또는 결측값 귀속이 포함될 수 있다.

분석 전략. 데이터 분석에 사용된 양적 분석 전략(보통 통계)를 기술하되, 오차비율 고려사항은 주의 깊게 기술하라(예, 실험별, 잘못된 발견 비율false discovery rate). 분석 전략은 일차, 이차, 그리고 탐색적 가설에 대해 기술되어야 한다. **탐색적 가설**exploratory hypotheses은 보고되는 연구에서 수집된 데이터에 의해 제안된 것들로, 이론적 고려사항 또는 이전에 보고된 경험적 연구로 생성된 것과 대조적인 것들이다.

추리통계를 적용하는 경우, 가설 검정과 연관된 통계 검정력을 진지하게 고려하라. 이러한 고려사항은 특정한 알파 수준, 표본크기, 그리고 표본크기에 따라 검정된 가설을 올바르게 기각할 가능도likelihood와 관련이 있다. 이러한 점에서 연구가 실질적인 관심사에 대한 효과를 탐색할 충분한 검정력이 있다는 증거를 제공하라. 영가설을 기각하지 않는 것이 바람직하거나(즉, 차이가 없다고 주장하고 싶을 때), 채택한 통계 모델에 근거한 다양한 가정을 검정할 때(예, 정상성, 분산의 동질성, 회귀의 동질성), 그리고 모델 적합도에서의 경우, 표본크기의 역할에 관해서는 신중하게 논의하라. 그렇지 않으면, 표본크기 결정을 위해 선택한 목표 정확도(신뢰구간 폭)에 기반하여 계산 결과를 사용하라. 효과크기에 관한 결론을 정당화하기 위해서는 도출된 신뢰구간을 사용하라.

3.7 양적 결과 기준

양적 논문원고의 결과 절에서는 수집한 데이터와 따라야 할 담론과 관련된 데이터에 대해 수행된 분석 결과를 요약하라. 데이터를 상세히 보고하여 결론을 정당화하라. 가설이 지지되었든 그렇지 않았든 간에 모든 관련된 결과를 언급하라(기대에 어긋나는 결과 포함). 이론이 큰(또는 통계적으로 유의한) 효과크기를 예측하는 경우, 작은 효과크기(또는 통계적으로 유의하지 않은 결과)를 포함하라. 불편한 결과를 생략함으로써 감추지 말라. (APA와 다른 전문학회들이 권장하고 때로 재정지원기관에서 필수로 요구하는) 데이터 공유 정신(1.14절 참조)에서 원데이터raw data(연구 특징과 메타분석에서 사용된 개별 효과크기 포함)는 보충자료(2.15절 참조) 또는 아카이브 온라인(10.9절 참조)으로 이용 가능하게 될 수 있다. 그러나 원데이터(그리고 개별 점수들)는 일반적으로 길이 때문에 논문 본문에 제시되지 않는다. 결과의 시사점은 논의 절에서 논의되어야 한다.

참여자 흐름. 실험설계와 준실험설계의 경우, 연구 기간 동안 참여자(인간, 비인간 동물, 또는 단위[예, 교실 또는 병동])의 흐름에 관한 기술을 제공하라. 연구를 위해 선발된 참여자 총수와 각 집단에 할당된 참여자 수를 제시하라. 실험을 완수하지 못했거나 다른 조건으로 변경된 참여자 수를 제공하고, 그 이유를 설명하라. 일차분석에 사용된 참여자 수에 주목하라(참여자들은 최종 측정에 나타나지 않거나 이를 완결 짓지 않을 수 있으므로, 이 수는 연구 참여를 완수한 사람의 수와 다를 수 있음). 연구의 각 단계를 통해 참여자의 흐름을 나타내는 플로차트 예시는 7.35절의 그림 7.5를 참조하라.

모집. 적절한 경우, 모집과 후속조치 기간을 규정짓는 날짜를 제공하고, 참여자들에 대한 후속조치와 일차 자료를 제공하라. 만일 모집과 후속조치 날짜가 집단에 따라 다르다면, 각 집단에 대한 날짜를 제공하라.

통계와 데이터 분석. 데이터 분석과 이러한 분석 결과 보고는 연구 행위의 근본적인 단면이다. 데이터의 분석 처치에 관한 정확하고, 편향되지 않으며, 완전하고 통찰력 있는 보고(양적 또는 질적으로)는 모든 연구보고서의 구성요소가 되어야 한다. 심리학 분야의 연구자들은 데이터 분석에 다수의 접근방법을 사용하고, 당면한 연구 문제와 수집된 데이터의 성격에 적절하다면 획일적으로 한 가지 접근만 선호되지 않는다. 사용된 방법은 분석에 대한 짐을 덜어 주어야 하고(기초가 되는 기본 가정 위반에 대한 견고성robustness 포함), 데이터에 대한 명확하고 모호하지 않은 통찰을 제공해야 한다. 통계와 데이터 분석 보고에서는 방법 절에서 제안된 조직구조(일차 가설, 이차 가설, 그리고 탐색적 가설)를 고수하라(3.6절 참조). 가설 확증 또는 기각과 연결된 결과를 보고하기에 앞서 방법 절에서 데이터 진단(3.6절 참조) 결과를 보고했는지 확인하라. 데이터 진단으로부터 도출된 배제, 변환, 또는 귀속imputation 결정에 관해 논의하라.

역사적으로, 심리학 분야의 연구자들은 다수의 분석적 접근의 시작점으로 **영가설 유의성 검정**null hypothesis significance testing(NHST)에 상당히 의존해 왔다. 다른 분야와 학술지는 서로 다른 방침을 세워 놓고 있다. 예를 들어, APA는 NHST가 단지 시작점일 뿐, 결과에 대한 가장 완전한 의미 전달을 위해서는 추가적인 보고요소(예, 효과크기, 신뢰구간, 그리고 폭넓은 서술)가 요구됨을 강조한다(Wilkinson & the Taskforce on Statistical Inference, 1999; APA, n.d.-b 참조). 학술지가 NHST를 강조하는 정도는 편집자의 결정에 달려 있다. 그러나 모든 검정된 가설, 그리고 적절한 효과크기와 신뢰구간에 대한 추정값에 관한 완전한 보고는 모든 APA 학술지의 최소한의 기대다.

독자들이 통계 방법에 관한 전문지식을 갖추고 있다고 가정하라. 기본 개념과 절차를 기술 · 설명하거나, 가장 흔히 사용되는 통계 절차에 관해 인용하지 말라. 그러나 만일 특정한 통계 절차의 적절성에 관해 의구심이 든다면, 적용된 절차의 견고성을 위해 존재하는 증거를 명확하게 진술함으로써 그 절차의 사용을 정당화하라.

☐ **결측 데이터**. **결측 데이터**missing data는 통계 검정에 의해 추출된 추론의 적절성에 해

가 될 수 있다. 결측 데이터의 빈도 또는 백분율을 결측된 데이터의 원인에 대한 경험적 증거 및/또는 이론적 논거와 함께 보고하는 것은 매우 중요하다. 데이터는 **임의 완전 결측**missing completely at random(결측변수가 결측된 확률 또는 데이터 세트에서 다른 변수의 값과 관련이 없는 경우), **임의 결측**missing at random(변수에 대한 결측값의 확률이 결측값과 관련이 없지만, 데이터 세트에서 다른 완전히 관찰된 변수들과 관련이 있는 경우), 또는 **비임의 결측**not missing at random(변수에 대한 주어진 값을 관찰할 확률이 결측값과 관련이 있는 경우)으로 기술될 수 있다. 만일 사용된 것이 있다면, 결측 데이터의 처리 방법을 기술하는 것 역시 중요하다(예, 다수의 귀속).

☐ **추리통계 검정 결과의 보고.** 추리통계 검정 결과 보고, 또는 모수나 효과크기의 추정값을 제공하는 경우, 독자들이 수행된 분석에 대한 충분한 이해를 돕기 위해 충분한 정보와 분석의 성과에 대한 가능한 대안적 설명을 포함하라. 각 분석 기법은 데이터와 기본 가정의 다른 측면에 의존하기 때문에, 일반적인 용어로 어떤 것이 "**충분한 통계 세트**sufficient set of statistics"를 구성하고 있는지 명시하는 것은 불가능하다. 그러나 그러한 세트는 보통 적어도 다음 요소를 포함하고 있다. 즉, 셀당 표본크기, 관찰된 셀 평균(또는 범주화된 변수의 각 범주에 할당된 사례의 빈도수), 그리고 셀 표준편차 또는 통합된 셀 내 변량pooled within-cell variance이 포함된다. 다변량분석 시스템의 경우(예, 분산에 대한 다변량분석, **구조방정식 모델링**structural equation modeling[SEM], 그리고 **계층적 선형 모델링**hierarchical linear modeling[HLM]), 연관된 평균, 표본크기, 그리고 분산−공분산(또는 상관관계) 매트릭스는 흔히 충분한 통계 세트에 해당한다. 때로, 충분한 통계 세트를 구성하는 정보의 양은 과도하다. 이 경우, 정보는 보충 데이터 세트 또는 부록에 수록될 수 있다(2.14−2.15절 참조). 소규모 표본에 대한 분석의 경우(단일 대상 연구 포함; 3.10절 참조), 비밀유지가 유지될 수 있는 조건에서 표 또는 그림에 완전한 원데이터 세트 제공을 고려하라. 논문원고에 향후 메타분석에 포함되기에 충분한 통계정보를 포함한다면, 이 분야의 누적된 지식의 일부가 되기가 더 쉬울 것이다.

추리통계 검정의 경우(예, t, F, 카이제곱 검정), 획득된 검정통계 크기 또는 값, 자유도, 최대값을 획득하거나 획득한 것보다 더 큰 값을 획득할 확률(정확한 p 값), 그리고 표본크기와 방향을 포함하라. 점수 추정값(예, 표본평균, 회귀계수)이 제공되는 경우, 항상 사용된 구체적인 측정 지표와 함께 연관된 변이성 측정값(정확성)을 포함하라(예, 표준오차).

☐ **신뢰구간 포함**. 결과를 보고하는 경우, **신뢰구간**confidence interval(모수의 추정값, 모수의 기능[예, 평균차], 그리고 효과크기에 대한)을 포함하는 것은 매우 효과적일 수 있다. 신뢰구간은 위치와 정확성에 관한 정보를 결합하고 유의성 수준의 추론에 직접적으로 사용될 수 있다는 점에서, 최상의 보고 전략이다. 일반적으로, 논문 전체에 걸쳐 우선적으로 명시된 단일 신뢰수준을 사용하는 것이 가장 좋다(예, 95% 또는 99% 신뢰구간). 가능하다면, 논의와 해석은 점수와 간격 추정값에 근거를 두라.

복잡한 데이터 분석 기법(예, 구조방정식 모델링, 베이지안 기법Bayesian techniques, 계층적 선형 모델링, 요인분석, 다변량분석, 그리고 유사한 접근방법)을 사용하는 경우, 추정된 모델에 관한 세부사항을 제공하라(3.11절 참조). 역시 연관된 분산-공분산(또는 상관관계) 매트릭스를 제공하라(보통 보충자료에서). 분석 수행에 수용된 소프트웨어(예, SAS PROC GLM 또는 특정 R 패키지)와 모수 세팅을 명시하라(이러한 소프트웨어 프로그램에 대해서는 참고문헌이 필요하지 않음). 추정 문제(예, 수렴 실패), 회귀 진단 쟁점, 또는 분석 이상을 보고하라. 발견내용의 타당도에 영향을 미칠 수 있는 통계 기본 가정 또는 데이터 쟁점 문제를 보고하라.

☐ **효과크기**. 독자들이 발견내용의 크기 또는 중요성을 인식하게 하려면, 결과 절에 **효과크기**effect size의 측정값을 포함하는 것이 권장된다. **효과크기**는 통계 추정값이다. 그러므로 가능할 때마다 효과크기 추정의 정확성을 나타내기 위해 보고된 각 효과크기에 대한 신뢰구간을 제공하라. 효과크기는 오리지널 단위로 나타낼 수 있고(예, 올바르게 응답한 질문의 평균 개수, 회귀 기울기에 대한 월별 킬로그램), 이렇게 보고될 때 가장 쉽게 이해된다. 효과크기가 표준화되어 단위가 없거나 척도가 없는 단위(예, 코헨Cohen의 d 값) 또는 표준화된 **회귀 가중치**regression weight로 보고하는 것 역시 가치가 있다. 다수의 자유도 효과크기 지표들은 다수의 자유도 검사를 의미 있는 한 가지 자유도 효과로 해체하는 효과크기 지표보다 덜 유용하다. 따라야 할 일반 원칙은 독자들에게 충분한 정보를 제공하여 관찰된 효과의 크기를 평가할 수 있게 하는 것이다.

☐ **실험 조작 또는 개입이 동반된 연구**. 실험 조작 또는 개입의 결과보고에서는 분석이 처치를 위한 의도에 의한 것인지를 명확하게 밝혀라. 즉, 모든 참여자는 이들이 실제로 개입을 받았는지에 상관없이 데이터 분석에 포함된 조건들에 할당되었는가, 또는 포함된 개입을 완수한 참여자들만이 포함되었는가? 선택에 대한 근거를 제시하라.

부수적 분석. 수행된 또 다른 분석(즉, 일차분석의 세부 수준에서는 필연적이지 않지만, 사전 명시된 것과 탐색적인 것들)을 보고하라(하위집단 분석과 조정된 분석 포함). 부수적 분석의 세부적인 결과는 보충자료에 수록할 것을 고려하라. 만일 있다면, 통계오차 비율에 대한 부수적 분석에 관한 시사점을 논의하라.

기초선 데이터. 반드시 각 집단의 기초선 인구통계학적 및/또는 임상적 특성을 제공하라.

유해 사례. 만일 개입 방법들이 연구되었다면, 모든 중요한 유해 사례(즉, 심각한 결과를 초래한 사건) 및/또는 각 개입 집단에서의 부작용을 상세히 보고하라. 만일 아무런 유해 사례가 발생하지 않았다면, 이 사실 역시 보고하라.

3.8 양적 논의 기준

연구 결과를 제시하고 나면, 비로소 결과의 시사점을 평가 · 해석할 수 있게 된다(특히, 원 가설에 관해). 양적 논문원고의 논의 절에서는 연구 결과를 검토, 해석, 그리고 의미 부여를 하고, 이로부터 추론과 결론을 도출하라. 경험적 연구의 경우, 보고된 결과와 이에 관한 논의 사이에는 탄탄한 관계가 성립되어야 한다. 결과에 대한 이론적 또는 실제적 결과를 강조하라. 논의가 비교적 짧고 단도직입적인 경우, 이를 결과 절과 합하여 "**결과와 논의**Results and Discussion"라는 제목의 절을 만들라. 만일 한 편의 원고에 다수의 연구가 제시된다면, 이러한 연구들이 논문 내에서 제시된 순서대로 연구를 통해 발견한 내용에 대해 논의하라.

논의 절은 모든 가설에 대한 지지 또는 기각에 관한 명확한 진술로 시작하라(일차 가설과 이차 가설로 구분할 것). 모호한 성과의 경우, 결과가 왜 그렇게 판단되는지를 설명하라. 탐색적 분석에 대한 시사점은 실제로 연구를 통해 발견한 사실과 통제되지 않았을 수 있는 오류 비율을 고려하여 논의하라. 연구를 통해 발견된 내용과 다른 연구자들의 연구물 사이의 유사점과 차이점은 연구 결론의 맥락과 관련 지어 결론이 사실임을 보여 주며, 결론을 명확하게 내리는 데 사용되어야 한다. 이미 언급된 요점을 단순히 달리 언급하거나 반복하지 말라. 각각의 새로운 진술은 문제에 대한 연구자의 해석과 독자들의 이해에 도움을 주어야 한다.

제한점과 강점. 연구 결과에 대한 연구자의 해석에는 ① 잠재적 편견의 출처와 내적 타당도에 대한 다른 위협, ② 측정값의 부정확성, ③ 총 검사 수 및/또는 검사들 간의 중첩된 부분, ④ 표본크기의 적절성과 표집의 타당성, 그리고 ⑤ 연구의 다른 한계점 또는 취약점이 고려되어야 한다. 만일 개입 또는 조작이 포함된다면, 이것이 성공적으로 실행되었는지 논의하고, 의도한 대로 실행된 메커니즘을 보고하라(즉, 이것의 원인 경로causal pathways 및/또는 대안적 메커니즘). 개입 또는 조작이 실행된 충실성을 논의하고, 충실도 저해의 원인이 된 장애요소에 관해 기술하라. 연구의 한계를 인정하고, 결과의 대안적 설명을 기술하라. 연구를 통해 발견된 사실의 일반화 가능성 또는 외적 타당도를 논의하라. 이렇게 중요한 분석은 표적 모집단과 접근된 표본 사이의 차이점을 고려해야 한다. 개입의 경우, ① 연구에 포함되지 않은 상황에 거의 적용할 수 있게 하는 특징, ② 어떤 성과가 어떻게 측정되었으며(사용되었을 수도 있는 다른 측정값과 관련된), ③ 측정을 위한 시간 길이(개입 종료와 성과 측정 사이), ④ 인센티브, ⑤ 준수 비율, 그리고 ⑥ 연구에서뿐 아니라 기타 맥락적 쟁점이 포함된 구체적인 장면에 대해 논의하라.

연구의 시사점. 논의 절은 연구를 통해 발견된 내용의 중요성에 관해 논리정연하고 정당한 논평으로 마무리하라. 이러한 결론 절은 짧을 수 있지만, 탄탄하게 논리정연하고, 자기충족적self-contained이며, 과장되지 않는다면 더 길어질 수 있다. 결론에서는 ① 왜 연구 문제가 중요한지(서론에 진술된 것처럼), ② 어떤 더 큰 문제(하위분야의 세부사항을 넘어서는 쟁점을 의미함)가 연구를 통해 발견된 내용에 전적으로 달려 있는지, 그리고 ③ 이러한 대단히 중요한 쟁점에 관한 발견내용의 외삽법extrapolation에 의해 어떤 명제들이 사실임이 확인 또는 기각되었는지에 관한 논의로 되돌아오는 것을 고려하라. 다음 쟁점들도 고려하라.

- 연구 성과의 이론적, 임상적, 또는 실제적 유의성은 무엇인가? 그리고 이러한 해석의 기초는 무엇인가?
- 만일 연구를 통해 발견된 내용이 타당하고 반복 가능하다면, 어떤 실제 심리적 현상이 연구 결과에 의한 설명 또는 모델이 될 수 있는가?
- 적용은 이 연구를 기반으로 정당화될 수 있는가?
- 이런 연구를 통해 발견된 내용으로 인해 어떤 문제점이 미해결 상태로 남게 되거나 새롭게 발생하는가?

이러한 질문에 대한 반응은 연구가 기여하는 핵심이면서, 연구자의 전공 분야 안팎의 독자들이 왜 연구를 통해 발견된 내용에 주목해야 하는지를 보여 준다. 독자들은 명확하고, 모호하지 않으며, 직접적인 응답을 받아야 한다.

3.9 전형적인 실험 · 비실험 연구의 추가 보고기준

3.5절에서 언급한 바와 같이, 표 3.1의 보고기준은 모든 양적 연구에 적용하라. 특정 설계의 특성 또는 경험적 요구 때문에 추가 기준이 적용된다. 실험을 동반한 연구(예, 무선할당을 사용한 연구, 비무선할당을 사용한 연구, 임상실험)와 비실험설계에는 추가로 구체적인 보고기준이 있다. 연구에 사용할 기준과 JARS 웹사이트에 연관된 기준에의 링크에 관한 플로차트는 그림 3.1을 참조하라.

3

무선할당을 사용한 연구. 무선화 단위와 할당을 위해 사용된 절차를 기술하라. 교실 같은 단위가 무선화의 단위일 경우, 데이터가 교실 내의 개별 학생들로부터 수집되었다고 하더라도 서술에 유의하라. 마찬가지로, 이러한 연구 성과에 대한 분석에서 무선화 단위를 제시하라. 무선화 과정의 질을 공고히 하기 위해 사용된 마스킹 제공에 관해 기술하라.

비무선할당을 사용한 연구. 조건에 대한 단위 할당에 사용된 할당 단위와 방법(규칙)에 관해 기술하라(할당 제한에 관한 세부사항 포함[예, 차단, 계층화 등]). 선발 편향의 최소화를 위해 사용된 절차를 기술하라(예, 매칭^matching^ 또는 성향점수^propensity score^ 매칭).

임상실험. JARS 맥락 내에서 **임상실험**^clinical traial^ 또는 **무선화 임상실험**^randomized clinical traial^은 전향적으로^prospectively^ 사람들을 실험조건에의 할당을 통해 한 가지 또는 그 이상의 건강 관련 개입(예, 심리치료, 치료약물)을 평가하는 연구조사 방법이다. 여기에서 사용된 것처럼, 임상실험은 "**무선화 통제연구**^randomized control studies^"라 불리는 연구 부류의 하위세트로, 임상실험의 보고기준은 무선화 통제연구에도 적용된다. 대부분의 임상실험은 무선할당이 있는 실험연구이므로, 이러한 연구 유형의 모든 보고기준 역시 적용된다. 연구의 임상실험 측면에 관한 정보를 보고하라. 만일 실험이 등록되었다면(예, ClinicalTrials.gov상에서), 등록된 사실을 저자 주(2.7절 참조)와 본문에 있는 제목 페이지에서 보고하라. 만일 실험이 여러 곳에서 수행된다면, 방법 절에 실험장소에 따른 고려사항에 관한 세부사항을 제공하라. 연구 프로토콜에 대한 접속 방법을 제공하라. 만일 연구가 현재의 "기준standard" 처치에 대한 비교라면, 후속연구 또는 반복연구에서 정확하게 반복될 수 있도록 기준 처치에 관해 상세하게 기술하라. 데이터 안전과 모니터링, 그리고 만일 사용되었다면 중단 규칙에 관해 기술하라. 만일 후속조치가 있었다면, 후속조치 기간의 길이에 관한 근거를 제공하라.

비실험설계. 비실험연구nonexperimental studies(조작되는 변수가 없음)는 때로 다른 연구 방법들("관찰," "상관관계," 또는 "자연사" 연구) 사이에서 채택된다. 이 연구 방법의 목적은 자연 상태에서 발생하는 관심 있는 변수들 간의 관계를 관찰, 서술, 분류, 또는 분석하는 것이다. 일반적으로 연구설계, 참여자 선발과 표집 방법(예, 전향적prospective, 후향적retrospective, 사례-통제 case-control, 코호트cohort[*역자 주. 통계적으로 동일한 특색 또는 행동 양식을 공유하는 집단], 코호트-시계열cohort-sequential), 그리고 데이터 출처에 관해 기술하라. 모든 변수를 정의하고, 자연적 집단들 간에 평가의 비교 가능성을 기술하라. 예측변수, 혼재변수, 그리고 효과 변경 요인들이 어떻게 분석에 포함되었는지 제시하라. 관련 있는 연구의 잠재적 한계에 관해 논의하라(예, 측정되지 않은 혼재confounding).

3.10 특수설계의 보고기준

일부 특수설계에 의한 연구(예, 종단, 단일 대상, 반복)에 대해서는 특정한 보고기준이 마련되어 있다. 어떤 기준을 연구에 사용해야 하는지에 관한 플로차트는 그림 3.1(특수설계에 의한 연구 포함)과 JARS 웹사이트의 연관된 기준에의 링크를 참조하라.

종단연구. 종단연구longitudinal study에는 여러 번 또는 특정 경우에 동일한 측정 세트(또는 속성attributes)를 사용하여 동일한 사람들을 관찰하는 것이 포함된다. 이러한 다수의 관찰구조는 다른 연구설계와 결합될 수 있다(실험조작이 있는 것과 없는 것, 무선화 임상실험, 또는 기타 연구 유형). 종단연구의 보고기준은 기본적인 기저의 연구구조를 위한 것과 종단연구에 특화된 것을 결합해야 한다. 따라서 기저의 연구구조에 의해 도출된 정보 외에, 연구의 종단적 측면에 관한 정보를 보고하라. 예를 들면, 표본 모집과 보유 방법에 관해 기술하라(각각의 데이터 수집 시기에의 표본 감소와 어떻게 결측 데이터를 다루었는지에 관한 내용 포함). 연구가 진행되는 동안 발생한 맥락적 변동사항에 관해 기술하라(예, 주요 경제적 불황). 연구과정에서 발생한 측정도구의 변동사항을 보고하라(예, 학업성취에 대한 측정 수준에서의 변화). 종단연구는 흔히 분절된 방식으로 보고되므로, 데이터의 일부가 이전에 어디에 게재되었고, 현재 보고서와 어느 정도 중첩되는지 보고하라(1.16절 참조).

단일 대상 연구. 단일 대상N-of-1(*역자 주. 대상이 유일하다는 점에서 붙여진 명칭[예, 희귀병 환자]) 설계에 의한 연구는 몇 가지 다른 형태로 수행된다. 그러나 모든 이러한 설계의 핵심적 특징은 연구의 단위가 단일 독립체(보통 1인)라는 것이다. 일부 단일 대상 연구에서는 몇몇 개별적인 결과가 기술되고, 결과의 일관성은 논의의 중심점이 될 수 있다. 그러나 단일 대상 연구에서는 몇 가지 사례로부터의 결과를 결합한다(예, 평균 계산을 통해).

설계 유형(예, 철회-반전withdrawal-reversal, 다수의 기초선, 교대-동시alternating-simultaneous 처치, 기준 변경)과 이것의 국면, 그리고 한 가지 또는 그 이상의 조작이 사용된 경우, 국면 배열phase sequence에 관해 기술하라. 무선화의 사용 여부와 방법을 명시하라. 각 참여자에 관해서는 실제로 완수된 순서와 참여자의 결과를 보고하라(표적 행동과 기타 성과에 대한 원데이터 포함).

반복논문. 반복논문replication articles의 경우(1.4절 참조), 반복의 유형을 제시하라(예, 직접적[정확한, 문자 그대로], 거의 정확한, 개념적[구성개념]). 오리지널 연구와 보고된 반복연구의 비교내용을 제공하여, 독자들이 오리지널 연구를 통해 발견된 내용과 보고되고 있는 반복연구를 통해 발견된 내용의 차이에 영향을 준 요인이 될 수 있는 정도를 평가할 수 있게 하라. 모집 절차, 참여자의 인구통계학적 특성, 그리고 측정방법(하드웨어와 "소프트" 측정값[예, 질문지, 면접, 심리검사], 측정값에 대한 수정[예, 번역 또는 역 번역back-translation], 분석된 점수의 심리측정학적 특징, 그리고 정보제공자와 시행방법[예, 지필 vs. 온라인] 포함)을 비교하라. 오리지널 연구에서 사용된 동일한 분석방법(통계 또는 다른 양적 조작)의 결과뿐 아니라, 추가 또는 다른 분석의 결과를 보고하라. 오리지널 결과가 보고되고 있는 새로운 연구에서 반복되었던 정도의 결정에 사용되었던 규칙(예, 효과크기 비교)을 상세히 보고하라.

3.11 분석적 접근의 보고기준

아무리 보고기준이 일반적으로 전체 연구설계와 연계되어 있더라도, 일부 양적 절차(예, 구조방정식 모델링, 베이지안 기법)는 충분히 복잡하고 이러한 내적 분산에 개방되어 있으므로, 독자들이 분석내용을 충분히 이해할 수 있도록 추가 정보(단순히 기법명과 몇몇 모수 외에)가 보고되어야 한다. 다른 연구자들은 저자들이 도출한 결론 평가 또는 자신들의 데이터로 분석을 반복하기 위해 추가 정보를 필요로 할 수 있다. 구조방정식 모델링과 베이지안 기법의 기준은 JARS 웹사이트(https://apastyle.apa.org/jars/quantitative)에 탑재되어 있다.

구조방정식 모델링. **구조방정식 모델링**structural equation modeling(SEM)은 구조모델 또는 측정 모델의 세부사양을 포함하는 통계 기법 계열에 속한다. 이 분석 방법은 모델(모수)에서 나타난 효과를 추정하고 모델과 데이터 사이의 관련성 범위를 평가하는 단계들을 포함한다. 이러한 기준들은 복잡해서 포괄적인 데이터 준비 기술, 초기 모델의 세부사양, 추정, 모델 적합성 평가, 모델의 재명세화respecification, 그리고 결과보고가 요구된다.

베이지안 기법. **베이지안 기법**Bayesian techniques은 연구자들이 관찰된 분포에 근거하여 기저를 이루는 분포의 모수를 추정하는 추리통계 절차다. 이러한 기준들은 복잡해서 이 분석 접근의 필요성을 다루고 있다(모델 명시, 분포 서술, 모델의 계산 서술, 베이지안 요인 보고, 그리고 베이지안 모델의 평균화averaging 방법 포함).

3.12 양적 메타분석 기준

양적 메타분석quantitative meta-analysis(1.5절 참조)의 특화된 전체 보고기준은 JARS 웹사이트(https://apastyle.apa.org/jars/quant-table-9.pdf)에 이용 가능하도록 탑재되어 있다. 이 기준은 메타분석에 특화되어 있지만, 다른 양적 연구 합성 접근에 쉽게 일반화할 수 있다. 메타분석이 다른 연구 유형과 차별화되는(요구demands보고에서) 한 가지 특성은 분석 단위가 연구보고서(보통 게재되거나 아카이브에 보관되는 논문)라는 점이다. 메타분석에 포함된 연구의 일차 특징은 관심 있는 현상의 효과크기에 대한 수치로 된 추정값이다. 양적 메타분석의 보고기준은 복잡하고, 연구 선정, 연구 포함과 배제 기준, 그리고 데이터 수집뿐 아니라 선택된 연구와 그 특징을 요약하는 방법을 포함하고 있다(예, 표와 그림을 통해; 샘플 요약 메타분석 표는 7.21절의 표 7.4 참조).

질적 연구의 보고기준

3.13 질적 연구 보고의 기본 기대

논문원고의 초록과 서론에서 정보 보고기준은 모든 종류의 연구에 공통적인 반면

(3.3–3.4절 참조), 질적 연구 논문만의 특화된 보고기준이 있다(방법[3.14절], 발견내용 또는 결과[3.15절], 그리고 논의[3.16절] 절 포함). 양적 및 혼합 방법 연구에 특화된 기준들은 각각 3.5–3.12절과 3.18절에 제시되어 있다.

질적 연구보고를 위한 기본적인 기대사항은 표 3.2에 제시되어 있다. JARS 웹사이트의 추가 표는 질적 메타분석을 위한 보고기준이 기술되어 있다(3.17절 참조). 탐구에는 사용될 수 있는 다수의 질적 절차와 방법뿐 아니라, 다수의 설계와 접근법이 있다. 이러한 다양성 때문에 표 3.2에 기술된 모든 요소와 3.14–3.16절의 지침은 모든 질적 연구에 적절하지 않을 수 있다.

저자는 자신의 연구 맥락 내에서 절들을 어떻게 구성할 것인지 결정해야 한다. 예를 들면, 연구를 통해 발견된 내용을 넓은 맥락에서 해석된 의미와 분리할 수 없을 것 같다면, 질적 연구자는 결과 절과 논의 절을 결합할 수 있다. 또한 전통에서 가치를 반영하는 소제목을 사용할 수 있고(예, "결과Results" 대신 "발견내용Findings"), 그렇지 않은 것은 생략할 수 있다. 필요한 정보가 있는 한, 논문원고는 양적 논문원고와 동일한 절과 하위 절로 나눌 필요는 없다.

질적 논문원고는 긴 편이어서 양적 논문원고와 다르게 보일 수 있다. 이렇게 늘어난 길이는 질적 보고의 다음과 같은 중심적 특징 때문이다. 첫째, 통계 분석을 참조하는 위치에 연구자는 상세한 근거와 절차에 관한 서술을 포함하여 분석 방법이 어떻게 선택, 적용, 그리고 각각의 구체적인 질문 또는 맥락에 적합하도록 조정되었는지 설명해야 한다. 둘째, 연구자는 자신의 배경과 신념에 관한 논의와 어떻게 연구 기간 내내 이러한 것들을 관리했는지 기술해야 한다. 끝으로, 연구자는 인용된 자료 또는 기타 실례가 될 만한 증거를 자신의 결과 발표에 추가함으로써, 원데이터로부터 어떻게 이동시켜 발견내용을 발전시켰는지 제시해야 한다. 질적 논문은 적절한 검토의 뒷받침에 필요한 정보 제공을 위해 길이가 더 길어질 수 있다는 점에서, 길이 제한은 이런 정보를 포함할 필요가 없는 양적 논문보다 더 유연해야 한다. 학술지 페이지 제한이 질적 논문원고의 길이와 상충되는 경우, 질적 연구자는 학술지 편집자와 협의하여 문제가 되는 논문원고를 적절히 심사할 수 있는 해법을 마련해야 한다.

표 3.2 질적 설계 보고기준(JARS-Qual)

제목 페이지
제목
• 고려 중인 핵심 쟁점/주제를 제시하라.
저자 주
• 재정지원 출처 또는 기부자를 인정하라. • 만일 있다면, 이권충돌 사실을 인정하라.
초록
• 연구 중인 문제/질문/세부목표를 진술하라. • 연구설계를 나타내라(참여자 유형 또는 데이터 출처, 분석 전략, 주요 결과/발견내용, 그리고 주요 시사점/유의성 포함). • 5개 핵심어를 확인하라. **저자들을 위한 안내 지침** – 방법을 기술하는 핵심어와 참여자 유형 또는 연구 중인 현상을 기술하는 핵심어의 포함을 고려하라. – 탐구에 대한 연구자의 접근에 관한 기술이 심사과정과 연구자의 논문원고에 대한 이해가능성을 촉진할 경우, 이에 관한 기술을 고려하라. 그러나 연구자의 논문이 탐구에의 접근에 기초하고 있지 않거나 연구자의 접근방법이 너무 복잡해서 할당된 단어 수로 설명할 수 없다고 해서, 초록에 이에 관해 설명하는 것은 권장할 만하지 않다.
서론
연구 문제 또는 질문 서술
• 문제 또는 질문과 그 맥락의 틀을 만들라. • 적용 가능한 문헌을 검토, 비판, 그리고 종합하여 관련 문헌에서 핵심 쟁점/논거/이론적 틀을 확인하여 장애요인, 지식 공백, 또는 실제 필요성을 명확하게 제시하라. **심사위원들을 위한 안내 지침** – 서론에는 사례 예시, 사적인 내러티브, 삽화 vignettes, 또는 기타 실례가 되는 자료가 포함될 수 있다.
연구의 세부목표/목표/연구목적
• 연구의 목적/목표/표적을 서술하라. • 구체적으로 말하면, 표적 관객 target audience 을 서술하라. • 이러한 목적 조사에 사용되는 설계의 적합성에 대한 근거를 제공하라(예, 이론 구축, 설명, 이해 발달, 사회적 행위, 서술, 사회적 실천 강조).

표 3.2 질적 설계 보고기준(JARS-Qual) (계속)

서론 (계속)
• 만일 세부목표와 연구의 근거를 밝히려면, 탐구에 대한 접근 방법을 서술하라(예, 서술적, 해석적, 여성주의, 정신분석, 탈실증주의, 비판적, 포스트모던, 구성주의, 또는 실용주의 접근). **저자들을 위한 안내 지침** – 만일 세부목표와 관련이 있다면, 현재의 분석과 이전의 논문/출판물의 관계를 설명하라. **심사위원들을 위한 안내 지침** – 질적 연구는 학술지 논문 페이지의 한계 때문에 흔히 합법적으로 다수의 원고로 나뉠 필요가 있지만, 각 원고의 초점은 분리되어야 한다. – 질적 연구는 가설보다는 연구 문제와 목적만을 제시하는 경향이 있다.
방법
연구설계 개요
• 연구설계를 요약하라(데이터 수집 전략, 데이터 분석 전략, 그리고 분명히 하려면, 탐구에의 접근 방법들[예, 기술적, 해석적, 여성주의, 정신분석, 탈실증주의, 비판적, 포스트모던, 구성주의, 또는 실용주의적 접근] 포함). • 선택된 설계를 위한 근거를 제공하라. **심사위원들을 위한 안내 지침** – 방법 절은 진행된 순서 또는 내러티브 형식으로 작성될 수 있다. – 저자가 다른 연구자들이 따를 수 있어야 하는 방법에 관한 서술을 제공한다고 하더라도, 다른 연구자들이 동일한 결론에 도달하는 것은 필수로 요구되지 않고, 다만 방법에 관한 서술은 다른 조사자들이 방법론적 진실성이 유사한 정도의 결론에 이르도록 할 수 있어야 한다. – 때로, 요소는 다수의 절과 관련이 있을 수 있고, 저자는 각각의 하위 절에 속하는 것들을 조직하여 방법을 조리 있게 서술하고 중복적 표현을 줄일 필요가 있다. 예를 들어, 개요와 세부목표 진술은 같은 절에 제시될 수 있다. – 질적 연구의 과정은 흔히 반복 대 선형이고, 탐구과정을 통해 진화할 수 있으며, 다수의 형식에서 데이터 수집과 분석 사이를 이동할 수 있다. 그 결과, 데이터 수집과 분석 절은 결합될 수 있다. – 이전에 제시한 이유와 질적 방법은 흔히 창의적으로 조정 및 결합되어 상세한 서술과 근거가 필수로 요구되므로, 평균적인 질적 방법 절은 전형적으로 평균적인 양적 방법 절보다 더 길다.

표 3.2 질적 설계 보고기준(JARS-Qual) (계속)

방법 (계속)

연구 참여자 또는 데이터 자원

연구자 기술

- 연구에의 접근에 있어서 연구자들의 배경을 서술함으로써, 이들이 연구 중인 현상에 대한 사전 이해가 있음을 강조하라(예, 면접자, 분석자, 또는 연구팀).
- 연구 중인 현상에 대한 사전 이해가 어떻게 관리 및/또는 연구에 영향을 주었는지를 기술하라(예, 데이터 수집과 분석 증진, 제한, 또는 구조화).

저자들을 위한 안내 지침

– 분석과 관련된 사전 이해는 연구자의 인구통계학적 · 문화적 특성, 자격증, 현상에 대한 경험, 훈련, 가치관, 및/또는 분석을 위한 아카이브 또는 자료 선정에서의 결정을 포함할 수 있다(단, 제한되지는 않음).

심사위원들을 위한 안내 지침

– 연구자는 보고서에서 반성적 자기기술self-description의 규모에서 차이가 있다. 저자가 안내 지침 없이 심사위원들이 바라는 서술의 깊이를 추정하는 것은 가능하지 않을 수 있다.

참여자 또는 기타 데이터 자원

- 분석된 참여자/문서/사건 수를 제공하라.
- 인구통계학적/문화적 정보, 참여자의 관점들, 또는 수집된 데이터에 영향을 줄 수 있었던 데이터 자원의 특징을 기술하라.
- 만일 관련이 있다면, 기존의 데이터 출처를 기술하라(예, 신문, 인터넷, 아카이브).
- 만일 적용할 필요가 있다면, 공개적으로 공유된 데이터에 대한 데이터 문서저장소 정보를 제공하라.
- 만일 적용할 필요가 있다면, 분석을 위한 데이터의 위치에 대한 아카이브 검색 또는 위치 확인 과정을 기술하라.

연구자-참여자 관계

- 연구과정, 그리고 연구과정에 대한 영향과 관련 있는 연구자들과 참여자 간의 관계와 상호작용을 기술하라(예, 연구 이전에 관계가 있었는지, 이전의 관계와 관련 있는 윤리적 고려사항이 있는지).

참여자 모집

모집과정

- 모집과정(예, 대면, 전화, 우편, 이메일)과 모집 프로토콜을 기술하라.

표 3.2 질적 설계 보고기준(JARS-Qual) (계속)

방법 (계속)

- 인센티브 또는 보상에 관해 기술하고, 관련된 데이터 수집과 동의 과정이 윤리적으로 합당했음을 확인할 수 있는 증거를 제시하라(기관의 심의위원회 승인, 취약 인구를 위한 특정한 각색, 안전성 모니터링이 포함될 수 있음).
- 참여자 수가 연구설계와 관련하여 결정되었는지 확인할 수 있는 과정을 기술하라.
- 인원 감소를 통한 참여자 수의 변동사항과 참여자/자원의 최종 수를 제공하라(만일 관련이 있다면, 중도 포기자의 거부 비율 또는 사유).
- 데이터 수집 중단 결정의 근거를 기술하라(예, 포화 상태).
- 만일 진술된 목적과 다르다면, 참여자들에게 제시된 대로 연구목적을 제시하라.

저자/심사위원들을 위한 안내 지침

– 모집 및 선발 과정의 순서와 그 내용은 저자의 방법론적 접근과 관련하여 결정될 수 있다. 선발과정을 결정한 다음, 그 기준에 기초하여 모집 방법을 개발하는 저자들이 있는가 하면, 모집과정을 개발한 다음 연구 결과의 전개에 따라 참여자를 선발하는 저자들도 있을 것이다.

심사위원들을 위한 안내 지침

– 질적 연구를 위한 최소 참여자 수는 정해져 있지 않다. 다만, 저자는 선택된 참여자 수에 대한 근거를 제공해야 한다.

참여자 선발

- 참여자/데이터 자원 선발과정(예, 최대 변이 같은 목적성 있는 표집 방법, 스노볼 선발snowball selection 같은 편의표집 방법, 이론적 표집, 다양성 표집)과 포함/배제 기준을 기술하라.
- 연구를 위한 일반적인 맥락을 제공하라(데이터가 수집된 시기 또는 사이트).
- 만일 참여자가 아카이브 데이터 세트로부터 선발된다면, 그 데이터 세트로부터의 모집과 선발 과정뿐 아니라, 데이터 세트로부터 일련의 참여자 선발을 위한 결정에 관해 기술하라.

저자들을 위한 안내 지침

– 보고서는 참여자 수가 어떻게 당면한 연구설계 수행에 부합되는지를 명확하게 밝힐 수 있도록 작성되어야 한다. 이는 질적 연구 발견내용의 다른 맥락으로의 전이 가능성이 양적 오류 추정값과 모집단에의 일반화보다는 독자들에 의해 적용될 수 있는 깊고 맥락과 관련된 이해 발달에 기초하고 있음이 드러나도록 작성되어야 한다.

저자/심사위원들을 위한 안내 지침

– 모집과정과 선발과정의 순서와 그 내용은 저자들의 방법론적 접근과 관련하여 결정될 수 있다.선발과정을 결정한 다음, 그 기준에 기초하여 모집 방법을 개발하는 저자들이 있는가 하면, 모집과정을 개발한 다음 연구 결과의 전개에 따라 참여자를 선발하는 저자들도 있을 것이다.

3

표 3.2 질적 설계 보고기준(JARS-Qual) (계속)

방법 (계속)

데이터 수집

데이터 수집 또는 신원확인 절차

- 수집된 데이터의 형식을 기술하라(예, 면접, 질문지, 미디어, 관찰).
- 데이터 수집 프로토콜의 원본 또는 진화에 관해 기술하라.
- 연구를 통해 발견된 내용 또는 연구 근거의 진화에 따른 데이터 수집 전략의 변경에 관해 기술하라.
- 데이터 선정 또는 데이터 수집 과정을 기술하라(예, 다른 것들은 데이터가 수집될 때 제시되었는지, 데이터 수집 횟수, 수집 기간, 맥락).
- 참여의 범위를 기술하라(예, 참여의 깊이, 데이터 수집 시간의 집중도[intensiveness]).
- 면접과 서면 연구의 경우, 데이터 수집 과정에서 지속시간의 평균과 범위를 제시하라(예, 면접은 75–110분간 진행되었다[평균 면접시간은 90분]).
- 데이터 수집 과정에서 성찰의 관리 또는 사용이 연구에 영향을 미친 경우, 이에 관해 기술하라.
- 데이터 수집에서 사용된 질문, 중심 질문 내용, 질문 형식(예, 개방 vs. 폐쇄)에 관해 기술하라.

심사위원들을 위한 안내 지침

- 연구자는 연구 접근과 과정 내에서 일관성 있는 데이터 수집을 위한 용어를 사용할 수 있다(예, "데이터 신원확인," "데이터 수집," 또는 "데이터 선발"). 그러나 독자층이 다가가기 쉬운 용어들로 기술되어야 한다.
- 면접에서 사용된 모든 질문을 재생하는 것은 연구자에게 유용하지 않을 수 있다(특히, 질문이 각 면접내용에 따라 조정된 비구조화된 또는 반구조화된 면접의 경우).

녹음과 데이터 변환

- 사용된 데이터 오디오/시각적 녹음/녹화 방법, 현장 메모, 또는 전사[transcription] 과정을 제시하라.

분석

데이터 분석 전략

- 사용된 방법과 절차, 그리고 목적/목표를 기술하라.
- 분석과정을 상세히 설명하라(투명성 원칙에 따른 절차의 일부 논의 포함[예, 코딩, 주제별 분석]).
- 코딩자 또는 분석자와 이들의 훈련 정도를 기술하라(연구자 기술 절에 이미 기술되지 않았다면[예, 코딩자 선발, 협력집단]).
- 분석으로부터 도출된 코딩 범주가 사전에 개발되었는지 제시하라.

표 3.2 질적 설계 보고기준(JARS-Qual) (계속)

방법 (계속)

- 분석 단위(예, 글로 옮긴 전체 자료, 단위, 본문)와 이 단위들이 어떻게 형성되었는지 제시하라(해당 사항이 있다면).
- (해당 사항이 있다면) 분석 도식에의 도달과정을 기술하라(예, 만일 분석 전 또는 과정에서 개발되었거나 전 과정을 통해 도출된 경우).
- 분석 도식 개발에 관한 도해와 서술을 제공하라(관련되는 경우).
- 소프트웨어를 제시하라(사용된 경우).

저자들을 위한 안내 지침

– 연구목적과 관련된 분석 선택의 근거를 제공하라.

심사위원들을 위한 안내 지침

– 연구자는 연구 접근과 과정 내에서 일관성 있는 데이터 수집을 위한 용어를 사용할 수 있다(예, "해석," "일체화unitization," "직관적eidetic 분석," "코딩"). 그러나 독자층이 다가가기 쉬운 용어들로 기술되어야 한다.

방법론적 진실성

- 분석으로부터 도출된 주장이 정당하고 방법론적 진실성이 있는 결과를 산출했음을 입증하라. 방법론적 진실성을 지지하는 절차(즉, 충실도와 유용성)는 전형적으로 논문원고의 관련된 절들에 걸쳐 기술되지만, 정교화 또는 강조가 도움이 된다면, 분리된 절에서 다룰 수 있다. 방법론적 진실성에 관한 쟁점에는 다음 사항이 포함된다.
  – 연구 문제, 목적, 그리고 탐색적 접근과 가장 관련된 다양한 형태를 포착할 수 있는 능력을 고려한 데이터의 **적절성**adequacy을 평가하라.
  – **연구자의 관점**researchers' perspectives이 데이터 수집과 분석에서 어떻게 처리되었는지를 기술하라(예, 데이터 수집에 대한 이들의 효과를 제한하기 위해, 분석을 구조화하기 위해).
  – 연구를 통해 발견된 내용이 증거에 **기반된**grounded 것인지를 입증하라(예, 인용문 사용, 발췌자료, 또는 연구자의 데이터 수집에의 개입에 관한 기술).
  – 연구 결과가 **통찰력 있고**insightful **의미 있음**meaningful을 입증하라(예, 현재 문헌과 연구목적과 관련시켜서).
  – 연구 결과와 관련된 **맥락적**contextual 정보를 제공하라(예, 연구의 세팅, 참여자에 관한 정보; 필요하면 면접 질문은 발췌자료 앞에 제시하라).
  – 연구 결과는 데이터에서의 모순점 또는 부정적 증거를 이해하는 **일치된**coherent 방식으로 제시하라(예, 불일치 조정, 연구 결과에 갈등이 존재할 수 있는 이유를 기술하라).

표 3.2 질적 설계 보고기준(JARS-Qual) (계속)

방법 (계속)
• 분석과정에 관한 **일관성**consistency을 입증하거나(예, 분석자는 분석의 증거 사용을 통해 일관성을 뒷받침할 수 있다. 안정적인 관점, 평정자 간 신뢰도, 의견일치 과정을 기술하라), 관련된 비일관성inconsistencies에 대한 반응을 기술하라(예, 분석 도중 코딩자 교체, 분석과정 중단). 만일 방법론적 진실성이 윤리적인 이유로 변경되었다면, 그 이유와 조정내용을 설명하라. • 주장에 대한 뒷받침이 어떻게 질적 분석에 추가된 확인 점검으로 보충되었는지 기술하라. 연구를 강화할 수 있는 보충 점검의 예시는 다음과 같다. – 피드백을 위해 참여자에게 되돌려 준 전사자료transcripts/데이터 – 정보, 발견내용, 또는 조사자 등 다수의 자원에 대한 삼각측정triangulation – 면접의 철저성 또는 면접자 요구에 대한 점검 – 의견일치 또는 감사auditing 과정 – 발견내용에 대한 구성원 확인 또는 참여자 피드백 – 데이터 제시/매트릭스 – 면밀하고 두툼한 서술, 사례 예시, 또는 도해 – 구조화된 연구자 성찰 방법(예, 메모, 현장일지field notes, 일기, 관찰노트logbooks, 저널 쓰기, 브래키팅bracketing[***역자 주.** 더 좋은 결과를 얻기 위해 오차를 점차 줄여가는 방법]) – 연구 문제에 대한 발견내용의 유용성 확인(예, 해법이 작용하는지에 대한 평가) **심사위원들을 위한 안내 지침** – 연구는 본질적으로 서서히 전개되고, 자기교정적인 반복적 분석 내에서의 확인 점검을 포함하는 이러한 모든 또는 어떤 확인 점검을 사용할 필요는 없다(질적 분석의 반복과정이 엄격함에 기초하듯이). 연구에의 접근들은 확인 점검과 어떤 확인 점검 방법에 가치를 두는지에 있어서는 서로 다른 전통을 가지고 있다. • 발견내용findings(예, 주제, 범주, 내러티브)과 그 의미, 그리고 연구자가 데이터 분석으로부터 이해한 내용을 기술하라. • 발견내용에 도달한 분석과정을 입증하라(예, 인용문, 데이터의 발췌문).
발견내용/결과
발견내용/결과 하위 절
• 연구설계와 호환될 수 있는 방식으로 발견내용을 제시하라. • 종합적인 도해(예, 다이어그램, 표, 모델)를 제시하라(연구 결과의 조직과 전달에 유용하다면, 사진 또는 동영상에 대한 링크가 사용될 수 있음).

표 3.2 질적 설계 보고기준(JARS-Qual) (계속)

발견내용/결과 (계속)
저자들을 위한 안내 지침 – 예술적으로 제시된 발견내용(예, 발견내용의 극적인 제시에 대한 링크)은 또한 보고기준의 정보를 포함함으로써, 연구 제시를 뒷받침해야 한다. – 인용문 또는 발췌자료를 사용하여 데이터 서술을 보강하라(예, 두툼하고thick, 좋은 생각을 떠올리게 하는 묘사, 현장일지, 발췌문). 그러나 이러한 요소는 분석을 통해 발견된 내용에 관한 기술과 대체되어서는 안 된다. **심사위원들을 위한 안내 지침** – 발견내용 절은 분석 절차에 대한 평가 허용에 필요한 실례를 들어 가며 서술하는 수사법 때문에 양적 논문원고보다 더 긴 경향이 있다. – 연구에의 접근에 따라, 발견내용과 논의는 합쳐지거나, 연구자들의 분석 관여 서술에 개인화된 담론 형식이 사용될 수 있다. – 발견내용은 연구목적, 탐구에의 접근, 그리고 연구 특징에 따라 수량화된 정보를 포함하거나 포함하지 않을 수 있다.
논의
논의 하위 절
• 학문적 이해의 진보에서 중심적인 기여 내용과 의의를 기술하라. • 연구 결과에 의한 기여 유형(예, 선행연구 또는 관련성을 기술하는 문헌에서의 이론에 대한 도전, 정교화, 그리고 지지)과 발견내용이 어떻게 활용될 수 있는지를 기술하라 • 이전의 이론과 발견내용으로부터 유사점과 차이점을 제시하라. • 발견내용의 대안적 설명을 반영하라. • 연구의 강점과 한계점을 제시하라(예, 데이터의 질, 자원, 유형 또는 분석과정이 어떻게 방법론적 진실성을 뒷받침 또는 약화시킬 수 있었는지를 고려하라). • 전이 가능성transferability 범위의 한계를 기술하라(예, 여러 상황에서 발견내용을 사용하는 경우, 어떤 독자들이 유념해야 하는가). • 마주쳤던 윤리적 딜레마 또는 도전을 재논의하고, 후속 연구자들을 위해 관련된 제안을 제공하라. • 후속 연구, 정책, 또는 실제를 위한 시사점을 고려하라. **심사위원들을 위한 안내 지침** – 설명은 한 가지 해법보다는 다수의 해법으로 이어질 수 있다. 다수의 질적 접근은 주어진 데이터 세트로부터 한 가지 이상의 타당하고 유용한 일련의 발견내용이 산출될 수 있음을 뒷받침하고 있다.

3.14 질적 방법 기준

질적 논문의 방법 절은 다음과 같은 유형의 정보를 포함한다(표 3.2 참조).

연구설계 개요. 질적 논문의 방법 절은 연구설계를 요약하는 단락으로 시작한다. 이는 데이터 수집 전략, 데이터 분석 전략, 그리고 탐구에의 접근 방법을 서술하고, (서론의 세부목표 절에 기술되어 있지 않았다면) 선택된 설계에 관한 짤막한 근거를 제공하라(3.4절 참조).

연구자 기술. 연구를 연구자의 기대, 신분, 그리고 지위(예, 면접자, 분석자, 연구팀) 내에 위치시키려면, 연구에의 접근에 있어서 연구자의 배경을 기술함으로써, 연구의 초점이 되는 현상에 대해 사전에 이해하고 있음을 강조하라. 분석과 관련된 연구자에 관한 기술에는 ① 인구통계학적, 문화적, 및/또는 정체성의 특성, ② 자격증, ③ 연구의 초점이 되는 현상에 대한 경험, ④ 훈련, ⑤ 가치관, 또는 ⑥ 분석을 위한 아카이브 또는 자료 선정에서의 결정사항이 포함될 수 있다(그러나 제한되지는 않음). 연구의 초점이 되는 현상에 대한 사전 이해가 어떻게 관리되었는지 및/또는 이것이 연구에 어떻게 영향을 주었는지를 기술하라(예, 데이터 수집과 분석의 향상, 제한, 또는 구조화에 의한).

참여자 또는 다른 데이터 자원. 참여자 또는 데이터 자원을 기술하는 경우, 다음 요소를 보고하라. ① 분석된 참여자, 문서, 또는 사건 수, ② 연구주제와 관련된 인구통계학적 또는 문화적 정보, 그리고 ③ 연구주제와 관련된 참여자의 관점과 데이터 자원의 특징. 적용 가능한 경우, 데이터 출처를 기술하라(예, 신문, 인터넷, 아카이브). 공개적으로 공유된 데이터를 위한 데이터 저장소에 관한 정보를 제공하라(사용된 경우). 아카이브 검색 또는 분석을 위한 데이터 위치 확인에 수반된 과정을 기술하라.

질적 연구자들은 연구의 특정 맥락과 주제와 관련된 참여자의 특징(3.6절에 수록됨), 개인사 요인(예, 연령, 트라우마 노출, 학대력abuse history, 물질남용력substance abuse history, 가족력family history, 지리력geographic history)을 보고해야 한다(Morse, 2008 참조). 어떤 특징은 특정 맥락에서 참여자 삶의 여러 영역에 걸쳐 영향을 미치므로, 대부분의 연구보고서에서 이에 관한 작성이 요구될 것이다. 미국의 경우, 이러한 요소에는 전형적으로 연령, 성별, 인종, 민족, 그리고 사회경제적 지위가 포함되지만, 다른 특징들 역시 연구 문제 및 맥락과 밀접하게 관련될 수 있다(예, 성 지향성, 이민 상태, 장애). 참여자 특징에 관한 기술은 참여자에게 세심해야 하고, 이들이 이해하고 자신의 정체성, 지위, 역사 등을 표현하는 방식으로 작성되어야 한다. 제5장에는 참여자의 특징에 관해 편견 없는 글쓰기에 관한 세부적인 안내 지침이 수록되어 있다.

참여자 특징과 개인사적 요인 외에, 연구 내에서의 다른 특징들은 특정 현상에 대한 경험에 영향을 줄 수 있으므로(예, 연구에서 심리치료자에 대한 심리치료 오리엔테이션, 연구에서 경제적 신념에 대한 정당의 당원 자격), 보고에 중요하다. 참여자의 어떤 특징과 양상을 보고할 것인지의 결정은 선행연구 검토, 현상에 대한 연구자의 경험, 파일럿 면접, 연구목적, 맥락과 관련된 역동성, 그리고 데이터 수집이 진행되면서 분석된 경험적 데이터에 의해 내려질 수 있다. 이로써 고려사항 보고는 경험적 · 이론적으로 진행될 수 있다.

연구자-참여자 관계. 투명성을 높이려면, 연구과정과 연구과정에 미치는 영향과 관련 있는 참여자와 연구자의 관계와 상호작용을 기술하라(예, 연구 이전의 관계, 이전의 관계와 관련된 윤리적 고려사항). 기존의 관계는 도움이 되거나 해가 될 수 있으므로(예, 신뢰 하락과 개방 저해), 관계의 구체적인 역동성이 고려 · 보고되어야 한다.

3

참여자 모집. 질적 연구를 위한 최소 참여자 수는 없다(질적 연구에서 데이터의 적절성에 관한 논의는 Levitt et al., 2017 참조). 저자는 선택한 참여자 수에 대한 근거를 제공해야 한다(흔히 사용된 탐구 방법 또는 접근에 기반한). 연구를 위해 참여자를 모집한 연구자로 시작한 다음, 이에 응한 풀pool로부터 참여자를 선발하는 연구들이 있는가 하면, 연구자가 참여자 풀의 유형을 선택한 다음, 그 풀 내에서 참여자를 선발하는 연구들도 있다. 방법 절의 내용은 연구의 과정을 반영한 순서에 따라 정리되어야 한다. 구체적으로 말하면, 참여자 선발은 참여자 모집을 먼저 하거나, 나중에 할 수 있다. 따라서 참여자 수에 관한 논의는 어떤 과정이 두 번째로 오든 간에 참고문헌에 위치시킨다.

▢ **모집과정.** 모집 방법(예, 대면, 전화, 우편, 이메일)과 모집 프로토콜을 보고하고, 연구목적을 참여자에게 어떻게 전달했는지 기술하라(특히, 연구의 세부목표에 기술된 목적과 다른 경우; 3.4절 참조). 예를 들어, 연구자는 참여자에게 폭넓은 연구목표를 설명해 줄 수 있다(예, 참여자의 가석방 상태에 대한 경험 탐색). 그런 다음, 원고에서 분석의 초점을 목표의 한 측면에 맞출 수 있다(예, 참여자와 가석방 담당자의 관계). 참여자에게 제공된 인센티브 또는 보상에 관한 세부설명을 제공하고, 데이터 수집과 동의와 관련된 윤리적 과정(기관의 심의위원회 승인, 취약 인구에 대한 조정, 또는 안전성 모니터링 실행)에

관한 잠재적 기술을 기술하라. 연구설계와 관련하여 참여자 수 결정을 위한 과정을 제시하라(예, 탐구에의 접근법, 데이터 수집 전략, 데이터 분석 전략). 소실attrition에 의한 참여자 수의 변동사항(예, 거절 비율, 중도포기 사유)과 참여자 또는 자원의 최종 수가 제시됨으로써, 데이터 수집을 중단하기로 한 결정의 근거가 되어야 한다(예, 포화 상태).

▢ **참여자 선발.** 참여자들이 신원이 확인된 집단 내에서 어떻게 선발되었는지를 기술하려면, 포함 및/또는 배제 기준뿐 아니라 사용된 참여자 및/또는 데이터 자원의 선발과정을 설명하라. 이 선발과정은 ① 목적성 있는 표집 방법(예, 최대 변이maximum variation), ② 편의적 표집 방법(예, 스노볼 선발snowball selection), 또는 ③ 다양성 표집diversity sampling으로 구성될 수 있다. 연구의 일반적 맥락을 제공하라(예, 데이터 수집 시기, 데이터 수집 사이트). 만일 참여자를 아카이브 데이터 세트로부터 선발했다면, 모집과 선발 과정을 기술하라. 왜냐하면 데이터 세트와 결정은 데이터 세트로부터의 참여자 선발에 영향을 주기 때문이다.

데이터 수집. 연구자는 자신의 연구 방법 및 과정과 일치하는 데이터 수집을 위한 용어들을 사용할 수 있다(예, "데이터 신원확인," "수집," 또는 "선발"). 그러나 독자들이 이해하기 쉬운 용어로 기술해야 한다.

▢ **데이터 수집 또는 신원확인 절차.** 수집된 데이터 형태에 관한 기술(예, 면접, 질문지, 미디어, 관찰) 외에, 데이터 수집 전략에 대한 변경사항을 제시하라(예, 연구를 통해 발견된 내용 또는 연구 근거의 진화에 따른). 면접에서 사용된 모든 질문을 재생하는 것은 유용하지 않을 수 있다(특히, 질문이 각 면접의 내용에 따라 조정된 비구조화 또는 반구조화 면접의 경우). 그러나 중심적 또는 주도적인 질문내용은 소통되어야 하고, 질문 형식이 기술될 수 있다(예, 개방질문, 비선도nonleading 재진술, 글로 작성된 촉진반응prompts). 데이터 선정 또는 수집 과정을 기술하라(예, 다른 것들은 데이터가 수집될 때 제시되었는지의 여부, 데이터가 수집된 횟수, 수집 기간, 맥락). 연구자 개입 범위를 제시하라(예, 개입의 깊이, 데이터 수집 시간의 집중도). 데이터 수집과정에서 성찰의 관리 또는 사용에 관해 기술하라(성찰이 연구에 중요한 경우).

▢ **녹음자료와 데이터 변환.** 분석을 위한 데이터가 어떻게 기록되었는지 확인하고, 데이터가 변환되었는지, 그리고 어떻게 변환되었는지에 관해 설명하라. 여기에는 녹음 또는 녹화 방법, 현장일지, 또는 전사자료transcription에 관한 진술이 포함될 수 있다.

분석. 질적 분석에 관한 기술에서 보고해야 할 두 가지 일차적인 주제는 데이터 분석과 **방법론적 진실성**methodological integrity 설정이다. 연구자는 연구의 접근과 과정 내에서 논리에 맞는 데이터 분석 용어들을 사용할 수 있다(예, "해석," "일체화unitization," "직관적eidetic 분석," "코딩"). 그러나 독자들이 이해하기 쉬운 용어들로 된 서술문이 제공되어야 한다.

▢ **데이터 분석 전략**. 데이터 분석의 방법과 절차, 그리고 이런 방법과 절차를 사용한 목적 또는 목표를 기술하라. 분석과정의 세부사항을 설명하라. 분석적 접근에 도달한 과정을 기술하라(예, 일련의 코딩 범주가 분석 이전 또는 그 과정에서 개발되었는지, 연구 결과가 귀납적으로 진행된 분석과정으로부터 산출되었는지; JARS 웹사이트 https://apastyle.apa.org/jars/glossary의 용어사전 참조). 또한 분석 절차에 관한 논의(예, 코딩, 주제 분석)와 코딩자 또는 분석자와 이들의 훈련(연구자 기술 절에서 기술되지 않았다면)에 관한 서술을 포함하라. 이 서술에서는 분석 단위(예, 전체 전사자료, 단위, 본문)와 이런 단위가 어떻게 형성되었는지 확인하라(해당되는 경우). 분석으로부터 도출된 범주 또는 코드들이 사전에 개발되었는지 제시하고, 각각의 경우에 사용된 과정의 개요를 제시하라. 이들의 발달에 관한 도해와 서술을 제공하라(해당되는 경우). 사용된 소프트웨어가 있다면, 이를 제시하라.

▢ **방법론적 진실성**. 논문원고 내내 방법론적 진실성을 지지하는 절차를 강조하고, 정교화 또는 강조가 도움이 될 것 같은 경우, 방법 절의 분리된 절에 중심적인 요점을 요약하라(방법론적 진실성methodological integrity에 관한 자세한 사항은 Levitt et al., 2017과 JARS 웹사이트 https://apastyle.apa.org/jars/glossary의 용어사전 참조). 분석으로부터 도출된 주장이 틀림 없음을 입증하라. 다음과 같은 방법론적 진실성의 핵심적 특징을 강조하라.

- **적절성**: 연구질문, 연구목적, 그리고 탐구에의 접근과 가장 관련된 다양한 형태를 포착하는 데이터의 능력 면에서 데이터의 적절성을 평가하라.
- **연구자의 관점**: 연구자의 관점이 데이터 수집과 분석에서 어떻게 처리되었는지 기술하라(예, 데이터 수집에 대한 관점의 효과를 제한하기 위해, 분석을 구조화하기 위해).
- **충분한 근거**groundedness: 연구 결과가 증거에 기반하고 있음을 입증하라(예, 인용문 사용, 발췌자료, 또는 연구자의 데이터 수집에의 개입에 관한 기술).

- **의미성**meaningfulness: 기여가 통찰력 있고 의미 있음을 입증하라(예, 현재 문헌과 연구 목적과 관련시켜서).
- **맥락**: 연구 결과에 대한 관련된 맥락적 정보를 제공하라(예, 연구 세팅, 참여자에 관한 정보; 필요하면, 면접질문은 발췌자료 앞에 제시하라).
- **일치성**coherence: 연구 결과는 데이터에서의 모순점 또는 부정적 증거를 이해하는 일치된 방식으로 제시하라(예, 불일치 조정, 연구 결과에 갈등이 존재할 수 있는 이유를 기술하라).
- **일관성**consistency: 관련이 있다면, 특히, 조건 또는 맥락의 변화에 직면하여 분석과정에 관한 일관성에 대해 논평하거나(예, 평정자 간 신뢰도 사용 또는 의견일치와 같이 분석의 실례를 사용하여 일관성을 지지하거나 안정된 관점의 발달을 기술하라), 비일관성에 대한 반응을 기술하라(예, 분석 도중에 코딩자 교체, 분석과정 중단).

방법론적 진실성 주장에 대한 근거자료는 질적 분석 외에 확인 점검을 통해 추가로 보충할 수 있다. 연구에의 접근법마다 확인 점검checks 같은 서로 다른 전통이 있다. 연구자는 모든 또는 일부 점검 방법을 사용할 필요는 없지만, 이 방법의 사용은 연구의 방법론적 진실성을 높일 수 있다. 다음은 연구를 강화할 수 있는 보충 점검supplemental checks의 예시들이다.

- 피드백을 위해 참여자들에게 되돌려 준 전사자료 또는 데이터
- 정보, 연구 결과, 또는 조사자 등 다수의 자원에 대한 삼각측정transangulation
- 면접의 철저성 또는 면접자 요구에 대한 점검
- 의견일치 또는 감사auditing 과정
- 연구 결과에 대한 구성원 체크 또는 참여자 피드백
- 데이터 제시 또는 매트릭스
- 면밀하고 두툼한 서술, 사례 예시, 그리고 도해illustrations
- 구조화된 연구자 성찰 방법(예, 메모, 현장일지, 관찰노트, 일기, 저널 쓰기, 브래키팅bracketing)
- 연구 문제에 대한 연구 결과의 유용성 확인(예, 해법이 작용하는지에 대한 평가)

3.15 질적 발견내용 또는 결과 기준

질적 연구 논문원고에서 발견내용은 연구목적, 탐구에의 접근, 그리고 연구 특징에 따라 수량화된 정보를 포함하거나 포함하지 않을 수 있다. "결과Results"보다는 "발견내용Findings"이라는 소제목이 사용될 수 있음에 주목하라.

발견내용의 발달과 발견내용 자체에 관한 기술. 발견내용(예, 주제, 범주, 내러티브)과 연구자가 연구목적과 관련된 데이터 분석으로부터 도출한 의미와 이해를 기술하라. 결과에 대한 기술은 흔히 데이터 분석과 발견내용에 도달한 과정을 입증하는 인용문, 증거, 또는 발췌자료를 포함한다(예, 두툼하고thick, 생각을 불러일으키는evocative 서술, 현장일지, 발췌문). 그러나 이런 것들이 분석 결과에 관한 기술을 대체해서는 안 된다. 대신, 이러한 도해들을 개별 인용문 또는 발췌자료로부터 도출된 의미와 이들이 연구질문에 답하는 방법을 명백하게 해 주는 본문 기술과 균형을 유지하라.

연구설계와의 호환성. 연구를 통해 발견된 내용은 연구설계와 호환될 수 있는compatible 방식으로 제시되어야 한다. 예를 들어, 충분한 근거가 있는 이론연구의 발견내용은 위계 형태로 조직된 범주를 사용하여 기술되고 별개로 분할되어 제시될 수 있는 반면, 문화기술적 연구의 발견내용은 발생순서별로 내러티브 형식으로 작성될 수 있다. 또한 연구를 통해 발견된 내용은 사용된 연구 방법과 일치된 양식으로 작성되어야 한다.

발견내용에 관한 서술. 질적 연구를 통해 발견된 내용은 다양한 방식으로 제시될 수 있다. 발견내용의 조직과 전달을 위해서는 도해(예, 다이어그램, 표, 모델; 제7장 참조)가 사용될 수 있다. 사진 또는 동영상 링크도 사용될 수 있다(2.15절, 7.30절 참조). 그러나 예술적인 방식으로 제시되는 발견내용(극적 발표dramatic presentation에의 링크) 역시 연구 발표와 서술을 뒷받침하기 위해서는 보고기준에서 요구되는 정보를 포함함으로써, 분석과정과 발견내용으로부터 도출된 의미를 명확하게 제시해야 한다.

3.16 질적 논의 기준

질적 논의 절의 목적은 이전의 문헌과 연구목적과 관련하여 연구가 기여하는 점을 소통하는 것이다. 이 과정에서 연구를 통해 발견된 내용에 대한 해석은 연구의 제한점뿐 아니라, 이치에 맞는 대안적 설명을 고려하는 방식으로 기술된다. 논의 절은 발견내용의 적용을 제시하는 한편, 후속 연구자들의 연구 방향을 제시해 준다. 만일 다수의 연구가 제시된다면, 논문 내에서 제시된 순서대로 발견내용에 대해 논의하라.

발견내용의 의미 해석. 잘 작성된 논의 절은 단순히 결과를 재언급하는 대신, 당면 쟁점에 대한 독자들의 이해를 높여 준다. 이렇게 하기 위해서는 연구의 중심적인 공헌과 학문적 이해 진보에서의 중요성을 기술하라. 이전의 이론과 현 연구를 통해 발견된 내용의 유사점과 차이점을 밝히는 것은 이 과정에 도움을 줄 것이다. 연구를 통해 발견된 내용이 이룬 공헌(예, 선행연구 또는 이론의 정교화, 도전, 또는 지지)과 연구 결과가 어떻게 가장 잘 활용될 수 있는지 기술하라. 발견내용의 대안적 설명에 관해 성찰함으로써, 연구자가 택한 설명의 강점과 약점을 명확하게 제시하라. 한 가지 이상의 타당하거나 유용한 일련의 발견내용은 특정 데이터 세트로부터 도출될 수 있다. 연구자는 다른 과정 또는 관점에 집중할 수 있으므로, 한 가지 이상의 가능한 해석은 문제가 되지 않는다. 그러나 연구를 통해 발견된 내용은 데이터의 경험적 분석에 기초해야 한다.

제한점과 강점. 연구의 강점과 제한점을 밝히기 위한 하위 절을 포함하라(예, 데이터의 질, 출처, 또는 유형이나 분석과정이 어떻게 연구의 방법론적 진실성, 신뢰성, 또는 타당성을 지지 또는 약화했는지를 고려하라). 이 하위 절 내에서는 일반화 가능성 또는 전이 가능성 범위의 한계점을 기술하라(예, 연구를 통해 발견된 내용을 여러 상황에 사용하는 경우, 독자들이 고려해야 할 쟁점들).

연구의 시사점. 연구를 통해 발견된 내용이 어떻게 사용되고 시사될 수 있는지를 독자들에게 전달하라. 이 과정에서 개념화, 실행, 검토, 또는 후속연구의 보고를 유리하게 하는 새로 도출된 연구질문, 이론적 통찰, 새로운 이해, 또는 방법론적 설계에 대한 개요를 서술할 수 있다. 게다가 정책의 시사점, 임상적 실제, 그리고 옹호advocacy가 소통되어 독자들이 발견내용을 실행하는 것을 도울 수 있다.

3.17 질적 메타분석 기준

JARS 웹사이트(https://apastyle.apa.org/jars/qual-table-2.pdf) 전문에는 질적 메타분석(1.5절 참조)을 위한 고유의 보고기준이 수록되어 있다. 이 절에서 강조된 질적 메타분석 보고의 두 가지 특징은 집계과정aggregative process과 보고 내재성reporting situatedness에 관해 보고되고 있다.

집계과정에 관한 보고. 메타분석 결과의 방법론적 진실성은 주로 분석 실행자가 검토를 위한 연구를 통해 택한 것과 연구를 통해 발견된 내용의 저울질 및 통합 과정을 어느 범위까지 상세히 보고・방어할 수 있는지에 달려 있다. 메타분석의 저자들은 흔히 다수의 방법론적 또는 이론적 접근들로부터 질적 연구를 집계하는데, 이들은 검토한 연구의 접근법뿐 아니라 이차 데이터 분석에 대한 접근법에 대해서도 소통해야 한다. 질적 메타분석에는 일차 데이터에 대한 재분석보다는 주제별 발견내용의 해석적 집계가 포함된다. 질적 메타분석의 형태는 발견내용이 서로 반복 또는 반복되지 않는 방식의 평가에서부터 해석된 발견내용을 다른 연구와 관련짓는 이야기식 서술로 정리하는 것까지 다양하다. 메타분석의 저자들은 여러 연구 내에서, 그리고 교차검토를 통해 모순점과 모호성을 고려함으로써, 발견내용에 대한 충실도를 높인다.

보고 내재성. 질적 메타분석이 일차 질적 분석과 구별되는 또 다른 요인은 흔히 일차 연구 저자들의 내재성situatedness에 관한 검토를 포함한다는 점이다(예, 주요 연구자들의 관점뿐 아니라, 이들의 사회적 지위와 맥락, 그리고 이들의 관점이 연구에 반영된 점). 내재성은 발견내용/결과 또는 논의 절 내에서 고려될 수 있고, 경향성에 대한 제시를 단순화하는 경우, 이야기식으로 또는 표로 제시될 수 있다. 질적 메타분석 보고에 관한 완전한 정보는 온라인 표를 참조하라.

3

혼합방법 연구의 보고기준

3.18 혼합방법 연구 보고의 기본 기대

논문원고의 초록과 서론의 정보 보고기준이 모든 종류의 연구에 공통적이지만(3.3–3.4절), 혼합방법 연구논문을 위한 고유의 보고기준은 따로 되어 있다. 혼합방법 연구 보고를 위한 기본적인 기대사항은 표 3.3에 제시되어 있다. 양적 및 질적 연구에 특화된 기준들은 각각 3.5–3.12절과 3.13–3.17절에 제시되어 있다.

혼합방법 연구 고유의 기본 가정은 질적 발견내용과 양적 결과의 결합은 질적 또는 양적 발견내용만으로는 얻지 못한 추가 통찰로 이어진다는 것이다(Creswell, 2015; Greene, 2007; Tashakkori & Teddlie, 2010). 혼합방법 연구에서는 질적 발견내용과 양적 결과의 사려 깊은 통합이 데이터에 대한 더 깊은 이해와 통찰 증진으로 이어진다. 게다가 저자들은 하나의 혼합방법 연구로부터 다수의 논문원고를 학술지에 게재할 수 있다(예, 질적 연구 논문원고 한 편, 양적 연구 논문원고 한 편, 그리고 혼합방법 개요 논문원고 한 편).

양적 및 질적 기준의 결합. 혼합방법을 사려 깊고 견고하게 사용하려면, 연구자에게는 설계, 실행, 보고 단계에서 양적 및 질적 연구 방법론의 기준 충족이 필수로 요구된다. 이 목적을 위해 다양한 혼합방법 설계가 새롭게 문헌에 등장했다(Creswell & Plano Clark, 2017). 그리고 이 방법은 연구보고에 사용되는 절차에 관한 정보제공에 도움을 주고 있다(예, 수렴설계, 탐색적 시계열 설계, 설명적 시계열 설계). 전형적으로, 추가적인 혼합방법 기준 역시 양적 및 질적 기준과 함께 충족될 필요가 있다. 저자들은 연구의 순서 제시에서 재량권을 사용할 수 있지만, 내러티브의 논리적 진행뿐 아니라, 감사추적[audit trail]을 나타내는 방식으로의 제시가 권장된다(Merriam & Tisdell, 2016).

통합으로부터의 이득에 관한 성찰. 혼합방법 설계를 위한 기준은 연구의 질적 및 양적 측면 제시뿐 아니라, 논문원고의 절들 내내 통합된 내용을 기술할 필요성을 강조하고 있다. 혼합방법 지침은 저자들이 질적 및 양적 방법이 결합된 내용의 기술을 돕는다. 저자는 질적 및 양적 방법이 어떻게 연구목적에 기여하고 있는지에 대한 것뿐 아니라, 이 방법이 어떻게 서로 연구목표에 대해 더 깊은 이해를 제공하고 더 나아가게 하는지를 전달해야 한다.

표 3.3 혼합방법 설계 보고기준(JARS-Mixed)

제목 페이지
제목
• JARS-Quant와 JARS-Qual 기준을 보라(표 3.1-3.2). **저자들을 위한 안내 지침** – 혼합방법은 질적 연구와 양적 연구의 중간에 위치한다는 점에서 질적인 용어(예, "탐색하다[explore]," "이해하다[understand]") 또는 양적인 단어(예, "결정요인[determinants]," "상관관계[correlates]")의 사용을 삼가라. – 사용된 혼합방법, 질적 방법, 그리고 양적 방법의 참고문헌을 제시하라.
저자 주
• JARS-Quant와 JARS-Qual 기준을 보라(표 3.1-3.2).
초록
• JARS-Quant와 JARS-Qual 기준을 보라(표 3.1-3.2). • 참여자 유형 또는 데이터 출처, 분석 전략, 주요 결과/발견내용, 그리고 주요 시사점[implications]/중요성[significance]이 포함된 혼합방법 설계를 제시하라.

표 3.3 혼합방법 설계 보고기준(JARS-Mixed) (계속)

초록 (계속)

저자들을 위한 안내 지침

– 사용된 혼합방법 설계의 유형을 명시하라. 연구설계 개요 절에서 이러한 표의 설계 유형에 관한 주를 참조하라.
– 혼합방법 유형을 기술하는 하나의 핵심어와 다룬 문제를 기술하는 핵심어 사용을 고려하라.
– 탐구[inquiry]에의 접근법을 기술하라(관련이 있다면, 이러한 기술이 심사과정과 논문원고의 명료성을 촉진할 경우, 어떻게 탐구에의 접근이 결합되는지 포함). 그러나 만일 저자의 연구물이 탐구에의 특정 접근에 근거를 두고 있지 않거나, 그 접근이 너무 복잡해서 할당된 단어 수로 설명될 수 없다면, 초록에서 이 점에 관한 설명을 제공하는 것은 권장할 만하지 않다.

서론

연구 문제/질문 기술

• JARS-Quant와 JARS-Qual 기준을 보라(표 3.1-3.2).

저자들을 위한 안내 지침

– 이 절은 질적 및 양적 데이터를 위한 요구를 제안하는 문헌에서 방해요인을 전달할 수 있다.

심사위원들을 위한 안내 지침

– 혼합방법에서 이론적 또는 개념적 틀의 사용은 사용된 구체적인 혼합방법 설계 또는 절차에 따라 달라진다. 혼합방법 연구에서 이론은 귀납적 또는 연역적으로 사용될 수 있다(또는 둘 다).

연구의 세부목표/목표/목적

• JARS-Quant와 JARS-Qual 기준을 보라(표 3.1-3.2).
• 연구의 세부목표/목표/목적의 세 가지 유형(질적, 양적, 그리고 혼합 방법). 사용된 혼합방법 설계 유형을 반영하는 순서대로 이러한 목적들을 배열하라.
• 탐구에의 접근법들이 결합된 방식으로 기술함으로써, 세부목표와 혼합방법의 필요성을 제시하라(예, 서술적, 해석적, 여성주의, 정신분석, 탈실증주의, 비판적, 포스트모던, 구성주의, 또는 실용적 접근법).

심사위원들을 위한 안내 지침

– 혼합방법의 세부목표, 목표, 또는 목적은 심사위원들에게 익숙하지 않을 수 있다. 이는 "혼합" 또는 통합이 이루어지는 혼합방법 설계 유형의 사용으로부터 얻어질 결과를 기술한다(예, 목표는 설명적 시계열 설계에서 질적 면접과 함께 양적 설문조사를 설명하는 것이다). 예를 들어, 질적 국면의 목적은 개념적 모델의 개발이 될 수 있고, 양적 국면의 목적은 모델에 근거하여 가설 검정일 수 있으며, 혼합방법의 목적은 양적 및 질적 증거에 근거를 둔 이론을 위한 통합된 지지를 산출하는 것이 될 수 있다.

표 3.3 혼합방법 설계 보고기준(JARS-Mixed) (계속)

방법

연구설계 개요

- JARS-Quant와 JARS-Qual 기준을 보라(표 3.1-3.2).
- 논문원고의 목적을 고려해 볼 때, 혼합방법 연구가 방법론으로 적절한 이유를 설명하라.
- 사용된 혼합방법 설계의 유형을 밝히고 정의하라.
- 혼합방법 설계 유형 내에서 사용된 탐구에의 질적 접근과 양적 설계를 제시하라(예, 문화기술법, 무선화된 실험).
- 만일 탐구에 다중접근이 결합되었다면, 이것이 어떻게 이루어졌는지 기술하고 근거를 제공함으로써(예, 서술적, 해석적, 여성주의, 정신분석, 탈실증주의, 비판적, 포스트모던, 구성주의, 또는 실용적 접근), 사용 중인 혼합방법을 명확하게 제시하라.
- 질적 및 양적 데이터와 두 가지 데이터 세트로부터의 결과(발견내용)를 통합한 추가된 값을 수집할 필요성에 대한 근거 또는 정당성을 제공하라.

심사위원들을 위한 안내 지침

- 혼합방법 연구가 비교적 새로운 방법론이기 때문에, 해당 분야의 주요 참고문헌으로부터 이에 대한 정의를 제공하는 것이 유용하다.
- 혼합방법 연구는 견고한 방법(질적 및 양적 둘 다)을 포함한다. 견고성rigor에 대한 자세한 사항은 질적 및 양적 기준을 참조하라.
- 혼합방법 문헌에서 가장 널리 논의되는 주제 중 하나는 연구설계일 것이다. 포괄적인 혼합방법 설계는 없고, 다만 다수의 설계 유형만 있을 뿐이다. 기본적인 핵심 설계에는 수렴설계, 설명적 시계열 설계, 그리고 탐색적 시계열 설계가 포함된다. 설계의 명칭과 유형은 혼합방법 논문작성자마다 다를 수 있지만, 한 가지 공통적인 이해는 혼합방법 연구 수행 절차가 프로젝트마다 다를 수 있다는 사실이다. 더욱이, 이런 기본 절차는 혼합방법과 다른 설계(예, 개입 또는 실험 시행 혼합방법 연구)와 연결함으로써, 이론 또는 관점(예, 여성주의 혼합방법 연구)까지, 또는 다른 방법론(예, 참여활동 연구participatory action research 혼합방법 연구)까지 확장될 수 있다.

참여자 또는 다른 데이터 출처

- JARS-Quant와 JARS-Qual 기준을 보라(표 3.1-3.2).
- 데이터가 다수의 자원으로부터 수집된 경우, 질적 및 양적 데이터의 출처(예, 참여자, 문서), 이들의 특징, 그리고 데이터 세트의 관계를 명확하게 밝혀라(만일 하나만 있다면[예, 내장된embedded 설계])
- 데이터 출처는 설계 유형에서 사용된 절차 순으로 제시하라(예, 만일 시계열 설계가 혼합방법 연구에서 사용된다면, 탐색적 시계열 설계에서는 질적 출처가 먼저 제시된 다음, 양적 출처가 제시된다).

표 3.3 혼합방법 설계 보고기준(JARS-Mixed) (계속)

방법 (계속)

저자들을 위한 안내 지침

- 다수의 데이터 출처가 수집되므로, 표본이 서로 다른 경우 이에 관한 분리된 서술이 요구된다. 질적 출처와 양적 출처의 표가 도움이 된다. 이러한 표에는 데이터가 수집되었을 때, 그리고 그 데이터로부터 데이터 유형이 포함될 수 있다. 이러한 표에는 각각의 데이터 출처에 대한 연구목표/연구질문과 예견되는 연구 성과도 포함될 수 있다. 혼합방법 연구에서 이 표는 흔히 "실행 매트릭스implementation matrix"로 불린다.
- 데이터를 숫자 대 단어로 묘사되는 것으로 서술하기보다, 데이터의 출처를 개방된 정보(예, 질적 면접)와 폐쇄된 정보(예, 양적 도구)로 서술하는 것이 더 좋다.

연구자 기술

- JARS-Qual 기준을 보라(표 3.2).

저자들을 위한 안내 지침

- 혼합방법 연구는 질적 연구를 포함하고 성찰은 흔히 질적 연구에 포함되므로, 우리는 연구자의 배경이 어떻게 연구에 영향을 주었는지에 대해 진술할 것을 권장한다.

심사위원들을 위한 안내 지침

- 논문게재에 있어서 질적 및 양적 연구와 함께 연구자의 경험(또는 연구팀의 경험)을 혼합방법 연구 수행을 위한 선행요건으로 설정하는 것이 도움이 된다.

참여자 모집

참여자 표집 또는 선발

- JARS-Quant와 JARS-Qual 기준을 보라(표 3.1-3.2).
- 질적 및 양적 표집에 관해서는 분리된 절에 기술하라.
- 절의 순서는 혼합방법 설계 유형에서 사용된 절차와 관련시켜라.

참여자 모집

- JARS-Quant와 JARS-Qual 기준을 보라(표 3.1-3.2).
- 질적 및 양적 연구를 위한 모집 전략을 분리하여 논의하라.

데이터 수집

데이터 수집/신원확인 절차

- JARS-Quant와 JARS-Qual 기준을 보라(표 3.1-3.2).

녹음 및 데이터 변형

- JARS-Qual 기준을 보라(표 3.2).

데이터 분석

- JARS-Quant와 JARS-Qual 기준을 보라(표 3.1-3.2).

표 3.3 혼합방법 설계 보고기준(JARS-Mixed) (계속)

방법 (계속)

• 분리된 절들을 질적 데이터 분석, 양적 데이터 분석, 그리고 혼합방법 분석에 할애하라. 이러한 혼합방법 분석은 사용된 혼합방법 설계 유형에 따라 양적 및 질적 결과가 "혼합" 또는 통합된 방식으로 이루어진다(예, 수렴설계에서 합쳐짐, 설명적 시계열 설계와 탐색적 시계열 설계에서 연결됨).

타당도, 신뢰도, 그리고 방법론적 진실성

• JARS-Quant와 JARS-Qual 기준을 보라(표 3.1-3.2).
• 방법론적 진실성, 양적 타당도와 신뢰도, 그리고 혼합방법 타당도 또는 적절성을 제시하라. 혼합방법 진실성에 대한 추가적인 평가 역시 연구과정의 질과 양적 및 질적 데이터의 교차로부터 도출된 추론을 보여 주기 위해 제시되어야 한다.

발견내용/결과

발견내용/결과 하위 절

• JARS-Quant와 JARS-Qual 기준을 보라(표 3.1-3.2).
• 질적 및 양적 결과가 어떻게 "혼합" 또는 통합되었는지 제시하라[예, 논의, 합동 제시된 표, 그래프, 데이터 형태가 다른 형태로 변환되는 데이터 변환(예, 질적 논문, 코드, 또는 양적 계산으로 변환된 주제 또는 변수).

저자들을 위한 안내 지침

– 혼합방법 연구에서 발견내용 절에는 전형적으로 질적 발견내용, 양적 결과, 그리고 혼합방법 결과에 관한 절들이 포함된다. 이 절에서는 순서를 고려하여 혼합방법 설계 유형을 제시해야 한다(즉, 양적 부분 또는 질적 부분이 먼저 제시되어야 할지; 만일 두 가지가 동시에 수집된다면, 질적 발견내용 또는 양적 결과가 먼저 제시될 수 있다).

심사위원들을 위한 안내 지침

– 혼합방법 결과 절(또는 다음에 제시되는 논의 절)에서, 저자는 양적 결과(예, 범주화된 또는 연속적continuous 데이터)와 상대되는 질적 결과(예, 주제)가 배열된 "조인트 디스플레이joint display" 표 또는 그래프를 통해 자신들의 혼합방법 분석을 전달할 것이다. 이는 연구자들이 직접적으로 결과를 비교하거나 결과가 양적 및 질적인 부분 사이에 어떻게 다른지 비교할 수 있게 한다.

논의

논의 하위 절

• JARS-Quant와 JARS-Qual 기준을 보라(표 3.1-3.2).

저자들을 위한 안내 지침

– 전형적으로, 논의 절은 방법과 발견내용/결과와 같이 혼합방법 설계 유형에서 사용된 순서를 반영한다. 이는 또한 두 가지 방법으로부터 통합된 발견내용의 시사점에도 반영된다.

주. JARS-Qual=질적 학술지 논문 보고기준; JARS-Quant=양적 학술지 논문 보고기준.

4

논문작성 양식과 문법

목차

4

논문작성 양식과 문법

논문작성, 즉 학술적 글쓰기scholarly writing의 주요 목적은 명확한 의사소통이다. 이는 정돈되고 간결한 방식으로 아이디어를 제시함으로써 성취될 수 있다. 논문의 핵심 요점을 흥미로운 방식으로 전달하는 어조 설정은 독자들의 주의를 집중시키고, 작성자의 아이디어를 효과적으로 소통하게 될 것이다. 정확하고 분명한 단어 선택과 문장구조 역시 실질적으로 영향력 있는 논문작성에 도움을 준다. 이 장에서는 효과적인 학술적 글쓰기의 네 가지 속성(① 지속성, ② 흐름, ③ 간결성, ④ 명료성) 성취를 위한 안내 지침을 제공한다. 그런 다음, 문법과 용법의 일반 규칙과 글쓰기 능력 향상을 위한 전략이 뒤따를 것이다.

효과적인 학술적 글쓰기

아이디어를 명확하고 간결하게 소통할 수 있는 것은 모든 작가의 성공을 위한 레시피recipe로, 강좌 담당 교수에게 과제물을 제출하는 학생 또는 학술지에 원고를 제출하는 전문가에게도 그렇다. 효과적인 학술적 글쓰기는 지속성 · 흐름과 간결성 · 명료성의 균형을 유지한다. 4.1–4.11절에 기술된 기법과 원칙을 실행함으로써, 논문작성자는 의사소통의 이러한 측면을 보강하여 더 효과적인 의사 전달자가 될 것이다.

지속성과 흐름

4.1 지속성과 흐름의 중요성

효과적인 글쓰기는 **지속성**continuity, 글로 된 저작물 내내 표현의 논리적 일관성, 그리고 **흐름**flow, 즉 단어와 문장의 부드러운 어조가 특징이다. 글쓰기 양식에서의 비일관성, 모순, 생략, 그리고 무관성irrelevancies과 아이디어의 제시는 작성자의 논거가 덜 믿을 만한 것처럼 보일 수 있다. 지속성과 흐름이 결여된 저작물은 체계적이지 못하거나 혼란스러운 것처럼 보일 수 있고, 세부사항은 불완전하거나 일관성이 결여된 것처럼 보일 수 있다. 만일 시작 진술부터 결론에 이르기까지 단어, 개념, 그리고 주제 전개의 지속성을 목표로 나아간다면, 독자들은 글쓴이의 아이디어를 더 잘 이해하게 될 것이다. 아이디어 사이의 관계를 명확하게 설명하고, 아이디어를 논리적인 순서에 따라 제시함으로써, 논문원고의 가독성을 높여라.

4.2 전개

글쓰기에서 지속성과 흐름을 보강하려면 문장, 단락, 그리고 아이디어를 확인함으로써, 글이 난데없거나 끊기지 않고 부드럽고 분명하게 작성되어야 한다. 작성한 글을 편집하는 경우, 추가적인 전개 장치를 사용하여 글의 변동이 덜 심하도록 하라. 변화가 심하거나 끊긴 것 같은 글은 작성자가 조기에 논의 또는 주제를 포기한 것으로 여겨질 수 있으므로, 논의를 더 상세히 기술하라.

구두점은 글의 전개에 대한 신호를 보내고 아이디어 간의 관계를 나타냄으로써, 지속성과 흐름을 유연하게 한다. 또한 일시중지, 어조inflection, 종속관계, 그리고 대화에서 정상 속도로 들리게 하는 효과가 있다. 모든 다양한 구두점을 사용하되, 한 가지 유형의 구두점(예, 쉼표 또는 대시)을 과용 또는 과소 사용하지 말라. 과용은 독자들을 짜증나게 할 수 있는 반면, 과소 사용은 혼란을 초래할 수 있다. 대신, 구두점은 의미 지지를 위해 사용하라. 마찬가지로, 글을 이어 주는 단어와 구는 아이디어의 흐름 유지를 돕는다(특히, 자료가 복잡하거나 초록인 경우). 예를 들면, 앞 문장의 명사를 나타내는 대명사는 글을 이어 주는 역할을 할 뿐 아니라, 반복을 피하는 데 도움을 준다. 수식 대상어referent가 명확한지 확인하라. 기타 글을 이어 주는 단어와 구는 다음과 같다.

- 시간 연결(예, "그런 다음then," "다음으로next," "~후에after," "~하는 동안while," "~이래로since")
- 인과 연결(예, "그러므로therefore," "결과적으로consequently," "그 결과as a result")
- 추가 연결(예, "덧붙여서in addition," "더욱이moreover," "더 나아가furthermore," "마찬가지로similarly")
- 대조 연결(예, "그러나but," "역으로conversely," "그럼에도 불구하고nevertheless," "하지만however," "~이긴 하지만although")

부사adverbs는 도입 또는 이어 주는 말로 분별하여 사용하라(예, "틀림없이certainly," "결과적으로consequently," "역으로conversely," "다행히도fortunately," "중요하게도importantly," "흥미롭게도interestingly," "더 중요하게도more importantly," "유감스럽게도regrettably," "마찬가지로similarly" 같은 부사). 글 쓰는 사람들은 흔히 부사를 남용한다. 그러므로 자신에게 도입 또는 이어 주는 말이 필요한지 자문해 보라. 예를 들면, "중요하게도"와 "흥미롭게도"는 둘 다 종종 한 문장의 메시지 제고를 위해 다시 쓰이거나, 단순히 의미의 훼손 없이 생략될 수 있다.

4.3 명사 연속

명사 연속strings(여러 개의 명사가 연속적으로 나열되어 맨 끝에 있는 명사를 수식하는 것)은 독자들을 혼란스럽게 하고, 단어가 다른 단어와 어떻게 관련이 있는지에 대한 의문이 들게 할 수 있다. 아무리 능숙하게 사용된 하이픈이 단어들 사이의 관계를 명확하게 해 줄 수 있다고 하더라도, 종종 가장 좋은 대안은 끈string을 푸는 것이다. 끈을 푸는 한 가지 접근은 이전에 끈으로 묶여 있는 가장 끝에 있는 명사를 옮기고, 동사와 전치사를 사용하여 다른 명사들 사이의 관계를 보여 주는 것이다. 예를 들면, "문화적으로 민감한 질적 면접 기법(culturally sensitive qualitative interview techniques)"은 "문화적으로 민감한 질적 면접을 위한 기법(culturally sensitive techniques for qualitative interviews)"으로 바꿀 수 있다. 거의 해석할 수 없는 명사 연속과 각각의 경우가 어떻게 더 나은 문장구조가 될 수 있는지 다음을 고려해 보라.

명사 연속	더 나은 문장구조
• 피하지방 테스트 체지방 백분율 검사 • skinfold test body fat percentage examination	• 체지방 백분율 결정을 위한 캘리퍼 검사 • a caliper examination to determine body fat percentage • 체지방 백분율 결정을 위한 피하지방 검사 • a skinfold test to determine body fat percentage • 피하지방 두께 측정을 위해 캘리퍼를 사용한 체지방 백분율 결정 • determination of body fat percentage using calipers to measure skinfold thickness
• 예비 온라인 대학의 교수 방법 설문조사 결과 • preliminary online collegiate instructional methods survey results	• 대학의 교수 방법에 관한 온라인 설문조사의 예비 결과 • preliminary results of an online survey of collegiate instructional methods • 대학생들이 선호하는 교수 방법 사정을 위한 온라인 설문조사의 예비 결과 • preliminary results of an online survey to assess college students' preferred instructional methods

4

간결성과 명료성

4.4 간결성과 명료성의 중요성

글쓰기에서는 꼭 말할 필요가 있는 것만 말하라. 더 간결한 저자, 즉 단어를 절약하는 저자는 가독성이 더 높은 원고를 작성한다. 학술지에 논문을 게재하려는 저자와 과제물을 마무리 짓는 학생의 성공 가능성은 간결한 글을 쓸 때 커진다. 마찬가지로, 명확하고 정확한 글쓰기는 더 정확하고 투명하다. 글쓰기에서 **간결성**conciseness과 **명료성**clarity은 독자들이 저자가 의미하는 바를 이해할 수 있게 해 준다.

일부 저자는 간결한 글쓰기로 원고가 너무 짧아질 것을 두려워할 수 있다. 그러나 관련 없는 자료 또는 '보풀fluff'을 추가하여 논문원고를 더 길게 만드는 것은 초점과 의미를 희석시켜, 논문게재 또는 좋은 학점을 받을 기회를 높이지 못할 것이다. 만일 간결하게 작성해서 논문원고가 너무 짧아진다면, 저자의 아이디어와 주제를 더 개발하여 핵심 내용을 추가할 필요가 있을 수 있다.

가능하면, 언어의 고삐를 조여서 장황한 표현, 중복적 표현(4.5절 참조), 애매한 표현evasiveness, 수동태 남용, 완곡한 표현circumlocution, 그리고 서투른 산문을 삭제하라. 장비나 장치, 참여자, 또는 절차에 관해 지나치게 세부적인 서술(학술지 논문 보고기준에서 요구하는 범위 밖의 것; 제3장 참조), 명확한 것에 관한 상세한 진술, 그리고 관련 없는 관찰 또는 여담은 줄이거나 삭제하라. 논문원고가 너무 길어지게 하고 연구 이해에 핵심이 아닌 정보(그렇지만 일부 독자에게 도움이 될 만한)는 적절한 경우 보충자료에 수록할 수 있다(2.15절 참조).

짧은 단어와 짧은 문장은 긴 것보다 더 이해하기 쉽다(4.6절 참조). 그러나 긴 서술적 용어는 몇몇 짧은 단어보다 더 정확할 수 있고, 기술적 용어들은 과학적 보고와 분리될 수 없다. 그러나 전문용어 또는 극히 일부 전문가에게만 익숙한 용어들이 너무 많은 논문원고는 의미가 혼란스럽기 때문에 문헌에 충분히 기여하지 못한다(4.9절 참조). 대신, 논문원고에서 기술적 용어들은 전체 학문 분야에 걸쳐 독자들에 의해 쉽게 이해되거나 익숙하지 않을 수 있는 독자들을 위해 정의되어야 한다.

간결한 글쓰기는 또한 명확해야 한다. 단어 선택을 신중히 하여, 단어마다 의도한 것을 정확하게 의미하고 있는지 확인하라. 예를 들면, 비공식적인 양식에서 "느끼다feel"는 "생각하다think" 또는 "믿는다believe"를 대체하지만, 학술적 양식에서서는 이러한 단어 선택의 자유는 수용될 수 없다. 마찬가지로, 다수의 의미를 지닌 단어 사용은 혼란을 초래할 수 있다. 예를 들면, "중요한[significant]"라는 단어를 "중요한"의 의미로 사용하는 논문작성자들이 있는 반면, 통계적 유의성 검정의 맥락에서만 사용하는 사람들도 있다. 의도한 의미가 명확한지 확인하라. 단어와 구를 신중히 선택하는 한편, 모호할 가능성이 있다면 의도한 의미를 명시하라.

만일 한 단어 또는 구를 여러 번 사용한다면, 일관되게 사용하라(예, "음악조건에의 참여자[participants in the music condition]"와 "과업을 완수하는 동안 음악을 들었던 참여자[participants who heard the music while completing the task]"를 뒤바꾸지 말고, 한 가지 표현을 택하여 일관되게 사용하라). 어떤 저자들은 고의로 동의어 또는 유사 동의어를 사용하여 한 단어 또는 구의 반복을 피한다. 이러한 의도는 칭찬할 만하나, 실제에서 동의어 사용은 부정확성으로 이어질 수 있다. 동의어로 인해 비의도적으로 미묘한 차이를 시사할 수 있으므로, 동의어는 신중히 사용하라.

단어 선택은 방법 절에서처럼 특정 집단의 구성원들에 관해 언급하는 경우, 특히 중요하다. 사용하는 서술어를 신중히 고려하여 이러한 단어들이 정확하고, 현재 선호되는 용어와 일관되며, 작성 중인 대상자들이 어떻게 자신들을 기술하는지와 조화를 이루고 있는지 확인하라. 어떤 경우에서든 편향적, 경멸적, 또는 비하적인 언어를 사용해서는 안 된다(편견 없는 언어 사용을 위한 지침은 제5장 참조).

전문적 어조와 언어 사용을 위해 노력하라(4.7–4.9절 참조). 지나친 두운법[alliteration], 운율 맞추기[rhyming], 시적 표현, 그리고 상투적인 표현[clichés]은 피하라. 또한 은유법[metaphor]의 사용은 삼가라. 설령 복잡한 아이디어의 단순화에 도움이 된다고 하더라도, 은유적 표현은 주의를 산만하게 할 수 있다. 혼유법[mixed metaphors](예, "더 확실해지고 있는 증거의 한가지[branch]를 보여 주는 이론[a theory representing one branch of a growing body of evidence]")과 불필요하거나 의도하지 않은 의미를 지닌 단어(예, "remaining" 대신 "outstanding")의 사용은 피하라. 독자들의 주의를 흩뜨리거나 호도할 수 있기 때문이다. 비유적 표현은 절제하여 사용하고, 화려한 표현은 조심스럽게 사용하라. 이런 표현은 해석과 문화적 차이로 인한 것일 수 있으므로, 일반적으로 모든 가능한 독자가 이해하는 데 더 도움이 되는 것은 아니다. 그러므로 대신, 직접적 · 논리적 비교를 하고(4.10절 참조), 명확하게 조치의 결과를 기술하라(4.11절 참조).

4.5 장황한 표현과 중복적 표현

장황한 표현[wordiness]은 독자들에게 저자의 아이디어 해독을 위해 불필요한 단어들을

4

분류하게 함으로써 내용의 이해를 저해할 수 있다. 구속받지 않는 장황한 표현은 장식적이고 화려한 글쓰기에 빠지게 하는 것으로 학술적 양식에서는 부적절하다. 다음에 제시된 장황한 표현과 간결한 언어를 고려해 보라.

□ 장황한 표현	□ 간결한 표현
• at the present time	• now
• for the purpose of	• for, to
• there were several students who completed	• several students completed

장황한 표현은 필요한 단어보다 더 많은 단어 사용을 의미하는 반면, 중복적 표현은 동일한 의미가 있는 다수의 단어 사용을 의미한다. 논문작성자들은 종종 강조를 위해 중복적인 언어를 사용한다. 대신, 예를 들어 강조될 단어를 문장의 시작 또는 종결 부분에 배치함으로써, 문장구조를 사용하여 강조점을 전달하라. 맥락에 가능하고 적절한 경우, 능동태(4.13절 참조)를 사용하여 장황한 표현과 중복적 표현을 줄여라. 다음의 예시에서 강조된 단어들은 중복적이므로 생략되어야 한다.

they were both alike
a sum total
four different groups saw
were exactly the same as
absolutely essential
has been previously found
small in size
one and the same
in close proximity to
completely unanimous
positioned very close
period of time
summarize briefly
the reason is because

4.6 문장과 단락 길이

APA 양식에서는 최소 또는 최대 문장의 길이 제한은 없다. 그러나 짧고 단순한 문장의 남용은 끊어진 산문이 되고, 길고 복잡한 문장은 어렵고, 때로 이해할 수 없는 언어가 된다. 다양한 문장 길이는 독자들의 흥미와 이해 유지에 도움을 준다. 복잡한 개념 설명에 긴 문장이 요구되는 경우, 구성요소들이 논리적으로 전개되어야 한다. 한 문장에 다수의 아이디어를 포함하는 것은 피하라. 대신, 문장을 더 짧은 것들로 나눠라. 보통 단순하고 흔히 사용하는 단어로 된 직접적 · 선언적 문장이 가장 좋다.

유사한 유의사항이 단락 길이에 적용된다. 단일 문장 단락은 뜬금 없어 보이므로 자주 사용하지 않아야 한다. 너무 긴 단락들(즉, 1 더블 스페이스로 된 원고 페이지)은 독자들의 주의를 놓치게 할 위험이 있다. 새 단락은 새로운 아이디어로의 이동을 알리고 독자들에게 잠시 멈출 기회(즉, 다른 단계를 시작하기 전에 개념 발달에서 한 단계를 완전히 이해할 기회)를 제공한다. 긴 단락을 끊거나 자료를 재조직할 논리적 위치(들)를 찾아라.

4.7 어조

아무리 과학적 글쓰기가 창의적 또는 문학적 글쓰기와 형식과 내용이 다르다고 하더라도, 스타일이 결여되거나 무미건조할 필요는 없다. 학술적 원고를 작성하는 경우, 과학적 산문과 창의적/문학적 글쓰기는 서로 다른 목적을 위한 것임을 기억하라. 창의적 글쓰기에 흔히 사용되는 장치(예, 모호성 설정, 예기치 않은 사항 삽입, 예견되는 내용 생략, 그리고 갑작스러운 주제, 시제, 또는 인물 변경)는 과학적 글쓰기에서 명확한 의사소통의 목적을 뒷받침하지 않는다. 마찬가지로, 아이디어 대신 말과 소리에 주의를 끄는 장치 또는 장식은 과학적 글쓰기에서는 부적절하다.

따라서 연구를 기술하는 경우, 아이디어와 발견내용은 직접적이고 단도직입적인 방식으로 제시하는 한편, 흥미를 유발하고 주목하지 않을 수 없게 하는 양식을 지향하라(예, 아이디어 또는 개념에 관한 충분한 설명[4.2절 참조], 문제에 대한 연구자의 관여를 반영하는 단어 선택[4.4절 참조], 그리고 문장과 단락 길이에 변화를 줌으로써[4.6절 참조]). 문장과 단락 길이를 다양하게 하라. 전문성과 형식상의 절차를 전달하는 언어를 사용하라(4.8절 참조). 예를 들어, 과학적 글쓰기는 종종 다른 연구자들의 지위와 대비된다. 그리고 이러한 차이점들은 전문적이고 비전투적인 방식으로 제시되어야 한다. 예를 들면, "Gerard (2019) did not address."라는 진술은 수용할 수 있는 반면, "Gerard (2019) completely overlooked."는 수용되지 않는다.

올바른 어조[tone]로 논문을 작성하기 위한 한 가지 방법은 저자가 자신의 글을 읽을 것으로 예상되는 특정 독자를 떠올려서 그 사람에게 정보를 주고 설득하려는 방식으로 작성하는 것이다. 예를 들면, 작성자의 독자는 관련 분야에서 문헌의 동향에 뒤떨어지지 않으려고 하지만, 전문용어 또는 논문작성자의 내부자 관점[insider perspectives]에 익숙하지 않은 연구자일 수 있다. 무엇이 저작물의 중요성에 대한 이 독자의 이해와 그 진가의 인정을 촉진할까?

4

4.8 축약적 · 구어적 표현

축약적 표현과 구어적 표현을 피하라. 이는 학술적 글쓰기에서 전문적 어조의 가치를 떨어뜨린다. **축약적 표현**contractions(생략된 단어의 위치에 아포스트로피apostrophe가 사용된 1개 또는 2개 단어의 단축된 형태)은 비공식적인 어조를 전달하므로, 일반적으로 학술적 글쓰기에는 사용되지 않는다. 축약적 표현을 피하고 글쓰기 능력을 보강하려면, 아포스트로피가 있는 단어를 신중히 평가하라. 특별한 경우를 제외하고는 "can't" 같은 단어는 "cannot"으로 다시 써라. 소유격을 나타내려면, 아포스트로피를 사용하라(예, "the student's work"). 단, 소유대명사는 아포스트로피를 포함하지 않는다(예, "it's purpose was"가 아니라 "its purpose was"라고 써라). 그러나 축약적 표현은 상황에 따라 적절히 사용될 수 있다(① 축약적 표현이 담긴 직접인용을 재생하는 경우[예, 연구 참여자의 말을 인용하는 경우, "let's go"라는 참여자의 말을 "let us go"로 바꾸지 말라], ② 축약적 표현을 언어학적 예시로 나타내는 경우[예, "who's"와 "whose"의 혼동에 대해 논의할 때], 또는 ③ 축약적 표현이 포함된 관용구idiom 또는 속담common saying을 나타내는 경우[예, "you can't take it with you"]).

마찬가지로, **구어적 표현**colloquialisms을 피하라. 이는 일상적인 말과 글에 사용되는 비공식적인 표현이다(예, "to report" 대신 "to write up," "going to" 대신 "gonna"). 이런 표현은 흔히 양의 근사치처럼 의미를 분산시킨다. 즉, "대단히 큰 부분(quite a large part)," "실질적으로 모든(practically all)," 그리고 "거의 없는(very few)"은 독자들 또는 맥락에 따라 다르게 해석된다. 근사치는 진술, 특히 경험적 관찰 기술을 약화시킨다. 대신, 정확한 학술적 언어를 사용하라.

4.9 전문용어

전문용어jargon는 특정 집단 밖에 있는 사람들에게는 익숙하지 않은 특수용어다. 어휘가 관련 있는 원고에서조차 전문용어의 남용은 이해를 저해한다. 익숙한 용어로 대체된다면, 전문용어 역시 완곡어법이 될 수 있으므로(예, "recession" 대신 "period of economic adjustment"), 이러한 방식으로 전문용어 사용을 피해야 한다. 관료주의적bureaucratic 전문용어는 일반 대중의 관심을 집중시킬 수 있지만, 학술적 또는 과학적 전문용어는 독자들을 성가시게 하고, 소통에 지장을 주며, 지면을 낭비하게 할 수 있다. 사용하는 언어가 독자들이 해당 분야의 전문가가 아니더라도 저자의 글을 이해할 수 있게 하고 있는지 확인하라. 그리고 원고 주제의 핵심에 해당하는 특수용어는 처음 사용할 때 정의를 제공하라.

4.10 논리적 비교

명확하고 논리적으로 비교가 이루어졌는지 확인하라. 모호하거나 비논리적인 비교는 핵심 단어의 생략 또는 비병렬nonparallel 구조로부터 초래된다(4.24절 참조). 예를 들어, "12세 아이들은 6세 아이들보다 동년배와 놀 가능성이 더 컸다(Twelve-year-olds were more likely to play with age peers than 6-year-olds)."라는 문장을 고려해 보라. 이 문장은 12세 아이들이 6세 아이들보다 동년배 아이들과 놀 가능성이 더 컸다는 의미일까? 아니면 12세 아이들이 동년배 아이들과 놀 가능성이 더 크고 6세 아이들과 놀 가능성이 더 적다는 의미인가? 간결성을 이유로 **병렬성**parallelism이 간과되면, 모호성이 발생한다(예, "트랜스젠더 참여자들의 반응은 시스젠더 참여자들보다 더 긍정적이었다[The responses of transgender participants were more positive than cisgender participants.]"). 이 문장을 작성하기 위한 한 가지 올바른 방법은 "트랜스젠더 참여자들의 반응은 시스젠더 참여자들의 것보다 더 긍정적이었다[The responses of transgender participants were more positive than those of cisgender participants]."일 것이다. 좋은 문장구조와 단어 선택에 대한 사려 깊은 주의는 이러한 종류의 모호성 발생 가능성을 줄인다.

4.11 의인화

인간의 특징을 동물 또는 무생물 자원의 것으로 돌리지 말라(이렇게 하는 것을 **의인화**anthropomorphism라고 한다).

☐ 옳음	☐ 틀림	☐ 근거
• Pairs of rats(cage mates) were allowed to forage together.	• Rat couples(cage mates) were allowed to forage together.	☞ "Rat couples"는 인간의 로맨틱 커플과 쥐 커플들 사이에 오해의 소지가 있는 병렬을 암시한다.
• The theory addresses	• The theory concludes	☞ 이론은 다루거나, 시사하거나, 또는 제시할 수 있지만, 결론은 (이론 자체가 아닌) 연구자들이 내린다.

4

능동형 동사active verbs와 사람 행위자의 짝을 맞추라(예, "이 연구는 변화율을 추정했다[the study extrapolated the rate of change]"보다는 "우리는 변화율을 추정했다[we extrapolated the rate of change]"라고 써라). 그러나 널리 사용되는 다수의 수용 가능한 구성은 이해를 저해하지 않고 독자들의 오해를 일으키지 않기 때문에 의인화로 간주되지 않는다. 예를 들어, 논문원고의 다른 절 내용을 기술하는 경우, "이 절은 ~을 다루고 있다[this section addresses]" 또는 "이 장은 ~에 초점을 맞추고 있다[the chapter focuses on]" 뿐 아니라, "이 절에서 우리는 ~을 다루고 있다[in this section we address]" 또는 "이 장에서 우리는 ~에 초점을 맞추고 있다[in this chapter, we focus on]"라고 쓸 수 있다(도입부의 쉼표 사용은 6.3절 참조). 마찬가지로, 연구의 결과를 기술할 때, "결과는 ~를 제안한다(the results suggest)" "데이터는 ~을 제공한다(the data provide)" "이 연구는 ~에 기여한다(the research contributes)" "이 연구는 ~을 발견했다(the study found)" 등으로 쓸 수 있다.

무엇이 의인화를 구성하는지를 결정하는 것은 어려운 일이고, 명망 있는 학자들조차 서로 의견이 다를 수 있다. 모호한 경우, 우리는 저자가 단어 선택과 문장구조의 선봉에서 명확한 의사소통 원칙을 따를 것을 권장한다.

문법과 용법

부정확한 문법과 부주의한 문장 구성은 독자들의 주의를 분산시키고, 모호성을 도입하며, 명확한 의사소통을 저해한다. 이 절에서의 예시는 학술지 편집자와 강좌 담당 교수들에게 제출되는 논문원고/보고서에서 흔히 나타나는 문법과 용법 오류를 제시하고 있다.

동사

4.12 동사 시제

동사verbs는 활기 넘치고 직접적인 의사 전달자다. 과거시제는 과거에 구체적이고 확실한 시간에 발생한 특정 행위 또는 조건을 나타낼 때 적절하다(예, 다른 연구자의 저작물에 대해 논의하는 경우). **현재완료시제**present perfect tense는 구체적이고 확실한 시간에 일어나지 않은 과거 행위 또는 조건의 표현 또는 과거에 시작되어 현재까지 계속되고 있는 행위 기술에 적절하다.

동사 시제를 일관되게 사용하고, 선택한 시제를 유지함으로써 부드러운 표현을 공고히 하라. 같은 단락 또는 인접한 단락에서 동사 시제의 갑작스럽고 불필요한 이동은 독자들을 혼란스럽게 할 수 있다. 논문원고의 다양한 부분에서 정보를 보고하려면, 표 4.1에 제시된 동사 시제를 사용하라.

표 4.1 APA 양식 논문에서 권장되는 동사 시제

논문원고 절	권장되는 시제	예시
☐ 이론적 배경(또는 다른 연구자들의 저작물에 대해 논의할 때마다)	■ 과거형	• Quinn(2020) presented
	■ 현재완료형	• Since then, many investigators have used
☐ 절차 기술	■ 과거형	• Participants completed a survey
	■ 현재완료형	• Others have used similar approaches
☐ 결과보고	■ 과거형	• Results were nonsignificant • Scores increased • Hypotheses were supported
☐ 결과의 시사점 논의	■ 현재형	• The results indicate
☐ 결론, 한계점, 향후 방향 등 제시	■ 현재형	• We conclude • Limitations of the study are

4.13 능동태와 수동태

태voice란 동사와 이와 연관된 주어·목적어 사이의 관계를 서술한다. **능동태**active voice에서는 문장의 주어가 먼저 제시되고, 동사가 온 다음 동사의 목적어가 온다(예, "학생들은 설문지를 작성했다[students completed surveys]"). **수동태**passive voice에서는 동사의 목적어가 먼저 제시되고, 뒤이어 동사가 오며(보통 "to be"+과거분사past participle+단어 "by"의 형태), 끝으로 주어가 온다(예, "설문지는 학생들에 의해 작성되었다[surveys were completed by students]"). 때로 주어는 모두 생략되는데, 이는 누가 행위를 수행하고 있는지에 대해 혼란을 초래한다.

태를 신중히 선택하라. APA 양식에서는 능동태와 수동태 둘 다 허용되지만, 다수의 논문작성자가 수동태를 과도하게 사용한다. 가능한 한 능동태를 사용하여 직접적

이고 명확하며 간결한 문장을 창출하라. 예를 들면, 능동태를 사용하여 연구에 관여한 참여자와 다른 사람들의 행위를 기술하라(예, "치료약물은 환자들에 의해 구강으로 투여되었다[the medication was taken orally by the patients]"가 아니라, "환자들은 치료약물을 구강으로 투여했다[the patients took the medication orally]").

수동태는 설명적인 글쓰기에서 행위자보다는 행위의 대상 또는 수혜자에 초점을 맞출 때 수용될 수 있다. 예를 들면, 방법 절에서 실험기구에 관한 기술은 "스피커는 의자의 양쪽 중 한 부분에 설치되었다[the speakers were attached to either side of the chair]"라고 작성함으로써 스피커를 설치한 사람이 누구인지가 아니라, 스피커의 위치를 적절하게 강조한다. 마찬가지로, "검사는 즉시 회수되었다[the tests were gathered promptly]"는 검사의 중요성과 시의적절한 수집의 중요성을 강조하고 있다. 행위를 수행한 사람이 누구인지 아는 것이 중요한 경우, 능동태를 사용하라.

4.14 법

법mood은 저자가 말하고 있는 것에 대한 태도를 표현하기 위해 사용하는 동사의 형태를 말한다(예, 이들이 말하고 있는 것을 믿고 있는지 또는 단순히 그것이 사실이기를 바란다는 것인지의 여부). 사실 진술을 위해서는 **직설법**indicative mood을 사용하라(예, "우리는 ~을 언급했다[we addressed]," "발견내용은 ~을 나타내고 있다[the findings demonstrate]"). 사실에 반하거나 있음직하지 않은 조건을 서술하려면 **가정법**subjunctive mood을 사용하되, 단순한 조건 또는 일어날 수 있는 일에 관한 서술에는 가정법을 사용하지 말라.

옳음	틀림	근거
• If the campus were larger, we would have had access to more participants.	• If the campus was larger, we would have had access to more participants.	☞ 캠퍼스는 실제로는 더 크지 않고, 다만 저자가 그렇게 되기를 소망하고 있을 뿐이다.

"would"는 유의해서 사용하라. "would"는 직설법에서 '습관적으로'라는 의미로 사용될 수 있다(예, "아이는 교실 주변을 서성대곤 했다[The child would walk about the classroom]" 또는 조건법conditional mood에서 행위의 조건을 표현하는 경우, "우리는 가능하다면 편지에 서명할 것이다[We would sign the letter if we could].”). 단순히 얼버무리기 위해 "would"를 사용하지 말라. 예를 들면, "~로 보일 것이다[it would appear that]"는 "~로 보인다[it appears that]"로 바꿔라.

4.15 주어와 동사 일치

동사verb는 "together with," "including," "plus," "as well as" 같은 중간 구에 상관없이 주어와 수number가 일치되어야 한다(즉, 단수 또는 복수; 6.11절 참조).

옳음: The percentage of correct responses, as well as the speed, increases with practice.

틀림: The percentage of correct responses, as well as the speed of the responses, increase with practice.

집합명사. 집합명사collective nouns(예, "series," "set," "faculty," "pair," "social media")는 몇몇 사람들 또는 단일 단위를 나타낼 수 있다. 만일 동사의 행위가 전체로서의 집단에 적용된다면, 명사를 단수로 취급하고 단수동사를 사용하라. 만일 동사의 행위가 집단구성원들에게 사람들로서 적용된다면, 명사를 복수로 취급하고 복수동사를 사용하라. 맥락(즉, 저자의 강조)에 따라 행위의 적용 대상이 집단 또는 개인들에게 적용할 것인지가 결정된다.

맥락상 단수:

The number of people in the state is growing.

A pair of animals was in each cage.

맥락상 복수:

A number of people are watching.

A pair of animals were then yoked.

"None"의 사용. 주격 대명사subject pronoun "none"은 단수 또는 복수가 될 수 있다. 이것 다음에 명사가 단수이면, 단수동사를 사용하라. 명사가 복수이면, 복수동사를 사용하라.

맥락상 단수:

None of the information was correct.

맥락상 복수:

None of the children were finished in the time allotted.

"Or" 또는 "Nor"와 결합된 복합주어. 복합주어compound subject가 단수, 그리고 "or" 또는 "nor"와 연결된 복합명사와 결합하는 경우, 동사는 더 가까이 있는 명사와 일치시켜라.

옳음:

Neither the participants nor the confederate was in the room.

Neither the confederate nor the Participants were in the room.

틀림:

Neither the participants nor the confederate were in the room.

대명사

4.16 1인칭 vs. 3인칭 대명사

대명사pronouns는 명사를 대신한다. 그리고 각각의 대명사는 명확하게 선행어를 나타내어야 한다. 귀속에서의 모호성을 피하려면, 저자가 연구의 일부로 수행한 저작물을 기술할 때와 저자 자신의 견해를 밝히는 경우, 3인칭보다는 1인칭을 사용하라. 만일 논문원고를 단독으로 작성한다면, 대명사 "I"를 사용하라. 만일 공저자가 없다면, 저자 자신을 지칭하기 위해 대명사 "we"를 사용하지 말라(4.17절 참조). 만일 공저자들과 논문원고를 작성하고 있다면, 대명사 "we"를 사용하라. 저자 자신 또는 공저자들을 "the author(s)" 또는 "the researcher(s)"라는 3인칭으로 나타내지 말라. 그러나 다수의 저자와 함께 논문원고 내에서 특정 공저자의 구체적인 기여내용을 나타내기 위해서는 3인칭을 사용하라. 다음의 예에서 Sonia J. Cousteau는 논문원고 저자 중 한 사람이다.

We assessed children's language abilities. Sonia J. Cousteau, who is a speech-language pathologist, trained all testers.

만일 원고의 본문에서 이름으로 공저자들을 나타낸다면, 논문원고가 무기명 심사로 진행되는 경우 저자명이 나타날 때마다 그 이름을 표시할 필요가 있을 수 있음을 기억하라(12.7절 참조).

4.17 편집상의 "우리"

"우리는 같은 행성에서 살고 있지만, 우리는 실제로는 서로를 거의 이해하지 못한다[We live on the same planet, but we rarely truly understand each other]."에서처럼, 일반인들을 나타내는 의미로 '우리'를 사용하지 말라. 이러한 사용을 **편집상의 "우리"**editorial "we"라고 한다. 다수 저자의 논문에서 편집상의 "우리" 사용을 피하는 것은 특히 중요하다. 왜냐하면 독자들이 저자가 '우리'라는 표현을 모든 사람, 작성자의 전문가 집단 구성원, 또는 저자 자신과 공저자들을 지칭하는지 의아해할 수 있기 때문이다. 좀 더 구체적인 명사로 대체하거나 용법을 명확하게 하라.

옳음: Psychological researchers typically study decision making in a laboratory setting.

틀림: We typically study decision making in a laboratory setting.

"우리"의 대체어로는 "people," "humans," "researchers," "psychologists," "nurses" 등이 있다. 그러나 일단 특정 주어가 사용된 경우, "we"라는 표현이 적절하고 유용한 참조어다.

옳음: As nurses, we tend to rely on ...

틀림: We tend to rely on ...

4.18 단수 "They"

저자는 "they"를 대명사로 사용하는 사람을 지칭하기 위해 항상 단수 "they"를 사용해야 한다(성별과 대명사 용법에 관한 자세한 사항은 5.5절 참조). 또한 성별 미상 또는 용법의 맥락과 무관한 사람을 지칭하려면, 포괄적인 3인칭 단수 대명사로 "they"를 사용하라. 학술적 글쓰기에서 단수 "they"의 사용이 지양되더라도, 미리엄-웹스터 사전 Merriam-Webster's Dictionary(Merriam-Webster, n.d.-b)을 포함한 다수의 옹호 집단과 학술지들은 이를 수용 · 지지해 왔다. 단수 "they"의 사용은 모든 사람에 대해 포괄적이고, 저자들이 성별에 대한 가정을 피하도록 도우며, APA 양식의 일부에 속한다.

단수 "they"를 사용하는 경우, "they," "them," "their," "theirs," 그리고 "themselves"의 형태를 사용하라. 이형 "themself"라는 참조어는 명확하게 단수이므로, 이 역시 수용이 가능하다. 그렇지만 "themselves"가 현재 더 일반적인 용법이기는 하다. 다음은 단수 "they"의 올바른 용법의 예시다.

Each participant turned in their questionnaire.

Jamie shared their experiences as a genderqueer person.

A child should learn to play by themselves [or themself] as well as with friends.

Rowan, a transgender person, helped themselves [or themself] to the free coffee.

포괄적인 3인칭 대명사로 "he" 또는 "she"만 사용하지 말라. "he or she"와 "she or he"의 사용은 가급적 삼가라. 그리고 이런 대명사가 묘사되고 있는 사람들의 대명사와 일치하게 하라. 만일 묘사되고 있는 사람들에 의해 사용된 대명사를 모른다면, 대신 "they"를 사용하거나 문장을 다시 써라. "(s)he"와 "s/he"의 복합 형태를 사용하지 말라. 또는 "he"와 "she"를 번갈아 사용하지 말라(만일 특정인이 이런 형태를 사용하는 것을 알지 못한다면). 이런 선택은 비의도적 시사점을 내포할 수 있기 때문이다. 성별과 대명사 용법에 관한 세부 논의는 5.5절을 참조하라.

전형적으로 문장을 쓰기 위한 다수의 가능한 방법이 있음을 기억하라. 만일 포괄적인 3인칭 대명사로서 단수 "they"가 어색하거나 산만한 것 같다면, 다음의 전략 중 한 가지를 택하여 문장을 다시 써라.

전략	성별 중립	성별 편견
☐ 재진술	• When an individual attends psychotherapy, that person can improve emotional regulation. • Therapy can help an individual improve emotional regulation.	• When an individual attends psychotherapy, she can improve emotional regulation.
☐ 복수명사 또는 복수대명사 사용	• Therapists who are too much like their clients can lose their objectivity.	• A therapist who is too much like his client can lose his objectivity.
☐ 관사가 있는 대명사 대체	• A researcher must apply for the grant by September 1.	• A researcher must apply for his grant by September 1.
☐ 대명사 생략	• The researcher must avoid letting biases and expectations influence the interpretation of the results.	• The researcher must avoid letting her own biases and expectations influence the interpretation of the results.

4.19 사람과 동물에 대한 대명사 ("Who" vs. "That")

관계대명사relative pronouns는 종속절을 명사와 연결해 준다. 사람에 대해서는 관계대명사 "who"를, 사람이 아닌 동물(예, 쥐, 침팬지)과 무생물 대상에 대해서는 관계대명사

"that" 또는 "which"를 사용하라.

옳음: The students who completed the task

옳음: The instructions that were included

틀림: The students that completed the task

동물을 나타내려면, 중성대명사를 사용하라(예, "the dog ... it"). 그러나 다음 예시에서처럼, 동물에게 이름이 있고 성이 알려져 있다면, 성별을 반영한 대명사를 사용할 수 있다.

The chimps were tested daily. Sheba was tested unrestrained in an open testing area, which was her usual context for training and testing.

4.20 주어와 목적어로서의 대명사 ("Who" vs. "Whom")

관계대명사는 동사나 전치사의 주어 또는 목적어가 될 수 있다. "who"는 동사의 주어로, "whom"은 동사 또는 전치사의 목적어로 사용하라. 논문작성자는 종속절을 돌려놓고 인칭대명사를 대체함으로써 대명사가 주어인지 또는 동사의 목적어인지 결정할 수 있다. 만일 "he," "she," 또는 "they"를 대체할 수 있다면, "who"를 사용하라. 다음의 예시에서 "who"와 이것의 대체어인 인칭대명사가 대체어임을 나타내기 위해 강조 표시되어 있다. 대체어가 있는 문장은 오리지널 문장이 올바른지를 입증하기 위한 방법이다.

"who"의 사용	오리지널 문장	대체 문장
☐ 옳음	• The participants who passed the exam were given course credit.	• They passed the exam and were given course credit.
☐ 틀림	• Eligible participants were mothers, each of who had a child under the age of 21 with cancer.	• Eligible participants were mothers; each of they had a child under the age of 21 with cancer.

마찬가지로, 만일 "him," "her," 또는 "them"을 대체할 수 있다면, "whom"을 사용하라.

"whom"의 사용	오리지널 문장	대체 문장
☐ 옳음	• Eligible participants were mothers, each of whom had a child under the age of 21 with cancer.	• Eligible participants were mothers; each of them had a child under the age of 21 with cancer.
☐ 틀림	• The participants whom passed the exam were given course credit.	• Them passed the exam and were given course credit.

4.21 제한절과 계속절에서의 대명사 ("That" vs. "Which")

관계대명사(예, "who," "whom," "that," "which")는 종속된 요소를 문장의 주절에 연결해준다. 그리고 **종속절**subordinate clauses은 제한적 또는 계속적일 수 있다. **제한절**restrictive clauses("that"절로도 불림)은 문장의 의미에 필수적이다. 제한절은 쉼표로 시작되지 않는다.

> Therapist self-disclosure that conflicts with the patient's story might hinder the therapeutic process.

예시에서는 모든 자기개방이 아니라 환자의 이야기와 충돌되는 자기개방만이 치료과정을 저해할 수 있다. **계속절**nonrestrictive clauses("which"절로도 불림)은 문장에 더 상세한 정보를 추가하지만, 문장의 의미에는 필수적이지는 않다. 계속절은 쉼표로 시작한다.

> All interviews were conducted at Participants offices, which provided suitable privacy to secure participants' anonymity.

예시에서는 모든 면접이 사무실에서 이루어졌고 모든 사무실은 적절한 사생활권이 마련되어 있었다. 논문작성자에 따라서는 제한절과 계속절로 "which"를 사용하지만, APA 양식에서는 "which"를 계속절에, "that"을 제한절에 사용하게 한다. 제한절에 "that", 계속절에 "which"의 일관된 사용은 명확하고 정확한 논문작성에 도움을 줄 것이다.

문장 구성

4.22 종속접속사

종속접속사subordinate conjunctions(예, "since," "while," "although," "because," "whereas")는 관계대명사(4.19–4.21절 참조)처럼 종속절을 연결해 준다. 이러한 접속사 선택은 신중하게 하라. 한 가지 이상의 의미가 있는 접속사 교환은 글쓰기의 정확성을 감소시킬 수 있다. 일부 저자가 엄격하게 시간을 나타낼 때 "while"과 "since"를 사용하더라도, "while"과 "since"를 시간의 의미로 한정하는 것은 독자들에게 도움이 될 수 있다.

"While" vs. "Although," "Despite," "And," 또는 "But." "while"은 동시에 발생하는 사건 연결에 사용하라.

> Individual goal striving in late adulthood may enrich life while reducing stagnation and boredom.

그렇지 않으면, "while" 대신 "although," "despite," "and," 또는 "but"을 사용하라.

> **정확함**: Although goal progress predicted well-being for all genders, the associations tended to be stronger for women.
>
> Goal progress predicted well-being for all genders, but the associations tended to be stronger for women.
>
> **부정확함**: While goal progress predicted well-being for all genders, the associations tended to be stronger for women.

"Since" vs. "Because." "since"의 의미가 모호한 경우(이는 "과거의 한 시점으로부터" 또는 "~ 때문에because"의 의미가 될 수 있음), "since"를 "because"로 대체하라. 만일 의미가 모호하지 않다면, "because"의 의미로 "since" 또는 "because"의 사용은 수용될 수 있다.

> **정확함**: Participants were leaving because the light turned green.
>
> **부정확함**: Participants were leaving since the light turned green.

4.23 위치가 잘못된 수식어와 독립수식어

형용사 또는 부사는 한 단어 또는 구이든 간에 수식하는 단어를 명확하게 나타내야 한다. 명확한 수식 대상어가 없이 수식어를 쓰는 것은 독자들이 문장의 논리를 따르기 어렵게 할 수 있다.

위치가 잘못된 수식어. 문장에서의 배치로 인해, 위치가 잘못된 수식어는 한 단어를 모호하거나 비논리적으로 수식하게 된다. 위치가 잘못된 수식어는 형용사 또는 부사를 수식되는 단어와 가능한 한 가깝게 위치시킴으로써 삭제하라.

옳음	틀림	근거
• Using this procedure, the investigator tested the participants. • The investigator tested the participants who were using the procedure.	• The investigator tested the participant using this procedure.	☞ 부정확한 문장은 조사가 또는 참여자가 이 절차를 사용했는지 명확하지 않다.
• On the basis of this assumption, we developed a model. • Based on this assumption, the model ...	• Based on this assumption, we developed a model.	☞ 부정확한 구성은 "우리는 이 기본 가정에 근거를 두고 있다"고 말하고 있다.

다수의 저자는 "only"라는 단어를 제 위치에 놓지 못한다. "only"는 이 말이 수식하는 단어 또는 구 바로 다음에 위치시켜라.

옳음	틀림	근거
• These data provide only a partial answer.	• These data only provide a partial answer.	☞ 답은 이를 제공하는 것이 아니라 부분적이다.

사시수식어squinting modifiers(*역자 주. 앞뒤의 어느 말/구를 수식하는지 애매한 수식어를 의미함)는 위치가 잘못된 수식어의 한 유형이다. 이들의 모호한 배치 때문에 이 수식어는 수식어 전 또는 후의 구를 나타낸다고 말하기 어렵다.

옳음	틀림	근거
• My comprehension is improved when I read slowly.	• Reading books slowly improves my comprehension.	☞ 독서가 느린지 향상이 느린지 불명확하다.

독립수식어. 독립수식어 Dangling modifiers는 문장에서 수식 대상어가 없다. 이런 결과의 다수가 수동태 사용으로부터 초래된다(4.13절 참조). 능동태로 글을 씀으로써 다수의 독립수식어를 피할 수 있다.

옳음	틀림	근거
• Using this procedure, I tested the participants.	• The participants were tested using this procedure.	☞ 참여자가 아닌 내가 절차를 사용했다.
• Armitage and Martinez (2017) found that the treatment group performed better, a result congruent with those of other studies.	• Congruent with other studies, Armitage and Martinez (2017) found that the treatment group performed better.	☞ Armitage와 Martinez가 아닌 결과가 일치한다.

4.24 병렬구성

독자들의 이해를 높이기 위해서는 병렬적인 아이디어를 병렬 또는 대등한 형태로 제시하라. 중문, 시리즈와 목록(6.49–6.52절 참조), 그리고 표 원부(7.12절 참조)에서는 병렬구조를 사용하라.

병렬요소의 반복. 병렬문장parallelism의 모든 요소가 등위접속사coordinating conjunction(예, "and," "but," "or," "nor")의 앞뒤에 제시되어 있는지 확인하라. 예를 들어, 만일 절의 첫 부분이 "that"으로 연결되어 있다면, 절의 두 번째 부분도 그렇게 되어야 한다. 하나의 절이 두 부분으로 되어 있다면(세 부분 또는 그 이상은 아님), 접속사 앞에 쉼표나 세미콜론을 사용하지 말라.

> **옳음**: Ford (2020) found that homework is positively related to achievement and that the association is stronger in middle and high school than in elementary school.
>
> **틀림**: Ford (2020) found that homework is positively related to achievement, and that the association is stronger in middle and high school than in elementary school.

쌍으로 사용되는 등위접속사. 쌍으로 사용되는 등위접속사("between ... and," "both ... and," "neither ... nor," "either ... or," "not only ... but also")의 경우, 첫 번째 접속사를 병렬문장의 첫 부분 바로 앞에 위치시켜라.

4

"Between"과 "And."

옳음: We recorded the difference between the performance of participants who completed the first task and the performance of those who completed the second task.

틀림: We recorded the difference between the performance of participants who completed the first task and the second task.

옳음: between 2.5 and 4.0 years old

틀림: between 2.5–4.0 years old

"Both"와 "And."

옳음: The names were difficult both to pronounce and to spell.

틀림: The names were difficult both to pronounce as well as to spell.

절대 "both"를 "as well as"와 함께 사용하지 말라. 이로 인한 구성은 중복적이다.

"Neither"와 "Nor"; "Either"와 "Or."

옳음: Neither the responses to the auditory stimuli nor the responses to the tactile stimuli were repeated.

틀림: Neither the responses to the auditory stimuli nor to the tactile stimuli were repeated.

옳음: The respondents either gave the worst answer or gave the best answer.

옳음: The respondents gave either the worst answer or the best answer.

틀림: The respondents either gave the worst answer or the best answer.

"Not Only"와 "But also."

옳음: It is surprising not only that pencil-and-paper scores predicted this result but also that all other predictors were less accurate.

틀림: It is not only surprising that pencil-and-paper scores predicted this result but also that all other predictors were less accurate.

일련의 요소. 일련의 요소들 역시 형태상 병렬이 되어야 한다.

옳음: The participants were told to make themselves comfortable, to read the instructions, and to ask about anything they did not understand.

틀림: The participants were told to make themselves comfortable, to read the instructions, and that they should ask about anything they did not understand.

글쓰기 능력 향상을 위한 전략

좋은 글은 연습을 통해 학습되는 기술이다. 이 절에서 우리는 글쓰기 능력 향상을 위한 전략을 추천한다. 이런 전략들은 학술지 제출을 위한 원고를 준비하는 전문가들과 강의 시간에 제출할 보고서를 준비하는 학생들에게 도움이 될 수 있다.

4.25 예시를 통한 학습을 위한 독서

독서는 예시를 통해 학습할 수 있게 해 준다는 점에서 저자들이 자신의 글쓰기 능력 향상을 위해 가장 효과적인 연습 중 하나다. 예를 들어, **문헌고찰**literature review을 작성하는 학생은 다른 문헌의 고찰로부터 혜택을 얻음으로써(더 긴 저작물의 문헌고찰 절 포함), 정보가 조직 · 논의될 수 있는 다양한 방식을 살펴볼 수 있게 될 것이다. 마찬가지로, 복잡한 통계정보를 표로 제시할 필요가 있는 저자는 다른 저자들이 유사한 정보를 어떻게 표로 조직화했는지 살펴봄으로써 혜택을 얻을 것이다. 선택한 연구 영역에 관한 세심한 독서는 해당 분야에서의 새로운 발전뿐 아니라 그 페이지에서 정보를 효과적으로 전달하는 방법에 관한 학습에 도움을 줄 것이다.

4.26 개요로부터 글쓰기

개요outline로부터 글쓰기는 논문원고의 흐름이 연구 또는 아이디어의 논리를 반영하고 있는지 확인시켜 준다. 개요 작성과 사용은 주요 아이디어 파악, 부수적인 아이디어 정의, 글쓰기에의 초점, 별 관계가 없는 초점이탈 조정, 그리고 누락된 부분 발견에 도움을 준다. 개요에서는 본문에서 사용될 소제목과 하위 소제목도 정할 수 있다(소제목의 조직 원칙과 수준에 관해서는 2.26–2.27절 참조). 개요는 로마숫자로 된 소제목으로 된 전통적인 형식 또는 개념지도concept map를 포함하여 다수의 형태를 취할 수 있다.

4.27 초고 다시 읽기

몇 시간 또는 며칠 동안 잠시 제쳐 두었다가 자신의 원고를 다시 읽어 보는 것은 신선한 관점에서 원고를 조망할 수 있게 한다. 한 걸음 더 나아가서, 논문원고를 소리 내어 읽어 보는 것은 이전에 간과했던 오류를 드러내고, 글의 어조와 양식을 강화하는 데에 도움이 될 수 있다. 또한 원고의 절들을 역순으로 읽어봄으로써(결론에서 서론까지 역으로), 논거가 적절하게 설정되었는지 확인할 수 있다. 글을 쓸 때, 이런 전략들을 활용할 수 있도록 충분한 시간을 계획하라.

4.28 동료들로부터의 도움 추구

초고를 다시 읽어 본 후, 동료(가급적 논문을 학술지에 게재한 적이 있거나 관련 분야를 전공했지만, 논문작성자의 논문에는 친숙하지 않은 사람)에게 수정한 사본에 대한 비판적 검토를 의뢰하라. 더 좋은 방법은 동료 2인으로부터 비평을 받는 것이다. 이는 학술지의 심사과정을 시행해 보는 것이 될 것이다. 학생들 역시 교수와 동료들로부터 피드백을 요청해 볼 것이 권장된다.

4.29 교열담당자 · 글쓰기 센터와 작업하기

일부 논문작성자, 특히 신규 논문작성자들과 모국어가 아닌 언어로 글을 쓰는 사람은 자신의 글에 대해 추가 도움을 통해 혜택을 받을 수 있다. 이들은 **교열담당자**copyeditor를 고용하여 논문원고의 검토 및 교정을 의뢰하거나 대학 글쓰기 센터의 튜터에게 도움을 청할 수 있다. 교열담당자 또는 글쓰기 센터의 튜터는 관용어법의 사용, 조직, 그리고 기타 영역에 대해 도움을 줄 수 있다. 우리는 논문게재에 있어서 일관되게 장애물을 마주하게 되는 저자들 또는 강의실에서 더 성공하고 싶어 하는 학생들에게 이러한 서비스를 사용할 것을 적극 추천한다. 학생들은 자신이 소속된 기관의 학술적 진실성 정책을 확인함으로써, 어떤 종류의 지원이 수용 가능한지 결정해야 한다.

4.30 논문원고 수정

초고를 윤이 나는 논문원고로 수정하는 일은 시간과 노력이 든다. 논문작성자는 수정계획을 세워야 한다. 큰 그림으로 시작해서 세부사항으로 들어가는 것이 가장 좋다. 자신의 논문원고를 검토할 때, 다음과 같은 폭넓은 질문을 고려해 보라.

- 논문원고의 핵심 요지 또는 논지가 명확한가? 논의는 논리적으로 논지를 따르고 있는가?
- 정보는 잘 조직되어 있는가?

- 학생들의 경우, 초고는 과제물 기준에 부합되는가? 만일 과제물을 위한 지시사항이 있다면, 보고서는 지시사항의 각 요소를 다루고 있는가?
- 학술지에 논문을 게재하려는 저자들의 경우, 초고는 학술지 양식과 형식의 필수요건에 부합되는가?(12.2-12.4절 참조)

세부적인 수준에서 올바른 문법과 용법을 위해 문장들을 확인해 보라(4.12-4.24절 참조). 또한 워드프로세싱 프로그램의 자동 철자검사와 문법검사 기능을 사용하여 철자와 문법 오류 여부를 확인하라. 전자 철자검사가 세심한 교정을 대체할 수는 없다고 하더라도(철자가 올바른 단어라도 부정확하게 사용될 수 있기 때문), 이는 인쇄상의 오류가 게재된 논문 또는 제출된 과제물로 이어질 가능성을 줄일 것이다. APA는 철자에 관한 기준점으로 미리엄-웹스터 사전Merriam-Webster's Dictionary과 APA 심리학 사전APA Dictionary of Psychology을 사용한다(철자에 관한 추가 정보는 6.11-6.12절 참조). 문법 체크 기능은 문제가 있는 문장구조 확인에 유용하다. 그러나 문법이 복잡하고, 문법검색 프로그램은 결코 오류가 없음을 기억하라.

출판편람이 문법과 용법의 다양한 측면을 다루지만, 이는 학술적 저작물 저자들에게 가장 문제가 되는 영역에 초점을 맞추고 있다. 출판편람에서 다루지 않는 문법에 관한 질문에 대해서는 신뢰할 만한 문법 참고문헌을 참조하라.

5

편견 없는 언어 지침

목차

5

편견 없는 언어 지침

저자들은 **편견**bias(글을 쓰고 있는 대상 집단을 암시하거나 무관한 평가) 없는 언어 사용을 위해 노력해야 한다. 하나의 조직으로서, APA는 과학의 진보와 개인과 집단에 대한 공정한 처우를 충실히 이행하고 있다. 이러한 원칙은 APA 양식을 사용하는 저자와 학생들이 글쓰기에 있어서 빈번히 계속되고 있는 비하적인 태도 지양을 필수로 요구하고 있다. 선입관을 갖게 하는 신념을 암시하거나 연령, 장애, 성별, 연구 참여, 인종 또는 민족 정체성, 성 지향성, 사회경제적 지위, 또는 이러한 또는 다른 개인적 요인(예, 결혼 상태, 이민 상태, 종교)의 결합된 형태에 근거하여 사람들에게 불리한 편향된 기본 가정을 영속시킬 수 있는 구조의 사용은 수용될 수 없다. 대신, 저자들은 긍정적이고 포괄적인 언어를 사용해야 한다.

오래된 문화적 실천은 가장 양심적인 논문작성자에게조차 강력한 영향을 미칠 수 있다. 작성 중인 원고에서의 철자, 문법, 그리고 장황한 표현에 대해 체크하는 법을 학습한 것처럼, 사람 집단에 대한 선입견을 염두에 두고 원고 재확인을 실천하라. 작성 중인 글의 대상이 되는 집단의 사람들에게 자료를 읽게 하고 의견을 요청하거나 자기옹호self-advocacy 집단에게 적절한 용어 결정에 관해 자문을 구하라. 만일 참여자들과 직접적으로 작업한다면, 그들에게 그들 자신을 묘사하기 위해 사용하는 용어를 문의하라. 언어는 시간이 흐름에 따라 변한다. 그래서 개인 및/또는 공동체가 그들 자신, 경험, 그리고 관행 묘사를 위한 용어를 사용하는 것은 중요하다.

이 장에 제시된 지침을 따르기 위한 약간의 시도는 장황한 표현 또는 서투른 산문이 될 수 있다. 항상 그렇듯이, 좋은 판단력이 필수로 요구된다(엄격한 규칙은 아님). 만일 저자의 글이 참여자와 독자들에 대한 존중을 반영하고 있고, 적절한 특이성과 정확성으로 글을 쓴다면, 이는 정확하고 편견 없는 의사소통 목표 성취에 기여하는 것이다. 이 장에는 일련의 쟁점에 적용되는 편견 없는 글쓰기를 위한 일반 지침과 구체적인 주제(연령, 장애, 성별, 연구 참여, 인종과 민족, 성 지향성, 사회경제적 지위, 그리고 교차성 포함)를 다루는 추가 지침이 수록되어 있다. 편견 없는 언어의 추가 예시는 APA 웹사이트(https://apastyle.apa.org)에서 찾아볼 수 있다.

편견 감소를 위한 일반 지침

5.1 특이성은 적절한 수준으로 기술하라

학술적 글쓰기에서 정확성은 필수다. 사람 또는 사람들을 나타낼 때, 정확하고, 명확하며, 편견이나 선입견이 있는 어감에서 자유로운 단어를 선택하라. 편견은 부정확하거나 불분명한 언어처럼 부정확성의 형태가 될 수 있다. 예를 들면, "man"을 사용하여 모든 인간을 지칭하는 것은 "individuals," "people," 또는 "persons"라는 말을 사용하는 것과 마찬가지로 정확하지도 포괄적이지도 않다.

관련된 특징에 초점을 맞춰라. 관련된 특징만 서술해야 함을 유념하라. 개인의 연령, 장애, 성별 정체성, 연구 참여, 인종·민족 정체성, 성 지향성, 사회경제적 지위, 또는 기타 특징에 대한 편견 없는 기술이 가능하더라도, 보고서에 이 모든 정보를 포함하는 것이 항상 필요한 것은 아니다(양적 및 질적 연구에서 보고를 위한 참여자 특징에 관한 자세한 논의는 각각 3.6절과 3.14절 참조). 예를 들면, 성 지향성은 인지와 관련된 것이 아니기 때문에, 인지에 관한 연구에서 참여자의 성 지향성을 언급할 개연성은 낮을 것이다. 그러나 성별은 고정관념 위협에 관한 조사와 관련 있기 때문에 고정관념 위협stereotype threat에 관한 연구에서 참여자의 성별에 관해 언급할 개연성은 높을 것이다. 더욱이, 논의할 다수의 관련된 특징이 있을 것이다. 이런 경우, 특징이 교차하는 방식으로 적절히 언급하라(5.10절 참조).

연관된 차이점을 인정하라. 편견 없는 글쓰기는 관련 있는 경우에만 차이점에 관해 언급되어야 할 뿐 아니라, 관련된 차이점이 존재하는 경우 관련된 차이점을 인정하는 것이다. "차이difference"라는 단어의 의미를 지배집단이 아니라, 표적 모집단과 관련하여 신중히 평가하라. 예를 들면, 연구 결과를 사람들 전체에게 일반화하기를 원하는 연구자, 학생, 기타 등등의 사람들은 연구된 표본이 다른 표적 모집단과 다른지를 평가·보고해야 한다. 만일 다르다면, 어떻게 다른지 기술하라.

적절히 구체적으로 기술하라. 일단 어떤 특징을 기술할 것인지 결정했다면, 적절하게 구체적인 용어를 선택하라. 이는 연구질문과 해당 분야의 현재 지식 상태에 따라 다를 것이다. 근거 없이 특징을 언급하지 말라. 그러나 의구심이 드는 경우, 데이터 해체보다는 종합이 더 쉬우므로, 덜보다는 더 구체적으로 기술하라. 연구과정 초기에 적절한 특이성 수준을 고려하라(예, 연구를 설계할 때). 왜냐하면 일단 연구가 진행 중이거나 종결되었다면 더 많은 데이터 수집이 불가능할 수 있기 때문이다. 구체적인 용어 사용은 연구를 통해 발견된 내용의 일반화 가능성에 대한 독자들의 이해력과 메타분석 또는 반복연구에서 저자의 데이터를 사용할 다른 연구자들의 능력을 향상시킨다.

주제에 따른 특수성의 예. 다음으로, 우리는 편견 없는 언어 지침에서 다룬 주제들을 위한 구체적인 언어 예시를 제공하고 있다. 다시 말해서, 적절한 선택은 상황에 달려 있고, 이러한 예시들은 단지 가능한 대안의 일부만을 나타낸 것이다.

- 연령[age]에 관해 글을 쓰는 경우, 정확한 연령 또는 연령범위(예, 15–18세[15-18 years old], 65–80세[65-80 years old])는 폭넓은 범주(예, 18세 미만[under 18 years old], 65세 이상[over 65 years old])보다 더 구체적이다(5.3절 참조). 또한 보고의 특이성을 높이는 연령 범위 외에도 평균연령과 중앙값을 포함하라.
- 장애[disability]에 관해 글을 쓰는 경우, 조건의 명칭(예, 알츠하이머병[Alzheimer's disease])은 조건의 범주(예, 치매[dementia] 유형) 또는 일반적인 대상(예, "장애가 있는 사람들[people with disabilities]") 보다 더 구체적이다(5.4절 참조).
- 성별 정체감[gender identity]에 관한 글을 쓰는 경우, 수식어가 있는 서술어(예, 시스젠더 여성[cisgender women], 트랜스젠더 여성[transgender women])는 수식어가 없는 서술어 또는 일반적인 비성별 용어(예, 사람들[people, individuals])보다 더 구체적이다(성별과 성 사이를 구별하는 방법에 관해서는 5.5절 참조).
- 연구 참여자들에 관한 글쓰기의 경우, 연구의 맥락을 나타내는 용어(예, 환자, 참여자, 내담자)는 일반적인 용어(예, 사람들, 아동, 여성)보다 더 구체적이다(5.6절 참조).
- 인종[racial] 또는 민족집단[ethnic groups]에 관한 글을 쓰는 경우, 국가 또는 출신지역(예, 중국계 미국인, 멕시코계 미국인)은 일반화된 출신(예, 아시아계 미국인, 라틴계 미국인)보다 더 구체적이다(5.7절 참조).

- 성 지향성[sexual orientation]에 관한 글을 쓰는 경우, 사람들의 지향성의 명칭(예, 레즈비언[lesbians], 게이 남자[gay men], 양성애자 사람들[bisexual people], 이성애자 사람들[straight people])은 폭넓은 집단 라벨(예, 게이)보다 더 구체적이다(5.8 참조).
- 사회경제적 지위[socioeconomic status]에 관해 글을 쓰는 경우, 소득 범위 또는 구체적인 지정(예, 4인 가족을 위한 연방정부 빈곤역치 미만)은 일반 라벨(예, 저소득)보다 더 구체적이다(5.9절 참조).

5.2 호칭에 민감하라

사람들이 자신들을 지칭하는 언어를 존중하라. 즉, 모든 사람을 자신이 스스로를 일컫는 말로 불러라. 언어는 시간에 따라 변하고, 집단 내의 사람들은 때로 자신들이 사용하는 호칭에 관해 의견이 일치되지 않는다는 사실을 받아들여라. 저자의 연구 또는 논문원고에 적절한 명칭 결정을 위해 노력하라(특히, 이러한 호칭이 집단 내에서 논의거리가 될 때). 참여자들에게 이들이 사용하는 호칭이 무엇인지 물을 필요가 있고 및/또는 만일 참여자들과 직접적으로 작업하고 있지 않고 있다면, 연구의 쟁점에 대해 이들 공동체를 대표하는 자기옹호 집단에게 자문을 구하라. 그러나 일부 개인은 비방하는 말 또는 낙인찍는 언어를 사용하여 자신들을 나타낼 수 있다. 이러한 언어의 반복은 그 낙인을 널리 퍼뜨릴 수 있으므로, 연구자는 이런 언어 반복에 앞서 각별히 주의해야 한다(각각 연령과 장애에 관한 낙인찍은 언어 사용에 대한 자세한 사항은 5.3–5.4절 참조).

사람들의 인간성을 존중하라. 호칭을 신중하게 택함으로써 사람들의 개별성과 인간성이 존중되게 하라. 사람들에게 라벨을 붙이는 명사로서 형용사(예, "게이들[the gays]," "가난한 사람들[the poor]") 또는 사람들을 그들이 처한 조건과 동일시하는 라벨(예, "기억상실증자들[amnesiacs]," "조현병자들[schizophrenics]," "학습장애자들[the learning disabled]," "약물사용자들[drug users]")의 사용을 피하라. 대신, 형용사 형태(예, 게이 남자들, 나이 든 성인들[older adults]) 또는 서술형 구(예, 가난한 상태로 살아가는 사람들[people living in poverty], 학습장애가 있는 사람들[people with learning disabilities], 약물을 사용하는 사람들[people who use drugs])와 명사를 사용하라. 어떤 집단(예, 청각장애인들)은 일체감 및 공동체 의식의 확인 · 증진을 위해 대문자 라벨 사용을 택했다(Solomon, 2012). 그 라벨이 형용사 상당 어구[adjectival]라 하더라도 공동체가 사용하는 라벨을 사용하라(그러나 청각을 상실한 사람 누구나 청각장애인[Deaf]으로 구별되는 것은 아니라는 사실에 유의하라). 특히 장애에 관한 한, 라벨 사용이 늘고 있고, 사람들은 선호되는 접근에 대해 동의하지 않을 수 있다. 장애에 관해 글을 쓰는 경우, 대상 집단에 따라 **사람 우선 언어**[person-first language](예, "하반신 불구자[paraplegic]"보다는 "하반신 마비가 있는 사람[a person with paraplegia]"), **정체성 우선 언어**[identity-first language](예, "자폐증이 있는 사람[a person with autism]"보다는 "자폐증자[an autistic person]"), 또는 둘 다 수용될 수 있을 것이다(5.4절 참조).

조작적 정의와 라벨을 제공하라. 만일 논문원고의 전반부에 집단의 조작적 정의가 제공된다면(예, "Y 척도상에서 최소한 X점을 획득한 참여자들은 고언어[high verbal] 집단, X점 미만은 저언어[low verbal] 집단으로 편성되었다"), 용어가 부적절하지만 않다면, 가장 좋은 방법은 그 후부터는 참여자 분류에 사용된 측정값으로 참여자를 서술하는 것이다(예, "고언어 집단에 대한 차이는 통계적으로 유의했다[the contrast for the high verbal group was statistically significant]"). **경멸적인 라벨**[pejorative labels]은 어떤 형태로든 사용되어서는 안 된다. 집단에 대한 약자 또는 연속[series] 라벨은 명확성을 잃게 하고 문제가 될 수 있다(특정 학습곤란이 있는 사람들을 기술하기 위한 "LDs" 또는 "LD 집단"은 문제가 될 수 있고, "고언어 능력 집단"을 지칭하는 "HVAs"은 해독하기 어렵다). "A집단"은 문제가 되지 않지만, 이 역시 그다지 서술적[descriptive]이지는 않다. 대신, 조작적 집단 라벨이 명확하고 적절하게 명시하라(예, "쓰기장애가 있는 집단[group with dysgraphia]").

잘못된 위계를 피하라. 집단비교는 신중히 하라. 저자들이 1개 집단(흔히 자신들의 집단)을 다른 집단의 판단을 위한 표준으로 사용할 때 편견이 발생한다(예, 집단이 선택된 이유에 관한 명시 없이 미국 시민을 표준으로 사용하는 경우). 예를 들면, "정상[normal]"이라는 용어의 사용은 독자들에게 "비정상[abnormal]"과의 비교를 촉발할 수 있어서, 차이점이 있는 사람들을 낙인찍게 할 수 있다. 마찬가지로, 레즈비언을 "일반 대중[general public]" 또는 "정상적인 여자들[normal women]"과 비교하는 것은 레즈비언을 사회의 주변인으로 묘사하는 것이다. 레즈비언에 대한 더 적절한 비교집단은 이성애자들[straight individuals], 이성애 여자들[straight women], 또는 게이 남자들[gay men]일 것이다. 집단에 대해서는 병렬적 호칭을 사용하라(특히 인종 · 민족 정보를 제시하는 경우; 5.7절 참조).

사회적 집단 제시순서가 첫 번째로 언급되는 집단이 규준 또는 표준이고, 나중에 언급되는 집단은 비정상 또는 일탈 집단임을 암시할 수 있다는 사실에 유의하라. 따라서 "남자와 여자[men and women]", 그리고 "백인 미국인과 인종적 소수집단[White Americans and racial minorities]"이라는 말은 미묘하게 다른 집단에 대해 남성과 백인의 지각된 우월성을 반영한다(더욱이, 인종적 소수집단에 관한 글쓰기에서는 일반적으로 구체적인 소수집단 나열이 선호된다; 5.7절 참조). 마찬가지로, 집단 데이터를 제시할 때, 남성과 백인들처럼 사회적으로 지배적인 집단을 그래프의 좌측 또는 표의 상단에 배치하는 것 역시 이러한 집단들이 보편적 표준임을 암시한다(Hegarty & Buechel, 2006). 다수의 집단을 나타내는 경우, 이들을 제시하는 순서를 사려 깊게 고려하라. 자동적으로 사회적 우월성 순으로 집단을 배열하지 말라. 대신, 알파벳 순 또는 표본크기 순 같은 대안을 고려하라. 이해하기 쉽게 하려면, 논문원고 내내 집단을 일관되게 동일한 순서로 열거하라.

주제에 따른 편견 감소

5.3 연령

연령age은 방법 절에서 참여자에 관한 기술의 일부로 보고되어야 한다. 연령 범위, 평균, 그리고 중앙값은 구체적으로 제공하라(5.1절 참조). 예를 들어, 연구 적합성 기준 "18세 미만" 또는 "65세 이상"과 같은 개방형 정의는 피하라(예, 폭넓은 연구 적합성 기준을 나타내지 않는 경우).

타 연령집단을 위한 용어. 다른 연령층의 사람들에 대해서는 다른 용어가 사용되고, 이러한 용어들은 흔히 성별이 반영된다(5.5절 참조). 사람들이 자신을 기술하기 위해 사용하는 용어를 사용하라(소년–소녀boy-girl 또는 남자–여자man-woman 같은 이진법적 성별 범주 또는 트랜스젠더, 젠더퀴어genderqueer[***역자 주**. 남성도 여성도 아닌 제3의 성], 무성agender(***역자 주**. 여성도 남성도 아닌], 또는 젠더–플루이드gender-fluid[***역자 주**. 어느 쪽으로도 성별이 확정되지 않은] 같은 서술적 및 비이진법적nonbinary 범주이든 간에).

- 어떤 연령의 개인이든 간에, 적절한 용어는 "사람person," "개인individual" 등이다. 일반적으로, 명사로서 "남성males"과 "여성females"이라는 용어의 사용을 피하라. 대신, "남자men"와 "여자women" 또는 기타 연령에 적절한 단어를 사용하라(5.5절 참조). 집단에 폭넓은 연령 범위의 사람들이 포함되는 경우, "남성males"과 "여성females"이 적절하다(예, boys와 men 둘 다 포함되는 집단을 기술하려면 "males"가 적절함).
- 12세 이하의 개인의 경우, 적절한 용어로는 "유아infant,"(매우 어린 아동의 경우) "아동child," "소녀girl," "소년boy," "트랜스젠더 소녀transgender girl," "트랜스젠더 소년transgender

boy," "젠더 플루이드 아동gender-fluid child" 등이 있다.

- 13–17세 개인의 경우, 적절한 용어로는 "청소년adolescent," "젊은 사람young person," "유소년youth," "젊은 여자young woman," "젊은 남자young man," "여성 청소년female adolescent," "남성 청소년male adolescent," "무성 청소년agender adolescent" 등이 있다.
- 18세 이상 개인의 경우, 적절한 용어로는 "성인adult," "여자woman," "남자man," "트랜스젠더 남자transgender man," "트랜스 남자trans man," "트랜스젠더 여자transgender woman," "트랜스 여자trans woman," "젠더퀴어 성인genderqueer adult," "시스젠더 성인cisgender adult" 등이 있다.

나이 든 성인을 위한 용어. 나이 든 성인older adults은 성인의 하위집단이다. 나이 든 성인 연령집단은 형용사와 함께 기술될 수 있다. 나이 든 사람들 집단에 대해 처음 언급할 때, 연령 범위, 평균연령, 그리고 중앙값 연령을 포함함으로써 가급적 구체적으로 기술하라(자료가 이용 가능한 경우). "나이 든 사람들older persons," "나이 든 사람들older people," "나이 든 성인들older adults," "나이 든 환자들older patients," "나이 든 개인들older individuals," "65세 이상의 사람들persons 65 years and older," 그리고 "나이 든 인구the older population" 같은 용어들이 선호된다. "seniors," "elderly," "the aged," "aging dependents," 그리고 유사한 "기타의othering" 용어 사용은 피하라. 이러한 용어들은 고정관념을 내포하고 있고, 이 집단의 구성원들이 사회의 일부가 아니고 다만 동떨어진 집단임을 시사하고 있기 때문이다(Lundebjerg et al., 2017; Sweetland et al., 2017 참조). 연구에서 참여자가 자신을 일컫는 데 사용하더라도, 이러한 낙인찍는 용어는 사용하지 말라(장애에 관한 유의사항 안내 지침은 5.4절 참조). 마찬가지로, 노화에 대한 부정론적 · 운명론적 태도는 피하라(예, 나이를 극복할 수 없는 장애물로 여기는; Lindland et al., 2015). "노망 든senile"이라는 말은 사용하지 말라. 이는 동의되지 않은 구시대적 용어다. "노망senility"이라는 말 대신 "치매dementia"라는 말을 사용하라. 알려진 경우, 치매의 유형을 명시하라(예, 알츠하이머병으로 인한 치매). 논문작성자의 언어가 노화는 인간 경험의 정상적 일부이고 질병과 장애와는 분리된 것임을 전달하고 있는지 확인하라.

노인학자들gerontologists은 나이 든 연령집단에 대해 복합용어를 사용할 수 있다(예, "young-old," "old-old," "oldest old"). 이러한 집단을 논문원고에 소개할 때, 이들 집단에 대한 구체적인 연령을 제공하라. 그리고 명사가 아닌 형용사로만 된 집단명을 사용하라(즉, "the young-old"가 아니라 "young-old individuals"로 나타내라). 나이 든 성인을 다른 연령의 성인들과 비교하는 경우, 다른 연령집단을 구체적으로 기술하라(예, young adults vs. older adults, middle-aged adults vs. older adults). 만일 바람직하다면, 10년 단위의 서술어를 사용할 수 있다(예, 80대인 사람octogenarian, 100대인 사람centenarian). 세대 서술어(예, "베이비부머baby boomers," "X세대Gen X," "밀레니얼 세대millennials," "100세 이상의 세대centennials," "Z세대Gen Z" 등)는 세대에 관한 주제와 관련된 연구를 논의하는 경우에 한해 사용되어야 한다. 연령에 관한 글쓰기에 대한 세부정보는 "치매 및 연령 관련 인지변화 평가를 위한 지침Guidelines for the Evaluation of Dementia and Age-Related Cognitive Change"(APA, 2012c)과 "나이 든 성인들과의 심리적 실무를 위한 지침Guidelines for Psychological Practice With Older Adults"(APA, 2014)을 참조하라.

5.4 장애

장애disability는 법적 · 과학적 방식으로 정의되는 폭넓은 용어로, 신체적 · 심리적 · 지적 · 사회정서적 손상을 아우른다(World Health Organization, 2001, 2011). 장애가 있는 사람들의 일부 집단(사실상 더 큰 장애 문화 내의 하위문화들) 구성원들은 다른 사람들이 채택해 주기를 선호하는 자신들을 나타내는 특정 방식을 지니고 있다. 장애가 있는 사람들 집단에 의해 선택된 장애 언어를 사용하는 경우, 그들의 선호도를 존중해야 한다. 예를 들면, 일부 청각장애인은 문화적으로 "청력을 상실한 사람들people with hearing loss" 또는 "귀가 먹은 사람들people who are deaf"이라는 말보다는 "청각장애인Deaf"(대문자로)으로 불리기를 선호한다(Dunn & Andrews, 2015). 마찬가지로, "청력손상hearing-impaired"보다는 "난청hard of hearing"이라는 용어를 사용하라. 집단의 선호성 존중은 장애 집단에 대한 전문적 의식과 존중의 신호일 뿐 아니라, 연대의식을 제공하는 방법이기도 하다.

장애에 관해 사용되는 언어는 진화하고 있다. 장애 언어 사용에 관한 총체적 원칙은 모든 사람에 대해 인간으로서의 진실성integrity(가치와 존엄성)을 유지하는 것이다. 장애에 관해 글을 쓰는 저자들은 사람 우선 및 정체성 우선의 관점을 존중 · 설명하는 용어와 서술을 사용할 것이 권장된다. 연구 참여자의 신원에 관한 언어 선택은 장애가 있는 사람들의 표현된 선호성이 글의 문체보다 더 중요하다는 인식을 기반으로 이루어져야 한다.

사람 우선 언어. **사람 우선**person-first **언어**에서는 개인의 장애 또는 만성적 조건이 아닌 사람이 강조된다. 예를 들면, "하반신마비자[a paraplegic]" 또는 "간질병자[an epileptic]"보다는 "하반신마비가 있는 사람[a person with paraplegia]" 또는 "뇌전증이 있는 청소년[a youth with epilepsy]"이라는 말을 사용하라. 이러한 원칙은 사람 집단에도 적용된다. 예컨대, "물질남용자들[substance abusers]" 또는 "정신지체자들[the mentally retarded]"보다는 "물질사용장애가 있는 사람들[people with substance use disorder]" 또는 "지적장애가 있는 사람들[people with intellectual disabilities]"이라는 용어를 사용하라(University of Kansas, Research and Training Center on Independent Living, 2013).

정체성 우선 언어. **정체성 우선**[identity-first] **언어**에서는 장애가 초점이 된다. 이는 개인으로 하여금 다른 사람들(예, 저자, 교육자, 연구자)이 명명하거나 부정적 시사점이 있는 용어의 사용을 허용하기보다는 장애가 있음을 밝히고, 자신의 정체성을 선택할 수 있게 한다(Brown, 2011/n.d.; Brueggemann, 2013; Dunn & Andrews, 2015). 정체성 우선 언어는 흔히 문화적 자부심의 표현, 그리고 한때 부정적 정체성을 시사했던 장애에 대한 인식개선을 위한 선언으로 사용된다. 이러한 유형의 언어는 "맹인[blind person]," "자폐증자[autistic person]," 그리고 "팔 절단자[amputee]" 같은 구조를 허용하는 반면, 사람 우선 언어에서는 각각 "눈이 먼 사람[person who is blind]," "자폐증이 있는 사람[erson with autism]," 그리고 "절단수술을 받은 사람[person with an amputation]"이 될 것이다.

사람 우선 및 정체성 우선 언어 사이의 선택. 사람 우선 및 정체성 우선의 언어적 접근은 장애가 있는 사람들을 존중하도록 고안되어 있다. 이 둘은 전반적으로 좋은 선택이다. 특정 집단이 명확하게 한 가지 접근을 선호하지 않는 경우, 또는 이들의 선호성을 알 때까지는 사람 우선 및 정체성 우선 언어 중 한 가지 접근 또는 두 가지를 혼합하여 사용할 수 있다. 이러한 경우, 선호되는 접근을 사용해야 한다(Dunn & Andrews, n.d.). 이러한 언어를 혼합하는 것은 "~가 있는 사람들[person with ...]"이라는 말의 성가신 반복을 피하는 데 도움이 될 수 있고, 또한 저자와 독자들이 장애와 특정 장애 공동체 사람들에 대한 인식에 변화를 주는 수단이기도 하다. 실제로, 장애 정체성의 통합 수준은 글을 쓰고 있는 대상자들이 선호하는 언어 해독을 위한 효과적인 방법일 수 있다. 자신들의 장애를 문화적 및/또는 개인적 정체성의 일부로 여기는 사람들은 정체성 우선 언어를 선호할 개연성이 높다(Dunn & Andrews, 2015). 만일 어떤 접근을 사용해야 할지에 대한 확신이 들지 않는다면, 자기옹호 집단 또는 사람들 집단에 특화된 다른 이해당사자들로부터의 안내 지침을 참조하라(예, Brown, 2011/n.d. 참조). 만일 참여자들과 직접적으로 작업하고 있다면, 이들이 자신들을 기술하기 위해 사용하는 언어를 사용하라.

장애 언급의 관련성. 관련이 있는 경우, 장애의 특성이 명시되어야 한다. 예를 들면, 만일 표본에 척수손상이 있는 사람들과 자폐증이 있는 사람들(장애가 있는 2개의 다른 집단)이 포함되어 있다면, 특정 장애의 발현에 관해 언급할 수 있다. 각 집단 내에서 어떤 상황에서는 구체적으로 언급해야 할 추가적인 이질적 요소가 있을 수 있다(예, 다른 수준의 척수손상, 자폐스펙트럼장애의 다른 증상 심각도).

부정적이면서 거들먹거리는 듯한 용어. 제약을 암시하는 그림을 이용한 은유법 또는 부정론적negativistic 용어를 사용하는 언어(예, "휠체어 신세를 지는wheelchair bound" 또는 "휠체어를 이용해야 하는confined to a wheelchair"이라는 용어 대신 "휠체어 사용자wheelchair user"라는 용어를 사용하라)와 과도하고 부정적 라벨을 사용하는 언어(예, "AIDS 희생자victim," "뇌 손상자brain damaged"보다는 "AIDS가 있는 사람person with AIDS" 또는 "외상성 뇌손상이 있는 사람person with a traumatic brain injury"이라는 용어를 사용하라)의 사용을 피하라. 비방하는 말로 간주될 수 있는 용어(예, "절름발이cripple," "병약자invalid," "제정신이 아닌 사람nuts," "알코올중독자alcoholic," "메스 중독자meth addict"[*역자 주. 메타암페타민 중독자])의 사용은 피하라. 대신, "신체장애가 있는 사람person with a physical disability," "정신질환이 있는 사람person with a mental illness," "알코올 사용장애가 있는 사람person with alcohol use disorder," 또는 "물질사용장애가 있는 사람person with substance use disorder"이라는 용어를 사용하거나 더 구체적인 용어(예, "조현병이 있는 사람person with schizophrenia")를 사용하라. "고기능" 또는 "저기능" 같은 호칭 역시 발달 및/또는 지적 장애가 있는 개인의 경험의 미묘한 차이 서술에 있어서 문제가 있고 비효과적이다. 대신, 개인의 강점과 한계점을 명시하라. 기타 다양한 집단의 경우, 장애 문화권의 내부자들은 서로 부정적이면서 거들먹거리는 것 같은 용어를 사용할 수 있다. 외부자(장애가 없는 사람)가 이런 용어들을 사용하는 것은 적절하지 않다.

장애가 있는 사람들을 묘사하는 경우, 거들먹거리는 듯한 완곡어구euphemisms(예, "특수한 요구가 있는 사람들special needs," "신체적으로 도전받는 사람들physically challenged," "핸디 캐이퍼블handi-capable"[*역자 주. 미국의 만화영화 '〈사우스 파크(South Park)〉'에 등장하는 Jimmy라는 아이가 뇌성마비로 인해 팔뚝목발을 사용하지만, 'handicapped'가 아니라 'handi-capable'로 불리기를 선호했다는 것에서 유래됨])의 사용을 피하라. 장애가 있는 다수의 사람은 이런 용어들을 생색을 내는, 거만하고 부적절한 것으로 여긴다. 장애가 있는 인구 또는 참여자들에 관해 글을 쓰는 경우, 이들의 능력과 관심사를 강조함으로써 이들을 "결핍 꾸러미bundle of deficiencies"로 축소하는 것을 피하라(Rappaport, 1977). 장애가 있는 사람들을 보건의료 장면의 맥락에서 "환자"(또는 "내담자")로 언급하라(5.6절 참조).

5.5 성별

성별gender은 인간 행동의 패턴 또는 현상을 해석할 때 추가된 특이성 층을 제공한다. 그러나 성별, 성sex과 관련된 용어는 흔히 융합되어 있어서, 성별 및/또는 성에 관한 편견 없는 글쓰기에서 정확성이 요구되게 한다. 성별 정체성gender identity과 성 지향성sexual orientation과 관련된 언어 역시 급속도로 진화해 왔다. 또한 사람들이 자신들을 기술하기 위한 용어를 사용하는 것이 중요하게 되었다(Singh, 2017; 적절한 용어 결정 방법은 5.2절 참조; 용어와 정의 목록은 APA, n.d.-a 참조).

성별 vs. 성. 성별이란 주어진 문화가 한 사람의 성에 어울리는 태도, 느낌, 그리고 행동을 말한다(APA, 2012b). 성별은 사회적 구성개념이면서 사회적 정체성이다. 사회집단으로서 사람들을 지칭하는 경우, "성별"이라는 용어를 사용하라. 예를 들면, 방법 절에서 참여자의 성별을 보고할 때, 다음과 같이 작성하라. 즉, "참여자의 약 60%는 시스젠더 여자, 35%는 시스젠더 남자, 3%는 트랜스젠더 여자, 1%는 트랜스젠더 남자, 그리고 1%는 비이진법적 성별로 확인되었다(Approximately 60% of participants identified as cisgender women, 35% as cisgender men, 3% as transgender women, 1% as transgender men, and 1% as nonbinary)".

성sex은 생물학적 성 할당sex assignment을 의미한다. 성 할당(예, 출생 시 할당된 성)의 생물학적 구분이 우세한 경우, "성"이라는 용어를 사용하라. "성" 대신 "성별" 사용 역시 "성"이 "성행동"을 의미하는지에 대한 모호성을 피하게 된다. 일부의 경우, 생물학적 요인과 문화동화acculturative 요인 사이에 명확한 구분이 없을 수 있으므로, 성과 성별에 관한 논의는 적절할 것이다. 예를 들면, 성 지향성에 관한 연구(5.8절 참조)에서 연구자들은 특정한 성적 취향 또는 성 지향성(성, 성별, 또는 이 둘의 결합에 대한 끌림)의 생물학적 및/또는 문화동화 현상 범위에 대한 조사를 계속하고 있다.

성별 정체성. **성별 정체성**gender identity은 자신의 성별에 대한 한 사람의 심리적 감각을 기술하는 성별의 구성요소다. 다수의 사람은 성별 정체성을 개인이 출생 시 할당된 성, 성 할당에 기반하여 당연한 것으로 여겨지는 성별, 또는 일차 또는 이차 성적 특

5

징과 일치 또는 일치하지 않을 수 있는 ① 소년boy, 남자man, 또는 남성male, ② 소녀girl, 여자woman, 또는 여성female, 또는 ③ 비이진법적nonbinary 성별(예, 젠더퀴어genderqueer, 젠더-넌컨포밍gender-nonconforming[*역자 주. 생물학적 성에 불응하는], 성별중립gender-neutral, 무성agender, 젠더-플루이드gender-fluid)로서 깊이 느끼는 타고난 감각으로 묘사한다(APA, 2015a). 성별 정체성은 모든 개인에게 적용되고, 트랜스젠더 또는 젠더-넌컨포밍 사람들에게 한정된 특징은 아니다. 성별 정체성은 성 지향성과 구분된다(5.8절 참조). 따라서 이 둘은 혼용되어서는 안 된다(예, 게이 트랜스젠더 남자는 남성 성별 정체성과 게이 성 지향성을 지니고 있고, 이성애자 시스젠더 여자는 여성 성별 정체성과 이성애자 성 지향성을 지니고 있다[a gay transgender man has a masculine gender identity and a gay sexual orientation, a straight cisgender woman has a feminine gender identity and a straight sexual orientation]).

성별 보고. 저자들에게는 시스젠더 정체성으로 가정하기보다는 참여자들의 성별 정체성과 관한 정보를 명확하게 지정하여 표본(예, 참여자들이 트랜스젠더, 시스젠더, 또는 다른 성별 정체성인지의 여부)을 구성할 것이 강하게 권장된다. **시스젠더**cisgender란 출생 시 할당된 성과 성 정체성이 일치하는 사람들을 말한다(APA, 2015a). **시스성차별주의**cisgenderism or cissexism란 달리 명시되지 않는다면 사람들은 시스젠더라는 가정에 따라 시스젠더가 되는 것이 규범적이라는 믿음을 말한다(두 용어 모두 사용됨). **성차별주의**genderism란 단 두 가지 성별만 존재하고 성별은 자동적으로 개인의 출생 시에 할당된 성과 연결되어 있다는 믿음을 말한다(American Psychological Association of Graduate Students, 2015).

트랜스젠더와 성별 불일치 사람들. **트랜스젠더**transgender는 성별 정체성, 표현, 및/또는 역할이 출생 시 할당된 성과 문화적으로 연관된 것과 일치하지 않는 사람들을 나타내는 형용사로 사용된다. 트랜스젠더 사람들 중에는 이진법적 성별(예, 남성 또는 여성)을 가진 사람들도 있는 반면, 이진법에서 벗어난 성별(예, 젠더-플루이드 또는 비이진법적 성별nonbinary)을 가진 사람들도 있다. 성별이 출생 시 할당된 성에 기초한 추정과 다른 사람은 자신의 성별을 기술하기 위해 트랜스젠더와는 다른 용어를 사용하기도 한다(일부 사람들을 명명하기 위한 "젠더-넌컨포밍gender-nonconforming," "젠더퀴어genderqueer," "젠더-넌바이너리gender-nonbinary," "젠더-크리에이티브gender-creative," "어젠더agender," 또는 "투-스피릿two-spirit"[토착민과 미국 원주민 공동체에 한정된 용어임] 포함). **트랜스편견**Transprejudice과 **트랜스부정성**transnegativity은 트랜스젠더 사람들에 대한 차별적 태도를 의미한다.

다양한 정체성 용어는 트랜스젠더 · 성별 불일치transgender and gender-nonconforming(TGNC) 사람들에 의해 사용되는데, "TGNC"는 일반적으로 합의된 포괄적 용어umbrella term다. 이런 용어들은 일반적으로 정체성 우선 방식에서 사용된다(예, "트랜스젠더 사람들transgender people," "TGNC 사람들"). 그러나 이 분야에는 몇 가지 변이가 있다. 예를 들면, 임상가들은 흔히 사람들을 정체성(스스로 규정한)에 따라 나타내거나, 성별 불일치 또는 비이진법적nonbinary 성별보다는 성별 변이gender variance, 성별 확장gender expansiveness, 또는 성별 다양성gender diversity에 따라 기술한다. 글을 쓰는 대상이 되는 사람들이 묘사한 정체성과 일치하는 정체성 라벨을 사용하고 있는지 확인하고, 글쓰기에서 이런 정체성 라벨을 어떻게 사용하고 있는지 명확하게 정의하라.

성 할당. "출생 성birth sex," "생물학적 성natal sex," "성전환자tranny(*역자 주. '복장도착자'를 지칭하기도 함)," 그리고 "복장도착자transvestite" 같은 용어들은 TGNC 심리학적 연구에서 학자들, 트랜스젠더, 젠더-넌컨포밍gender-nonconforming, 또는 비이진법적 성별nonbinary로 구분하는 다수의 사람, 그리고 성별 다양성을 드러내는 사람들에 의해 폄하성 용어로 간주된다. 따라서 이러한 폄하성 용어의 사용은 피해야 한다. 더욱이, "출생 성"과 "생물학적 성"은 성이 사회문화적 영향이 없는 불변의 특징이 있음을 암시한다. 출생 시 성기 관찰 및/또는 염색체 결정과 신체의 해부학적 구조에 입각하여(필연적으로 사회문화적 맥락 내에서 해석됨) 기능적으로 성 할당 용어를 기술하는 경우, "할당된 성assigned sex" 또는 "출생 시 할당된 성sex assigned at birth"이라는 용어를 사용하는 것이 더 적절하다(흔히 이진법적 남성 또는 여성으로 구분되나, 간성intersex은 일부 사람에 대해서는 정확한 할당임). "트랜스섹슈얼transsexual"이라는 용어는 대체로 구시대적이지만, 일부 사람은 이 용어로 자신들을 구분한다. 이 용어는 구체적으로 주장하는 사람에 대해서만 사용되어야 한다.

성별과 명사 사용. 모든 사람(트랜스젠더 사람들 포함)은 이들이 자신들을 지칭하는 명칭으로 나타내라. 이는 법적 명칭 또는 출생증명서상의 명칭과 다를 수 있다. 따라서 비밀유지를 위한 조치가 요구된다는 사실을 기억하라(1.18–1.19절 참조; 질적 연구에서 비밀유지는 1.15절 참조). 마찬가지로, 고정관념적 편견 가능성을 줄이고 모호성을 피하려면, 구체적인 명사를 사용하여 사람들 또는 사람 집단을 구분하라(예, 여자women, 남자men, 트랜스젠더 남자transgender men, 트랜스 남자trans men, 트랜스젠더 여자transgender women, 트랜스 여자trans women, 시스젠더 여자cisgender women, 시스젠더 남자cisgender men, 젠더-플루이드 사람들gender-fluid people). 적절하고 관련 있는 경우, 형용사로 남성male과 여성female을 사용하라(예, 남성 참여자, 여성 실험자). 연령 범위가 넓거나 모호한 경우 또는 트랜스젠더 개인의 출생 시 성 할당을 구분하려는 경우에만, 명사로 "남성"과 "여성"을 사용하라(예, "출생 시 여아로 할당된 사람person assigned girl at birth"이 아니라, "출생 시 여성으로 할당된 사람person assigned female at birth"이 맞다). 그렇지 않으면, 5.3절에 기술된 것처럼, 명사로 "male"과 "female"의 사용을 피하고, 대신 다른 연령 사람들(예, women)에 대한 구체적인 명사를 사용하라.

모든 인간을 나타내려면, "man" 또는 "mankind"보다는 "individuals," "people," 또는 "persons" 같은 용어를 사용하여 정확하고 포괄적으로 제시하라. 직업명에서 "man"처럼 성별이 반영된 단어의 어미 사용을 피하라(예, "policeman" 대신 "police officer"를 사용하라). 이러한 표현들은 이 집단의 모든 사람이 자신들을 한 가지 성별로 구분하고 있음을 잘못 암시할 수 있기 때문이다. 대신, 가능하면 성별이 반영되지 않은 용어를 사용하라(예, "housewife" 대신 "homemaker"). 만일 총칭으로서의 "man," "he," 또는 구시대의 직업명이 포함된 자료를 사용한다면, 이러한 용어가 사용된 역사적 맥락을 명확하게 기술하라(세부적인 설명은 APA 양식 웹사이트 https://apastyle.apa.org 참조).

성별과 대명사 사용. 대명사 사용은 저자에게 특이성과 주의가 필수로 요구된다. 트랜스젠더와 젠더-넌컨포밍 사람들이 "선호되는 대명사preferred pronouns"로 사용하는 대명사를 사용하지 말라. 이는 개인의 성별에 관한 선택을 암시하기 때문이다. 대신, "확인된identified 대명사," "스스로 규정한self-identified 대명사," 또는 "대명사"를 사용하라. 알려진 사람에 관해 글을 쓰는 경우, 그 사람의 확인된 대명사를 사용하라. 어떤 사람들은 "they"를 단수대명사로 사용한다. 어떤 사람들은 다른 사람들 간에 "ze," "xe," "hir," "per," "ve," "ey," 그리고 "hen"(스웨덴어 성별중립 대명사) 같은 대안적 대명사를 사용한다. 또 "he"와 "she" 사이 또는 "he 및/또는 she" 사이를 오가는 사람들이 있는가 하면, 대명사를 전혀 사용하지 않고 대명사 자리에 자신들의 이름을 사용하는 사람들도 있다. 출생 시 할당된 성에 관계 없이 개인의 성별에 적절한 언어를 사용하여 트랜스젠더 사람을 나타내라. 예를 들면, 대명사 "he," "him," 그리고 "his"의 사용을 내비치는 트랜스젠더 남성에 대해서는 이러한 대명사들을 사용하라.

확인된 대명사가 알려지지 않은 사람들을 나타내거나 총체적 또는 가설적인 사람의 성별이 맥락 내에서 관련이 없는 경우, 단수 "they"를 사용하여 개인의 성별에 관한 가정을 피하라. "they," "them," "theirs" 등의 형태를 사용하라. 대명사가 부주의하게 사용되는 경우, 대명사 "he"가 모든 사람을 나타내는 데 사용되거나, 성별이 반영된 대명사가 배타적으로 사용되어 성에 따른 역할을 정의하거나(예, "the nurse ... she"), 또는 "he"와 "she"가 마치 이런 용어들의 총칭인 것처럼 번갈아 사용되는 경우처럼, 성차별주의자 편견이 발생할 수 있다. 특정 성별과 연관된 대명사는 대명사 사용이 총칭이 될 것으로 의도되는 경우조차 그 성별인 사람으로 생각하게 하는 것으로 밝혀졌다(Gastil, 1990; Moulton et al., 1978). 게다가, 전문적 맥락에서 성별이 명시된 언어에의 노출은 더 낮은 소속감, 감소된 동기, 그리고 그 성별로 구분하지 않는 사람들에 대한 전문적 탈동일시[disidentification]와 연결되어 있다(Stout & Dasgupta, 2011). 논문 작성자들이 단수 "they"를 사용하는 경우, 이는 독자들이 글귀에서 언급된 사람들을 지각하는 방식에서의 편견을 감소시키고, 이로써 독자들이 그 글귀에 의해 배척되는 느낌이 들지 않도록 확인하는 것에 도움이 된다.

단수 "they"에 대한 대안으로 "he or she," "she or he," "he/she," 그리고 "(s)he" 같은 복합 형태의 사용을 피하라. 이러한 구성은 배타적으로 성별의 이진법적 특성을 암시하고 이런 대명사를 사용하지 않는 사람들을 배척하기 때문이다. 이런 형태 역시 어색하고 산만하게 보일 수 있다(특히, 반복되는 경우). 그러나 만일 대명사로 언급되는 모든 사람이 이런 용어들을 사용한다면, 복합 형태인 "he or she" 또는 "she or he"(사선 또는 소괄호로 된 복합 형태는 제외)는 드물게 사용될 수 있다. 단수 "they"의 용법에 대한 세부적인 안내 지침과 예시는 4.18절을 참조하라.

이진법을 암시하는 용어. 한 가지 성 또는 성별을 "반대 성[opposite sex]" 또는 "반대 성별[opposite gender]"로 언급하는 것은 피하라. 적절한 문구로는 "또 다른 성[another sex]" 또는 "또 다른 성별[another gender]"이 될 수 있다. "반대[opposite]"라는 말은 두 성 또는 성별 사이에 강한 차이가 있음을 암시한다. 그러나 다른 성별 또는 성을 가진 사람들 사이에는 차이점보다는 유사점이 더 많다(Zell et al., 2015 참조). 앞서 언급한 바와 같이, 어떤 사람들은 어떤 이진법적 성별로도 자신을 구분하지 않는다. 또 이러한 구문은 장애가 있는 사람들의 존재나 성 발달 또는 간성인 사람들의 차이점을 무시한다(세부 정보는 Accord Alliance, n.d.; APA, 2015a; Blackless et al., 2000; Intersex Society of North America, n.d. 참조). 파트너들이 다른 성별 또는 성을 가진 경우, 관계의 구성원들을

5

기술하려면(예, 로맨틱 커플, 다자간 연애polyamorous관계에 있는 사람들), "반대 성별" 또는 "반대 성"보다는 "혼합된 성별mixed gender" 또는 "혼합된 성mixed sex"이라는 구를 사용하라. 파트너들이 같은 성별 또는 성인 경우는 "같은 성별same gender" 또는 "같은 성same sex"이라는 구를 사용하라.

5.6 연구 참여

사람들은 실험실, 가정, 학교, 사업체, 클리닉, 그리고 병원을 포함한 다양한 장면에서 연구에 참여한다. 맥락에 따라 특정 용어들이 사용된다. 연구에 참여하는 사람들에 관해 글을 쓰는 경우, "대학생," "아동," 또는 "응답자respondents" 같은 서술적 용어뿐 아니라, "참여자participants"와 "피험자subjects" 같은 더 일반적인 용어가 수용될 수 있다. 설정된 통계용어와 실험설계(예, "피험자 내 설계," "피험자 간 설계," "표본크기가 조정된 베이지안 정보기준Bayesian information criterion," "변이의 표본 간 추정값")에 관해 논의하는 경우, "피험자"와 "표본sample" 역시 관례적인 용어에 해당한다.

정신건강, 행동건강, 및/또는 의학적 질병, 장애, 또는 보건의료 서비스 제공자(예, 심리학자, 의사, 간호사, 또는 기타 의료 서비스 제공자)로부터 서비스를 받는 문제로 진단받은 개인을 서술하려면 "환자patient"라는 용어를 사용하라. 이러한 언어는 의료보험제도health care system에서 사용되는 언어와 일관되어야 하고, 심리학자들이 전문가 간interprofessional, 통합된 보건의료 문화의 일부로 인식되고 일관되게 통합된 존재가 되는 것을 촉진한다. 그러나 학술, 기업, 학교, 또는 기타 장면에서 "내담자client"(또는 또 다른 용어)라는 용어는 "환자"를 대신하여 선호될 수 있다. 심리적 서비스 수혜자, 그 가족, 또는 모집단 기술을 위한 언어를 선택하는 경우, 모든 맥락 내에서 심리적 서비스 수혜자와 그 가족에 의해 표현된 개인적 및/또는 문화적 선호성을 존중하라(세부 정보는 환자 용어 사용을 위한 APA 결의안Resolution for the Use of the Term Patient; APA, 2018 참조).

(장애 또는 질병 발생) **사례**case와 (장애 또는 질병의 영향을 받고 보건의료 전문가로부터 진료를 받고 있는) **사람**person 사이의 차이를 인정하는 것 역시 중요하다. 예를 들어, "조울증 사례들이 치료받았다(manic-depressive cases were treated)"라는 표현은 문제가 있다. 이 문장을 "양극성 장애가 있는 사람들이 치료받았다(the people with bipolar disorder were treated)"라고 읽히는 문장으로 수정하는 것은 사람들을 장애와 구분해 준다. 마찬가지로, 의학적 상황에서 "환자 관리patient management"와 "환자 배치patient placement" 같은 용어의 사용을 피하라. 대부분의 경우, 환자가 아닌 처치treatment가 관리

된다. 몇 가지 대안으로는 "진료조정coordination of care," "지지적 서비스supportive services," "조력ssistance"이 있다.

"경계선borderline"과 "위험군at risk" 같은 광범위한 임상 용어들이 사용되는 경우, 적절히 설명되어야 한다. 단, 이런 용어들을 폭넓은 의미로 사용하는 것은 피하라(예, "진단은 경계선이었다[the diagnosis was borderline]," "위험군 학생들[at-risk students]"). 이러한 용법은 용어의 특수한 임상적 또는 심리측정학적 의미를 모호하게 한다. 예를 들면, 신경심리학과 심리측정학적 검사의 맥락에서 "진단은 경계선이었다"는 특정 검사 또는 도구상에서 점수를 명시하기 위해 명료화될 수 있는 반면(예, "70과 80 사이의 표준점수는 심리측정학적으로 경계선으로 간주되거나, 낮은 평균과 경미하게 손상된 범위 사이는 X 진단의 위험군을 나타낼 수 있다"), 진단의 맥락에서 "진단은 경계선이었다"는 진단(예, 경계성 성격장애)의 명시를 위해 명료화될 수 있다. "위험군"이라는 용어를 사용하는 경우, 고위험군에 속하는 사람과 그 특징을 명시하라(예, "물질을 사용하는 청소년들은 조기에 학업 중도포기자가 될 위험군에 속한다[adolescents who use substances are at risk for early school dropout]").

여러 상황에 걸쳐, 연구에 참여한 사람들의 기여와 대행기관agency을 인정하는 방식으로 이들에 관해 기술하라. 문장구조는 이러한 감사의 글에서 핵심 역할을 하므로, 마찬가지로 전문적 언어를 사용하라(4.7절 참조). 능동태를 사용하여 연구자와 참여자의 행위를 기술하라(4.13절 참조). 수동태는 사람들이 행위의 주체자가 되는 대신 지시에 따라 행동하는 것을 암시한다(예, "피험자들은 실험을 완수했다[the subjects completed the trial]"와 "우리는 참여자들로부터 데이터를 수집했다[we collected data from the participants]"는 "실험은 피험자들에 의해 완결되었다[the trial was completed by the subjects]"와 "참여자들이 동원되었다[the participants were run]"라는 표현보다 더 선호된다). "여덟 명의 참여자가 로르샤하 검사 완수를 실패했다[eight participants failed to complete the Rorschach test]"에서처럼 "실패했다[failed]"라는 용어의 사용을 피하라. 이는 연구 결과 대신 개인의 결점을 암시한다. "완수하지 못했다[did not complete]"가 더 중립적인 선택이다(Knatterud, 1991). 이러한 선택들은 논문작성자가 작성 중인 사람들에 대한 존중 전달을 공고히 하는 데 도움을 줄 것이다.

5.7 인종 · 민족 정체성

인종racial과 민족집단ethnic groups을 나타내는 데 사용되는 용어들은 시간의 흐름에 따라 계속해서 변한다. 이에 대한 한 가지 이유는 단순히 개인의 선호도 때문이다. 선호되는 호칭은 사람들이 명명하는 것만큼이나 다양하다. 또 다른 이유는 호칭이 시간의 흐름에 따라 구시대적인 것이 될 수 있고 부정적 어감을 줄 수 있다는 것이다. 인종과 민족집단을 기술하는 경우, 적절하게 구체적인 용어를 사용하고 라벨 붙이기에 대한 쟁점에 유념하라(5.1–5.2절 참조).

인종race은 집단과 문화권이 사회적으로 중요하다고 간주하는 신체적 차이를 말한다. 예를 들면, 사람들은 자신의 인종을 원주민Aboriginal, 아프리카계 미국인African American이나 흑인Black, 아시아계Asian, 유럽계 미국인European American 또는 백인White, 북미 원주민Native American, 하와이 원주민Native Hawaiian 또는 태평양섬 주민acific Islander, 마오리족Māori, 또는 기타 인종으로 구분할 수 있다. **민족**ethnicity은 언어, 혈통, 관습, 신념 같은 공유된 문화적 특징을 의미한다. 예를 들면, 사람들은 라티노Latino(***역자 주.** 라틴 아메리카인의 총칭) 또는 다른 민족으로 구분할 수 있다. 인종집단을 나타내는지 또는 민족집단을 나타내는지 명확하게 기술하라. 인종은 보편적이 아닌 사회적 구성개념social construct이므로, 인종 라벨을 민족집단에 부과하지 않도록 유의해야 한다. 가능하다면, 참여자들이 사용하는 인종 및/또는 민족 용어를 사용하라. 연구자가 사용하는 인종 및 민족 범주가 명확하고 구체적인지 확인하라. 예를 들면, 참여자를 아시아계 미국인 또는 히스패닉 미국인으로 범주화하는 대신, 이들의 국가 또는 출신 지역(예, 일본계 미국인 또는 쿠바계 미국인)을 나타내는 더 구체적인 호칭을 사용할 수 있다. 일반적으로 수용된 호칭(예, 인구조사 범주)을 사용하되, 참여자들이 선호하는 호칭에 주의를 기울여라.

인종 · 민족 용어의 철자와 대문자 표기. 인종집단과 민족집단은 고유명사로 지정되고 대문자로 표기된다. 그러므로 "black"과 "white" 대신, "Black"과 "White"를 사용하라(색깔을 사용하여 다른 인간 집단을 나타내지 말라. 이렇게 하는 것은 경멸적인 것으로 간주된다). 마찬가지로, "Native American," "Hispanic" 등과 같은 용어들은 첫 글자를 대문자로 표기하라. 원주민을 의미하는 "Indigenous"와 "Aboriginal"은 사용될 때마다 첫 글자를 대문자로 표기하라. 구체적인 집단을 나타내는 경우, "Indigenous People" 또는 "Aboriginal People"은 대문자로 표기하라(예, the Indigenous People of Canada). 그러나 원주민들을 기술하는 경우, "사람들people"에 대해서는 소문자를 사용하라(예, "the authors were all Indigenous people but belonged to different nations").

만일 명칭이 단위 수식어 역할을 하는 경우도 여러 단어로 된 명칭에는 하이픈을 사용하지 말라(예, “Asian-American participants”가 아니라, “Asian American participants”). 만일 사람들이 다수의 인종 또는 민족집단에 속한다면, 구체적인 집단의 명칭은 대문자로 표기되지만, “다인종multiracial,” “두 인종biracial,” “다민족multi-ethnic” 등과 같은 용어들은 소문자로 표기된다.

특정 집단을 위한 용어. 특정 민족 및 인종 집단에 대한 호칭은 다음에 기술된다. 이러한 집단들은 자주 APA 학술지에 게재된 연구에 포함된다. 제시된 예시들은 완전하지는 않지만, 라벨 붙이기의 복잡성을 명확하게 보여 주고 있다.

□ **아프리카계 사람들**. 아프리카계 사람들에 관해 글을 쓰는 경우, 몇 가지 요인이 적절한 용어 사용을 위한 정보를 제공해 준다. 아프리카계 사람들은 폭넓게 다양한 문화적 배경, 가족사, 그리고 가족 경험을 지니고 있다. 이들 중 일부는 카리브해 섬, 라틴 아메리카, 미국 내 다양한 지역, 아프리카 대륙의 국가들, 또는 기타 지역 출신일 것이다. 일부 아프리카계 미국인은 “흑인Black”이라는 말을 선호하는가 하면, 다른 사람들은 “아프리카계 미국인African American”을 선호한다. 이 두 용어는 수용될 수 있다. 그러나 “아프리카계 미국인”이라는 말은 전 세계적으로 아프리카계 사람들에 대한 포괄적 용어로 사용되어서는 안 된다. 이는 다른 민족 또는 국가적 근원(예, 나이지리아인Nigerian, 케냐인Kenyan, 자메이카인Jamaican, 또는 바하마인Bahamian)을 모호하게 한다. 이 경우, “흑인Black”이라는 말을 사용하라. “니그로Negro”와 “아프로아메리칸Afro-American”이라는 말은 구시대적인 용어다. 그러므로 이러한 용어의 사용은 일반적으로 부적절하다.

□ **아시아계 사람들**. 아시아계 사람들에 관해 글을 쓰는 경우, “Asian”이라는 용어가 적절하다. 미국 또는 캐나다의 아시아계 사람들에 대해 적절한 용어는 각각 “아시아계 미국인Asian American” 또는 “아시아계 캐나다인Asian Canadian”이다. “아시아인Asian”과 “아시아계 미국인”을 동의어처럼 한 집단으로 묶는 것은 문제가 있다. 이러한 사용은 아시아계 미국인들은 영구적인 외국인들이라는 생각을 강화한다. “Asian”이라는 말은 미국이 아니라, 아시아에 있는 아시아인을 말하며, 아시아계 미국인을 지칭하는 데 사용되어서는 안 된다. 더 오래된 용어인 “오리엔탈Oriental”이라는 말은 주로 카펫 같은 문화적 물건의 지칭에 사용되고, 사람을 지칭하는 경우, 경멸적인 의미로 간주된다. 더 구체적으로 묘사하려면, “아시아 출신Asian origin”은 지역별로 나뉠 수 있다. 예를 들면, 남아시아(인도의 대부분 지역과 아프가니스탄, 파키스탄, 방글라데시, 네팔 같은 국가

포함), 동남아시아(인도 동부와 베트남, 캄보디아, 태국, 인도네시아, 필리핀 같은 국가 포함), 그리고 동아시아(중국, 일본, 남한과 북한, 대만 같은 국가 포함)로 나뉠 수 있다. 이에 상응하는 용어들(예, 동아시아인)이 사용될 수 있다. 그러나 가능하면, 구체적인 국가 또는 출신 지역으로 기술하라.

☐ **유럽계 사람들**. 유럽계 사람들에 관해 글을 쓰는 경우, “백인[White]”과 “유럽계 미국인[European American]”이라는 용어가 수용될 수 있다. 예를 들어, 후자의 경우 지역명이 필요하다면 조정하라. 즉, 유럽, 미국, 호주에 거주하는 유럽인 후손들에 대해서는 각각 “유럽인[European],” “유럽계 미국인[European American],” “유럽계 호주인[European Australian]”으로 조정하라. “백인” 또는 “유럽계”라는 용어의 대안으로 “코카서스인[Caucasian]”이라는 용어는 가급적 사용하지 않는 것이 좋다. 왜냐하면 이 용어는 백인을 다른 인종에 비해 더 호의적으로 비교되는 인종으로 분류하는 방법에서 유래되었기 때문이다. 인종과 민족에 관한 모든 논의와 마찬가지로, 가급적 출신지역(예, 남유럽인[Southern European], 스칸디나비아인[Scandinavian]) 또는 국가(예, 이탈리아인[Italian], 아일랜드인[Irish], 스웨덴인[Swedish], 프랑스인[French], 폴란드인[Polish])에 대해 더 구체적으로 언급하는 것이 선호된다.

☐ **전 세계 원주민**. 원주민에 관해 글을 쓰는 경우, 그들이 자신들을 부르는 명칭을 사용하라. 일반적으로, 원주민 집단은 “종족[tribe]”보다는 “사람들[people]” 또는 “국가”로 언급하라.

- 북아메리카에서는 “미국 원주민[Native American]”과 “북미 원주민[Native North American]”이라는 총칭이 수용될 수 있다(“미국 인디언[American Indian]”이라는 용어가 선호될 수도 있다). “인디언/인도인[Indian]”은 보통 인도에서 온 사람들을 말한다. 가능하면, 국가 또는 사람들을 명시하라(예, 체로키[Cherokee], 나바호[Navajo], 수[Sioux]).
- 하와이 원주민들[Hawaiian Natives]은 “미국 원주민[Native American],” “하와이 원주민[Hawaiian Native],” “하와이섬 원주민[Indigenous People of the Hawaiian Islands],” 및/또는 “태평양섬 주민[Pacific Islander]”으로 구분될 수 있다.
- 캐나다에서는 원주민들을 집합적으로 “원주민들[Indigenous Peoples]” 또는 “토착민들[Aboriginal Peoples]”로 나타내라(*International Journal of Indigenous Health*, n.d.). 가능하면, 국가 또는 사람들을 명시하라(예, 캐나다의 첫 번째 국가들의 국민[People of the First Nations of Canada], 첫 번째 국가들의 국민[People of the First Nations], 또는 첫 번째 국가 국민[First Nations People][예,

메티스Métis〈*역자 주. 캐나다 프랑스인과 북미 인디언 사이의 혼혈인〉], 이뉴이트Inuit[*역자 주. 캐나다 북부, 그린란드, 알래스카 일부 지역에 사는 종족]).

- 알래스카에서 원주민은 "알래스카 원주민들Alaska Natives"로 구분될 수 있다. 알래스카, 캐나다, 시베리아, 그리고 그린란드에서 원주민은 구체적인 국가명으로 구분될 수 있다(예, 이뉴이트Inuit, 이누피아Iñupiat). "에스키모Eskimo"라는 용어의 사용은 피하라. 이는 경멸적인 용어로 간주될 수 있다.
- 라틴 아메리카와 카리브해 지역Caribbean에서는 원주민을 집합적으로 "Indigenous Peoples"로 나타내고 가급적 명칭으로 나타내라(예, 케추아Quechua[*역자 주. 잉카 문명권의 공용어], 아이마라Aymara[*역자 주. 페루와 볼리비아의 인디오], 타이노Taíno[*역자 주. 절멸된 서인도제도의 아라와크 인디언 부족], 나와틀Nahuatl[*역자 주. 멕시코 남부와 중미 일부 지방의 원주민]).
- 호주에서 원주민들은 "원주민들Aboriginal Peoples" 또는 "호주 원주민들Aboriginal Australians"과 "토레스 해협 섬 사람들Torres Strait Islander People" 또는 "토레스 해협 섬 호주인들Torres Strait Island Australians"로 구분될 수 있다. 사람들이 자신을 나타내기 위한 용어를 사용하여 구체적인 집단을 나타내라(예, 아난구 피찬차차라Anangu Pitjantjatjara, 아렌트Arrernte[*역자 주. 호주 북부 지역의 원주민]).
- 뉴질랜드에서 원주민은 "마오리Māori" 또는 "마오리 사람들Māori People"로 구분될 수 있다(적절한 철자는 "a" 위에 발음을 구별하는diacritical 장음기호macron[*역자 주. 모음이 길게 발음되거나 강세를 나타내기 위해 모음 위에 붙이는 표시(−)]를 포함한다).

원주민의 전통적 지식 또는 구전 자료의 인용과 원주민 관련 용어의 대문자 표기에 관한 정보는 8.9절을 참조하라.

☐ **중동계 사람들**. 중동 및 북아프리카Middle Eastern and North African(MENA) 후손에 관해 글을 쓰는 경우, 가능하면 출신 국가를 언급하라(예, 이란, 이라크, 이집트, 레바논, 이스라엘). 어떤 경우, 아랍계임을 밝히고, 미국에 거주하는 MENA 사람들은 "아랍계 미국인Arab Americans"으로 나타낼 수 있다. 모든 경우에서 개인이 스스로 규정한 신원을 허용하는 것이 최선이다.

☐ **히스패닉계 또는 라틴계 사람들**. 히스패닉Hispanic, 라티노Latino(또는 라티닉스Latinx, 치카노Chicano[*역자 주. 멕시코계 미국인]), 또는 다른 관련된 명칭으로 구분되는 사람들에 관

해 글을 쓰는 경우, 저자는 참여자들과 상의하여 적절한 호칭을 선택해야 한다. "히스패닉"이 꼭 모두를 아우르는 용어가 아니고, "히스패닉"과 "라티노"라는 호칭은 서로 다른 어감을 지니고 있다. "라티노"라는 용어(그리고 관련된 형태들)는 브라질을 포함한 라틴 아메리카 출신 사람들에 의해 선호될 수 있다. 일부 사람은 "히스패닉"이라는 단어를 스페인어를 사용하는 사람들을 지칭하는 말로 사용하기도 한다. 그러나 라틴 아메리카의 모든 집단이 스페인어를 사용하는 것은 아니다(예, 브라질의 공용어는 포르투갈어다). "라티노"라는 말은 성별을 반영한다(즉, "라티노^Latino"는 라틴계 남성, "라티나^Latina"는 라틴계 여성을 지칭한다). 라티노와 라티나 둘 다를 의미하는 "Latin@"라는 용어의 사용은 현재 널리 수용되고 있다. "라팅스^Latinx" 역시 모든 성별에 포괄적인 성별 중립 또는 비이진법적 용어로 사용될 수 있다. "Latino," "Latina," "Latino/a," "Latin@," 및/또는 "Latinx"라는 용어 중 어떤 것을 사용해도 좋은 설득력 있는 이유들이 있고(de Onís, 2017 참조), 다양한 집단은 다른 형태의 사용을 옹호하고 있다.

연구 참여자 또는 모집단이 사용하는 용어(들)를 사용하라. 만일 논문작성자가 직접 이 모집단과 작업하고 있지는 않지만 이들이 연구의 초점이라면, 논문원고에서 사용한 용어를 선택한 이유 또는 "라팅스"처럼 더 포괄적인 용어를 선택한 이유를 설명하는 것이 도움이 될 수 있다. 일반적으로 국가명 또는 출신지역명을 사용하는 것이 선호된다(예, 볼리비아인^Bolivian, 살바도르인^Salvadoran, 또는 코스타리카인^Costa Rican이 라티노, 라팅스, 라틴 아메리카 사람, 또는 히스패닉보다 더 구체적인 호칭이다).

집단 간 평행 비교. 비병렬^nonparallel 호칭(예, "아프리카계 미국인^African Americans과 백인^Whites," "아시아계 미국인^Asian Americans과 흑인 미국인^Black Americans")은 피해야 한다. 한 집단은 색깔로 묘사되는 반면, 다른 집단은 그렇지 않기 때문이다. 대신, 전자의 예에서는 "흑인과 백인" 또는 "아프리카계 미국인과 유럽계 미국인", 후자의 예에서는 "아시아계 미국인과 아프리카계 미국인"이라는 용어들을 사용하라. "백인 미국인^White Americans과 인종적 소수자들^racial minorities"이라는 구는 사용하지 말라. "백인 미국인"이라는 용어로 비교되는 경우, 소수인종 내에서의 풍부한 다양성은 최소화된다.

본질주의^Essentialism **회피.** 인종의 핵심을 나타내거나 구체화하는 언어의 사용은 적극적으로 피해야 하고, 일반적으로 부적절한 것으로 간주된다. 예를 들면, "흑인종^the Black race"과 "백인종^the White race" 같은 구는 특성상 본질주의적이고, 인간 집단을 유연하지 않은 방식으로 묘사하는 것이며, 흔히 고정관념을 영속시킨다.

"소수자"에 관한 글쓰기. 비백인 인종과 인종집단을 집합적으로 나타내려면, "소수자들minorities"보다는 "유색인종people of color" 또는 "대표자가 불충분한 집단underrepresented group" 같은 용어를 사용하라. "**소수자**minority"의 사용은 경멸적인 용어로 여겨질 수 있다. 이는 보통 덜 동등한 것으로 간주되거나, 압제받고 있거나, 다수자majority(즉, 백인)에 비해 결핍된 것으로 인식되기 때문이다. 반면, **소수집단**minority group은 모집단의 다수집단 사람들과는 다른 민족적 · 인종적 · 사회적 · 종교적, 또는 기타 특징을 지닌 모집단의 하위집단이다. 그렇지만 이 용어의 관련성은 모집단의 인구통계학적 요인들이 변화함에 따라 변화하고 있다(APA, 2015a). 만일 지배적 인종집단과 비지배적 인종집단 사이에 구분이 필요하다면, 수식어(예, "인종적racial," "민족적ethnic")를 사용하여 "소수자"(예, 민족적 소수자ethnic minority, 인종적 소수자racial minority, 인종적-민족적 소수자racial-ethnic minority)라는 용어를 사용하라. 가능하다면, 집단 또는 대상이 되는 집단의 구체적인 명칭을 사용하라.

소수집단 구성원들이 혜택받지 못하고 있다고 추측하지 말라. "혜택받지 못하는underprivileged"이라는 말은 사회의 다른 사람들보다 재산, 교육, 자원 등이 적은 상태를 의미하는데, 특정 인종집단 또는 민족집단의 사람들 또는 이질성을 뜻할 수 있다. "혜택받지 못하는"이라는 용어보다는 "경제적으로 소외된economically marginalized"과 "경제적으로 착취된economically exploited" 같은 용어들 또한 사용될 수 있다. 가능하면, 더 구체적인 용어를 사용하거나(예, 재원이 부족한 흑인 다수집단으로 구성된 학교), 전반적으로 차별 또는 조직적인 탄압을 나타내라.

5.8 성 지향성

성 지향성sexual orientation은 "다른 사람에 대한 개인의 성적 · 정서적 끌림과 이러한 끌림으로부터 초래될 수 있는 행동 및/또는 사회적 소속감"이 포함된 개인 정체성의 일부다(APA, 2015a, p. 862). "성 선호성sexual preference," "성 정체성sexual identity," 또는 "성 지향성 정체성sexual orientation identity"보다는 "성 지향성sexual orientation"이라는 용어를 사용하라. 모든 사람은 자신의 성 지향성과 관계없이 자신의 파트너를 선택한다. 그러나 지향성 자체는 선택이 아니다.

첫째, 성 지향성은 개인이 성적 · 정서적 매력을 느끼는 정도로 개념화될 수 있다. 몇몇 병렬적 용어로는 "성애자sexual," "반성애자demisexual,"(또는 "회색-무성애자gray-asexual" "회색 A^gray-A"), 그리고 "무성애자^asexual"가 있다(The Asexual Visibility & Education Network, n.d. 참조). 자신을 **성애자**^sexual로 규정하는 사람은 일부 또는 모든 유형의 사람에 대해 성적 · 정서적 매력을 느낀다. 자신을 **반성애자**^demisexual로 규정하는 사람은 다른 사람과 강한 정서적 연결 맥락 내에서만 성적으로 매력을 느낀다. 그리고 자신을 **비성애자**^asexual로 규정하는 사람은 성적 매력을 경험하지 못하거나 성행동에 대해 거의 흥미를 갖지 못한다(APA, 2015b 참조).

둘째, 성 지향성은 방향성을 가진 것으로 개념화될 수 있다. 자신을 성애자 또는 반성애자로 규정하는 사람들의 경우, 자신의 끌림^attraction이 유사한 성별, 다른 성별 등의 사람들에게 향하게 될 수 있다. 즉, 성 지향성은 성별이 반영된 끌림의 방향성을 가리킨다. 그렇지만 이 방향성은 매우 포괄적이다(예, 비이진법^nonbinary). 따라서 개인은 남성, 여성, 둘 다, 둘 다 아님, 남성성, 여성성, 및/또는 다른 성별 정체성(예, 젠더퀴어^genderqueer 또는 양성적 특징을 가진 사람^androgynous)을 가진 사람들에게 끌리게 될 수 있다. 아니면 개인은 지각된 또는 알려진 성별 정체성을 토대로 단정되지 않는 매력을 지니고 있을 수 있다.

성 지향성에 관한 용어. 성 지향성에 관한 몇 가지 예로는 레즈비언^lesbian, 게이^gay, 이성애자^heterosexual, 스트레이트^straight, 무성애자^asexual, 양성애자^bisexual, 퀴어^queer(*역자 주. 남자 동성애자), 다성애자^polysexual, 범성애자^pansexual("다성애자^multisexual" 및 "전성애자^omnisexual"로도 불림)가 있다. 예를 들면, 자신을 레즈비언으로 규정하는 사람은 자신을 여자에게 끌리는(성 지향성) 여자(성별 정체성)로 기술할 수 있다. 즉, 레즈비언이라는 성 지향성 라벨은 다른 사람의 지각된 또는 알려진 성별 정체성에 근거를 두고 있다. 그러나 자신을 범성애자로 규정하는 사람은 성별 정체성에 따라 결정되지 않거나 묘사되지 않는 성별 정체성이 포괄적인 사람들에게 매력을 느낀다고 기술할 수 있다. 이러한 정의들은 진화하고 있고, 가능하면 스스로 규정하는 정체성이 가장 좋다는 사실을 유념하라.

"성적 및 성별 소수자^sexual and gender minorities"라는 포괄적인 용어를 사용하여 다수의 성적 및/또는 성별 소수집단을 기술하거나, "성 지향성과 성별 다양성^sexual orientation and gender diversity"에 관해 글을 작성하라(이러한 용어들은 APA의 성 지향성 · 성별 다양성 사무국^Office on Sexual Orientation and Gender Diversity과 미 국립보건연구원^National Institutes of Health의 성 · 성별 소수자 연구 사무국^Sexual & Gender Minority Research Office에 의해 사용되고 있다). LGBTQ, LGBTQ+,

LGBTQIA, LGBTQIA+ 같은 약자 역시 다수의 집단을 나타내는 데 사용될 수 있다. "LGBT"의 형태는 구시대적인 것으로 간주되지만, LGBT를 포함하거나 제외하고 어떤 약자를 사용해야 할지에 대한 합의된 바는 없다. 만일 약자 LGBTQ(또는 관련된 것)를 사용한다면, 이를 정의하고(6.25절 참조), 글을 쓰고 있는 대상 집단을 대표하고 있는지 확인하라. 대상 집단에 관해 구체적으로 기술하라(예, 주로 트랜스젠더 사람들에게 영향을 주는 제정법에 관한 글을 쓰려면, LGBTQ와 관련된 약자를 사용하지 말라. 대신, 영향을 받는 집단을 명시하라). 그러나 만일 불확실하다면, 잠재적으로 부정확한 약자보다는 포괄적인 용어 중 하나를 사용하라.

지향성에 관한 구체적인 용어를 사용하는 경우, 모호한 점이 있다면 용어에 대해 정의를 내려라. 예를 들면, 형용사 "게이gay"는 폭넓게 해석하여 모든 성별을 포함하거나, 더 좁게 해석하여 남성들만을 포함할 수 있으므로, 논문원고에서 이 용어를 사용하는 경우 "게이gay"에 대한 정의를 내리거나 용어의 사용을 명확하게 하려면 "게이 남자gay men"라는 구를 사용하라. 전통적으로, "레즈비언들lesbians"이라는 용어는 "레즈비언 여자들lesbian women"이라는 말과 혼용하기에 적절하다. 그러나 "게이들"이 아니라, "게이 남자들gay men" 또는 "게이 사람들gay people"이라는 용어가 사용되어야 한다.

부정확한 또는 경멸적 용어. "**동성애자**homosexual"와 "**동성애**homosexuality" 같은 용어의 사용은 피하라. 대신, 구체적인 정체성 우선 용어를 사용하여 사람들의 성 지향성을 기술하라(예, 양성애자들bisexual people, 남자 동성애자들queer people). 이런 구체적인 용어들은 주로 정체성과 이러한 정체성을 공유하는 사람들 사이에서 형성된 문화와 공동체를 나타낸다. 이러한 공동체를 "동성애자"라는 용어로 통합 · 기술하는 것은 부정확한 방법이다. 더욱이, "동성애"라는 용어는 부정적인 고정관념, 병리학, 그리고 사람들의 정체성을 이들의 성행동으로 환원시키는 것과 연관되어 왔고, 또 이러한 행태는 계속되고 있다. "**호모프레주디스**Homoprejudice(*역자 주. 동성애자들에 대한 선입견)," "**바이프레주디스**biprejudice(*역자 주. 양성애자들에 대한 선입견)," "**호모네거티비티**homonegativity(*역자 주. 동성애에 대한 부정적 태도)" 등은 레즈비언, 게이 남자, 양성애자, 또는 기타 성적 소수자들에 대한 편견 또는 차별적 태도를 암시한다. **이성애주의**heterosexism는 **이성애**heterosexuality가 정상이라는 신념을 나타낸다. 이는 달리 명시되지 않으면, 사람들은 이성애자라는 기본 가정에서 알 수 있다(American Psychological Association of Graduate Students, 2015). "**스트레이트**straight"와 "**이성애자**heterosexual"라는 용어들은 다른 성별의 사람들에게 매력을 느끼는 사람들을 지칭하기 위해 사용하는 경우, 둘 다 수용될 수 있다. "스트레이트"라는 용어는 이성애자와 동성애자라는 양분법으로부터 어휘를 벗어나는 데 도움이 될 수 있다. 성 지향성에 관한 세부정보는 트랜스젠더와 젠더 넌컨포밍 사람들과의 심리치료를 위한 지침Guidelines for Psychological Practice With Transgender and Gender Nonconforming People을 참조하라(APA, 2015a).

5.9 사회경제적 지위

사회경제적 지위socioeconomic status(SES)는 소득뿐 아니라 교육적 성취, 직업적 권위, 그리고 사회적 지위와 사회계급에 대한 주관적 지각을 포함한다. SES는 삶의 질의 속성과 사회에서 사람들에게 제공되는 기회를 아우르고, 폭넓은 심리적 성과의 일관된 예측요인이다. 따라서 SES는 방법 절에서 참여자에 관한 기술의 일부로 보고되어야 한다. SES는 복잡하므로, 모든 연구에서 유사하게 제시되지 않는다. 그러므로 SES를 둘러싼 언어에서의 편견을 최소화하려면, 특이성과 민감성 수준을 적절하게 기술하는 정확한 용어가 필수다(이에 관한 논의는 Diemer et al., 2013 참조).

SES 보고. SES를 보고하는 경우, 가능하면 사람들의 소득, 교육, 그리고 직업 또는 취업 상황에 관해 상세한 정보를 제공하라. 예를 들면, "저소득층 참여자low-income participants" 또는 "고소득층 참여자high-income participants"를 나타내는 경우, 보고된 소득이 가정의 규모를 고려하고 있는지를 분류하거나, 가정의 소득과 정부의 빈곤에 관한 지침 사이의 관계에 관한 정보를 제공하라. 이 외에도, SES는 구체적인 맥락과 관련된 정보와 참여자의 주거 상태(예, 셋집 거주, 자택 거주, 보조금으로 지은 주택 거주)와 이웃의 특징(예, 중산층 소득, 실업률, 또는 지역학교에서 무료급식 또는 할인된 가격의 급식 자격을 갖춘 학생 비율)과 관련된 정보 제공을 통해 기술될 수 있다.

경멸적 또는 고정관념적 용어. SES에 관한 논의에서는 폭넓고 경멸적이며 일반화하는 용어의 사용을 피하라. 구체적으로 말하면, "노숙자the homeless," "이너시티inner-city(*역자 주. 대도시 중심의 저소득층 사람들이 사는 지역)," "게토ghetto," "더 프로젝츠the projects," "가난에 시달리는poverty stricken," "복지 의존자welfare reliant" 같은 용어들은 부정적 어감과 연계되어 있다. 대신, 구체적인 사람 우선 언어를 사용하라(예, "복지 엄마들welfare mothers"보다는 "TANF 혜택을 받는 엄마들"["TANF"는 "Temporary Assistance for Needy Families", 즉 '도움이 필요한 가정들에 대한 일시적 지원'의 약자로, 미국에서 현재 복지 프로그램에 대한 적절한 용어다]). 고정된, 정기적인, 또는 적절한 야간 거주지가 없는 사람들에 대해 논의하는 경우, 사람들이 거주지를 가정으로 고려하는지가 아니라, 주택의 질이나 결여 또는 주거지가 없는 시간의 길이를 나타내는 구체적인 언어를 사용하라. 즉, 사람들을 "노숙자"라고 부르기보다는 "무주택 상태를 겪고 있는 사람들people experiencing homelessness," "무주택 상태인 사람들people who are homeless," "응급쉼터 사람들people in emergency shelter," 또는 "임시숙소에 있는 사람들people in transitional housing" 같은 언어를 사용하라.

"저소득층low-income"과 "빈곤층poor" 같은 SES 용어들은 역사적으로 인종 및/또는 민족적 소수집단 사람들에 대한 암묵적 서술어로 사용되어 온 사실에 주목하는 것이 중요하다. 따라서 저자들이 SES 범주 내에 인종 및/또는 민족적 서술어를 포함하는 것은 중요하다(예, "표본에는 저소득층과 중산층 푸에르토리코계 아버지들이 포함되어 있다[This sample includes low-income and middle-income Puerto Rican fathers]."). 경제적 · 직업적 상태를 둘러싼 암묵적 편견은 개인의 상황에 영향을 미치는 광범위한 사회적 맥락을 인식하기보다 사람들의 직업적 · 교육적 · 또는 경제적 상황을 비방하는 결핍기반언어deficit-based language를 초래할 수 있다(예, 수반되는 경제적 적자attendant economic deficits). 결핍기반 언어 역시 사람들이 소유하고 있는 것보다는 결여된 것에 초점을 맞춘다. 사람들을 "고등학교 중도포기자들high school dropouts," "교육을 제대로 받지 못한being poorly educated 사람들," 또는 "거의 교육을 받지 못한having little education 사람들"로 부르는 대신, "고등학교 졸업장이 없거나people who do not have a high school diploma, 이에 상응하는 사람들" 같은 더 민감하고 구체적인 서술어를 제공하라. 그렇지 않으면 강점기반의 관점을 채택함으로써, 저자들은 "초등학교 교육을 받은 사람들"에 관해 글을 쓸 수 있다. 이와 유사하게, "성취 공백achievement gap"에 관해 글을 쓰는 대신, "기회 공백opportunity gap"에 관해 글을 씀으로써, 사람들의 삶의 맥락이 어떻게 이들의 성과 또는 기회에 영향을 미치는지를 강조하라.

5.10 교차성

저자들이 개인적 특징에 관해 글을 쓰는 경우, **교차성**intersectionality, 즉 사람들이 광범위한 문화적 · 구조적 · 사회생물학적 · 경제적 · 사회적 맥락에 의해 조형되는 방식과 자신들을 규정하는 방식에 대해 민감해야 한다(Howard & Renfrow, 2014). 교차성은 이들이 서로 교차하고, 다른 변수들 사이에서 인종차별주의racism, 성차별주의genderism, 이성애주의heterosexism, 연령차별주의ageism, 계급차별주의classism 같은 불평등과 관련되

5

면서 다수의 정체성과 사회체계 차원을 다루는 패러다임이다(APA, 2017b). 따라서 사람들은 구조적 불평등이 소외된 정체성을 초래하는 사회 집단의 범위 내에 놓이게 된다.

사람들은 저마다 독특하다는 점에서 다수의 정체성이 가능하다. **교차 정체성** intersectional identity을 가진 집단의 한 예로서, 흑인 레즈비언 여성은 다수의 지위에 할당된 의미에서 다른 탄압 집단과 유사성과 차이점을 지니고 있을 수 있다. 흑인 여성들은 백인 여성들뿐 아니라 흑인 남성들로 인한 탄압적 · 차별적 경험으로 자신의 정체성을 규정할 수 있다. 동시에, 흑인 레즈비언 여성의 경험은 이런 다른 집단의 것과 같지 않을 수 있다. 이들은 자신의 인종, 성별, 및/또는 성 지향성에 대한 반응으로 차별을 경험할 수 있다. 따라서 이들의 경험은 인종차별, 성차별, 그리고 **이성애 규범성** heteronormativity(즉, 인종+성+이성애주의 heterosexism)에 의한 탄압의 총합을 반영하지 않고, 다만 백인 여성 또는 흑인 남성의 관점에 기초하지 않거나 사로잡히지 않은 흑인 레즈비언 여성으로서의 독특한 정체성과 사회적 위치를 반영한다(Bowleg, 2008; Crenshaw, 1989). 즉, 예를 들면, 흑인 여성과 백인 여성은 둘 다 여성이고, 흑인 여성과 흑인 남성은 양쪽 다 흑인이지만, 이는 후자 집단의 관점과 경험이 흑인 레즈비언 여성들의 것과 같거나 관련됨을 의미하지는 않는다.

교차 정체성 역시 탄압 경험과 교차하는 특권적 맥락에 대한 경험이 포함된다. 예를 들면, 장애가 있는 라오스 이민자 여성은 미국에서 그녀의 법적 이민 상태 때문에 안전감과 특권을 경험할 수 있지만, 그녀는 자신의 장애 상태에 기초하여 가족과 민족 공동체 안팎에서 차별과 적절한 자원에의 접근 결여를 경험할 수 있다. 유대계 미국인 청소년은 자신을 백인으로 지각한 결과로 특권을 경험할 수 있으나, 종교적 신념 때문에 학교와 소셜미디어에서 반유대주의적 anti-Semitic 비방의 표적이 될 수 있다. 이러한 예시들은 관점들이 개인이 소속된 다수의 정체성과 맥락(어떤 면에서는 탄압받고 어떤 면에서는 특권을 누린)에 의해 어떻게 조형되는지를 분명히 보여 주고 있다. 인종, 성별, 계급 같은 정체성 측면은 맥락에 따라 다를 수 있는 방식으로 탄압받거나 특권을 누리게 될 수 있다. 또한 시간과 공간을 넘나들며 역동적으로 상호작용하여 개인의 경험, 이점, 그리고 불리한 점을 조형하는 결과를 초래할 수 있다. 다수의 정체성 교차는 각 개인의 층을 이룬, 서로 맞물린 정체성들이 탄압받고 특권을 누리는 측면을 변형시킨다.

논문원고에서 교차성을 다루려면, 사람들의 관련된 특징과 집단의 구성원 의식(예, 다른 변수 중에서도 능력 및/또는 장애 상태, 연령, 성별, 성별 정체성, 세대, 역사적 · 지속적 소외 경험, 이민자 상태, 언어, 출신국가, 인종 및/또는 민족, 종교 또는 영성, 성 지향성, 사회계급, 그리고 사회경제적 지위)을 확인하고, 이들의 특징과 집단구성원 의식이 어떻게 연구와 관련된 방식으로 교차하는지 기술하라. 5.3–5.9절에 기술된 것처럼, 구체적인 용어를 사용하여 각 집단에 대한 참여자 데이터를 보고하라. 예를 들면, 참여자의 인종과 성별을 고려하여 기술하는 경우, "참여자 중 35명은 여성이었고, 41명은 남성이었다. 43명은 아프리카계 미국인이었고, 33명은 유럽계 미국인이었다."보다는 "20명의 참여자는 아프리카계 미국인 여성, 15명의 참여자는 유럽계 미국인 여성, 23명의 참여자는 아프리카계 미국인 남성, 그리고 18명의 참여자는 유럽계 미국인 남성이었다(모든 참여자는 시스젠더였다)."라고 써라. 이런 방식으로 참여자의 특징을 보고하는 것은 얼마나 많은 집단이 같은 특징을 지닌 사람들로 구성되어 있는지에 대한 독자들의 이해를 돕는다. 마찬가지로, 결과를 보고 · 해석하는 경우, 한 가지 특징이 연구자가 발견한 것에 대해 원인을 제공하고 있다고 추정하기보다는 연구 결과에 대한 어떤 교차 효과에 주목하라. 교차성에 대한 자세한 논의는 『**다문화 지침: 맥락, 정체성, 그리고 교차성에 대한 생태학적 접근**(*Multicultural Guidelines: An Ecological Approach to Context, Identity, and Intersectionality*)』(APA, 2017b)을 참조하라.

6

논문 양식의 기계적 요소

목차

6

논문 양식의 기계적 요소

양식style이란 문서화된 저작물에서 명확하고 일관된 의사소통과 제시를 보장하기 위한 지침을 말한다. 이 편람에 제시된 것처럼, APA 양식은 학술적 논문원고 작성을 위한 지침을 제공한다. 학술지와 교수들은 흔히 논문게재를 위해 글을 쓰는 저자들과 강좌 또는 학위과정의 필수요건 충족을 위해 글을 쓰는 학생들이 학술지 논문, 서적의 장, 그리고 학술적 논문원고 사이 및 내에서 비일관성을 피할 수 있도록 구체적인 양식 지침을 따를 것을 요구한다. 예를 들면, 논문 양식 지침이 없다면, 저자들은 한 저작물에서 "health care," "health-care," 그리고 "healthcare"라는 철자를 혼용하게 될 것이다. 아무리 의미가 같고 한 가지 양식의 선택이 인위적인 것 같더라도(이 경우, 한 칸 띄고 하이픈을 사용하지 않은 "health care"가 APA 양식이다), 논문 양식에서 이러한 변이는 독자들의 주의를 산만하게 하거나 혼란스럽게 할 수 있다.

이 장에서 우리는 구두점, 철자, 대문자 표기, 이탤릭체, 약자, 숫자, 통계 · 수학적 원고, 그리고 목록을 포함한 학술적 글쓰기를 위한 핵심적인 양식 지침을 제공하고 있다. 이러한 지침은 흔히 일반적인 좋은 글쓰기를 위한 지침과 중첩된다. 그러나 우리는 널리 사용 가능한 글쓰기 편람에 설명된 일반적인 문법 규칙과 APA 양식을 사용하는 학술지에 제출되는 원고와 거의 관련이 없는 문법 또는 용법은 생략한다. 양식 편람들은 내용이 다르기보다 더 흔히 일치된다. APA 양식 논문원고 또는 논문게재를 위해서는 **출판편람**이 우선시된다.

구두점

구두점punctuations은 문장의 운율cadence을 설정하고, 독자들에게 어디서 쉬고(쉼표, 세미콜론, 콜론), 멈추고(마침표, 물음표), 혹은 우회하는지(대시, 소괄호, 중괄호)를 알려 준다. 문장의 구두점은 보통 사고의 일시 정지를 나타낸다. 다른 종류의 구두점들은 일시 정지의 길이와 종류를 가리킨다.

6.1 구두점 다음에 띄어쓰기

구두점 다음에 한 칸을 띄우는 경우

- 문장의 끝에 마침표 또는 다른 구두점
- 쉼표, 콜론, 세미콜론
- 참고문헌 목록 입력자료의 부분을 분리하는 마침표(9.5절 참조)
- 이름에서 첫 머리글자 다음의 마침표 (M. P. Clark)

구두점 다음에 한 칸을 띄우지 않는 경우

- 약자 내부의 마침표 다음 (예, a.m., i.e., U.S.)
- 연구 참여자의 신분을 가리기 위한 라벨 다음 (F.I.M.)
- 비율에서 콜론 주위 (1:4)

주. 우리는 문장의 끝에서 마침표 또는 다른 구두점 다음에 한 칸을 띄우는 것을 권장한다. 그러나 학술지 또는 교수가 다른 필수요건을 제시한다면, 그 지침을 따르라.

6.2 마침표

마침표period를 사용하는 경우

- 완전한 한 문장의 종료
- 이름의 첫 머리글자 다음 (Bazerman, M. H.)
- "United States"와 "United Kingdom"이 형용사로 사용되는 경우, 이들에 대한 약자 (U.S. Navy; 이러한 용어의 생략은 필수로 요구되지 않는다)
- 연구 참여자의 신분을 감추기 위한 라벨 (F.I.M.)
- 라틴어 약자 (a.m., cf., e.g., i.e., p.m., vs.)
- 참고문헌 약자 (Vol. 1, 2nd ed., p. 6, paras. 11–12, F. Supp.)

- 시대 호칭 (B.C.E., C.E., B.C., A.D.; 9.42절 참조)
- 참고문헌 내에서 각 요소의 종료 (DOI와 URL 제외; 9.5절 참조)

마침표를 사용하지 않는 경우

- 주, 지방, 또는 영역 명칭의 약자 (NY; CA; Washington, DC; BC; ON; NSW)
- 대문자 약자와 두문자어 (APA, NDA, NIMH, IQ)
- 학위에 대한 약자 (PhD, PsyD, EdD, MD, MA, RN, MSW, LCSW, etc.; 2.5절 참조)
- 관리경로에 대한 약자 (icv, im, ip, iv, sc)
- 미터법과 비미터법 측정의 약자 (cm, hr, kg, min, ml, s)

주. "inch" 또는 "inches"의 약자(in.)에는 마침표를 사용한다. 마침표가 없이는 잘못 읽힐 수 있기 때문이다.

- 텍스트에서 URL 다음(8.22절 참조); 대신, URL을 문장의 중간 또는 소괄호 안에 위치시킴으로써 URL로 한 문장을 마치는 것을 피하라.
- 참고문헌 목록에서 DOI 또는 URL 다음(9.35절 참조)

6.3 쉼표

쉼표[comma]를 사용하는 경우

- 3개 또는 그 이상의 항목들로 연결되는 요소들 사이(맨 끝 항목의 앞 포함[6.49절 참조]; 이 마지막 쉼표는 연속 쉼표[serial comma] 또는 옥스퍼드 쉼표[Oxford comma]로 불린다.)

  옳음: height, width, and depth

  틀림: height, width and depth

- 도입구 다음(만일 도입구가 짧다면, 구 다음의 쉼표는 선택이다.)

  After the nurses administered the medication, patients rated their pain.

  in this section, we discuss

  또는

  in this section we discuss

6

- 비핵심절nonessential clause 또는 계속절, 즉 문장을 꾸며 주지만 삭제하더라도 문법구조와 문장의 의미에 아무런 영향을 주지 않는 서술적 용법의 절을 구분할 때(4.21절 참조)

  Strong fearful faces, which are rarely seen in everyday life, convey intense expression of negative emotions.

- 이미 소괄호가 있는 본문에서 통계치를 구분하는 경우, 내포된 소괄호를 피하려고 할 때

  Sleep amount was not significantly different between the three groups (nap: M=7.48 hr, SD=1.99; wake: M=8.13 hr, SD=1.22; nap+wake: M=7.25 hr, SD=0.76), $F(2, 71)$=2.32, p=.11.

  There was a main effect of group on corrected recognition, $F(2, 71)$=3.38, p<.04, η_p^2=.087.

- 접속사로 연결된 두 개의 독립절을 분리할 때

  Facial expressions were presented, and different photo models were chosen randomly.

- 본문의 정확한 날짜 또는 검색일에서 연도를 구분할 때(9.16절 참조); 그러나 본문에 월과 연도만을 제시하는 경우, 쉼표를 사용하지 않음

  Retrieved April 24, 2020, from

  in April 2020

- 소괄호로 본문 인용에서 연도를 구분할 때

  (Bergen-Abramoff, 2018)

  (Horowitz, 2019, discovered ...)

- 1,000 또는 그 이상의 대부분의 숫자에서 세 자리씩 분리할 때(예외는 6.38절 참조)

쉼표를 사용하지 않는 경우

- 핵심절essential clause 또는 제한절 앞(4.21절 참조); 이 절을 문장에서 제거하면 의도된 의미가 변형될 수 있음

  Adolescents who spent a small amount of time on electronic communication activities were happier than those who spent no time on such activities.

- 중문 술부compound predicate의 두 부분 사이

옳음: Participants rated the items and completed a demographic questionnaire.

틀림: Participants rated the items, and completed a demographic questionnaire.

- 측정값의 부분들을 분리할 때

7 years 4 months

2 min 35 s

5 ft 10 in.

6.4 세미콜론

세미콜론semicolon을 사용하는 경우

- 접속사로 연결되지 않은 두 개의 독립절을 분리할 때

Students received course credit for participation; community members received $10.

- "however," "therefore," 또는 "nevertheless" 같은 접속부사로 연결된 두 개의 독립절을 분리할 때

The children studied the vocabulary words; however they had difficulties with recall.

- 이미 쉼표들을 포함하고 있는 목록에서 항목들을 분리할 때(6.49절 참조)

The color groups were red, yellow, and blue; orange, green, and purple; or black, gray, and brown.

- 다수의 소괄호 인용을 분리할 때(8.12절 참조)

(Gaddis, 2018; Lai et al., 2016; Williams & Peng, 2019)

- 같은 소괄호에서 다른 유형의 정보를 분리할 때, 연속적인 소괄호를 피하려고 할 때

(n=33; Fu & Ginsburg, 2020)

6

- 이미 쉼표들이 포함된 일련의 통계치를 분리할 때

  (age, *M*=34.5 years, 95% CI [29.4, 39.6]; years of education, *M*=10.4 [8.7, 12.1]; and weekly income, *M*=$612 [522, 702]).

6.5 콜론

콜론[colon]을 사용하는 경우

- 문법적으로 완전한 도입절(명령문처럼 한 문장으로 독립될 수 있는 절)과 앞에 제시된 생각을 예시, 확대, 또는 부연 설명하는 마지막 구 또는 절 사이(만일 콜론 다음에 오는 절이 완전한 문장이면, 대문자로 시작한다; 6.13절 참조)

  There are three main patterns of mother-infant attachment: secure, avoidant, and resistant/ambivalent (Ainsworth et al., 1978).

  Yang et al. (2019) confirmed the finding: Test performance depended on preparation.

- 비례[ratios]와 비율[proportions]에서

  The proportion of salt to water was 1:8.

콜론을 사용하지 않는 경우

- 독립절 또는 완전히 문장이 아닌 도입문 다음

  The formula is $r_i = a_i + e$.

  Target behaviors included eating, sleeping, and socializing.

  The participants were asked to

  - rank the 15 items,
  - explain their choices, and
  - close their notebooks when finished.

6.6 대시

APA 양식에서는 두 종류의 **대시**[dash]가 사용된다(엠 대시[em dash][긴 대시]와 엔 대시[en dash][중간 크기 대시]). 이 두 대시는 하이픈(6.12절 참조)과 마이너스 기호와 다르다(6.45절 참조).

엠 대시. **엠 대시**[em dash]는 주절을 강조하기 위해 추가되거나 주절에서 벗어난 요소를

구분하는 데 사용하라. 엠 대시의 남용은 자료의 흐름을 약화시키므로, 분별력 있게 사용하라. 엠 대시 앞 또는 뒤에 한 칸을 띄우지 말라. 워드프로세싱 프로그램은 자동으로 두 개가 이어진 하이픈을 엠 대시로 변환하는 기능을 설정할 수 있다(제목에서 엠 대시 다음의 대문자 표기는 6.17절 참조).

Social adjustment—but not academic adjustment—was associated with extraversion.

엔 대시. **엔 대시**en dash는 하이픈보다 더 길고 가늘지만, 엠 대시보다는 더 짧다. 엔 대시는 복합 형용사에서 같은 무게의 단어 사이에 페이지 또는 날짜 범위 같은 수치의 범위를 나타낼 때 사용하라. 엔 대시 앞 또는 뒤에 한 칸을 띄우지 말라. 워드프로세싱 프로그램에는 엔 대시 삽입을 위한 옵션이 있다.

author–date citation

Sydney–Los Angeles flight

pp. 4–7

50%–60%

검사나 척도(예, MMPI-2) 또는 진단편람(DSM-5, ICD-11; 6.25절 참조)의 약자와 같이 대시가 포함된 약자에서는 일반적으로 엔 대시보다 하이픈이 사용된다.

6.7 따옴표

이 절에서는 직접인용 외에 **따옴표**quotation marks를 사용하는 법에 관해 다루고 있다(8.25–8.36절 참조). 따옴표는 흔히 다른 구두점과 함께 제시된다. 쉼표와 마침표는 폐쇄된 따옴표 안에 제시하라. 다른 구두점들(예, 콜론, 세미콜론, 생략점)은 닫힌 따옴표 밖에 제시하라.

큰따옴표double quotation marks를 사용하는 경우

- 언어학적 예시 또는 그 자체로 글자, 단어, 구, 또는 문장을 나타낼 때

the letter "m"

the singular "they"

answered "yes" or "no"

Instead of referring to someone as a "defective child," talk about a "child with a congenital disability" 또는 a "child with a birth impairment."

Students wrote "I promise to uphold the honor code" at the top of the test page.

- 본문에 자극을 제시할 때(긴 자극 목록은 따옴표가 필요 없는 표에 제시하는 것이 더 나을 수 있다)

The stimulus words were "garden," "laundry," "briefcase," and "salary."

주. 일부 학술지는 자극 등의 제시를 위해 이탤릭체를 선호한다. 선호되는 형식에 관해서는 원고준비 지침 또는 학술지 편집자에게 자문을 구하라.

- 검사 문항 자료 또는 참여자에 대한 구술 지침[verbatim instructions]을 재생하는 경우(만일 지침이 길다면, 부록에 제시하거나 따옴표 없이 블록인용 형식으로 본문과 구분하라; 2.14절과 8.27절 참조)

The first item was "How tired do you feel after a long day at work?"

Participants read, "You can write as much as you like when answering the questions."

- 반어적 논평, 속어, 또는 창안되거나 신조어 표현으로 사용된 단어 또는 구를 소개할 때(처음 등장한 단어 또는 구만 따옴표를 사용하되, 이후부터는 사용하지 않음)

첫 등장:	**이후 등장**:
considered "normal" behavior	normal behavior
called a "friendly link"	a friendly link

- 라벨을 소개할 때(라벨이 한 번 사용된 후, 이후부터는 따옴표를 사용하지 않음)

The image label changed from "spiderweb" to "dartboard." The spiderweb and dartboard labels ...

- 정기간행물 또는 서적의 장의 제목이 본문 또는 저작권 귀속에서 사용될 경우 제목을 구분할 때(참고문헌 목록 입력자료에서 논문 또는 서적 장 제목 주위에 따옴표를 사용하지 않음)

본문에서:

Oerlemans and Bakker's (2018) article, "Motivating Job Characteristics and Happiness at Work: A Multilevel Perspective," described ...

참고문헌 목록에서:

Oerlemans, W. G. M., & Bakker, A. B. (2018). Motivating job Characteristics and happiness at work: A multilevel perspective. *Journal of Applied Psychology, 103*(11), 1230-1241. https://doi.org/10.1037/apl0000318

저작권 귀속에서:

Adapted from "Motivating Job Characteristics and Happiness at Work: A Multilevel Perspective," by W. G. M. Oerlemans and A. B. Bakker, 2018, *Journal of Applied Psychology, 103*(11), p. 1236(https://doi.org/10.1037/apl0000318). Copyright 2018 by the American Psychological Association.

큰따옴표를 사용하지 않는 경우

- 핵심어 또는 구를 강조할 때(예, 정의를 제공하려는 용어 주변); 대신, 이탤릭체를 사용하라(6.22절 참조)
- 척도의 범위를 나타낼 때; 대신, 이탤릭체를 사용하라(6.22절 참조)
- 따옴표 없이도 의미가 충분하여 그 자체로 숫자를 나타낼 때

  The numeral 2 was displayed onscreen.

- 의미를 축소 또는 경시할 때(이러한 표현에는 어떤 구두점도 사용하지 말라)

  옳음: The teacher rewarded the class with tokens.

  틀림: The teacher "rewarded" the class with tokens.

6.8 소괄호

소괄호parentheses를 사용하는 경우

- 구조적으로 독립적 요소들을 구분할 때

  The patterns were statistically significant (그림 5 참조).

- 본문 인용을 구분할 때(8.11절 참조)

  Barnes and Spreitzer (2019) described

  (Proctor & Hoffmann, 2016)

- 본문에서 약자를 소개할 때(6.25절 참조)

  galvanic skin response (GSR)

  Child Report of Parental Behavior Inventory (CRPBI; Schaefer, 1965)

- 문장 또는 단락 내의 목록에서 항목들을 확인하는 문자들을 구분할 때(6.50절 참조)

  The subject areas included (a) synonyms associated with cultural interactions, (b) descriptors for ethnic group membership, and (c) psychological symptoms and outcomes associated with bicultural adaptation.

- 수학적 표현들을 모으는 경우(6.9절, 6.46절 참조)

  $(k-1)/(g-2)$

- 제시된 공식과 등식을 표시하는 번호를 나타낼 때

  $M_j = \alpha M_{j-1} + f_j + g_j * g_j'$ (1)

- 이미 소괄호로 묶이지 않은 통계치를 제시할 때

  was statistically significant ($p = .031$)

- 자유도degrees of freedom를 나타내는 경우

  $t(75) = 2.19$

  $F(2, 116) = 3.71$

주. (완전한 문장이 소괄호로 제시되는 경우, 이처럼 소괄호 안에 마침표를 찍어라.) 만일 문장의 일부만 소괄호 안에 제시된다면, 구두점을 소괄호 밖에 찍어라(이렇게).

소괄호를 사용하지 않는 경우

- 다른 소괄호 내에 있는 자료를 나타내는 경우(대신, 소괄호의 중복사용을 피하기 위해 중괄호를 사용하라)

  (Beck Depression Inventory [BDI]; Beck et al., 1996)

- 이미 소괄호에 제시된 통계치를 나타내는 경우(대신, 소괄호의 중복사용을 피하기 위해 통계치 앞에 쉼표를 사용하라)

were significantly different, $F(4, 132)=13.62$, $p<.001$.

- 연속적으로 소괄호로 표시된 정보를 나타내는 경우(대신, 하나의 소괄호에 정보를 위치시키되, 세미콜론으로 분리하라)

  옳음: (e.g., flow: Csikszentmihalyi, 2014)

  틀림: (e.g., flow) (Csikszentmihalyi, 2014)

6.9 중괄호

중괄호[square bracket]를 사용하는 경우

- 이미 소괄호 내에 있는 소괄호로 된 자료를 나타낼 때

  (The results for the control group [$n=8$] are also presented in Figure 2.)

- 생략된 용어가 소괄호 안에 제시될 때 약자를 나타낼 때

  (Minnesota Multiphasic Personality Inventory-2 [MMPI-2]; Butcher et al., 2001)

- 신뢰구간의 한계치를 나타낼 때

  95% CIs [-7.2, 4.3], [9.2, 12.4], and [-1.2, -0.5]

- 원저자 외의 사람에 의한 직접인용에 삽입된 자료를 나타낼 때(8.31절 참조)

  Schofield et al. (2016) found that "these types of [warm and accepting] parenting behaviors are positively associated with healthy child and adolescent adjustment" (p. 615).

- 참고문헌 목록 입력자료에서 일부 저작물의 형식에 관한 기술을 나타낼 때(예, 전형적인 동료심사를 받는 학술적 문헌 외의 것들; 9.21절 참조)

중괄호를 사용하지 않는 경우

- 이미 소괄호에 포함된 통계치를 제시할 때

  옳음: in the first study, $F(1, 32)=4.37$, $p=.045$.

  틀림: in the first study ($F[1, 32]=4.37$, $p=.045$).

  틀림: in the first study [$F(1, 32)=4.37$, $p=.045$].

6

주. 수학적 자료에서 중괄호와 소괄호의 위치는 바뀐다. 즉, 소괄호가 중괄호 내에 위치한다(6.46절 참조).

- 서술식 인용이 소괄호 내에 제시될 때, 서술식 인용 내의 연도 주변(대신, 쉼표들을 사용하라; 8.11절 참조)

  옳음: (as Gregory, 2020, concluded ...)

  틀림: (as Gregory [2020] concluded ...)

6.10 사선

사선slash("virgule," "solidus," 또는 "shill"로도 불림)을 사용하는 경우

- 복합 형용사에서 비교를 명확히 하고자 하는 경우, 특히 요소 중 하나가 하이픈으로 연결된 복합어인 경우(그렇지 않으면, 엔 대시를 사용하라; 6.6절 참조)

  the classification/similarity-judgment condition

  hits/false-alarms comparison

  test/retest reliability, test-retest reliability

- 두 가지 가능성 중 하나를 명시하는 경우

  and/or (드물게 사용하라)

  Latino/a

- 분자와 분모를 분리하는 경우

  X/*Y*

- 수치 뒤에 측정 단위를 구분하는 경우(6.27절 참조); 만일 수치가 측정 단위와 함께 제시된다면 "~당per"이라는 단어를 써라.

  0.5 deg/s

  7.4 mg/kg

  cost per square meter

- 음소phonemes를 나타낼 때

/o/

- 본문에서 번역된, 재인쇄된, 재발간된, 또는 재출판된 저작물을 인용하는 경우 (9.41절 참조)

Freud (1923/1961)

사선을 사용하지 않는 경우

- 1회 이상 복합 단위를 나타낼 때(모호성 방지를 위해 필요한 경우, 가운뎃점과 소괄호를 사용함

옳음: nmol • hr^{-1} • mg^{-1}

틀림: nmol/hr/mg

- 구가 더 명확할 것 같은 경우

옳음: Each child handed the toy to their parent or guardian.

틀림: Each child handed the toy to their parent/guardian.

철자

6.11 선호되는 철자

APA 양식 논문원고에서 **철자**spelling는 미리엄 웹스터 사전Merriam-Webster Dictionary(https://www.merriam-Webster.com)에 따라야 한다. 심리학 용어의 철자는 APA 심리학 사전APA Dictionary of Psychology(https://dictionary.apa.org)에 따라야 한다. 만일 단어가 이 두 사전과 다르게 제시된다면, 철자는 APA 심리학 사전에 따르라. 만일 단어가 이 두 사전에 없다면, 웹스터 사전 무삭제판unabridged edition을 검색하라(https://unabridged.merriam-Webster.com 참조). 만일 사전에 철자 선택이 제공된다면, 하나를 택하여 그 단어를 논문원고 내내 일관되게 사용하라. 라틴 또는 그리스 어원의 일부 단어의 복수형은 성가실 수 있다(특히 문자 “a”로 마치는 단어들). 흔히 사용되는 단어 중 선호되는 철자 목록은 다음과 같다.

단수:	appendix	criterion	curriculum	datum	phenomenon
복수:	appendice	criteria	curricula	data	phenomena

복수명사 다음에는 복수동사가 와야 한다는 사실을 기억하라.

옳음: The data indicate

틀림: The data indicates

일반적으로, 단수 명칭의 소유격은 이름이 "s"로 끝나는 경우, 아포스트로피apostrophe 다음에 "s"를 붙여라(예, "Milner's theory"). 이 지침은 이름이 "s"로 끝나는 경우에도 적용된다(예, "Descartes's philosophy," "James's work"). 테크놀로지와 관련된 용어의 철자는 시간의 흐름에 따라 진화한다. APA 양식 논문원고에서 흔히 사용되는 몇몇 기술 단어에 대해서는 다음과 같은 철자를 사용하라.

email	ebook	ereader	database
data set	smartphone	internet	intranet
Wi-Fi	website	webpage	the web
home page	username	login page(동사로 사용되는 경우에는 "log in")	emoji(복수형으로는 "emoji" 또는 "emojis")

6.12 하이픈

복합어compound words(2개 또는 그 이상의 단어로 결합된 단어)는 여러 형태로 이루어져 있다. 즉, 복합어는 ① 2개의 분리된 단어(개방), ② 하나의 하이픈으로 연결된 단어, 또는 ③ 하나로 된 단어로 쓰일 수 있다. 복합어는 흔히 분리된 또는 하이픈으로 연결된 단어로 언어에 소개된다. 이러한 단어들은 자주 사용되면서, 확고한 하나의 단어로 결합되는 경향이 있다. 예를 들어, "data base"는 "database"가 되었고, "e-mail"은 "email"이 되었다. 사전은 적절한 형태 선택을 위한 훌륭한 안내 책자다. 복합어가 사전에 나오는 경우, 그 단어의 용법이 설정되고 영구적인 복합어로 간주된다(예, "health care," "self-esteem," "caregiver"). 일반적으로, 영구적인 복합어에 대해서는 사전에 수록된 **하이픈 사용**hyphenation 규정을 따르라(예, "health care setting" 같은 구에서도 하이픈 없이 "health care"라고 써라). 하이픈은 오독misreading 방지를 위해서만 조정하라. 복합어를 쓰는 방식에 대해 사전들이 항상 일치하는 것은 아니다(단어 사이에 한 칸 띄우기, 하이픈 연결, 또는 한 단어로 쓰기). 6.11절에는 APA 양식 논문원고를 위해 사용할 사전들이 명시되어 있다.

복합어의 또 다른 형태(일시적 복합어temporary compound)는 특정 논문원고에 한해 한 가지 생각을 표현하기 위해 2개 또는 그 이상의 단어들을 한 단어로 구성하는 것이다. 일시적 복합어는 보통 사전에 수록되어 있다. 일시적 복합어를 하이픈으로 연결하는 방법을 결정하려면, 다음 지침에 따르라.

- 만일 일시적 복합어가 오독될 수 있거나 단일 사고를 표현한다면, 하이픈을 사용하라(특히, 일시적 복합어가 명사 앞에서 형용사로 제시되는 경우). 확신이 안 서는 경우, 하이픈을 사용하여 명확하게 하라. 예를 들면, "Adolescents resided in two parent homes"는 두 채의 집이 거주지로 사용되었다거나 각 청소년이 두 부모와 살았다는 의미가 될 수 있다. "two-parent homes"에서 하이픈은 후자의 의미를 나타낸다.
- 만일 복합어가 이를 수식하는 명사 다음에 제시된다면, 하이픈을 사용하지 말라. 왜냐하면 거의 모든 경우에, 구는 하이픈 없이도 충분히 명확하기 때문이다. 일시적 복합어에서 하이픈 사용에 관한 세부적인 예시는 표 6.1을 참조하라.

t test results	그러나	results of *t* tests
same-sex children	그러나	children of the same sex

표 6.1 일시적 복합어 하이픈 연결 지침

문법 지침	예시
□ **하이픈으로 연결하는 경우**	
○ 수식하는 명사 앞에 오는 분사가 있는 복합어	• decision-making behavior water-deprived animals • Canadian-born actor
○ 수식하는 용어 앞에 오는 형용사로 사용되는 구	• trial-by-trial analysis to-be-recalled items one-on-one interviews
○ 수식하는 용어 앞에 오는 형용사와 명사의 복합어	• high-anxiety group • middle-class families • low-frequency words
○ 수^{number}로 시작되며 수식하는 용어 앞에 오는 복합어	• six-trial problem • 12th-grade students • 16-min interval
○ 형용사로 사용된 분수	• two-thirds majority
□ **하이픈으로 연결하지 않는 경우**	
○ 수식하는 용어 다음에 오는 복합어	• behavior related to decision making • students in the 12th grade • a majority of two thirds
○ "−ly"로 끝나는 부사를 포함하는 복합어	• widely used test • relatively homogeneous sample • randomly assigned participants
○ 비교급 또는 최상급 형용사를 포함하는 복합어	• better written paper • less informed interviewers • higher order learning • highest scoring students
○ 화학용어	• sodium chloride solution amino acid compound
○ 형용사 또는 부사로 사용된 라틴어 구	• a posteriori test • post hoc comparisons • were fed ad lib (but hyphenate the adjectival form: ad-lib feeding)
○ 두 번째 요소로 한 글자 또는 숫자가 포함된 수식어	• Group B participants • Type II error • Trial 1 performance
○ 명사로 사용된 분수	• one third of the participants

- 접두사와 접미사로 된 대부분의 단어는 하이픈이 없는 한 단어로 표기하라. 하이픈이 필수로 요구되지 않는 접두사와 접미사의 예시는 표 6.2를 참조하라. 하이픈이 필수로 요구되지 않는 접두사와 접미사가 있는 단어의 예시는 표 6.3을 참조하라. 일부의 경우, 똑같은 접미사는 하이픈으로 연결될 수 있으나, 다른 경우에는 그렇지 않다(예, "nationwide"와 "worldwide" vs. "industry-wide").
- 2개 또는 그 이상의 복합어 수식어가 공통된 베이스를 가지는 경우, 그 베이스는 때로 마지막 수식어를 제외한 모든 경우에서 생략되지만, 하이픈은 그대로 둔다. 베이스가 생략되는 경우 하이픈 다음에 구두점이 오지 않는다면 하이픈 다음에 한 칸 띄워라.

long-and short-term memory

2-, 3-, 그리고 10-min trials

표 6.2 하이픈이 필수로 요구되지 않는 접두사와 접미사

접미사 또는 접두사	예시	접미사 또는 접두사	예시
• able	• retrievable	• mid	• midterm
• after	• aftercare	• mini	• minisession
• anti	• antisocial	• multi	• multimethod
• bi	• bilingual	• non	• nonsignificant
• cede/sede/ceed	• intercede	• over	• oversampling
• co	• covariate	• phobia	• agoraphobia
• cyber	• cyberwarfare	• post	• posttest
• equi	• equimax	• pre	• preexperimental
• extra	• extracurricular	• pseudo	• pseudoscience
• gram	• cardiogram	• quasi	• quasiperiodic
• infra	• infrared	• re	• reevaluate
• inter	• intersex	• semi	• semidarkness
• like	• wavelike	• socio	• socioeconomic
• macro	• macrocosm	• sub	• subtest
• mega	• megawatt	• super	• superordinate
• meta	• metaethnography	• supra	• supraliminal
• meter	• nanometer	• un	• unbiased
• micro	• microcosm	• under	• underdeveloped

주. 그러나 'meta-analysis'과 'quasi-experimental'에는 하이픈을 사용하라.

표 6.3 하이픈이 필수로 요구되는 복합어

사용하는 경우	예시
□ 베이스 단어가 다음과 같은 복합어 ○ 대문자	• pro-Freudian • Likert-type • Stroop-like
○ 숫자	• post-1977
○ 약자	• pre-UCS trial
○ 한 단어 이상	• non-achievement-oriented students
□ 모든 "self–" 복합어(형용사 또는 명사이든[a])	• self-report technique • the test was self-paced • self-esteem
□ 오해의 소지가 있는 단어	• re-pair(pair again) • re-form(form again) • un-ionized(not ionized)
□ 접두사 다음의 베이스 단어가 "a," "i," 또는 "o"로 시작하는 단어[b]	• meta-analysis • anti-intellectual • co-occur

[a] 그러나 "self psychology."

[b] "Pre"와 "re" 복합어는 베이스 단어가 "e"로 시작하는 경우, 하이픈으로 연결하지 않는다(예, "preexisting," "reexamine").

대문자 표기

APA 양식은 "down" 양식이다. 즉, 다음에 제시된 것처럼, 대문자로 표기capitalization해야 한다는 구체적인 안내 지침이 없다면, 단어는 소문자로 표기해야 한다는 의미다.

6.13 문장의 시작단어

대문자로 표기하는 경우

- 완전한 문장의 첫 단어
- 콜론이 붙여진 완전한 문장의 경우, 콜론 다음의 첫 단어

The statement was emphatic: Further research is needed.

대문자로 표기하지 않는 경우

- 인명으로 시작하는 문장에서 소문자로 시작하는 인명; 그렇지 않으면, 문장의 문구를 바꿔라.

  ... after the test. van de Vijver et al. (2019) concluded

- 한 문장을 시작할 때, 소문자로 시작하는 (인명 외의) 고유명사(예, iPad, eBay) 또는 소문자 통계용어(예, t 검정, p 값; 6.26절 참조); 대신, 소문자로 시작하지 않도록 문장을 바꿔라.

6.14 고유명사와 제품명

대문자로 표기하는 경우

- 고유명사와 고유형용사
- 인종집단과 민족집단의 명칭(5.7절 참조)

  We interviewed 25 Black women living in rural Louisiana.

- 특정 대학의 학과, 학문기관, 학과목의 명칭

□ 대문자로 표기하는 경우	□ 대문자로 표기하지 않는 경우
• Department of Psychology, San Francisco State University	• a psychology department, a university
• Psychology 101	• a psychology course
• Science of Nursing Practice	• a nursing course

- 제품 및 브랜드 명칭(일반적으로, 학술논문에 사용된 제품 또는 브랜드 명칭 다음에는 저작권 또는 상표 코드는 기입하지 말라. 그러나 이런 코드는 비즈니스와 마케팅 자료에 포함될 수 있다)

□ 대문자로 표기하는 경우	□ 대문자로 표기하지 않는 경우
• APA Style	• a style
• Zoloft	• sertraline (Zoloft의 일반 명칭)
• iPhone, Android phone	• smartphone
• Wi-Fi	• wireless, hotspot

6

대문자로 표기하지 않는 경우

- 공통적인 의미를 지닌 고유형용사(이에 관한 안내 지침은 사전을 참조하라; 6.11절 참조); 이런 용어들 내의 인명은 제외함

eustachian tube

cesarean section

그러나

Freudian slip

Wilks's lambda

Euclidean geometry

6.15 직명과 직위

제목이 이름 앞에 오는 경우, 직명 또는 직위는 대문자로 표기하라(제목은 저자란에서 사용되지 않는다; 2.5절 참조).

President Lincoln was elected in 1860.

Executive Director of Marketing Carolina Espinoza led the meeting.

Dr. Aisha Singh, Dr. Singh

Registered Nurse Paul T. Lo, Nurse Lo

일반적으로 이름 다음에 직명이 오거나 직위를 나타내는 경우, 직명 또는 직위는 대문자로 표기하지 않는다.

Abraham Lincoln was president of the United States.

Carolina Espinoza, executive director of marketing, led the meeting.

president, vice-president, chief executive officer, executive director, manager

professor, instructor, faculty, dean

psychologist, psychiatrist, counselor, social worker

physician, doctor, physician assistant

nurse, registered nurse, advanced practice nurse, nurse practitioner

6.16 질병, 장애, 치료, 이론 및 관련 용어

다음의 명칭은 대문자로 표기하지 않는다.

- 질병 또는 장애

autism spectrum disorder	diabetes
major depression	leukemia

- 치료와 처치

cognitive behavior therapy	immunotherapy
applied behavior analysis	cataract surgery

- 이론, 개념, 가설, 원칙, 모델 및 통계 절차

object permanence	theory of mind
associative learning model	law of effect
psychoanalysis theory	two-group *t* test

그러나 질병, 장애, 치료, 처치, 이론, 개념, 가설, 원칙, 모델, 그리고 통계 절차 내의 인명은 대문자로 표기한다.

Alzheimer's disease	Down syndrome
non-Hodgkin's lymphoma	Maslow's hierarchy of needs
Freudian theory	Pavlovian conditioning

6.17 저작물 제목과 저작물 내의 소제목

APA 양식에서는 저작물 제목과 저작물 내의 소제목에 대해 두 가지 유형의 대문자 표기법이 적용된다(① 제목 표기법, ② 문장 표기법). **제목 표기법**title case(*역자 주. 전치사, 관사 등을 제외한 제목의 모든 단어의 첫 글자를 대문자로 표기하는 방법)에서 주요 단어는 대문자로 표기한다. **문장 표기법**sentence case(*역자 주. 고유명사, 약자 등을 제외한 문장의 첫 단어의 첫 글자만 대문자로 표기하고, 나머지는 소문자로 표기하는 방법)에서 대부분의 단어는 소문자로 표기된다. 명사, 동사(연결 동사 포함), 형용사, 부사, 대명사, 그리고 네 글자 이상으로 된 모든 단어는 주요 단어로 간주된다. 짧은(즉, 세 글자 이하) 접속사, 짧은 전치사, 그리고 모든 관사는 사소한minor 단어로 간주된다.

제목 표기법. **제목 표기법**title case(TC)에서는 제목 또는 소제목에 있는 다음 단어들을 대문자로 표기한다.

- 첫 단어("The" 같은 부수적인 단어)
- 하위 제목의 첫 단어(부수적인 단어라도)
- 소제목에서 콜론, 엠 대시, 또는 마지막 구두점 다음의 첫 단어(부수적인 단어라도)
- 주요 단어(하이픈으로 연결된 단어의 두 번째 부분 포함; 예, "Self-report"가 아니라, "Self-Report")
- 네 글자 또는 그 이상으로 된 단어(예, "With," "Between," "From")

제목 또는 소제목에서 세 글자 이하의 소문자로만 된 부수적인 단어(제목 또는 하위 제목에서의 첫 단어 또는 소제목에서 콜론, 엠 대시, 또는 마지막 구두점 다음의 첫 단어는 제외)

- 짧은 접속사(예, "and," "as," "but," "for," "if," "nor," "or," "so," "yet")
- 논문("a," "an," "the")
- 짧은 전치사(예, "as," "at," "by," "for," "in," "of," "off," "on," "per," "to," "up," "via")

제목 표기법 적용 시기. 제목 표기법(TC)을 사용하는 경우는 다음과 같다.

- 본문에 제시된 논문, 서적, 보고서, 그리고 기타 저작물의 제목

  In the book *Bilingualism Across the Lifespan: Factors Moderating Language Proficiency*

  In the article "Media Influences on Self-Stigma of Seeking Psychological Services: The Importance of Media Portrayals and Person Perception"

- 검사 또는 측정도구명(하위 척도 포함; 6.18절 참조)

  Wechsler Adult Intelligence Scale

  WAIS-IV Verbal Comprehension Index

- 저작물 내의 모든 소제목(1–5 수준; 2.27절 참조)
- 논문원고의 제목, 그리고 명명된 절과 하위 절의 제목

the Date Analyses section

- 정기간행물의 제목(이탤릭체로 표기)

  Journal of Experimental Psychology: Learning, Memory, and Cognition

  The Washington Post

- 표 제목(이탤릭체로 표기; 7.11절 참조)

- 그림 제목(이탤릭체로 표기), 축 라벨, 그리고 범례(7.25–7.27절 참조)

문장 표기법. 문장 표기법sentence case(SC)에서는 제목 또는 소제목에 있는 대부분의 단어는 소문자로 표기한다. 대문자로 표기하는 단어는 다음과 같다.

- 제목 또는 소제목의 첫 단어
- 하위 제목의 첫 단어
- 소제목에서 콜론, 엠 대시, 또는 마지막 구두점 다음의 첫 단어
- 숫자 또는 문자 앞에 오는 명사
- 고유명사

문장 표기법의 사용 시기. 문장 표기법(SC)을 사용하는 경우는 다음과 같다.

- 참고문헌 목록 입력자료에서 논문, 서적, 보고서, 웹페이지, 그리고 기타 저작물의 제목(원저작물에서 제목 표기법(TC)이 적용되었다 하더라도; 9.19절 참조)

  Golden, A. R., Griffin, C. B., Metzger, I. W., & Cooper, S. M. (2018). School racial climate and academic outcomes in African American adolescents: The protective role of peers. *Journal of Black Psychology, 44*(1), 47-73. https://doi.org/10.1177/0095798417736685

  Mena, J. A., & Quina, K. (Eds.). (2019). *Integrating multiculturalism and intersectionality into the psychology curriculum: Strategies for instructors*. American Psychological Association. https://doi.org/10.1037/0000137-000

- 표 열 소제목, 입력자료, 그리고 주(7.12–7.14절 참조)

- 그림 주(7.28절 참조)

주. 그림의 이미지에 있는 단어(7.26절 참조)는 제목 표기법(TC) 또는 문장 표기법(SC)이 사용될 수 있다. 그림 이미지에서 대문자 표기는 본문에서 사용된 같은 지침을 따른다.

6.18 검사와 측정도구의 제목

출판 및 미출판 검사와 측정도구, 그리고 이들의 하위 척도의 제목은 대문자로 표기한다. "test"와 "scale" 같은 단어는 검사 또는 하위 척도 제목의 일부가 아니라면, 대문자로 표기하지 않는다. 검사와 측정도구의 제목에 대한 이탤릭체 사용에 관해서는 10.11절을 참조하라.

Thematic Apperception Test

Minnesota Multiphasic Personality Inventory-2

MMPI-2 Depression scale

Stroop Color-Word Interference Test

the authors' Mood Adjective Checklist

SF-36 Physical Functioning scale

검사 또는 측정도구의 단축된, 부정확한, 또는 포괄적인 제목은 대문자로 표기하지 않는다.

a vocabulary test　　Stroop-like color test

6.19 숫자 또는 문자 앞에 오는 명사

연속적으로 나열된 상태에서 구체적인 위치를 나타내는 숫자 또는 문자 앞에 오는 명사는 대문자로 표기한다.

Figure 3	Table 1, Row 2, Column 6
Appendix B	Research Question 3
Footnote 2	Days 7–9
Trials 5 and 6	Part 4
Grant AG11214	Chapter 8

예외: 오랜 관행에 따라 숫자 앞에 오는 "page" 또는 "paragraph" 같은 단어는 대문자로 표기하지 않는다.

page 2

paragraph 4

대문자로 표기하지 않는 경우

- 단어 "numeral" 또는 "letter"가 정수 또는 알파벳 다음에 연속해서 나열된 상태에서 한 위치를 나타내지 않기 때문에 그 자체로 "numeral" 또는 "letter"를 나타낼 때

the numeral 7

the letter "a"

- 변수 앞에 오는 명사

trial *n* and item *x*

그러나

Trial 3 and Item b (The number and letter are not variables.)

- 숫자 또는 문자를 포함하는 유전자와 단백질 명칭

nuclear receptor subfamily 3, group C, member 1

6.20 실험에서 조건 또는 집단 명칭

실험에서 조건 또는 집단의 명칭은 대문자로 표기하지 않는다.

the experimental and control groups

participants were assigned to information and no-information conditions

그러나

Conditions A and B (6.19절 참조)

6.21 요인, 변수, 그리고 효과의 명칭

요인 또는 주요 구성요소 분석 내의 파생된 변수 명칭은 대문자로 표기한다. "요인factor"과 "구성요소component"라는 단어는 숫자를 동반하지 않으면, 대문자로 표기하지 않는다(6.19절 참조).

6

Big Five personality factors of Extraversion, Agreeableness, Openness to Experience, Conscientiousness, and Neuroticism

Mealtime Behavior (Factor 4)

효과 또는 변수는 곱셈 기호와 함께 제시되지 않으면 대문자로 표기하지 않는다. ("효과[effect]" 또는 "변수[variable]"를 의미하는 경우, "요인"이라는 용어를 사용하지 않도록 유의하라 [예, 상호작용 또는 변이의 분석])

small age effect

sex, age, and weight variables

그러나

Sex × Age × Weight interaction

3 × 3 × 2 (Groups × Trials × Responses) design

2 (methods) × 2 (item types)

이탤릭체

6.22 이탤릭체 사용

이탤릭체[Italics]로 표기하는 경우

- 흔히 정의를 동반하는 핵심 용어 또는 구

Mindfulness is defined as "the act of noticing new things, a process that promotes flexible responding to the demands of the environment" (Pagnini et al., 2016, p. 91).

주. 용어 또는 구에 대해 독자들의 주의를 집중시키기에 적절한 경우, 한 번만 용어 또는 구를 이탤릭체로 표기하라. 이 외의 경우, 용어는 표준 글자체(비이탤릭체[nonitalic])로 표기되어야 한다. 예를 들면, 소제목에서 한 단어가 사용되고 나서 이어지는 본문에서 정의된다면, 그 용어는 소제목에서보다는 정의 일부로 이탤릭체로 표기하라.

- 서적, 보고서, 웹페이지, 그리고 기타 별도의 저작물의 제목(9.19절 참조)

Concise Guide to APA Style

- 정기간행물의 제목(9.25절 참조)

  Cultural Diversity & Ethnic Minority Psychology

- 속genera, 종species, 그리고 변종varieties

  Cebus apella

- 통계기호 또는 대수 변수로 사용된 문자

  Cohen's $d=0.084$

  $a/b=c/d$

  MSE

- 일부 검사 점수와 척도

  Rorschach scores: *F*+%, *Z*

  MMPI-2 scales: *Hs*, *Pd*

- 참고문헌 목록에서 정기간행물 권수

  Neuropsychology, 30(5), 525-531.

- 척도의 범위(연관된 숫자가 아닌 경우)

  ranged from 1 (*poor*) to 5 (*excellent*)

  rated using a Likert scale (1=*strongly disagree* to 5=*strongly agree*)

- 독자들이 익숙하지 않을 수 있는 타 언어로 된 단어, 구, 또는 약자의 첫 번째 사용; 그러나 만일 해당 용어가 저자가 작성 중인 언어를 위한 사전에 수록되어 있다면(6.11절 참조), 이탤릭체를 사용하지 않음

- 유전자 기호(6.31절 참조)

  NR3C1

이탤릭체를 사용하지 않는 경우

- 서적 시리즈 제목(예, the Harry Potter series)

6

- 이탤릭체로 표기된 단어 또는 구 다음의 구두점

What is *plurality*?

주. 서적 제목, 정기간행물 제목, 또는 소제목 내의 콜론, 쉼표, 또는 물음표 같은 이탤릭체 요소의 일부인 구두점은 이탤릭체로 표기하라.

Miles and Sweet's (2017) book *Chicken or Egg: Who Comes First?* addressed ...

- 참고문헌 목록 입력자료의 요소들 사이의 구두점(예, 권수와 호수 다음의 쉼표, 서적 제목 다음의 마침표)

- 저자가 작성 중인 언어를 위한 사전에 수록된 외국어 어원의 단어, 구, 그리고 약자(6.11절 참조)

a posteriori	et al.	a priori	per se
ad lib	vis-à-vis	fait accompli	mens rea
force majeure	zeitgeist		

- 화학용어

NaCl, LSD

- 삼각함수 용어

sin, tan, log

- 통계 기호 또는 수학적 표현에 대한 비통계적 아래첨자

F_{max}

$\mathrm{S_A + S_B}$

- 그리스 문자

β, α, χ^2

- 약자로 사용되는 문자

reaction time (RT)

- 유전자 명칭과 유전자 단백질(6.31절 참조)

  glucocorticoid receptor gene, GR protein

- 단순 강조

  틀림: It is important to bear in mind that *this* process is *not* proposed as a stage theory of development.

> **주.** 강조를 위한 이탤릭체 사용은 이렇게 하지 않으면 강조가 소실되거나 자료가 오독 misreading 된다면 수용될 수 있다. 그러나 일반적으로 강조를 위해서는 구문을 사용한다. 인용된 자료에서 강조하는 방법은 8.31절을 참조하라. 표에서의 강조는 학술지의 필수 요건에 따라 이탤릭체와 굵은체가 사용될 수 있다(예, 특정 크기에 대한 요인 부하량을 나타내는 경우; 7.21절의 표 7.14 참조).

6.23 역이탤릭체

보통 이탤릭체로 표기될 단어가 이미 이탤릭체로 된 본문 내에 제시되는 경우, 이러한 단어들은 보통(비이탤릭)체로 표기되어야 한다(이를 **역이탤릭체 표기** reverse italicization 라고 함). 예를 들면, 서적의 제목이 또 다른 서적의 제목을 포함하고 있는 경우, 제목 내의 제목은 보통체를 사용하라. 본문에서 두 제목에는 제목 표기법(TC)을 적용하라. 참고문헌 목록 입력자료에서 두 제목에는 문장 표기법(SC)을 적용하라. 다음의 예시에서 Marinelli와 Mayer는 프로이트의 저서 *The Interpretation of Dreams*에 관한 서적을 집필했다. Marinelli와 Mayer의 서적 제목은 이탤릭체로 표기되고, 이 제목 내에 있는 프로이트의 서적 제목은 보통체로 표기된다.

본문에서:

In *Dreaming by the Book: Freud's* The Interpretation of Dreams *and the History of the Psychoanalytic Movement*, Marinelli and Mayer (2003) explored ...

참고문헌에서:

Marinelli, L., & Mayer, A. (2003). *Dreaming by the book: Freud's* The Interpretation of dreams *and the history of the Psychoanalytic movement*. Other Press.

약자

약자abbreviation는 한 단어 또는 구의 단축된 형태다. 구의 약자는 흔히 구의 각 단어의 첫 글자로 구성된다(즉, 두문자어acronym). 명확성을 극대화하려면, 약자를 덜 사용하고 약자에 대한 독자들의 친숙성을 고려하라.

6.24 약자 사용

약자 사용은 학술적 글쓰기에서 길이가 긴 기술적 용어에 대해 유용할 수 있지만, 약자가 독자들에게 친숙하지 않다면, 의사소통은 흔히 명확해지기보다 모호해진다. 일반적으로, 만일 ① 약자가 전통적이고 독자들이 완전한 형태보다 약자에 더 친숙할 개연성이 높고, ② 상당한 공간이 절약될 수 있고 지루한 반복을 피할 수 있다면, 약자를 사용하라. 예를 들면, 보상의 다른 순서(LLSS 또는 LSLS)를 기술하는 논문원고에서 'large'의 약자 "L"과 'small'의 약자 "S"는 효과적이고 쉽게 이해되는 지름길이 될 것이다. 그러나 다른 논문원고에서 "L reward"와 "S reward"에 관한 글쓰기는 불필요하고 혼란을 초래하게 될 수 있다. 대부분의 경우, 실험집단 명을 약자로 표기하는 것은 비효과적이다. 왜냐하면 약자가 적절히 유용한 정보를 제공하지도 쉽게 인식할 수도 없기 때문이다. 부분 명칭은 완전 명칭보다 더 거추장스럽다. 같은 이유로, 본문에서 피험자, 실험자, 그리고 관찰자에 대해 약자 "S," "E," 그리고 "O"를 사용하지 말라.

과다 사용. 때로 약자 사용으로 인해 절약되는 공간은 다음의 예시에서처럼 독자들이 그 의미를 완전히 이해하는 데 드는 시간 때문에 정당화되지 않는다.

> The advantage of the LH was clear from the RT data, which reflected high FP and FN rates for the RH.

약자가 없다면, 이전의 문구는 다음과 같다.

> The advantage of the left hand was clear from the reaction time data, which reflected high false-positive and false-negative rates for the right hand.

약자 사용에 관한 절대적인 제한이 없더라도, 글쓰기는 일반적으로 약자로 넘쳐날 때보다 대부분의 단어가 표기될 때 이해하기가 더 쉽다.

과소 사용. 일반적으로, 만일 한 용어를 축약한다면, 한 편의 논문원고에서 약자는 적어도 3회 사용하라. 만일 약자를 단 1회 또는 2회 사용한다면, 독자들이 그 의미를 기억하는 데 어려움을 겪을 수 있으므로, 매번 그 용어를 표기하는 것이 이해에 도움을 준다. 그러나 길고 친숙한 용어에 대한 표준 약자는 3회 미만 사용되더라도 더 명확하고 간결하다.

6.25 약자 정의

APA 양식 논문원고에서는 사전에서 용어로 수록된 약자(예, AIDS, IQ)는 정의하지 말라. 또한 측정도구 약자(6.27절 참조), 시간 약자(6.28절 참조), 라틴어 약자(6.29절 참조), 또는 다수의 통계 약자(6.44절 참조)도 정의하지 말라. 모든 다른 약자는 독자들에게 친숙할 수 있는 경우에도 정의하라(예, 반응시간reaction time의 약자 "RT" 분산분석analysis of variance의 약자 "ANOVA"; 6.24절 참조). 약자를 정의하고 나면, 약자만 사용하라. 용어와 약자를 번갈아 사용하지 말라.

본문에서의 정의. 본문에서 약자로 사용하고 싶은 용어를 처음 사용하는 경우, 용어의 풀 버전과 약자 둘 다 제시하라.

- 용어의 풀 버전이 소제목에 처음 제시되는 경우, 소제목에서 약자를 정의하지 말라. 대신, 용어 전체가 다음에 제시될 때 약자를 정의하라. 약자가 본문에서 이전에 정의된 경우 또는 사전에 용어로 수록된 경우에만 소제목에서 약자를 사용하라.
- 용어의 풀 버전이 본문에서 문장에 처음 제시되는 경우, 약자는 그 뒤에 소괄호 안에 제시하라.

  attention-deficit/hyperactivity disorder (ADHD)

- 용어의 풀 버전이 소괄호로 된 텍스트에 처음 제시되는 경우, 약자는 그 뒤에 중괄호 안에 제시하라. 내포된nested 소괄호(*역자 주. 소괄호 안의 소괄호)는 사용하지 말라.

  (i.e., attention-deficit/hyperactivity disorder [ADHD])

- 만일 인용 출처에 약자가 들어 있다면, 약자 다음에 세미콜론으로 분리된 인용 출처를 포함하라. 내포되어 있거나 연속적인 소괄호를 사용하지 말라.

  Beck Depression Inventory-II (BDI-II; Beck et al., 1996)

  (Beck Depression Inventory-II [BDI-II]; Beck et al., 1996)

6

표와 그림에서의 정의. 표와 그림에서 사용된 약자는 이미 본문에서 정의되었다고 하더라도 정의하라. 약자는 표 또는 그림 내에서 용어를 처음 사용한 후에 소괄호 안에 제시하여 표 또는 그림 제목에 포함하거나, 정의는 표 또는 그림의 일반 주general note 또는 그림 범례figure legend에 제시할 수 있다. 만일 약자가 다수의 표와 그림에서 사용된다면, 각각의 표 또는 그림에서 정의하라. 표 또는 그림에 제시되지 않은 약자는 정의하지 말라. 표 또는 그림에서 측정 단위와 통계치에 대한 표준 약자를 정의하거나 풀어서 쓰지 말라(6.44절, 7.15절 참조).

6.26 약자 형식

복수형. 대부분의 약자와 통계 기호의 복수형에는 아포스트로피 없이 소문자 "s"만을 추가하라.

IQs DOIs URLs Eds. vols. Ms ps ns ESs

주. "page"에 대한 참고문헌 약자(p.)의 복수형은 "pp."를 써라. 측정 단위 복수의 약자에는 "s"를 추가하지 말라.

3cm (3cms 아님)

24hr (24hrs 아님)

문장 시작 약자. 문장은 소문자 약자(예, lb) 또는 별도의 부호(예, α)로 시작하지 말라. 간접적 또는 어색한 문구를 피하는 데 필요한 경우에만 단어와 연결된 부호(예, β-Endorphins)로 문장을 시작하라. 화합물로 문장을 시작하는 경우, 그 기호가 연결된 단어의 첫 글자를 대문자로 표기하라. 화합물 명칭, 기술어, 또는 위치를 나타내는 접두어(즉, 그리스어, 소문자, 그리고 이탤릭체와 숫자)는 그대로 놔두라.

본문 내에 제시되는 경우:	**문장이 시작되는 경우:**
L-methionine	L-Methionine
N,N′-dimethylurea	*N,N′*-Dimethylurea
γ-hydroxy-β-aminobutyric acid	γ-Hydroxy-β-aminobutyric acid

6.27 측정 단위 약자

미터법으로의 전환 Metrication. APA 학술지에서는 미터법을 사용한다. 만일 비미터법 단위로 된 측정값을 기록하는 도구를 사용했다면, 비미터법 단위 다음에 미터법 등가치equivalents를 소괄호 안에 기록하라.

미터법 단위로 측정된 경우:

The rods were spaced 19 mm apart.

비미터법 단위로 측정 및 미터법 등가치를 병기한 경우:

The rod was 3 ft (0.91 m) long.

제시. 수치를 동반하지 않은 측정 단위의 전체 명칭을 써라.

several kilograms   age in years   duration of hours   centimeters

수치와 함께 제시된 측정 단위의 약자와 기호를 사용하라. 단위의 복수에 대한 기호 또는 약자를 만들지 말라.

4 cm   30 kg   12 min   18 hr   22 °C

또한 용어가 수치 없이 제시되더라도 공간 절약을 위해 표의 열과 행 소제목에서 약자 또는 기호를 사용하지 말라.

lag in ms

측정 단위의 약자는 처음 사용되는 경우라도 정의하거나 풀어서 표기하지 말라. 일반적인 측정 단위의 약자 목록은 표 6.4를 참조하라(백분율과 화폐 기호는 6.44절 참조).

대문자 표기와 철자. 대부분의 경우, 기호는 대문자로 표기된 자료라 하더라도 소문자를 사용하라(예, kg). 그러나 예외는 다음과 같다.

- 인명에서 파생된 부호는 보통 대문자를 포함한다(예, Gy).
- 10의 거듭제곱powers of 10을 나타내는 접두사의 기호는 보통 대문자로 표기한다: exa(E), peta(P), tera(T), giga(G), 그리고 mega(M).

• 별도로 사용되는 경우, 리터의 기호 "L"을 사용하라(예, 5 L, 0.3 mg/L). 소문자 "l"은 숫자 1로 잘못 읽힐 수 있다(리터의 분수는 소문자 "l"을 사용하라: 5 ml, 9 ng/dl).

표 6.4 일반적인 측정 단위의 약자

약자	측정 단위	약자	측정 단위
A	암페어 ampere	m	미터 meter
Å	옹스트롬 angstrom	μg	마이크로그램 microgram
AC	교류 alternating current	μm	마이크로미터 micrometer
Bq	베크렐 becquerel	mA	밀리암페어 milliampere
°C	섭씨온도 degrees Celsius	mEq	밀리그램당량 milliequivalent
cc	입방 센티미터 cubic centimeter	meV	백만 전자 볼트 million electron volts
cd	칸델라 candela	mg	밀리그램 milligram
Ci	큐리 curie	mi	마일[a] mile
cm	센티미터 centimeter	ml	밀리리터 milliliter
cps	초당 사이클 cycles per second	mm	밀리미터 millimeter
dB	데시벨 decibel(척도를 명시할 것)	mM	밀리몰~ millimolar
DC	직류 direct current	mmHg	수은의 밀리미터 millimeters of mercury
deg/s	초당 온도 degrees per second	mmol	밀리몰 millimole
dl	데시리터 deciliter	mol	몰 mole
F	패럿 farad	mol wt	분자량 molecular weight
°F	화씨온도[a] degrees Fahrenheit	mph	시간당 마일[a] miles per hour
ft	풋[a] foot	MΩ	메그옴 megohm
g	그램 gram	N	뉴턴 newton
g	중력 gravity	ng	나노그램 nanogram
Gy	그레이 gray	nmol	나노몰 nanomole
H	헨리 henry	Ω	옴 ohm
Hz	헤르츠 hertz	oz	온스[a] ounce
in.	인치[a] inch	Pa	파스칼 pascal
IU	국제 단위 international unit	ppm	백만분률 parts per million
J	줄 joule	psi	제곱인치당 파운드[a] pounds per square inch
K	켈빈 kelvin	rpm	분당 회전수 revolutions per minute

표 6.4 일반적인 측정 단위의 약자 (계속)

약자	측정 단위	약자	측정 단위
kg	킬로그램 kilogram	S	지멘스 siemens
km	킬로미터 kilometer	Sv	시버트 sievert
km/h	시간당 킬로미터 kilometers per hour	T	테슬라 tesla
kW	킬로와트 kilowatt	V	볼트 volt
L	리터 liter	W	와트 watt
lb	파운드[a] pound	Wb	웨버 weber
lm	루멘 lumen	yd	야드[a] yard
lx	럭스 lux		

주. 이 약자들은 논문원고에서 사용되는 경우 정의될 필요가 없다.
[a] 비미터법 단위를 사용하는 경우, 소괄호에 미터법 단위 등가치를 포함하라.

문장의 끝 외에는 기호 다음에 마침표를 찍지 말라. 예외는 "인치"의 약자(in.) 다음에 마침표를 찍는 것이다. 그 이유는 마침표가 없으면 잘못 읽힐 수 있기 때문이다. 기호와 이에 상응하는 숫자 사이는 한 칸을 띄워라(예, 도 degrees, 분 minutes, 그리고 초 seconds). 예외는 각도의 측정값이다. 이 경우, 기호는 측정값 다음에 한 칸을 띄우지 않고 표기한다.

4.5 m 6 hr 12 °C 그러나 45° angle

반복되는 측정 단위. 다수의 양을 표기하는 경우, 약자로 된 측정 단위를 반복하지 말라.

16–30 kHz 0.3, 1.5, and 3.0 mg/dl

평균과 표준편차 같은 관련 통계치를 보고하는 경우, 주요 통계치의 단위를 보고하되, 단위가 같다면 관련 통계치 단위를 반복하지 말라.

옳음: (*M*=8.7 years, *SD*=2.3)

틀림: (*M*=8.7 years, *SD*=2.3 years)

복합단위. 단위의 곱셈을 나타내는 복합어 기호들 사이에는 굵은 가운뎃점 centered dot (*역자 주. 불릿 기호[•])을 사용하라.

Pa • s

6

단위의 곱셈을 표시하는 복합 단위의 전체 명칭 사이는 한 칸을 띄우지 말고, 굵은 가운뎃점을 사용하지 말라.

pascal second

6.28 시간 약자

오독을 방지하려면 "day," "week," "month," 그리고 "year"는 수치가 함께 제시되더라도 축약하지 말라. 수치가 동반된 "hour," "minute," "second," "millisecond," "nanosecond," 그리고 다른 어떤 초에 관한 단위라도 단어를 축약하지 말라.

용어	약자	예시
hour	hr	6 hr
minute	min	30 min
second	s	5 s
millisecond	ms	2.65 ms
nanosecond	ns	90 ns

6.29 라틴어 약자

소괄호 안의 자료에서는 다음과 같은 표준 **라틴어 약자**Latin abbreviations를 사용하라. 서술형 자료에서는 라틴어 용어를 번역한 단어를 사용하라. 둘 다의 경우, 약자를 현재 글을 쓰고 있는 언어에서 풀어 쓰는 것처럼 구두점을 찍어라.

라틴어 약자	번역
cf.	compare
e.g.,	for example,
, etc.	, and so forth
i.e.,	that is,
viz.,	namely,
vs.	versus 또는 against

예외: 참고문헌 목록에 수록된 법정 판례의 제목 또는 명칭과 모든 본문 인용에서는 ("versus"에 대해) "v."를 사용하라(1.4절 참조). 서술식과 소괄호 인용(8.17절 참조)에서는 라틴어 약자 "et al."("and others"를 의미함)을 사용하라(APA 양식에서는 약자 "ibid."는 사용되지 않음).

6.30 화합물 약자

화합물chemical compounds은 일반적인 명칭 또는 화학명으로 표기될 수 있다. 만일 일반적인 명칭 사용을 선호한다면, 처음 언급할 때 소괄호 안에 화학명을 제시하라. 화학공식과 함께 복합물을 표기하지 말라. 이는 보통 독자들에게 덜 유익하고 부정확하게 타이핑 또는 조판될 개연성이 높다(예, "$C_9H_8O_4$"이 아니라, "aspirin" 또는 "salicylic acid"). 만일 복합물 명칭에 그리스 문자가 포함되어 있다면, 문자를 기호로 놔두되 풀어 쓰지 말라(예, "beta carotene"이 아니라, "β-carotene"). 만일 그리스 문자가 포함된 복합물 명칭이 문장의 시작 부분에 제시된다면, 기호가 연결된 단어의 첫 글자는 대문자로 표기하라(6.26절 참조).

길이가 긴 유기 화합물 명칭은 흔히 축약된다. 만일 약자가 사전의 용어로 수록되어 있다면(6.25절 참조; 예, "nicotinamide adenine dinucleotide phosphate"에 대한 약자로 "NADP"), 처음 제시할 때 용어를 풀어 쓰지 않아도 된다.

농도. 만일 용액을 몰농도molar concentration 대신 백분율 농도percentage concentration로 제시한다면, 백분율을 부피당 중량 비율weight-per-volume ratio(wt/vol), 부피 비율volume ratio(vol/vol), 또는 용제solvent에 대한 용질solute의 중량 비율(wt/wt)로 명시하라. 농도가 높을수록 백분율 표기는 더 모호해진다. 비율 명시는 특히 알코올, 글루코스, 그리고 자당sucrose 농도에 필요하다. 염salt 형태의 명시 역시 *d*-amphetamine HCl 또는 *d*-amphetamine SO_4에 대한 정확한 보고에 필수적이다(공식과 함께 화학명을 제시하는 것은 이 경우에 수용될 수 있다).

> 12% (vol/vol) ethyl alcohol solution
>
> 1% (wt/vol) saccharin solution

실행 경로. 숫자 및 단위 복합어와 병행되는 경우, **실행 경로**route of administration를 약자로 표기하라. 실행 경로의 약자에는 마침표를 찍지 말라: icv = intracerebral ventricular, im = intramuscular, ip = intraperitoneal, iv = intravenous, sc = subcutaneous 등.

> anesthetized with sodium pentobarbital (90 mg/kg ip)
>
> two subcutaneous injections (*not* sc injections)

6.31 유전자와 단백질 명칭 약자

유전자에 관한 글쓰기는 도전적인 작업이다. 각 유전자에는 위고 유전자 명명위원회(HUGO Gene Nomenclature Committee)에서 고안한 유전자의 기능 또는 위치와 흔히 이들이 생성하는 단백질을 기술하는 공식적인 명칭이 있다. 유전자 데이터베이스에 수록된 표준 유전자 명칭을 사용하라(미 국립생명공학정보센터[National Center for Biotechnology Information; https://www.ncbi.nlm.nih.gov/gene]와 위고 유전자 명명위원회[https://www.genenames.org/]의 유전자 데이터베이스 참조). 유전자 명칭은 유기체 특이적(예, 인간, 쥐)이므로, 적절한 데이터베이스를 사용하라. 게다가 같은 유전자는 "일명alias"(또는 과학적, 비공식적, 및/또는 역사적) 명칭과 기호로 알려져 있을 수 있다. 예를 들면, 스트레스에 대한 반응에 강하게 연루된 글루코코르티코이드 수용체 유전자의 공식 명칭은 "핵수용체 상과nuclear receptor subfamily 3, 그룹 C, 멤버 1"이고, 공식 기호는 *NR3C1*이며, GR 단백질을 생성한다. 이 역시 일반적으로 "글루코코르티코이드 수용체", 축약형 "GR"로 알려져 있다. 만일 유전자가 한 가지 이상의 명칭 또는 기호로 알려져 있다면, 한 가지를 택하여 일관되게 사용하라. 논문원고에서 처음으로 유전자를 언급하지만, 선택한 명칭에 친숙하지 않을 수 있는 독자들의 이해를 도울 수 있도록 알려진 다른 명칭 및/또는 기호를 언급할 수 있다. 또한 유전자 또는 단백질을 언급하고 있는지 기술하고, 적절한 용어를 사용하라(예, 유전자에 대한 논의에는 "표현expression"을, 단백질에 관한 논의에는 "수준levels"이라는 용어를 사용하라).

전체로 풀어 쓴 유전자 명칭(예, 부신피질자극호르몬 방출 호르몬corticotropin-releasing hormone)과 유전자 단백질(예, CRH)은 이탤릭체로 표기하지 말라. 그러나 유전자 기호는 이탤릭체로 표기하라(예, *CRH*). 유전자의 전체 명칭 축약과 그 기호의 사용은 필수로 요구되지 않는다. 만일 유전자의 약자 사용을 고려하고 있다면, 6.24절의 지침을 따르라. 유전자 명칭과 구성에 관한 더 상세한 논의는 Wain 등(2002)과 생쥐와 쥐 게놈과 분류위원회를 위한 표준화된 유전자 명명에 관한 국제위원회(International Committee on Standardized Genetic Nomenclature for Mice and Rat Genome and Nomenclature Committee, 2018)를 참조하라.

숫자

일반적으로, 10 이상의 수numbers는 숫자numerals로, 10 미만은 단어로 표기하라. 일반 지침을 따를 것인지 또는 예외를 적용할 것인지는 그때그때의 상황을 고려하라.

6.32 숫자로 나타내는 수

숫자numerals로 표기하는 경우

- 초록, 그리고 기수cardinal와 서수ordinal numbers(6.35절 참조)를 포함하여 논문원고 전체에서 10 이상의 수(예외의 경우는 6.33–6.34절 참조)

15th trial	200 participants
13 lists	10th-grade students
12 models	105 stimulus words

- 측정단위 바로 앞에 위치하는 수

a 5-mg dose	with 10.5 cm of

- 통계 또는 수학함수, 분수, 또는 소수점 이하의 수치, 백분율, 비율, 그리고 백분위수percentiles와 사분위수quartiles를 나타내는 숫자

multiplied by 5	3 times as many
0.33 of the sample	more than 5%
a ratio of 16:1	the 5th percentile

- 시간, 날짜, 연령, 점수와 척도상의 포인트, 정확한 금액, 그리고 숫자로서의 수

5 days	about 8 months
4 decades	was 2 years old
12:30 a.m.	scored 4 on a 7-point scale
1 hr 34 min	the numeral 6 on the keyboard
2-year-olds	approximately 3 years ago
ages 65–70 years	received $5 in compensation

- 연속해서 숫자로 나열된 상태 및 서적과 표 일부에서 구체적인 위치를 나타내는 수(숫자가 연속된 상태에서 구체적인 위치를 나타내는 경우라면, 숫자 앞의 명사 역시 대문자로 표기된다; 6.19절 참조). 그러나 숫자가 명사 앞에 오는 경우, 숫자 사용을 위

한 일반 지침이 적용된다.

명사 다음의 숫자	명사 앞의 숫자
Year 1	the 1st year
Grade 4, Grade 10	the fourth grade, the 10th grade
Items 3 and 5	the third and fifth items
Question 2	the second question
Table 2, Figure 5	the second table, the fifth figure
Column 8, Row 7	the eighth column, the seventh row
Chapter 1, Chapter 12	the first chapter, the 12th chapter

예외: page(s) 또는 paragraph(s)의 약자는 다음에 숫자가 오더라도 대문자로 표기하지 않는다(예, p. 3, pp. 2–5, para. 9, paras. 1–4).

6.33 단어로 나타내는 수

단어로 표기하는 경우

- 본문(초록 포함)에서 0에서 9까지의 숫자(6.32절과 6.34절에 기술된 바와 같이 제외됨)
- 문장, 제목, 또는 소제목을 시작하는 숫자(가능하면, 숫자로 시작하지 않도록 문장을 다시 쓸 것)

  Forty-eight percent of the sample showed an increase; 2% showed no change.

  Twelve students improved, and 12 students did not improve.

- 보통의 분수

  one fifth of the class　　two-thirds majority

- 보편적으로 수용된 용법

  Twelve Apostles　　Five Pillars of Islam

6.34 숫자와 단어 결합 형태의 수

여러 개의 수가 이어져 있는 수식어를 나타내려면 숫자와 단어의 결합 형태를 사용하라.

2 two-way interactions　　　　　　ten 7-point scales

그러나 만일 이렇게 하는 것이 독자들에게 더 어렵게 만든다면, 문장 바꾸기를 고려하라.

6.35 서수

서수는 기수처럼 취급하라.

서수	기수 기반
• second-order factor	• two orders
• fourth grade, 10th grade	• four grades, 10 grades
• first item of the 75th trial	• one item, 75 trials
• first and third groups	• one group, three groups
• 3rd year	• 3 years

서수의 접미사는 위첨자와 함께 또는 없이 제시될 수 있지만(예, 4th 또는 4th), 논문원고 전체에서 일관되게 제시되어야 한다.

6.36 소수

통계치가 1보다 클 수 있는 경우, 1보다 적은 수는 소수점 앞에 0을 붙여라.

$t(20)=0.86$　　　　　　$F(1, 27)=0.57$

Cohen's $d=0.70$　　　　　　0.48 cm

통계치가 1보다 클 수 없는 경우에는 소수점 앞에 0을 붙이지 말라(예, 상관관계, 비율, 통계적 유의성 수준).

$r(24)=-.43$, $p=.028$

실험과 데이터 분석 조작 결과 보고에 사용되는 소수점 자릿수는 다음 원칙에 의해 정해져야 한다. 즉, 향후 사용과 통계의 정확성을 고려하여 가급적 반올림하라. 일반적으로, 소수점 자릿수가 많은 것보다는 적은 것이 더 이해하기 쉽다. 그러므로 보통 소수점 두 자리에서 반올림하거나 측정값을 조정하는 것이 더 좋다(이 경우, 효과크기는 동일한 미터법으로 제시되어야 한다). 예를 들어, 미터로 측정된 경우, 소수점 네 자리까지 제시되어야 하는 거리상의 차이는 밀리미터로 더 효과적으로 제시될 수 있다. 이는 몇 개의 소수점 자릿수만으로도 동일한 차이를 보여 주게 될 것이다.

적절히 측정된 경우, 대부분의 데이터는 정확한 소수점 두 자릿수로 효과적으로 제시될 수 있다. 상관관계, 비율, 그리고 추리 통계치(예, *t*, *F*, 카이제곱)는 소수점 두 자릿수로 보고하라. 정수 척도로 측정된 데이터를 보고하는 경우(다수의 질문을 사용하는 경우처럼), 평균과 표준편차를 소수점 한 자릿수로 보고하라(집단 측정값으로서, 이는 개별 점수보다 더 안정적임). 정확한 *p*값(예, $p = .031$)은 소수점 두 자리 또는 세 자리까지 보고하라. 그러나 .001 미만의 *p*값은 $p < .001$로 보고하라. *p*값을 $p < .10$, $p < .05$, $p < .01$ 등으로 보고하던 관례는 제한된 결정값 표를 이용할 수 있는 경우에만 적절하다. 그러나 표에서는 명확성을 위해 "$p <$" 표시법이 필요할 것이다(7.14절 참조). 논문원고에서 보고할 통계치의 유형에 관한 안내 지침은 양적 방법과 결과를 위한 보고 기준을 참조하라(3.6–3.7절 참조).

6.37 로마숫자

만일 **로마숫자**Roman numerals가 설정된 용어의 일부라면, 이를 아라비아 숫자Arabic numerals로 바꾸지 말라. 예를 들면, "Type 2 error"가 아니라 "Type II error"라는 용어를 사용하라(*역자 주. 우리나라에서는 '2종 오류'라는 용어를 사용함). 보통의 순차배열은 아라비아 숫자를 사용하라(예, Step 1, Experiment 2, Study 3).

6.38 숫자에서의 쉼표

1,000 또는 그 이상의 수치 대부분에서 세 자리씩 끊어서 쉼표를 사용하라. 몇 가지 예외는 다음과 같다.

범주	예외 예시
• 페이지 수	• page 1029
• 이진법 수	• 00110010
• 일련번호	• 290466960
• 온도	• 3414 °C
• 음향 주파수 표시	• 2000 Hz
• 자유도	• *F*(24, 1000)

6.39 숫자의 복수형

숫자를 복수형은 숫자 또는 단어로 표기하든 아포스트로피 없이 "s" 또는 "es"만 추가하라.

twos and sixes   the 1960s   30s and 40s

통계 · 수학적 원고

통계 · 수학적 원고 제시에 관한 APA 양식은 ① 해당 분야에서 동의한 내용과 형식에 관한 기준과 ② 명확한 의사소통을 위한 필수요건을 반영하고 있다. 출판편람에서는 제시에 관한 기준만 다루고 있다. 이 편람에는 통계 선택, 분석 실행, 또는 결과 해석 방법에 관한 안내 지침은 마련되어 있지 않다. 필요한 경우, 통계학 참고 저작물 또는 통계 전문가에게 자문을 구하라.

6.40 효과적인 제시 방법 선택

통계와 수학적 원고는 본문, 표 및/또는 그림에서 제시될 수 있다. 어떤 접근을 사용할 것인지를 결정하려면, 다음의 일반 지침을 따르라.

- 3개 이하의 수를 나타낼 필요가 있다면, 먼저 문장 사용을 시도하라.
- 20개의 수를 나타낼 필요가 있다면, 먼저 표 사용을 시도하라.
- 20개 이상의 수를 나타낼 필요가 있다면, 먼저 그림 사용을 시도하라.

데이터에 대한 독자들의 이해를 가장 효과적으로 도울 수 있는 제시 방법을 택하라. 데이터 세트를 세부적으로 이해할 수 있게 하는 상세한 디스플레이는 논문의 인쇄 버전보다 보충자료(2.15절 참조)에 포함하는 것이 더 적절할 수 있다. 그러나 편집자는 자신의 재량에 따라 표와 그림을 게재한다. 이들은 또한 새로운 표와 그림을 요청할 수 있다.

6

6.41 통계 참고문헌

흔히 사용되는 통계에 대해서는 참고문헌을 제공하지 말라(예, 코헨[Cohen]의 d). 이러한 관행은 학술지 논문에 사용된 대부분의 통계에 적용된다. 참고문헌은 ① 덜 일반적인 통계가 사용되거나, ② 비전통적이거나 논란의 여지가 있는 방식으로 통계가 사용되거나, ③ 통계 자체가 논문원고의 초점인 경우에 제공하라.

6.42 공식

일반적으로 사용되는 통계 공식은 제공하지 말라. 그러나 통계 또는 수학적 표현이 새롭거나, 드물거나, 논문원고에 필수적인 경우에는 **공식**formula을 제공하라. 등식equations 제시에 관한 내용은 6.46절과 6.47절에 기술되어 있다.

6.43 본문에서의 통계

추리통계inferential statistics(예, t 검정, F 검정, 카이제곱 검정, 그리고 연관된 효과크기와 신뢰구간)를 보고하는 경우, 수행된 분석을 독자들이 완전히 이해할 수 있도록 충분한 정보를 제시하라. 제시된 데이터(본문에 제시하는 것이 선호되지만, 데이터 배열의 크기에 따라 보충자료에 제시될 수 있음)는 기본적으로 보고된 분석(예, 셀 평균, 표준편차, 표본크기, 상관관계)을 독자들이 확인할 수 있어야 하고, 논문원고에 제시된 데이터 이상으로 관심을 가진 독자들이 어느 정도 **효과크기 추정값**effect-size estimates과 **신뢰구간**confidence intervals을 구성할 수 있어야 한다. 다수준 데이터의 경우, 각 수준에 대한 요약 통계를 제시하라. 어떤 것이 충분한 정보를 구성하고 있는지는 보고된 분석적 접근에 달려 있다.

F 비율ratios:

For immediate recognition, the omnibus test of the main effect of sentence format was significant, $F(2, 177)=6.30$, $p=.002$, est $\omega^2=.07$.

t 값values:

The one-degree-of-freedom contrast of primary interest was significant at the specified $p<.05$ 수준, $t(177)= 3.51$, $p<.001$, $d=0.65$, 95% CI [0.35, 0.95].

위계적 및 기타 순차적 회귀 통계:

High school GPA predicted college mathematics performance, $R^2=.12$, $F(1, 148)=20.18$, $p<.001$, 95% CI [.02, .22].

기술 통계치를 표나 그림으로 제시하는 경우, 본문에서 반복하지 말라. 다만, ① 통계치를 나타내는 표에 대해 언급하고, ② 발견한 내용의 해석에 도움이 되는 경우, 본문에서 특정 데이터를 강조해야 한다. 일련의 유사한 통계치를 일일이 나열하는 경우, 통계치와 참조 대상referent의 관계가 명확한지를 확인하라. "각각respectively"과 "~순으로in order"와 같은 단어는 이러한 관계를 명확하게 할 수 있다.

> Means (with standard deviations in parentheses) for Trials 1-4 were 2.43 (0.50), 2.59 (1.21), 2.68 (0.39), and 2.86 (0.12), respectively.

신뢰구간을 보고하는 경우, 95% CI [*LL*, *UL*]의 형식을 사용하라. 여기서 *LL*은 신뢰구간의 하한선, *UL*은 상한선을 가리킨다. 신뢰구간을 보고할 때마다 명확하게 신뢰수준을 명시해야 한다. 그러나 신뢰구간의 순서가 순차적으로 혹은 같은 단락 내에서 반복되고 신뢰수준(예, 95%)은 변하지 않은 상태로 유지되며, 그 의미가 명확한 경우, "95% CI"를 반복하지 말라.

> 95% CIs [5.62, 8.31], [-2.43, 4.31], and [-4.29, -3.11], respectively

신뢰구간이 점수 추정값 다음에 오는 경우, 측정 단위를 반복하지 말라.

> *M* = 30.5 cm, 99% CI [18.0, 43.0]

6.44 통계 기호와 약자

통계에서는 흔히 기호와 약자가 사용된다(예, "평균mean"은 "*M*"으로 축약됨). 표 6.5에는 일반적인 통계 약자와 기호가 제시되어 있다.

- 표 6.5에 수록된 통계를 나타내는 기호나 약자(예, *M*, *SD*, *F*, *t*, *df*, *p*, *N*, *n*, *OR*, *r*) 또는 그리스 문자로 구성된 약자 또는 기호(예, α, β, χ^2)는 정의하지 말라.
- 그러나 표 6.5에 수록된 다른 약자(예, AIC, ANOVA, BIC, CFA, CI, NFI, RMSEA, SEM)가 논문원고에서 사용되는 경우에는 약자들을 정의하라(6.25절, 7.14–7.15절 참조).

표 6.5 통계 약자와 기호

약자 또는 기호	정의
영어 문자 세트	
a	• 문항반응이론에서, 기울기 모수
AIC	• 아카이케 정보기준Akaike information criterion

6

표 6.5 통계 약자와 기호 (계속)

약자 또는 기호	정의
ANCOVA	• 공분산분석analysis of covariance
ANOVA	• 분산분석analysis of variance
AVE	• 설명된 평균값average value explained
b, b_i	• 회귀분석과 중다회귀분석에서 원(비표준화된)회귀계수의 추정값; 문항반응이론에서 난이도 모수difficulty-severity parameter
b^*, b_i^*	• 회귀분석과 중다회귀분석에서 표준화된 회귀계수의 추정값
BIC, aBIC	• 베이지안 정보기준Bayesian information criterion, 표본크기가 조정된 베이지안 정보기준sample-size-adjusted Bayesian information criterion
CAT	• 컴퓨터 적응검사computerized adaptive testing
CDF	• 누적분포함수cumulative distribution function
CFA	• 확인적 요인분석confirmatory factor analysis
CFI	• 비교적합도 지수comparative fit index
CI	• 신뢰구간confidence interval
d	• 2개의 표본평균 비교를 위한 코헨의 표본 효과크기 측정값Cohen's measure of sample effect size
d'	• 변별도discriminability, 신호탐지이론signal detection theory에서 감도 측정값
df	• 자유도degrees of freedom
DIF	• 차별문항기능 기법differential item functioning
EFA	• 탐색적 요인분석 exploratory factor analysis
EM	• 기댓값 최대화expectation maximization
ES	• 효과크기effect size
F	• 빈도frequency
f_e	• 기대빈도expected frequency
f_o	• 관찰빈도observed frequency
F	• F 분포distribution; 피셔의 F 비율Fisher's F ratio
$F(\upsilon_1, \upsilon_2)$	• υ_1과 υ_2 자유도가 있는 F
F_{crit}	• F 검사에서 통계적 유의성에 대한 임계값
F_{max}	• 하틀리의 등분산검정Hartley's test of homogeneity of variance
FDR	• 발견오류비율false discovery rate

표 6.5 통계 약자와 기호 (계속)

약자 또는 기호	정의
FIML	• 완전정보최대우도법full information maximum likelihood
g	• 헤지의 효과크기 측정값Hedges's measure of effect size
GFI	• 적합도 지수goodness-of-fit index
GLM	• 일반화선형모형generalized linear model
GLS	• 일반화최소제곱법generalized least squares
H_0	• 영가설null hypothesis, 검정 중인 가설
H_1(또는 H_a)	• 대안가설alternative hypothesis
HLM	• 위계선형 모델(링)hierarchical linear model(ing)
HSD	• 투키의 정직유의차Tukey's honestly significant difference
IRT	• 문항반응이론item response theory
K	• 이관계수coefficient of alienation; 메타분석에서 연구 수; 실험설계 또는 개별연구에서 수준 수
k^2	• 비결정 계수coefficient of nondetermination
KR20	• 쿠더-리처드슨 신뢰도 지수Kuder-Richardson reliability index
LGC	• 잠재성장곡선latent growth curve
LL	• 하한lower limit(신뢰구간CI의)
LR	• 우도비likelihood ratio
LSD	• 최소 유의차least significant difference
M(또는 $\bar{X}$)	• 표본평균sample mean; 산술평균arithmetic average
MANOVA	• 다변량분석multivariate analysis of variance
MANCOVA	• 중다공변량분석multivariate analysis of covariance
MCMC	• 마코프 체인 몬테카를로Markov chain Monte Carlo
Mdn	• 중앙값median
MLE	• 최대우도추정자maximum likelihood estimator; 최대우도추정maximum likelihood estimate
MLM	• 다수준 모델(링)multilevel model(ing)
MS	• 평균제곱nean square
MSE	• 평균제곱오차mean square error
n	• 사례 수number of cases(일반적으로 하위표본에서)

표 6.5 통계 약자와 기호 (계속)

약자 또는 기호	정의
N	• 총 사례 수total number of cases
NFI, NNFI	• 표준적합지수normed fit index, 비표준적합지수nonnormed fit index
ns	• 통계적으로 유의하지 않음not statistically significant
OLS	• 보통최소제곱ordinary least squares
OR	• 오즈비odds ratio
p	• 확률probability, 이진법 시도binary trial에서의 성공확률
p_{rep}	• 복제확률이 최초 결과와 동일한 결과를 산출할 확률
PDF	• 확률밀도함수probability density function
q	• 이항변도에서의 실패확률probability of a failure; $1-p$
Q	• 효과크기의 동질성 검사test of homogeneity of effect size
r	• 피어슨 적률상관계수 측정값Pearson product-moment correlation coefficient
$r_{ab.c}$	• c의 효과를 제거한 a와 b의 부분상관partial correlation
$r_{a(b.c)}$	• b에서 c의 효과를 제거한 a와 b의 부분(혹은 반부분semipartial)상관
r^2	• 결정계수coefficient of determination; 관계정도 측정; 피어슨 적률상관제곱 측정값
r_b	• 이연상관biserial correlation
r_{pb}	• 점이연상관point biserial correlation
r_s	• 스피어먼 순위상관spearman rank order correlation
R	• 다중상관multiple correlation
R^2	• 다중상관제곱multiple correlation squared; 연관강도측정값measure of strength of association
RMSEA	• 근사치의 평균제곱오차 제곱근Root-mean-square error of approximation
s	• 표본표준편차sample standard deviation(분모 $\sqrt{n-1}$)
S	• 표본 변량-공변량 매트릭스sample variance-covariance matrix
s^2	• 표본변량(비편향추정값unbiased estimator)-분모 $n-1$
S^2	• 표본변량(편향추정자biased estimator)-분모 n
SD	• 표준편차standard deviation
SE	• 표준오차standard error
SEM	• 측정표준오차standard error of measurement; 표준평균오차standard error of the mean

표 6.5 통계 약자와 기호 (계속)

약자 또는 기호	정의
SEM	• 구조방정식 모델(링)structured equation model(ing)
SRMR	• 표준잔차평균제곱근standardized root-mean-square residual
SS	• 제곱합sum of squares
t	• 스튜던트의 t 분포Student's t distribution; 스튜던트 t 분포기반 통계검정; t 검정통계의 표본치
T^2	• 2개 다변량 모집단에서 평균벡터의 동등성을 위한 호텔링 다변량검사Hotelling's multivariate test
T_k	• 일반효과크기 추정값generic effect size estimate
TLI	• 터커-루이스 지수Tucker-Lewis index
U	• 만-휘트니 검정 통계Mann-Whitney test statistic
UL	• 상한upper limit(신뢰구간CI의)
V	• 필라이-바틀릿 다변량 추적준거Pillai-Bartlett multivariate trace criterion; 분할표에서 크레이머의 관계측정값Cramer's measure of association in contingeycy tables
w_k	• 고정효과 가중치fixed effects weights
w_{k*}	• 무선효과 가중치random effects weights
W	• 켄달의 일치도 계수Kendall's coefficient of concordance 및 추정값
WLS	• 가중치 최소제곱weighted least squares
z	• 표준화 점수A standardized score; 표준오차로 나누어진 통계치
그리스 문자 세트	
α(알파)	• 알파; 통계가설검정에서 1종 오류type I error 확률; 크론바크의 내적 합치도Cronbach's internal consistency(신뢰도의 한 형태)
β(베타)	• 베타; 통계가설검정에서 2종 오류type II error 확률(1−β)는 통계검정력 의미); 회기계수의 모집단 값(필요하면, 적절한 아래첨자 첨부)
B(대문자 베타)	• SEM에서 종속 구성개념 중 회귀계수 메트릭스
Γ(대문자 감마)	• 감마; 굳먼-크루스컬의 관계지수Goodman-Kruskal's index of relationship; Γ, SEM에서 독립 구성개념과 종속 구성개념 사이의 회귀계수 매트릭스
δ(델타)	• 코헨Cohen의 효과크기 모집단 값; 가설검정에서의 비중심모수noncentrality parameter 및 비중심 분포
Δ(대문자 델타)	• 변화량

표 6.5 통계 약자와 기호 (계속)

약자 또는 기호	정의
ε^2(엡실론 제곱)	• 변량분석에서 관계강도 측정값
η^2(에타 제곱)	• 관계강도 측정값
θ_k(세타 theta k)	• 메타분석에서 일반효과크기
Θ(대문자 세타)	• 로이의 다변량 검정기준 Roy's multivariate test criterion; Θ, SEM에서 측정오차 공변량 매트릭스
κ(카파)	• 변화 일치를 위해 수정된 코헨의 일치도 측정값 Cohen's measure of agreement
λ(람다 lambda)	• 요인부하 매트릭스 요소; 굳먼-크루스컬 예측량 Goodman-Kruskal measure of predictability
Λ(대문자 람다)	• 윌크스의 다변량 검정 기준 Wilks's multivariate test criterion; Λ, SEM에서 요인 부하량 매트릭스
μ(뮤 mu)	• 모집단 평균 population mean; 기대치 expected value
ν(뉴 nu)	• 자유도 degrees of freedom
ρ(로 rho)	• 모집단 적률상관 population product-moment correlation
ρ_I(로 I)	• 모집단 급내 상관 population intraclass correlation
σ(시그마)	• 모집단 표준편차 population standard deviation
σ^2(시그마 제곱)	• 모집단 변량 population variance
Σ(대문자 시그마)	• 모집단 변량-공변량 매트릭스 population variance-covariance matrix
τ(타우 tau)	• 켄달의 순위상관계수 Kendall's rank-order correlation coefficient; 호텔링의 다변량 추적기준 Hotelling's multivariate trace criterion
ϕ(파이 phi)	• 표준 정상확률 밀도함수 standard normal probability density function
Φ(대문자 파이)	• 분할표 contingency tables에서 결합도 measure of association; 표준정상누적분포함수 standard normal cumulative distribution function; Φ, SEM에서 독립 구성개념 공변량 매트릭스
χ^2(카이제곱)	• 카이제곱 분포; 카이제곱 분포 기반의 통계검정; 카이제곱 검정통계의 표본치
Ψ(대문자 프사이 psi)	• 통계 가설검정에서 통계치 비교; Ψ, SEM에서 예측오차 공변량 매트릭스
ω^2(오메가 제곱)	• 통계관계의 강도

표 6.5 통계 약자와 기호 (계속)

약자 또는 기호	정의
	수학 기호
$\|a\|$	• a의 절대치
Σ(대문자 시그마)	• 총합[summation]

주. 모수 θ의 추정자 또는 추정값을 나타내기 위해 에스트$^{est}(\theta)$ 또는 $\hat{\theta}$의 사용은 수용될 수 있다.

일부 용어는 약자와 기호 둘 다 사용된다. 수치가 명시된 상태에서 개념과 기호를 나타내는 경우에는 약자를 사용하라. 기호 형태는 보통 비영어 문자 또는 이탤릭체로 된 영어 문자가 될 것이다. 대부분의 약자는 단순히 약자를 이탤릭체로 표기함으로써 기호로 변환될 수 있다.

주. 일부 양적 접근(예, 구조방정식 모델링)에서는 다중표기체제[multiple notation system]를 사용한다. 일관되게 사용되는 한 어떤 표기체계도 수용될 수 있다. 만일 표 6.5에 제시된 것 외의 표기체계를 사용한다면, 독자들에게 그 사실을 밝혀라. 한 편의 논문원고에서 표기체계를 혼용하지 말라.

논문원고 준비의 제반 측면에서 특히 수학적 및 통계 기호, 특이한 문자, 그리고 복잡한 배열(예, 아래첨자, 위첨자)로 인해 최종 산물에서 오류로 이어질 수 있는 모호성이 없도록 유의하라. 수학적 원고는 신중히 준비하여 오해와 수정이 없도록 하라.

기호 vs. 단어. 서술식 본문에서 통계용어를 사용하는 경우, 기호가 아닌 용어를 사용하라. 예를 들면, "M은[the *M*s were]"이 아니라 "평균은[the means were]"이라고 서술하라. 수학적 연산자가 있는 접속사에서 통계용어를 사용하는 경우, 기호 또는 약자를 사용하라. 예를 들면, "($mean = 7.74$)"이 아니라 "($M = 7.74$)"이라고 써라.

모집단 vs. 표본통계를 위한 기호. 모집단 모수는 보통 그리스 문자로 표기된다. 대부분의 추정값은 이탤릭체로 된 라틴어 문자로 나타낸다. 예를 들면, 모수상관은 ρ로, 추정값은 r로 나타낸다. 에스트$^{est}(\rho)$와 $\hat{\rho}$ 역시 수용될 수 있다. 일부 검정 통계치는 이탤릭체로 표기된 라틴어 문자(예, t, F)로, 몇몇은 그리스 문자(예, Γ)로 나타낸다.

피험자 수에 대한 기호. 표본의 총수에서 구성원 수는 이탤릭체로 표기된 대문자 N을 사용하라(예, $N=135$). 전체 표본의 제한된 부분 또는 하위 표본의 구성원 수는 이탤릭체로 표기된 소문자 n을 사용하라(예, 처치 집단에서 $n=80$).

백분율과 화폐 기호. 퍼센트와 화폐에 숫자가 동반되는 경우, 퍼센트 기호와 화폐 기호를 사용하라. 또한 표 소제목과 그림 라벨과 범례에서 이 기호들을 사용함으로써 공간을 절약하라. 숫자가 없는 경우, "백분율percentage" 또는 화폐의 명칭을 사용하라. 백분율의 범위 또는 화폐량에 대한 기호를 반복하라.

18%-20%

determined the percentage

$10.50, £10, €9.95, ¥100-¥500

in Australian dollars, in U.S. dollars

표준체, 굵은체, 그리고 이탤릭체. 논문원고에서 통계 기호와 수학적 정보는 세 가지 글자체, 즉 ① 표준체standard(로마체roman), ② 굵은체bold, 그리고 ③ 이탤릭체italic로 준비된다. 본문, 표, 그리고 그림에서 동일한 글자체가 사용된다.

- 그리스 문자, 식별자로 기능하는 아래첨자와 위첨자(즉, 다음의 예에서 아래첨자 "girls" 에서처럼), 그리고 변수가 아닌 약자(예, log, GLM, WLS)에 대해서는 표준체를 사용하라.

$\mu_{\mathrm{girls}}, \alpha, \beta_i$

- 벡터와 매트릭스의 기호에 대해서는 굵은체를 사용하라.

$\mathbf{V}, \boldsymbol{\Sigma}$

- 모든 기타 통계기호에 대해서는 이탤릭체를 사용하라.

$N, M_x, df, SSE, MSE, t, F$

때로 하나의 요소가 약자와 기호로 사용될 수 있다(예, *SD*). 이 경우, 그 요소의 기능을 반영하는 글자체를 사용하라(표 6.5 참조).

6.45 통계의 띄어쓰기, 정렬, 구두점

수학적 원고는 단어에 적용하는 것처럼 간격을 두라. $a+b=c$는 *wordwithoutspacing*

만큼이나 읽기 어렵다. 대신, $a + b = c$로 타이핑하라. 빼기를 나타내는 마이너스 기호에 대해서는 기호의 각 측면에 한 칸씩 띄워라(예, $z - y = x$). 음수값을 나타내는 마이너스 기호에 대해서는 기호 다음이 아니라 앞에 한 칸을 띄워라(예, −8.25).

주. 마이너스 기호는 하이픈과는 다른 활자체다(더 길고 약간 더 높다). 워드프로세싱 프로그램에는 논문원고에 마이너스 기호를 삽입하는 기능이 있다.

부호[signs]와 기호[symbols]를 신중히 조정하라. 워드프로세싱 프로그램의 아래첨자와 위첨자 기능을 사용하라. 대부분의 경우, 아래첨자를 먼저 타이핑한 다음, 위첨자를 타이핑하라(x_a^2). 그러나 아래첨자 또는 위첨자(예, 프라임에 대한 기호)는 문자 또는 기호의 바로 우측에 위치시켜라(x'_a). APA에서는 가독성을 이유로 하나를 다른 하나의 우측에 표기하는 것("staggering")보다 아래첨자와 위첨자를 위아래로 맞춰 표기하는 것("stacking")을 선호한다. 만일 APA 학술지에 통계가 포함된 논문을 게재하게 된다면, 아래첨자와 위첨자는 위아래로 쌓은 형태로 조판될 것이다. 만일 아래첨자와 위첨자가 위아래로 쌓아 놓은 형태가 되지 않아야 한다면, 커버레터 또는 원고에 이 사실을 알려라.

등식 제시

모든 **등식**[equations]은 본문에 있든 디스플레이 되던(즉, 분리된 행에 타이핑되든) 간에 구두점을 사용함으로써, 문장 구문에서 합당한 곳에 제시되게 하라(6.47절에서 등식 3 다음의 마침표 참조). 만일 논문원고가 조판될 예정이고 조판 페이지의 폭을 초과하는 등식이 들어 있다면, 어느 부분이 나뉘어도 좋은지를 수용된 원고에서 언급하라.

6.46 본문에서의 등식

짧고 단순한 등식(예, $a = [(1+b)/x]^{1/2}$)은 본문의 줄에 제시하라. 분수를 본문의 행에 제시하려면, 사선(/)을 사용하라. 등식에서 작동순서를 시각적으로 모호하지 않게 하려면, 소괄호[parentheses], 중괄호[square brackets], 그리고 대괄호[braces]를 사용하라(이 모두는 "펜스[fenses]"로 불린다). 자료를 에워싸려면 우선 소괄호를 사용하라. 이미 소괄호로 에워싼 자료를 에워싸려면 중괄호를 사용하라. 그리고 이미 중괄호와 소괄호로 된 자료를 에워싸려면, 대괄호를 사용하라. 즉, 먼저 ( ), 그런 다음 [( )], 그리고 끝으로 {[( )]} 순이다.

본문의 행에서 등식은 줄의 위 또는 아래로 돌출되어서는 안 된다. 예를 들면, 이 절의 시작 부분에 있는 등식은 이런 형태라면 본문의 줄에 위치시키기 어려울 것이다.

$$a = \sqrt{\frac{1+b}{x}}$$

대신, 이런 등식은 자체적인 줄 위에 제시된다(6.47절 참조).

6.47 제시된 등식

나중에 참고하기 위해 번호가 매겨져야 한다면 단순한 등식들을 제시하라. 모든 복잡한 등식을 제시하라. 연속해서 제시된 모든 등식에는 페이지의 우측 여백 근처에 소괄호 안에 번호를 기입하라.

$$w_j \pm z_{1-\alpha/2}\, \hat{\sigma}_{wj} \qquad (3)$$

번호가 붙여진 등식을 나타내는 경우, "등식equation"이라는 말을 포함하라(예, "Eq. 3"이 아니라 "등식 3" 또는 "세 번째 등식the third equation").

6.48 논문게재를 위한 통계 · 수학적 원고 준비

모든 수학적 부호와 기호는 가능하면 활자체 형태로 제시하라. 만일 글자가 워드프로세싱 프로그램으로 생성될 수 없다면, 이미지로 삽입하라. 게재된 논문에 제시하기를 원하는 펜스(즉, 소괄호, 중괄호, 그리고 대괄호), 대문자와 소문자, 구두점, 아래첨자와 위첨자, 그리고 모든 기타 요소를 정확하게 타이핑하라.

목록

6.49 목록 지침

소제목 구조가 독자들에게 논문원고에서 아이디어의 순서를 일깨워 주듯이 **순차배열**seriation(즉, 목록)은 문장 또는 단락 내의 관련된 일련의 핵심 요점에 대한 독자들의 이해를 돕는다. 연속 상태에서 모든 항목은 문장 구성을 통해, 그리고 개념적으로 병렬적으로 제시되어야 한다(병렬성에 관한 자세한 논의는 4.24절 참조). 한 문장 내에서 **목록**lists은 3개 또는 그 이상의 항목을 포함하는 경우, 마지막 항목 앞에 연속 쉼표serial comma를 사용하라(6.3절 참조).

Participants were similar with respect to age, gender, and ethnicity.

그러나 만일 3개 또는 그 이상의 항목으로 된 목록 중 어떤 항목에 이미 쉼표가 붙여져 있다면, 항목들 사이에 쉼표 대신 세미콜론을 사용하라(6.4절 참조).

We were interested in how students describe their gender identities and expressions; their perceptions of emotional and physical safety on campus, including whether and how such perceptions impact their gender expression; and their perceptions of trans-affirming versus trans-negative reactions among fellow students and faculty.

6.50 글자로 된 목록

문장 또는 단락의 서술narrative에서 요소들을 구분하는 것이 독자들이 복잡한 목록에서 서로 분리되어 병렬 제시된 항목의 이해에 도움이 될 경우, 소괄호 안에 소문자를 순서대로 나열하여 요소들을 제시하라. 글자로 된 목록 역시 항목에 주의를 집중시키기 위해 사용될 수 있다. 그러나 이 방법은 번호를 붙이거나 불릿 목록bulleted list만큼은 주의를 끌지는 못한다. 6.49절에 제시된 것처럼 항목들 사이에는 쉼표 또는 세미콜론을 사용하라.

Our sample organization used a waterfall model that featured the following sequential stages: (a) requirement analysis, (b) specification, (c) architecture, (d) design, and (e) deployment.

We tested three groups: (a) low scorers, who scored fewer than 20 points; (b) moderate scorers, who scored between 20 and 50 points; and (c) high scorers, who scored more than 50 points.

6.51 번호 목록

완전한 문장 또는 단락을 연속해서 제시하려면 번호가 붙여진 목록을 사용하라(예, 항목별로 구분된 결론, 절차의 단계). 만일 항목이 구로 되어 있다면, 번호가 붙여진 목록보다는 글자로 된 또는 불릿 목록을 사용하라. 번호 목록을 만들려면, 워드프로세싱 프로그램의 번호가 붙여진 목록 기능을 사용하라. 이 기능은 자동으로 목록에 들여쓰기도 설정해 줄 것이다. 아라비아 숫자 다음에 마침표가 찍히지만, 소괄호로 묶이거나 다음에 오지 않는 기능을 택하라. 숫자 다음에 오는 단어의 첫 글자는 (그리고 후속 문장의 첫 단어의 첫 글자도) 대문자로 표기하고, 각 문장은 마침표 또는 기타 적절한 구두점으로 마무리하라.

We addressed the following research questions:

1. What research methodologies are used to examine the effects of cultural competency training?
2. How are psychologists trained to be culturally competent?
3. How are training outcomes assessed?
4. What are the outcomes of cultural competency training?

6.52 불릿 기호로 된 목록

번호 목록의 사용은 항목들 사이에서 원치 않는 또는 보장되지 않는 서열 위치ordinal position를 암시한다(예, 연대순, 중요성, 우선권). 서열 암시 없이 동일한 효과를 얻으려면, 불릿 기호bullets를 사용하여 연속적으로 제시된 항목들을 구분하라. 불릿 목록을 만들려면, 워드프로세싱 프로그램의 불릿 목록 기능을 사용하라. 이 기능은 자동으로 목록에 들여쓰기도 설정해 줄 것이다. 불릿 대신 조그만 원, 사각형, 대시 등과 같은 기호가 사용될 수 있다. 게재판정을 받은 논문이 조판되는 경우, 불릿 기호는 해당 학술지에서 사용되는 양식으로 변환될 것이다.

완전한 문장들로 된 항목. 만일 불릿 목록이 완전한 문장들이라면, 각 문장의 첫 글자를 대문자로 시작하고 마침표 또는 기타 마무리 구두점으로 문장을 마쳐라.

There are several ways in which psychologists could apply social-media-driven methods to improve their work:

- Social psychologists could use these methods to improve research on emotional experiences.
- Community psychologists could use these methods to improve population assessment at the city level.
- Clinical psychologists could use these methods to improve assessment or treatment.

여러 구로 된 항목. 만일 불릿 목록이 구 또는 문장의 단편들fragments이라면(즉, 완전한 문장이 아니라면), 각 불릿 목록은 소문자로 시작하라(고유명사 같은 예외의 경우는 6.14–6.21절 참조). 항목이 구 또는 문장의 단편들로 된 불릿 목록에 대한 구두점 사용에는 두 가지 옵션이 있다.

☐ **구두점으로 마치지 않는 구.** 첫 번째 옵션은 불릿 항목 다음에 구두점을 사용하지 않는 것이다(최종 항목 포함). 이 옵션은 항목들이 더 짧고 단순한 경우에 더 유용할 수 있다.

Some strategies used by faculty of color in the United States for survival and success on the tenure track include the following:

- learning the rules of the game
- being aware of who possesses power
- working doubly hard
- emphasizing one's strengths and establishing some authority
- finding White allies (Lutz et al., 2013; Turner et al., 2011)

☐ **구두점으로 마치는 구.** 두 번째 옵션은 6.3절과 6.4절의 쉼표와 세미콜론 용법에 대한 지침에 따라, 마치 불릿이 거기에 없는 것처럼 불릿 항목 다음에 구두점을 삽입하는 것이다. 이 옵션은 항목들이 길거나 더 복잡한 경우에 더 유용할 수 있다.

Adolescents may crave the opportunities for peer connection that social media affords because it allows them to

- communicate privately with individuals or publicly with a larger audience,
- seek affirmation by posting pictures or commentary and receiving likes or comments,
- see how their numbers of friends and followers compare with those of their peers, and
- monitor who is doing what with whom by seeing how many peers like and comment on their posts and comparing the feedback they get with what others received (Underwood & Ehrenreich, 2017).

구와 문장들로 된 항목. 불릿 항목들이 구와 문장들로 구성되는 경우(용어사전에서 정의 목록처럼), 다양한 형식이 가능하지만, 항목 제시는 일관되고 논리적이어야 한다. 한 가지 접근 방법은 불릿을 시작 부분에서 단어와 구를 굵은체 소문자로 표기하고, 콜론을 붙이는 것이다. 만일 콜론 다음에 문장 단편이 온다면, 콜론 다음의 첫 단어는 소문자로 표기하라.

- **creativity**: the ability to produce or develop original work, theory, techniques, or thoughts.

추가 문장이 문장 단편 뒤에 오는 경우, 문장 단편 다음에 마침표를 사용하라. 그렇지 않으면, 단편 다음에 오는 구두점은 선택사항이다.

- **goal**: the end state toward which a human or nonhuman animal is striving. It can be identified by observing that an organism ceases or changes its behavior upon attaining this state.

만일 콜론 다음에 완전한 문장이 온다면, 콜론 다음에 오는 첫 단어를 대문자로 표기하고 마침표 또는 다른 마무리 구두점으로 마쳐라.

- **problem solving**: Individuals use problem solving to attempt to overcome difficulties, achieve plans that move them from a starting situation to a desired goal, or reach conclusions through the use of higher mental functions, such as reasoning and creative thinking.

7

표와 그림

목차

7

표와 그림

표[tables]와 그림[figures]은 저자들에게 다량의 정보를 효율적으로 제시하고 데이터를 더 잘 이해할 수 있게 해 준다. 표는 보통 수치(예, 평균, 표준편차) 또는 글로 된 정보(예, 자극단어 목록, 참여자들의 반응)를 열[columns]과 행[rows]으로 질서정연하게 배치된 상태로 보여 준다. 그림은 차트, 그래프, 사진, 소묘, 또는 기타 삽화 또는 글이 아닌 형태의 묘사일 수 있다. 때로 표와 그림 사이의 경계는 명확하지 않을 수 있다. 일반적으로, 표는 행렬[row-column] 구조가 특징이고, 표보다는 삽화 또는 이미지 유형이 그림으로 간주된다. 이 장에서 우리는 다양한 유형의 예시와 함께 ① 표와 그림의 목적, ② 고안, 준비, 배치, 재생원칙, 그리고 ③ APA 양식에 의거한 표와 그림의 형식 창안 및 설정을 위한 지침에 관해 논의한다.

표와 그림의 일반 지침

7.1 표와 그림의 목적

표 또는 그림의 일차 목적은 저작물에 대한 독자들의 이해를 촉진하는 것이다. 예를 들면, 표와 그림은 ① 정보 요약(예, 이론적 모형, 메타분석에 포함된 양질의 연구), ② 탐색적 데이터 분석 또는 데이터 발굴 기법(예, 요인분석)의 결과 제시, ③ 일부 통계 또는 기능 추정(예, 노모그래프[nomograph]), 또는 ④ 전체 시행[trial] 수준 데이터의 공유에 사용될 수 있다(데이터 공유에 관한 세부사항은 1.14절 참조). 아무리 표와 그림이 주의를 끌더라도, 학술적 논문원고에서 단순히 장식용으로 사용되어서는 안 된다. 대신, 모든 표와 그림은 목적이 있어야 한다.

7.2 표와 그림의 설계와 준비

표 또는 그림을 준비하는 경우, 먼저 제시 목적과 그 목적의 관련된 중요성을 결정하라(7.1절 참조). 그런 다음, 그 목적 성취에 합당한 형식을 택하라(샘플 표와 그림은 7.21절과 7.36절 참조). 예를 들어, 만일 목적이 이론적 모델의 예시라면, 차트가 최상의 선택일 개연성이 높다. 때로 다중접근도 가능하다. 예를 들어, 만일 목적이 집단점수 제시라면, 표가 독자들에게 각 집단의 정확한 점수를 볼 수 있게 하는 반면, 그림은 집단 간 유사점 또는 차이점을 강조할 수 있을 것이다. 가능하면, 표 또는 그림의 표준 또는 기준이 되는canonical 형태를 사용하라(예시는 7.21절과 7.36절에 제시되어 있음).

표와 그림은 독자들을 염두에 두고 고안하라. 연구를 통해 발견된 내용을 명확하게 소통하는 동시에, 시선을 끄는 시각적 디스플레이를 창출하라. 표와 그림은 논문원고의 본문처럼 동일하게 유의해서 준비하라. 본문에서의 변화는 흔히 표와 그림에서의 변경이 요구되고, 본문에 제시된 데이터와 표와 그림에 제시된 것과의 불일치는 게재된 논문에 대한 수정통보의 필요성 또는 학생보고서에 대한 낮은 학점을 초래할 수 있다(각각 학술지 게재 또는 제출 전에 오류가 수정되지 않는 경우). 표와 그림을 고안하는 경우, 준수해야 할 원칙은 다음과 같다.

- 표에서 모든 열에 라벨을 붙여라.
- 그림 이미지에서 모든 요소에 라벨을 붙여라(예, 그래프의 축에 라벨을 붙여라).
- 비교되는 항목은 바로 곁에 배치하라.
- 라벨은 라벨을 붙일 요소 다음에 배치하라.
- 그림 이미지에서 확대하지 않아도 읽을 수 있을 만큼 충분히 큰 산세리프sans serif체를 사용하라.
- 표 또는 그림은 그 자체로 이해될 수 있도록 디자인하라(독자들이 본문을 참조하지 않아도 이해할 수 있음을 의미함). 표 또는 그림에서 사용된 약자가 본문에 정의되어 있더라도 정의하라(일부 예외의 경우는 7.15절 참조).
- 보충자료로 고안된 표 또는 그림 역시 그 자체로 이해될 수 있을 정도로 충분한 정보가 담겨 있어야 한다.
- 장식적이고 화려한 묘사는 피하라. 이는 산만해서 독자들의 이해를 저해할 수 있다. 대신, 모든 요소가 효과적인 의사소통 목적 성취를 뒷받침할 수 있도록 하라.

7.3 그래픽 vs. 본문 제시

논문원고에 얼마나 많은 표와 그림을 포함할 것인지 엄정하게 선택하라. 만일 다수의 표와 그림이 수록된다면, 독자들은 저자의 메시지를 놓치게 될 수 있다. 예를 들어, 다수의 표와 그림이 소량의 본문과 함께 제시된다면, 이는 게재된 논문의 페이지 배치에 문제가 될 수 있다. 게다가, 그래픽으로 제시하는 것은 효과적인 의사소통을 위한 최적의 방법은 아니다. 예를 들면, 단일 통계적 유의성 검사 결과 또는 몇몇 집단 평균과 표준편차는 본문에 제시될 수 있다.

> The one-way ANOVA, $F(1, 136) = 4.86$, $MSE = 3.97$, $p = .029$, $\eta^2 = .03$, demonstrated …
>
> Scores on the insomnia measure ($M = 4.08$, $SD = 0.22$) were …

표 또는 그림은 다수의 통계검정 결과 또는 다수의 기술 통계치 제시에 효과적인 선택이다(예, 다수의 변량분석[ANOVAs] 결과 보고 또는 참여자들의 인구통계학적 데이터를 요약하는 경우). 몇 개의 더 작은 표 또는 그림과 유사한 내용을 하나의 더 큰 표 또는 그림으로 결합하는 것 역시 가능할 수 있다. 표 또는 그림이 본문을 어떻게 보강 또는 보충할지를 고려하라. 예를 들면, 이론적 모델의 구성요소가 본문에서 논의되는 경우, 그림은 모델 요약에 도움을 줄 수 있다. 그림의 가치는 시각적 요약이다. 그러나 본문과 중첩되는 표 또는 그림은 불필요할 수 있다.

7.4 표와 그림의 형식 설정

표와 그림은 동일한 구조를 따른다. 즉, 표와 그림에는 표 또는 그림 번호, 표 또는 그림 제목, 몸체(표의 경우) 또는 이미지(그림의 경우), 그리고 필요하다면 표 또는 그림 주가 있다. 표와 그림은 다수의 다른 파일 형식으로 생성될 수 있다. 학술지 또는 교수는 자신이 수용하는 형식을 제한할 수 있다.

표를 만들려면 워드프로세싱 프로그램의 표 기능을 사용하라. 만일 표를 다른 프로그램(예, SPSS, Excel)으로부터 워드프로세싱 프로그램에 복사 및 붙이기를 하려면, APA 양식 지침에 따라 포맷을 조정할 필요가 있다. 탭 키 또는 스페이스 바를 사용하여 표 모양을 수작업으로 만들지 말라. 이러한 방법은 줄 맞추기 오류를 범할 수 있고, 특히 표가 조판되는 경우에 문제가 될 수 있다.

그림은 다수의 프로그램(예, 엑셀, 파워포인트, 포토샵, 일러스트레이터, MATLAB, 그리고 Inkscape)을 사용하여 다양한 방식으로 만들어질 수 있다. 그림을 그리는 데 사용되는 프로그램에 상관없이, 출력물은 충분한 해상도resolution의 고품질high-quality 이미지여야 한다. 논문게재를 위해 제출되어야 하는 그림에는 TIFF와 EPS 파일이 권장된다. APA 양식으로 산출되는 기타 저작물(예, 강의 과제물)에 대해서는 JPG 또는 PNG 같은 파일 형식 역시 수용될 수 있다. 일부 그림 유형에는 다른 것들보다 더 높은 해상도가 필수로 요구된다. 예를 들면, 선화line art에는 사진보다 더 섬세한 디테일이 필수로 요구된다. 사용된 포맷이 반드시 이미지의 명확한 제시에 필요한 해상도를 지원하게 하라. 이에 관한 세부사항은 저작물을 제출하려는 학술지 또는 출판사의 저자들을 위한 지침을 확인하라(APA 학술지의 경우, http://on.apa.org/WDtxdW의 학술지 원고 준비지침 참조).

7.5 본문에서 표와 그림의 참조

본문에서는 모든 표와 그림을 고유번호('**발호**callout'로 알려짐)로 나타내라(본문에 동반되는 표와 그림의 번호 할당 방법은 각각 7.10절과 7.24절, 부록에 제시되는 표와 그림의 번호 할당 방법은 2.14절 참조). 표 또는 그림을 발호하는 경우, 그 표 또는 그림에서 찾아볼 것을 언급하라.

> As shown in Table 1, the demographic characteristics ...
>
> Figure 2 shows the event-related potentials ...
>
> ... of the results of the testing (see Table 3).
>
> ... of the comparison (see Figure 4 and 7).

"위(또는 "아래below")의 표the table above" 또는 "32쪽의 그림the figure on page 32"이라고 표기하지 말라. 페이지 번호는 흔히 글쓰기 과정에서 변경된다. 이는 오류로 이어질 수 있다. 출판 저작물의 경우, 마지막 페이지 번호와 그 페이지에 수록된 표와 그림의 배치는 조판과정에서 결정된다. 표와 그림을 페이지상의 위치보다 번호로 나타내는 것은 보조기술(예, 스크린 리더스screen readers)을 사용하여 저작물에 접근하는 독자들에게 도움을 준다. 논문게재를 염두에 두고 있는 저자들 역시 "표 1을 여기에 배치하라place Table 1 here" 또는 "그림 2를 여기에 두라put Figure 2 here"라고 써서는 안 된다. 조판공이 발호와 관련하여 표와 그림의 위치를 정할 것이다.

7.6 표와 그림의 배치

논문원고에서 표와 그림 배치를 위한 옵션은 두 가지가 있다. 첫 번째 옵션은 모든 표와 그림을 참고문헌 목록 다음에 분리된 페이지에 배치하는 것이다(각각의 표를 분리된 페이지에 배치하고, 다음으로 각각의 그림을 분리된 페이지에 배치함). 두 번째 옵션은 각각의 표와 그림을 첫 번째 발호 다음에 본문 내에 끼워 넣는 것이다. 표와 그림 배치에 관해서는 학술지 또는 강의 과제물에 대한 세부사항을 따르라. 모든 표와 그림을 참고문헌 목록 다음의 분리된 페이지에 배치하는 것은 게재를 위해 제출되는 원고에 대한 교정 촉진을 위해 선호될 수 있다. 각 접근은 학생 과제물 또는 표와 그림의 위치가 명시되지 않은 경우에 적절하다. 박사 및 석사 학위논문에 대해서는 표와 그림 배치에 관한 또 다른 세부사항이 있다. 예를 들면, 일부 대학 지침에서 다수의 표 또는 그림은 적합하기만 하면, 문서의 맨 끝에 있는 동일한 페이지에 배치될 수 있다. 박사 또는 석사 학위논문을 구성하는 경우, 지도교수 및/또는 대학에서 명시한 지침을 준수하라. 논문게재를 염두에 두고 있는 저자들은 그림이 원고 내에서 어디에 배치되는지에 상관없이 그림을 원고로부터 분리하여 고해상도 파일로 제출할 필요가 있을 수 있다.

모든 표와 그림은 논문원고에서 제시되는 위치와 상관없이 좌측 여백에 맞춰라. 표 또는 그림을 본문에 끼워 넣는 경우, 완전한 단락 다음에 배치하라(이상적으로는 처음 발호된 단락). 표 또는 그림은 가능하면 한 페이지에 들어갈 수 있도록 배치하라(한 페이지보다 더 길거나 넓은 표에 관해서는 7.18절 참조). 만일 본문이 표 또는 그림과 동일한 페이지에 제시된다면, 본문과 표 또는 그림 사이에 두 줄을 띄워서 본문과 표 또는 그림 사이가 분리된 것이 더 쉽게 보이도록 하라. 짧은 표 또는 작은 그림은 페이지의 중간보다는 처음 또는 끝 부분에 배치하라.

본문의 내용을 뒷받침하지만 필수적이지는 않은 표와 그림은 하나 또는 그 이상의 부록에 배치해도 좋다. 표와 그림은 텍스트를 포함하고 있는 부록 내에 제시하거나 표 또는 그림은 그 자체로 전체 부록을 구성할 수 있다(2.14절 참조). 표와 그림은 본문에 제시된 자료의 이해를 강화하지만 기본적인 이해에 필수적이지 않거나 전체를 출력할 수 없는 경우 역시 보충자료에 배치될 수 있다(2.15절 참조). 만일 표 또는 그림이 보충자료에 포함된다면, 모든 표 또는 그림을 본문에서 언급하되 짤막하게만 서술하라(예, "자극 목록은 보충자료의 표 1을 보라[see Table 1 in the supplemental materials for the list of stimuli]"라고 써라).

7.7 표와 그림의 재인쇄 또는 조정

만일 논문원고에서 다른 출처로부터 표 또는 그림을 복제 또는 개작한다면(예, 저자 자신의 출판된 저작물로부터의 표, 인터넷에서 검색한 이미지), 표 주 또는 그림 주에 저작권 귀속을 반드시 포함하여 저작물에 대한 참고문헌 목록 입력자료 외에 재인쇄된 또는 개작된 자료임을 명시해야 한다. 표 또는 그림의 복제 또는 개작을 위해서는 저작권자로부터 허가를 받을 필요가 있을 수 있다. 7.21절의 표 7.14와 7.36절의 그림 7.3, 7.14, 그리고 7.21은 허가가 필요하지 않은 경우에 개작된 표, 공공영역에서 재인쇄된 그림, 그리고 허가를 받고 재인쇄된 그림에 대한 저작권 귀속을 보여 주고 있다. 저작권과 허가에 관한 세부정보와 더 세부적인 저작권 귀속 형식과 예시는 12.14절에서 12.18절까지 참조하라.

표

7.8 표 구성의 원칙

표tables는 본문의 일부가 되어야 하지만, 간결해서 별개로 이해될 수 있도록 고안되어야 한다. 간결성conciseness 원칙은 본문과 함께 포함된 표만 아니라, 부록과 보충자료에 배치된 표와도 관련이 있다. 아무리 보충 표가 본문에 동반된 표보다 더 길고 상세하더라도, 직접적이고 명확하게 본문 내용과 관련이 있어야 한다(2.15절 참조). 모든 표는 무언가 구체적인 것을 보여 주고 있음을 의미한다. 예를 들면, 양적 데이터를 소통하는 표는 한눈에 데이터의 의미가 명백할 수 있게 배치된 경우에만 효과적이다(Wainer, 1997). 흔히, 동일한 데이터는 데이터의 다른 특성을 강조하기 위해 다른 방식으로 배열될 수 있다. 또한 어떤 배열이 더 좋은지는 저자의 목적에 달려 있다. 결국, 표 배치는 논리적이고 독자들에 의해 쉽게 이해되어야 한다. 비교되어야 할 표의 입력자료는 서로 곁에 배치되어야 한다. 일반적으로 다른 지표들(예, 평균, 표본크기)은 다른 행 또는 열에 제시되어야 한다. 변수와 조건 라벨은 이들의 값 가까이에 배치하여 비교를 촉진하라. 효과적인 배치에 관한 예시는 샘플 표(7.21절)를 참조하라.

7.9 표 구성 요소

원형적 표의 기본 구성요소는 표 7.1에 제시되어 있는데, 다음과 같이 요약된다.

표 7.1 표의 기본 구성요소

표 번호table number

표 제목table title

원부 소제목stub heading: 가장 좌측 열을 기술하는 소제목

열 스패너column panner: 표 몸체에서 둘 이상의 열에 있는 입력자료를 기술하는 소제목

선반제목decked heads: 흔히 열 머리column heads에서 반복을 피하기 위해 위아래로 쌓아 놓은 자료의 소제목

열 소제목column heading: 표 몸체의 단 한 가지 열의 입력자료를 구분해 주는 소제목

표 스패너table spanner: 표 몸체의 전체 폭을 커버하는 소제목, 추가 분할을 가능하게 함

원부 열stub column **또는 원부**stub: 표의 가장 좌측 열; 보통 주요 독립 또는 예측변수들이 열거됨

셀cell: 행과 열 사이의 교차점

표 몸체table body: 표의 일차 데이터가 담긴 셀의 행과 열

표 주table notes: 표 몸체에서 정보의 보충 또는 명료화를 위한 설명

표 1

부모의 시민권 증명서 유무에 따른 아동 수

학년	여		남	
	유	무	유	무
웨이브Wave 1				
3	280[a]	240[b]	281	232
4	297	251	290	264
5	301	260	306	221
합계	878	751	877	717
웨이브Wave 2				
3	201	189	210	199
4	214	194	236	210
5	221	216	239	213
합계	636	599	685*	622

주. 이 표는 원형적인 표의 요소들을 나타내고 있다. 표에 대한 **일반 주**general note는 첫 번째로 제시되는데, 약자의 정의(7.14~15절 참조)와 표의 재인쇄 또는 개작을 위한 저자권 귀속authorship attribution(7.7절 참조)을 비롯하여 표 이해에 필요한 정보가 담겨 있다.

[a] **특수 주**specific note는 일반 주 아래에 분리된 단락에 제시된다.

[b] 그 이후의 특수 주는 같은 단락에서 뒤이어 제시된다(**7.14**절 참조).

* **확률 주**probability note(p 값에 대한)는 특수 주 아래에 분리된 단락으로 제시된다. 그 이후의 확률 주는 같은 단락에 뒤이어 제시된다(**7.14**절 참조).

- **번호**: 표 번호table number(예, 표 1Table 1)는 표 위에 굵은체로 제시된다(7.10절 참조).
- **제목**: 표 제목table title은 표 번호 아래에 이탤릭체로 된 제목 표기법 및 더블 스페이스로 제시된다(6.17절, 7.11절).
- **소제목**: 표는 데이터의 특성과 배열에 따라 다양한 소제목을 포함할 수 있다. 모든 표에는 원부 소제목을 포함하여 열 소제목column headings이 포함되어야 한다(좌측 끝 열에 대한 소제목). 일부 표 역시 열 스패너column spanners, 선반제목decked heads, 그리고 표 스패너table spanners를 포함한다(7.12절 참조).

- **몸체**: 표 몸체table body는 표의 모든 행과 열을 포함한다(7.13절 참조). **셀**cell은 행과 열의 교차점이다. 몸체는 싱글 스페이스, 1.5 스페이스, 또는 더블 스페이스로 작성될 수 있다.
- **주**: 세 가지 유형의 주note(일반 주, 특수 주, 그리고 확률 주)는 필요한 경우 표 아래에 제시되어 표 제목 또는 몸체만으로는 이해될 수 없는 표의 내용을 서술한다(예, 약자 정의, 저작권 귀속). 모든 표에 표 주가 포함되는 것은 아니다(7.14절 참조).

샘플 표는 7.21절을 참조하라.

7.10 표 번호

본문의 일부인(즉, 부록 또는 보충자료의 일부가 아닌) 모든 표에는 아라비아 숫자를 사용하여 번호를 붙여라(예, 표 1, 표 2, 표 3). 논문원고의 어떤 부분에서든지 표에 관한 더 세부적인 논의가 있든 없든 관계없이, 각각의 표가 본문에 처음 언급되는 순서대로 번호를 할당하라. 굵은체로 된 "표Table"라는 단어와 번호를 왼쪽 끝에 맞추어 써라(즉, 들여쓰기 또는 중앙정렬이 아니라). 부록에 제시되는 표는 다른 번호 붙이기 도식을 따른다(2.14절 참조).

7.11 표 제목

모든 표에는 짧지만 명확하고 설명적인 제목을 붙여라. 표의 기본 내용이 제목으로부터 쉽게 추론되어야 한다. 표 제목은 표 번호 아래에 이탤릭체로 된 제목 표기법title case으로 작성하고, 표 번호와 제목 사이에 더블 스페이스로 작성하라. 지나치게 일반적이면서 세부적인 표 제목은 피하라.

제목의 질	표 제목 예시	근거
☐ 너무 일반적임	• 대학 전공과 수행력 간의 관계 • *Relation Between College Majors and Performance*	☞ 표에 어떤 데이터가 있는지 불명확함
☐ 너무 세부적임	• 심리학, 물리학, 영어, 공학 전공 학생들의 시험 A, 시험 B, 시험 C에 대한 평균 수행 점수 • *Mean Performance Scores on Test A, Test B, and Test C of Students With Psychology, Physics, English, and Engineering Majors*	☞ 제목이 표 소제목의 정보와 중복됨

제목의 질	표 제목 예시	근거
☐ 효과적임	• 서로 다른 대학전공 학생들의 평균 수행력 점수 • *Mean Performance Scores of Students With Different College Majors*	☞ 제목이 구체적이면서 소제목과 중첩되지 않음

소제목 또는 표의 몸체에 제시된 약자는 표 제목에서 소괄호로 설명될 수 있다.

Hit and False-Alarm (FA) Proportions in Experiment 2

약자 역시 표의 일반 주에서 정의될 수 있다(7.14절 참조). 제목의 요소를 명확하기 하기 위해 특수 주를 사용하지 말라.

7.12 표 소제목

소제목headings은 표에서 정보를 조직하고 각 열에 어떤 것이 있는지 나타내 준다. 열 소제목column headings은 그 아래의 입력자료에 관해 서술한다. 표 소제목은 짧아야 한다. 가능하면, 소제목은 그 아래 열에 있는 정보보다 폭이 더 넓지 않아야 한다. 표의 가장 왼쪽 열에 있는 **원부 열**stub column 또는 **원부**stub를 포함하여, 표의 모든 열에 소제목을 붙여라(삽화는 표 7.1 참조).

원부 열에는 보통 주요 독립변수 또는 예측변수들이 수록된다. 예를 들어, 표 7.1에서 원부 열에는 학년이 수록되어 있다. 원부 열의 경우, "변수Variable"라는 소제목은 흔히 다른 소제목이 적절하지 않은 경우에 사용된다. 원부 열의 입력자료는 병렬식으로 기입하라(병렬구성에 대한 안내 지침은 4.24절 참조). 상관관계 매트릭스(7.21절의 표 7.10–7.11 참조)에 한해 또는 본문에서 번호로 나타내는 경우, 원부 열의 입력자료에 번호를 붙여라.

원부 열 내에 종속됨을 나타내려면, 추가 열을 만들기보다는 들여 쓰라(예, "독신" "결혼/동반자 있음" 등이 "결혼 상태"라는 소제목하에 들여 쓴 표 7.2 참조).[1] 탭 키를 사용하기보다는 워드프로세싱 프로그램의 단락 만들기 기능을 사용하라. 조판 논문에서 들여쓰기는 엠 스페이스em space(***역자 주.** 인쇄에서 활자 따위의 글자 한 개 분의 너비만큼 낱말 사

---

1 표 원부 입력자료와 열 소제목은 표에서 문장 표기법으로 작성되지만, 본문에 제시되는 경우는 제목 표기법으로 작성된다.

이에 공간을 주는 것으로, '한 칸'이라고도 함)와 동일하다. 이는 초고에서 단락 들여쓰기를 0.15 인치(0.381cm)까지로 설정하거나, 워드프로세싱 프로그램의 특수문자 메뉴로부터 엠 스페이스 삽입을 통해 거의 정확하게 편집될 수 있다.

원부 열의 우측, 그리고 열 상단의 소제목은 각 열에 어떤 것이 있는지를 나타낸다. **열 소제목**column heading은 하나의 열에만 적용된다. **열 스패너**column spanner는 2개 또는 그 이상의 열을 커버하는 소제목으로, 각각의 열 스패너는 고유의 열 소제목이 붙여진다. 이런 방식으로 쌓인 소제목을 **선반제목**decked heads이라고 한다. 흔히, 선반제목은 열 소제목에서 단어의 반복을 피하기 위해 사용된다(표 7.1 참조). 가능하면, 2개 수준 이상의 선반제목은 사용하지 말라. 복잡한 표일수록, 표 몸체 내의 소제목인 표 스패너들이 요구된다. 이는 열 소제목이 동일하게 유지되는 경우, 표를 더 잘게 분할시키는 결과로 이어질 수 있다(표 7.1 참조). **표 스패너**table spanners 역시 같은 열 제목이 주어진다면, 2개의 표를 결합하는 데 사용될 수 있다.

하나의 열 내에 있는 항목은 문장 구성상 그 열에 수록된 다른 항목들과 개념적으로 비교될 수 있어야 하고, 모든 항목은 열 소제목에 의해 기술될 수 있어야 한다. 예를 들면, 소제목이 "%"인 열에는 오직 백분율만 수록될 것이다. 그 열에 있는 숫자들 다음에는 퍼센트 기호가 붙여지지 않을 것이다. 기호가 이미 소제목에 제시되어 있기 때문이다(7.21절의 표 7.2 참조).

표의 모든 소제목은 문장 표기법(SC)을 사용하라(6.17절 참조). 모든 표 소제목은 해당 열 위의 중앙에 위치시켜라. 원부 소제목, 열 소제목, 그리고 열 스패너는 집단(예, 아동Children, 여자Women)을 나타내지 않는 경우, 단수로 표기되어야 한다(예, 측정값Measure, 문항Item). 단, 표 스패너는 단수 또는 복수로 표기될 수 있다.

7.13 표 몸체

표의 주요 부분, 즉 **표 몸체**table body는 셀에 조직된 정보를 담고 있다. 표 몸체에 있는 정보는 숫자, 단어, 또는 이 둘이 혼합된 형태로 제시될 수 있다. 표 몸체(표 소제목 포함)는 어떻게 제시하는 것이 가장 효과적으로 독자들에게 정보를 전달하는지에 따라 싱글 스페이스, 1.5 스페이스, 또는 더블 스페이스로 작성될 수 있다(예, 싱글 스페이싱single-spacing은 표가 한 페이지에 들어맞게 할 수 있다). 만일 입력자료가 한 줄 이상이라면, 0.15인치 내어쓰기 또는 1 엠 스페이스를 사용하라. 표의 원부 열에서는 원부 소제목을 중앙에 배치하고, 입력자료는 그 아래의 좌측정렬을 하라. 만일 이 열에 있는 입력자료가 원부 소제목보다 현저하게 짧다면, 이들을 원부 소제목 아래의 중앙에 배치할 수 있다(예, 원부 열에 있는 한 자리 숫자; 이에 관한 예시는 이 절 후반의 부분적인 표 참조). 표의 모든 다른 셀에 있는 입력자료는 중앙정렬되어야 한다(그러나 만일 길이가 긴 입력자료의 가독성이 높아진다면, 좌측정렬도 수용될 수 있다). 표 몸체의 모든 단어 입력자료는 문장 표기법(SC)을 사용하라(6.17절 참조). 표 몸체에 제시되는 숫자는 6.32절에서 6.39절까지에 있는 지침에 따라 단어 또는 숫자로 표기되어야 한다. 그러나 만일 더 명확해지거나 공간을 절약할 수 있다면, 모든 수에 대한 숫자 사용이 허용될 수 있다.

소수값. 수치는 측정의 정확성이 정당화되는 소수 자리의 수까지 표기하라(6.36절 참조). 가능하다면, 모든 비교 가능한 값을 같은 소수 자리로 나타내라. 수치는 열에 중앙정렬로 표기되어야 하고, 가능하면 소수점에 맞추어 정렬한다(출판 버전의 경우, 조판공이 전형적으로 값을 중앙정렬하여 소수점에 맞추어 배열할 것이다).

빈 셀. 만일 적용할 데이터가 없어 셀이 채워질 수 없다면, 빈 상태로 놔두라. 만일 셀이 비어 있거나 요소가 적용될 수 없는 이유를 설명할 필요가 있다면, 표의 일반 주 또는 특수 주를 활용하라(7.14절 참조). 만일 데이터를 수집하지 못했거나 보고되지 않아 셀이 채워질 수 없다면, 해당 셀에 대시를 삽입하고, 대시 사용 사실을 표의 일반 주에 설명하라(7.14절 참조). 관례상, 상관관계 매트릭스의 주요 대각선 위치에 제시된 대시(7.21절의 표 7.10–7.11 참조)는 한 항목과 그 자체와의 상관관계를 가리킨다. 이는 반드시 1.00이 되어야 하고, 단순히 설명이 필요 없는 대시로 대체된다.

간결성. 자료 제시는 선별적으로 하라. 다른 열로부터 쉽게 계산될 수 있는 데이터열은 포함하지 말라. 예를 들면, 다음에 제시된 부분적인 표는 시도당 반응 수와 반응 총수 둘 다 제시하고 있다는 점에서 중복적이다. 대신, 어떤 것이든 논의에 더 중요한 것만을 제시하라.

참여자	반응 수		총 반응 수
	1차 시도	2차 시도	
1	5	7	12
2	6	4	10

표에서의 인용. 만일 표에 다른 저작물의 인용이 들어 있다면, 8.11절에 기술된 형식을 따르라. 공간 절약을 위해 표에서의 모든 인용에 "and"라는 단어에 대해 앰퍼샌드 ampersand(&)를 사용하라. 7.21절의 표 7.4는 메타분석에 포함된 연구물에 대한 인용이 수록된 표의 예시가 제시되어 있다.

7.14 표 주

표는 표의 몸체 아래에 배치되는 세 가지 종류의 주(일반 주, 특수 주, 확률 주)를 포함할 수 있다. 표 주는 어떤 다른 표가 아니라 특정한 표에만 적용된다. 만일 표 주에 있는 정보가 다른 표에도 사실이라면, 그 정보를 두 표의 주에 반복함으로써 한 표가 독자적으로 이해될 수 있게 하라. 어떤 표에는 표 주가 전혀 요구되지 않는다.

일반 주. **일반 주**general note는 전반적으로 표와 관련된 정보를 지지, 설명, 또는 제공하고, 약자, 기호, 이탤릭체, 굵은체, 또는 소괄호의 특수한 사용 등을 설명한다. 일반 주는 또한 표가 재인쇄되거나 다른 출처로부터 개작된 사실을 인정하는 글을 포함한다(7.7절 참조). 일반 주는 "*Note*"(이탤릭체)라는 단어 다음에 마침표를 찍음으로써 나타낸다(예시로는 7.21절의 표 7.1과 샘플 표 참조). 약자 설명, 그리고 재인쇄 또는 개작된 표에 대한 저작권 귀속은 일반 주의 끝에 순서대로 제시된다.

> *Note*. Factor loadings greater than .45 are shown in bold. M=match process; N=nonmatch process.

특수 주. **특수 주**specific note란 특정한 열column, 행row, 또는 셀cell을 말한다. 특수 주는 위첨자 소문자로 표시된다(예, [a], [b], [c]). 특수 주를 표 제목에 추가하지 말라. 대신, 일반 주를 사용하라. 특수 주가 있는 각 표 내에서는 위첨자를 좌에서 우로, 위에서 아래로, 좌측 상단에서 문자 "a"로 시작하여 정리하라(예, 7.21절의 표 7.2, 7.10, 7.15 참조). 해당하는 특수 주는 표 아래에서 동일한 위첨자 문자로 시작한다. 표 몸체의 위첨자 문자 앞에 위첨자 한 칸을 띄워라(예, 집단[a]). 특수 주에서는 위첨자 문자 다음에 위첨자 한 칸을 띄워라. 이 공간은 특수 주가 철자법 검사에 걸리는 것을 방지해 주고 가독성을 높여 준다.

> [a] $n=25$. [b] 이 참여자는 실험을 완수하지 않았다.

확률 주. **확률 주**[probability note]는 별표와 기타 부호들이 p 값과 통계가설 검정 결과의 유의성을 나타내기 위해 표에서 어떻게 사용되는지를 기술한다. 유의성 검정 결과 보고를 위해서는 소수점 두 자리 또는 세 자리까지 정확한 확률을 제공하는 것이 가장 좋다(예, $p=.023$; 예, 7.21절의 표 7.8–7.9 참조; 또한 3.7절과 6.36절 참조). 그러나 p 값이 .001 미만인 경우, 값을 "$<.001$"로 쓰는 것은 수용될 수 있다. 때로 표에 정확한 p 값을 보고하는 것은 어려울 수 있다. 표의 가독성을 떨어뜨릴 수 있기 때문이다. 표에서 정확한 p 값 보고의 대안은 "$p<$" 표기법을 사용하는 것이다. 이 표기법은 본문에서가 아니라, 표와 그림에서만 사용하라(그림 주에 관한 자세한 사항은 7.28절 참조).

"$p<$" 표기법에서는 입력자료가 유의성을 위해 설정된 역치에 도달했음을 나타내는 별표 또는 단검표시[daggers]를 표 입력자료 다음에 제시된다. 별표 및/또는 단검표시의 정의는 해당 확률 주에 제시된다. 논문원고 내에서 표 전체에서 동일한 p 값을 나타내려면, $^{*}p<.05$, $^{**}p<.01$, $^{***}p<.001$과 같이 동일한 수의 별표를 사용하라(예, 7.21절의 표 7.10–7.11 참조). 일반적으로, .001보다 적은 p 값은 사용하지 말라. 단검표시는 때로 연구를 위해 설정된 역치에 기초한 비유의한 경향을 나타내거나(예, $^{\dagger}p<.10$), 단측[one-tailed] 및 양측[two-tailed] 검정 사이를 구분하기 위해 사용되기도 한다. 별표와 단검표시의 형식은 위첨자를 사용하라. 표 몸체(또는 그림)에서는 별표와 단검표시를 해당하는 입력자료 바로 다음에, 사이에 공간 없이 배치하라(예, $.02^{*}$). 확률 주에서는 별표와 단검표시를 p 바로 앞에, 사이에 공간 없이 위치시켜라(예, $^{*}p<.002$).

단측 vs. 양측 검정. 동일한 표에서 단측과 양측 검정 사이를 구분할 필요가 있다면, 양측 검정에는 별표를, 단측 검정에는 번갈아 나오는 기호(예, 단검표시)를 사용하고, 확률 주에 그 관례를 명시하라.

$^{*}p<.05$, two-tailed. $^{**}p<.01$, two-tailed. $^{\dagger}p<.05$, one-tailed. $^{\dagger\dagger}p<.01$, one-tailed.

값 사이의 유의한 차이 제시. 둘 또는 그 이상의 표 값 사이에 통계적으로 유의한 차이를 나타내려면, 소문자 아래첨자 문자를 사용하라(이에 관한 예시는 7.21절의 표 7.9 참조). 통계치를 투키의 정직유의차[Tukey's honestly significant difference](HSD) 검사, 본페로니[Bonferroni] 절차, 쉬페[Scheffé] 방법, 피셔[Fisher]의 최소 유의차(LSD), 또는 던컨[Duncan]의 새로운 다중범위검사[new multiple range test] 같은 사후 검사와 비교하는 경우가 그 예다. 다음에 제시된 예시에서처럼, 표의 일반 주에서 아래첨자의 사용을 설명하라.

Note. Means sharing a common subscript are not significantly different at $\alpha = .01$ according to Tukey's honestly significant difference (HSD) procedure.

주[Notes] 구성. 각 종류의 주는 표 몸체 아래의 새 줄에서 시작하라. 일반 주가 먼저 제시된다. 특수 주는 일반 주 아래의 새 줄에서 시작한다. 그다음의 특수 주는 같은 줄에서 시작한다. 확률 주는 일반 주 또는 특수 주 아래의 새 줄에서 시작한다. 그다음의 확률 주는 같은 줄에서 시작한다. 다수의 특수 주 또는 확률 주는 서로 마침표와 한 칸 띄우는 것으로 분리된다. 길이가 긴 특수 주는 분리된 줄에 제시함으로써 가독성을 높일 수 있다. 모든 표 주는 한 행씩 띄어서 타이핑하고, 모든 주는 좌측정렬을 하라(즉, 단락 들여쓰기를 하지 말라).

Note. The responses were gathered in the laboratory.

[a]$n = 25$. [b]$n = 42$.

$^{*}p < .05$. $^{**}p < .01$. $^{***}p < .001$.

반복 배제를 위한 주 사용. 표 주는 표 몸체로부터 반복 배제에 유용할 수 있다. 특정 유형의 정보는 표 몸체 또는 주에 적절하다. 이러한 자료의 위치를 결정하려면, 명확하고 효율적으로 조직된 데이터가 독자들이 데이터에 초점을 맞출 수 있게 한다는 사실을 명심하라. 따라서 만일 확률치 또는 하위 표본크기가 다수 있다면, 다수의 주보다는 하나의 열[column]을 사용하라. 역으로, 만일 행 또는 열에 입력자료(또는 같은 입력자료)가 거의 없다면, 다음에 제시된 부분적인 표에서 보는 것처럼 표에 주를 추가함으로써 열을 삭제하라.

반복적임	
집단	*n*
불안	15
우울	15
통제	15

간결함
집단[a]
불안
우울
통제

[a]각 집단의 $n = 15$.

7.15 표와 그림에서의 표준 약자

표 주에서 정의하지 않고 표에서 사용된 모든 통계치(예, M, SD, SE, F, df, n, p), 그리

스 문자(예, α, β, χ^2), 그리고 측정단위(표 6.4–6.5 참조)는 표준 약자와 기호를 사용하라. 이 안내 지침은 그림에 제시된 통계, 그리스 문자, 그리고 측정 단위에도 적용된다(그림 주에 관한 자세한 사항은 7.28절 참조). 약자 "no."("번호number,"와 기호 "%"("퍼센트"를 의미함) 역시 정의 제공 없이 사용될 수 있다. 표 또는 그림에서 사용된 다른 약자들은 비록 논문원고에서 정의되더라도, 표 또는 그림 제목, 몸체, 또는 주에서 정의되어야 한다(6.25절과 6.44절 참조). 유사한 약자들을 모으는 것이 타당한 경우를 제외하면, 약자는 좌측 상단에서 시작하여 좌에서 우로, 위에서 아래로 표에 제시된 순서대로 정의하라.

7.16 표에서의 신뢰구간

표에 점 추정값point estimates이 포함된 경우(예, 평균, 상관관계, 또는 회귀 기울기), 역시 가능하면 신뢰구간을 포함해야 한다. 표에서의 신뢰구간은 본문(6.9절 참조)과 7.21절의 표 7.16에서처럼 중괄호를 사용하거나, 7.21절의 표 7.17에서처럼 분리된 열에서 하한과 상한 제시를 통해 보고하라. 신뢰구간이 포함된 모든 표에서는 신뢰수준(예, 95% 또는 99%)을 제시하라. 논문원고 전체를 통해 동일한 신뢰수준을 사용하는 것이 보통 가장 좋다.

7.17 표 경계와 명암 처리

명료성이 필요한 표에서는 경계선 또는 선의 사용을 제한하라. 일반적으로, 표의 상단과 하단, 열 소제목(선반제목 포함) 아래, 그리고 열 스패너 위에 경계선을 사용하라. 또한 총합 또는 표에서 다른 열의 기타 요약 정보가 수록된 열의 분리를 위해 경계선을 사용할 수 있다(예시는 표 7.1 참조). 데이터 분리를 위해 수직 경계선을 사용하지 말라. 그리고 표의 모든 셀 주위에 경계선을 사용하지 말라. 열과 행 사이는 간격을 두고, 엄격하게 줄 맞추기를 하여 표의 요소 간의 관계를 명확하게 나타내도록 하라.

표에서 음영의 사용을 피하라. 단순 장식을 위한 음영은 사용하지 말라. 특정 셀 또는 셀들의 내용을 강조하려면, 특수 주 또는 확률 주를 사용하라. 이탤릭체 또는 굵은체 역시 표의 일반 주에서 설명과 함께 사용될 수 있다. 음영 사용 대신, 행과 열 사이에 백색 공간 또는 경계선을 추가하여 독자들이 이들을 구분하는 데 도움을 제공하라. 만일 음영이 필요하다면, 표의 일반 주에 그 목적을 설명하라.

7.18 길거나 넓은 표

만일 표가 한 페이지보다 길다면, 표의 각 다음 페이지에 소제목 행을 반복하라. 소제목을 다시 타이핑하기보다는 워드프로세싱 프로그램의 자동화된 표 만들기 도구를 사용하는 것이 가장 좋다. 7.21절의 표 7.4는 여러 페이지로 된 표 예시가 제시되어 있다(이 경우, 메타분석에 포함된 연구물을 요약한 표). 폭이 넓은 표는 풍경화 형태landscape orientation로 제시될 수 있다(만일 풍경화 형태가 페이지 표제의 위치에 영향을 주는지는 중요하지 않다). 만일 풍경화 형태로 된 표가 여전히 넓어서 한 페이지에 들어가지 않는다면, 원부 열(좌측 열)이 각각의 다음 페이지에서 반복되어야 한다. 만일 표가 너무 넓고 길어서 한 페이지에 들어가지 않는다면, 분리된 표를 만들라.

7.19 표 사이의 관계

데이터를 반복하는 표는 결합을 고려하라. 보통 데이터의 같은 열 또는 행은 둘 또는 그 이상의 표에 제시되어서는 안 된다. 비교를 촉진하려면, 원고 내에서 모든 표를 일관되게 제시하라. 가능하면 표 전체에 걸쳐 유사한 형식, 제목, 그리고 소제목을 사용하라(예, 같은 개념을 나타내기 위해 어떤 표에서는 "response time"이라는 용어를 사용하고, 다른 표에서는 "reaction time"이라는 용어를 사용하지 말라). 만일 다수의 표에 유사한 데이터가 수록되지만 결합될 수 없다면, 이러한 표에 따로 번호를 붙여라(예, 표 1, 표 2). 하위 표를 나타내기 위해 문자를 사용하지 말라(즉, 두 개의 표에 표 1A와 표 2B 같은 라벨을 붙이지 말라).

7.20 표 체크리스트

표 체크리스트는 표에 수록된 데이터가 효과적으로 제시되었고 이 장에서 제시된 논문 양식 지침에 부합되는지의 확인에 도움을 줄 수 있다.

7.21 샘플 표

어떤 표들은 특정한 표준standard 또는 정준canonical 형식(예, 상관관계 표)을 갖추고 있다. 가능하면, 독자적으로 고안한 방식보다는 표준 형식을 사용하라. 정준 형식을 사용하는 경우의 이점은 일반적으로 특정한 종류의 정보 검색을 위해 표의 어느 부분을 살펴봐야 할지 독자들이 이미 알고 있다는 점이다. 일부 상황에서는 구체적인 요점을 밝히거나 특정한 관계를 강조하기 위해 정준된 표 형식과는 다른 형식을 사용하고 싶을 수 있다. 비표준[nonstandard] 형식의 신중한 사용은 효과적일 수 있지만, 항상 데이터 배열의 특수 상황에 의해 동기화되어야 한다. 비표준 형식을 사용하는 경우, 라벨이 명확한지 확인하라.

샘플 표는 다음에 제시된다. 기본 표 설계를 위해서는 이러한 샘플을 따르라. 표의 정확한 내용과 구조는 제시될 정보의 특성에 따라 샘플 표가 달라질 것이다. 이 장에서 다루지 않은 변이의 경우, 유사한 출판 논문을 검색하여 현재 기준과 실제 예시를 참조하라.

- **연구 참여자의 인구통계학적 특성**(표 7.2): 인구통계학적 데이터는 독자들이 결과의 일반화 가능성 이해를 도울 수 있다. 보고되는 인구통계학적 데이터는 연구의 성격에 따라 다를 것이다.
- **연구변수의 속성**(표 7.3): 연구변수의 속성[properties]을 기술하라(예, 평균, 표준편차). 만일 심리측정학적 정보를 보고한다면, 사용된 신뢰도 지수(또는 기타 심리측정학적 속성)와 신뢰도 산출의 기초가 된 표본에 관해 명확하게 진술하라(연구표본과 다른 경우).
- **메타분석 요약**(표 7.4): 메타분석에 포함된 연구물의 질은 독자들을 위한 요약으로 표로 보고될 수 있다(어떤 정보가 보고와 관련된 것인지는 연구의 성격에 좌우될 것이다).
- **복잡한 실험설계 요약**(표 7.5): 복잡한 설계는 표로 요약되어 긴 글로 기술할 필요 없이 실험의 전체 구조를 나타낼 수 있다.
- **연구측정값에 대한 기술통계**(표 7.6): 기술통계는 평균과 표준편차를 포함한다. 제공해야 할 정확한 통계치는 분석의 성격과 목적에 좌우될 것이다.
- **카이제곱 결과**(표 7.7): 개별 카이제곱 검정 결과는 보통 본문에서만 보고된다(6.43절 참조). 다수의 카이제곱 검정 결과는 한 표에 요약될 수 있는데, 이 역시 전형적으로 빈도수, p 값, 그리고 효과크기 같은 기타 관련된 통계치를 포함한다.
- ***t* 검정 결과**(표 7.8): t 검정 하나만 보고하는 경우, 결과는 본문에 포함되어야 한다(6.43절 참조). 다수의 t 검정 결과를 보고하려면 표를 사용하라.

표 체크리스트

- ☐ 표가 필요한가?
- ☐ 표는 논문의 인쇄 및 전자 버전에 속하는가, 또는 보충자료에 배치될 수 있는가?
- ☐ 논문원고에서 모든 비교 가능한 표는 일관되게 제시되어 있는가?
- ☐ 모든 표는 본문에 처음 제시된 순서대로 아라비아 숫자로 연속해서 번호가 붙여져 있는가? 표 번호는 굵은체와 좌측정렬로 되어 있는가?
- ☐ 모든 표는 본문에 언급되거나 참조되었는가?
- ☐ 표 제목은 짧지만 설명적인가? 표 제목은 이탤릭체 제목 표기법과 좌측정렬로 되어 있는가?
- ☐ 모든 열에는 열 소제목이 붙여져 있는가(가장 좌측[원부] 열 포함)? 모든 열 소제목은 중앙정렬로 되어 있는가?
- ☐ 모든 약자(7.15절에 언급된 것처럼 예외와 함께), 그리고 이탤릭체, 굵은체, 소괄호, 대시, 기호의 특수한 사용에 관해 설명되어 있는가?
- ☐ 필요한 경우, 표 주는 일반 주, 특수 주, 그리고 확률 주 순으로 제시되어 있는가? 표 주는 논문원고의 본문처럼 더블 스페이스(한 행씩 띄어서)와 좌측정렬, 그리고 같은 글자체로 되어 있는가?
- ☐ 표 경계선은 올바르게 적용되었는가(표의 상단과 하단, 열 소제목 아래, 표 스패너 위에)?
- ☐ 표의 줄 간격은 올바르게 적용되었는가(표 번호, 제목, 그리고 주는 더블 스페이싱; 표 몸체는 싱글 스페이싱, 1.5 스페이싱, 또는 더블 스페이싱)?
- ☐ 좌측 열의 입력자료는 중앙정렬된 원부 소제목 아래에 좌측정렬 되었는가? 모든 기타 열 소제목과 셀 입력자료는 중앙정렬되었는가(입력자료를 좌측정렬하는 것이 가독성을 높이는 경우는 제외)?
- ☐ 신뢰구간은 모든 주요 점 추정값에 대해 보고되었는가? 신뢰수준(예, 95%)은 언급되었는가, 그리고 모든 표와 논문원고 전체에 걸쳐 같은 신뢰수준이 사용되고 있는가?
- ☐ 만일 통계적 유의성 검정 결과가 표에 포함되어 있다면, 모든 p 값이 올바르게 표시되어 있는가? 정확한 p 값이 제공되었는가? "$p <$" 표기법은 필요한 경우에만 사용되었는가? "$p <$" 표기법이 사용되는 경우, 별표 또는 단검표시는 적절한 표 입력자료에 첨부되어 있고 정의되었는가? 별표 또는 단검표시는 일관되게 사용되어 같은 논문원고의 모든 표에서 동일한 p 값을 나타내고 있는가?

□ 만일 표 전체 또는 일부가 재인쇄 또는 개작되었다면, 저작권 귀속이 있는가? 만일 표 재생에 허가가 요구된다면, 저작권자로부터 저작물(인쇄본과 전자본) 재사용에 대한 문서화된 허가를 받고 논문원고의 최종 버전과 함께 문서로 된 허가서 사본을 보냈는가?

- **사전 또는 사후 비교**(표 7.9): 사전priori 및 사후 검사(예, 투키Tukey의 HSD 검정, 본페로니Bonferroni 절차, 쉬페Scheffé 방법, 피셔Fisher의 최소 유의차, 던컨Duncan의 새로운 다수범위검정)는 독립변수가 2개 수준 이상인 연구물에서 특정한 집단평균의 비교에 사용된다. 이런 결과는 흔히 표보다는 본문에 제시되지만, 표는 비교 요약에 사용될 수 있다. 이 표는 유의한 차이가 있는 다른 평균을 나타내기 위해 아래첨자를 추가하는 기술통계치 제시를 위한 표와 유사하다.
- **상관관계**(표 7.10–7.11): 상관관계 표는 연구변수 간의 상관관계를 나타내고, 기술통계치, 알파값, 또는 기타 관련된 통계치를 나타낼 수 있다(표 7.10). 대각선을 따라 완전한 상관관계는 엠 대시로 나타낸다. 두 개의 서로 다른 집단의 급간상관intercorrelations은 대각선 위 1개 집단의 상관관계와 대각선 아래의 다른 집단에 대한 것을 같은 표에 제시할 수 있다(표 7.11). 상관관계 표의 변수들은 열 소제목에 해당 번호와 함께 원부 열에 번호와 명칭을 붙임으로써, 열 소제목에서 변수명의 반복을 피해야 한다.
- **변량분석**(표 7.12–7.13): 단일 일원변량분석one-way ANOVA은 전형적으로 본문에서만 보고된다. 다수의 ANOVA 결과는 한 표에 보고될 수 있다. 다양한 제시가 가능하다. 예를 들어, 모든 검정의 자유도가 같은 경우, 자유도는 열 소제목에 제시되거나(표 7.12), 서로 다른 경우 자유도는 이들이 있는 열에 제시될 수 있다(표 7.13). 제곱 합과 평균제곱은 논문게재를 위한 표에는 포함되지 않는다.
- **요인분석**(표 7.14): 요인계수 또는 부하량loadings(회전 또는 비회전)은 다양한 방식으로 제시될 수 있고, 변량의 백분율과 고윳값eigenvalues처럼 다른 지수가 동반될 수 있다. 만일 회전이 사용된다면, 그 유형을 명시하라(예, 배리맥스varimax, 오블리민oblimin). 미리 정해진 역치 이상의 요인 계수 또는 부하량은 전형적으로 굵은체로 나타낸다. 굵은체 사용의 목적은 표 주에 설명되어야 한다.
- **다수의 회귀**(표 7.15–7.18): 다수의 회귀 결과(매개mediation와 조절moderation 분석 포함)는 표의 목적과 세부사항의 필요성에 따라 다양한 방식으로 제시될 수 있다. 보고

될 회귀 유형(예, 위계적hierarchical)과 회귀계수 유형의 라벨을 명확하게 붙여라. 위계적 및 다른 순차적 회귀의 경우, 변화량을 명확하게 제공하라(6.43절 참조). 샘플 표에는 네 가지 대안이 제시되어 있다(① 신뢰구간이 없는 회귀계수[표 7.15], ② 회귀계수와 중괄호로 된 신뢰구간[표 7.16], ③ 신뢰구간이 분리된 열에 제시된 조절분석moderator analysis[표 7.17], 그리고 ④ 위계적 중다회귀[표 7.18]).

- **모델 비교**(표 7.19–7.21): 모델 비교 표는 다수준 모델(표 7.20)을 비롯하여 데이터의 다른 모델 비교(표 7.19)와 확인적 요인분석 결과보고(표 7.21)를 위해 사용된다. 경쟁모델이 명확하게 제시되었는지, 그리고 비교가 명확하게 명시되었는지 확인하라. 비교적합도지수comparative fit indices는 독자들에게 유용할 수 있다.
- **질적 표**(표 7.22–7.23): 질적 데이터는 표의 목적에 따라 무수히 많은 다양한 방식의 도표로 제시될 수 있다. 질적인 표는 변수에 관한 서술(표 7.22에서처럼), 참고된 연구물, 검사 문항, 또는 연구 참여자로부터의 인용문을 포함할 수 있다. 양적 데이터는 질적 데이터와 함께 포함될 수 있다(예, 인용문은 표 7.23에서처럼 반응빈도수와 함께 제시될 수 있다).
- **혼합방법 표**(표 7.24): 혼합방법 연구의 절차 또는 연구 결과물은 표의 목적에 따라 다양한 방식으로 도표 형태로 제시될 수 있다.

샘플 표

표 7.2 샘플 인구통계학적 특성 표

표 1

기초선에서 참여자의 사회 인구통계학적 특성

기초선 특성	유도된 자조		비유도된 자조		대기자 명단 통제		전체 표본	
	n	%	*n*	%	*n*	%	*n*	%
성별								
여성	25	50	20	40	23	46	68	45.3
남성	25	50	30	60	27	54	82	54.7
결혼 상태								
독신	13	26	11	22	17	34	41	27.3
결혼/동반자 있음	35	70	38	76	28	56	101	67.3
이혼/사별	1	2	1	2	4	8	6	4.0
기타	1	1	0	0	1	2	2	1.3
자녀[a]	26	52	26	52	22	44	74	49.3
동거	37	74	36	72	26	52	99	66.0
최종학력								
중학교	0	0	1	2	1	2	2	1.3
고등학교/대학중퇴	22	44	17	34	13	26	52	34.7
대학 또는 대학 후 학위	27	54	30	60	32	64	89	59.3
취업								
미취업	3	6	5	10	2	4	10	6.7
학생	8	16	7	14	3	6	18	12.0
취업	30	60	29	58	40	80	99	66.0
자영업	9	18	7	14	5	10	21	14.0
은퇴	0	0	2	4	0	0	2	1.3
이전의 심리적 처치[a]	17	34	18	36	24	48	59	39.3
이전의 향정신성 치료약물[a]	6	12	13	26	11	22	30	20.0

특수 주 사용

주. $N=150$(각 조건에 대한 $n=50$). 참여자의 평균 연령은 39.5세($SD=10.1$), 그리고 참여자 연령은 조건에 따라 다르지 않음.

[a] 이 질문에 대해 "예"라고 답한 참여자 수와 백분율을 반영함.

표 7.3 샘플 연구 변수 속성 표

표 1

DLOPFQ 척도와 하위 척도의 심리측정학적 속성

척도	*M*	*SD*	범위	Cronbach's α
정체성 총점	86.6	28.0	28 - 155	.94
일 정체성	41.6	13.3	16 - 76	.88
사회적 정체성	45.0	15.7	14 - 84	.91
자기주도성 총점	91.2	26.5	34 - 151	.92
일 자기주도성	44.9	13.5	16 - 76	.85
사회적 자기주도성	46.3	14.3	17 - 80	.86
공감 총점	101.8	15.8	48 - 139	.84
일 공감	49.9	8.2	20 - 72	.72
사회적 공감	51.9	8.6	28 - 76	.77
친밀성 총점	122.9	28.6	56 - 189	.91
일 친밀성	61.7	14.3	28 - 94	.82
사회적 친밀성	61.2	15.4	24 - 96	.86

주. 우리가 개발한 정신장애 진단 · 통계편람Diagnostic and Statistical Manual of Mental Disorders(제5판) 성격기능수준 질문지Levels of Personality Functioning Questionnaire(DLOPFQ)에는 각각 일과 사회적 영역에 대한 하위척도가 달린 4개의 척도(정체성, 자기주도성, 공감, 그리고 친밀성)가 있다.

표 7.4 샘플 메타분석 요약 표

표 1

메타분석에 포함된 연구물에 대한 표본과 과업 정보

연구물	표본	과업
Barch et al. (2001)	첫 삽화 조현병이 있는 사람 14명	AX-CPT
	건강한 통제 참여자 12명	
Barch et al. (2008)	만성 조현병이 있는 사람 57명	AX-CPT
	건강한 통제 참여자 37명	
Becker (2012)	만성 조현병이 있는 사람 49명	AX-CPT
	건강한 통제 참여자 28명	
Braver et al. (1999)	첫 삽화 조현병이 있는 사람 16명	AX-CPT
	건강한 통제 참여자 16명	
Chung et al. (2011)	만성 조현병이 있는 사람 41명	AX-CPT
	건강한 통제 참여자 27명	
Cohen et al. (1999)	만성 조현병이 있는 사람 53명	AX-CPT
Delawalla et al. (200		
Edwards et al. (2010		
Gold et al. (2012)		
Holmes et al. (2005)		
Jones et al. (2010)		
Lesh et al. (2015)		

표의 2쪽에서 소제목 반복

연구물	표본	과업
MacDonald & Carter (2003)	만성 조현병이 있는 사람 17명	AX-CPT
	건강한 통제 참여자 17명	
Poppe et al. (2016)	만성 조현병이 있는 사람 47명	DPX
	건강한 통제 참여자 56명	
Reilly et al. (2017)	만성 조현병이 있는 사람 402명	DPX
	정신병적 양상을 동반한 양극성 304명	
	건강한 통제 참여자 210명	
Sheffield et al. (2014)	만성 조현병이 있는 사람 104명	AX-CPT, DPX
	건강한 통제 참여자 132명	
Todd et al. (2014)	만성 조현병이 있는 사람 33명	AX-CPT
	건강한 통제 참여자 58명	
Zhang et al. (2015)	만성 조현병이 있는 사람 339명	DPX
	건강한 통제 참여자 665명	

주. AX-CPT = AX-연속적 수행과업 continuous performance task; DPX = 점-패턴 기대과업 dot-pattern expectancy task.

표 7.5 샘플 복잡한 실험설계 요약 표

표 1

실험 1~4 설계 요약

집단	사전노출 1	사전노출 2	조건형성	검사
실험 1				
복합	A− X− Y−	AX− BY−	X+	X−
복합 신규	A− X− Y−	AX− BY−	Y+	Y−
실험 2				
복합 A	A− X− Y−	AX− BY−	A+	A−
복합 X	A− X− Y−	AX− BY−	X+	X−
복합 신규	A− X− Y−	AX− BY−	Y+	Y−
실험 3				
복합	A− X− Y−	AX− Y−	X+	X−
요소	A− X− Y−	AX− Y−	Y+	Y−
실험 4				
통제			A+/Y+	A−/Y−
요소 A	A− X− Y−	A− X− Y−	A+	A−
요소 Y	A− X− Y−	A− X− Y−	Y+	Y−

주. A, X, Y, 그리고 B=각각 색조[tone], 클리커[clicker], 고정광선[steady light], 그리고 섬광[flashing light](상쇄시킴[counterbalanced]), A와 B는 하나의 양식으로부터 도출되었고 X와 Y는 다른 것에서 도출된다는 제한이 있음(상쇄시킴); 플러스 기호(+)=쥐가 있는 공간 바닥에 대한 충격; 마이너스 기호(−)=충격 없음.

표 7.6 샘플 연구 측정값에 대한 기술통계 표

표 2

기초선 측정값에 대한 점수의 평균과 표준편차

척도	고 BAS 집단	중 BAS 집단	*p*
BAS−T	46.17(2.87)	37.99(1.32)	<.001
SR	17.94(1.88)	11.52(1.84)	<.001
BDI	7.11(6.50)	6.18(6.09)	.254
ASRM	6.46(4.01)	5.63(3.69)	.109
M−SRM	11.05(3.36)	11.76(2.75)	.078

짧은 표에서 소괄호로 표시한 값은 쉽게 읽힌다. 대부분의 표에서 다른 지표들은 다른 행 또는 열에 제시되어야 한다.

주. 표준편차는 소괄호 안에 제시되어 있음. BAS = 행동활성화체계[Behavioral Activation System]; BAS−T = 행동활성화체계[Behavioral Activation System] – 행동억제체계[Behavioral Inhibition System]/행동활성화체계 척도로부터의 총점; SR = 벌에 대한 민감성과 보상에 대한 민감성 질문지로부터의 보상에 대한 민감성 점수; BDI = 벡 우울검사[Beck Depression Inventory] 점수; ASRM = 앨트먼 자기평정 조증척도[Altman Self-Rating Mania Scale] 점수; M−SRM = 수정된 사회적 리듬 계량적 규칙성[Modified Social Rhythm Metric Regularity] 점수.

표 7.7 샘플 카이제곱 분석 표

표 1

연예인에 대한 태도에서 신념편향에 대한 빈도수와 카이제곱 결과 (N = 201)

자료	믿지 않음		불확실		믿음		$\chi^2(2)$
	n	%	*n*	%	*n*	%	
미디어 보고	17	8.46	140	69.65	44	21.89	124.75*
가족 보고	47	23.38	106	52.74	48	23.88	34.06*
친구들의 보고	42	20.90	112	55.72	47	23.38	45.52*
미디어에 의한 포착	19	9.45	82	40.80	100	49.75	54.00*
연예인 행동 표출	12	5.97	61	30.35	128	63.68	101.22*

*$p < .001$.

표 7.8 샘플 몇 개의 *t* 검정 결과 표

표 2

표적에의 고정에 대한 시간경과를 조사한 곡선적합도 분석 결과

정확한 *p* 값

로지스틱 모수	9세		16세		*t*(40)	*p*	Cohen's *d*
	M	*SD*	*M*	*SD*			
최대 점근선, 비율	.843	.135	.877	.082	0.951	.347	0.302
교차, ms에서	759	87	694	42	2.877	.006	0.840
기울기, ms당 비율 변화로서	.001	.0002	.002	.0002	2.635	.012	2.078

주. 각 참여자의 경우, 로지스틱 기능은 따로 표적고정에 맞추어졌다. 최대 점근선maximum asymptote은 고정에 대한 시간경과 종료 시의 시선 점근도asymptotic degree다. 교차crossove는 기능이 정점과 기초선 사이의 중간점을 넘어서는 경우의 시간상의 점이다. 기울기는 교차에서 측정된 기능의 변화율을 나타낸다. 각각의 분석에 대한 평균 모수값은 9세($n = 24$)와 16세($n = 18$)뿐 아니라 *t* 검정(같지 않은 변량임을 가정함) 결과에 대해 제시됨으로써, 두 연령 사이의 모수 추정값을 비교할 수 있게 한다.

표 7.9 샘플 사전 또는 사후 비교 표

표 3

교수 유형과 교수 특질이 지각에 대한 반응시간과의 상호작용 분석

교수 특질	학기말 교수 유형		학기초 교수 유형		*F* 비율	*p*	η^2
	전형적	효과적	전형적	효과적			
헌신적	4.706_{b}	4.789_{b}	4.154_{c}	5.000_{a}	19.26	.001	.15
이해하기 쉬움	3.059_{c}	4.895_{a}	3.231_{c}	4.429_{b}	5.01	.028	.03
공정함	4.000_{b}	4.263_{b}	3.731_{c}	4.667_{a}	5.75	.019	.06
조종에 능한	1.471_{a}	1.632_{a}	1.731_{a}	1.238_{a}	3.92	.051	.05
무감각한	2.059_{b}	1.526_{c}	2.538_{a}	1.143_{c}	8.12	.006	.06

정확한 *p* 값

주. 다른 아래첨자가 첨부된 평균은 던컨의 신 다중범위 검정[Duncan's new multiple range test]에 의해 $p = .05$ 수준에서 차이가 있다.

표 7.10 한 가지 샘플에 대한 상관관계 표 예시

표 1

연구변인에 대한 기술통계와 상관관계

특수 주 사용

변수	*n*	*M*	*SD*	1	2	3	4	5	6	7
1. 내적-외적 상태[a]	3,697	0.43	0.49	–						
2. 매니저 일 수행	2,134	3.14	0.62	−.08**	–					
3. 초봉[b]	3,697	1.01	0.27	.45**	−.01	–				
4. 다음 승진	3,697	0.33	0.47	.08**	−.07**	.04*	–			
5. 조직상의 재임	3,697	6.45	6.62	−.29**	.09**	.01	.09**	–		
6. 단위 서비스 수행[c]	3,505	85.00	6.98	−.25**	−.39**	.24**	.08**	.01	–	
7. 단위 재정적 수행[c]	694	42.61	5.86	.00	−.03	.12*	−.07	−.02	.16**	–

p 값에 대한 별표

[a] 0 = 내부 고용이고 1 = 외부 고용. [b] 지급실행 비밀유지를 위해 선형 변환이 초봉 값에 대해 수행되었다. 표준편차(0.27)는 모든 매니저에 대한 평균 초봉의 27%로 해석될 수 있다. 따라서 ±1 *SD*는 모든 매니저의 평균 초봉의 73%(즉, 1.00−0.27)에서부터 127%(즉, 1.00 + 0.27)까지의 초봉 범위를 포함한다. [c] 값[Values]은 3년에 걸친 데이터의 평균을 반영하고 있다.

$^{*}p < .05$. $^{**}p < .01$.

표 7.11 두 샘플에 대한 상관관계 표 예시

표 1

성별에 의해 나뉜 연구변수들에 대한 급간상관

변수	1	2	3	4
1. 학점 평균	–	.49**	.35**	−.05
2. 학업적 자기개념	.35**	–	.36**	.02
3. 교사 신뢰	.49**	.35**	–	.20**
4. 연령	.10	.21*	−.15	–

p 값에 대한 별표

주. 여성 표본($n = 199$)에 대한 결과는 대각선 위에 제시되어 있다. 남성 표본($n = 120$)에 대한 결과는 대각선 아래에 제시되어 있다.
*$p < .05$. **$p < .01$.

표 7.12 샘플 변량분석표(옵션 1)

표 1

심리적 · 사회적 자원과 인지적 평정에서의 평균, 표준편차, 그리고 일원변량분석

측정값	도시		시골		$F(1, 294)$	η^2
	M	*SD*	*M*	*SD*		
자기존중감	2.91	0.49	3.35	0.35	68.87***	.19
사회적 지지	4.22	1.50	5.56	1.20	62.60***	.17
인지적 평정						
위협	2.78	0.87	1.99	0.88	56.35***	.20
도전	2.48	0.88	2.83	1.20	7.87***	.03
자기효능감	2.65	0.79	3.53	0.92	56.35***	.16

***$p < .001$.

표 7.13 샘플 변량분석표(옵션 2)

표 2

연구변수들에 대한 평균, 표준편차, 그리고 이원변량분석 통계

변수	SMT		통제		ANOVA			
	M	*SD*	*M*	*SD*	효과	*F* 비율	*df*	η^2
심리적 중압감								
시간 1	0.24	0.30	0.22	0.29	G	2.82	1,151	.02
시간 2	0.16	0.27	0.27	0.32	T	0.38	2,302	.00
시간 3	0.16	0.26	0.26	0.31	G×T	4.64**	2,302	.03
정서적 고갈								
시간 1	2.82	1.47	2.50	1.25	G	0.32	1,151	.00
시간 2	2.55	1.31	2.47	1.28	T	6.59**	2,302	.04
시간 3	2.36	1.39	2.43	1.16	G×T	3.89*	2,302	.03
몰개인화								
시간 1	1.20	1.09	1.12	1.05	G	0.07	1,149	.00
시간 2	1.13	1.07	1.25	1.16	T	0.67	2,302	.00
시간 3	1.00	0.93	1.24	0.93	G×T	3.04*	2,302	.02

주. *N*=153. ANOVA=변량분석(analysis of variance); SMT=스트레스 관리 훈련 집단(stress management training group); 통제=대기자 명단 통제집단; G=집단(group); T=시간(time).

*$p < .05$. **$p < .01$.

표 7.14 샘플 요인분석표

표 1

부모의 돌봄과 애정[Parental Care and Tenderness](PCAT) 질문지의 요인분석 결과

PCAT 문항	요인 부하량		
	1	2	3
요인 1: 애정–긍정적			
20. 우스꽝스러운 표정을 지음으로써 아기를 반복해서 웃게 할 수 있다.	**.86**	.04	.01
22. 아이는 당신에게 작별키스를 한다.	**.85**	−.02	−.01
16. 신생아는 자신의 손으로 당신의 손가락을 말아 쥔다.	**.84**	−.06	.00
19. 영아가 걸음마를 하다가 살짝 주저앉는 광경을 지켜본다.	**.77**	.05	−.07
25. 아빠가 게임으로 자신의 깔깔거리는 아기를 높이 들어 올리는 것을 본다.	**.70**	.10	−.03
요인 2: 호감			
5. 나는 아이들이 성가시게 한다고 생각한다. (R)	−.01	**.95**	.06
8. 나는 아이들이 어떻게 항상 징징거리는 것을 견딜 수 없다. (R)	−.12	**.83**	−.03
2. 아이가 우는 소리를 들을 때, 나의 첫 번째 생각은 "입 다물어!"다. (R)	.04	**.72**	.01
11. 나는 아기들 주변에 있기 싫다. (R)	.11	**.70**	−.01
14. 내가 할 수만 있다면, 나는 내 아이를 돌볼 도우미를 구할 것이다. (R)	.08	**.58**	−.02
요인 3: 보호			
7. 나는 아이에게 위협이 되는 사람에게 해를 입힐 것이다.	−.13	−.02	**.95**
12. 나는 아이를 위험에 빠뜨리는 사람에게 자비를 보여 주지 않을 것이다.	.00	−.05	**.74**
15. 나는 다른 사람들에게 해가 되는 한이 있어도 아이 보호에 필요한 어떤 수단이라도 사용할 것이다.	.06	.08	**.72**
4. 나는 아이를 해하려는 사람을 벌해야 한다는 느낌이 들 것이다.	.07	.03	**.68**
9. 나는 아이가 굶은 상태에서 잠자리에 들게 하기보다 더 먼저 배고픈 채로 잠자리에 들 것이다.	.46	−.03	**.36**

요인 부하량에 대한 굵은체 사용

주. $N = 307$. 추출 방법은 사각 회전[oblique rotation](카이저 정상화[Kaiser normalization]로의 프로맥스[promax])된 주축 분해[main axis factoring]였다. .30 이상의 요인 부하량은 굵은체로 표시되어 있다. 역산 문항은 (R)로 표시되어 있다. 출처: "Individual Differences in Activation of the Parental Care Motivational System: Assessment, Prediction, and Implications," by E. E. Buckels, A. T. Beall, M. K. Hofer, E. Y. Lin, Z. Zhou, and M. Schaller, 2015, *Journal of Personality and Social Psychology*, *108*(3), p. 501(https://doi.org/10.1037/pspp0000023). Copyright 2015 by the American Psychological Association.

허가가 필요하지 않은 경우 개작된 표에 대한 저작권 귀속 예시

표 7.15 샘플 신뢰구간이 없는 회귀 표

표 2

연구 1의 카리스마 리더십에 대한 리더 수면의 회귀계수

변수	모델 1			모델 2		
	B	*β*	*SE*	*B*	*β*	*SE*
상수	2.65**		.31	2.76		
리더 성별[a]	−.11	−.07	.16	−.09	−.06	.15
리더 수면 상태[b]				−.36**	−.24	.15
R^2	.09				.14	
ΔR^2					.05*	

특수 주 사용

주. *N*=88. 우리는 카리스마 리더십 평정에 대한 리더 수면 상태(통제 vs. 수면박탈)의 영향을 조사했다. 모델 1에서 우리는 리더의 카리스마를 예측하기 위해 통제변수 성별과 비디오 길이를 투입했다. 모델 2에서 우리는 수면 상태를 예측변수로 투입했다.

[a]남성=1, 여성=2. [b]통제조건=0, 수면박탈 조건=1.

*$p<.05$. **$p<.01$.

표 7.16 연구변수들에 대한 평균, 표준편차, 이원변량분석 통계

표 4

결혼만족도와 화난 결혼 행동, 무시, 그리고 거리두기의 평균 수준 간의 연관성에 대한 회귀

변수	*B*	*SE*	*t*	*p*	95% CI
			화난 행동		
행위자					
H → H	−98.90	40.20	−2.46	.016	[−179.1, −18.7]
W → W	−.87.11	30.87	−2.82	.006	[−148.7, −25.6]
동반자					
W → H	−76.18	39.43	−1.93	.057	[−154.8, 2.4]
H → W	−91.80	38.16	−2.41	.019	[−167.9, −15.7]
			무시		
행위자					
H → H	−38.62	27.86	−1.39	.170	[−94.2, 16.9]
W → W	−47.54	26.99	−1.76	.082	[−101.4, 6.3]
동반자					
W → H	−82.81	32.01	−2.59	.012	[−146.6, −19.0]
H → W	−79.36	27.16	−2.92	.005	[−133.5, −25.2]
			거리두기		
행위자					
H → H	−47.42	24.72	−1.92	.059	[−96.7, 1.9]
W → W	3.04	23.48	0.13	.897	[−43.8, 49.8]
동반자					
W → H	−0.05	23.91	0.00	.998	[−47.7, 47.6]
H → W	−53.50	24.47	−2.19	.032	[−102.3, −4.7]

신뢰구간은 중괄호로 묶음

주. CI=신뢰구간; H → H= 남편 자신의 결혼만족도에 대한 행위자로서의 남편[husband-as-actor] 효과; W → W=아내 자신의 결혼만족도에 대한 행위자로서의 아내[wife-as-actor] 효과; W → H=남편의 만족도에 대한 동반자로서의 아내[wife-as-partner] 효과; H → W=아내의 만족도에 대한 동반자로서의 남편[husband-as-partner] 효과.

표 7.17 샘플 신뢰구간이 분리된 열에 있는 회귀표

표 3

조정자 분석: 측정 유형과 연구년

분리된 열의 신뢰구간

효과	추정값	*SE*	95% CI		*p*
			LL	*UL*	
고정 효과					
절편	.119	.040	.041	.198	.003
창의력 측정[a]	.097	.028	.042	.153	.001
학술적 성취 측정[b]	−.039	.018	−.074	−.004	.03
연구년[c]	.0002	.001	−.001	.002	.76
목적[d]	−.003	.029	−.060	.054	.91
출판된[e]	.054	.030	−.005	.114	.07
무선효과					
연구 내 변량	.009	.001	.008	.011	<.001
연구 간 변량	.018	.003	.012	.023	<.001

주. 연구 수=120, 효과 수=782, 총수 *N*=52,578. CI=신뢰구간; *LL*=하한lower limit; *UL*=상한upper limit.
[a] 0=자기보고, 1=검사. [b] 0=검사, 1=학점 평균. [c] 연구년이 중심이었음grand centered. [d] 0=기타, 1=예. [e] 0=아니요, 1=예.

표 7.18 샘플 위계적 중다회귀표

표 2

웰빙에 대한 위계적 회귀 결과

변수	*B*	*B*에 대한 95% CI		*SE B*	β	R^2	ΔR^2
		LL	*UL*				
1단계	4.37***	3.72	5.03	0.33		.11	.11***
상수	0.43***	0.19	0.68	0.12	.30***		
지각된 사회계급	−0.11	−0.27	0.04	0.08	−.12		
세대 수준							
2단계						.23	.13***
상수	1.78	−0.39	3.95	1.10			
지각된 사회계급	0.40***	0.16	0.64	0.12	.28***		
세대 수준	−0.02	−0.23	0.19	0.11	−.02		
가족중심Familismo	0.33**	0.07	0.60	0.14	.21**		
문화동화Acculturation	0.09	−0.31	0.48	0.20	.04		
문화적응Enculturation	0.29	−0.04	0.61	0.17	.19		
Mex Am margin	−0.23**	−0.45	−0.01	0.11	−.17**		
3단계						.26	.03**
상수	2.27**	0.08	4.45	1.11			
지각된 사회계급	0.45***	0.21	0.69	0.12	.31***		
세대 수준	−0.01	−0.21	0.20	0.10	−.01		
가족중심	0.37*	0.10	0.63	0.13	.23*		
문화동화	0.11	−0.28	0.50	0.20	.05		
문화적응	0.35**	0.02	0.68	0.17	.24**		
Mex Am margin	−0.23**	−0.45	−0.02	0.11	−.17**		
남성성 관념	−0.05**	−0.10	−0.01	0.20	−.18**		

주. Mex Am margin = 멕시코계 미국인 사회적 소외Mexican American marginalization; familismo = 상호의존과 결속을 강조하는 가족 단위의 집합적 중요성.
*$p < .05$. **$p < .01$. ***$p < .001$.

표 7.19 샘플 모델 비교 표

표 1

종단 매개 모델 유형에 걸친 모의 데이터에 적합한 모델에서 적합도 지수 비교

모델	χ^2			RMSEA			AIC	BIC	ΔAIC	ΔBIC
	값	*df*	*p*	값	95% CI	*p*				
단일어 지연	63.3	28	< .001	.044	[.030, .059]	.72	13,479	13,658	—	—
단일어 동시	58.0	29	.001	.040	[.024, .054]	.87	13,472	13,646	−7	−12
잠재적 성장	65.0	33	< .001	.039	[.025, .053]	.90	13,471	13,627	−8	−31
수정된 잠재적 변화	26.2	33	.79	.000	[.000, .020]	> .99	13,432	13,588	−47	−70

주. AIC와 BIC 차이는 단일어 지연 모델simplex lagged model에 비례한다. RMSEA = 근사치의 제곱근 평균 제곱 오차root-mean-square error of approximation; CI = 신뢰구간; AIC = 아카이케 정보기준Akaike information criterion; BIC = 베이지안 정보기준Bayesian information criterion.

표 7.20 샘플 다수준 모델 비교 표

표 2

행동 유형에 따른 1, 2차 정서 변화에 대한 모델 모수와 적합도

효과	모수	긍정적 정서		부정적 정서	
		모델 1	모델 2	모델 1	모델 2
		고정효과			
사후검사에서의 지위, π_{0i}					
절편	γ_{00}	3.60^{***}(0.06)	3.34^{***}(0.12)	1.59^{***}(0.05)	1.82^{***}(0.11)
친사회적 행동	γ_{02}		0.39^{**}(0.14)		-0.36^{**}(0.13)
자기초점 행동	γ_{03}		0.26(0.17)		−0.16(0.15)
1차 변화율, π_{1i}					
시간	γ_{10}	−0.03(.02)	−0.002(0.05)	0.01(0.02)	0.01(0.04)
친사회적 행동	γ_{11}		−0.06(0.06)		0.02(0.05)
자기초점 행동	γ_{12}		0.001(0.07)		−0.04(0.06)
2차 변화율, π_{2i}					
시간^2	γ_{20}	-0.02^{***}(0.01)	−0.001(0.01)	0.02^{***}(0.01)	0.02(0.01)
친사회적 행동	γ_{21}		-0.03^{*}(0.02)		0.01(0.02)
자기초점 행동	γ_{22}		−0.01(0.02)		−0.01(0.02)
		무선효과			
변량 구성요소					
수준 1	σ^2_ε	0.52	0.52	0.51	0.51
수준 2	σ^2_0	1.34	1.31	1.02	1.00
	σ^2_1	0.040	0.040	.002	0.001
	σ^2_2	0.004	0.003	0.001	0.001
		적합도			
편차		6,703.18	6,692.50	6,424.12	6,413.91
$\Delta\chi^2$			10.68^{*}		10.21
Δdf			6		6

주. 표준오차는 소괄호 안에 있다. 이 표에서 모든 p 값은 양측검정이다. 모델 1(무조건적 2차 성장)에서 절편모수 추정값(γ_{00})은 표본에 걸친 사후검정에서 긍정적 또는 부정적 정서의 평균점수를 나타낸다. 모델 2(친사회적 및 자기초점 행동 vs. 통제)에서, 절편 모수 추정값(γ_{00})은 사후검정의 통제조건에서 긍정적 또는 부정적 정서의 평균점수를 나타내고, γ_{01}은 사후검사에서 친사회적 행동 조건과 통제조건의 차이를 나타내며, γ_{03}은 사후검정에서 자기초점 행동 조건과 통제조건 간의 차이를 나타낸다. γ_{10}은 통제조건에서 1차 변화율을 나타내고, γ_{11}은 1차 변화율에 대한 친사회적 행동의 추가 효과를 나타내며, γ_{12}는1차 변화율에 대한 자기초점 행동의 추가 효과를 나타낸다. 끝으로, γ_{20}은 통제조건에서 평균 2차 변화율을 나타내고, γ_{21}는 2차 변화율에 대한 친사회적 행동의 추가 효과를 나타내며, γ_{22}는 2차 변화율에 대한 자기초점 행동의 추가 효과를 나타낸다. 모든 모델에서 절편, 1차 기울기(시간), 그리고 2차 기울기(시간^2)는 자유롭게 변했다.

$^{\dagger}p \leq .10$. $^{*}p < .05$. $^{**}p < .10$. $^{***}p < .001$.

소괄호 안에 값을 나타내는 것은 표의 모든 부분에 적용 가능하지 않은 경우, 때로 공간을 절약한다. 대부분의 표에서 다른 지수들은 다른 행 또는 열에 제시되어야 한다.

표 7.21 샘플 확인적 요인분석 모델 비교 표

표 2

지능의 세 유형 간의 관계에 대한 확인적 요인분석 결과

모델	χ^2	*df*	NFI	CFI	RMSEA
A: 한 지능 모델[a]	10,994.664***	1539	.296	.326	.115
B: 두 지능 모델[b]	10,091.236***	1538	.354	.390	.109
C: 세 지능 모델[c]	8,640.066***	1536	.447	.494	.100

주. 분석에는 구조방정식 모델링이 사용되었다. NFI = 표준적합지수[normed fit index]; CFI = 비교적합지수[comparative fit index]; RMSEA = 근사치의 제곱근 평균 제곱 오차[root-mean-square error of approximation].

[a] 모델 A에서 사회지능, 정서지능, 그리고 문화지능의 모든 57개 문항은 한 가지 요인에 적재되었다. [b] 모델 B에서 사회지능의 21개 문항은 한 요인에 적재되었고, 정서지능의 16개 문항과 문화지능의 20개 문항은 다른 요인에 적재되었다. [c] 모델 C에서 사회지능의 21개 문항은 한 요인에 적재되었고, 정서지능의 16개 문항은 두 번째 요인에 적재되었으며, 문화지능의 20개 문항은 세 번째 요인에 적재되었다.

***$p < .001$.

표 7.22 샘플 변수 기술이 있는 질적 표

표 2

마스터 내러티브 목소리들: 투쟁과 성공과 해방

담론과 차원	인용문 예시
투쟁과 성공[a]	
더 큰 게이 공동체 구성원으로서의 자기실현은 건강한 성 정체성 발달이라는 최종 목표, 또는 "커밍아웃"이다	"내가 게이가 된 경로는 … 부인으로부터 '글쎄 바로 이거야'라고 말하기까지, 그리고 그러고 나서 커밍아웃의 과정, 그리고 그냥 일종의 주위를 둘러보는, 글쎄요, 내가 세상의 어디에 서 있는지, 그리고 뭐랄까 음, 정치적인 느낌들."(카알[Carl], 50세)
건강한 성 정체성 유지는 사회 차별의 내면화에 대한 경각심을 수반한다	"내가 주류 게이 문화에 대한 여러 비판에 대해 생각하고 있을 때, 나는 … 적절한 장소로부터 빠져나오고 있음을 확인하려고 했죠. 자기혐오의 장소가 아닌 그런 곳 말이에요."(패트릭[Patrick], 20세)
해방[b]	
개별적으로 유동적인 성적 자기[sexual self]에 대한 개방적 탐색은 건강한 성 정체성 발달의 목표다	"[이성애자들의 경우] 남자는 여자를 꿰뚫어 보는 반면, 게이 사람들과는 나는 이런 가능성이 있다는 느낌이 들어요. 그 모델과 많이, 실제로 어울려 지내는, 있잖아요, 그리고 그저 실험해 보고 탐색해 보고 말이에요."(오리온[Orion], 31세)
성 정체성의 별개의, 단일 결정적 범주에 대한 의문 제기	"LGBTQI, 있잖아요, 그리고 너무 많은 글자에 대해 추가된, 음, 그리고 그 용어들의 무슨 뜻이고, 어떤 용어가 적절하게 묘사될 수 있는지… 의문이 들기 시작하죠."(빌[Bill], 50세)

[a] 투쟁과 성공 마스터 내러티브는 비교적 흔치 않은 발달상의 이형이 이성애와 구별할 수 있다면 동성 욕구/행동이 자연스러운 것임을 말하고 있다. 건강한 성 발달은 "커밍아웃"뿐 아니라, 사회적 차별을 극복하고 사회적으로 정상임을 인정받기 위해 함께 투쟁 중인 더 큰 게이 공동체에의 가입을 수반한다.

[b] 해방 마스터 내러티브는 동성애와 이성애에 대한 별개의, 단일 결정적, 그리고 상호 배타적 범주는 사회적 구성으로, 개념적으로는 성적 주관성, 욕구, 그리고 행동의 특이성을 완전히 포착할 수 있는 이들의 능력을 의심하고 있다. 문화적으로 우발적이고 지배적인 성 정체성 범주 내에 성적 자기를 한정시키는 것에는 반드시 저항해야 한다.

표 7.23 샘플 양적 데이터를 포함한 질적 표

표 1

사람들이 왕실 결혼식 시청을 선택하는 이유

흥미를 갖는 이유	인용문 예시	빈도, *n*(%)
왕실 가족과 역사	"나는 영국에 관한 모든 것을 좋아해요. 영국에서 유학을 했거든요. 나도 찰스와 다이애나, 그리고 앤드류와 퍼기[Fergie]의 결혼식을 봤어요. 다이애나의 장례식도 봤어요. 윌리엄과 케이트가 결혼하는 것을 보는 것은 자연스런 일 같았어요." "나는 왕실 가족과 이들의 행사와 전통이 아주 매력적이라는 사실을 알게 되었어요. 나는 어떤 상황에서든 전통에 대해서는 빅 팬이고(졸업식, 결혼식 등) 우리나라(미국)보다 더 오래된 전통을 시청하는 것을 좋아해요."	16(35.6%)
패션과 대중문화	"거대한 대중문화 같은 것이 일어날 때, 나는 시청하고 싶어 하고 '거기에 들어가고' 싶어 하는 경향이 있어요. 또 내가 어렸을 때, 엄마가 우리를 깨워서 다이애나 왕자비가 결혼하는 것을 보게 했을 때, 그것이 조금 전통 같다는 느낌이 들었어요." "나는 호기심이 많았어요. 그녀의 드레스와 참석한 다른 사람들이 어떤 옷을 입었는지 보고 싶었어요. 화려함과 격식 같은 것 말이에요."	13(28.9%)
동화와 러브스토리	"나는 그의 엄마와 아빠가 결혼하는 것과 그가 커 가는 것을 봤어요. 더불어 나는 현실로 이루어지는 동화를 좋아해요. 나는 사랑과 로맨스를 믿거든요." "나는 로맨틱한 사람이고, 이것이 위대한 러브스토리라고 생각해요."	11(24.4%)
시간을 보내기 위해/ TV에 방영되어	"나는 공항에 있었고 탑승할 항공편을 기다리고 있었는데, 그게 TV에 나왔어요." "자다가 일어나니까 CNN에서 방영하더라고요."	5(11.1%)

표 7.24 샘플 혼합방법 표

표 3

주제 친숙성이 저자 전문성 신뢰에 미치는 효과를 위한 통합 결과 매트릭스

양적 결과	질적 결과	인용문 예시
주제가 더 친숙하고(기후변화) 카드가 더 관련이 있었을 때, 참여자들은 저자 전문성에 가치를 덜 두었다	주장성이 더 친숙한 것으로 간주되고 일반적인 지식으로 간주되었을 때, 참여자들은 저자 전문성에 덜 의존할 필요가 있는 것으로 지각했다	참여자 144: "나는 내가 기후에 관해 더 많이 알고 있고 명백한 기후카드에 대해 몇 가지가 있다는 느낌이 들어요. 그리고 내가 이미 그것을 알고 있는 것 같은데, 그 자원은 그렇게 중요하지 않은 것 같은데 … 그렇지만 핵 에너지에 관해서는 난 잘 모르지만, 누가 무엇을 말하는가에 대해 아마 더 관심이 있어요."
주제가 덜 친숙하고(원자력) 카드가 더 관련이 있었을 때, 참여자들은 전문성이 더 높은 저자들을 더 높이 평가했다	주장성이 덜 친숙한 것으로 간주되고 일반적인 지식이 아닌 것으로 간주되었을 때, 참여자들은 저자 전문성에 더 의존할 필요가 있는 것으로 지각했다	참여자 3: "[원자력], 나는 이것에 관해 그렇게 잘 알지는 못하지만, 교수님들로부터 내가 믿는 것으로 내가 주장하는 것을 더 보강할 거예요."

주. 우리는 두 가지 주제 사이에 학생들의 카드 선택에 대해 더 이해하기 쉬운 서술을 제공하기 위해 양적 데이터(학생들이 원자력에 관한 카드 또는 기후 변화에 관한 카드를 선택했는지)와 질적 데이터(학생들과의 면접)를 통합했다.

그림

7.22 그림 구성의 원칙

APA 양식에서는 표 외에 모든 유형의 그래픽 디스플레이는 그림figures으로 간주된다. 모든 그림이 실질적으로 독자들의 이해를 위해 추가되고, 논문원고의 다른 요소와 중복되지 않도록 하라. 또한 그림이 정보 소통을 위해 가장 좋은 방법인지 고려하라. 일부의 경우(특히 양적 정보가 전달되는 경우), 표가 그래프보다 더 정확성을 제공할 수 있다. 만일 독자들의 이해 증진 원칙에 초점을 맞춘다면, 다른 질문(예, 컬러 사용, 포토 이미지 사용, 또는 그림의 크로핑[***역자 주**. 사진 또는 삽화의 불필요한 부분 다듬기] 규모)은 비교적 해결하기 쉬워야 한다. 좋은 그림의 기준은 단순성, 명료성, 지속성, 그리고 (물론) 정보 가치다. 좋은 그림의 조건은 다음과 같다.

- 본문 내용을 반복하기보다 보강한다.
- 핵심정보만 전달한다.
- 시각적으로 산만한 세부사항은 생략한다.
- 읽기 쉽다. 즉, 그림의 요소(예, 모양, 선, 라벨, 상징)는 쉽게 눈에 띄고 해석하기에 충분히 크다.
- 이해하기 쉽다. 즉, 그림의 목적이 쉽게 눈에 띈다.
- 신중히 계획 · 준비된다.
- 같은 논문에 있는 유사한 그림과 일관되고 같은 스타일이다.

모든 유형의 그림에 대한 확인사항은 다음과 같다.

- 이미지가 명확한가?
- 선이 부드럽고 섬세한가?
- 글자체가 단순하고 뚜렷한가?
- 측정 단위가 제공되어 있는가?
- 축에 명확한 라벨이 붙여져 있는가?
- 그림 내 요소에 라벨이 붙여져 있거나 설명되어 있는가?

예를 들어, **에러 바**error bars(*역자 주. 그래프상의 오차를 나타내는 선)와 신뢰구간 사이가 구분되어 있는지 확인하라. 신뢰구간을 사용하는 경우, 간격 크기를 명확하게 명시하라(예, 95%). 에러 바를 사용하는 경우, 그림 이미지 또는 주note에서 오차에 대한 라벨을 제공하라(예, 평균의 표준오차). 추가로, 다음 사항을 확인하라.

- 범례 및/또는 주에 충분한 정보가 제공되어 그림 자체로 이해할 수 있는가(즉, 본문과는 별도로)?
- 기호는 구별하기 쉬운가?
- 그래픽은 요소 식별이 가능할 정도로 충분히 큰가?

고품질의 그래픽 소프트웨어를 사용하여 그림을 구성하는 경우라도, 그림을 신중히 살펴보고 지침에 따라 필요한 수정을 하라.

7.23 그림 구성요소

원형 그림의 기본 요소는 그림 7.1에 제시되어 있고, 다음과 같이 요약된다.

- **번호**: 그림 번호(예, 그림 1)는 굵은체로 그림의 상단에 제시한다(7.24절 참조).
- **제목**: 그림 제목은 이탤릭체 제목 표기법으로 그림 번호 하단에 한 행씩 띄어서 타이핑된 행에 제시한다(6.17절, 7.25절).
- **이미지**: 그림의 이미지 부분은 차트, 그래프, 사진, 소묘, 또는 기타 일러스트레이션 그 자체다(7.26절 참조).
- **범례**: 만일 그림 범례legend(또는 키key)가 제시된다면, 그림의 경계선 안에 배치되어야 하고, 그림 이미지에서 사용된 기호에 관해 설명되어야 한다(7.27절 참조).
- **주**: 세 가지 유형의 주(일반 주, 특수 주, 그리고 확률 주)는 그림 아래에 제시되어 그림 제목, 이미지, 및/또는 범례만으로 이해될 수 없는 내용을 기술할 수 있다(예, 약자 정의, 저작권 귀속). 모든 그림에 그림 주가 포함되는 것은 아니다(7.28절 참조).

샘플 그림은 7.36절을 참조하라.

그림 7.1 그림의 기본 구성요소

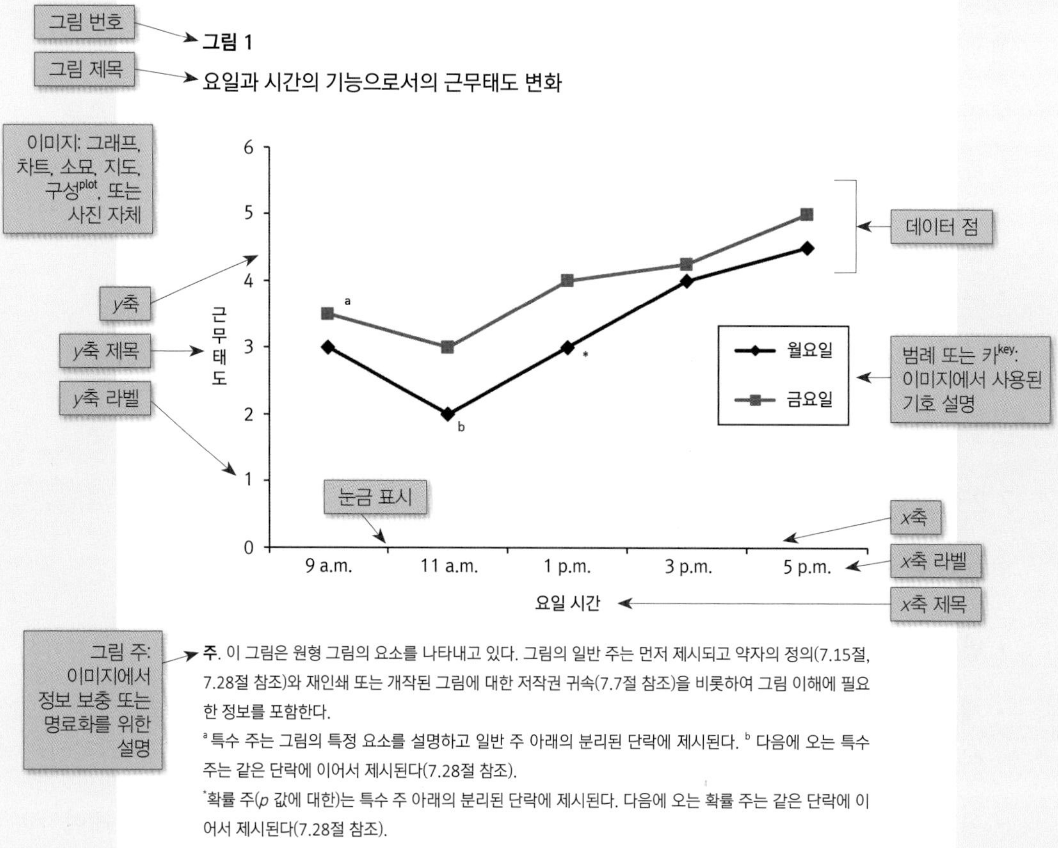

7.24 그림 번호

본문의 일부인 모든 그림(즉, 부록 또는 보충자료의 일부는 아님)에 아라비아 숫자를 사용하여 번호를 붙여라(예, 그림 1, 그림 2, 그림 3). 그림에 대한 더 세부적인 논의가 논문원고의 다른 부분에 있더라도, 각 그림이 본문에서 처음 언급된 순서대로 번호를 할당하라. "그림Figure"이라는 단어와 번호를 굵은체 및 좌측정렬로 기입하라(즉, 들여쓰기 또는 중앙정렬이 아님). 부록에 제시되는 그림은 다른 번호 붙이기 형식을 따른다(2.14절 참조).

7.25 그림 제목

모든 그림에 짧지만 명확하고 설명적인 제목을 붙여라. 그림의 기본 내용은 제목으로부터 쉽게 유추되어야 한다. 그림 제목은 그림 번호 아래에 이탤릭체, 제목 표기법(TC)으로 쓰고, 그림 번호와 제목은 더블 스페이스로 기입하라. 지나치게 일반적이고 너무 상세한 그림 제목은 피하라(7.11절 참조).

7.26 그림 이미지

그림의 이미지 부분(예, 그래프, 차트, 다이어그램)은 해상도가 충분히 높아서 명확한 인쇄 또는 조망을 할 수 있어야 한다(7.4절 참조). 이미지를 만드는 경우, 다음의 고려 사항을 유념하라.

요소의 크기와 비율. 그림의 각 요소는 충분히 크고 예리해서 쉽게 읽을 수 있어야 한다. 글자들 사이에 충분한 공간이 있는 그림의 이미지 부분 내에서 단순한 산세리프체(예, Arial, Calibri, Lucida Sans Unicode; 2.19절 참조)를 사용하여 과밀[crowding]을 피하라. 글자는 그림 전체에서 명확하고, 예리하며, 균일하게 짙어야 하고, 크기가 일관되어야 한다. 글자체 크기는 8포인트보다 작아서는 안 되고, 14포인트보다 크지 않아야 한다. 일반 지침으로는 구성 기호가 그림 내 라벨에서 제시되는 소문자 크기 정도여야 한다. 또한 모든 다른 요소와 관련하여, 그림에서 각 요소의 비중(즉, 크기, 밀도)을 고려하여 가장 중요한 요소를 가장 눈에 띄게 하라. 예를 들면, 선그래프에서 곡선과 막대그래프에서 막대의 윤곽선은 축 라벨보다 더 굵어야 한다. 또 축과 눈금표시보다 더 굵어야 한다.

그림 이미지 내에서의 철자, 대문자 표기, 그리고 번호. 축 라벨에 대해서는 제목 표기법(TC)을 사용하라. "퍼센트[percent]"는 "%"로, "번호[number]"는 "no."로 축약하라. 그림 범례 내 또는 축 라벨에 있는 것과는 다른 그림 이미지 내의 단어는 그림의 내용에 따라 제목 표기법(TC) 또는 문장 표기법(SC)으로 기입될 수 있다(6.17절 참조). 일반적으로, 소제목에 사용되는 라벨, 구, 또는 단어는 제목 표기법(TC)으로 기입하는 것이 더 나을 것이다. 반면, 그림 내의 다른 서술구, 문장, 또는 단락은 문장 표기법(SC)으로 기입하는 것이 더 나을 것이다. 그림의 이미지 부분에 제시되는 번호는 6.32–6.39절의 지침에 따라 단어 또는 숫자로 기입되어야 한다. 그러나 그림에서 모든 번호에 대한 숫자 사용이 더 명확하고 공간을 절약한다면 허용이 가능하다. 통계, 그리스 문자, 그리고 측정 단위는 그림 주에서 정의될 필요가 없다(7.15절 참조).

음영. 단일 그래픽에서 사용된 다른 **음영**shading의 수를 제한하라. 만일 다른 음영이 막대 또는 그래프 부분의 구분을 위해 사용된다면, 뚜렷이 다른 음영을 택하라. 예를 들면, 두 세트의 막대를 구분하기 위해 가장 좋은 선택은 음영이 없는 것("개방open")과 검정 또는 회색("속이 꽉 찬solid")이다. 만일 두 가지 이상의 음영이 필요하다면, 패턴을 사용하라. 다시 말하면, 패턴이 뚜렷이 다른지 확인하라. 예를 들면, 음영이 없는 것, 속이 꽉 찬 검정 또는 회색, 그리고 세 가지 음영의 줄무늬를 사용하라. 만일 에러 바 또는 기타 정보가 음영 처리된 영역과 중복된다면(예, 막대그래프에서 양면 에러 바), 중복된 정보가 음영과 명확하게 구분될 수 있는지 확인하라.

컬러. **컬러**color는 그림에서 의사소통 및 장식 목적으로 사용될 수 있다. 학술지에 논문을 게재하려는 저자는 자료 이해에 필요한 경우 외에는 컬러 사용을 피해야 한다. 인쇄된 자료에 대한 컬러 재생을 위한 비용이 크기 때문이다(저자가 이 비용의 일부를 감당해야 할 수도 있다; APA 학술지 지침은 http://on.apa.org/WDtxdW 참조). 예를 들어, 사진, fMRI 이미지, 그리고 유전자 색올림 결과는 흔히 컬러를 사용한다. 만일 컬러 묘사가 이해에 필수적이지 않고 논문이 인쇄본과 온라인으로 게재된다면, 그림을 흑백 출력으로 변환하거나 온라인상에 보충자료로 배치하는 것을 고려하라. 일부 학술지는 그림을 무료로 컬러 온라인과 흑백 인쇄본으로 게재할 수 있는 옵션을 제공한다. 이러한 옵션을 사용하는 경우, 그림이 흑백으로 인쇄되어도 여전히 이해될 수 있는지 확인하라. 최종 묘사가 정확한지 확인하는 것은 저자의 책임이다. 그러나 온라인 전용 학술지에 원고를 제출하는 저자들은 더 자유롭게 컬러를 사용할 수 있다(예, 막대그래프에서 회색과 백색 막대보다 컬러로 된 막대). 마찬가지로, 강좌 과제물을 위해 그림을 준비하는 학생들은 컬러 사용이 과제물의 질을 높이는 결과가 산출된다면 컬러를 사용할 수 있다.

그림을 위한 색상을 선정하는 경우, 대비되는 많은 사람이 있어서 **색각결핍증**color-vision deficiency(흔히 "색맹color blindness"으로 알려짐)과 함께 살아가는 사람들 또는 색을 전형적인 방식으로 보지 못하는 사람들이 정보를 이해할 수 있고 컬러를 따로 말할 수 있는지 확인하라. 가장 좋은 방법은 무료 컬러대비분석기Colour Contrast Analyser(https://developer.paciellogroup.com/resources/contrastanalyser) 같은 대비 검색 프로그램contrast checker을 사용하여 대비 비율을 평가하고 내용이 WCAG 2.0 AA 또는 이후 버전의 기준을 통과하는지 확인하는 것이다. 적절한 대비 비율은 그림이 인쇄 또는 흑백으로 복사되는 경우, **색결핍시각**color-deficient vision을 지닌 독자들에게 접근 가능할 뿐 아니라, 모든 독자가 이해할 수 있는지 확인할 수 있게 해 준다. 적절한 대비를 성취하기 위한 다른 전략은 색상과 결합된 패턴을 사용하여 요소의 구별을 컬러에만 의존하지 않게 하는 것이다(예, 선 그래프에서 다른 선들은 다른 색상과 속 채우기solid, 대시, 그리고 점찍기 같은 스타일로 나타낼 수 있다). 다수의 컬러가 사용되어야 하고 이들 사이에 고도의 대비 성취가 가능하지 않는 경우, 이미지에서 채색된 영역에 라벨을 붙이거나 범례에 라벨을 배치하기보다 대상을 그 라벨에 연결하는 선을 사용하여, 가능하면 독자들이 그림의 컬러를 범례에 있는 컬러와 대조할 필요가 없게 하라. 특정 색각결핍증이 있는 사람들이 어떻게 컬러를 보고 그림에서 사용된 컬러가 어떻게 이들이 볼 수 있게 조정될 수 있는지에 관한 예시는 APA 양식 웹사이트(https://apastyle.apa.org)를 참조하라.

좌표선과 3-D 효과. **좌표선**gridlines이 독자들의 내용 이해에 실질적인 도움을 주지 못한다면(예, 다수의 데이터 점들이 x축 전체에 걸쳐 비교될 필요가 있는 경우), 그림에서 좌표선 사용을 피하라. 마찬가지로, 단순 장식용으로 3-D 효과(예, 3-D 막대그래프)의 포함을 피하라. 이는 그림을 더 읽기 어렵게 할 수 있기 때문이다. 그러나 3-D 효과는 핵심 정보 전달에 사용될 수 있다(예, 자극의 3-D 묘사).

패널. 그림을 **패널**panels로 분할할 것인지 또는 각 패널을 위한 분리된 그림을 만들 것인지에 대한 결정은 제시될 정보의 성격에 달려 있을 것이다. 패널이 독자들의 직접적인 정보 비교에 도움을 주지만, 패널 역시 그 페이지에 제시되는 정보의 밀도를 높인다. 항상 그렇듯이, 그림을 구성하는 경우, 명백한 의사소통을 우선시하라. 만일 그림이 다수의 패널을 포함한다면, 패널에 라벨을 붙이는 것은 선택이다. 만일 패널에 라벨이 붙어 있지 않으면, 패널을 위치에 따라 나타내라(예, 상단 패널, 좌측 패널, 중간 패널). 패널에 라벨을 붙이려면, 각 라벨에 대문자를 붙이고(예, A, B), 라벨은 패널의 좌측 상단에 붙여라. 패널은 "패널Panel A," "패널 B," 등으로 나타내라. 본문에서 패널은 "그림 5A" 또는 "그림 5의 패널 A"로 나타내라. 그림 일반 주에서 각 패널을 설명하라. 라벨이 붙은 패널이 있는 그림의 예시는 7.36절의 그림 7.18과 7.19를 참조하라.

그림에서의 인용. 만일 그림이 다른 저작물의 인용을 포함한다면, 8.11절에 기술된 형식을 따르라. 모든 인용에서의 "and"에 대해서는 **앰퍼샌드**(&)를 사용하여 공간을 절약하라.

7.27 그림 범례

범례legend(**키**key로도 불림)는 그림의 이미지 부분에서 사용된 기호, 선 스타일, 또는 음영이나 패턴 이형을 설명한다(예시는 7.36절의 그림 7.2–7.3 참조). 범례는 그림 전체의 일부다. 그러므로 범례의 레터링[lettering](*역자 주. 글자 쓰기)은 그림의 나머지 부분에 제시되는 요소와 같은 종류와 비율로 제시되어야 한다. 범례에서 단어는 제목 표기법(TC)을 적용하여 대문자로 표기하라(6.17절 참조). 정의가 필요한 기호, 선 스타일, 또는 음영이 있는 그림만 범례를 포함해야 한다. 가능한 경우, 범례는 이미지의 측면 대신 이미지 내 또는 아래에 배치하여 범례 주변에 여백이 생기는 것을 피하라.

7.28 그림 주

그림 주[figure notes]에는 독자들을 위해 그림의 내용을 명료화하는 데 필요한 정보가 들어 있다. 표에서처럼, 그림은 세 가지 종류의 주를 포함할 수 있다(일반 주, 특수 주, 그리고 확률 주).

일반 주[general note]는 그림에서 범례에 포함되지 않거나 정의되지 않은 측정 단위, 기호, 그리고 약자를 설명해야 한다(정의가 필수로 요구되지 않는 약자와 부호에 관한 정보는 7.15절 참조). 주와 범례에서 기호, 약자, 용어가 그림, 논문원고의 다른 그림, 그리고 본문의 기호, 약자, 그리고 용어와 일치하는지 확인하라. 의미를 담고 있는 음영, 컬러, 그리고 다른 디자인 요소의 사용을 설명하라. 다중패널 그림에 대해서는 각 패널에 대한 기술[description]을 제공하라. 만일 그래프가 에러 바를 포함한다면, 이들이 표준편차, 표준오차, 신뢰한계, 또는 범위를 나타내는지 이미지 또는 일반 주에서 설명하라. 표본크기 제공 역시 도움이 된다. 또한 그림이 다른 자료로부터 재인쇄 또는 개작된 것임을 알리는 글은 일반 주에 제시하라(7.7절 참조). 약자와 재생된 그림에 대한 저작권 귀속 설명은 일반 주의 끝에 배치하라.

특수 주에 대한 위첨자는 이를 확인시켜 주는 요소 가까이에 위치시켜라. 정확한 p 값을 보고하는 것이 선호된다. 그러나 만일 그림에서 통계적으로 유의한 값에 별표 또는 단검표시가 되어 있다면, 확률 주에서 설명하라(7.14절 참조). 그림 주 구성에 관한 지침은 7.14절을 참조하라.

7.29 그림 사이의 관계

유사한 그림 또는 중요성이 같은 그림은 같은 크기와 규모로 제시되어야 한다. 유사한 그림은 결합하여 내용 사이의 비교를 촉진하라. 예를 들면, 같은 축을 가진 2개의 선그래프는 단일 그림으로 수평적으로 결합될 수 있다. 또는 다수의 그림은 여러 패널로 된 하나의 그림으로 결합할 수 있다(7.26절 참조).

7.30 사진

사진photographs은 특수한 고려사항이 있는 그림 유형이다. 출판을 추구하는 저자들은 출판사 지침을 확인하여 사진이 올바른 파일 형태로 제출되는지 확인해야 한다. 사진은 사진의 내용과 출판 장소에 따라 흑백 또는 컬러로 출력될 수 있다. 컬러 사진은 충분한 대비를 포함하게 하여 흑백으로 재생되어도 내용이 이해될 수 있는지 확인해야 한다. 학생보고서 대부분에서의 사진은 컬러로 되었을 수 있어서, 널리 이용 가능한 포토 형식으로 저장될 수 있다(그림에서 컬러 사용에 관한 정보는 7.26절 참조). 포토 이미지는 적절한 해상도 수준으로 제출되는 것이 필수다(출판사가 명시한 대로). 재생은 사진에서 대비와 디테일을 둔화시키므로, 진한 대비와 섬세한 디테일로 시작하는 것은 이미지의 최종 버전을 업그레이드시킬 것이다. 카메라 뷰와 조명은 피사체를 강조하고, 고도의 대비를 제공해야 한다. 밝거나 어두운 배경은 더 나은 대비를 제공할 수 있다. 예를 들어, 사진은 보통 **크로핑**cropping(***역자 주.** 사진 또는 삽화의 불필요한 부분 다듬기)을 통해 관련 없는 디테일을 제거하거나 이미지를 중심에 놓음으로써 혜택을 입는다. 그러나 포토 이미지가 단순한 크로핑 및/또는 조명 수준에의 적응을 넘어서는 방식으로 변경된 경우, 일반 주에서 이미지가 어떻게 변경되었는지 명확하게 밝혀라. 출판의 윤리원칙은 엉터리 데이터 조작을 금하고 있는 것처럼, 이미지의 어떤 의도적인 제시 오류를 금하고 있다. 그림으로서의 사진 예시는 7.36절의 그림 7.17을 참조하라.

만일 인식 가능한 사람의 사진을 사용한다면, 그 사람에게서 논문원고에 사진을 사용해도 좋다는 서명된 사용허가서를 확보하라(12.17절 참조). 만일 사람을 인식할 수 없다면, 사용허가서는 필요하지 않다. 만일 자신의 사진을 사용했다면, 그림 주에 인용 또는 저작권 귀속이 필수로 요구되지 않는다. 만일 다른 자료로부터 사진을 재인쇄 또는 개작하고 싶다면, 논문원고에 사용해도 좋다는 허가서를 확보할 필요가 있을 수 있다. 전문적 사진은 보통 사진작가의 자산이기 때문이다. 다른 자료로부터 사진의 재인쇄 또는 개작에 관한 자세한 정보는 12.14–12.18절을 참조하라.

7.31 전기생리학적, 방사선, 유전학적 및 기타 생물학적 데이터에 대한 고려사항

전기생리학적, 방사선, 유전학적, 그리고 기타 생물학적 데이터 제시는 데이터의 복잡성 때문에 특별한 도전을 수반한다. 우선 이미지가 정확하게 데이터를 제시하고 있는지 확인하는 것에 초점을 맞춰라. 일반 주에서 이미지가 어떻게 처리 또는 향상되었는지, 그리고 이미지에 명확한 라벨을 붙였는지를 밝히는 것은 필수적이다. 다음으로, 묘사의 명료성, 포함의 필요성, 그리고 제시된 이미지 간의 일관성에 관한 원칙을 고려하라. 만일 그림에 하나 이상의 패널이 포함되어 있거나 논문원고에 하나 이상의 그림이 들어 있다면, 가능하면 논문 전체에서 일관된 스타일과 형식을 유지하라(축 라벨과 척도 단위 같은 구체적인 양상들이 변할 수 있지만). 생물학적 및 유전학적 데이터는 종종 해석 가능한 정보를 위해 컬러로 제시되어야 한다(7.26절 참조).

복잡한 그래프와 이미지를 본문에 또는 보충자료로 포함할 것인지 신중히 고려하라. 보충자료는 인쇄보다는 온라인에 탑재하는 것이 더 나으므로, 온라인으로만 검색될 수 있는 내용 제시를 위해 사용하라. 예를 들면, 뇌 활성화의 역동적 확산은 컬러 비디오 클립을 통해서만 제시될 수 있을 것이다.

7.32 전기생리학적 데이터

전기생리학적 데이터를 제시하는 경우, 이미지에 명확한 라벨을 붙이는 것은 필수적이다. 예를 들면, 사건 관련 뇌의 잠재적 데이터 제시에서 부정성negativity의 방향(즉, 부정적 상승 또는 하강)뿐 아니라 반응의 척도 제시가 필수다. 이미지에 대한 적절한 해석에 필수인 정보(예, 번호 또는 전극 배치)는 그림을 동반해야 한다. 사건 관련 뇌 전위 데이터를 제시하는 그림의 예시는 7.36절의 그림 7.19를 참조하라.

7.33 방사선 (영상) 데이터

뇌 이미지를 제시하는 경우, 각 이미지에 명확하게 라벨을 붙이고, 그림 주에 이미지 해석에 필요한 세부사항을 제공하라. 축axial 또는 관상coronal 부분이 제시된다면, 어떤 것이 좌반구이고 어떤 것이 우반구인지 명확하게 라벨을 붙여라. 시상 절편sagittal slices이 제시되는 경우, 각 절편이 우반구의 것인지 또는 좌반구의 것인지를 명확하게 제시하라. 절편이 제시되는 경우, 역시 절편들이 뇌의 어느 부분에 속하는 것인지를 나타내는 이미지를 제시함으로써, 독자들이 위치 파악을 할 수 있도록 도와라. 이미지들이 정상화된 좌표 공간을 명시하라(예, 탈라이라크Talairach, MNI).

뇌 내면에서의 활성화를 나타내는 뇌의 단면도cutaway views는 잘라 낸 조직을 명확하게 묘사한다면 도움이 될 수 있다. 활성화가 뇌의 표면 처리된 이미지 위에 덧붙여진다면, 어떤 활성화가 제시되고 있는지, 특히 표면까지 작용된 활성화의 깊이에 관한 명확한 설명은 그림을 동반해야 한다. 납작한 표면 이미지의 사용은 데이터를 더 명확히 하는 데 도움이 될 수 있다. 컬러를 사용하는 경우, 이를 논문원고 내의 모든 묘사에 일관되게 사용하고, 컬러 척도 맵핑color-scale mapping을 명확하게 명시하라. 신경영상neuroimaging 데이터는 거의 항상 광범위한 후습득 처리postacquisition processing가 필수로 요구되고, 처리 방법에 관한 세부사항은 이들의 디스플레이를 동반해야 한다. 현미경사진photomicrographs은 흔히 세포 착색 및 기타 이미지 연구 유형에서 사용된다. 현미경사진을 준비하는 경우, 척도 막대와 착색 자료 정보를 포함하라. 그림에서 fMRI 데이터 예시는 7.36절의 그림 7.20을 참조하라.

7.34 유전학적 데이터

생물학적 자료의 다른 디스플레이처럼, 이미지에 대한 명확한 라벨 붙이기는 유전학적 정보 디스플레이(예, 삭제 패턴)의 질을 높인다. 이들은 물리적 지도 다양성physical map variety(그림 5.12 참조) 또는 사진 착색 다양성이다. 위치, 거리, 표시, 그리고 확인 방법에 관한 정보를 그림과 함께 제시하라. 유전학적 데이터 디스플레이에는 흔히 많은 정보가 담겨 있다. 세심하면서도 국한된 공간에 한정된 이미지 편집과 범례는 그림의 의사소통적 가치를 높일 수 있다. 그림에서 유전학적 자료의 물리적 지도 예시는 7.36절의 그림 7.21을 참조하라.

7.35 그림 체크리스트

그림 체크리스트는 그림이 효과적으로 의사소통하고, 이 장에 제시된 양식 지침과 일치하는지 확인하는 데 유용할 수 있다.

그림 체크리스트

- ☐ 그림이 필요한가?
- ☐ 그림은 논문의 인쇄 및 전자 버전에 속하는가, 아니면 보충자료에 배치될 수 있는가?
- ☐ 그림은 출판사에서 수용 가능한 파일 형식으로 제출되고 있는가?
- ☐ 파일은 정확하게 재생할 수 있을 만큼 충분히 높은 해상도로 산출되었는가?
- ☐ 동등하게 중요한 개념에 대한 그림은 동일한 크기와 척도에 따라 준비되었는가?
- ☐ 모든 그림에는 본문에 처음 언급된 순서대로 연속해서 아라비아 숫자로 번호가 붙여져 있는가? 그림 번호는 굵은체와 좌측정렬로 되어 있는가?
- ☐ 모든 그림은 발호call out 또는 본문에서 언급되었는가?

- ☐ 그림 제목은 짧으면서도 설명적인가? 또 이탤릭체로 된 제목 표기법(TC)과 좌측정렬로 작성되었는가?
- ☐ 그림 이미지는 단순하고, 명확하며, 관련 없는 세부사항이 없는가?
- ☐ 이미지의 모든 요소는 명확하게 라벨이 붙여져 있는가?
- ☐ 격자의 크기, 척도, 그리고 방향에 명확한 라벨이 붙여져 있는가?
- ☐ 그림은 적절히 구성되었는가? 글자체는 그림의 이미지 부분 내에서 산세리프체로 되어 있는가?
- ☐ 모든 약자뿐 아니라 특수기호의 사용에 관해 설명되었는가(7.15절에 언급된 것처럼 예외가 있음)?
- ☐ 만일 그림에 기호, 선 스타일, 또는 음영 이형을 정의한 범례가 포함되어 있다면, 범례는 이미지 내 또는 아래에 제시되어 있는가? 범례에 있는 단어는 제목 표기법(TC)으로 작성되어 있는가?
- ☐ 포토 이미지에 대한 모든 실질적인 수정이 공개되어 있는가?
- ☐ 필요하다면, 그림 주는 일반 주, 특수 주, 그리고 확률 주 순으로 되어 있는가? 주는 더블 스페이스와 좌측정렬, 그리고 논문원고의 본문과 동일한 글자체로 작성되었는가?
- ☐ 만일 그림의 모든 또는 일부가 재인쇄 또는 개작된 것이라면, 저작권 귀속이 있는가? 만일 그림 재생에 허가가 필요했다면, 저작권자로부터 재사용을 위한 문서로 된 허가서(인쇄본과 전자형태)를 받고 논문원고의 최종 버전에 대한 문서로 된 허가서 사본을 보냈는가?

7.36 샘플 그림

독자들에게 데이터 제시를 위해서는 다수의 그림 유형이 사용될 수 있다. 질적, 양적, 그리고 혼합 방법 연구에서 사용되는 더 일반적인 그림 유형은 다음에 제시되어 있다. 각각에 대해 다수의 변이와 버전이 있고, 이들 중 다수 사이의 구별은 명확하지 않다. 여기서 언급되지 않은 상황의 경우, 최근의 기준에 대한 예시와 실제에 관한 예시를 보려면, 유사한 게재논문을 참조하고 이러한 예시를 따르라.

- **그래프**(그림 7.2–7.3): 그래프graphs는 전형적으로 양적 지수들 또는 연속적인 양적 변수(보통 y축에 제시됨)와 참여자 또는 피험자 집단(보통 x축에 제시됨) 사이의 관계를 제시한다. 막대그래프(그림 7.2)와 선그래프(그림 7.3)는 그래프의 두 가지 예다.

- **차트**(그림 7.4–7.11): 차트charts는 일반적으로 닫힌 상자, 정사각형, 또는 직선, 곡선, 또는 화살표와 연결된 원이 사용된 비양적nonquantitative 정보를 나타낸다. 차트의 용도는 다음과 같다.
  - 연구과정(그림 7.4)을 통해 또는 무선할당된 임상실험(그림 7.5; 이는 CONSORT 흐름 다이어그램으로 알려져 있음; 다운로드가 가능한 템플릿은 CONSORT 웹사이트 http://www.consort-statement.org/consort-statement/flow-diagram 참조)에서처럼 참여자 또는 피험자의 흐름을 보여 준다.
  - 모델을 분명히 보여 준다. 개념적 또는 이론적 모델(그림 7.6), 구조방정식 모델(그림 7.7), 확인적 요인분석 모델(그림 7.8), 그리고 경로 모델(그림 7.9)이 그 예다.
  - 질적(그림 7.10) 및 혼합 방법(그림 7.11) 연구설계 또는 틀을 분명히 보여 준다.
- **소묘**(그림 7.12–7.13): 소묘drawings는 정보를 그림으로 보여 주고 실증적으로 보여주기 위해 사용될 수 있다. 예를 들면, 다음과 같다.
  - 실험기구(그림 2)
  - 실험자극(그림 3)
- **지도**(그림 7.14): 지도maps는 일반적으로 공간정보를 나타낸다(예, 지리적 인구조사geographic census 정보). 이 정보는 흔히 정부 자원으로부터 생성된다(예, 미국 인구조사국U.S. Census Bureau 또는 질병통제예방센터Centers for Disease Control and Prevention); 이러한 자료들로부터 표 또는 그림의 재인쇄 또는 개작에 관해서는 12.16절을 참조하라.
- **플롯**(그림 7.15–7.16): 플롯plots은 개별 데이터 점들을 축 변수들의 함수로 나타낸다. 플롯의 일반적인 유형은 다음과 같다.
  - 두 변수 간의 관계 탐색에 사용되는 산포도scatterplot(그림 5; 예를 들어, 만일 데이터 점들이 대각선을 따라 모여 있다면 선형관계가 시사될 수 있음)
  - 유사한 점들 또는 자극들이 다차원 공간에 함께 모여 있고 유사하지 않은 것들은 더 멀리 제시되는 다차원 척도법multidimensional scaling(그림 6)
- **사진**(그림 7.17): 사진photographs(7.30절 참조)은 정보의 직접적인 시각적 묘사를 담고 있다. 사진은 흔히 안면 표정 또는 특정 환경에서 자극의 정확한 배치와 같이 소묘로는 효과적으로 묘사하기 어려운 정보 제시에 사용된다.

멀티패널 그림. 멀티패널multipanel 그림은 막대그래프, 선그래프, 히스토그램, 그리고 기타 그림 유형들을 하나의 그림으로 결합할 수 있다(예시는 그림 7.18 참조; 또한 7.26절 참조). 여러 패널을 하나의 그림으로 결합하거나 분리된 그림으로 여러 패널을 제시하는 것이 권장할 만한 것인지는 그림의 크기와 제시될 정보의 성격에 달려 있을 것이다.

전기생리학적, 방사선, 유전학적, 그리고 기타 생물학적 데이터를 위한 그림. 생물학적 데이터 제시에는 다양한 그림이 사용된다. 이러한 데이터는 다음 사항을 포함한다.

- 사건 관련 전위[potentials](그림 7.19)
- fMRI 데이터(그림 7.20)
- 유전학적 지도(그림 7.21)

샘플 그림

그림 7.2 샘플 막대그래프

그림 1

서로 다른 보상 크기에 대한 골격점수

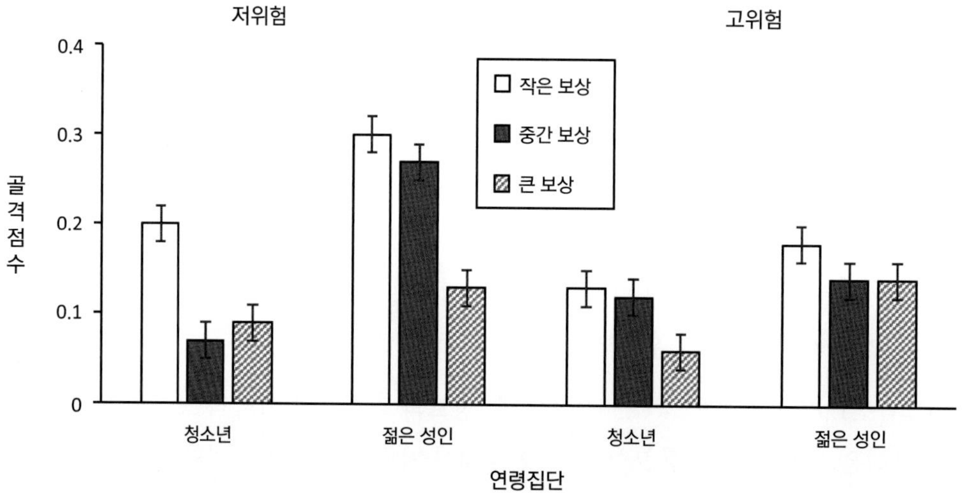

주. 저위험과 고위험, 그리고 작은 보상, 중간 보상, 그리고 큰 보상에 대한 청소년과 젊은 성인들의 골격점수들[framing scores]이 제시되어 있다. 골격점수는 상실 프레임에서 모험적인 선택 비율로부터 획득 프레임에서의 모험적인 선택의 비율로 계산되었다. 에러 바[error bars]는 표준오차를 보여 준다.

그림 7.3 샘플 선그래프

그림 3

실험 1의 평균 회귀 기울기

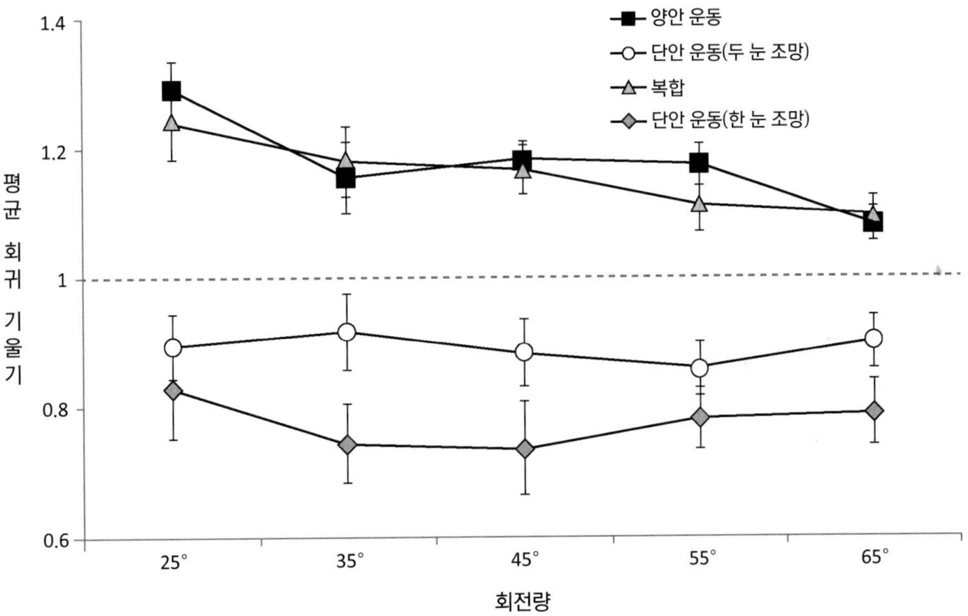

주. 실험 1에서의 평균 회귀 기울기는 회전량에 따라 구성되어 양안 운동stereo motion, 한 눈으로 조망하는 단안 운동monocular motion, 복합, 그리고 한 눈으로 조망하는 단안 운동 조건에 대해 제시되어 있다. 에러 바는 표준오차를 나타내고 있다. 출처: "Large Continuous Perspective Change With Noncoplanar Points Enables Accurate Slant Perception," by X. M. Wang, M. Lind, and G. P. Bingham, 2018, *Journal of Experimental Psychology: Human Perception and Performance, 44*(10), p. 1513(https://doi.org/10.1037/xhp0000553). Copyright 2018 by the American Psychological Association.

허가가 필요하지 않은 경우, 재인쇄된 그림에 대한 저작권 귀속 예시

그림 7.4 샘플 연구과정을 통해 참여자 흐름을 보여 주는 그림

그림 1

참여자 결정 플로차트

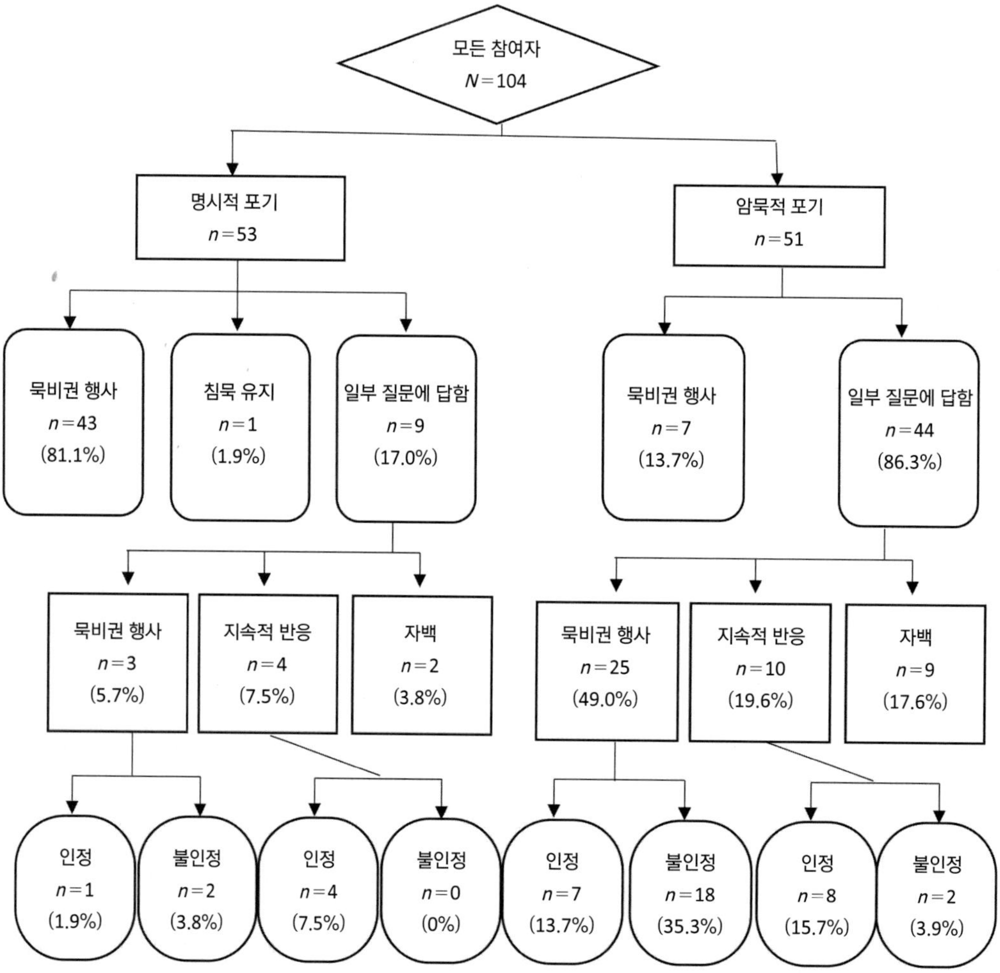

주. 묵비권, 자백, 그리고 유죄[incriminatory] 정보 인정에 관한 참여자 결정이 제시되어 있다.

그림 7.5 샘플 CONSORT 흐름 다이어그램

그림 7.5

참여자의 CONSORT 플로차트

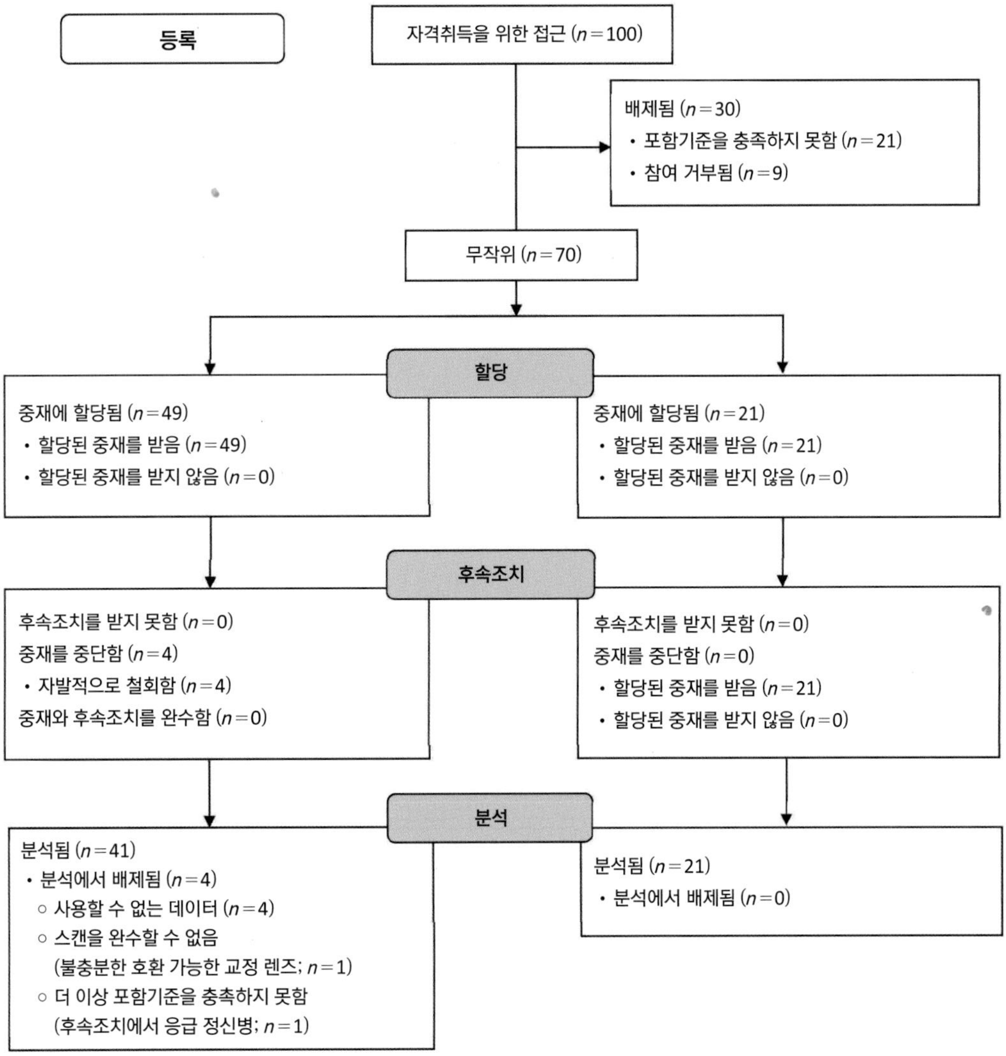

그림 7.6 샘플 개념적 모델

그림 2

통합된 아동과 청소년 행동건강체계

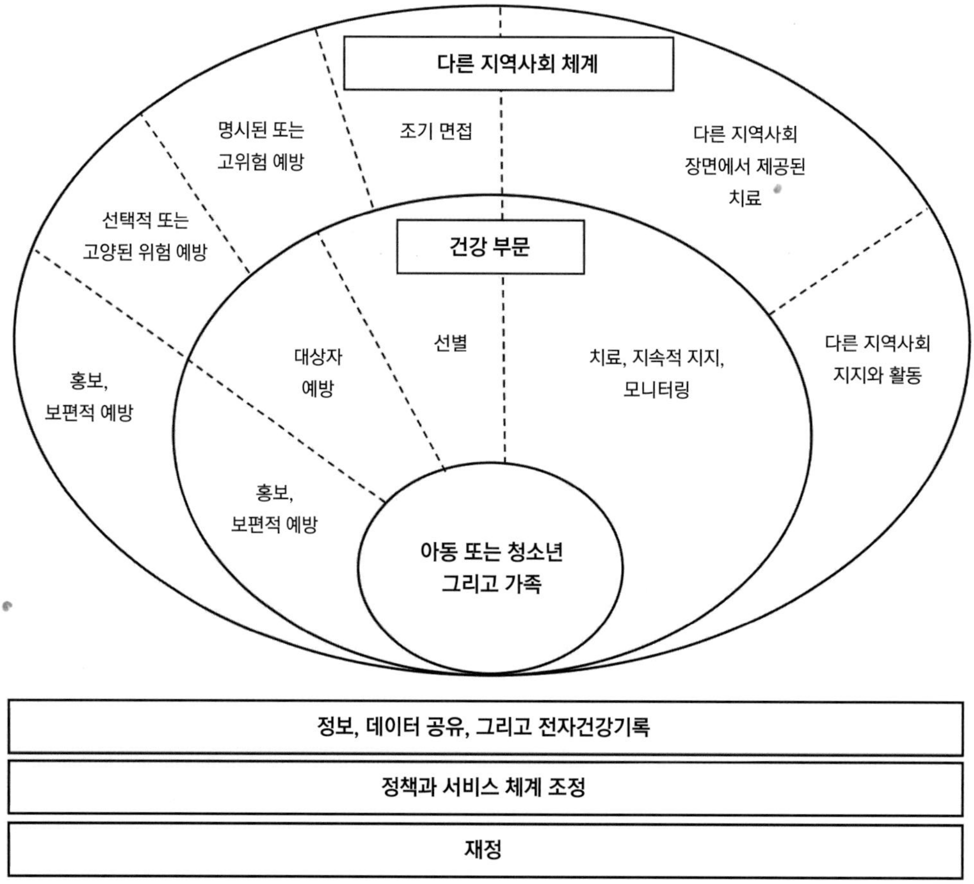

주. 이 모델은 통합된 아동과 청소년 행동건강체계가 아동 또는 청소년과 가족을 중심에 두고 있고, 건강 부분과 기타 지역사회 체계에서 홍보; 예방; 선별; 그리고 처치, 지속적 지지, 그리고 모니터링를 포함하고 있음을 보여 주고 있다. 이 구조는 정보체계, 정책과 서비스 체계 조정, 그리고 재정지원에 의해 지지되고 있는데, 이는 타원형 아래의 직사각형에서 제시되어 이러한 지지를 명확하게 보여 주고 있다.

그림 7.7 샘플 구조방정식 모델

그림 2

아동의 인지기능을 예측하는 구조방정식 모델

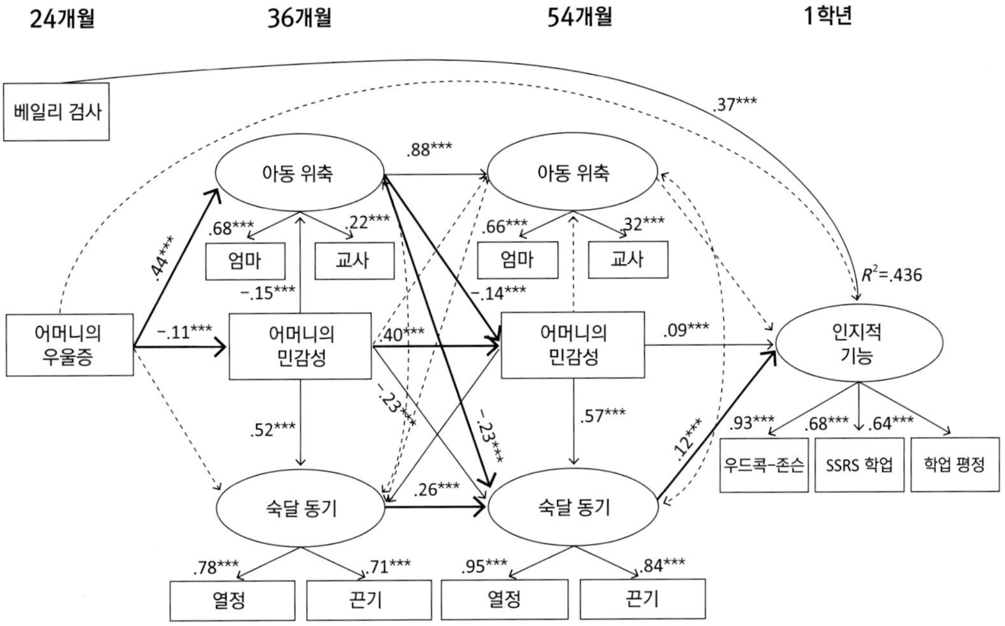

주. 이 구조방정식 모델은 아동의 위축과 숙달 동기의 매개효과와 함께, 어머니의 조발성 우울 증상으로부터 아동의 인지적 기능을 예측한다. 통계치는 표준화 회귀계수다. 어머니의 우울증은 6, 15, 그리고 24개월에 걸친 평균치다. 점선은 비유의한 관계를 나타낸다. 굵은선은 유의한 간접경로를 나타낸다. SSRS=사회적 기술 평정체계[Social Skills Rating System].

$^{**}p < .01$. $^{***}p < .001$.

그림 7.8 샘플 확인적 요인분석 결과 그림

그림 2

연구 2에 대한 이차 확인적 요인분석

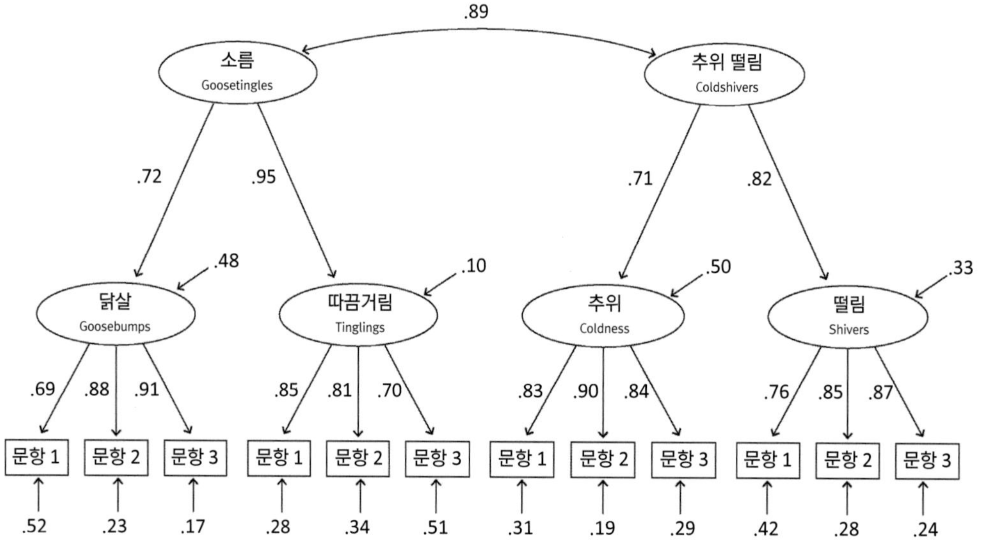

주. 문항은 본문에 제시된 순서대로 번호가 붙여져 있다. 모든 모델의 상관관계와 경로계수는 유의하다($p < .05$).

그림 7.9 샘플 경로 모델

그림 1

ASMC와 신체 관련 구성개념 간의 연계성에 대한 경로분석 모델

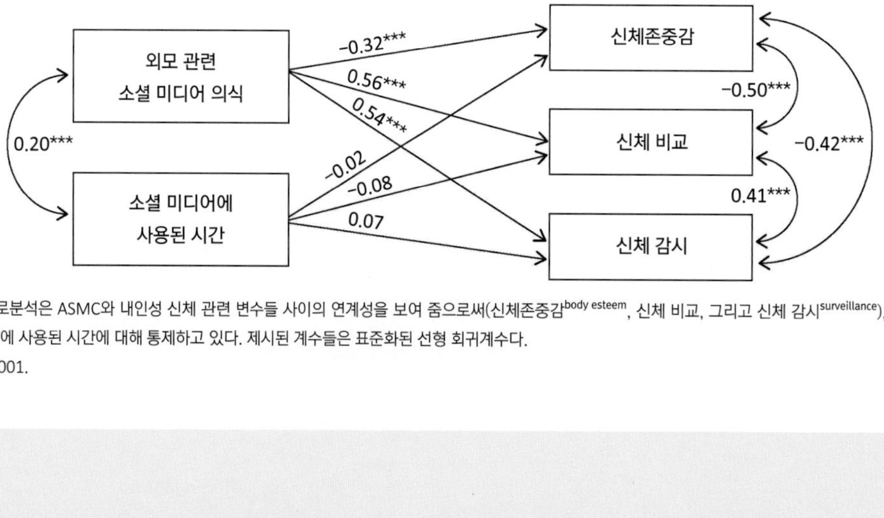

주. 경로분석은 ASMC와 내인성 신체 관련 변수들 사이의 연계성을 보여 줌으로써(신체존중감[body esteem], 신체 비교, 그리고 신체 감시[surveillance]), 소셜 미디어에 사용된 시간에 대해 통제하고 있다. 제시된 계수들은 표준화된 선형 회귀계수다.

$^{***}p < .001$.

그림 7.10 샘플 질적 연구 그림

그림 1

직장에서의 미묘한 인종차별에 대한 조직 틀

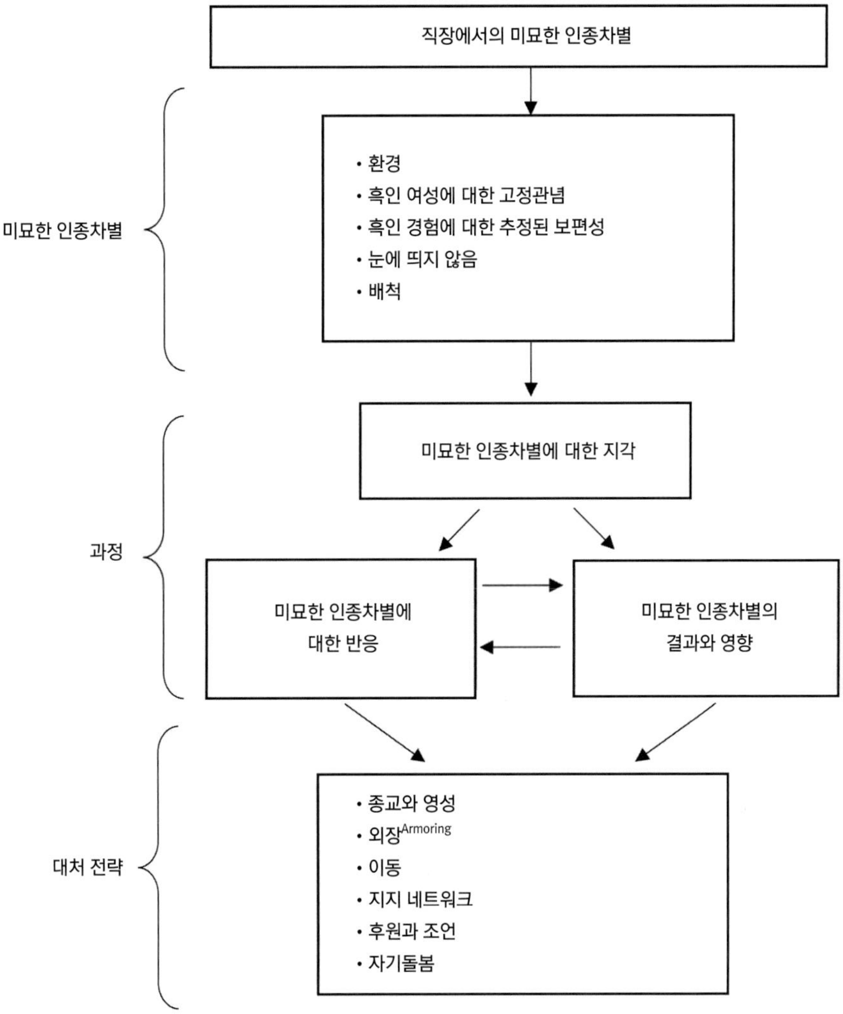

그림 7.11 샘플 혼합방법 연구 그림

그림 1

통합적 혼합방법 연구의 다단계 패러다임

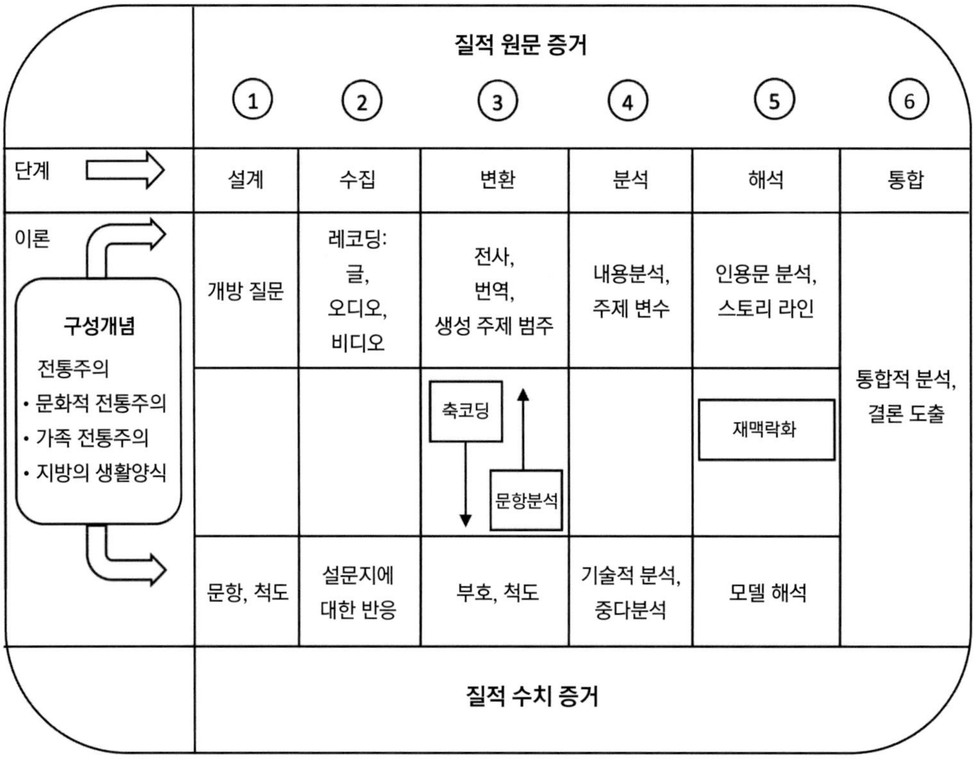

주. 문항은 본문에 제시된 순서대로 번호가 붙여져 있다. 모든 모델의 상관관계와 경로계수는 유의하다($p < .05$).

그림 7.12 샘플 실험기구 일러스트레이션

그림 7

실험 7의 설계

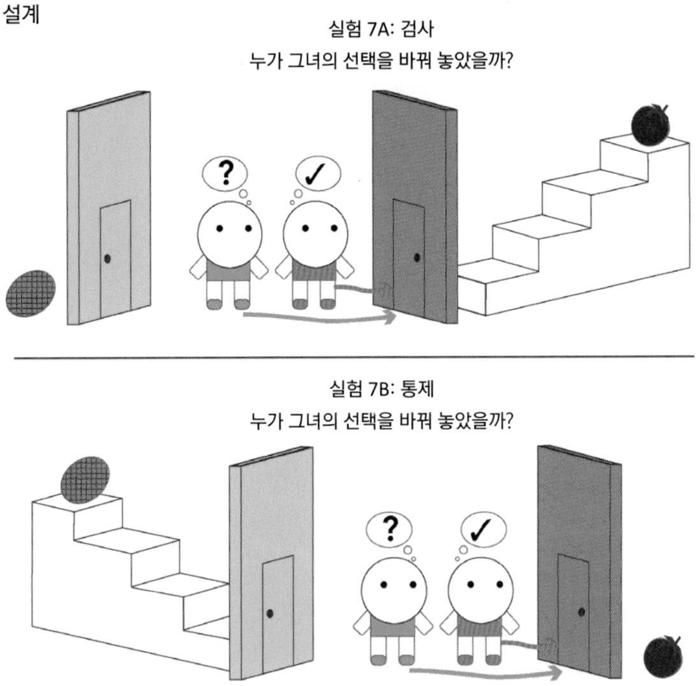

주. 아이들은 두 개의 인형(하나는 관찰할 수 없는 계단에 관해 알고 있었고, 다른 하나는 그렇지 못했음)이 옥수수 대신 토마토를 선택하는 것을 보았다(실험 7A에서의 고비용 선택과 실험 7B에서의 저비용 선택). 그러고 나서 아이들은 한 인형이 문을 열고 나서 그녀의 선택을 바꿔 놓았다는 사실을 알았고, 누가 그렇게 했는지에 관한 질문을 받았다.

그림 7.13 샘플 실험자극 일러스트레이션

그림 4

실험 1에서 사용된 자극의 예

주. 자극은 4개의 이진법 차원으로 다양화된 컴퓨터로 생성한 만화 꿀벌로, 총 16개의 독특한 자극을 위한 것들이었다. 이들은 2개 또는 6개의 다리, 줄무늬 또는 점무늬가 있는 몸, 단일 또는 이중 날개, 그리고 더듬이가 있거나 없었다. 여기서 제시된 두 가지 자극은 모든 4가지 이진법 차원에 대해 반대 값의 사용을 보여 주고 있다.

그림 7.14 샘플 지도

그림 1

미국의 빈곤율, 2017

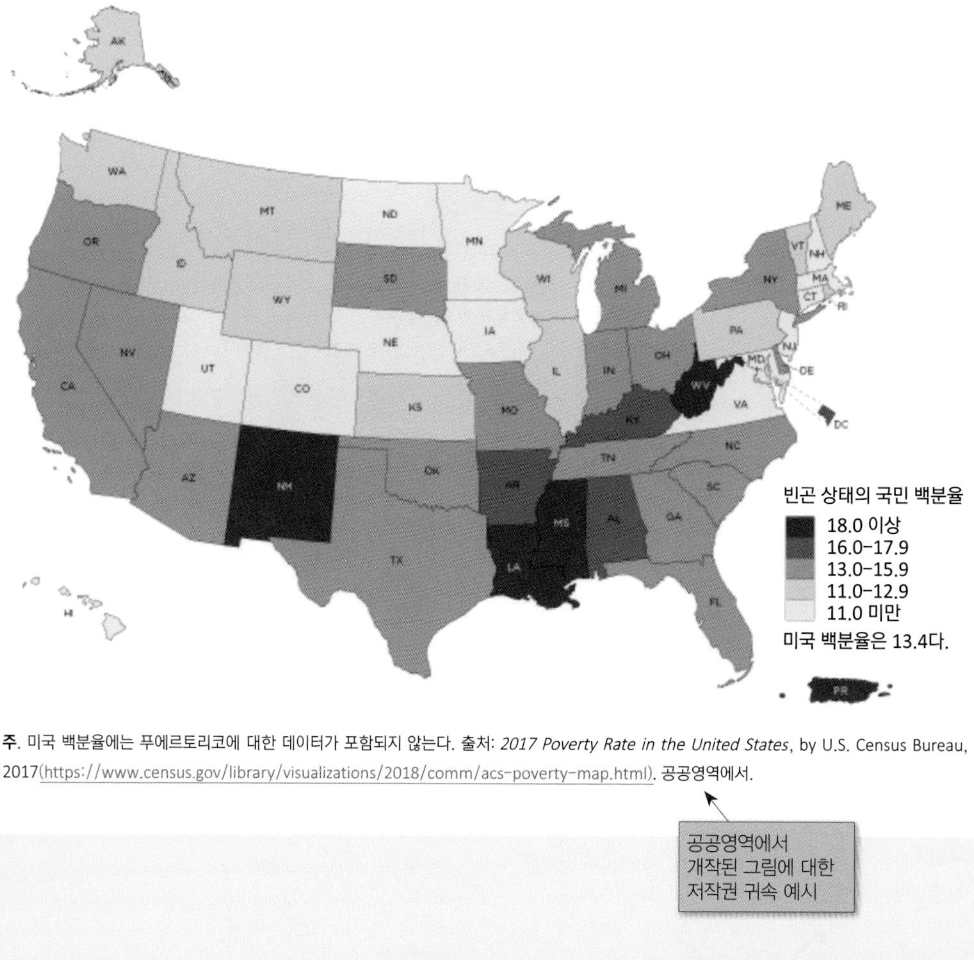

주. 미국 백분율에는 푸에르토리코에 대한 데이터가 포함되지 않는다. 출처: *2017 Poverty Rate in the United States*, by U.S. Census Bureau, 2017(https://www.census.gov/library/visualizations/2018/comm/acs-poverty-map.html). 공공영역에서.

공공영역에서
개작된 그림에 대한
저작권 귀속 예시

그림 7.15 샘플 산포도

그림 2

지각 속도와 행복에 대한 공감 패턴 정확성 간의 연관성

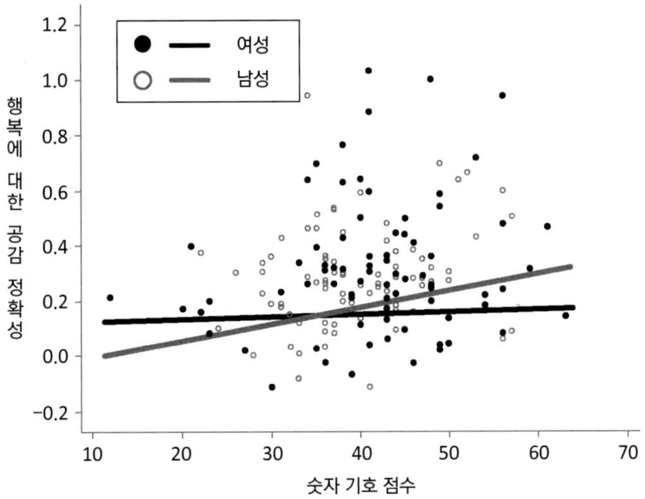

주. 각각의 점은 개별 참여자를 나타낸다. 행복에 대한 공감 패턴 정확성 점수는 표적의 자기보고된 행복이 평정자 지각의 유일한 예측요인이었던 영 순위 다수준 모델zero-order multilevel model에서 수집되었다(y축에 분포된 추정값은 등식 4에서 β_{1i}와 같다). 남성들 사이에서 숫자 기호 수행의 더 높은 수준은 일상생활(회색 선)에서 행복에 대한 더 높은 공감 패턴 정확성과 연관이 있다. 여성들 사이에서 연관성은 유의하지 않았다(검은 선).

그림 7.16 샘플 다차원 스케일링 그림

그림 3

관련성 점수의 다차원 스케일링으로부터 도출된 2차원적 해법

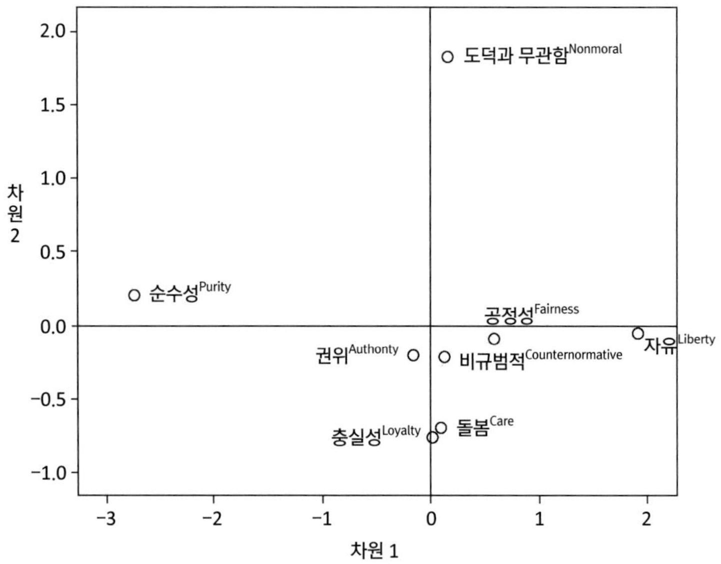

주. 관련성 점수는 범주 쌍pairs 내의 평균 우도likelihood 판단으로 정의되었다. 돌봄, 권위, 공정성, 그리고 충실성과 비규범적 행위의 위반은 그 결과로 생긴 2차원 공간에서 서로 꽤 가까운 반면, 자유 위반, 그리고 특히 순수성 위반과 도덕과 무관한nonmoral 행위는 더 떨어져 있다. 모델 스트레스는 .08이었다.

그림 7.17 샘플 사진

그림 1

도식과 무관한 물건의 위치에 대한 참여자 반응의 예시 장면

주. 상단 패널: 예기치 않은 장소(각각 바닥의 우측 면, 표 아래의 레일, 그리고 의자)에서 도식과 무관한 대상(워킹 부츠, 목욕 타월, 그리고 찻주전자)을 사용한 부엌 장면 버전. 중간 패널: 연구 1(기대되는 조건으로의 이동)에서 사용된 상단 패널에 제시된 연구 이미지와 연관이 있는 가능한 검사 이미지 중 하나(둘 중 하나). 하단 패널: 연구 2의 회상 과업에서 참여자가 상단 패널에 있는 이미지를 처음 조사했을 때의 참여자 반응의 예. 연구에서 예기된 장소에서 도식 관련 대상은 금속 주전자와 토스터다. 예기치 않은 장소에 있는 대상은 전자레인지와 찻주전자다. 제시되지 않은 대상은 과일 그릇과 페이퍼 타월 두루마리다.

그림 7.18 샘플 복잡한 멀티패널 그림

그림 2

예시 1에 대한 베이지안 혼합 모델의 적용

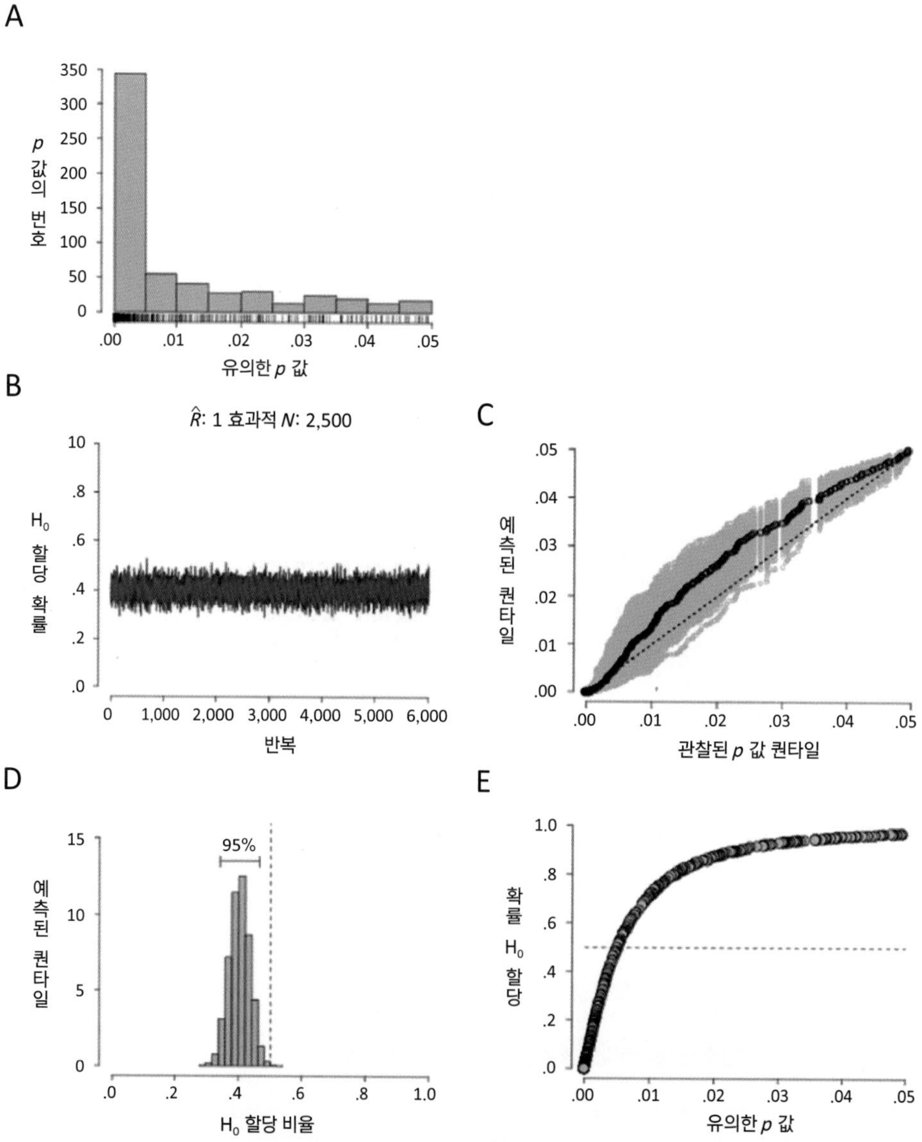

주. 예시 1에는 587개의 *t* 검정 *p* 값이 들어 있다. 패널 A: 관찰된 *p* 값의 분포. 패널 B: H_0 할당 비율에 대한 마코프 연쇄 몬테카를로 체인[Markov chain Monte Carlo chains]의 추적 플롯[trace plot]. 패널 C: 관찰된 *p* 값 분포와 사후[posterior] 예측적 분포의 비교를 위한 Q-Q 플롯. 패널 D: H_0 할당 비율의 사후 분포. 패널 E: 개별 H_0 할당 확률.

그림 7.19 샘플 사건 관련 가능성이 있는 그림

그림 1

신뢰성의 기능으로서 긍정적 가능성이 있는 중심체벽Centroparietal 후기

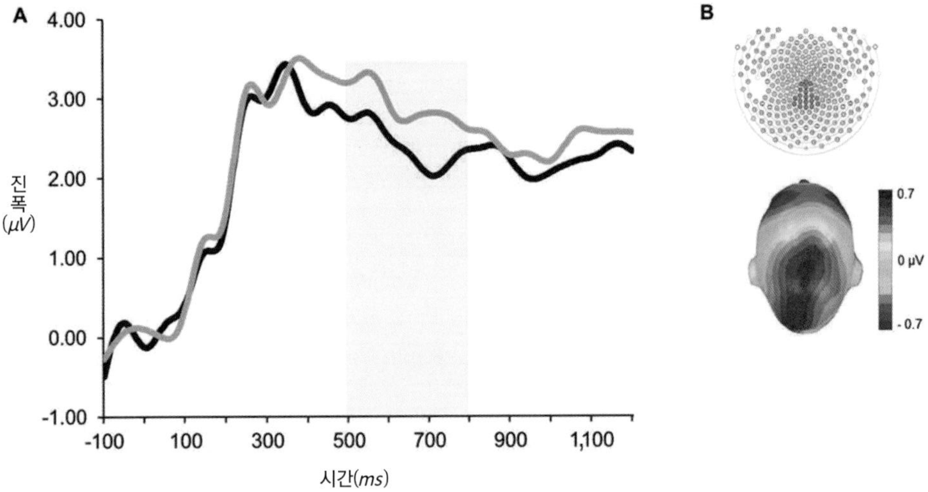

주. 패널 A: 신뢰할 수 없는 안면(회색 선)과 신뢰할 수 있는(검은 선) 안면에 대한 사건 관련 전위 파형. 패널 B: 선택된 시간대(500 – 800 ms)에 신뢰할 수 있는 안면과 비교된 신뢰할 수 없는 안면에 대한 두피 지형의 디스플레이.

그림 7.20 샘플 fMRI 그림

그림 3

비인간화, 우호성, 그리고 자기와의 유사성 평정에 민감한 뇌 영역

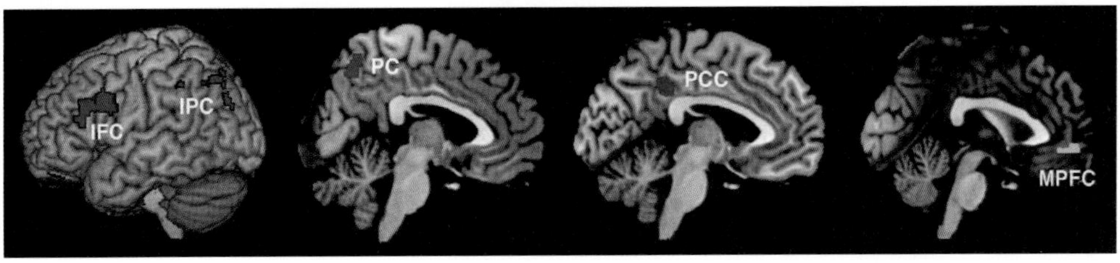

주. 활동이 비인간화(청색), 우호성(적색), 그리고 자기와의 유사성(녹색)에 대한 모수 평정에 민감한 뇌 영역이 제시되어 있다. 비인간화와 우호성의 역치는 $p < .05$(수정된)에 설정되어 있다. 유사성의 역치는 $p < .001$(수정되지 않음)에 설정되어 있다. IFC = 하전두피질inferior frontal cortex; IPC = 하두정피질inferior parietal cortex; PC = 설전부precuneus; PCC = 후대상피질posterior cingulate cortex; MPFC = 내측 전전두피질medial prefrontal cortex.

그림 7.21 샘플 유전학적 자료(신체적 지도) 디스플레이

그림 1

올리고핵산염 마이크로어레이 분석을 통한 피험자의 NF1을 포함한 마이크로 복제

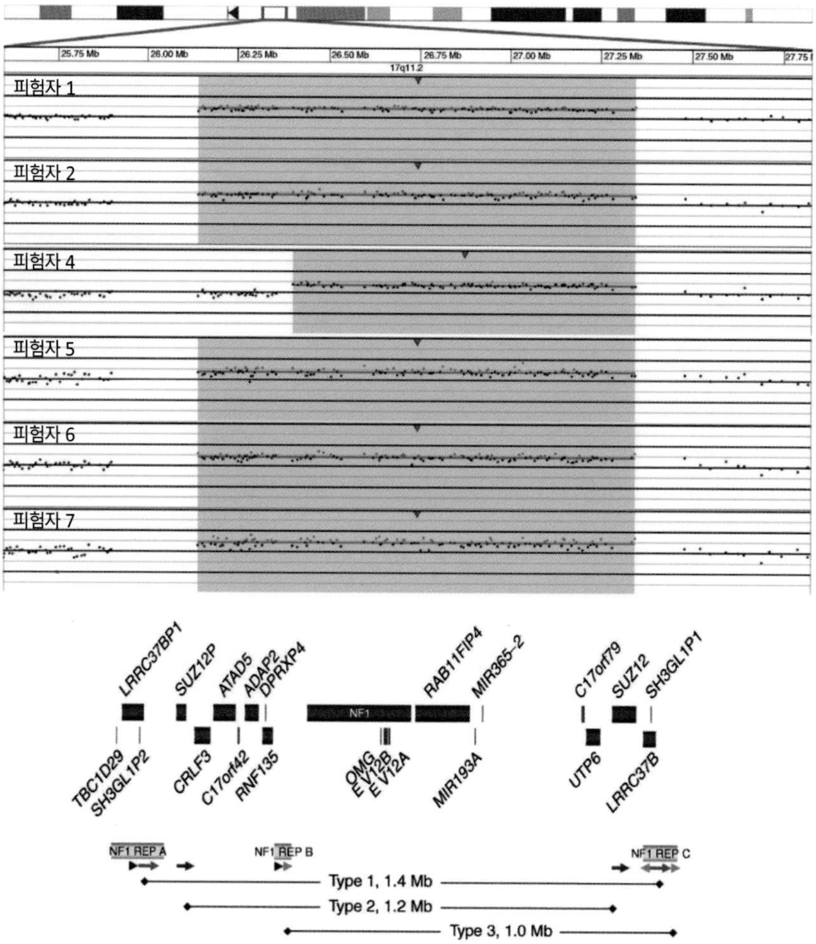

주. 6명의 피험자에 대한 NF1을 포함한 마이크로복제가 이루어졌다. 모든 마이크로어레이 플롯의 경우, 물리적 맵핑에 따라 *x*축에 탐침이 배열되어 있다(좌측에는 가장 몸 중심부 쪽의 17q11.2 탐침, 우측에는 가장 먼 곡의 17q11.2 탐침). *y*축의 값은 피험자의 $\log_2$ 비율이 제시되어 있다(통제 신호 강도). 복제 영역의 유전자는 플롯 아래에 보라색 상자로 제시되어 있다. 노란 상자는 그 영역에서의 저복사 반복[low-copy repeats]의 블록을 나타내고 있다(채색된 화살표는 저복사 반복 사이의 상동[homology] 영역과 일치함). *NF1* 마이크로딜리션[microdeletions]의 세 유형의 크기가 유형 1로 이어지는 적색 화살표, 유형 2는 브라운색, 그리고 유형 3은 녹색 사이의 비대립성 상동 재결합[nonallelic homologous recombination]과 함께 제시되어 있다. 출처: "*NF1* microduplications: Identification of Seven Nonrelated Individuals Provides Further Characterization of the Phenotype," by K. J. Moles, G. C. Gowans, S. Gedela, D. Beversdorf, A. Yu, L. H. Seaver, R. A. Schultz, J. A. Rosenfeld, B. S. Torchia, and L. G. Shaffer, 2012, *Genetics in Medicine, 14*(5), p. 509(https://doi.org/10.1038/gim.2011.46). Copyright 2012 by the American College of Medical Genetics and Genomics. Reprinted with permission.

8

본문에서 저작물의 공로 인정

목차

8

본문에서 저작물의 공로 인정

과학적 지식은 시간의 흐름에 따라 많은 연구자의 업적을 나타낸다. APA 양식으로 글쓰기의 중요한 부분은 저자에게 영향을 준 연구자들을 인용함으로써, 독자들이 저자의 기여를 그 맥락에 합류시키도록 돕는 것이다.

이 장에서 우리는 다른 사람들이 논문작성자의 연구물에 어떻게 기여했는지를 인정해 주는 기본 원칙을 제공하고 있다. 인용의 적절한 수준을 어떻게 제공하고 글쓰기에서 표절과 자기표절을 피하는 방법을 포함하여, 본문 인용을 위한 일반적인 안내 지침이 먼저 제공된다. 그런 다음, 면접, 강의실과 인트라넷 자료, 그리고 사적 통신문 형식을 포함하여, 본문 인용을 위한 구체적인 안내 지침이 마련되어 있다.

인용을 위한 일반 지침

8.1 인용의 적절한 수준

아이디어, 이론, 또는 연구가 직접적으로 자신의 저작물에 영향을 준 사람들의 연구물을 인용하라. 인용한 저작물들은 핵심 배경정보를 제공하거나, 논문작성자의 논지를 지지 또는 반박하거나, 중요한 정보와 데이터를 제공한다. 읽은 저작물과 자신의 글쓰기에 포함한 아이디어만 인용하라. 가능하면, 일차 자료를 인용하고, 이차 자료는 드물게 인용하라(8.6절 참조). 자신의 논문 전개에 사용했던 다른 사람들의 아이디어를 인정하는 것 외에, 일반 지식이 아닌 모든 사실과 그림에 대해 문서로 남겨라. 재진술(8.23–8.24절 참조)과 직접인용(8.25–8.35절 참조)은 둘 다 인용이 필수로 요구된다. 만일 표 또는 그림을 재인쇄 또는 개작하거나(예, 만일 인터넷으로부터 이미지를 재생하거나, 이미지가 무료 또는 크리에이티브 커먼즈Creative Commons[*역자 주. 일정한 기준하에서는 창작물을 마음대로 활용해도 좋다는 허가 표시]에 탑재된 경우조차), 긴 인용문 또는 상업적으로 저작권이 설정된 검사 문항을 재인쇄한다면, 저작권자로부터 허가를 구하고 저작권 귀속을 제공할 필요가 있을 수 있다(12.14–12.18절 참조).

논문원고에서 인용한 자료의 수는 저작물의 목적에 달려 있다. 대부분의 논문원고에 있어서, 각 핵심 포인트에 대해 가장 대표적인 자료 한두 가지 정도만 인용하라. 그러나 논문원고의 목적이 독자들에게 주제에 관해 글로 작성된 모든 것을 알리는 것이라면, 문헌고찰 논문원고는 전형적으로 더 철저한 참고문헌 목록을 포함한다.

과소인용과 과다인용을 둘 다 피하라. **과소인용**undercitation은 표절(8.2절 참조) 및/또는 자기표절(8.3절 참조)로 이어질 수 있다. 자료가 검색될 수 없는 경우조차(예, 사적 통신문의 경우; 8.9절 참조), 여전히 본문에서 저작물을 인정해 줄 필요가 있다(그러나 더 이상 발견할 수 없는 온라인 자료의 사용은 피하라; 9.37절 참조). **과다인용**overcitation은 산만해질 수 있어서 불필요할 수 있다. 예를 들면, 자료와 주제가 바뀌지 않은 경우, 모든 문장에서 같은 인용을 반복하는 것은 과다인용으로 간주된다. 대신, 한 단락 내에서 한 문장 이상에서 핵심 포인트를 재진술하는 경우, 이와 관련된 첫 문장에서 그 자료를 인용하고, 그 자료가 명백하고 바뀌지 않는 상태로 유지되는 한 다음 문장에서 인용을 반복하지 말라(8.24절 참조). 저자명이 내러티브에 제시되는 경우, 특정 상황

그림 8.1 인용의 적절한 수준의 인용 예시

유머는 낯선 사람들과의 상호작용에서부터 상대의 마음을 끌게 되는 것까지 일상생활에서 중요한 역할을 한다(Bressler & Balshine, 2006; Earleywine, 2010; Tornquist & Chiappe, 2015). 그러나 일부 사람은 다른 사람들보다 훨씬 더 쉽게 재미있고 위트 넘치는 아이디어를 생각해 낸다. 이 연구에서 우리는 최근 들어 더 주의를 집중시켜 온(Greengross & Miller, 2011; Kellner & Benedek, 2016) 오랜 과거를 지닌 주제(예, Feingold & Mazzella, 1991; Galloway, 1994), 유머 생성에서 인지적 능력의 역할을 조사했다. 유머 생성 능력은 개방적 과업open-ended tasks, 즉 참여자들에게 단일 패널 만화에 자막을 써넣도록 요청하는 것(이에 관한 자료는 Nusbaum & Silvia, 2017 참조)을 포함하는 가장 일반적인 과업으로 측정된다(Earleywine, 2010).

주. 저자들은 본문에 각각의 새로운 아이디어에 대한 대표적인 자료에 대한 인용을 제공했다. 일반 지식(여기서는 일부 사람이 다른 사람들보다 더 쉽게 재미있는 아이디어를 생각해 낸다는 아이디어)은 필수로 인용이 요구되지 않는다.

에 반복되는 인용에서는 연도가 생략될 수 있다(8.16절 참조). 그림 8.1에는 인용의 적절한 수준에 관한 예시가 제시되어 있다.

8.2 표절

표절plagiarism은 단어, 아이디어, 또는 다른 사람들의 이미지를 자신의 것처럼 제시하는 행위다. 이는 저자 또는 콘텐츠 창안자들에게 마땅히 주어져야 할 크레딧을 인정하지 않는 것이다. 고의든 비의도적이든, 표절은 학문에서 윤리기준을 위반하는 것이다(APA 윤리강령 기준 8.11, 표절 참조). 표절은 원저자의 기여를 인정하지 않음으로써 이들의 수고를 경시하고, 독자들이 원저자의 아이디어가 담긴 원자료를 역추적할 수 없게 하며, 이들의 저작물을 완성하기 위해 심혈을 기울인 사람들을 부당하게 무시하는 행위다. 표절한 저작물을 출판하려는 저자들은 출판 거부에 직면하게 되고, 취업 시 제재를 받게 될 수 있다. 표절하는 학생들은 과제물 또는 강좌에서 F 학점, 학사경고, 또는 퇴학 조치를 받게 될 수 있다(1.17절 참조). 표절을 피하려면, 다음의 경우에 자료에 대한 적절한 크레딧을 제공하라.

- 다른 사람의 아이디어를 재진술하는 경우(즉, 자신의 말로 기술하라; 8.23–8.24절 참조)
- 다른 사람의 말을 직접 인용하는 경우(8.25–8.35절 참조).
- 데이터 또는 데이터 세트를 참조하는 경우(10.9절 참조).
- 표 또는 그림을 재인쇄 또는 개작하는 경우, 인터넷상의 무료 또는 크리에이티브 커먼즈Creative Commons에서 허가된 이미지 포함(12.14–12.18절 참조)
- 긴 글 또는 상업적으로 저작권이 설정된 검사 문항을 재인쇄하는 경우(12.14–12.18절 참조)

대부분의 저작물에 대한 적절한 크레딧은 저자–날짜 인용 형태를 취한다(8.10절 참조). 그러나 미국 저작권법에 의하면, 표, 그림, 이미지를 재인쇄reprinting 또는 개작adapting하거나, 긴 인용문 또는 상업적으로 저작권이 설정된 검사 문항(12.15절 참조)을 재인쇄하려는 저자는 반드시 저작권 귀속(12.18절 참조) 형태로 더 포괄적인 크레딧을 제공해야 하고, 저작권자로부터 자료 사용을 위한 허가를 받아야 할 수 있다(12.17절 참조). 크레딧의 필요성은 다른 사람들의 아이디어에도 확대된다. 예를 들면, 저자는 자신의 논문원고에서 참조한 이론의 창안자들에게 크레딧을 제공해야 한다. 만일 저자가 누군가에 의해 수행된 연구를 모델로 삼는다면, 오리지널 연구의 저자에게 크레딧이 주어져야 한다. 만일 연구의 근거가 누군가의 논문에서 제시된 것이라면, 그 사람에게 크레딧이 주어져야 한다. 지적 담론의 건강에 중요한, 자유로운 아이디어 교환이 이루어진 상황이라면, 저자는 정확하게 어디서 연구의 아이디어가 창안되었는지 찾아내지 못할 수 있다. 저자는 사적 통신문을 비롯하여 출처 확인과 인정을 위해 최선의 노력을 해야 한다(8.9절 참조).

다수의 표절 사례는 간단하지만(예, 귀속 없이 다른 자료를 베낀 문구), 어떤 경우는 평가하기가 더 어렵다. 보통 부정확한 인용을 사용하는 것(예, 저자명 철자 오류, 참고문헌 목록 입력자료에서 요소의 타이핑 오류, 또는 본문에서 참고문헌 목록 입력자료와 일치되지 않는 자료 인용)은 오류가 경미하고 누군가의 아이디어를 훔치거나 정보의 근원을 흐리려는 의도적 시도보다는 편집상의 실수로 돌릴 수 있는 정도라면, 표절로 간주되지 않는다(Cooper, 2016). 그러나 이러한 오류도 여전히 학업상의 과제물에서 감점 또는 게재를 위해 제출된 원고의 수정 요구를 초래할 수 있다.

출판사와 교육자들은 표절 확인 소프트웨어(예, 아이텐티케이트iThenticate, 턴잇인Turnitin)를 사용하여 전체 논문원고가 남의 것을 베낀 것이거나, 특정 길이의 문구가 같거나, 몇몇 단어는 바뀌었지만, 내용은 대체로 같은 경우를 확인할 수 있다(후자의 경우는 패치라이팅patchwriting[***역자 주.** 원본의 구절과 구문을 약간 바꾸는 행위]으로 알려져 있음; Merriam-Webster, n.d.-a 참조). 그러나 표절 여부의 결정은 흔히 사람의 검토가 요구된다. 연구를 수행하면서 철저하게 메모하고, 자료에 관한 기록을 남기고 정확하게 인용하라. 자신의 저작물을 신중히 확인하여 본문에서 참고문헌 목록 입력자료와 일치하는 인용을 통해 다른 사람의 말과 아이디어를 인정하고 있는지 확인하라.

표절 외에 비윤리적 글쓰기 행위 역시 금지된다. 예를 들면, 인용 및/또는 참고문헌 목록 입력자료를 날조하는 행위는 비윤리적이다. 이러한 행위는 적절히 크레딧을 제공한 자료처럼 보일 수 있지만, 이 자료는 지어낸 것이거나 추적이 불가능하다. 저자는 자료뿐 아니라 정보를 지어낸 것일 수 있거나, 아니면 이 정보는 크레딧이 주어지지 않은 실제 저작물에서 온 것일 수 있다. 마찬가지로, **계약 부정행위**contract cheating, 즉 학생이 다른 사람을 고용하여 보고서를 작성하게 하는 것은 비윤리적이다. 결과적인 저작물이 오리지널인 경우조차(즉, 표절된 것이 아니더라도), 이런 학생은 여전히 자신이 하지 않은 저작물에 대해 크레딧을 받게 되기 때문이다. 이는 학술적 진실성 정책,

명예강령honor codes, 그리고 윤리강령을 위반하는 일이다.

8.3 자기표절

자기표절self-plagiarism은 저자가 이전에 출판한 저작물을 오리지널로 제시하는 행위다. 표절과 마찬가지로, 자기표절은 비윤리적이다. 자기표절은 한 주제에 관해 실제로 존재하는 것보다 더 많은 정보가 이용 가능한 것처럼 보이게 함으로써 독자들을 기만하는 행위다. 이는 연구를 통해 발견된 내용이 그 자체보다 더 반복할 수 있거나, 특정 결론이 증거에 의해 정당화되는 것보다 더 강하게 지지받는 것 같은 인상을 준다. 만일 똑같은 저작물을 다수의 출판사에서 출판한다면, 이는 저작권 위반으로 이어질 수 있다(때로 중복출판duplicate publication으로 불린다; 1.16절 참조).

만일 학생이 한 강좌를 수강하면서 작성한 보고서를 담당 교수의 허가를 받지 않고 다른 강좌의 과제물로 제출한다면, 기관에 따라서는 이를 자기표절로 간주할 수 있다. 동일 보고서를 다수의 강좌에서 사용하는 것은 대학의 학술적 진실성 정책, 명예강령, 또는 윤리강령을 위반할 수 있다. 그러나 이전의 강의보고서를 석사 또는 박사학위논문으로 통합하여 기존의 글 위에 축적하는 것은 허용될 수 있다. 이렇게 하기를 원하는 학생은 자신의 이전 저작물을 재사용하는 경우, 이런 생각을 강좌 담당 교수 또는 지도교수와 논의해야 하고, 소속 대학의 명예강령, 윤리강령, 또는 학술정책에 따라야 한다.

특수한 상황에서 저자는 자신이 이전에 사용한 말을 따옴표 또는 인용 없이 재사용하고 싶지만(예, 도구 또는 분석적 접근에 관한 세부사항의 묘사에서), 광범위한 자기참조self-referencing가 바람직하지 않거나 어색하고, 문구 바꾸기가 부정확한 결과로 이어질 수 있다는 느낌이 들 수 있다. 중복된 자료가 범위상 제한적인 경우, 이러한 접근은 허용될 수 있다.

중복이 더 광범위한 경우, 저자는 중복된 자료의 출처를 인용해야 한다. 중복된 자료의 최대 수용가능 길이는 정의하기 어렵지만, 공정한 사용에 관한 법적 관념에 따라야 한다(12.17절 참조). 중복된 자료의 수용 가능한 양의 사용에 관한 일반 지침은 다음과 같다.

- 새 문서의 핵심 내용이 지식에 대한 오리지널 기여를 구성하고 있는지 다음 사항을 확인하라.

- 이러한 기여를 이해하는 데 필요한 이전에 출판된 자료의 양만 포함되어 있는지
- 자료가 일차적으로 이론과 방법론에 관한 논의에 제시되어 있는지

- 모든 중복된 자료를 한 단락 또는 몇 개의 단락에 배치하되, 적절한 경우, 각 단락의 시작 또는 끝에 인용임을 나타내라. 중복된 자료를 구로 소개하라(예, "앞서 논의한 것처럼"). 중복된 자료 주위에 따옴표를 붙이거나 블록인용 형식을 사용하지 말라.
- 이전에 출판된 데이터를 재분석하는 경우(예, 대규모 척도, 종단, 또는 다학문적 프로젝트에서처럼), 프로젝트에 관한 충분한 정보를 제공하여 독자들이 현재의 보고서를 평가할 수 있게 하되, 설계와 방법의 세부사항을 반복하지는 말라. 인용을 사용하여 독자들이 초기의 저작물을 참조할 수 있게 하는 것을 포함하는 균형점을 찾아라.

만일 원고가 **무기명 심사**masked review를 받게 된다면(12.7절 참조), 원고가 출판될 준비가 되기 전까지 이전의 저작물에 대한 참고문헌을 감출 필요가 있을 수 있다. 이전의 저작물을 감추려면, 참고문헌 목록으로부터 관련된 입력자료를 생략하고, 본문에 "**인용 생략**citation omitted" 또는 이와 유사한 문구를 소괄호 안에 제시함으로써, 인용이 심사 과정 후에 복귀될 것임을 밝혀라.

자기표절 금지의 예외 상황은 제한된 발행부수의 저작물을 대량의 발행부수 형태로 출판하는 것이다. 예를 들면, 저자는 박사 또는 석사 학위논문을 하나 또는 그 이상의 학술지 논문에 전체 또는 부분적으로 게재할 수 있다. 이 경우, 저자는 자신의 박사 또는 석사 학위논문을 논문의 본문에 인용하지 않고, 대신 저자 주에 해당 저작물이 자신의 박사 또는 석사 학위논문에 근거를 두고 있음을 밝힐 수 있을 것이다(2.7절 참조). 마찬가지로, 학술대회 프로그램 또는 발표자료집에 게재된 초록에 저자가 기술한 연구에 기반한 논문은 보통 중복출판으로 간주되지 않는다. 단, 저자는 논문의 저자 주에 연구가 이전에 발표된 적이 있음을 밝혀야 한다(이에 관한 예시는 제2장에서 샘플 전문적 논문원고의 저자 주 참조). 만일 중복출판 또는 자기표절에 관해 관심이 있다면, 학술지 편집자 또는 강좌 담당 교수에게 문의하라.

8.4 참고문헌 목록과 본문의 일치

APA 양식은 저자–날짜 인용체계(짧은 본문 인용은 독자들에게 전체 참고문헌 목록 입력

자료의 위치를 알려 줌)를 사용한다(8.10절 참조). 본문에 인용된 각 저작물은 반드시 참고문헌 목록에 수록되어 있어야 하고, 참고문헌 목록에 있는 각 저작물은 반드시 본문에 인용되어야 한다. 참고문헌 목록 입력자료에서 저자명 철자와 출판 날짜가 본문 인용의 것과 일치하는지 확인하라. 참고문헌 목록 입력자료의 날짜 요소는 연도 외에 월, 계절, 및/또는 일[day]이 포함될 수 있다. 그러나 해당하는 본문 인용에는 연도만 포함된다(제10장, 예시 15 참조). 이러한 지침에 대한 몇 가지 예외사항은 다음과 같다.

- 사적 통신문(복구 불능 자료)은 본문에서만 인용된다(8.9절 참조).
- 본문에서 전체 웹사이트 또는 정기간행물(8.22절 참조), 그리고 일반적인 소프트웨어와 앱(10.10절 참조)에 관한 일반적인 언급은 인용 또는 참고문헌 목록 입력자료가 필수로 요구되지 않는다.
- 비문[epigraph] 자료는 보통 참고문헌 목록에 제시되지 않는다(8.35절 참조).
- 연구 참여자로부터의 인용문은 본문에 제시·논의될 수 있으나, 인용되거나 참고문헌 목록에 입력될 필요는 없다(8.36절 참조).
- 메타분석에 포함된 참고문헌은 참고문헌 목록에서 별표가 붙여지고, 저자의 재량에 따라 본문에 인용될 수 있다(또는 인용되지 않을 수 있다; 9.52절 참조).

8.5 출판 버전 또는 아카이브 버전의 사용

동일 저작물의 다수 버전이 인터넷상에서 공존하는 경우가 발생할 수 있다. 이 경우, 사용된 저작물의 버전을 인용해야 한다. 이상적으로는 저작물의 최종 출판 버전을 사용·인용하라(제10장, 예시 1–3 참조). 그러나 만일 이전의 온라인 버전(제10장, 예시 7 참조), 근간[in-press] 버전(제10장, 예시 8 참조), 또는 동료심사를 통해 논문게재 승인을 받은 최종 원고를 사용했다면(그러나 원고가 조판 또는 교열을 보기 전; 제10장, 예시 73 참조), 그 버전을 인용하라. 게재 허락을 받은 동료심사를 받은 최종 원고는 다양한 곳으로부터 이용 가능할 수 있다(개인 웹사이트, 고용인의 서버, 기관의 문서저장소, 조회관리자, 또는 저자의 사회 네트워크 포함).

비공식적으로 출판된 저작물(예, 사전인쇄 아카이브[preprint archive][예, PsyArXiv] 또는 기관의 문서저장소나 데이터베이스[예, ERIC]에 있는 것들) 역시 인용될 수 있다(제10장, 예시 73–

74). 저작물의 가장 최근 버전인 경우, 초고 원고(미출판, 준비 중, 또는 제출된)가 인용될 수 있다(제10장, 예시 70-72 참조). 논문원고에서 초고, 인쇄 중인 논문, 사전 온라인 출판, 또는 비공식적으로 게재된 저작물을 인용하는 경우, 필요하다면 논문원고를 제출하기에 앞서 이러한 저작물에 관한 가장 최신 출판 상태를 확인하고, 참고문헌 목록 입력자료를 업데이트하라. 출판사들은 사전 온라인 출판을 다양한 방식으로 라벨을 붙인다(예, "온라인 첫 출판online first publication," "사전advance 온라인 출판," "인쇄 전 전자출판epub ahead of print"). 이 라벨은 APA 양식 참고문헌 목록 입력자료를 위한 "사전 온라인 출판advance online publication"으로 표준화하라(제10장, 예시 7 참조).

8.6 일차 및 이차 자료

학술적 저작물에서 **일차 자료**primary source는 오리지널 내용을 보고한다. **이차 자료**secondary source란 다른 출처에서 처음 보고된 내용을 말한다. 이차 자료는 드물게 인용하라(예, 원저작물이 절판, 이용 불가, 또는 이해하지 못하는 언어로만 이용 가능한 경우). 가능하면, 좋은 학술적 실천의 일환으로, 이차 자료를 인용하기보다 일차 자료를 찾아 읽고, 이를 직접적으로 인용하라. 예를 들면, 교수의 강의나 교재 또는 차례로 오리지널 연구를 인용하는 백과사전을 인용하기보다는 오리지널 연구를 직접 찾아서 읽고, 이를 인용하라(강좌 담당 교수가 이렇게 하도록 방향 제시를 하지 않았다면).

이차 자료를 인용하는 경우, 사용한 이차 자료에 대한 참고문헌 목록 입력자료를 제공하라. 본문에서는 일차 자료를 밝힌 다음, 사용된 이차 자료 "~에서 인용된as cited in"이라고 표기하라. 만일 일차 자료의 출판 연도가 알려져 있다면, 출판 연도도 본문에 포함하라. 예를 들면, 만일 Rabbitt(1982)이 인용된 Lyon 등(2014)의 저작물을 읽고 있고, Rabbitt의 저작물을 읽을 수 없었다면, Rabbitt의 저작물을 오리지널 출처로 인용하고, Lyon 등의 저작물을 이차 자료로 인용하라. 참고문헌 목록에는 Lyon 외의 저작물만 제시된다.

(Rabbitt, 1982, as cited in Lyon et al., 2014)

(Rabbitt, 1982, Lyon 외, 2014에서 인용됨)

일차 자료가 연도 미상인 경우, 본문 인용에서 연도를 생략한다.

Allport's diary (as cited in Nicholson, 2003)

Allport의 일기(Nicholson, 2003에서 인용됨)

인용에 특수한 접근이 필수인 저작물

8.7 인터뷰

인터뷰interview는 사람들 사이의 대화 또는 정보교환이다. 출처로 사용되는 인터뷰는 다음 세 가지 범주로 분류될 수 있다(① 출판된 인터뷰, ② 개인 인터뷰, ③ 연구 참여자 인터뷰).

- **출판된 인터뷰**는 다양한 공간에서 제시된다(예, 잡지, 신문, 녹음된 라디오 방송, 팟캐스트 에피소드, 유튜브 동영상, TV 쇼, 또는 비디오 또는 오디오 녹음자료의 전사transcript). 출판된 인터뷰를 인용하려면, 참고문헌 유형을 위한 형식을 따르라(예, 잡지 기사, 팟캐스트 에피소드, 라디오 방송; 잡지 기사와 디지털 아카이브에 출판된 인터뷰는 제10장, 각각 예시 15와 95 참조). 인터뷰에 응했던 사람은 필연적으로 참고문헌의 저자 요소에 제시되지 않을 것이다. 이 경우, 바람직하다면 이 사람의 이름을 문장의 내러티브에 통합하라(제10장, 예시 88 참조).
- **개인 인터뷰**는 논문원고에 핵심 포인트 지지를 위한 정보수집의 수단으로 수행하는 것이다(예, 출판된 저작물에 관한 문의를 위해 저자에게 보내는 이메일). 독자들은 이러한 유형의 인터뷰를 재생할 수 없으므로, 이는 사적 통신문으로 인용하라(8.9절 참조).
- **연구 참여자 인터뷰**는 방법론의 일부로 수행한 것이다. APA 양식에서 이러한 유형의 인터뷰는 인용이 필수로 요구되지 않는다. 그 이유는 이것이 처음 보고되는 논문원고에 저자 자신의 저작물을 인용하지 않기 때문이다. 그러나 연구 참여자 인터뷰로부터 수집된 정보는 8.36절의 지침에 따라 논문원고에 제시 · 논의될 수 있다.

8.8 클래스룸 또는 인트라넷 자원

어떤 저작물은 특정인들에 의해서만 추적될 수 있다. 이로써 이 저작물이 어떻게 인용되는지가 결정된다. 예를 들면, 강좌 과제물을 위해 보고서를 작성하는 학생은 저작물을 클래스룸 웹사이트classroom website 또는 학습관리 시스템learning management system(LMS; 예, 캔버스Canvas, 블랙보드Blackboard, 브라이트스페이스Brightspace, 무들Moodle, 사카이Sakai)으로부터 저작물을 인용할 수 있다. 또 피고용인이 내부 회사 보고서를 작성하는 경우, 회사 인트라넷으로부터 출처를 인용할 수 있다. 이러한 출처는 강좌 담당 교수와 학생 또는 회사의 다른 피고용인들에 의해 추적이 가능하나, 일반 대중은 그렇지 못하다. 글을 쓰고 있는 저작물을 읽게 될 독자들이 저자가 사용한 저작물을 검색할 수 있는 경우, 제10장에 제시된 형식을 사용한 저작물을 인용하라. 이는 참고문헌 집단과 범주에 따라 조직되어 있다. 예를 들면, 클래스룸 웹사이트 또는 학생 과제물을 위한 LMS로부터 이용 가능한 녹음된 강의 또는 파워포인트 프레젠테이션을 인용하려면, 제10장, 예시 102에 제시된 형식을 따르라. 이러한 참고문헌의 출처 요소는 클래스룸 웹사이트 명칭 또는 LMS와 URL을 포함한다(사용자들이 필수로 로그인이 요구되는 사이트는 홈페이지 또는 로그인 페이지 URL이어야 한다). 마찬가지로, 회사 인트라넷에 탑재된 보고서의 경우, 10.4절에 제시된 보고서 형식을 따르라. 그러나 만일 저작물이 전문적 출판 또는 이러한 출처에 접속하지 않을 폭넓은 독자층을 위해 의도된 것이라면, 그 출처를 사적 통신문으로 인용하라(8.9절 참조).

8.9 사적 통신문

독자들에 의해 추적될 수 없는 저작물(즉, 출처 요소가 없는 저작물; 9.4절 참조)은 본문에서 **사적 통신문**personal communications으로 인용된다. 사적 통신문으로는 이메일, 개인 인터뷰, 전화통화, 라이브 연설, 녹음되지 않는 강의실 강의, 메모, 서신, 기록보관소에 보관된 것이 아닌 논의 집단 또는 온라인 게시판 등이 있다.

추적 가능한 출처가 이용될 수 없는 경우에만 사적 통신문 인용을 사용하라. 예를 들어, 만일 강의를 통해 주제에 관해 알게 되었다면, 담당 교수가 강의를 기초로 수행한 연구를 인용하는 것이 선호될 수 있다. 그러나 만일 강의에 다른 어느 곳에서도 출판되지 않은 오리지널 내용이 들어 있었다면, 강의를 사적 통신문으로 인용하라. 의사소통이 아카이브(예, 대통령 도서관)에서만 추적될 수 있다면, 이를 아카이브 자료로 인용하라(이에 관한 자세한 정보는 APA 양식 웹사이트 https//apastyle.apa.org 참조). 오리지널 연구의 일환으로 인터뷰한 참여자로부터의 인용문 또는 정보에 대해서는 사적 통신문 인용을 사용하지 말라(8.36절 참조).

본문에서의 사적 통신문 인용. 독자들은 사적 통신문의 정보를 검색할 수 없으므로, 사적 통신문은 참고문헌 목록에 포함되지 않는다. 사적 통신문은 본문에서만 인용된다. 의사소통자의 이름과 성을 제공하고, 가능하면 다음과 같은 형식으로 정확한 날짜를 제공하라.

서술식 인용:

E.-M. Paradis (personal communication, August 8, 2019)

E.-M. Paradis(사적 통신문, 2019. 8. 8.)

소괄호 인용:

(T. Nguyen, personal communication, February 24, 2020)

(T. Nguyen, 사적 통신문, 2020. 2. 24.)

원주민의 전통 지식 또는 구전 인용. 원주민의 전통 지식 또는 구전[Oral Traditions](다른 용어로는 "전통적인 이야기[Traditional Stories]"와 "구전 역사[Oral Histories]"가 있음)의 인용 방식은 정보가 기록 여부와 방식에 따라 다양하다. 즉, 오직 특정한 경우에만 사적 통신문 인용의 변형된 형식이 사용된다. 만일 정보가 기록되어 있고 독자들에 의해 추적이 가능하다면(예, 비디오, 오디오, 인터뷰 전사본, 서적, 논문), 이것을 본문에 인용하고, 해당 출처의 유형에 맞는 형식으로 참고문헌 목록 입력자료를 포함하라(유튜브상의 녹음자료는 10.12절, 예시 90 참조; 녹음된 인터뷰는 10.13절, 예시 95 참조).

출판된 저작물(특히 오래된 저작물)은 신중히 검토하여, 저작물 인용에 앞서 원주민에 관한 정보가 공유하기에 정확하고 적절한지 확인하라. 마찬가지로, 원주민들과 긴밀하게 작업하여 자료가 출판하기에 적절하고(예, 어떤 이야기들은 특정한 시기에만 또는 특정인들에 의해서만 회자되므로, 학술지 논문에 게재하는 것이 적절하지 않을 수 있음), 문구가 이들의 관점의 진실성을 정확하게 반영하고 유지하는지 확인하라(원주민들과의 협력의 성격에 관한 자세한 사항은 Younging, 2018 참조). 마찬가지로, 토착 문화유산은 영구적으로 원주민들에게 속해 있으므로, 저작권과 저자권에 관한 문제가 제시되는 자료의 범위와 성격에 따라 발생할 수 있다(이에 관한 자세한 사항은 Younging, 2018 참조).

원주민과 관련된 용어의 대부분은 대문자로 표기하라. 이러한 용어에는 구체적인 집단 명칭(예, 체로키[Cherokee], 크리[Cree], 오지브와[Ojibwe])과 토착문화와 관련된 단어들(예, 창조[Creation], 창조자[the Creator], 원로[Elder], 구전[Oral Tradition], 전통지식[Traditonal Knowledge], 비전 퀘스트[Vision Quest][*역자 주. 북미 인디언 부족에서 행해지던 남자의 의례로, 영계와의 교류를 구하는 의식])이 포함된다. 대문자 표기는 의도적인 것으로, 토착적 관점에 대한 존중을 나타내기 위한 것이다(이에 관한 자세한 사항은 *International Journal of Indigenous Health*, n.d.; Younging, 2018 참조).

기록되지 않은(이로써 독자들에 의해 추적될 수 없는) 전통 지식 또는 구전을 기술하려면, 본문 인용에서 가능하면 내용에 관한 서술과 정보 근원의 맥락과 관련 짓는 데 필요한 세부정보를 제공하라. 추적 가능한 출처가 없기 때문에 참고문헌 목록 입력자료는 사용되지 않는다.

만일 논문원고의 목적이 연구 참여자의 하나 또는 그 이상의 구전 역사를 제시하는 것이라면, 8.36절의 연구 참여자로부터의 인용문 포함에 관한 지침을 따르라. 만일 논문원고가 게재된다면, 이 구전 역사는 기록된 학술적 문헌의 일부가 되고, 다른 사람들에 의해 표준 형식을 사용하여 인용될 수 있다.

만일 저자가 토착민과 직접적인 대화를 통해 정보를 수집했다면(그러나 이들은 연구 참여자가 아니었다면), 사적 통신문 인용의 변형된 방식을 사용하라. 그 사람의 성명과 그가 속해 있는 국가[the nation] 또는 구체적인 토착민 집단뿐 아니라, 이들의 소재지 또는 기타 이들에 관한 세부사항, 그리고 이어서 "사적 통신문"과 의사소통 날짜를 제공하라. 만일 유효하다면, 정확한 교신 날짜를 제공하라. 만일 교신이 일정한 시간에 걸쳐 이루어졌다면, 더 일반적인 날짜 또는 날짜의 범위를 제공하라(날짜란 정보가 유래된 때가 아니라, 저자가 그 사람의 자문을 받은 때를 말함). 그 사람이 자신들의 이름이 논문원고에 실리는 것에 동의하고 저자가 제시하는 정보의 정확성과 적절성을 인정하는지 확인하라.

> 우리는 애너 그랜트(하이다 국가, 캐나다 브리티시 콜럼비아 밴쿠버 거주, 사적 통신문, 2019년 4월)와 캐나다의 첫 번째 국가의 국민들의 세계에 대한 전통적인 이해에 관한 이야기를 나눴다. 그녀는 …라고 기술했다.
>
> We spoke with Anna Grant (Haida Nation, lives in Vancouver, British Columbia, Canada, personal communication, April 2019) about traditional understandings of the world by First Nations Peoples in Canada. She described ...

만일 저자가 토착민이고, 자신의 경험 또는 이전에 기록되지 않은 전통 지식 또는 같은 부족민들의 구전을 공유하고자 한다면, 본문에 저자 자신에 관해 기술함으로써(예, 어떤 국가/네이션에 속해 있고, 어디에서 사는지), 공유하고 있는 정보의 근원과 관련지어라. 이때, 사적 통신문 인용을 사용하거나 참고문헌 목록 입력자료를 제공하지 말라. 저자는 자신의 사적인 정보를 인용할 필요가 없기 때문이다. 다른 원주민과 협력하는 것은 종종 떠오를 수 있는 질문을 다루기에 유용하다. 원주민을 기술할 때 사용하기 위한 용어에 관한 자세한 사항은 5.7절을 참조하라.

본문 인용

8.10 저자–날짜 인용체계

APA 양식으로 본문에서 참고문헌을 인용하려면, **저자–날짜 인용체계**를 사용하라. 이 체계에서 논문원고에 사용된 각각의 저작물은 두 부분으로 구성되어 있다(본문 인용과 이에 상응하는 참고문헌 목록 입력자료; 그림 8.2 참조). 본문 인용은 논문원고의 몸체 내에 제시되어(또는 표, 그림, 각주, 또는 부록에) 저자와 출판일에 의해 인용된 저작물을 간단히 알아볼 수 있게 한다. 이러한 본문 인용은 독자들이 논문원고 끝에 알파벳 순으로 된 참고문헌 목록에서 이에 상응하는 입력자료의 위치를 찾을 수 있게 해준다. 각각의 참고문헌 목록 입력자료는 논문원고에서 인용된 저작물의 저자, 날짜, 제목, 그리고 출처를 제공함으로써, 독자들이 저작물을 확인 · 검색할 수 있게 해 준다(참고문헌 목록 입력자료의 생성 및 순차적 배열에 관해서는 제9장 참조).

그림 8.2 참고문헌 목록 입력자료와 본문 인용 사이의 일치

참고문헌 목록 입력자료:	Alexander, P. A. (2018). Past as prologue: Educational psychology's legacy and progeny. *Journal of Educational Psychology, 110*(2), 147-162. https://doi.org/10.1037/edu0000200
소괄호 인용:	(Alexander, 2018)
서술식 인용:	Alexander (2018)

주. 참고문헌 목록 입력자료의 4요소에는 저자(보라색), 날짜(청색), 제목(노란색), 그리고 출처(녹색)가 포함된다. 이 참고문헌과 일치하는 본문 인용은 저자의 성과 출판 연도를 포함한다. 이는 참고문헌 목록 입력자료의 정보와 일치한다.

본문 인용에서는 저자의 성 또는 집단 저자의 이름을 제시하라. 본문 인용에는 "Jr." 같은 접미사는 포함하지 말라(오직 한 이름 또는 사용자명만 있는 저자에 관한 정보는 9.8절 참조). 본문 인용에서 저자 목록은 특정 경우 단축될 수 있다(개별 저자는 8.17절; 집단 저자는 8.21절 참조). 미상 또는 익명 저자의 저작물을 인용하려면, 8.14절을 참조하라.

본문 인용에서 날짜는 참고문헌 목록 입력자료의 날짜와 일치해야 한다. 본문 인용에서는 참고문헌 목록 입력자료에 더 구체적인 날짜(예, 연도, 월, 일)가 포함되어 있더라도 연도만 사용하라. 날짜가 없는 저작물에 대해서는 본문 인용에서 "n.d."를 사용하라(9.17절 참조). 게재 승인을 받았지만 아직 게재되지는 않은 저작물에 대해서는 "근간^in press^"을 사용하라. 초고에 대해 "진행 중^in progress^" 같은 구를 사용하지 말라. 대신, 초고의 연도를 기입하라(10.8절 참조).

각 본문 인용은 오직 한 가지 참고문헌 목록 입력자료와 일치해야 한다. 저자 목록을 축약하는 경우(8.17절, 8.21절 참조), 다수의 저작물의 저자와 날짜가 같은 경우(8.19절 참조), 그리고 다수의 첫 저자들의 성이 같은 경우(8.20절 참조)는 모호성을 피하라.

8.11 소괄호 · 서술식 인용

본문 인용에는 두 가지 형식, 즉 소괄호^parenthetical^ 인용과 서술식^narrative^ 인용이 있다. 소괄호 인용에서는 저자명과 출판일(또는 이에 상당하는 정보; 9.12절 참조)은 소괄호 안에 제시된다. 서술식 인용에서는 이 정보가 본문에서 문장의 일부로 합해진다.

소괄호 인용. 소괄호 인용의 경우, 저자와 날짜는 쉼표로 분리되어 소괄호 안에 제시된다. 소괄호 인용은 문장 내에 또는 끝에 제시될 수 있다. 소괄호 인용이 문장의 끝에 있는 경우, 소괄호를 닫고 나서 마침표 또는 다른 끝 구두점^end punctuation^을 찍어라.

> 균형을 잃은 뉴스 보도는 쟁점에 대한 전문가의 의견 일치에 대한 일반 대중의 지각을 왜곡시킬 수 있다(Koehler, 2016).

- 만일 다른 글이 소괄호 인용으로 제시된다면, 연도 주변에 쉼표를 사용하라.

> (see Koehler, 2016, for more detail)

- 글과 인용이 소괄호 내에 함께 제시되는 경우, 세미콜론을 사용하여 인용과 글을 분리하라. 소괄호 내에는 소괄호를 사용하지 말라.

> (예, 균형을 잃은 뉴스 보도; Koehler, 2016)

서술식 인용. 서술식 인용의 경우, 저자는 본문에 제시되고 날짜는 저자명 바로 다음에 소괄호 안에 제시된다.

켈러(2016)는 균형을 잃은 뉴스 보도의 위험성을 지적했다

Koehler (2016) noted the dangers of falsely balanced news coverage.

- 드문 경우, 저자와 날짜가 둘 다 내러티브에 제시된다. 이 경우, 소괄호를 사용하지 않는다.

  2016년, 켈러는 균형을 잃은 뉴스 보도의 위험성을 지적했다.

  In 2016, Koehler noted the dangers of falsely balanced news coverage.

8.12 다수의 저작물 인용

소괄호로 표시하여 다수의 저작물을 인용하는 경우, 알파벳순으로 배열하되 세미콜론으로 분리한다. 소괄호로 된 본문 인용과 참고문헌 목록 입력자료 둘 다를 알파벳순으로 수록하는 것은 두 위치에서 같은 순서로 열거되기 때문에 독자들이 저작물 위치 확인과 검색에 도움을 준다.

(Adams et al., 2019; Shumway & Shulman, 2015; Westinghouse, 2017)

- 동일 저자의 둘 또는 그 이상의 저작물은 출판 연도에 따라 배열하라. 날짜가 없는 인용을 먼저 배치한 다음, 날짜 연대순으로 저작물을 수록하라. 근간[in-press] 인용은 가장 끝에 제시된다. 저자들의 성은 한 번만 제시하라. 그다음의 저작물에 대해서는 날짜만 제시하라.

  (Department of Veterans Affairs, n.d., 2017a, 2017b, 2019)

  Zhou(n.d., 2000, 2016, in press)

  Zhou(n.d., 2000, 2016, 근간)

- 몇 명의 저자명이 "~ 외[et al.]"(8.17절 참조)로 축약된 다수의 저작물의 경우, 인용을 연대순으로 배치하라(참고문헌 목록에 제시된 순서와 관계없이).

  (Carraway et al., 2013, 2014, 2019)

- 특정 문장에서 저자의 요점과 가장 직접적으로 관련된 저작물(들)을 강조하려면, 이러한 인용을 먼저 소괄호 안에 알파벳순으로 배치한 다음, 나머지 인용의 처음 부분 앞에 세미콜론과 "~ 참조[see also]" 같은 구를 삽입하라. 이 역시 알파벳순으로 되어야 한다. 예를 들면, 이 전략은 저자들이 가장 최근 또는 한 가지 주제에 대해

가장 중요한 연구를 강조할 수 있게 해 준다. 이는 가나다순/알파벳순만으로 반영되지 않을 것이다.

(Sampson & Hughes, 2020; see also Augustine, 2017; Melara et al., 2018; Pérez, 2014)

(Sampson & Hughes, 2020; Augustine, 2017; Melara et al., 2018; Pérez, 2014 참조)

- 독자들은 길게 연결된 인용을 문법적으로 분석하기 어렵다는 사실을 알게 될 수 있다. 특히 스크린 리더screen reader 같은 보조 기술을 사용하는 경우, 특히 그럴 수 있다. 그러므로 당면한 요점 지지에 필요한 인용만 포함하라(인용의 적절한 수준에 관한 자세한 사항은 8.1절 참조).

- 만일 다수의 출처가 문장의 내러티브 내에 인용된다면, 이들은 어떤 순서로든 제시될 수 있다.

Suliman (2018), Gutiérrez (2012, 2017), and Medina and Reyes (2019) examined ...

8.13 출처의 특정 부분 인용

출처의 특정 부분을 인용하려면, 저작물에 대한 저자-날짜 인용 플러스 특정 부분에 관한 정보를 제공하라. 인용을 위한 다수의 가능한 부분이 있는데, 이는 다음과 같다.

- 페이지, 단락, 절, 표, 그림, 보충자료, 또는 논문, 서적 보고서, 웹페이지, 또는 기타 저작물로부터의 각주
- 장, 머리말, 또는 저술한 서적의 다른 절
- 비디오 또는 오디오북의 타임스탬프time stamps(*역자 주. 서신 또는 문서의 발송 접수 날짜 시간의 기록)
- 파워포인트 프레젠테이션에서 슬라이드 번호

여러 판에 걸쳐 정식 번호가 붙여진 부분이 있는 종교적 · 고전적 저작물(예, 서적, 장, 운문, 글귀, 칸토cantos[*역자 주. 스탠자와 같이 5개 이상의 줄로 구성된 서사 또는 서사시])에 대해서는 페이지 번호 대신 그 부분을 인용하라(9.42절 참조).

(Centers for Disease Control and Prevention, 2019, p. 10)

(Shimamura, 2017, Chapter 3)

(Armstrong, 2015, pp. 3-17)

(Shadid, 2020, paras. 2-3)

(Kovačič & Horvat, 2019, Table 1)

(Thompson, 2020, Slide 7)

(Beck Institute for Cognitive Behavior Therapy, 2012, 1:30:40)

(King James Bible, 1769/2017, 1 Cor. 13:1)

(Aristotle, ca. 350 B.C.E./1994, Part IV)

(Shakespeare, 1623/1995, 1.3.36-37)

참고문헌 목록에서는 전체 저작물에 대한 입력자료를 제공하라(사용된 부분뿐 아니라). 재진술(8.23-8.24절 참조)이든 직접인용(8.25-8.27절 참조)이든 간에 출처의 특정 부분의 인용이 가능하다. 페이지 번호 없는 저작물과 정식 번호가 붙여진 절이 있는 종교적 · 고전적 저작물의 직접인용에 관한 세부적인 안내 지침은 8.28절을 참조하라.

8.14 미상 또는 익명 저자

저작물의 저자명이 없는 경우, 저자는 미상[unknown](즉, 종교적 저작물처럼 저자 없음이 저작물에 명시되어 있는 경우) 또는 구체적으로 말해서 "익명[Anonymous]"으로 간주된다. 저자가 미상인 저작물(9.12절 참조)에 대해서는 본문 인용에 제목과 출판 연도를 포함하라(참고문헌 목록 입력자료에도 제목이 저자 위치로 이동함을 명시하라). 만일 저작물의 제목이 참고문헌에서 이탤릭체로 표기되어 있다면, 본문 인용에서도 제목을 이탤릭체로 표기하라. 만일 저작물의 제목이 참고문헌에서 이탤릭체로 표기되어 있지 않다면, 본문 인용에서 제목 주변에 큰따옴표를 붙여라. 참고문헌 목록 입력자료에서는 문장 표기법이 사용되지만, 이러한 제목들은 본문에서 제목 표기법(6.17절 참조)을 사용하여 대문자로 표기하라. 만일 제목이 길면, 본문 인용을 위해 줄여라.

저자 없는 서적: (Interpersonal Skills, 2019)

저자 없는 잡지 기사: ("Understanding Sensory Memory," 2018)

저작물의 저자가 공공연하게 "익명"으로 지정되어 있는 경우, 본문 인용에서 저자명 위치에 "익명[Anonymous]"이라는 말을 기입하라.

(Anonymous, 2017)

(익명, 2017)

8.15 번역 · 재인쇄 · 재출판 · 재발간 날짜

번역, 재인쇄, 재출판, 또는 재발간된 저작물(9.39–9.41절 참조)에 대한 참고문헌은 본문 인용에서 2개의 날짜, 즉 원저작물의 출판 연도와 번역, 재인쇄, 재출판, 또는 재발간본의 출판 연도를 포함한다. 두 연도는 사선으로 분리하되, 더 오래된 연도를 먼저 기입하라(제10장, 예시 29 참조).

Freud (1900/1953)

(Piaget, 1966/2000)

8.16 반복된 서술식 인용에서의 연도 생략

일반적으로, 모든 본문 인용에 저자와 날짜를 포함하라. 만일 인용을 반복할 필요가 있다면(8.1절 참조), 전체 인용을 반복하라. 예를 들면, 페이지 번호만 포함하지 말라(약자 "ibid."[*역자 주. '바로 앞에서 언급한 것과 같은 책 또는 글'이라는 뜻의 라틴어]는 APA 양식에서는 사용되지 않음). 연도는 저작물에 대한 다수의 서술식 인용이 한 단락 내에 제시되는 경우에만 인용으로부터 생략될 수 있다(예시는 그림 8.3 참조).

그림 8.3 생략된 연도가 있는 반복되는 서술식 인용 예시

저자명과 연도

연도 생략

Koehler(2016)는 기자의 보도가 어떻게 전문가들 사이의 동의 수준에 대한 대중의 지각에 영향을 미치는지 실험적으로 조사했다. Koehler는 참여자들에게 호평 또는 악평을 받는 영화에 대한 실제 비평으로부터의 인용문을 제공했다. 그는 긍정적 및 부정적 비평이 제공된 경우보다 긍정적인 비평만 제공된 경우, 부정적 비평에 대한 긍정적 비평의 비율이 제시된 경우조차 참여자들이 높이 평가되는 영화에 대한 전문가들의 동의 수준을 더 잘 인정했음을 발견했다. 이러한 연구 결과는 유사한 연구와 함께 대부분 전문가가 동의하는 경우, 양면에 대한 증거 제공은 잘못된 균형감으로 이어질 수 있음을 입증하고 있다 (Koehler, 2016; Reginald, 2015).

연도는 항상
소괄호 인용

일단 한 단락에서 저작물에 대한 서술식 인용을 제공했다면, 같은 단락에서 그다음의 서술식 인용에서는 연도를 반복하지 말라. 이 지침은 각 단락에 적용하라(즉, 새 단락에서 첫 번째 서술식 인용에 연도를 포함하라). 모든 소괄호 인용에 연도를 포함하라. 그러나 만일 동일 저자 또는 저자들에 의한 다수의 저작물을 출판 연도에 관계없이 인용한다면, 모든 본문 인용에 날짜를 포함하여 모호성을 방지하라. 예를 들면, 만일 Mohammed와 Mahfouz(2017), 그리고 Mohammed와 Mahfouz(2019)를 인용한다면, 참고문헌 중 하나가 한 단락에서 여러 번 인용되는 경우도 모든 인용에 연도를 포함하라.

8.17 본문 인용에 포함되는 저자 수

본문 인용의 저자 요소의 형식은 저자 수에 따라 변하고 어떤 경우에는 축약된다. 기본 본문 인용 양식의 예시는 표 8.1을 참조하라.

- 1인 또는 2인 저자 저작물의 경우, 모든 인용에 저자명을 포함하라.
- 3인 또는 그 이상의 저자 저작물의 경우, 모호성(8.18절 참조)을 초래하지만 않는다면, 첫 번째 인용을 포함하여 모든 인용에서 첫 번째 저자명만 포함하고 "et al."을 붙여라.

소괄호 인용에서는 2인 저자의 저작물에 대해 이름 사이 또는 모호성을 피하기 위해 모든 저자명이 포함되는 경우, 맨 끝의 저자명 앞에 앰퍼샌드(&)를 붙여라(8.18절 참조). 서술식 인용에서는 "and"라는 단어를 명시하라.

(Jöreskog & Sörbom, 2007)
Eifert and Yildiz (2018)

표와 그림에서는 소괄호 인용과 서술식 인용 둘 다에서 이름 사이에 앰퍼샌드를 사용하라. 저자가 집단인 경우, 같은 지침이 적용된다. 예를 들어, 만일 저작물의 저자가 3개 집단이라면, 본문 인용은 첫 번째 집단명과 "et al."을 포함할 것이다.

(American Educational Research Association et al., 2014)

표 8.1 기본적인 본문 인용 양식

저자 유형	소괄호 인용	서술식 인용
▢ 1인 저자	(Luna, 2020)	Luna (2020)
▢ 2인 저자	(Salas & D'Agostino, 2020)	Salas and D'Agostino (2020)
▢ 3인 이상 저자	(Martin et al., 2020)	Martin et al. (2020)
▢ 약자 있는 집단 저자		
• 첫 번째 인용[a]	(National Institute of Mental Health [NIMH], 2020)	National Institute of Mental Health (NIMH, 2020)
• 후속 인용	(NIMH, 2020)	NIMH (2020)
▢ 약자 없는 집단 저자	(Stanford University, 2020)	Stanford University (2020)

[a] 집단 저자에 대한 약자는 소괄호 인용 또는 서술식 인용을 택하여 본문에서 한 번만 정의하라. 그 이후부터는 본문에서 그 집단에 대한 언급에 그 약자를 사용하라(8.21절 참조).

8.18 본문 인용에서의 모호성 방지

때로 3인 또는 그 이상의 저자와 출판 연도가 있는 다수의 저작물은 8.17절에 기술된 지침이 적용되어 모호성을 초래하는 경우, 동일한 본문 인용 형식으로 줄인다. 모호성을 피하려면, 3인 또는 그 이상의 저자가 있는 다수의 저작물의 본문 인용이 동일한 형식으로 줄이는 경우, 모든 인용에서 참고문헌 식별에 필요한 만큼의 저자명을 기입하고, 나머지 저자명은 “et al.”로 축약하라. 예를 들면, 2개 저작물의 저자가 다음과 같다고 하자.

Kapoor, Bloom, Montez, Warner, and Hill (2017)

Kapoor, Bloom, Zucker, Tang, Köroğlu, L'Enfant, Kim, and Daly (2017)

이러한 인용 둘 다 Kapoor et al. (2017)로 줄여라. 논문원고에서 이 둘을 인용하는 경우, 모호성을 피하려면 다음과 같이 인용하라.

Kapoor, Bloom, Montez, et al. (2017)

Kapoor, Bloom, Zucker, et al. (2017)

“et al.”은 복수형(“and others”를 의미함)이므로, 오직 1개 이름만 나타낼 수는 없다. 오직 최종 저자만 다른 경우, 모든 인용에서 모든 이름을 표기하라.

Hasan, Liang, Kahn, and Jones-Miller (2015)

Hasan, Liang, Kahn, and Weintraub (2015)

8.19 동일 저자와 동일 날짜의 저작물

다수의 참고문헌에 동일 저자와 출판 연도가 있는 경우, 연도 다음에 소문자를 포함하라(9.47절 참조). 본문 인용과 참고문헌 목록 입력자료 둘 다에서는 연도-문자 결합이 사용된다. 본문 인용에서는 참고문헌 목록 입력자료에 더 구체적인 날짜가 있더라도 문자와 연도만 사용하라.

(Judge & Kammeyer-Mueller, 2012a)

Judge and Kammeyer-Mueller (2012b)

(Sifuentes, n.d.-a, n.d.-b)

8.20 같은 성을 가진 저자

만일 다수의 참고문헌의 첫 번째 저자의 성이 같지만 이름의 첫 글자가 다르다면, 출판 연도가 다르더라도, 모든 본문 인용에 첫 번째 저자 이름의 첫 글자를 포함하라. 이름의 첫 글자는 본문 내에서 혼란을 피하는 데 도움을 주고 독자들이 참고문헌 목록에서 정확한 입력자료를 찾는 데 도움을 준다(9.48절 참조).

(J. M. Taylor & Neimeyer, 2015; T. Taylor, 2014)

만일 다수 참고문헌의 첫 번째 저자의 성과 이름의 첫 글자가 같다면, 표준 저자-날짜 형식으로 저작물을 인용하라. 때로 사람들은 개명으로 인해 다수의 이름으로 출판한다(예, 트랜스젠더 저자, 결혼 상태가 변한 저자). 두 이름이 같은 사람을 나타낸다고 보는 것은 거의 적절하지 않다. 이름이 바뀐 경우, 이름의 첫 글자가 다른 경우에만 본문 인용에 이름의 첫 글자를 포함하라. 만일 두 이름이 같은 사람을 나타낸다는 사실을 명확하게 하는 것이 필요하다면(예, 저자의 저작물을 심사하는 경우 혼란을 피하기 위해), 그 사람과 협의함으로써 변경된 이름이 사용 여부와 방법의 선호도를 존중하라. 만일 두 이름이 다른 사람을 나타냄을 명확하게 하여 혼란을 피하는 것이 필요하다면, 본문 인용에 첫 번째 저자의 이름을 포함하라(예, "Sarah Williams [2019] stated X, whereas Shonda Williams [2020] stated Y"). 만일 단일 참고문헌 내에 다수의 저자가 성이 같다면, 본문 인용에서는 이름의 첫 글자가 필요하지 않다. 이 저작물은 표준 저자–날짜 형식으로 인용하라.

(Chen & Chen, 2019)

8.21 집단 저자의 생략

만일 참고문헌에 집단 저자가 있다면, 집단명은 때로 축약될 수 있다. 예를 들어, "American Psychological Association"은 "APA"로 축약될 수 있다. 집단 저자명의 축약은 의무는 아니지만, 약자가 잘 알려져 있거나, 번거로운 반복을 피하는 데 도움이 될 것 같거나, 논문원고에 적어도 3회 제시될 때 가능하다.

- 다른 약자(6.25절 참조)의 경우처럼, 본문에서 첫 번째 언급 시 집단의 전체 명칭을 제공한 다음, 약자를 표기하라.
- 만일 집단명이 처음 서술식 인용에 제시된다면, 소괄호 내에서 연도 앞에 약자를 포함하고 쉼표로 분리하라.

  The American Psychological Association (APA, 2017) described ...

- 만일 집단명이 처음 소괄호 인용에 제시된다면, 중괄호 내에 약자를 포함한 다음, 쉼표와 연도를 표기하라.

  (American Psychological Association [APA], 2017)

- 참고문헌 목록 입력자료에서는 집단 저자명을 축약하지 말라. 대신 출처에 제시된 것처럼 집단의 전체 명칭을 기입하라.

  American Psychological Association. (2017, January). *Understanding and overcoming opioid abuse*. https://www.apa.org/helpcenter/opioid-abuse.aspx

- 만일 여러 개의 참고문헌에 같은 집단 저자가 있다면, 본문에서 한 번만 약자를 소개하라.
- 두 개의 다른 집단이 같은 형태로 축약되고(예, American Psychological Association과 American Psychiatric Association은 "APA"로 축약됨) 논문원고에 두 집단을 인용해야 하는 드문 경우, 매번 각 집단명을 표기함으로써 혼란을 피하라.

• 만일 저작물의 저자가 셋 또는 그 이상의 집단이라면, 본문 인용도 8.17절에 기술된 것처럼 축약된다.

8.22 웹사이트, 정기간행물, 그리고 일반적인 소프트웨어와 앱의 일반적인 언급

사이트로부터 특정 정보 또는 구체적인 페이지 제시 없는 웹사이트에 관한 일반적인 언급의 경우, 참고문헌 목록 입력자료 또는 본문 인용이 요구되지 않는다. 본문에 웹사이트 명칭을 제공하고 소괄호 안에 URL을 포함하라. 예를 들면, 만일 웹사이트를 사용하여 설문조사를 수행했다면, 본문에 웹사이트를 명시하라.

> We created our survey using Qualtrics (https://www.qualtrics.com).

정기간행물에 대한 일반적인 언급에 대해서는 이 기법의 변형된 방식이 사용된다. 예를 들어, 만일 메타분석 과정에서 검색한 학술지명을 포함하고 싶다면, 제목 표기법을 사용한 학술지 제목(이탤릭체로)을 제공하라.

> I searched the *Journal of Abnormal Psychology* for studies to include in the meta-analysis.

일반적인 소프트웨어와 모바일 앱은 유사한 방식으로 다루어진다. 대부분의 경우, 본문 인용 또는 참고문헌 목록 입력자료(10.10절 참조) 제공 없이 본문에 사용된 프로그램 또는 앱 명칭과 버전을 언급하는 것만으로 충분하다. 마찬가지로 장치의 경우, 특수한 제품에 대해서만 참고문헌을 제공하라(10.10절 참조).

재진술과 인용문

8.23 재진술 원칙

재진술paraphrase이란 다른 사람의 아이디어(또는 논문작성자가 이전에 출판한 아이디어)를 논문작성자의 말로 다시 서술하는 것을 말한다. 재진술은 효과적인 글쓰기 전략이다. 왜냐하면 저자들이 하나 또는 그 이상의 출처로부터 정보를 요약 · 종합할 수 있게 하고, 중요한 정보에 초점을 맞추며, 관련된 세부사항을 비교 · 대조할 수 있게 하기 때문이다. 출판한 저자들은 보통 자신의 출처를 직접적으로 인용하기보다는 재진술한다. 학생 저자들은 직접적으로 인용하기보다는 재진술로 이러한 실천을 본보기로 삼아야 한다. 한 개념, 아이디어, 또는 소견을 자신의 말로 기술하는 경우, 전문적 어조를 사용하라(4.7절 참조). 본문에서 재진술한 저작물은 서술식 또는 소괄호 형식을 사용하여 인용하라(8.11절 참조).

> 공상과학소설과 판타지 서적의 열렬한 독자들은 다른 장르의 독자들보다 더 미래를 상상하는 시나리오를 더 잘 믿는 경향이 있다. 예를 들면, 언젠간 다른 은하들을 여행하거나 태양 에너지로 자동차에 동력을 공급하게 될 거라는 것이다(Black et al., 2018).

인용에서 재진술을 위한 페이지 또는 단락 번호 제공은 필수로 요구되는 것은 아니지만, 관심 있는 독자들이 길거나 복잡한 저작물(예, 서적) 내에서 관련된 문구의 위치를 찾는 데 도움이 되는 경우, 저자와 연도 외에 이를 포함할 수 있다.

> Webster-Stratton(2016)은 엄마와 불안전한 애착을 보였던 4세 여자아이의 사례를 예로 기술했다. 이 모녀와의 작업에서 치료자는 자녀에 대한 엄마의 공감 증진에 초점을 맞추었다(pp. 152-153).

이 절에서 지침은 저자들이 일차 자료를 읽고 이를 재진술하는 시기에 관한 것이다. 만일 출판된 저작물에서 일차 자료의 재진술을 읽고 이 자료를 인용하고 싶다면, 가능하면 일차 자료를 직접 읽고 인용하는 것이 가장 좋다. 만일 그렇지 않다면, 이차 자료 인용을 사용하라(8.6절 참조).

8.24 긴 재진술

재진술은 몇 개의 문장에 대해 계속될 수 있다. 이 경우, 첫 언급 시 재진술되는 저작물을 인용하라. 일단 저작물이 인용되면, 글쓰기 맥락이 동일 저작물이 계속해서 재진술되는 것을 명확하게 하는 한 인용을 반복할 필요가 없다(예시는 그림 8.4 참조). 인용은 소괄호식 또는 서술식 중 하나가 될 수 있다. 만일 서술식 접근을 택하여 다음 문장에 대해 서술식으로 저자명을 반복한다면, 저작물의 연도는 흔히 생략될 수 있다(8.16절 참조).

8

그림 8.4 단일 본문 인용이 있는 긴 재진술 예시

Velez 등(2018)은 직장에서 유색인종 여성들에 대한 성차별과 인종차별이 직무 관련 소진, 이직 의도, 그리고 심리적 고통을 포함한 근무실적 불량과 정신건강 결과와 연관이 있음을 발견했다. 그러나 자존감, 개인-기관 적합성, 그리고 지각된 기관의 지지가 이러한 효과를 매개했다. 추가로, 더 강력한 페미니스트적 태도, 즉 성차별적 · 인종차별적인 사회에서 유색인종 여성들이 마주하게 되는 독특한 도전을 인정하는 것은 직장 차별과 심리적 고통의 연계를 약화시킨다. 이러한 연구 결과는 이러한 차별에 도전하고 감소시키려는 노력과 함께, 유색인종 여성들에 대한 임상적 실천과 연구에서 다수의 직장 차별 형태를 고려하는 것의 중요성을 강조하고 있다.

만일 재진술이 새 단락으로 이어진다면, 인용을 재소개하라. 만일 재진술이 다수의 출처를 포함하거나 출처들 사이에서 바뀐다면, 인용을 반복해서 출처가 명확하게 하라(예시는 그림 8.5 참조). 자신의 문장을 신중히 읽어 봄으로써 적절하게 출처를 인용했는지 확인하라.

8.25 직접인용 원칙

직접인용direct quotation이란 다른 저작물 또는 저자 자신이 이전에 출판했던 저작물로부터 말 그대로verbatim를 재생하는 것을 말한다. 이때, 자료를 직접 인용하기보다는 재진술(8.23–8.24절 참조)하는 것이 가장 좋다. 왜냐하면 재진술은 저자가 자료를 자신의 논문원고와 문체의 맥락에 어울리도록 할 수 있게 하기 때문이다. 정확한 정의를 재생하는 경우(6.22절의 예시 참조), 저자가 기억할 만하게 무언가를 말한 경우, 또는 정확한 문구(예, 누군가 말했던 것)에 반응하고 싶은 경우, 재진술보다는 직접인용을 사용하라. 교수, 프로그램, 편집자, 그리고 출판사는 직접인용 사용에 대한 한계를 설정할 수 있다. 만일 자신의 보고서 또는 논문원고에 너무 많은 직접인용 자료가 있을 수 있음이 염려된다면, 강좌 담당 교수 또는 편집자와 협의하라.

그림 8.5 출처를 명확하게 밝힐 필요가 있는 반복된 인용 예시

> 놀이치료자들은 정서 고갈 또는 타인에 대한 공감 능력 감소(Elwood et al., 2011; Figley, 2002), 사적인 관계 붕괴(Elwood et al., 2011; Robinson-Keilig, 2014), 직무에 대한 만족감 감소(Elwood et al., 2011), 특정 상황의 회피(Figley, 2002; O'Halloran & Linton, 2000), 그리고 무망감 또는 사고(Elwood et al., 2011; Figley, 2002; O'Halloran & Linton, 2000)를 비롯하여 손상된 웰니스에 관한 다수의 증상을 경험할 수 있다.

주. 이 문구에서 몇몇 저작물이 다수의 요점을 지지하기 위해 수차례 인용되고 있다. 저작물의 다른 결합이 다른 아이디어를 지지하기 때문에 이러한 인용을 반복할 필요가 있다. 즉, 출처는 변하고, 이로 인해 독자들에게 명확하게 해 주어야 한다. 만일 모든 아이디어의 출처가 같다면, 인용의 반복은 필요하지 않을 것이다.

직접 인용하는 경우, 항상 본문 인용에서 직접인용의 저자, 연도, 그리고 페이지 번호를 소괄호 또는 서술식으로 제공하라(8.11절 참조). 단일 페이지를 나타내려면, 약자 "p."를 사용하라(예, p. 25, p. S41, p. e221). 다수의 페이지에 대해서는 약자 "pp."를 사용하여 엔 대시로 페이지 범위를 분리하라(예, pp. 34–36). 만일 페이지가 불연속적이면, 페이지 번호 사이에 쉼표를 사용하라(예, pp. 67, 72). 만일 저작물에 페이지 번호가 없다면, 독자들이 인용문을 찾게 하기 위한 다른 방식을 제공하라(8.28절 참조).

직접인용의 형식은 그 길이에 좌우된다(40단어 미만 vs. 40단어 이상; 8.26–8.27절 참조). 인용문의 길이와 관계없이 오리지널 출처가 생략점을 포함하고 있지 않다면, 인용문의 시작 및/또는 끝부분에 생략점을 삽입하지 말라. 만일 직접인용에 대해 수정할 필요가 있다면, 8.30절과 8.31절을 참조하라. 참여자에 대한 말 그대로의 지시사항 또는 연구 참여자들로부터의 인용문을 제시하는 경우처럼, 따옴표의 다른 사용에 관해서는 각각 6.7절과 8.36절을 참조하라. 인용하고 있는 저작물에 이미 직접인용이 있는 자료를 재생하려면, 8.33절을 참조하라.

8.26 짧은 인용문 (40단어 미만의 인용)

만일 인용문이 40단어 미만으로 구성되어 있다면, 이를 짧은 인용문으로 취급하라.

이것을 본문에 포함하고 큰따옴표로 묶어라. 직접인용의 경우, 항상 같은 문장에 완전 인용(소괄호 또는 서술식)을 인용문으로 포함하라. 소괄호 인용을 인용문 바로 다음 또는 문장의 끝에 배치하라. 서술식 인용의 경우, 문장에 저자와 연도를 포함한 다음, 인용문 다음에 소괄호 안에 페이지 번호 또는 기타 위치정보를 배치하라. 만일 인용문이 서술식 인용 앞에 온다면, 연도와 쉼표 다음에 페이지 번호와 위치 정보를 기입하라.

만일 인용이 문장의 끝에 제시된다면, 인용에 대한 소괄호 다음에 끝 구두점[end punctuation]을 찍어라. 인용문이 인용을 포함한다면, 8.32절을 참조하라. 인용문이 이미 따옴표로 묶인 자료를 포함하고 있다면, 8.33절을 참조하라. 작은따옴표 또는 큰따옴표 내에는 마침표와 쉼표를 붙여라. 다른 구두점이 직접 인용된 자료의 일부인 경우만, 따옴표 안에 다른 구두점을 붙여라. 짧은 인용문은 표 8.2에 제시된 것처럼 다양한 방식으로 제시될 수 있다.

표 8.2 본문에 인용된 직접인용 예시

옳음	틀림	근거
• "한 영역에서의 높은 수행력은 다른 영역에서의 높은 수행력으로 옮겨지지 않기" 때문에 유능한 팀들은 묘사하기 어려울 수 있다(Ervin et al., 2018, p. 470).	• "한 영역에서의 높은 수행력은 다른 영역에서의 높은 수행력으로 옮겨지지 않기" 때문에 유능한 팀들은 묘사하기 어려울 수 있다.(Ervin et al., 2018, p. 470)	☞ 한 문장의 끝에 붙이는 마침표는 인용 앞이 아니라, 다음에 붙여야 한다.
• "스마트하고, 학식이 있으며, 정서적으로 안정된 성인들조차 스스로 합리적이지 않다고 인정하는 미신을 믿는데," 행운을 위해 나무를 두드리는 사람들의 존재가 바로 전형적인 예다(Risen, 2016, p. 202).	• "스마트하고, 학식이 있으며, 정서적으로 안정된 성인들조차 스스로 합리적이지 않다고 인정하는 미신을 믿는데(Risen, 2016, p. 202)," 행운을 위해 나무를 두드리는 사람들의 존재가 바로 전형적인 예다	☞ 인용은 따옴표 안이 아니라 밖에 있어야 한다.
• Biebel et al. (2018) noted that "incorporating the voice of students with psychiatric disorder into supported education services can increase access, involvement, and retention" (p. 299).	• Biebel et al. (2018) noted that "incorporating the voice of students with psychiatric disorder into supported education services can increase access, involvement, and retention." (p. 299)	☞ 문장의 끝에 붙이는 마침표는 페이지 번호 앞이 아니라, 다음에 와야 한다.

표 8.2 본문에 인용된 직접인용 예시 (계속)

옳음	틀림	근거
• "어떤 사람들은 유쾌하고, 다른 사람들은 고통스러울 정도로 재미가 없으며, 대부분은 그 사이의 어느 지점에 있다,"고 Nusbaum 등(2017, p. 231)이 자신들의 유머 탐색에서 썼다.	• "어떤 사람들은 유쾌하고, 다른 사람들은 고통스러울 정도로 재미가 없으며, 대부분은 그 사이의 어느 지점에 있다,"(p. 231)고 Nusbaum 등(2017)이 자신들의 유머 탐색에서 썼다.	☞ 인용문이 서술식 인용 앞에 오는 경우, 페이지 번호는 연도와 같은 소괄호 안에 있어야 한다.
• The item read, "What were the best aspects of the program for you?" (Shayden et al., 2018, p. 304).	• The item read, "What were the best aspects of the program for you"? (Shayden et al., 2018, p. 304).	☞ 인용문을 끝마치는 물음표는 따옴표 내에 제시되어야 한다.
• 2018년 Soto는 "동일한 양식으로부터 오는 것들처럼 더 유사한 자극은 더 설정 프로세싱을 유발한다"고 주장했다(p. 598).	• 2018년 Soto는 "동일한 양식으로부터 오는 것들처럼 더 유사한 자극은 더 설정 프로세싱을 유발한다"고 주장했다(Soto, 2018, p. 598).	☞ 저자와 연도가 이미 내러티브에 제시된 경우, 이들을 소괄호 안에 반복할 필요는 없다.

8.27 블록인용 (40단어 이상의 인용)

만일 인용문에 40단어 또는 그 이상이 들어 있다면, 블록인용으로 취급하라. 블록인용은 따옴표로 묶지 말라. 블록인용은 새 줄에서 시작하고 전체 블록을 좌측 여백으로부터 0.5인치(1.27cm) 여백주기를 설정하라. 만일 인용문 내에 추가 단락들이 있다면, 후속 단락의 첫 줄은 추가로 0.5인치 들여쓰기를 설정하라. 전체 블록인용은 더블 스페이스로 입력하라. 블록인용의 앞 또는 다음에는 추가로 공간을 띄우지 말라. ① 인용문의 최종 구두점 다음에 소괄호 안에 출처를 인용하거나, ② 인용문 앞에 서술식으로 저자와 연도를 인용하고 인용문의 최종 구두점 다음에 소괄호 안에 페이지 번호만 기입하라. 이 둘 중의 하나의 경우에 소괄호 다음에 마침표를 붙이지 말라.

소괄호 인용이 있는 블록인용:

연구자들은 사람들이 어떻게 자기대화를 하는지를 연구했다:

> 내적 언어는 하나의 모순된 현상이다. 이는 많은 사람의 일상생활에 중심이 되는 경험이지만, 이를 과학적으로 연구하려는 노력에 상당한 어려움을 준다. 그럼에도 불구하고, 광범위한 방법론과 접근들은 결합하여 내적 언어의 주관적 경험과 인지적 및 신경의 기반에 해결의 빛을 던져 주었다.(Alderson-Day &

Fernyhough, 2015, p. 957)

서술식 인용이 있는 블록인용:

Flores 등(2018)은 유색인종의 트랜스젠더 사람들의 교차 공동체와 작업할 때 자신들이 연구자 편견의 가능성에 대해 어떻게 다루었는지 다음과 같이 기술했다:

> 연구팀의 모든 사람은 낙인이 찍힌 집단에 소속되었을 뿐 아니라, 특권적 정체성을 지니고 있었다. 연구과정 내내 우리는 우리의 특권적이고 억압받는 정체성이 연구과정, 연구 결과, 그리고 결과 제시에 영향을 줄 수 있는 방식에 주목했다. (p. 311)

두 단락으로 된 블록인용:

기대 형성에서 만성적 편견에 대한 시사점에 관해,

> 사람들이 어떤 경우에 긍정적 또는 부정적 기대를 하는 경향이 있는지 정확하게 추정하기 위해서는 단순히 만성적 개인차를 고려하는 것을 뛰어넘어 사람들이 한 가지 편견 또는 다른 것과 일치하는 기대 형성을 더 하게 만드는 요인들을 확인할 필요가 있다.
>
> 본 연구는 기대 형성에서 이러한 두 가지 특질 편견의 작동에서 한 가지 중요한 차이를 확인함으로써 이러한 쟁점을 밝히고 있다. 구체적으로 말해서, 미래에 관한 편견과 자기신념을 저울질하는 사람들의 유의성은 질적으로 뚜렷한 과정을 통해 기대를 조성하는 것으로 보인다.(Niese et al., 2019, p. 210)

만일 블록인용이 인용을 포함한다면, 8.32절을 참조하라. 만일 블록인용이 이미 따옴표로 묶인 자료를 포함한다면, 8.33절을 참조하라.

8.28 페이지가 없는 자료의 직접 인용

텍스트 저작물. 페이지 번호가 들어 있지 않은 글로 된 자료(예, 웹페이지와 웹사이트, 일부 전자책)로부터 직접적으로 인용하려면, 독자들에게 인용된 문구를 찾을 수 있는 다른 방식을 제공하라. 다음에 제시된 접근은 수용될 수 있다. 독자들이 인용문을 찾는 데 가장 좋을 접근을 사용하라.

- 소제목 또는 절의 명칭을 제공하라.

  골관절염이 있는 사람들에 대해서는 "통증을 유발하는 관절은 전체 운동 범위를 통해 움직이게 하여 유연성을 유지하고 연골이 퇴화를 늦춰야 한다"(Gecht-Silver & Duncombe, 2015, 골관절염 절).

- 만일 전체 소제목 또는 절의 명칭이 너무 길거나 전체를 인용하는 것이 거추장스럽다면, 소제목 또는 절의 명칭을 축약해서 따옴표로 묶어 약자로 제시하라. 다음의 예에서, 원 소제목은 "신장병 예방을 위해 무엇을 할 수 있는가?"였고 항목들은 본래 불릿 목록의 일부로 제시되었기 때문에 분리해서 인용되어 있다.

  신장병을 예방하려면 환자들은 "활동적," "금연," 그리고 "지시대로 치료약물을 복용" 해야 한다(Centers for Disease Control and Prevention, 2017, "무엇을 할 수 있는가" 절).

- 단락 번호를 제공하라(만일 번호가 붙여져 있지 않다면, 단락을 손으로 세라).

  은퇴를 준비하는 사람들은 단지 돈 이상의 것이 필요하다. 이들은 또한 "자신들의 정서적 보급품을 비축하여 가족과 친구들로부터 적절한 지지를 다져 놓을 필요가 있다 (Chamberlin, 2014, para. 1).

- 단락 번호와 함께 소제목 또는 절 명칭을 제공하라.

  음악과 언어는 "리듬감 있는 기억 기술이 더 좋은 사람들이 언어 기술도 뛰어난 것"처럼 뇌에서 밀접한 관련이 있다(DeAngelis, 2018, 음악 여행 절, para. 4).

본문 인용에는 킨들Kindle 위치 번호를 포함하지 말라. 대신, 페이지 번호(다수의 킨들 서적, 특히 인쇄본에 기반을 둔 킨들 서적에서 이용 가능함)를 제공하거나 이 절에 제시된 페이지 번호 대안을 만드는 방법을 사용하라. 저작물의 절 또는 다른 부분의 명칭이 저작물의 참고문헌 목록 입력자료에 필연적으로 제시되지 않을 것임을 유념하라. 예를 들면, 만일 웹페이지 또는 웹사이트의 특정 절을 본문에 인용한다면, 참고문헌 입력자료는 페이지의 절만이 아니라 사용한 페이지에 대한 것이어야 한다.

시청각 자료. 시청각 저작물(예, 오디오북, 유튜브 동영상, TED Talk, TV 쇼)로부터 직접적으로 인용하려면, 페이지 번호 위치에 인용문의 시작에 대한 타임스탬프time stamp (*역자 주. 편지 · 문서의 발송 · 접수 날짜 · 시간의 기록)를 제공하라.

  사람들은 "신체 언어로부터 포괄적인 추론과 판단"을 한다(Cuddy, 2012, 2:12).

교회법에 따라 번호가 붙여진 절이 있는 저작물. 정식 번호가 붙여진 절이 있는 자료(예, 종교적 또는 고전적 저작물; 9.42절과 제10장, 예시 35-37 참조)로부터 직접적으로 인용하려면, 페이지 번호 대신 서적 명, 장, 운문, 글귀, 및/또는 칸토canto(*역자 주. 스탠자같이 5개 이상의 줄로 구성된 서사 또는 서사시)를 사용하라.

그 사람은 "나를 그대의 가슴에 인장처럼 품겠노라"라고 서약했다(*King James Bible*, 1769/2017, 아가[Song of Solomon] 8:6).

연극에 대해서는 막, 장면, 그리고 대사를 인용하라. 다음의 예시에서, "1.3.36–37"은 제1막, 장면 3, 라인 36과 37을 나타낸다.

공연한 법석[*Much Ado About Nothing*](***역자 주**. 셰익스피어의 희곡)에서 Don John은 말했다. "당분간 날 내버려두고 날 바꾸려고 하지 마시오" (Shakespeare, 1623/1995, 1.3.36-37).

8.29 인용의 정확성

직접인용은 정확해야 한다. 여기서와 8.30절과 8.31절에 제시된 것을 제외하고는, 인용문은 출처가 부정확하더라도 원출처의 문구, 철자, 그리고 내부의 구두점과 일치해야 한다. 만일 출처에서 부정확한 철자, 구두점, 또는 문법이 독자들을 혼란스럽게 한다면, 인용문에서 잘못된 부분 바로 다음에 이탤릭체로 표기된 "[*sic*]"라는 단어를 중괄호 안에 삽입하라(인용문에서 의미를 명확하게 하기 위한 중괄호 사용에 관해서는 8.31절 참조). 오류가 포함된 인용문은 주의를 산만하게 할 수 있으므로, 대신 재진술을 고려하라. 직접인용을 하는 경우, 항상 논문원고에서 출처를 체크하여 불일치가 없는지 확인하라.

Nowak(2019)은 "사람들에게는 지들의[*sic*] 반려동물을 돌봐야 할 의무가 있다"라고 썼다(p. 52).

8.30 설명이 필수로 요구되지 않는 인용문 변경

일부 수정은 독자들에게 명시하지 않고 직접인용에 대해 할 수 있다.

- 인용문에서 첫 단어의 첫 글자는 인용문에 제시된 문장의 맥락에 적합하도록 대문자 또는 소문자로 대체될 수 있다.
- 인용문의 끝에 붙이는 일부 구두점은 의미가 바뀌지 않는 한, 인용문이 제시된 문장의 구문론에 적합하도록 변경될 수 있다(예, 문장이 어떻게 쓰였는지에 따라 마침표를 물음표로 대체하면 의미가 변할 수 있다).
- 작은따옴표는 큰따옴표로, 큰따옴표는 작은따옴표로 대체될 수 있다.
- 각주 또는 엔드노트[endnote](***역자 주**. 책 또는 각 장의 끝에 다는 말미의 주) 번호 발호[callouts]

는 생략될 수 있다(8.32절 참조).

이 외의 변경(예, 강조를 위한 단어의 이탤릭체 표기 또는 단어 생략; 8.31절 참조)은 분명하게 명시되어야 한다. 불릿의 재생 없이 불릿 목록으로부터의 직접인용에 관한 자세한 사항은 8.28절의 두 번째 예시를 참조하라.

8.31 설명이 필수로 요구되는 인용문 변경

직접인용에 대한 어떤 변경은 그림 8.6에 있는 예시에 제시된 것처럼 설명이 필수로 요구된다.

자료 생략. 인용문 내에서 단어를 생략했음(예, 문장을 줄이거나 2개 문장을 하나로 묶기 위한 경우)을 나타내려면 생략점을 사용하라. 한 행에 앞뒤로 한 칸씩 띄어쓰기한 세 개의 마침표(...)를 타이핑하는 경우, 각각 (...) 앞뒤로 한 칸씩 띄어쓰기한 세 개의 마침표를 입력하거나, 워드프로세싱 프로그램이 생성하는 생략점 문자를 사용하라. 원출처가 생략점을 포함하지 않는다면, 인용문의 시작 또는 끝에 생략점을 붙이지 말라. 인용문은 출처의 본문이 시작하거나 끝나는 지점에서 시작하거나 끝마쳐라. 인용문이 문장의 마침과 다른 문장의 시작을 포함하는 경우처럼, 생략된 자료 내에서 문장 끊김을 나타내려면 네 개의 마침표, 즉 마침표 다음에 생략점(. ...)를 사용하라.

자료 삽입. 인용문에 삽입한 추가 내용 또는 설명처럼 자료를 에워싸려면 소괄호가 아니라, 중괄호를 사용하라.

그림 8.6 직접인용에 대한 변경 예시

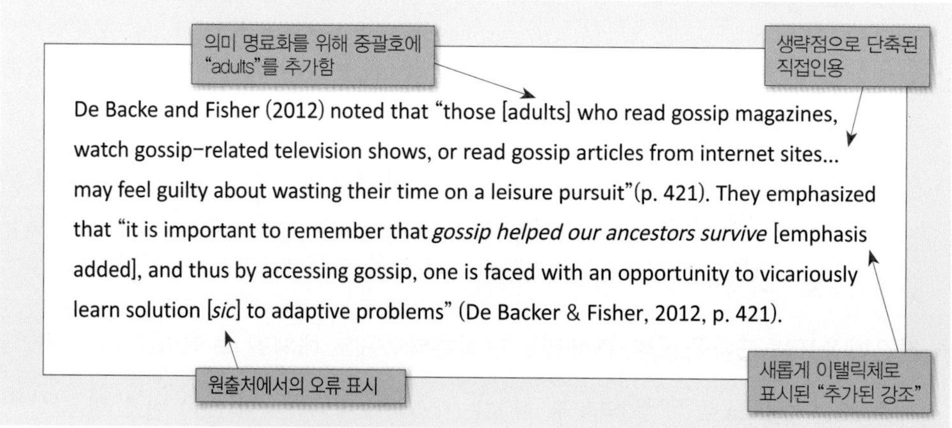

강조 추가. 만일 한 단어 또는 인용문에 있는 단어를 강조하고 싶다면, 이탤릭체를 사용하라. 이탤릭체로 표기된 단어 바로 다음에, 다음과 같이 중괄호 안에 "추가된 강조 emphasis added", 즉 [emphasis added] 또는 [추가된 강조]라는 말을 삽입하라.

8.32 다른 저작물의 인용이 담긴 인용문

직접 인용 자료에 내포된 인용이 들어 있는 경우, 인용문 내에 그 인용을 포함하라. 이 인용을 논문원고에 일차 자료로 인용하지 않는다면, 이러한 저작물들은 참고문헌 목록에 포함하지 말라. 다음의 예시에서는 Panero 등(2016)이 참고문헌 목록에 제시되겠지만, Stanislavski 인용은 그렇지 않을 것이다.

> Actors "are encouraged to become immersed in a character's life (Stanislavski, 1936/1948, 1950), an activity that calls for absorption" (Panero et al., 2016, p. 234).

직접 인용된 자료에서 각주 또는 엔드노트 번호 발호는 설명 없이 생략될 수 있다 (8.30절 참조). 만일 인용이 직접인용하고 싶은 자료의 끝에 제시된다면, 인용문이 인용 앞에서 끝나게 하고 읽은 저작물만 인용하는 것이 일반적이다(예시는 그림 8.7 참조).

직접 인용한 자료가 새로운 접근 또는 인용된 저작물에 제시된 아이디어의 개념화를 제시하고 있는 경우, 인용문의 끝에 있는 인용을 생략하는 것이 적절하다(예, 저자들이 저작물의 본문을 요약했고, 논문작성자가 그 요약을 직접 또는 간접 인용하기를 원하는 경우). 만일 논문작성자가 인용하고 있는 저작물에서 직접 인용되었던 동일한 자료를 직접 인용하기를 원한다면, 8.33절을 참조하라.

그림 8.7 인용문 끝에서 생략된 인용 예시

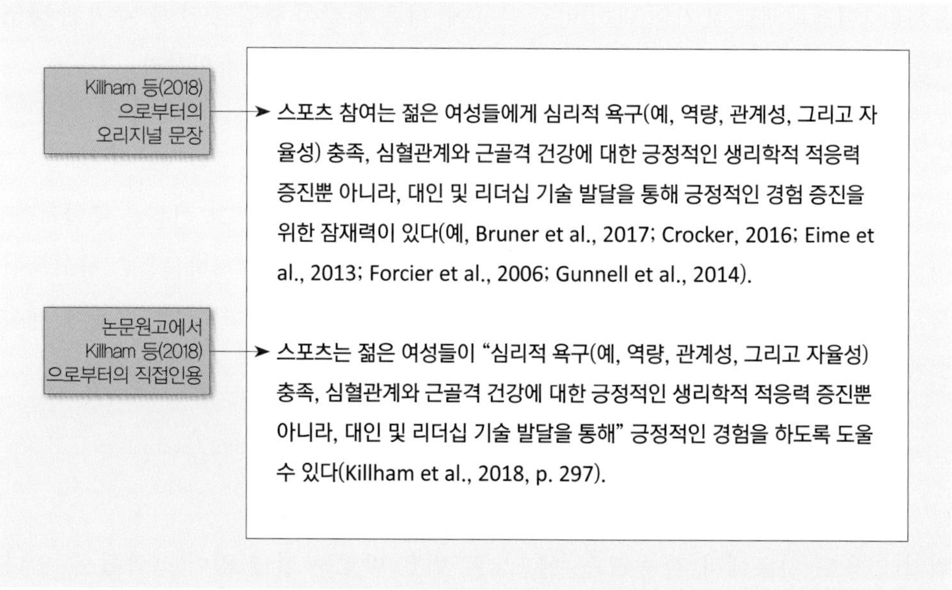

주. 오리지널 문구에서 Killham 등(2018)은 다수의 연구 결과를 요약해서 문장의 끝에 연구 출처를 인용했다. 논문원고에서 Killham 등의 요약을 직접 인용하려면, Killham 등을 인용하고 오리지널 문장의 끝에서 인용을 생략하라. 관심 있는 독자들은 세부사항에 관해 Killham 등에게 문의할 수 있다.

8.33 이미 따옴표가 붙여진 자료가 담긴 인용문

만일 출처가 다른 저작물로부터 직접 인용문을 포함하고 있고, 논문원고에서 동일한 직접 인용문을 사용하고 싶다면, 오리지널 출처를 직접 읽고 인용하는 것이 가장 좋다. 만일 오리지널 출처를 구할 수 없다면, 이차 출처를 사용하여 인용문을 인용하라(8.6절 참조).

다소 다른 목적(예, 조어coined 표현 또는 언어학적 예시 같은 구를 에워쌈; 6.7절 참조)을 위해 이미 따옴표가 붙여진 자료를 직접 인용하려면, 직접 인용하고 있는 단어 수에 따라 논문원고에서 큰따옴표를 작은따옴표로 또는 반대로 작은따옴표를 큰따옴표로 대체할 필요가 있을 수 있다.

짧은 인용문. 40단어 미만의 인용문의 경우, 큰따옴표 내에 작은따옴표를 사용하여 오리지널 출처에서 큰따옴표가 붙여져 있는 자료 제시를 시작하라.

옳음: Bliese 등(2017)은 “모바일 장치들이 많은 직장에서 피고용인들이 ‘어떤 장소, 어떤 시간에도’ 일할 수 있게 하고, 공식적인 근무시간 외에 전자적으로 업무에 묶어 놓

을 수 있게 했음"에 주목했다(p. 391).

틀림: Bliese 등(2017)은 "모바일 장치들이 많은 직장에서 피고용인들이 "어떤 장소, 어떤 시간에도" 일할 수 있게 하고, 공식적인 근무시간 외에 전자적으로 업무에 묶어 놓을 수 있게 했음"에 주목했다(p. 391).

블록인용. 블록인용 내에 제시된 직접 인용된 자료 앞뒤에 큰따옴표를 사용하라.(만일 오리지널 따옴표가 작은따옴표였다면, 영국 양식 출판에서처럼, 논문원고에서 이들을 큰따옴표로 바꾸라.)

옳음:

주관적 확실성에 대한 필요성을 고려하는 것 역시 가치가 있다:

> 만일 추측이 단지 짐작이라면, 사람들은 편견이 "나는 나임을/단지 짐작하고 있었음을 안다."라는 초인지를 따르는 경향이 있기 때문에 같은 편견이 발생할 것으로 기대하지 않을 것이므로, 후향적으로 예견력에 대한 증가된 지각에 대응할 것이다.(von der Beck & Cress, 2018, p. 97)

틀림:

주관적 확실성에 대한 필요성을 고려하는 것 역시 가치가 있다:

> 만일 추측이 단지 짐작이라면, 사람들은 편견이 '나는 나임을/단지 짐작하고 있었음을 안다,'라는 초인지를 따르는 경향이 있기 때문에 같은 편견이 발생할 것으로 기대하지 않을 것이므로, 후향적으로 예견력에 대한 증가된 지각에 대응할 것이다.(von der Beck & Cress, 2018, p. 97)

8.34 재인쇄 또는 긴 인용문 조정 허가

만일 자신의 저작물에 저작권이 설정된 저작물로부터 길이가 긴 인용문(보통 800단어 이상)을 포함한다면, 소유권자로부터 문서화된 허가가 필요할 수 있다. 좀 더 짧은 저작물(예, 시, 노래)로부터의 인용문 역시 허가가 필요할 수 있다. 이러한 인용문의 인용에 관한 지침은 12.14–12.18절을 참조하라.

8.35 비문

비문epigraph은 논문, 서적, 장, 박사학위논문, 또는 기타 저작물 소개에 사용되는 인용문이다. 저자들은 비문을 사용하여 다음에 올 내용을 위한 단계를 설정하거나 요약 또는 대위법counterpoint(***역자 주.** 2개의 대위적 양식 또는 주제를 결합하여 작품을 만드는 기법)으로 활용할 수 있다. 비문은 본문의 첫 줄 앞에 제시되어야 하고, 따옴표 없는 블록인용처럼 좌측 여백으로부터 0.5인치 들여써야 한다.

만일 저작물이 논문원고의 본문에서 인용되지 않거나 주제의 맥락에서 중요하지 않다면, 비문의 출처는 보통 참고문헌 목록에 수록되지 않는다. 만일 비문의 출처가 참고문헌 목록에 포함되지 않는다면, 엠 대시 그리고 인용문이 제시된 저작물 저자의 성과 이름, 쉼표, 그리고 제목으로 구성된 **크레딧 라인**credit line(*역자 주. 뉴스 기사, 사진, 그림의 복제 등에 붙이는 제공자의 이름 등이 기입된 것)을 제공하고 이를 우측 끝에 맞춰라.

> 연구는 공식화된 호기심이다. 이는 목적을 가지고 꼬치꼬치 캐묻는 것이다.
>
> —Zora Neale Hurston, 『길 위의 먼지 나는 트랙Dust Tracks on a Road』

그러나 학술적 출처(예, 학술서적 또는 학술지)로부터의 비문에 대해서는 참고문헌 목록 입력자료 또는 허가와 함께 사용된 인용문을 제공하라. 저자, 날짜, 그리고 페이지 번호를 포함한 소괄호 인용은 줄 끊김이 없는 인용문의 끝 구두점end punctuation 다음에 제시된다. 인용문 예시는 재출판된 저작물로부터 온다(제10장, 예시 29 참조).

> 만일 인생이 살아남아야 하는 것이라면, 희망이 남아 있어야 한다. 자신감이 상처 입고 신뢰가 손상되었을지라도.(Erikson, 1966/2000, p. 192)

8.36 연구 참여자로부터의 인용문

연구의 일부로 인터뷰한 참여자들로부터의 인용문은 출판된 저작물로부터의 인용문과는 달리 취급된다. 연구 참여자들의 말을 직접 인용하는 경우, 다른 인용문과 같은 형식을 사용하라. 40단어 미만의 인용문은 본문 내에서 따옴표로 제시하고(8.26절 참조), 40단어 또는 그 이상의 인용문은 블록인용으로 제시하라(8.27절 참조). 연구 참여자들로부터의 인용문은 오리지널 연구의 일부이므로, 이들은 참고문헌 목록에 포함하지 말고 사적 통신문처럼 취급하라. 인용문이 참여자들로부터 온 것이므로 본문에 밝혀라. 연구 참여자들의 말을 직접 인용하는 경우, 연구자와 참여자 사이의 비밀유지 및/또는 익명성에 관한 윤리적 동의 기준을 준수하라. 각별히 유의해서 보고서에 포함되는 참여자들의 정보를 수집하고 이들의 동의를 존중하라. 참여자들에게 가명을 할당하거나, 식별 가능한 정보를 가리거나, 전체적으로 모두 합쳐서 정보를 제시할 필요가 있을 수 있다(적절히 은폐한 자료를 위한 전략에 관한 자세한 사항은 1.14절과 1.19절에 기술되어 있음; 질적 연구에서 비밀유지에 관한 사항은 1.15절 참조).

> 참여자 "줄리아[Julia]," 캘리포니아 출신의 32세 여성은 초보 엄마로서의 경험을 "내 삶에서 최상과 최악의 고난이 동시에 발생한 시기"로 묘사했다. 몇몇 다른 참여자들이 부모로서의 시작을 "기쁨," "외로움," 그리고 "강렬함"으로 묘사하면서 동의했다. 줄리아와 다른 참여자들은 이들의 가정에서 인터뷰를 마쳤다.

비밀유지 및/또는 익명성에 관한 동의 역시 방법론과 관련된 다른 출처에도 확장될 수 있다(예, 학교에서 사례연구 수행 시, 학교정책 문서를 직접 인용하는 경우). 이러한 출처는 본문에 인용되지 않거나 참고문헌 목록에 수록되지 않을 것이다. 이렇게 하는 것은 학교의 비밀유지 및/또는 익명성을 위한 것이기 때문이다. 그러나 만일 자료가 적절하게 가려진다면, 이러한 출처로부터의 정보를 본문에서 논의하는 것이 가능할 수 있다.

> 우리의 연구는 조지아주 애틀랜타에 있는 고등학교에서 수행되었다. 학교 관리자들은 학생들의 평균 시험점수와 무료급식 또는 할인가격 급식을 하는 학생들의 백분율이 들어 있는 문서를 제공했다. 우리는 이러한 데이터를 우리의 개입 효과의 맥락과 관련짓는 데 사용했다.

9
참고문헌 목록

목차

9

참고문헌 목록

논문원고의 끝에 있는 **참고문헌 목록**reference list은 본문에서 인용된 각 저작물의 확인 · 검색에 필요한 정보를 제공한다. 참고문헌은 분별력 있게 선택하고, 논문원고를 위한 연구와 준비에 사용된 저작물만 포함하라. APA 출판물과 APA 양식을 사용하는 다른 출판사와 기관들은 서지목록이 아니라, 참고문헌 목록을 필수로 요구한다. 참고문헌 목록은 논문원고에서 아이디어, 주장, 그리고 개념을 구체적으로 지지하는 저작물을 인용한다. 이와는 달리, **서지목록**bibliography은 배경 또는 추가적인 읽을거리를 위한 저작물을 인용하고, 서술적인 주석을 포함할 수 있다(예, 주석 달린 서지목록; 9.51절 참조).

이 장에서 우리는 각 참고문헌 요소(저자, 날짜, 제목, 출처)와 APA 양식 참고문헌 목록의 형식과 순서에 초점을 맞춘 구체적인 절과 함께 참고문헌 목록 입력자료를 만들기 위한 지침을 제공한다. 본문에서 저작물의 크레딧 인정과 본문 인용 형식에 관한 정보의 경우, 제8장을 참조하라. 구체적인 참고문헌 유형의 예시는 제10장을 참조하라(이러한 예시들은 이 장에서 교차 참조된다).

참고문헌 범주

9.1 참고문헌 범주 결정

출판편람에서 참고문헌은 집단, 범주, 그리고 유형에 따라 조직되어 있다. **참고문헌 집단**reference groups이란 ① 텍스트로 된 저작물, ② 데이터 세트, 소프트웨어, 검사, ③ 시청각 매체, 그리고 ④ 온라인 미디어를 말한다. 각 집단에는 번호가 붙여진 **참고문헌 범주**reference categories가 있다. 예를 들면, 텍스트로 된 저작물 집단에는 정기간행물, 서적과 참고문헌 저작물, 편집된 서적 장과 참고문헌 저작물 입력자료, 그리고 박사 및 석사 학위논문 범주들이 있다. 온라인 미디어 집단에는 소셜 미디어와 웹페이지 · 웹사이트 범주들이 있다. 각 범주 내에는 서로 다른 **참고문헌 유형**reference types 이 있다. 예를 들면, 정기간행물 참고문헌 범주는 학술지 논문, 잡지 기사, 신문 기사, 그리고 블로그 댓글을 포함한다. 소셜 미디어 참고문헌 범주는 트윗tweets, 페이스북Facebook 포스트, 그리고 인스타그램Instagram 사진을 포함한다.

참고문헌 목록 입력자료reference list entry를 만들려면, 먼저 참고문헌 집단과 범주를 결정한 다음, 범주 내에 적절한 참고문헌 유형을 택하여 그 예시를 따르라. 만일 인용하기를 원하는 저작물이 예시와 일치하지 않는다면, 가장 유사한 집단, 범주, 그리고 유형을 택하여 관련된 템플릿에 제시된 요소들을 사용하여 그 형식을 조정하라. 저작물에의 접근 또는 습득 방법(예, 온라인, 인쇄, 도서관 상호 대출을 통해)과 포맷 방식(예, 인쇄, PDF, DVD, 온라인 스트리밍 동영상)은, 만일 있다면, 참고문헌 목록 입력자료에 대해 거의 영향을 주지 않는다. 참고문헌 템플릿과 예시는 제10장을 참조하라.

9.2 웹페이지와 웹사이트 참고문헌 범주 사용

"**웹사이트**website"라는 용어는 사람들이 이를 참고문헌 범주(10.16절 참조)와 검색 방법(즉, 온라인)의 의미로 사용한다는 점에서 혼란을 초래할 수 있다. 저작물의 많은 유형은 논문, 서적, 보고서, 그리고 데이터 세트처럼 온라인에서 검색될 수 있지만, 오직 몇몇 저작물은 웹페이지와 웹사이트 참고문헌 범주에 속한다. 저작물이 다른 범주에 더 잘 적합하지 않은 경우에만 그 범주를 사용하라. 우선, 자신에게 "어떤 저작물 유형이 이 웹사이트상에 있는가?"라고 물어 보라. 그런 다음, 제10장에서 자신이 인용하기를 원하는 참고문헌 범주를 택하여 가장 관련 있는 예시를 따르라. 예를 들면, 정부 웹사이트로부터 보고서를 인용하려면, 보고서 범주(10.4절)를 사용하여 정부 보고서 형식을 따르라(제10장, 예시 50–52 참조). 마찬가지로, 정부 웹사이트로부터 웹페이지를 인용하려면, 웹페이지와 웹사이트 범주(10.16절)를 사용하여 웹사이트상의 저작물 형식을 따르라(제10장 110–114 참조). 웹페이지 또는 웹사이트의 저자는 결정하기 어려울 수 있거나 맥락(9.7절 참조)을 통해 확인될 수 있고, 웹페이지와 웹사이트에는 종종 출판일(9.17절 참조)이 알려지지 않음에 유의하라.

9.3 온라인 및 인쇄된 참고문헌

온라인과 인쇄본 저작물을 위한 APA 양식 참고문헌은 대체로 동일하다. 모든 참고문헌은 일반적으로 저자, 날짜, 제목, 그리고 출처를 포함한다. 온라인과 인쇄 버전의 차이점은 출처 요소 내에 입증되어 있다. **출처 요소**source element는 저작물이 어디에서 왔는지에 관한 정보를 포함한다(예, 정기간행물의 제목, 서적 또는 보고서의 출판사, 웹사이트명). DOI가 있는 저작물에 대한 참고문헌 역시 출처 요소에 DOI를 포함한다. 또한 DOI가 없는 대부분의 온라인 저작물에 대한 참고문헌은 저작물의 URL을 포함한다(DOI와 URL을 포함해야 하는 시기에 관한 세부정보는 9.34절 참조). 그러나 데이터베이스 정보 및/또는 데이터베이스 URL은 보통 참고문헌에 포함되지 않는다(설명과 몇 가지 예외 사항은 9.30절 참조). 따라서 저작물의 인쇄본과 온라인 버전에 대한 참고문헌을 달기 위해서는 같은 템플릿이 사용될 수 있다. 참고문헌 입력자료를 수록하려면, (다수의 템플릿이 아니라) 한 가지 템플릿만 사용하라.

참고문헌 목록 입력원칙

9.4 참고문헌의 4요소

참고문헌에는 일반적으로 네 가지 요소, 즉 ① 저자, ② 날짜, ③ 제목, 그리고 ④ 출처가 있다. 각 요소는 다음과 같은 질문에 답한다.

- **저자**: 이 저작물은 누가 책임지는가?
- **날짜**: 이 저작물은 언제 출판되었는가?
- **제목**: 이 저작물은 뭐라고 불리는가?
- **출처**: 이 저작물은 어디서 검색할 수 있는가?

이 네 가지 요소를 고려해 보고 질문에 답해 보는 것은 이것과 일치하는 구체적인 예시를 참조하지 않더라도, 어떤 유형의 저작물에 대한 참고문헌의 창출에 도움이 될 것이다. 각 요소에 관한 자세한 정보는 ① 저자(9.7–9.12절), ② 날짜(9.13–9.17절), ③ 제목(9.18–9.22절), 그리고 ④ 출처(9.23–9.37절)에 관한 절을 참조하라. 그림 9.1에는 참고문헌 요소의 위치에 강조 표시를 하고 참고문헌 목록 입력자료에 이들의 배치를 보여 주는 논문제목 페이지 예시가 제시되어 있다.

때로 참고문헌 요소는 미상 또는 누락되어 있어서, 참고문헌 목록 입력자료의 조정이 요구된다. 정보가 누락된 경우, 참고문헌 요소가 어떻게 짜맞추어지고 조정되는지에 관한 요약은 표 9.1을 참조하라.

그림 9.1 학술지 논문에 대한 참고문헌 정보를 찾기 위한 위치 예시

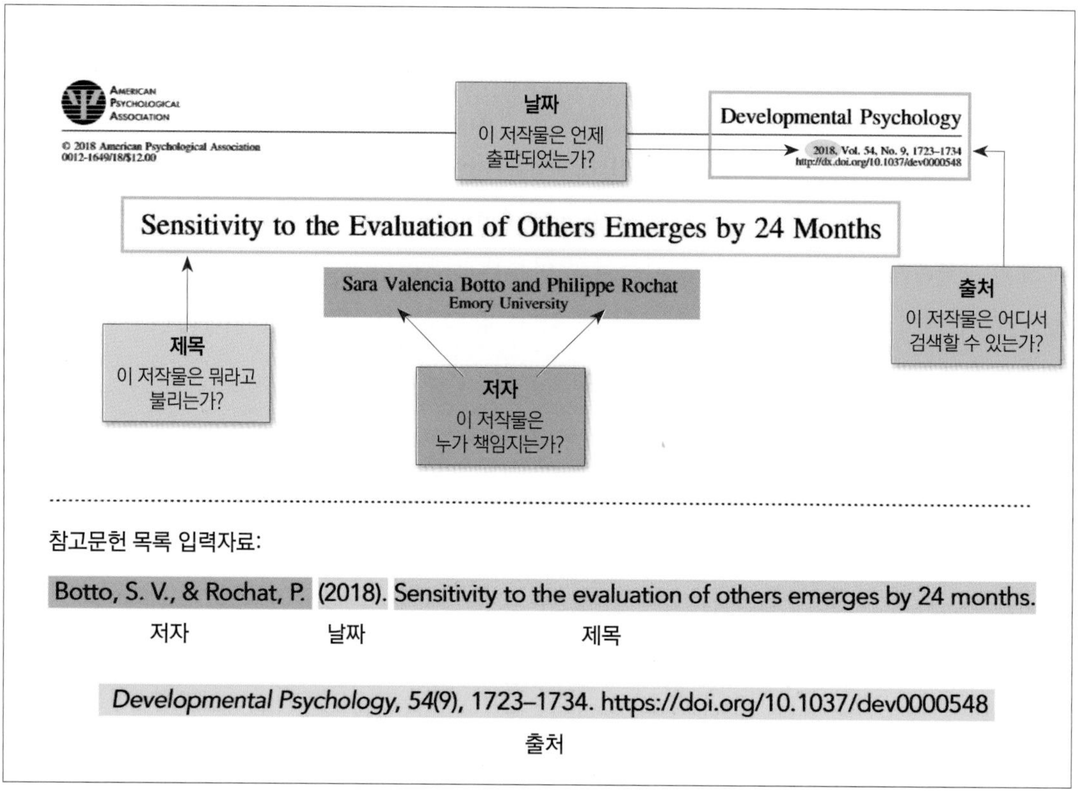

표 9.1 정보가 누락된 경우의 참고문헌 수록 방법

누락 요소	해법	템플릿	
		참고문헌 목록 입력자료	본문 인용
☐ 없음-모든 요소가 제시됨	• 저작물의 저자, 날짜, 제목, 출처를 제공하라.	저자. (날짜). 제목. 출처.	(저자, 연도) 저자 (연도)
☐ 저자	• 제목, 날짜, 출처를 제공하라.	제목. (날짜). 출처.	(제목, 연도) 제목 (연도)
☐ 날짜	• 저자를 제공하고, "날짜 없음no date"의 약자 "n.d."를 쓰고, 제목과 출처를 제공하라.	저자. (n.d.). 제목. 출처.	(저자, n.d.) 저자 (n.d.)
☐ 제목	• 저자와 날짜를 제공하고, 중괄호 안에 저작물을 기술한 다음, 출처를 제공하라.	저자. (날짜). [저작물 기술]. 출처.	(저자, 연도) 저자 (연도)
☐ 저자와 날짜	• 제목을 제공하고, "날짜 없음no date"의 약자 "n.d."를 쓰고, 출처를 제공하라.	제목. (n.d.). 출처.	(제목, n.d.) 제목 (n.d.)
☐ 저자와 제목	• 저작물을 중괄호 안에 기술한 다음, 날짜와 출처를 제공하라.	[저작물 기술]. (날짜). 출처.	([저작물 기술], 연도) [저작물 기술] (연도)
☐ 날짜와 제목	• 저자를 제공하고, "날짜 없음no date"의 약자 "n.d."를 쓰고, 저작물을 중괄호 안에 기술한 다음, 출처를 제공하라.	저자. (n.d.). [저작물 기술]. 출처.	(저자, n.d.) 저자 (n.d.)
☐ 저자, 날짜, 그리고 제목	• 저작물을 중괄호 안에 기술하고, "날짜 없음no date"의 약자 "n.d."를 쓰고, 출처를 제공하라.	[저작물 기술]. (n.d.). 출처.	([저작물 기술], n.d.) [저작물 기술] (n.d.)
☐ 출처	• 사적 통신문(8.9절 참조)으로 인용하거나, 인용할 다른 저작물을 찾아라(9.37절 참조).	참고문헌 목록 입력자료 없음	(C. C. Communicator, 사적 통신문, 월 일, 연도) C. C. Communicator (사적 통신문, 월 일, 연도)

주. 이 표는 저자(9.12절), 날짜(9.17절), 제목(9.22절), 및/또는 출처(9.37절) 같은 참고문헌 요소가 누락된 경우, 참고문헌 범주 템플릿이 어떻게 바뀌는지 보여 주고 있다. 제목 또는 출처 내에서 이탤릭체로 표기하는 방식은 범주에 따라 달라지는데, 여기에는 나타나 있지 않다. 참고문헌 목록 입력자료를 수록하려면, 저작물의 참고문헌 범주(9.1절 참조)를 위한 템플릿을 따르고 여기에 제시된 것처럼 정보를 조정하라.

9.5 참고문헌 목록 입력자료 내에서의 구두점

참고문헌 목록 입력자료 내에서는 집단정보에 대해 구두점을 사용하라.

- 마침표는 각 참고문헌 요소 다음, 즉 저자, 날짜, 제목, 그리고 출처 다음에 제시되었는지 확인하라. 그러나 DOI 또는 URL 다음에는 마침표를 찍지 말라. 이는 링크 기능을 방해할 수 있기 때문이다.
- 동일 참고문헌 요소의 부분 사이에는 구두점(보통 쉼표 또는 소괄호)을 사용하라. 예를 들면, 학술지 논문의 참고문헌에서는 각 저자의 성과 이름의 첫 글자들 사이와 다른 저자명 사이, 학술지명과 권수 사이, 그리고 학술지 호수와 페이지 번호 사이에는 쉼표를 사용하라. 학술지 권수와 호수 사이에는 쉼표를 찍지 말라. 대신, 호수는 소괄호 안에 배치하라(9.25절, 제10장, 예시 1 참조).
- 이탤릭체로 표기된 참고문헌 요소 내에 제시된 구두점은 이탤릭체로 표기하라(예, 서적 제목 내의 쉼표 또는 콜론). 참고문헌 요소 사이에 있는 구두점(예, 이탤릭체로 표기된 서적 제목 다음의 마침표)은 이탤릭체로 표기하지 말라.

9.6 참고문헌의 정확성과 일관성

참고문헌 목록의 한 가지 목적이 인용된 저작물을 독자들이 검색 및 사용할 수 있게 하는 것이므로, 참고문헌 데이터는 정확하고 완전해야 한다. 정보가 정확하고 완전한지 확인하기 위한 가장 좋은 방법은 각 참고문헌을 오리지널 출판물과 신중히 체크하는 것이다. 저자는 자신의 참고문헌 목록에 있는 모든 정보에 대한 책임이 있다. 정확하게 준비된 참고문헌은 주의 깊은 연구자와 논문작성자로서 저자의 신뢰성 확보에 도움을 준다.

참고문헌 형식의 일관성은 독자들이 참고문헌 목록의 내용에 초점을 맞출 수 있게 함으로써, 저자가 찾아 본 저작물 유형과 중요한 참고문헌 요소(누가, 언제, 무엇을, 어디서) 둘 다를 쉽게 식별하는 데 도움을 준다. 각 참고문헌을 APA 양식 참고문헌 지침에 따라 일관된 방식으로 제시하는 경우, 독자들은 저자가 어떻게 정보를 조직했는지 결정하는 데 시간을 보낼 필요가 없다. 그리고 논문작성자 자신이 문헌을 검색하는 경우 역시 다른 사람들의 저작물에 수록된 참고문헌 목록을 읽는 시간과 노력이 절약된다. 어떤 저작물에는 제안된 인용이 들어 있다. 이러한 인용에는 종종 APA 양식 참고문헌을 작성할 필요가 있지만, 양식을 위한 편집이 요구되는 정보가 담겨 있다.

참고문헌의 정확성과 일관성은 다른 연구자들이 논문작성자의 참고문헌 목록에 수록된 저작물을 검색 · 접근할 수 있는지 확인하기 위해서도 중요하다. 예를 들면, 논문의 온라인 버전에서 출판사들은 본문 인용을 논문 내의 참고문헌 목록 입력자료에 연결하고, 참고문헌 목록 입력자료를 이들이 인용하는 저작물에 연결하며, 각 출처를 인용한 저작물 목록을 엮는 컴퓨터 알고리듬을 사용한다. 만일 참고문헌 요소가 정리가 안 되어 있거나 완전하지 않다면, 이 알고리듬은 참고문헌 요소들을 인식하지 못해, 참고문헌이 찾아보기[indexing]에 포착될 가능성은 낮아질 수 있다. 확신이 안 서는 경우, 참고문헌 요소는 저자, 날짜, 제목, 그리고 출처 순으로 정리하라.

참고문헌 요소

저자

다음의 절들에는 ① 저자명의 정의, 형식, 철자(9.7–9.9절), ② 편집자 또는 감독 같은 편집자 또는 특수한 저자 역할 확인(9.10절), 그리고 ③ 집단 저자(9.11절)와 저자 없는 저작물(9.12절)을 다루는 방법에 관해 기술되어 있다.

9.7 저자의 정의

참고문헌에서 **저자**[author]란 대체로 저작물에 책임이 있는 사람(들) 또는 집단을 말한다. 이 요소는 논문, 서적, 보고서, 그리고 기타 저작물뿐 아니라 저작물 창출에서 일차 역할을 한 다른 사람들(예, 서적의 편집자, 영화의 감독, 연구지원금의 연구책임자, 팟캐스트 호스트 등)을 포함한다. 저자는 다음과 같은 사람이 될 수 있다.

- 개인
- 다수의 사람
- 집단(기관, 정부기관, 단체; 9.11절 참조)
- 사람과 집단의 결합

때로 저작물의 저자는 전통적인 저자란에 수록되지 않지만, 맥락으로부터 결정될 수 있다. 예를 들어, 연차보고서의 저자는 달리 보고서에 명시되지 않는다면, 보통 보고서를 작성한 기관이다. 따라서 연차보고서에 대한 참고문헌 목록 입력자료에서 기관이 저자로 수록될 것이다. 마찬가지로, 단체 또는 정부기관 웹사이트로부터의 페이지에 대한 참고문헌에서는 단체 또는 정부기관 그 자체가 달리 명시되지 않는다면, 저자로 간주된다. 웹페이지 또는 웹사이트의 저자 역시 "about us" 또는 감사의 글acknowledgements 페이지에 수록될 수 있다. 누가 저자인지 결정할 수 없는 경우, 그 단어를 저자 없음의 저작물로 취급하라(9.12절 참조).

9.8 저자 요소의 형식

저자 요소 구성을 위해서는 다음의 지침을 따르라.

- 모든 개별 저자명의 순서를 도치시켜라. 즉, 성을 먼저 쓰고, 쉼표를 찍고, 이름의 첫 글자들을 기입하라: Author, A. A.
- 쉼표를 사용하여 저자 이름의 첫 글자들을 추가 저자명들과 분리하라. 이 원칙은 2인 저자만 있는 경우에도 적용된다. 최종 저자명 앞에 앰퍼샌드ampersand(&)를 사용하라: Author, A. A., & Author, B. B.
- 2개의 집단 저자를 분리하기 위해 쉼표를 사용하지 말라: American Psychological Association & National Institutes of Health.
- 3인 또는 그 이상의 저자들에 대해서는 앰퍼샌드 앞에 열거용serial 쉼표를 사용하라.
- 20명의 저자까지 포함하여 성과 이름의 첫 글자들을 제공하라. 2인에서 20인의 저자가 있는 경우, 최종 저자명 앞에 앰퍼샌드를 사용하라: Author, A. A., Author, B. B., & Author, C. C.
- 21인 또는 그 이상의 저자가 있는 경우, 첫 19인의 저자명을 포함하고, 생략점(…)을 삽입하라(앰퍼샌드가 아니라). 그런 다음, 최종 저자명을 추가하라(제10장, 예시 4 참조).
- 이름의 첫 글자들 사이는 한 칸을 띄워라.
- 이름이 하이픈으로 연결된 경우, 하이픈을 그대로 두고 각 첫 글자 다음에 마침표를 포함하되, 한 칸을 띄우지 말라(예, Ai-Jun Xu의 경우, Xu, A.-J.). 하이픈으로 연결된 이름의 두 번째 요소가 소문자인 경우, 이를 단일 이름으로 취급하라(예, Lee-ann Raboso의 경우, Raboso, L.).

- 쉼표를 사용하여 저자 이름의 첫 글자와 접미사들을 분리하라(예, Jr. and III): Author, A. A., Jr., & Author, B. B).
- “with”를 사용하여 주 저자가 아닌 사람에게 크레딧을 인정해 주는 경우(예, 서적 표지에), 이들을 참고문헌 목록 입력자료에 소괄호 안에 포함하라: Meyers, K. (with Long, W. T.). 그러나 본문 인용에서는 주 저자만 제시하라: (Meyers, 2019).
- 만일 ① 저자의 이름이 단 하나(예, 일부 연예인, 인도네시아 출신의 일부 저자, 고대 그리스와 로마시대 저자, 일부 집단 또는 기업 저자들), ② 분리될 수 없는 다중부분[multipart] 이름(예, Malcolm X, Lady Gaga), ③ 드문 경우에서의 핵심 칭호(Queen Elizabeth II), 또는 ④ 사용자명(또는 스크린명)뿐이라면, 참고문헌 목록과 본문 인용에서 전체 이름 또는 약자 없이 사용자명을 제공하라. 즉, Plato, Sukarno, 또는 Lady Gaga를 인용하되, 이러한 이름을 P., S., 또는 Gaga, L.로 축약하지 말라. 참고문헌 목록 입력자료에는 저자명 다음에 마침표를 추가하라: Plato. (2017).
- 참고문헌 목록 입력자료에 이름과 함께 칭호, 지위, 서열, 또는 학술적 성취를 포함하지 말라(예, 목사, 대통령, 장군, PhD, LCSW). 몇몇 참고문헌 유형은 필요한 경우 소괄호 안에 저자의 역할을 포함하기도 한다(예, 영화감독; 제10장, 예시 84 참조).
- 만일 저자의 사용자명[username]과 실제 이름이 알려져 있다면(예, 일부 개인과 집단 소셜 미디어 저자들), 그 사람의 실제 이름을 제공하고(성 먼저, 이름의 첫 글자가 다음에 오는 도치 형식으로), 사용자명을 중괄호 안에 기입하라(10.15절의 예시 참조). 이 접근은 참고문헌 목록에서 그 저자에 의해 참고문헌이 기타 저작물과 그룹이 될 수 있게 해 줌으로써 독자들이 인용된 저작물을 확인·검색하는 데 도움을 줄 것이다.
- @ 기호가 사용자명의 일부인 경우, 이 기호를 사용자명과 함께 중괄호 안에 포함하라(제10장, 예시 103-108 참조).

9.9 저자명 철자와 대문자 표기

적절한 저자명 철자와 대문자 표기를 위해서는 다음의 지침에 따른다.

- 저자의 성은 출판된 저작물에 제시된 것처럼 하이픈으로 연결된 성(예, Santos-García)과 두 부분으로 된 성(예, Velasco Rodríguez)을 포함하여 정확하게 써라(제10장, 예시 25 참조).

- 만일 이름에 대한 적절한 형식이 불확실하다면, 저자, 서지목록 데이터베이스 레코드, 또는 저자의 웹사이트 또는 이력서curriculum vitae(CV)를 인용한 기타 저작물을 참조하여 적절한 형식을 결정하라. 이는 오류를 피하는 데 도움을 줄 것이다(예, 중간 이름에 대해 두 부분으로 된 성과 성 또는 순서를 바꿔서vice versa). 만일 여전히 모호하다면, 가장 일반적인 제시 방법을 따르라.
- 참고문헌 목록과 본문 인용에서 저자가 선호하는 대문자 표기 방법을 유지하라(예, bell hooks 대신 hooks, b.).

9.10 전문화된 역할의 확인

저작물 창출에 실질적으로 기여한 저자 외의 역할을 한 사람들은 다양한 참고문헌 유형으로 인정된다. 예를 들어, 특수한 역할에 대한 크레딧이 참고문헌에서 인정되는 경우는 제10장의 예시를 참조하라. 이러한 참고문헌에서 역할은 성과 이름의 첫 글자들 다음에 소괄호에 기입된다. 저자 요소의 끝에 마침표를 찍어라.

- 편집자 1인에 대해서는 약자 "(Ed.)"를, 다수의 편집자에 대해서는 약자 "(Eds.)"를 사용하라. 다수 편집자의 경우, 역할은 한 번만 포함하라.

  Schulz, O. P. (Ed.).

  Wong, C. T., & Music, K. (Eds.).

- 참고문헌에 한 가지 유형 이상의 특수 역할(예, 작가와 감독)이 포함되고, 다른 사람들이 다른 역할들을 하는 경우, 각각의 역할을 분리하여 명시하라. 만일 한 개인이 다수의 역할을 한다면, 앰퍼샌드ampersand(&)를 사용하여 그 역할을 결합하라.

  Park, O. (Writer), Gunnarsson, N. (Writer), & Botha, V. N. (Director).

  Lutz, T. (Writer & Director).

일부의 경우, 특수한 역할은 참고문헌의 뒷부분에 명시된다(예, 편집된 서적 장에 대한 서적의 편집자에 관해서는 제10장 10.3절 예시; 심포지엄 좌장은 제10장, 예시 63; TV 시리즈물 프로듀서는 제10장, 예시 87 참조).

9.11 집단 저자

집단 저자group authors는 정부기관, 학회, 비영리단체, 사업체, 병원, 태스크포스, 그리고 연구 집단을 포함할 수 있다(제10장, 예시 50, 53–55, 90, 111 참조). 집단은 자체적으로 또는 개인들이나 다른 집단과 연합하여 출판물을 저술할 수 있다(제10장, 예시 5 참조).

- 참고문헌 목록 입력자료에 집단 저자의 전체 이름을 모두 쓰고 마침표를 찍어라: National Institute of Mental Health.
- 집단 저자에 대한 약자는 본문에서 사용될 수 있다(8.21절 참조). 그러나 참고문헌 목록 입력자료에는 집단 저자의 약자를 포함하지 말라.
- 정부기관의 여러 층이 저작물의 저자로 수록된 경우, 참고문헌에 가장 구체적인 기관을 저자로 사용하라(예, "미국보건 · 인적 서비스부U.S. Department of Health and Human Services, 미 국립보건연구원National Institutes of Health, 미 국립간호연구원National Institute of Nursing Research" 대신 "미 국립간호연구원National Institute of Nursing Research"을 사용하라). 집단 저자명에 제시되지 않은 모체가 되는 기관명은 출처 요소에 출판사로서 제시된다. 이러한 제시 방법은 저작물에 책임 있는 기관의 확인과 간결한 본문 인용 창출에 도움이 된다. 그러나 만일 가장 구체적으로 책임 있는 기관만을 저자로 사용하는 것이 혼란을 초래할 것 같다면(예, 만일 기관에 대한 미국과 캐나다 버전을 인용하고, 둘 다 명칭이 동일하다면), 저자 요소에 모체가 되는 기관을 포함함으로써 이들을 구분하라. 기관에 여러 층이 있는 경우, 모체가 되는 기관이 하위 부서보다 앞에 온다(예, 백악관The White House, 언론보좌관실Office of the Press Secretary). 저자 요소에 수록된 기관들은 참고문헌의 출처 요소에서 반복되지 않는다.
- 때로 집단 저자 또는 집단을 대신하여 집필한 사람들에게 크레딧을 부여해야 할지 알기가 어려울 수 있다. 예를 들면, 정부기관 보고서를 작성한 사람들은 감사의 글에서 크레딧을 인정받을 수 있다. 확정하려면, 저작물의 표지 또는 제목 페이지를 확인하라. 만일 표지 또는 제목 페이지에 집단명만 수록되어 있다면(그리고 인명이 없다면), 참고문헌을 집단 저자가 있는 것으로 취급하라(제10장, 예시 50, 53–55 참조). 만일 표지 또는 제목 페이지에 인명이 수록되어 있다면, 참고문헌을 개인 저자들이 있는 것으로 취급하고 집단명을 출처 요소의 일부로 포함하라(제10장, 예시 51–52 참조). 문서가 제안된 참고문헌을 포함하는 경우, 참고문헌에 포함된 저자명

은 누가 크레딧을 받아야 하는지를 나타낸다(제안된 참고문헌의 형식은 APA 양식을 위해 조정될 필요가 있을 수 있음에 유의하라).

9.12 저자 없음

저자가 미상unknown 또는 합리적으로 결정될 수 없는 경우, 저작물은 **저자 없음**no author 으로 취급된다. 이 경우, 저작물의 제목은 출판일 앞의 저자 위치로 이동한다(그런 다음, 마침표를 찍는다; 제10장, 예시 49 참조).

Generalized anxiety disorder. (2019).

만일 저작물에 "익명Anonymous"이라는 말이 표시되어 있다면, "익명"을 저자로 사용하라.

Anonymous. (2017).

'저자 없음'으로 된 저작물에 대한 본문 인용 방법은 8.14절을 참조하라. 참고문헌 목록에서 '저자 없음'으로 된 저작물을 순서대로 정리하는 방법에 대해서는 9.49절을 참조하라.

날짜

다음의 절들은 날짜 요소의 정의와 형식(9.13–9.14절), 그리고 업데이트되었거나 검토된, 또는 검색일(9.16절)이 필요한 온라인 저작물뿐 아니라, 날짜 없음no date(절 9.17)으로 된 저작물을 다루는 방법(9.15절)을 기술하고 있다.

9.13 날짜의 정의

참고문헌에서 **날짜**date란 출판일을 말한다. 날짜는 다음에 제시된 형식 중 하나의 형태를 취한다.

- 연도만
- 연도, 월, 일(즉, 정확한 날짜)
- 연도와 월
- 연도와 계절

- 날짜의 범위(예, 연도의 범위, 정확한 날짜의 범위)

서적의 경우, 저작권 날짜가 출시일과 다르더라도, 저작물의 저작권 페이지에 제시된 저작권 날짜를 참고문헌에서 출판일로 사용하라(예, 2019년 12월에 출시된 서적의 저작권 날짜가 2020년으로 된 서적은 참고문헌에서 2020이 날짜가 될 것임). 학술지 논문 참고문헌의 경우, 저작권 연도와 다르더라도 권수의 연도를 사용하라. 웹페이지와 웹사이트를 인용하는 경우(10.16절 참조), 저작권 날짜가 인용하고 있는 내용에 적용되는지 확인하라. 웹페이지 또는 웹사이트 꼬리말[footer]로부터의 저작권 날짜는 사용하지 말라. 왜냐하면 이 날짜는 사이트상의 내용이 출판된 시기를 나타내지 않을 수 있기 때문이다. 만일 주[note]에 페이지가 "마지막으로 업데이트된" 날짜를 가리킨다면, 이것이 인용되고 있는 내용에 적용되는 경우, 그 날짜를 사용하라(9.15절 참조). 만일 분리된 출판일이 웹페이지의 저작물에 제시되어 있다면, 이 저작물을 날짜 없음으로 된 것으로 취급하라(9.17절 참조).

9

9.14 날짜 요소의 형식

각 참고문헌 범주에 제시된 날짜 형식과 예시를 따르라(제10장 참조). 더 자주 출판되는 저작물에 대해서는 더 구체적인 날짜를 사용하라(예, 신문기사와 블로그 댓글의 경우, 연도, 월, 일). 대부분의 참고문헌은 출판 연도만 포함한다.

- 출판 날짜는 소괄호 안에 제시하고 마침표를 찍어라: (2020).
- 연도와 함께 월, 일, 및/또는 계절을 포함한 참고문헌 범주로부터의 저작물에 대해서는 연도를 먼저 기입하고 나서 쉼표를 붙이고, 월일 또는 계절을 기입하라.

  (2020, August 26).

  (2020, Spring/Summer).

- 미출판물, 비공식적 출판물, 또는 진행 중인 저작물의 경우, 저작물이 생산된 연도를 제시하라(10.8절 참조). 참고문헌의 날짜 요소에 "진행 중[in progress]" 또는 "게재 · 출판을 위해 제출됨[submitted for publication]"이라는 용어를 사용하지 말라.
- 만일 저작물이 출판 허가를 받았으나 아직 출판되지는 않았다면, 연도 대신 "근간[in press]"이라는 용어를 사용하라(제10장, 예시 8 참조). 저작물이 출판되기 전까지는 참고문헌에 날짜를 제시하지 말라.

- 만일 저작물이 사전advance 온라인 출판이라면, 참고문헌에서 사전 온라인 출판 연도를 사용하라(제10장, 예시 7 참조).
- 만일 저작물이 사전 온라인 출판 날짜와 최종 출판 날짜 둘 다 포함하고 있다면, 참고문헌에서 최종 출판 날짜를 사용하라.
- 오리지널 출판 날짜가 근사치인 경우, 약자 "ca."("circa"[*역자 주. 라틴어의 약 또는 ~경]의 약자임)를 사용하라(제10장, 예시 36 참조).

9.15 업데이트 또는 검토된 온라인 저작물

몇몇 온라인 저작물에는 저작물이 최종적으로 업데이트된 날짜가 제시되어 있다. 만일 이 날짜가 이용 가능하고 전반적인 웹사이트보다 인용 중인 특정 내용에 명확하게 기인한다면, 참고문헌에서 업데이트된 날짜를 사용하라(UpToDate 데이터베이스로부터 검색된 출처는 제10장, 예시 15 참조).

참고문헌에 최종 심사일은 포함하지 말라. 심사된 내용은 필연적으로 변하지 않기 때문이다. 만일 저작물에 최종 심사일이 기입되어 있다면, 참고문헌의 목적을 고려하여 무시하라.

9.16 검색일

대부분의 온라인 출처는 업데이트될 수 있지만, 일부는 본질적으로 변화(예, 사전 입력자료, 트위터 프로파일, 페이스북 페이지; 제10장, 예시 33, 47, 104, 106 참조) 또는 시간의 흐름에 따라 변하는 정보(예, UpToDate 논문, 구글 맵Google Maps에서 만든 지도, 자주 업데이트되는 웹사이트의 저작물)를 반영하도록 설계되어 있다(제10장, 예시 14, 100, 113 참조). 변할 가능성이 있거나 변할 것임을 의미하는 아카이브 되지 않은unarchived(즉, 안정적이지 않은) 저작물을 인용하는 경우, 출처 요소에서 검색일을 제공하라. 이 날짜를 포함하는 것은 독자들에게 이들이 검색하는 저작물의 버전이 논문작성자가 사용한 버전과 다를 수 있음을 내비치는 것이다.

시간의 흐름에 따라 변할 수 있지만 아카이브 버전을 지닌 저작물의 경우(예, 코크런 리뷰Cochrane reviews 또는 위키피디아Wikipedia[*역자 주. 미국 온라인 백과사전] 논문), 검색일이 요구되지 않는다. 해당 페이지의 아카이브 버전이 안정적이고 검색될 수 있기 때문이다(예, 퍼머링크permalink[*역자 주. 전자문서에 고정적으로 부여된 하이퍼링크]를 통해; 제10장, 예시

13, 49 참조). 참고문헌의 대다수는 검색일을 포함하지 않는다. 검색일을 포함할 수 있는 유형은 제10장의 적용 가능한 참고문헌 예시에 제시되어 있다. 필요한 경우, 검색일은 URL 앞에 제시하라.

Retrieved October 11, 2020, from https://xxxxx

2020. 10. 11 https://xxxxx로부터 검색됨

9.17 날짜 없음

때로 저작물의 출판일이 미상 또는 결정되어 있지 않을 수 있다. **날짜 없음**no date으로 된 저작물의 경우, 소괄호 안에 "n.d."("no date"의 약자)라고 기입하라. 글자 사이에 띄어쓰기 없이 "n" 다음과 "d" 다음에 마침표를 붙여라.

Gagnon, R. (n.d.).

이에 해당하는 본문 인용에서의 날짜 역시 "n.d."라고 제시하라.

(Gagnon, n.d.) 또는 Gagnon (n.d.)

9

제목

다음의 절들에는 제목 요소 형식의 정의(9.18–9.19절)와 시리즈와 여러 권으로 된 저작물 처리(9.20절), 괄호 내 기술 사용(9.21절), 그리고 제목 없는 저작물의 소재 확인(9.22절) 방법에 관해 기술되어 있다.

9.18 제목의 정의

참고문헌에서 **제목**title이란 인용되는 저작물의 제목을 말한다. 제목은 2개의 넓은 범주에 속한다. 하나는 단독형 저작물(예, 전편 서적whole books, 보고서, 회색 문헌gray literature [*역자 주. 전통적인 상업용 또는 학술적 출판 경로 외의 기관에서 생산된 자료 또는 연구물을 지칭함], 박사 및 석사 학위논문, 비공식적으로 게재된 저작물, 데이터 세트, 비디오, 영화, TV 시리즈물, 팟캐스트, 소셜 미디어, 그리고 웹사이트상의 저작물)이고, 다른 하나는 더 큰 전편whole의 일부인 저작물(예, 정기간행물 논문, 편집된 서적의 장, 그리고 TV와 팟캐스트 1회 방송분)이다. 저작물이 단독형(예, 보고서)인 경우, 저작물의 제목은 참고문헌의 제목 요소에 제시된다. 저작물이 더 큰 전편(예, 학술지 논문 또는 편집된 서적의 장)의 일부인 경우, 논

문 또는 장의 제목은 참고문헌의 제목 요소에 제시되고, 더 큰 전편(학술지 또는 편집된 서적)의 제목은 출처 요소에 제시된다(각각 9.25절, 9.28절 참조).

9.19 제목 요소의 형식

제목 요소의 형식은 다음과 같은 지침을 따르라.

- 더 큰 전편(예, 학술지 논문, 편집된 서적의 장)의 일부인 저작물의 경우, 제목을 이탤릭체로 표기하지 말고, 따옴표를 사용하지 말며, 문장 표기법(SC)을 사용하여 대문자로 표기하지 말라(6.17절 참조).

  The virtue gap in humor: Exploring benevolent and corrective humor.

- 단독형 저작물(예, 서적, 보고서, 웹페이지와 웹사이트)의 경우, 제목을 이탤릭체로 표기하고, 문장 표기법을 사용하여 대문자로 표기하라(6.17절 참조).

  Adoption-specific therapy: A guide to helping adopted children and their families thrive.

- 서적과 보고서 참고문헌의 경우, 식별과 검색을 위해 출판물에 제시된 추가 정보(예, 판, 보고서 번호, 권수)는 제목 다음에 소괄호 안에 제시하라. 제목과 소괄호 정보 사이에 마침표를 추가하지 말라. 또한 소괄호 내의 정보를 이탤릭체로 표기하지 말라. 만일 판[edition]과 권[volume]에 관한 정보가 포함되어 있다면, 이들 요소는 쉼표로 분리하되, 판수를 먼저 제시하라.

  Nursing: A concept-based approach to learning (2nd ed., Vol. 1).

- 만일 번호가 붙여진 권에 독자적인 제목이 있다면, 권수와 제목은 소괄호 안에 제시되기보다는 주 제목의 일부로 포함된다(제10장, 예시 30과 45 참조).
- 제목 요소는 마침표로 마쳐라. 그러나 만일 제목이 물음표 또는 느낌표로 끝난다면, 이러한 구두점은 마침표로 대체된다.
- 본문에 제시되는 제목의 형식에 관해서는 6.17절을 참조하라.

9.20 시리즈 및 여러 권으로 된 저작물

여러 권으로 된 저작물의 일부인 서적(예, 세 권으로 된 핸드북)의 경우, 참고문헌 목록 입력자료에 시리즈 제목을 포함하라. 제목이 있는 권과 제목이 없는 권의 예시는 제10장의 예시 30을 참조하라.

서적이 개념적으로 관련이 있지만 분리되어 있는 저작물의 일부인 경우(예, 해리 포터Harry Potter 또는 나니아 연대기Chronicles of Narnia 같은 인기 서적), 참고문헌에 시리즈물 제목이 아니라, 서적 제목만 포함하라. 출판사와 시리즈물에 따라서, 시리즈물 제목은 눈에 잘 띄거나 찾기 힘들 수 있다. 그러므로 우리는 이를 생략하여 혼란을 피할 것을 권장한다(제10장, 예시 31 참조).

9.21 중괄호 내 기술

동료심사를 받은 학술적 문헌 외의 저작물(즉, 논문, 서적, 보고서 등을 제외한 저작물)의 확인을 돕기 위해서는, 저작물에 관한 기술은 중괄호로 묶어서 제목 다음, 그리고 마침표 앞에 제시하라. 이러한 기술은 독자들의 저작물 확인과 검색에 도움을 준다. 중괄호 내 기술이 포함된 저작물의 예로는 일부 오디오북audiobooks, 회색 문헌gray literature (예, 보도자료), 시청각 자료(예, 영화, 유튜브 동영상, 사진), 소프트웨어와 모바일 앱, 데이터 세트, 준비 중인 원고, 그리고 박사 및 석사 학위논문이 있다. 중괄호 내 기술은 첨부된 소셜 미디어 참고문헌에서 링크 또는 이미지를 나타내는 데도 사용된다. 기술의 첫 글자는 대문자로 표기하되, 이탤릭체는 사용하지 말라.

> *Comprehensive meta-analysis* (Version 3.3.070) [Computer software].

제10장의 예시에는 필요한 부분에 중괄호 내 기술이 포함되어 있다. 의구심이 드는 경우, 기술을 포함하라. 연속적인 중괄호(예, 번역된 제목 다음에 기술이 오는 경우)는 참고문헌에서 수용될 수 있다. 문구의 일관성은 도움이 되지만(9.6절 참조), 예시에 제시된 문구를 변경하여 독자들이 필요로 하는 해당 정보를 가장 잘 전달할 수 있다. 제10장의 예시에 제시된 것처럼, 간단명료한 기술을 사용하라.

9.22 제목 없음

제목이 없는 저작물의 경우, 대신 저작물에 관한 기술을 중괄호 안에 포함하라.

- 가능한 경우, 제목이 없는 저작물(예, 지도)에 관한 기술은 2개의 중괄호 내 기술을 포함하기보다는 매체medium를 명시하라.

[Map showing the population density of the United States as of the year 2010].

- 정기간행물 기사에 대한 제목이 없는 논평의 경우, 기술 외에 논평 또는 포스트의 첫 20단어까지 포함하라(제10장, 예시 18 참조).
- 제목이 없는 소셜 미디어 포스트의 경우, 중괄호 안의 기술 외에 논평 또는 포스트(이탤릭체로 표기)의 첫 20단어까지 포함하라(제10장, 예시 103, 105, 107, 108 참조).

출처

다음의 절들에는 출처 요소의 정의와 형식이 기술되어 있다(9.23–9.24절). 그런 다음, 특정한 종류의 출처를 처리하기 위한 지침이 제시되어 있다. 여기에는 ① 정기간행물(9.25–9.27절), ② 편집된 서적의 장과 참고문헌 저작물 입력자료(9.28절), ③ 출판사(9.29절), ④ 데이터베이스와 아카이브(9.30절), ⑤ 학술대회 같은 특정 장소가 있는 저작물(9.31절), ⑥ 소셜 미디어(9.32절), 그리고 ⑦ 웹페이지와 웹사이트(9.33절)가 포함된다. DOI 또는 URL이 있는 저작물(9.34–9.36절)과 출처가 없는 저작물(9.37절)도 다루게 된다.

9.23 출처의 정의

참고문헌에서 **출처**source란 독자들이 인용된 저작물을 검색할 수 있는 장소를 말한다. 제목의 경우처럼(9.18절 참조), 출처는 2개의 폭넓은 범주로 나뉜다(더 큰 전편whole book의 일부인 저작물과 단독형 저작물).

- 더 큰 전편의 일부인 저작물의 출처(예, 학술지 논문, 편집된 서적의 장)는 더 큰 단행본(즉, 학술지[9.25절 참조] 또는 편집된 서적[9.28절 참조]), 그리고 적용 가능한 DOI 또는 URL(9.34–9.36절 참조)이다.
- 단독형 저작물에 대한 출처(예, 전편 서적, 보고서, 박사학위논문, 석사학위논문, 영화, TV 시리즈물, 팟캐스트, 데이터 세트, 비공식적으로 게재된 저작물, 소셜 미디어, 웹페이지)는 저작물의 출판사(9.29절 참조), 데이터베이스 또는 아카이브(9.30절 참조), 소셜 미디어 사이트(9.32절 참조), 또는 웹사이트(9.33절 참조), 그리고 적용 가능한 DOI 또는 URL(9.34–9.36절 참조)이다.

- 구체적인 장소와 연관된 저작물(예, 학술대회 발표)은 출처에 장소 정보를 포함하고 (9.31절 참조), 저작물에 따라 DOI 또는 URL을 포함할 수도 있다(9.34–9.36절 참조).

다음 절들에는 출처 요소에 관한 일반 지침들이 제시되어 있다. 각 참고문헌 범주에 포함될 출처 구성요소의 템플릿과 예시는 제10장을 참조하라.

9.24 출처 요소의 형식

참고문헌의 출처 요소는 참고문헌 범주에 따라 하나 또는 두 부분으로 되어 있다. 예를 들면, DOI가 없는 인쇄본 서적의 출처는 하나로 되어 있다(서적 출판사). 그러나 DOI가 있는 학술지 논문의 출처는 두 부분으로 되어 있다. 즉, 정기간행물 정보(학술지 제목, 권수, 호수, 그리고 페이지 범위 또는 논문 번호)와 DOI다.

출처에서 정보는 참고문헌으로부터 생략되어 반복을 피할 수 있다. 즉, 저자와 출판사 또는 서적의 사이트명, 보고서, 웹페이지, 또는 웹사이트가 같은 경우, 출판사 또는 사이트명은 출처 요소로부터 생략된다. 특정 참고문헌 범주에 대한 출처 구성에 관한 안내 지침은 9.25–9.33절을 참조하라.

9.25 정기간행물 출처

정기간행물(즉, 학술지, 잡지, 신문, 뉴스레터, 또는 블로그)이 출처인 경우, 정기간행물 제목, 권수, 호수, 그리고 페이지 범위 또는 논문 번호를 제공하라(제10장, 예시 1–6, 9–12, 15, 16 참조).

Psychology of Popular Media Culture, 5(2), 101-118.

- 정기간행물의 제목은 제목 표기법(TC)을 사용하여 대문자(6.17절 참조)와 이탤릭체로 표기하고, 그 뒤에 쉼표(이탤릭체 아님)를 붙여라.
- 인용된 저작물에 제시된 정기간행물 제목을 재생하라. 만일 정기간행물의 공식적인 제목에 약자가 포함되어 있다면, 참고문헌에 축약된 제목을 재생하라(예, *PLOS ONE*, *JAMA Pediatrics*). 그러나 정기간행물 제목은 축약하지 말라(예, *The New England Journal of Medicine*을 *N Engl J Med*로 축약하지 말라). 마찬가지로, 다른 참고문헌 목록 또는 데이터베이스로부터 축약된 제목을 재생하지 말라(예, 만일 PubMed Central에 있는 *JAMA Pediatrics*로부터 논문을 찾는다면, 참고문헌에서는

PubMed Central의 약자 *JAMA Pediatr*가 아니라, *JAMA Pediatrics*를 사용하라).

- 권수volume number는 이탤릭체로 표기하라.
- 호수issue number가 있는 모든 정기간행물에 대해서는 호수를 포함하라. 호수는 권수 바로 다음에 배치하고(그 사이는 띄어쓰기를 하지 않음), 호수를 소괄호 안에 제시하라. 쉼표는 소괄호 다음에 붙여라. 호수는 이탤릭체로 표기하거나, 소괄호를 사용하거나, 호수 다음에 쉼표를 붙이지 말라.
- 쉼표와 호수 다음에 이탤릭체 없이 페이지 범위(또는 논문 번호; 9.27절 참조)를 써라. 한 범위 내에서 페이지 번호는 엔 대시로 분리하고, 마침표를 붙여라. 불연속 페이지 번호는 쉼표로 분리하라. 39–47, 50.
- 출처 요소의 정기간행물 정보 부분은 마침표로 끝마치고 적용 가능한 DOI 또는 URL을 기입하라(9.34–9.36절 참조).

9.26 누락된 정보가 있는 온라인 정기간행물

다수의 온라인 정기간행물(예, 신문, 블로그)은 권수, 호수, 및/또는 페이지 번호 또는 논문 번호 없이 논문을 출판한다. 만일 이러한 요소들이 인용된 저작물에 제시되어 있지 않다면, 이러한 요소들은 참고문헌으로부터 생략하라. 예를 들면, 온라인 신문 기사 또는 블로그 댓글의 경우, 정기간행물(즉, 신문 또는 블로그)의 제목만 제시될 수 있다(제10장, 예시 16, 17, 68 참조).

> *The New York Times.*

9.27 논문 번호

논문 번호article number(“eLocator” 또는 다른 용어로 불릴 수 있음)가 있는 논문의 경우, “논문Article”(대문자 표기)이라고 쓴 다음, 페이지 범위 대신 논문 번호를 제공하라(제10장, 예시 6 참조).

> *PLOS ONE, 11*(7), Article e0158474.

만일 논문 번호가 있는 논문에 번호가 붙여진 페이지가 있다면(PDF에서처럼), 이러한 페이지 번호는 본문 인용에 사용될 수 있지만(8.23절, 8.25절 참조), 참고문헌 목록 입력자료에는 제시하지 말라.

9.28 편집된 서적 장과 참고문헌 저작물 입력자료 출처

참고문헌 저작물에서 편집된 서적 장과 입력자료(예, 사전 정의)의 경우, 출처는 편집된 서적 또는 전편 참고문헌 저작물이 된다(제10장, 예시 38–48 참조).

- 참고문헌의 출처 요소에서 편집자editors가 있는 저작물의 경우, 단어 "In"을 쓰고 편집자(들) 이름의 첫 글자와 성(도치되지 않음)을 기입하라. 만일 한 명의 편집자가 있다면, 편집자의 이름 다음에 "(Ed.)"를 붙여라. 만일 2인 또는 그 이상의 편집자가 있다면, 최종 편집자의 이름 다음에 "(Eds.)"를 붙여라. 그런 다음, 쉼표, 이탤릭체로 문장 표기법(SC)을 사용한 전편 서적whole book 또는 참고문헌 저작물의 제목(6.17절 참조), 이탤릭체 없이 소괄호로 묶인 장 또는 입력자료의 페이지(축약형 "p.") 또는 페이지 범위(축약형 "pp."), 그리고 마침표를 추가하라. 그러고 나서 출판사명을 제공하라(9.29절 참조).

In E. E. Editor (Ed.), *Title of Book* (pp. xx-xx). Publisher.

- 만일 편집된 서적 또는 참고문헌에 페이지 번호 외에 판 또는 권 정보가 있다면, 다음과 같은 순서로 동일 소괄호 안에 이들을 포함하라: 판수, 권수, 그리고 페이지 번호(쉼표로 분리).

Title of Book (2nd ed., Vol. 3, pp. xx-xx).

- 만일 번호가 붙여진 서적의 권에 자체적인 제목이 있다면, 서적의 주 제목 다음에 권수와 제목을 포함하라. 주 제목 다음에 콜론을 붙이고, "Volume"은 "Vol."으로 축약되며, 권수 다음에 마침표를 붙여라. 그런 다음, 권의 제목이 제시된다.

Main Title of Book: Vol. 2. Volume Title (2nd ed., pp. xx-xx).

- 집단 저자가 있는 참고문헌 저작물의 경우(예, 미리암 웹스터 사전, APA 심리학 사전, 모바일 앱 참고문헌 저작물), 출판사가 저자와 동일한 경우, 출처 요소에서 집단 저자명을 반복하지 말라. 단순히 "In"과 이탤릭체로 참고문헌명을 써라(제10장, 예시 47과 80 참조).
- TV 삽화episode(*역자 주. 1회 방송분), 팟캐스트 삽화, 그리고 앨범으로부터의 노래는 편집된 서적의 장과 참고문헌 저작물로부터의 입력자료와 같은 패턴을 따른다(제10장, 예시 87, 92, 94 참조).

9

- 출처 요소는 마침표로 끝마치고, 적용 가능한 DOI 또는 URL을 기입하라(9.34절 참조).

9.29 출판사 출처

출판사명은 전편 서적whole book, 편집된 서적의 장, 보고서, 컴퓨터 소프트웨어와 모바일 앱, 그리고 데이터 세트를 포함한 참고문헌 범주의 번호에 대한 출처 요소에 제공된다. 참고문헌에 출판사 소재지를 포함하지 말라. 온라인 검색에서는 출판사 소재지가 없어도 저작물을 쉽게 발견할 수 있다. 그리고 전 세계적으로 사무실이 있는 출판사의 소재지 또는 기꺼이 소재지를 노출하지 않는 온라인 전용 출판사의 소재지를 제공해야 하는지 불분명할 수 있다.

- 저작물상에 제시된 출판사명을 쓰고, 마침표를 찍어라. 출판사명이 저작물상에 축약된 형태로 제시되어 있지 않다면, 출판사명을 축약하지 말라.

주. 일부 출판사는 참고문헌 목록 입력자료에서 공간 절약을 위해 출판사명을 축약하는 것을 선호할 수 있다(예, "John Wiley & Sons"을 "Wiley"로). 이는 출판사 표기법의 일부로 수용될 수 있다. 만일 저작물을 출판하고자 한다면, 출판사의 방침에 관해 문의함으로써 이러한 실제를 따를 것인지 결정하라.

- 출판사명의 형식은 시간의 흐름과 저작물에 따라 달라질 수 있다(예, SAGE Publishing vs. Sage Publications). 논문작성자가 사용한 저작물상에 제시된 것과 동일한 출판사명의 철자와 대문자 표기를 사용하라. 참고문헌 목록에 다수의 입력자료가 제시되어 있다면, 출판사명 제시를 표준화할 필요는 없다.
- 만일 저작물이 임프린트imprint(*역자 주. 저작물이 출판되는 출판사의 상호명) 또는 부서명으로 출판된다면, 임프린트 또는 부서명을 출판사로 사용하라(예, Magination Press는 미국심리학회의 임프린트로, 출판사명으로 사용될 것이다).
- 출판사명에 비즈니스 구조의 호칭을 포함하지 말라(예, Inc., Ltd., LLC).
- 만일 2개 또는 그 이상의 출판사가 저작권 페이지에 수록되어 있다면, 저작물에 제시된 순서로 세미콜론으로 분리하여 이들 모두를 포함하라(제10장, 예시 24 참조).

Guilford Press; Basic Books.

- 저자가 출판사와 동일한 경우(예, 같은 회사에서 집필 · 출판한 연차보고서, 전문기관에서 출간된 참고문헌 서적, 또는 기관의 웹사이트로부터의 저작물), 참고문헌으로부터 출판사를 생략함으로써, 반복을 피하라(제10장, 예시 32, 50, 54, 55 참조).
- 출처 요소의 출판사 정보 구성요소는 마침표로 끝마치고, 적용 가능한 DOI 또는 URL을 기입하라(9.34–9.36절 참조).

9.30 데이터베이스와 아카이브 출처

참고문헌 목록 입력자료에서 데이터베이스와 아카이브 정보는 드물게 요구된다. 참고문헌 목록 입력자료의 목적은 저작물의 저자가 개인적으로 사용한 경로를 반복하기 위함이 아니라, 필요한 경우 독자들에게 이들이 스스로 검색할 필요가 있을 세부사항을 제공하는 것이다. 대부분의 정기간행물과 서적 내용은 다양한 데이터베이스 또는 플랫폼을 통해 이용 가능하고, 다른 독자들은 또 다른 방법 또는 접속 포인트를 가지고 있을 것이다. 추가로, 데이터베이스로부터의 URL 또는 도서관에서 제공하는 서비스는 보통 필수로 로그인 요구 및/또는 세션 특이적[session specific](*역자 주. 세션별로 진행된다는 뜻)이다. 이는 이들이 대부분의 독자에게 접근할 수 없고 참고문헌 목록에의 포함에 적합하지 않음을 의미한다.

- 독자들이 인용된 저작물을 정확한 데이터베이스 또는 아카이브로부터 검색하는데 필요한 경우에만 참고문헌에 데이터베이스 또는 기타 온라인 아카이브 정보를 제공하라.
  - 데이터베이스 또는 아카이브에서 오리지널, 그 데이터베이스 또는 아카이브에서만 이용 가능한 전매특허를 받은 저작물이 출판된 경우, 그 명칭을 제공하라(예, Cochrane Database of Systematic Reviews 또는 UpToDate; 제10장, 예시 13–14 참조). 이러한 저작물에 대한 참고문헌은 학술지 논문 참고문헌과 유사하다(데이터베이스 또는 아카이브 명칭은 정기간행물 제목과 동일하게, 출처 요소에 제목 표기법을 사용하여 이탤릭체로 기입된다).
  - 다음과 같은 제한된 부수의 저작물에 대해서는 데이터베이스 또는 아카이브 명칭을 제공하라.
    - ▷ ProQuest Dissertations and Theses Global에서 출간된 박사 및 석사 학위 논문

▷ 대학 아카이브에 저장된 저작물
▷ PsyArXiv 같은 사전인쇄 아카이브에 포스트된 원고(제10장, 예시 73 참조)
▷ 기관 또는 정부 문서저장소에 포스트된 저작물
▷ ERIC에서 출판된 단행본 형태의 논문/모노그래프 또는 JSTOR에서 출판된 일차 자료(제10장, 예시 74 참조)

이러한 참고문헌들은 보고서 참고문헌과 유사하다. 즉, 데이터베이스 또는 아카이브의 명칭이 출판사명과 같이 출처 요소에 제공된다(이탤릭체 없이 제목 표기법으로).

- 대부분의 학술적 연구 데이터베이스 또는 플랫폼으로부터 수집된 저작물에 대한 데이터베이스 정보는 포함하지 말라. 이러한 출처에 있는 저작물들은 광범위하게 이용 가능하기 때문이다. 학술적 연구 데이터베이스와 플랫폼의 예로는 APA PsycNet, APA PsycINFO, Academic Search Complete, CINAHL, Ebook Central, EBSCO*host*, Google Scholar, JSTOR(이들은 한정보급 저작물이므로 이들의 일차 자료 수집은 배제됨), MEDLINE, Nexis Uni, Ovid, ProQuest(박사 및 석사 학위논문은 제한된 부수 저작물이므로, 박사 및 석사 학위논문 데이터베이스는 배제됨), PubMed Central(제한된 부수의 저작물이므로 저자의 최종 동료심사를 받은 원고는 배제됨), ScienceDirect, Scopus, 그리고 Web of Science가 있다. 이러한 데이터베이스 또는 플랫폼 중 하나로부터 저작물을 인용하는 경우, 저작물이 예외사항 중 하나에 속하지 않는다면 참고문헌 목록 입력자료에 데이터베이스 또는 플랫폼명을 포함하지 말라.
- 참고문헌에 데이터베이스 정보 포함 여부에 관해 의구심이 든다면, 해당 참고문헌 유형을 위한 템플릿을 참조하라(제10장 참조).
- 출처 요소의 데이터베이스 또는 아카이브 구성요소는 마침표로 끝마치고, 적용 가능한 DOI 또는 URL을 기입하라(9.34-9.36절 참조).

9.31 특정 소재지가 있는 저작물

학술대회 발표conference presentations(제10장, 예시 60-63; 자세한 사항은 제10장 시작 부분의 출처 변이 목록 참조)처럼 특정 소재지와 연관된 저작물의 경우, 참고문헌의 출처 요소에 소재지를 포함하여 검색에 도움이 되도록 하라. ① 도시, ② 적용 가능한 주, 지방,

또는 영토, 그리고 ③ 국가명을 제공하라. 미국의 주에 대해서는 두 글자로 된 우편번호 약자와 (해당 사항이 있다면) 다른 국가의 주, 지방, 또는 영토에 대해서는 유사 약자를 사용하라.

New York, NY, United States	Istanbul, Turkey
Vancouver, BC, Canada	Lima, Peru
Sydney, NSW, Australia	London, England

9.32 소셜 미디어 출처

소셜 미디어social media는 콘텐츠가 처음 출판된 시기에만 출처로 사용하라(예, 오리지널 인스타그램 포스트). 만일 소셜 미디어를 통해 콘텐츠에 대한 링크를 발견했다면(예, Pinterest상에서 핀pin), 직접 사용한 콘텐츠를 인용하되, 연구 방법론 기술에 필요한 경우를 제외하고는, 소셜 미디어상의 링크를 통해 그것을 처음 발견했다는 사실은 언급하지 말라.

- 소셜 미디어가 출처인 경우(예, 인스타그램 사진, 트윗, 페이스북 포스트), 출처 요소(6.17절 참조)에 소셜 미디어 사이트명(이탤릭체 없이 제목 표기법으로)을 제공하라: Twitter.
- 소셜 미디어 사이트명 다음에 마침표를 포함하고, URL(9.34–9.36절 참조)을 기입하라.

9.33 웹사이트 출처

웹사이트website가 웹페이지에 대한 출처인 경우(9.2절 참조), 웹사이트 출처에 대한 다음 지침을 따르라.

- 출처 요소(6.17절 참조)에 웹사이트명(이탤릭체 없이 제목 표기법으로)을 제공하라: BBC News.
- 웹사이트명 다음에 마침표를 포함하고, URL(9.34–9.36절 참조)을 기입하라.
- 저작물의 저자가 웹사이트명과 동일한 경우, 출처 요소로부터 그 사이트명을 생략함으로써 반복을 피하라(제10장, 예시 111 참조). 이 경우, 출처 요소는 저작물의 URL로만 구성될 것이다.

9.34 DOI와 URL을 포함해야 하는 시기

DOI 또는 URL은 참고문헌 목록 입력자료의 최종 구성요소다. 너무도 많은 학술자료가 이용 가능하고 및/또는 온라인 검색이 가능하므로, 대부분의 참고문헌 목록 입력자료는 DOI 또는 URL로 끝을 맺는다. **DOI**(또는 디지털 콘텐츠 식별시스템digital object identifier)는 콘텐츠를 찾아 주고 인터넷상에서 콘텐츠의 소재지에 영구적인 링크를 제공해 주는 독특한 영숫자열alphanumeric string이다. 이는 전형적으로 논문의 첫 페이지, 저작권 공지사항 부근에 위치하고, "https://doi.org/" 또는 "http://dx.doi.org" 또는 "DOI:"로 시작하며, 문자와 숫자 열string이 이어진다. DOI는 숫자 10으로 시작하고 사선으로 분리된 접두사와 접미사를 포함한다. 접두사는 국제DOI재단(https://www.doi.org/)이 기관에 할당한 넷 또는 그 이상의 독특한 숫자다. 접미사는 출판사에 의해 할당되는데, 출판사 식별기준에 유연하게 설계되었다. 저작물이 출판될 때, 출판사는 저작물에 DOI를 할당한다. 다수의 출판사는 2000년도에 DOI 시스템 실행 이전에 출판된 저작물에 대해 DOI를 소급하여 할당했다. 등록기관들(예, Crossref)은 DOI를 사용하여 과학적 출판 부분에 참고문헌 링크 서비스를 제공하고 있다. DOI는 또한 데이터베이스 레코드와 출판된 저작물의 참고문헌 목록에서 찾을 수 있다. URL(또는 표준자원위치확인 시스템uniform resource locator)은 인터넷상에서 디지털 정보의 위치를 명시해 주는데, 인터넷 브라우저의 주소창address bar에서 찾을 수 있다.

참고문헌에서 URL은 가능하면 인용된 저작물에 직접 링크되어야 한다. 예를 들면, 온라인 신문기사에 대한 논평을 인용하는 경우, 참고문헌에서 URL은 기사 또는 신문의 홈페이지보다는 논평 자체와 링크되어야 한다(논평의 타임 스탬프를 클릭하여 브라우저에 제시된 논평에 대한 URL을 복사하면 논평에의 직접적인 링크 이용이 가능해질 수 있음). 참고문헌에 DOI와 URL을 포함하기 위한 지침은 다음과 같다.

- DOI가 있는 모든 저작물에는 온라인 버전 또는 인쇄 버전을 사용했든 간에 DOI를 포함하라.
- 만일 인쇄 저작물에 DOI가 없다면, 참고문헌에 DOI 또는 URL을 포함하지 말라.
- 만일 온라인 저작물에 DOI와 URL이 있다면, DOI만 포함하라.
- 만일 온라인 저작물에 URL이 있고 DOI가 없다면, 참고문헌에 다음과 같이 URL을 포함하라.

– 웹사이트(데이터베이스는 포함하지 않은)로부터의 DOI가 없는 저작물의 경우, (URL이 독자들에게 도움이 되는 한) 참고문헌에 URL을 제공하라.
– 대부분의 학술적 연구 데이터베이스로부터의 DOI가 없는 저작물의 경우, 이러한 저작물들은 널리 이용 가능할 수 있으므로, 참고문헌에 URL 또는 데이터베이스 정보를 포함하지 말라(9.30절 참조). 참고문헌은 저작물의 인쇄 버전의 참고문헌과 동일해야 한다.
– 제한된 부수의 저작물을 출판하는 데이터베이스(예, ERIC 데이터베이스)로부터의 저작물 또는 그 데이터베이스(예, UpToDate 데이터베이스)에서만 이용 가능한 오리지널, 전매특허를 받은 자료의 경우, 데이터베이스 또는 아카이브명과 저작물의 URL을 포함하라(9.30절 참조). 만일 URL이 로그인을 필수로 요구하거나 세션 별로 작동session specific된다면(독자들에게 도움이 되지 않을 것임을 의미함), 저작물의 URL 대신 데이터베이스의 URL 또는 아카이브 홈페이지나 로그인 페이지를 제공하라.
– 만일 URL이 더 이상 작동하지 않거나 인용하고자 한 콘텐츠에 대한 접속 기회를 독자들에게 제공하지 않는다면, 출처 없음 저작물에 대한 안내 지침을 따르라(9.37절 참조).

- 국제표준도서번호International Standard Book Number(ISBN)와 국제 표준 간행물 일련번호International Standard Serial Number(ISSN) 같은 기타 글자와 숫자로 된 식별자alphanumeric identifiers는 APA 양식 참고문헌에 포함되지 않는다.

9.35 DOI와 URL의 형식

DOI와 URL 구성을 위한 지침은 다음과 같다.

- DOI와 URL은 하이퍼링크hyperlinks처럼 제시하라(즉, "http://" 또는 "https://"로 시작). 하이퍼링크는 독자들을 직접 콘텐츠로 연결해 주므로, DOI 또는 URL 앞에 "Retrieved from" 또는 "Accessed from" 같은 단어를 포함할 필요가 없다.
- 워드프로세싱 프로그램에서 하이퍼링크를 위한 디폴트 디스플레이 세팅(예, 보통 밑줄이 그어진 청색 글자) 또는 밑줄이 그어져 있지 않은 평문plain text 사용이 수용될 수 있다.

- 만일 저작물이 출판 또는 온라인상에서 읽히려면, 링크가 살아 있어야 한다.
- 국제DOI재단International DOI Foundation의 현재 권고사항을 따라 다음과 같이 참고문헌 목록에서 DOIs를 구성하라.

  https://doi.org/xxxxx

- 여기서, "https://doi.org/"는 DOI를 링크로 제시하는 한 방법이고, "xxxxx"는 DOI 번호를 나타낸다. DOI의 선호되는 형식은 시간의 흐름에 따라 변해 왔다. 좀 더 오래된 저작물들은 참고문헌 목록에서 이전의 형식(예, "http://dx.doi.org/" 또는 DOI 앞에 "doi:" 또는 "DOI:")을 사용하지만, DOI는 모든 입력자료에 대해 현재의 선호되는 형식으로 표준화하라. 예를 들면, 2016년에 출판된 논문에 더 오래된 형식의 번호가 제시되어 있더라도 참고문헌에는 https://doi.org/10.1037/a0040251를 사용하라.

> **새로운 DOI 형식을 사용하는 이유는 무엇인가?** 현재의 DOI 형식은 링크가 없는 번호 또는 프록시 서버proxy server를 통한 링크보다는 저작물과의 직접적인 링크로 DOI를 제시하고 있다. 이는 검색을 단순화 · 표준화한다.

- DOI를 포함한 참고문헌 예시는 제10장, 10.1–10.3절, 10.7절, 그리고 10.9절을 참조하라.
- 웹 브라우저로부터 DOI 또는 URL을 복사해서 참고문헌 목록에 직접 붙임으로써 글로 옮기면서 발생할 수 있는 오류transcription error를 피하라. DOI 또는 URL의 대문자 표기 또는 구두점을 바꾸지 말라. 하이퍼링크에 수작업으로 행 띄어쓰기를 하지 말라. 만일 워드프로세싱 프로그램이 자동으로 행 띄어쓰기를 하거나 하이퍼링크를 독자적인 행으로 옮기는 것은 수용될 수 있다. 만일 자신의 저작물이 출판된다면, 식자공이 구두점 다음의 하이퍼링크를 끊어서 페이지 흐름을 나아지게 할 수 있다.
- DOI 또는 URL 다음에 마침표를 추가하지 말라. 이는 링크 기능을 저해할 수 있다.

9.36 DOI 또는 URL 단축자

DOI 또는 URL이 길거나 복잡한 경우, 원하면 단축DOIshortDOI 또는 단축된 URL을 사용할 수 있다. 국제DOI재단International DOI Foundation(http://shortdoi.org/)이 제공하는 단축DOI 서비스를 사용하여 단축DOI를 창출하라. 저작물은 오직 하나의 DOI와 단축DOI만을 가질 수 있다. 단축DOI 서비스는 한 번도 가진 적이 없거나 기존의 단축DOI를 검색한 저작물에 대해 새로운 단축DOI를 생성할 것이다.

일부 웹사이트에서는 독자적인 브랜드의 단축된 URL을 제공하고, 독립적인 URL 단축 서비스도 이용 가능하다. 단축된 URL은 링크를 체크하여 그것이 올바른 위치로 안내하고 있음이 확인되는 한 참고문헌에서 수용될 수 있다. 참고문헌에서 사용된 단축DOI와 단축된 URL에 대해서는 각각 제10장, 예시 4와 18을 참조하라.

9.37 출처 없음

다시 찾을 수 있는 출처가 없는 참고문헌은 독자들이 저작물을 검색할 수 없기 때문에 참고문헌 목록에 포함될 수 없다. 대부분의 경우, 다시 찾을 수 없는 출처(예, 사적인 이메일, 강의실 강의, 그리고 인트라넷 자료)는 본문에서만 사적 통신문personal communications으로 인용되어야 한다(8.9절 참조).

더 이상 접속할 수 없는 온라인 저작물은 다시 찾을 수 없는 출처로 간주된다. 논문원고를 제출하기 전에 참고문헌 목록에서 URL을 테스트하여 이들이 필요한 만큼 잘 작동 및 업데이트되고 있는지 확인하라. 논문원고에 끊어진 URL을 포함하지 말라. 만일 인용된 콘텐츠가 더 이상 온라인에서 이용 가능하지 않다면, 인터넷 아카이브(https://archive.org/)에서 해당 페이지의 아카이브 버전을 검색하여 아카이브 URL을 사용하라. 만일 URL의 아카이브 버전이 이용 가능하지 않다면, 참고문헌 목록 입력자료를 삭제하고 가능하면 다른 참고문헌으로 대체하라.

참고문헌 변이

일부 저작물은 타 언어 또는 번역된, 재인쇄된, 재발간된, 또는 재출판된 것일 수 있다. 이러한 참고문헌 변이 중 각각의 경우, 저작물에 관한 추가 정보 및/또는 출판력publication history이 참고문헌 목록 입력자료에 포함된다.

9.38 타 언어로 된 작품

다중 언어multilinqual 저자들은 이들이 글을 쓰고 있는 언어와는 다른 언어로 출판된 저작물을 인용할 수 있다. 예를 들면, 영어와 스페인어를 이해하는 저자는 논문원고를 영어로 쓰고 영어와 스페인어로 된 저작물을 인용할 수 있다. 이 논문원고의 독자들의 관점에서 논문원고가 작성된 언어(이 예에서는 영어)는 **주 언어**main language로 간주되고, 논문원고에서 다른 언어(이 예에서는 스페인어)는 "**타 언어**another language"로 간주된다.

타 언어로 된 저작물을 인용하려면, 오리지널 언어로 된 저작물의 저자, 날짜, 제목, 그리고 출처뿐 아니라, 번역된 제목을 중괄호 안에 넣어서 제목 다음에, 마침표 앞에 제시하라(제10장, 예시 9, 27, 85 참조). 더 큰 전편whole(예, 편집된 서적의 장)의 일부인 저작물의 경우, 인용된 저작물의 제목만 번역하라(예, 장 제목은 제10장, 예시 41 참조). 더 큰 전편의 제목(예, 서적 제목)은 번역할 필요가 없다. 예를 들어, 만일 영어로 글을 쓰면서 스페인어로 된 저작물을 인용한다면, 참고문헌 목록에 오리지널 스페인어로 된 저자, 날짜, 제목, 그리고 출처를 제공하고, 중괄호 안에 영어로 번역된 저작물 제목을 제공하라. 번역은 직역할 필요는 없다. 번역을 포함하는 목적은 독자들에게 저작물에 관한 감각을 제공하는 것이다. 번역된 제목에는 적절한 문법과 구두점을 사용하라. 어떤 언어로든 글을 쓰는 저자들은 이러한 지침을 실행할 수 있다.

만일 다른 언어가 현재 글을 쓰고 있는 것과 다른 문자를 사용하고 있다면, 알파벳을 로마자 표기법으로 옮겨라. 예를 들면, 네덜란드어, 영어, 프랑스어, 독일어, 스페인어, 그리고 스와힐리어는 로마자를 사용하는 반면, 암하라어Amharic, 아랍어, 페르시아어Farsi, 히브리어, 힌두어, 일본어, 한국어, 중국어, 그리고 러시아어는 다른 알파벳을 사용한다. 만일 문자 대체가 가능하지 않거나 권장할 만하지 않다면, 논문원고에서 오리지널 문자 재생이 수용될 수 있다. 이 경우, 참고문헌 목록 입력자료를 알파벳으로 바꾸는 지점에 관해 자신의 판단력을 사용하라. 다른 출판된 논문에서 발견되는 참고문헌 목록 입력자료의 순서를 지침으로 기능하게 하거나 입력자료를 목록의 끝에 위치시켜라. 어떤 경우에도, 저작물 제목의 번역을 중괄호 안에 넣어서 제목 다음, 마침표 앞에 제공하라(제10장, 예시 27 참조).

9.39 번역물

번역물translated works은 번역본이 출판된 언어로 인용하라. 예를 들면, 만일 프랑스어로 된 논문이 영어로 번역되어 영어 번역본을 읽었다면, 참고문헌 목록에는 영어로 입력되어야 한다. 번역된 저작물에 대해서는 참고문헌에 역자에게 크레딧이 제공되어야 한다(제10장, 예시 10, 28, 29, 35, 36, 42 참조). 모든 번역물의 경우, 역시 저작물이 처음 원어로 출판되었던 연도를 소괄호 안에 넣어서 참고문헌의 끝에 다음과 같은 형식으로 제시하라.

(Original work published 1955)

번역된 저작물에 대한 본문 인용 작성법은 8.15절을 참조하라.

9.40 재인쇄된 저작물

재인쇄된 저작물reprinted works은 두 곳에서 출판되어 둘 다 이용 가능한 것을 말한다(예, 편집된 서적의 장으로 재인쇄되었던 학술지 논문). 참고문헌 목록 입력자료는 두 출판에 관한 정보를 포함하여 중복출판처럼 보이는 것을 피하라(1.16절 참조). 재인쇄된 저작물에 대한 참고문헌 목록 입력자료에서는 우선 읽은 저작물에 대한 정보를 제공하라. 그런 다음, 소괄호 안에 오리지널 출판에 관한 정보를 제공하라. 제10장에서 다른 학술지에서 재인쇄된 학술지는 예시 11, 편집된 서적의 장으로 재인쇄된 학술지 논문은 예시 43, 그리고 다른 서적에서 재인쇄된 편집된 서적의 장은 예시 44를 참조하라. 재인쇄된 저작물의 본문 인용 방법은 8.15절을 참조하라.

9.41 재출판 또는 재발간된 저작물

재출판된 저작물republished works은 절판되었다가(즉, 더 이상 이용 가능하지 않았다가) 다시 출판된 것을 말한다. 이는 오래된 저작물에 대해 흔하다. "재발간된reissued"이라는 용어는 음악 산업에서 같은 개념을 나타내기 위해 사용된다. 선집anthology이 이전에 출판되었던 저작물로 구성된 경우(새 저작물과 상대되는 것으로), 그 선집의 저작물은 재인쇄된 것으로보다는 재출판된 것으로 취급된다. 재출판 또는 재발간된 저작물(예, 선집에서 재출판된 저작물)을 인용하려면, 사용한 새 출판에 관한 세부사항을 제공하고, 저작물이 처음 출판된 연도를 소괄호 안에 넣어서 다음과 같은 형식으로 참고문헌 끝에 기입하라.

(Original work published 1922)
(원저작물은 1922년에 출판되었음)

제10장에서 재출판된 학술지 논문은 예시 10, 재출판된 서적은 예시 28, 29, 42, 그리고 선집에 재출판된 저작물은 예시 46을 참조하라. 재출판된 저작물의 본문 인용 방

법은 8.15절을 참조하라.

9.42 종교적 · 고전적 저작물

종교적 저작물religious works(예, 성경Bible, 코란Qur'an, 율법Torah, 바가바드 기타Bhagavad Gita[*역자 주. 인도 2대 서사시의 하나인 마하브하라타Mahabharata의 일부), 고전적 저작물(예, 고대 그리스와 로마 시대 저작물), 그리고 고전적 문헌classical literature(예, 셰익스피어 작품)은 모두 서적처럼 인용된다(10.2절 참조).

- 종교적 저작물(제10장, 예시 35 참조)은 보통 저자 없음no author으로 취급된다(9.12절 참조). 그러나 종교적 저작물의 주석이 달린 버전은 편집자가 있는 것으로 취급될 것이다.
- 종교적 저작물의 오리지널 출판 연도는 미상 또는 논의 중일 수 있으므로, 이 경우 참고문헌에 포함되지 않는다. 그러나 성경 같은 종교적 저작물 버전은 재출판될 수 있다. 이러한 재출판된 날짜는 참고문헌에 포함된다(9.41절; 제10장, 예시 35 참조).
- 번역된 종교적 · 고전적 저작물의 경우, 참고문헌에 역자명을 포함하라(9.39절; 제10장, 예시 28 참조).
- 고전적 저작물(예, 고대 그리스와 로마시대 저작물; 제10장, 예시 36 참조)과 고전문헌의 저작물(예, 셰익스피어 작품; 제10장, 예시 37 참조)은 재출판된 저작물로 취급된다(9.41절 참조).
- 고전적 저작물의 오리지널 출판 날짜가 고대인 경우, 약자 "B.C.E."("before the common era"의 약자)를 사용하라. 그리고 만일 날짜가 근사치라면, 약자 "ca." ("circa"의 약자)을 사용하라(제10장, 예시 36 참조). 일반적인 시대에서의 날짜는 "C.E."("common era") 또는 "A.D."("anno Domini")로 기입될 필요는 없다.
- 만일 종교적 또는 고전적 저작물이 어떤 규범에 의해 판에 따라 번호가 붙여진 부분이 있는 경우(예, 서적, 장, 운문, 글귀, 칸토), 저작물의 특정 부분을 참조 또는 저작물을 직접 인용하는 경우, 페이지 번호 대신 이 번호를 사용하라(8.28절 참조).

이러한 저작물의 본문 인용 방법은 8.28절을 참조하라.

참고문헌 목록 형식과 순서

9.43 참고문헌 목록의 형식

다음의 지침은 APA 양식에 따라 참고문헌 목록을 정확하게 작성하는 데 도움을 줄 것이다.

- 참고문헌 목록은 본문 다음에 새 페이지로 시작하라.
- "참고문헌References"이라는 절 라벨은 굵은체로 가운데 정렬하여 페이지 상단에 기입하라.
- 참고문헌 목록 입력자료는 9.44–9.48절에 기술된 것처럼, 저자명에 따라 알파벳순으로 정렬하라.
- 전체 참고문헌 목록은 한 행씩 띄어서 타이핑하라(입력자료 내와 사이 둘 다).
- 각 참고문헌 목록 입력자료에 대해 0.5인치(1.27cm) 내어쓰기를 적용하라. 이는 참고문헌의 첫 행은 좌측정렬로 설정하고, 그다음 행들은 좌측여백으로부터 0.5인치 들여쓰기 된 것을 의미한다. 워드프로세싱 프로그램의 단락 구성 기능을 사용하여 내어쓰기를 적용하라.

9

9.44 참고문헌 목록에서의 저작물 순서

참고문헌 목록에서 저작물들은 다음의 원칙에 따라 참고문헌 목록 입력자료의 첫 단어에 따라 알파벳순으로 수록된다.

- 입력자료는 첫 번째 저자의 성과 저자 이름(들)의 첫 글자에 따라 알파벳순으로 배열하라. 이름의 알파벳순 배열에 대한 APA 양식에서, "무는 무언가의 앞에 온다nothing precedes something". 즉, 알파벳에서 "u"는 "v" 앞에 오지만, Loft, V. H.는 Loftus, E. F. 앞에 온다.
- 이름을 알파벳순으로 정렬하는 경우, 두 단어로 된 성에서 띄어쓰기된 공간 또는 구두점(예, 아포스트로피, 하이픈)은 무시하라. 또한 소괄호(예, "Eds." 같은 역할) 또는 중괄호 안에 있는 것(예, 사용자명)도 무시하라.
- 입력자료는 같은 이름과 접미사가 있는 성을 가진 저자에 따라 알파벳순으로 정렬하여, 연대순으로 출생순위, 즉 가장 오래된 것을 가장 처음에 제시하라.

참고문헌 목록에서 저작물을 순서대로 배열하는 방법의 예시는 그림 9.2를 참조하라. 더 상세한 예시는 APA 양식 웹사이트(https://apastyle.apa.org)상의 출판된 논문 또는 샘플 논문원고의 참고문헌 목록을 살펴보라.

그림 9.2 참고문헌 목록에서 저작물의 순서 예시

Benjamin, A. S.는 ben Yaakov, D. 앞에 온다.
Denzin, N. K.는 de Onís, C. 앞에 오고, Devlin, J. T. 앞에 온다.
Girard, J.-B.는 Girard-Perregaux, A. S. 앞에 온다.
Ibn Abdulaziz, T.는 Ibn Nidal, A. K. M. 앞에 온다.
López, M. E.는 López de Molina, G. 앞에 온다.
MacCallum, T., II는 MacCallum, T., III 앞에 온다.
MacNeil, E.는 McAdoo, Z. C. E., 앞에 오고, M'Carthy, L. L. 앞에 온다.
Olson, S. R.는 O'Neil, U. 앞에 오고, Oppenheimer, R. 앞에 온다.
Partridge, F.는 Plato 앞에 온다.
San Martin, Q. E.는 Santa Maria, M. 앞에 오고, Santayana, F. E. 앞에 온다.
Santiago, J., Sr.은 Santiago, J., Jr. 앞에 온다.
Villafuerte, S. A.는 Villa-Lobos, J. 앞에 온다.

9.45 성과 이름의 순서

이름given name과 **성**surname의 순서를 정하는 방식은 문화에 따라 다르다. 일부 문화권에서는 이름이 성 앞에 제시되는 반면, 다른 문화권에서는 성이 먼저 제시된다. 만일 읽고 있는 이름의 순서가 확실치 않다면, 저자가 선호하는 형태를 확인하거나(예, 웹사이트 또는 기관의 웹사이트 방문 또는 약력bio이나 이력서CV 조회를 통해), 저자의 이전 출판물에 저자명이 어떻게 제시되어 있는지 조회해 보라. 예를 들면, 저자는 중국에서 "Zhang Yi-Chen"으로, 미국에서는 "Yi-Chen Zhang"으로 출판할 수 있다. APA 양식에서는 둘 중 하나에서 이 저자는 참고문헌 목록에 "Zhang, Y.-C.,"으로 수록될 것이다. 자세한 사항은 9.9절을 참조하라.

9.46 동일 첫 저자에 의한 다수의 저작물 순서

참고문헌 목록에서 동일 첫 저자에 의한 다수의 저작물을 순서대로 배열하는 경우, 각 입력자료에 저자명을 포함하라.

• 1인 저자 입력자료는 출판연도에 의해 가장 이른 것이 먼저 제시되도록 배열되어야 한다. 날짜가 없는 참고문헌은 날짜가 있는 참고문헌의 앞에 제시되고, 근간in-press 참고문헌은 그 뒤에 수록된다.

Patel, S. N. (n.d.).

Patel, S. N. (2016).

Patel, S. N. (2020a).

Patel, S. N. (2020b, April).

Paltel, S. N. (2020b, 8월).

Patel, S. N. (in press).

Paltel, S. N. (근간).

• 1인 저자 입력자료는 다수 저자 저작물이 더 이른 시기에 출판되었더라도, 동일 첫 저자로 시작되는 다수 저자 입력자료의 앞에 제시되어야 한다.

Davison, T. E. (2019).

Davison, T. E., & McCabe, M. P. (2015).

• 모든 저자가 같은 순서로 제시된 다수 저자 입력자료는 출판연도에 의해 배열되어야 한다(1인 저자 입력자료와 동일함).

Costa, P. T., Jr., & McCrae, R. R. (2013).

Costa, P. T., Jr., & McCrae, R. R. (2014).

• 동일 첫 저자와 다른 후속 저자들이 있는 다수 저자 입력자료는 두 번째 저자의 성에 의해 알파벳순으로 배열되어야 한다. 만일 두 번째 저자가 동일하다면, 세 번째 저자의 성, 그리고 등등.

Jacobson, T. E., Duncan, B., & Young, S. E. (2019).

Jacobson, T. E., & Raymond, K. M. (2017).

Pfeiffer, S. J., Chu, W.-W., & Park, S. H. (2018).

Pfeiffer, S. J., Chu, W.-W., & Wall, T. L. (2018).

9.47 동일 저자와 동일 날짜의 저작물 순서

한 편의 논문원고에 인용된 다수 저작물의 저자와 날짜가 같은 경우(즉, 같은 순서의 저자[들]와 같은 출판연도), 같은 본문 인용이 다수의 참고문헌 목록 입력자료와 일치하게 되므로 모호한 상황이 발생할 수 있다. 동일 저자와 연도가 있는 참고문헌을 구별하려면, 본문 인용과 참고문헌 목록 입력자료 둘 다에 연도 다음에 소문자를 기입하라.

- 연도가 있는 참고문헌의 문자 형식은 "2020a," "2020b"이다.
- 날짜가 없는 참고문헌의 문자 형식은 "n.d.-a," "n.d.-b"이다.
- 근간 참고문헌의 문자 형식은 "in press-a," "in press-b"이다.

문자 할당은 2단계 과정이다. 첫째, 날짜를 비교하라. 연도만 있는 참고문헌은 더 구체적인 날짜가 있는 참고문헌 앞에 제시되고, 구체적인 날짜는 연대순으로 배열된다.

Azikiwe, H., & Bello, A. (2020a).

Azikiwe, H., & Bello, A. (2020b, March 26).

Azikiwe, H., & Bello, A. (2020c, April 2).

둘째, 만일 참고문헌의 날짜가 같다면, 참고문헌을 제목에 따라 알파벳순으로 배열하라(참고문헌 제목의 시작 부분에 있는 단어 "A," "An," "The"는 무시하라). 다음은 적절한 순서로 배열된 참고문헌 예시다.

Judge, T. A., & Kammeyer-Mueller, J. D. (2012a). General and specific measures in organizational behavior research: Considerations, examples, and recommendations for researchers. *Journal of Organizational Behavior*, *33*(2), 161-174. https://doi.org/10.1002/job.764

Judge, T. A., & Kammeyer-Mueller, J. D. (2012b). On the value of aiming high: The causes and consequences of ambition. *Journal of Applied Psychology*, *97*(4), 758-775. https://doi.org/10.1037/a0028084

그러나 만일 동일 저자와 날짜가 있는 참고문헌이 시리즈물의 논문과 같다면(예, 1부와 2부), 참고문헌은 제목의 알파벳순에 상관없이 시리즈물 순으로 배열하라. 본문에 동일 저자와 날짜가 있는 저작물의 경우, 8.19절을 참조하라.

9.48 같은 성을 가진 첫 저자들의 저작물 순서

첫 번째 저자의 성이 같고 이름의 첫 글자가 다른 저작물은 이름의 첫 글자에 따라 배열하라.

Taylor, J. M., & Neimeyer, G. J. (2015).

Taylor, T. (2014).

이러한 참고문헌의 본문 인용 역시 첫 저자 이름의 첫 글자를 포함한다(8.20절 참조). 이러한 지침은 각 참고문헌의 첫 번째 저자에게만 적용한다. 만일 다수의 첫 저자들의 성과 이름의 첫 글자가 같다면, 저작물은 9.46절과 9.47절에 기술된 것과 같은 순서로 배열하라. 이 지침은 저자가 다른 사람이거나 개명된 이름을 가진 같은 사람이든 상관없이 적용된다. 본문 인용 일치에 관한 안내 지침은 8.20절을 참조하라.

9.49 저자가 없거나 익명 저자의 저작물 순서

저작물을 마치 저자가 없는 것처럼 취급하기 전에, 집단 또는 기관이 저자인지 고려하라(9.11절 참조). 만일, 그리고 오직, 저작물이 "익명Anonymous" 표시가 되어 있다면, 입력자료를 "익명Anonymous"이라는 단어로 시작하고, 익명이 실제 이름인 것처럼 입력자료를 알파벳순으로 배열하라.

만일 저자가 없고 저작물에 "익명" 표시가 되어 있지 않다면, 그 참고문헌은 저작물의 제목으로 시작하라(9.12절 참조). 입력자료는 제목의 첫 번째 중요한 단어에 따라 알파벳순으로 배열하라(즉, 제목의 시작 부분에 있는 단어 "A," "An," "The"는 무시하라).

숫자는 마치 철자로 나타내는 것처럼 알파벳순으로 배열하라(예, 22는 "twenty-two"인 것처럼 알파벳순으로 배열하라). 따라서 "Top 100 business schools"는 "Top 10 nursing specialties"의 앞에 제시된다. "one hundred"는 알파벳순으로 볼 때, "ten" 앞에 오기 때문이다. 마찬가지로, "Theological studies"는 "200 years" 앞에 온다. "theological"이 "two hundred" 앞에 오기 때문이다. 본문에서 저자가 없는 저작물의 인용은 8.14절을 참조하라.

9.50 참고문헌의 약자

서적, 보고서, 그리고 기타 출판물의 어떤 부분들은 다음과 같은 예시에서처럼, 공간 절약을 위해 참고문헌 목록에서 축약된다. 많은 경우(그러나 모든 경우는 아님), 참고문헌 약자는 대문자로 표기된다.

약자	서적 또는 출판 부분
ed.	판[edition]
Rev. ed.	개정판[revised edition]
2nd ed.	제2판[second edition]
Ed. (Eds.)	편집자[editor](편집자들[editors])
Trans.	역자[translator(s)]
Narr. (Narrs.)	내레이터[narrator](내레이터들[narrators])
n.d.	날짜 없음[no date]
p. (pp.)	페이지[page](페이지들[pages])
para. (paras.)	단락[paragraph](단락들[paragraphs])
Vol. (Vols.)	권[volume](권들[volumes])
No.	호[number]
Pt.	부[part]
Tech. Rep.	기술보고서[technical report]
Suppl.	보충[Supplement]

9.51 주석이 달린 서지목록

주석이 달린 서지목록[annotated bibliography]은 참고문헌 목록 입력자료 다음에 주석[annotations]이라 불리는 저작물에 관한 짤막한 기술이 붙여진 학생보고서의 한 유형이다. 주석이 달린 서지목록 역시 참고문헌 목록보다는 서지목록이 필수로 요구되는 분야의 연구보고서의 한 가지 요소를 구성할 수 있다. 대부분의 APA 양식 지침은 주석이 달린 서지목록에의 적용이 가능하다. 논문원고 여백, 글자체, 그리고 줄 간격에 관한 안내 지침에 대해서는 제2장을 참조하라. 이 장에는 주석이 달린 서지목록에서 참고문헌을 만들고 적절히 배열하기 위한 지침이 마련되어 있다. 참고문헌 목록 입력자료의 템플릿과 예시에 관해서는 제10장을 참조하라. 주석을 작성하는 경우, 제4장의 논문 작성 양식과 문법, 제5장의 편견 없는 언어 지침, 그리고 제6장의 논문 양식의 기계적 요소를 참조하라. 일반적으로, 주석에서 주석이 달린 저작물 인용은 필요하지 않다. 왜냐하면 정보의 근원이 맥락을 통해 분명하기 때문이다. 그러나 만일 출처를 명확하게 하기 위해 주석 내에 다수의 저작물을 참조한다면, 본문 인용을 포함하라(제8장 참조).

일반적으로 강좌 담당 교수들은 주석이 달린 서지목록을 위한 모든 기타 필수요건을 설정한다(예, 포함할 참고문헌 수, 각 주석의 길이와 초점). 다른 안내 지침이 없는 경우, 주석이 달린 서지목록은 다음과 같이 작성하라.

- 주석이 달린 서지목록에서 참고문헌은 참고문헌 목록에서 입력자료를 순서대로 배열하는 것과 동일하게 알파벳순으로 구성·배열하라(9.43–9.44절 참조).
- 각 주석은 이에 관한 참고문헌 입력자료 아래에 새 단락으로 입력되어야 한다. 전체 주석은 블록인용과 같이 좌측 여백으로부터 0.5인치(1.27cm) 들여 써라(8.27절 참조). 주석의 첫 행은 들여 쓰지 말라.
- 만일 주석이 다수의 단락으로 구성된다면, 두 번째와 그 이후의 단락의 첫 행은 다수의 단락이 있는 블록인용과 마찬가지로, 추가로 0.5인치 들여써라.

주석이 달린 서지목록의 예시는 그림 9.3을 참조하라.

9.52 메타분석에 포함된 참고문헌

메타분석에 포함된 연구물들(3.12절, 3.17절 참조)은 논문원고의 참고문헌 목록에 알파벳순으로 통합되어야 한다. 메타분석의 참고문헌은 분리된 목록으로 제시되어서는 안 된다. 메타분석에 포함되었던 각 참고문헌의 시작 부분에는 별표asterisks를 하라. "참고문헌" 절 라벨 아래, 참고문헌 목록의 첫 페이지에는 별표의 목적이 기술된 다음의 진술(새 단락으로 들여쓰기 된)을 삽입하라. "별표가 표시된 참고문헌은 메타분석에 포함되었던 연구물을 가리킨다." 예시는 그림 9.4를 참조하라.

메타분석에 포함된 참고문헌은 본문에 인용될 필요가 없다. 그러나 저자의 재량에 따라 인용될 수도 있다(예, 비교를 위한 표에서; 제7장, 표 7.4 참조). 본문 인용은 별표를 포함하지 않는다.

그림 9.3 샘플 주석이 달린 서지목록

2

직장 스트레스: 주석이 달린 서지목록

Barber, L. K., Grawitch, M. J., & Maloney, P. W. (2016). Work-life balance: contemporary perspectives. In M. J. Grawitch & D. W. Ballard (Eds.), *The psychologically healthy workplace: Building a win-win environment for organizations and employees*(pp. 111-133). American Psychological Association. https://psycnet.apa.org/doi/10.1037/14731-006

이 서적의 장에는 근로-삶 균형에 대한 심리사회적 개념의 개요가 마련되어 있다. 저자들은 근로-삶 갈등이 심리적 및 행동 건강에 미치는 유해한 효과뿐 아니라, 한 가지 역할이 상대방에게 긍정적 기여를 하는 근로-삶 촉진의 유익한 효과를 나타낸 연구물들의 결과를 논의한다. 이 장에서는 피고용인들이 자신들의 이중 근로와 비근로 의무와 이들의 효과성에 영향을 미치는 핵심 요인의 일부에 대한 관리를 돕기 위해 채택해 온 근로-삶 균형 주도성에 관한 기술로 결론짓고 있다.

Carlson, D. S., Thompson, M. J., & Kacmar, K. M. (2019). Double crossed: The spillover and crossover effects of work demands on work outcomes through the family. *Journal of Applied Psychology*, *104*(2), 214-228. https://doi.org/10.1037/apl0000348

Carlson 등(2019)은 근로와 가족 변수들이 근로 성과에 영향을 미칠 수 있는 다수의 경로를 탐색하기 위해 경험적 연구를 수행했다. Barber 등(2016)이 근로 의무가 어떻게 가정에서의 스트레스를 증가 또는 수행력을 향상시킬 수 있는지를 탐색한 반면, Carlson 등은 근로 요구를 근로 수행력에 잠재적인 부정적 결과와 함께 가족 스트레스를 증가시키는 요소로 보았다. 연구 결과는 근로 요구의 직접적인 효과와 근로 대 가족 갈등에 대한 근로 요구의 파급 효과가 더 낮은 직무만족도와 정동적 책임뿐 아니라, 근로 대 가족 갈등, 배우자 스트레스 전이, 그리고 추후의 가족 대 근로 갈등이 기관의 시민권과 상습적 무단결근에 미치는 교차 효과로 이어졌다는 모델을 지지했다. 전반적으로, 이 연구는 가족을 고려했을 때 근로 요구로부터 근로 성과에 이르기까지 관련 있음을 입증했지만, 이러한 경로들은 태도적 또는 행동적 근로 성과가 조사되었는지에 따라 차이가 있었다.

그림 9.4 메타분석에 포함되었던 연구물을 나타내기 위한 별표 사용

35

참고문헌

별표가 표시된 참고문헌은 메타분석에 포함되었던 연구물을 나타낸다.

*Angel, L., Bastin, C., Genon, S., Balteau, E., Phillips, C., Luxen, A., Maquet, P., Salmon, E., & Collette, F. (2013). Differential effects of aging on the neural correlates of recollection and familiarity. *Cortex*, *49*(6), 1585–1597. https://doi.org/10.1016/j.cortex.2012.10.002

Finley, J. R., Tullis, J. G., & Benjamin, A. S. (2010). Metacognitive control of learning and remembering. In M. S. Khine & I. M. Saleh (Eds.), *New science of learning: Cognition, Computers and Collaboration in education* (pp. 109–131). Springer. https://doi.org/10.1007/978-1-4419-5716-0_6

*Hanaki, R., Abe, N., Fujii, T., Ueno, A., Nishio, Y., Hiraoka, K., Shimomura, T., Iizuka, O., Shinohara, M., Hirayama, K., & Mori, E. (2011). The effects of aging and Alzheimer's disease on associative recognition memory. *Neurological Sciences, 32*(6), 11151–122. https://doi.org/10.1007/s10072-011-0748-4

Hargis, M. B., & Castel, A. D. (2018). Younger and older adults' associative memory for medication interaction of varying severity. *Memory, 26*(8), 1151–1158. https://doi.org/10.1080/09658211.2018.1441423

10
참고문헌 예시

목차

10

참고문헌 예시

논문작성자의 연구와 글쓰기의 기반이 되는 학자들의 기여에 적절한 크레딧을 제공하는 것[crediting]은 학술적 담론의 특징이다. 이러한 기여는 정확하고 일관되게 인용되어 미래의 학자들이 본문에 인용된 저작물을 확인 · 검색할 수 있게 해야 한다.

이 장에서 우리는 APA 양식으로 된 참고문헌의 예시와 이들과 일치되는 본문 인용을 제공하고 있다. 참고문헌 예시는 먼저 집단, 그런 다음 범주, 그리고 다음과 같이 유형에 따라 조직되어 있다.

- **텍스트 저작물 집단**(10.1–10.8절)에는 정기간행물, 서적과 참고문헌 저작물, 편집된 서적의 장과 참고문헌 저작물 입력자료, 보고서와 회색 문헌, 학술대회 세션 및 발표, 박사 및 석사 학위논문, 기타 저작물에 대한 평론, 그리고 미출판 및 비공식적으로 게재된 저작물 범주가 있다. 이러한 범주 내에는 유형별 예시가 있다(예, 학술지 논문, 편집된 서적의 장, 정부 보고서, 박사학위논문).
- **데이터 세트, 소프트웨어, 검사 집단**(10.9–10.11절)에는 ① 데이터 세트, ② 컴퓨터 소프트웨어, 모바일 앱, 장치, 장비, 그리고 ③ 검사, 척도, 평정도구 범주가 있다. 이러한 범주 내에는 유형별 예시가 있다(예, 미출판 원데이터, 모바일 참고문헌 저작물에서의 입력자료, 검사 채점편람).
- **시청각 매체 집단**(10.12–10.14절)에는 시청각 자료, 오디오 저작물, 그리고 영상물 범주가 있다. 이러한 범주 내에는 유형별 예시가 있다(예, 유튜브 동영상, 연설 오디오 녹음자료, 팟캐스트 1회 방송분, 파워포인트 슬라이드).
- **온라인 미디어 집단**(10.15–10.16절)에는 소셜 미디어와 웹페이지와 웹사이트가 있

다. 이러한 범주 내에는 유형별 예시가 있다(예, 인스타그램 포토, 트윗, 뉴스 웹사이트의 웹페이지).

제9장에서 기술된 것처럼, 참고문헌의 핵심 요소는 ① 저자(누가who), ② 날짜(언제when), ③ 제목(무엇을what), 그리고 ④ 출처(어디서where; 그림 9.1 참조)다. 각 참고문헌 범주의 경우, 일치하는 템플릿은 이러한 요소들이 제시되어야 하는 순서와 형식을 실제로 보여 주고 있고, 가장 일반적인 참고문헌 유형의 예시가 제시되어 있다. 만일 인용하기를 원하는 저작물과 일치하는 예시가 보이지 않는다면, 참고문헌 목록 입력자료 작성을 위한 시작점으로서 적용 가능한 참고문헌 범주의 템플릿을 사용하라. 그런 다음, 템플릿의 각 열로부터 적절한 옵션을 택하여 참고문헌을 작성하라. 템플릿 내의 요소들을 혼합 · 일치시켜라. 다수의 템플릿을 사용할 필요는 없다. 의구심이 드는 경우, 더 많은 정보를 제공하라. 모든 참고문헌의 경우, 본문 인용에는 참고문헌의 첫 두 가지 부분이 들어 있다. 즉, 보통 "누가who"(저자)와 "언제when(날짜; 8.11절 참조)다. 하지만 참고문헌 정보가 누락되어 있다면, 변할 수 있다(표 9.1 참조).

대부분의 법적 참고문헌legal references(예, 법정 판례와 법률)은 법적 참고문헌 양식에 따라 구성되는데, 이는 다른 APA 양식 참고문헌의 저자-날짜-제목-출처 패턴과는 몇 가지 방식에서 다르다. 법적 참고문헌은 제11장에 제시되어 있다. 아카이브 문서에 대한 참고문헌을 비롯한 추가적인 참고문헌 예시는 APA 양식 웹사이트(https://apastyle.apa.org)와 APA 양식 블로그(https://apastyle.apa.org/blog)에서 이용 가능하다.

다음의 참고문헌 예시에 관한 색인은 각 참고문헌 요소에서 변이별로 구성되어 있다. 각 색인 입력자료 다음의 숫자는 이 장에서 번호가 붙여진 참고문헌 예시를 가리킨다.

저자 변이

10

날짜 변이

제목 변이

출처 변이

텍스트 저작물

10.1 정기간행물

정기간행물은 일반적으로 지속적으로 출판되고, 학술지, 잡지, 신문, 뉴스레터, 그리고 심지어 블로그와 기사를 출간하는 기타 온라인 플랫폼을 포함한다. 때로 정기간행물 유형 간의 구별이 모호하다(예, 신문 웹사이트상에 호스트 되는 블로그). 저작물이 어디에 제시되든 간에 그 저작물의 참고문헌 목록 입력자료는 같은 패턴을 따른다. 날짜 요소는 학술지, 잡지, 그리고 신문 기사와 블로그 댓글에 대해 다른 형식으로 제시된다(예시 1, 15, 16, 17 참조). 정기간행물 정보(예, 권수, 호수, 페이지 범위)가 빠져 있다면, 이를 참고문헌에서 생략하라. 온라인 뉴스 웹사이트의 경우, 10.16절과 예시 110을 참조하라. 정기간행물 기사에 대한 참고문헌 구성을 위해서는 다음에 제시된 템플릿을 사용하라.

저자	날짜	제목	출처	
			정기간행물 정보	DOI 또는 URL
• Author, A. A., & Author, B. B. • Name of Group. • Author, C. C. [username]. • Username.	• (2020). • (2020, January). • (2020, February 16).	• Title of article.	• *Title of Periodical, 34*(2), 5–14. • *Title of Periodical, 2*(1–2), Article 12. • *Title of Periodical*.	• https://doi.org/xxxx • https://xxxxx

1. DOI가 있는 학술지 논문

McCauley, S. M., & Christiansen, M. H. (2019). Language learning as language use: A cross-linguistic model of child language development. *Psychological Review, 126*(1), 1-51. https://doi.org/10.1037/rev0000126

소괄호 인용: (McCauley & Christiansen, 2019)

서술식 인용: McCauley와 Christiansen(2019)은

2. DOI가 없는 학술지 논문, 비데이터베이스 URL 있음

Ahmann, E., Tuttle, L. J., Saviet, M., & Wright, S. D. (2018). A descriptive review of ADHD coaching research: Implications for college students. *Journal of Postsecondary*

Education and Disability, 31(1), 17-39. https://www.ahead.org/professional-resources/publications/jped/archived-jped/jped-volume-31

소괄호 인용: (Ahmann et al., 2018)

서술식 인용: Ahmann 외(2018)는

3. 대부분의 학술적 연구 데이터베이스 또는 인쇄 버전으로부터의 DOI가 없는 학술지, 잡지, 또는 신문기사

Anderson, M. (2018). Getting consistent with consequences. *Educational Leadership, 76*(1), 26-33.

Goldman, C. (2018, November 28). The complicated calibration of love, especially in adoption. *Chicago Tribune*.

소괄호 인용: (Anderson, 2018; Goldman, 2018)

서술식 인용: Anderson(2018)과 Goldman(2018)은

- 데이터베이스명 또는 URL은 포함하지 말라. 참고문헌에서 데이터베이스 정보의 배제 또는 포함에 관한 자세한 사항은 9.30절을 참조하라.

4. DOI가 있는 학술지 논문, 21인 이상의 저자

Kalnay, E., Kanamitsu, M., Kistler, R., Collins, W., Deaven, D., Gandin, L., Iredell, M., Saha, S., White, G., Woollen, J., Zhu, Y., Chelliah, M., Ebisuzaki, W., Higgins, W., Janowiak, J., Mo, K. C., Ropelewski, C., Wang, J., Leetmaa, A., . . . Joseph, D. (1996). The NCEP/NCAR 40-year reanalysis project. *Bulletin of the American Meteorological Society, 77*(3), 437-471. http://doi.org/fg6rf9

소괄호 인용: (Kalnay et al., 1996)

서술식 인용: Kalnay 외(1996)는

- 오리지널 DOI는 길고 복잡하므로 단축DOI가 사용된다(9.36절 참조). 길거나 짧은 형태의 DOI는 수용될 수 있다.

5. DOI가 있는 학술지 논문, 개인과 집단 저자의 결합

De Vries, R., Nieuwenhuijze, M., Buitendijk, S. E., & the members of Midwifery Science Work Group. (2013). What does it take to have a strong and independent profession of midwifery? Lessons from the Netherlands. *Midwifery, 29*(10), 1122-1128. https://doi.org/10.1016/j.midw.2013.07.007

소괄호 인용: (De Vries et al., 2013)

서술식 인용: De Vries 외(2013)는

- 출처에 제시된 대로 집단 저자명을 써라(9.11절 참조). 이 저자란에는 "the members of"라는 문구가 포함되어 있다.

6. 논문 번호 또는 eLocator가 있는 학술지 논문

Burin, D., Kilteni, K., Rabuffetti, M., Slater, M., & Pia, L. (2019). Body ownership increases the interference between observed and executed movements. *PLOS ONE, 14*(1), Article e0209899. https://doi.org/10.1371/journal.pone.0209899

소괄호 인용: (Burin et al., 2019)

서술식 인용: Burin 외(2019)는

- 논문 번호 또는 eLocator 앞에 "Article"이라는 단어의 첫 글자를 대문자로 표기하라.

7. 학술지 논문, 사전 온라인 출판

Huestegge, S. M., Raettig, T., & Huestegge, L. (2019). Are face-incongruent voices harder to process? Effects of face-voice gender incongruency on basic cognitive information processing. *Experimental Psychology*. Advance online publication. https://doi.org/10.1027/1618-3169/a000440

소괄호 인용: (Huestegge et al., 2019)

서술식 인용: Huestegge 외(2019)는

- 인용된 논문의 버전에 관한 정보는 8.5절을 참조하라.

8. 학술지 논문, 근간[in press]

Pachur, T., & Scheibehenne, B. (in press). Unpacking buyer-seller differences in valuation from experience: A cognitive modeling approach. *Psychonomic Bulletin & Review*.

소괄호 인용: (Pachur & Scheibehenne, 근간)

서술식 인용: Pachur와 Scheibehenne(근간)은

9. 학술지 논문, 타 언어 출판

Chaves-Morillo, V., Gómez Calero, C., Fernández-Muñoz, J. J., Toledano-Muñoz, A.,

Fernández-Huete, J., Martínez-Monge, N., Palacios-Ceña, D., & Peñacoba-Puente, C. (2018). La anosmia neurosensorial: Relación entre subtipo, tiempo de reconocimiento y edad [Sensorineural anosmia: Relationship between subtype, recognition time, and age]. *Clínica y Salud, 28*(3), 155-161. https://doi.org/10.1016/j.clysa.2017.04.002

소괄호 인용: (Chaves-Morillo et al., 2018)

서술식 인용: Chaves-Morillo 외(2018)는

- 논문이 자신의 논문원고와 다른 언어로 된 경우, 중괄호 안에 번역된 논문 제목을 포함하라(9.38절 참조).

10. 학술지 논문, 번역물에 재출판된

Piaget, J. (1972). Intellectual evolution from adolescence to adulthood (J. Bliss & H. Furth, Trans.). *Human Development, 15*(1), 1-12. https://doi.org/10.1159/000271225 (Original work published 1970)

소괄호 인용: (Piaget, 1970/1972)

서술식 인용: Piaget(1970/1972)는

- 번역물에 관해서는 9.39절을 참조하라.

10

11. 학술지 논문, 다른 출처로부터 재인쇄된

Shore, M. F. (2014). Marking time in the land of plenty: Reflections on mental health in the United States. *American Journal of Orthopsychiatry, 84*(6), 611-618. https://doi.org/10.1037/h0100165 (Reprinted from "Marking time in the land of plenty: Reflections on mental health in the United States," 1981, *American Journal of Orthopsychiatry, 51*[3], 391-402, https://doi.org/10.1111/j.1939-0025.1981.tb01388.x)

소괄호 인용: (Shore, 1981/2014)

서술식 인용: Shore(1981/2014)는

- 사용한 재인쇄된 버전의 정보를 제공하라. 그런 다음, 소괄호 안에 오리지널 논문 제목(제목이 변하지 않았더라도), 연도, 그리고 출처 정보를 제공하라(9.40절 참조).
- 소괄호보다는 중괄호 안에 오리지널 호수를 기입하여 소괄호 내에 소괄호 기입을 피하라.

12. 학술지 내에서의 특수 절 또는 특수 쟁점

Lilienfeld, S. O. (Ed.). (2018). Heterodox issues in psychology [Special section]. *Archives of Scientific Psychology, 6*(1), 51-104.

McDaniel, S. H., Salas, E., & Kazak, A. E. (Eds.). (2018). The science of teamwork [Special Issue]. *American Psychologist, 73*(4).

소괄호 인용: (Lilienfeld, 2018; McDaniel et al., 2018)

서술식 인용: Lilienfeld(2018)와 McDaniel 외(2018)는

- 저자 위치에 특수 절 또는 쟁점의 편집자(들)를, 제목 위치에 특수 절 또는 쟁점의 제목을 기입하라.
- 특수 절에 대한 페이지 범위를 제공하라. 특수 쟁점에 대해서는 페이지 범위를 제공하지 말라.
- 일부 출판사는 특수 쟁점에 대해 호수에 "S"를 포함한다. 참고문헌에서는 출판에서 제시된 것처럼 정확하게 호수를 기입하라.
- 특수 절 또는 특수 쟁점 내에 수록된 논문의 경우, 학술지 논문에 대한 형식을 따르라(예시 1-3 참조). 즉, 특수 절 또는 쟁점의 제목은 참고문헌에 제시되지 않는다.

13. 코크란 체계적 리뷰 데이터베이스로부터의 논문

Mehrholz, J., Pohl, M., Platz, T., Kugler, J., & Elsner, B. (2018). Electromechanical and robot-assisted arm training for improving activities of daily living, arm function, and arm muscle strength after stroke. *Cochrane Database of Systematic Reviews*. https://doi.org/10.1002/14651858.CD006876.pub5

소괄호 인용: (Mehrholz et al., 2018)

서술식 인용: Mehrholz 외(2018)는

- 코크란 체계적 리뷰 데이터베이스[Cochrane Database of Systematic Reviews]의 논문은 해당 데이터베이스에서만 이용 가능하다(9.30절 참조). 참고문헌 목록에서는 코크란 논문은 정기간행물 논문처럼 구성하라. 만일 본문에 제시된다면, 데이터베이스명은 이탤릭체로 표기하지 말라.

14. UpToDate 데이터베이스로부터의 논문

Morey, M. C. (2019). Physical activity and exercise in older adults. *UpToDate*. Retrieved July 22, 2019, from https://www.uptodate.com/contents/physical-activity-and-exercise-in-older-adults

소괄호 인용: (Morey, 2019)

서술식 인용: Morey(2019)는

- UpToDate 데이터베이스의 논문은 해당 데이터베이스에서만 이용 가능하고 (9.30절 참조) 시간의 흐름에 따라 변하는 정보가 담겨 있다. 참고문헌 목록에서 UpToDate 논문은 정기간행물 논문처럼 구성하라. 만일 본문에 제시된다면, 데이터베이스명은 이탤릭체로 표기하지 말라.
- 날짜 요소에는 최종 업데이트 연도를 사용하라(9.15절 참조).
- 콘텐츠는 시간의 흐름에 따라 변하도록 설계되어 있고 페이지의 버전은 아카이브 되어 있지 않으므로 검색일을 포함하라(9.16절 참조).

15. 잡지 기사

Bergeson, S. (2019, January 4). Really cool neutral plasmas. *Science*, *363*(6422), 33-34. https://doi.org/10.1126/science.aau7988

Bustillos, M. (2013, March 19). On video games and storytelling: An interview with Tom Bissell. *The New Yorker*. https://www.newyorker.com/books/page-turner/on-video-games-and-storytelling-an-interview-with-tom-bissell

Weir, K. (2017, January). Forgiveness can improve mental and physical health. *Monitor on Psychology*, *48*(1), 30.

소괄호 인용: (Bergeson, 2019; Bustillos, 2013; Weir, 2017)

서술식 인용: Bergeson(2019), Bustillos(2013), 그리고 Weir(2017)는

16. 신문 기사

Guarino, B. (2017, December 4). How will humanity react to alien life? Psychologists have some predictions. *The Washington Post*. https://www.washingtonpost.com/news/speaking-of-science/wp/2017/12/04/how-will-humanity-react-to-alien-life-psychologists-have-some-predictions

Hess, A. (2019, January 3). Cats who take direction. *The New York Times*, C1.

10

소괄호 인용: (Guarino, 2017; Hess, 2019)

서술식 인용: Guarino(2017)와 Hess(2019)는

- 온라인 뉴스 웹사이트로부터 기사를 인용하려면(vs. 여기에 제시된 온라인 신문), 예시 110을 참조하라.

17. 블로그 댓글

Klymkowsky, M. (2018, September 15). Can we talk scientifically about free will? *Sci-Ed*. *https://blogs.plos.org/scied/2018/09/15/can-we-talk-scientically-about-free-will/*

소괄호 인용: (Klymkowsky, 2018)

서술식 인용: Klymkowsky(2018)는

18. 온라인 정기간행물 기사 또는 포스트에 대한 논평

KS in NJ. (2019, January 15). From this article, it sounds like men are figuring something out that women have known forever. I know of many [Comment on the article "How workout buddies can help stave off loneliness"]. *The Washington Post*. https://wapo.st/2HDToGJ

소괄호 인용: (KS in NJ, 2019)

서술식 인용: KS in NJ(2019)는

- 논평comment과 함께 제시된 형식을 사용한 저자로서 논평을 남긴 사람에게 크레딧을 제공하라(즉, 실명 또는 사용자명).
- 논평 제목 또는 논평의 첫 20단어까지를 제공하라. 그런 다음, "기사에 대한 논평Comment on the article"과 논평이 제시된 기사의 제목을 써라(따옴표와 문장 표기법으로, 중괄호 안에 넣어서).
- 가능하면, 논평에 링크하라(9.33–9.34절 참조).
- 논평 URL이 길고 복잡했기 때문에 단축되었다(9.36절 참조). 길거나 짧은 형태의 URL은 수용될 수 있다.

19. 사설

Cuellar, N. G. (2016). Study abroad programs [Editorial]. *Journal of Transcultural*

Nursing, 27(3), 209. https://doi.org/10.1177/1043659616638722

소괄호 인용: (Cuellar, 2016)

서술식 인용: Cuellar(2016)는

- 사설이 출간된 출판물에 대해서는 참고문헌 형식을 사용하라. 이 예시는 학술지로부터의 사설을 보여 준다. 사설은 잡지, 신문, 그리고 기타 출판물에도 제시된다.
- "사설[Editorial]"이라는 단어를 중괄호 안에 넣어서 제목 다음에 포함하라("사설"이라는 단어가 제목에 포함되는 경우는 제외).
- 만일 사설에 서명이 되어 있지 않다면, 8.14절과 9.12절의 본문 인용과 참고문헌 목록 입력자료에 관한 지침을 각각 참조하라.

10.2 서적과 참고문헌 저작물

서적 범주는 저술된 서적, 편집된 서적, 선집, 종교적 저작물, 그리고 고전적 저작물을 포함한다. 참고문헌 저작물 범주는 사전, 백과사전, 그리고 진단편람을 포함한다. 전자책의 경우, 형식, 플랫폼, 또는 장치(예, 킨들[Kindle])는 참고문헌에 포함되지 않는다. 오디오북의 경우, 특수한 경우에만 내레이터와 오디오북 표기를 포함하라(예시 22, 29 참조). 저술된 서적에 있는 장의 경우, 전체 서적의 참고문헌(예시 20–23 참조)을 만들어서 본문 인용과 함께 장 번호를 제공하라(8.13절 참조). 다음에 제시된 템플릿을 사용하여 서적과 참고문헌 저작물의 참고문헌을 구성하라.

저자 또는 편집자	날짜	제목	출처	
			출판사 정보	DOI 또는 URL
• Author, A. A., & Author, B. B. • Name of Group. • Editor, E. E. (Ed.). • Editor, E. E., & Editor, F. F. (Eds.).	• (2020).	• *Title of book*. • *Title of book* (2nd ed., Vol. 4). • *Title of book* [Audiobook]. • *Title of book* (E. E. Editor, Ed.). • *Title of book* (T. Translator, Trans.; N. Narrator, Narr.).	• Publisher Name. • First Publisher Name; Second Publisher Name.	• https://doi.org/xxxxx • https://xxxxx

10

20. DOI가 있는 저술된 서적

Brown, L. S. (2018). *Feminist therapy* (2nd ed.). American Psychological Association. https://doi.org/10.1037/0000092-000

소괄호 인용: (Brown, 2018)

서술식 인용: Brown(2018)은

21. DOI가 없는 저술된 서적, 대부분의 학술적 연구 데이터베이스 또는 인쇄 버전으로부터

Burgess, R. (2019). *Rethinking global health: Frameworks of power*. Routledge.

소괄호 인용: (Burgess, 2019)

서술식 인용: Burgess(2019)는

- 참고문헌의 데이터베이스 정보를 비롯한 사항은 9.30절을 참조하라.

22. DOI가 없는 저술된 전자책(예, 킨들북Kindle book) 또는 오디오북, 비데이터베이스 URL 있음

Cain, S. (2012). *Quiet: The power of introverts in a world that can't stop talking* (K. Mazur, Narr.) [Audiobook]. Random House Audio. http://bit.ly/2G0BpbI

Christian, B., & Griffiths, T. (2016). *Algorithms to live by: The computerscience of human decisions*. Henry Holt and Co. http://a.co/7qGBZAk

소괄호 인용: (Cain, 2012; Christian & Griffiths, 2016)

서술식 인용: Cain(2012)과 Christian과 Griffiths(2016)는

- 형식은 달라도 내용이 같은 경우, 오디오북 vs. 서적 또는 전자책을 사용했다는 사실을 밝힐 필요는 없다. 그러나 내용이 다른 경우(예, 요약판), 오디오북에 관한 무언가 특수한 점(예, 청자에 대한 내레이션의 효과)을 밝히고 싶거나 오디오북으로부터 직접 인용한다면(8.28절 참조), 제목 요소에 저작물이 오디오북이라는 사실을 기입하라.
- 만일 오디오북이 서적의 텍스트 버전으로부터 다른 연도에 출시되었다면, 해당 저작물을 재출판물로 취급하라(예시 29 참조).

23. 서적 표지에 크레딧이 제공된 편집자가 있는 저술된 서적

Meadows, D. H. (2008). *Thinking in systems: A primer* (D. Wright, Ed.). Chelsea Green Publishing.

소괄호 인용: (Meadows, 2008)

서술식 인용: Meadows(2008)는

- 저술된 서적의 표지에 편집자에게 크레딧이 제공된 경우, 편집자명을 소괄호 안에 넣어서 소괄호 안에 "Ed." 또는 "Eds."로 표기된 단어와 함께 서적 제목 다음에 제공하라(9.10절 참조).

24. DOI가 있는 편집된 서적, 다수의 출판사와 함께

Schmid, H.-J. (Ed.). (2017). *Entrenchment and the psychology of language learning: How we reorganize and adapt linguistic knowledge*. American Psychological Association; De Gruyter Mouton. https://doi.org/10.1037/15969-000

소괄호 인용: (Schmid, 2017)

서술식 인용: Schmid(2017)는

- 다수의 출판사명은 세미콜론으로 분리하라.

25. DOI가 없는 편집된 서적, 대부분의 학술적 연구 데이터베이스 또는 인쇄 버전으로부터

Hacker Hughes, J. (Ed.). (2017). *Military veteran psychological health and social care: Contemporary approaches*. Routledge.

소괄호 인용: (Hacker Hughes, 2017)

서술식 인용: Hacker Hughes(2017)는

- 참고문헌의 데이터베이스 정보를 비롯한 사항은 9.30절을 참조하라.

26. DOI가 없는 편집된 전자책(예, 킨들북[Kindle book]) 또는 오디오북, 비데이터베이스 URL 있음

Pridham, K. F., Limbo, R., & Schroeder, M. (Eds.). (2018). *Guided participation in pediatric nursing practice: relationship-based teaching and learning with parents, children, and adolescents*. Springer Publishing Company. http://a.co/0IAiVgt

소괄호 인용: (Pridham et al., 2018)

서술식 인용: Pridham 외(2018)는

- 전자책 예시가 제시되어 있다. 오디오북 제목 다음에 표기가 필요한 경우에 관한 정보는 예시 22를 참조하라.

27. 타 언어로 된 서적

Amano, N., & Kondo, H. (2000). *Nihongo no goi tokusei* [Lexical characteristics of

Japanese language] (Vol. 7). Sansei-do.

Piaget, J., & Inhelder, B. (1966). *La psychologie de l'enfant* [The psychology of the child]. Quadrige.

소괄호 인용: (Amano & Kondo, 2000; Piaget & Inhelder, 1966)

서술식 인용: Amano와 Kondo(2000)와 Piaget와 Inhelder(1966)는

- 서적이 자신의 논문원고와 다른 언어로 된 경우, 중괄호 안에 번역된 서적 제목을 포함하라(9.38절 참조).

28. 번역되어 재출판된 서적

Piaget, J., & Inhelder, B. (1969). *The psychology of the child* (H. Weaver, Trans.; 2nd ed.). Basic Books. (Original work published 1966)

소괄호 인용: (Piaget & Inhelder, 1966/1969)

서술식 인용: Piaget와 Inhelder(1966/1969)는

- 번역물에 관한 자세한 사항은 9.39절을 참조하라.

29. 재출판된 서적, 전자책, 또는 오디오북

Freud, S. (2010). *The interpretation of dreams: The complete and definitive text* (J. Strachey, Ed. & Trans.). Basic Books. (Original work published 1900)

Rowling, J. K. (2015). *Harry Potter and the sorcerer's stone* (J. Dale, Narr.) [Audiobook]. Pottermore Publishing. http://bit.ly/2TcHchx (Original work published 1997)

소괄호 인용: (Freud, 1900/2010; Rowling, 1997/2015)

서술식 인용: Freud(1900/2010)와 Rowling(1997/2015)은

- 만일 새 버전이 오리지널로부터 편집 및/또는 번역되었다면, 편집자(들) 및/또는 역자(들)명을 소괄호 안에 넣어서 제목 다음에 제공하라.
- 만일 오디오북이 서적의 텍스트 버전과 다른 연도에 출시되었다면, 오디오북을 재출판물로 취급하라(예시 22, 9.41절 참조).

30. 여러 권으로 된 저작물의 1개 권

Fiske, S. T., Gilbert, D. T., & Lindzey, G. (2010). *Handbook of social psychology* (5th ed., Vol. 1). John Wiley & Sons. https://doi.org/10.1002/9780470561119

Travis, C. B., & White, J. W. (Eds.). (2018). *APA handbook of the psychology of women: Vol. 1. History, Theories, and battlegrounds*. American Psychological Association. https://doi.org/10.1037/0000059-000

소괄호 인용: (Fiske et al., 2010; Travis & White, 2018)

서술식 인용: Fiske 외(2010)와 Travis와 White(2018)는

- 만일 권에 시리즈물 편집자(또는 편집장)와 권 편집자들이 있다면, 저자 요소에 권 편집자들만 제시하라.
- 만일 권에 자체적인 제목이 없다면, 소괄호 안에 이탤릭체 없이 권수를 포함하라(Fiske et al. 예시에서처럼).
- 만일 권에 자체적인 제목이 있다면, 주 제목 다음에 이탤릭체로 표기된 권수와 제목을 포함하라(Travis & White 예시에서처럼).

31. 시리즈물에서의 서적

Madigan, S. (2019). *Narrative therapy* (2nd ed.). American Psychological Association. https://doi.org/10.1037/0000131-000

소괄호 인용: (Madigan, 2019)

서술식 인용: Madigan(2019)은

- 개념적으로 관련 있는 제목의 시리즈물의 경우, 시리즈물 제목은 참고문헌에 포함되지 않는다(이 서적은 심리치료 이론 시리즈물의 일부다; 9.20절 참조).

32. 진단편람 (DSM, ICD)

American Psychiatric Association. (2013). *Diagnostic and statistical manual of mental disorders* (5th ed.). https://doi.org/10.1176/appi.books.9780890425596

World Health Organization. (2019). *International statistical classification of diseases and related health problems* (11th ed.). https://icd.who.int/

포함된 약자가 있는 소괄호 인용:

Diagnostic and Statistical Manual of Mental Disorders (5th ed.; *DSM-5*; American Psychiatric Association, 2013)

International Statistical Classification of Diseases and Related Health Problems (11th ed.; *ICD-11*; World Health Organization, 2019)

10

포함된 약자가 있는 서술식 인용:

American Psychiatric Association's (2013) *Diagnostic and Statistical Manual of Mental Disorders* (5th ed.; *DSM-5*)

World Health Organization's (2019) *International Statistical Classification of Diseases and Related Health Problems* (11th ed.; *ICD-11*)

후속적인 소괄호 인용: (American Psychiatric Association, 2013; World Health Organization, 2019)

후속적인 서술식 인용: American Psychiatric Association(2013)과 World Health Organization(2019)은

- 저자와 출판사가 같은 경우, 출처 요소로부터 출판사를 생략하라.
- 본문에 진단편람의 제목(그리고 판 수)을 밝히는 것은 필수적인 것은 아니지만 일반적이다. 본문에서 집단 저자와 편람 제목은 축약될 수 있지만(몇몇 예외 있음) 참고문헌 목록은 아니다(6.25절, 8.21절 참조).
- 일반적으로, 편람에 대한 인용은 본문에 처음 언급될 때 포함하라. 만일 첫 번째 언급이 소제목에 제시된다면, 소제목에 편람을 인용하지 말라. 대신, 해당 절의 첫 번째 단락 내에서 또는 곧이어 인용하라.
- 편람의 후속적인 일반 언급에 대한 인용은 반복하지 말라. 인용이 직접적으로 진술을 지지하는 경우에만 인용을 반복하라(예, 직접인용, 재진술).
- DSM과 ICD의 다른 판 인용을 위한 추가 예시와 안내 지침은 APA 양식 웹사이트상에서 이용 가능하다.

33. 사전, 유의어 사전, 또는 백과사전

American Psychological Association. (n.d.). *APA dictionary of Psychology*. Retrieved June 14, 2019, from https://dictionary.apa.org/

Merriam-Webster. (n.d.). *Merriam-Webster.com dictionary*. Retrieved May 5, 2019, from https://www.merriam-webster.com/

Zalta, E. N. (Ed.). (2019). *The Stanford encyclopedia of philosophy* (Summer 2019 ed.). Stanford University. https://plato.stanford.edu/archives/sum2019/

소괄호 인용: (American Psychological Association, n.d.; Merriam-Webster, n.d.; Zalta, 2019)

서술식 인용: American Psychological Association (n.d.), Merriam-Webster (n.d.), 그리고 Zalta(2019)는

- 저작물의 고정 또는 아카이브 버전이 인용되는 경우(Zalta 예시에 제시된 것처럼), 검색일은 필요하지 않다.
- 온라인 참고문헌 저작물이 지속적으로 업데이트되고(9.15절 참조) 버전이 아카이브 되지 않았다면(APA dictionary of psychology와 Merriam-Webster.com dictionary 예시에서처럼), 출판 연도로 "n.d."를 사용하고 검색일을 포함하라(9.16절 참조).

34. 선집

Gold, M. (Ed.). (1999). *The complete social scientist: A Kurt Lewin readers*. American Psychological Association. https://doi.org/10.1037/10319-000

소괄호 인용: (Gold, 1999)

서술식 인용: Gold(1999)는

- 참고문헌의 저자 위치에 선집anthology의 편집자(들)을 제공하라.
- 날짜date란 선집이 출판된 연도를 말한다(선집에 포함된 저작물은 예시 46 참조).

35. 종교서적

King James Bible. (2017). King James Bible online. https://www.kingjamesbibleonline.org/ (Original work published 1769)

The Qur'an (M. A. S. Abdel Haleem, Trans.). (2004). Oxford University Press.

The Torah: The five books of Moses (3rd ed.). (2015). The Jewish Publication Society. (Original work published 1962)

소괄호 인용: (*King James Bible*, 1769/2017; *The Qur'an*, 2004; *The Torah*, 1962/2015)

서술식 인용: *King James Bible* (1769/2017), *The Qur'an* (2004), 그리고 *The Torah* (1962/2015)는

- 종교적 저작물 인용에 관한 자세한 사항은 9.42절을 참조하라. 특정 서적 또는 운문을 인용하려면, 8.13절을 참조하라. 문구를 직접 인용하려면, 8.28절을 참조하라.
- 종교적 텍스트의 추가 예시는 APA 양식 웹사이트상에서 이용할 수 있다.

36. 고대 그리스 또는 로마 시대 작품

Aristotle. (1994). *Poetics* (S. H. Butcher, Trans.). The Internet Classics Archive. http://classics.mit.edu/Aristotle/poetics.html (Original work published ca. 350 B.C.E.)

소괄호 인용: (Aristotle, ca. 350 B.C.E./1994)

서술식 인용: Aristotle(ca. 350 B.C.E./1994)은

- 고대 그리스 또는 로마 시대 저작물의 경우, 입력자료의 끝에 소괄호 안에 날짜 요소에 사용된 버전의 저작권 날짜와 오리지널(고대) 출판 날짜를 포함하라. 오리지널 출판 날짜가 근사치인 경우, 약자 "ca."("circa"의 약자)를 사용하라.
- 고전적 저작물에 관한 자세한 사항은 9.42절을 참조하라. 특정 규범에 따라 번호가 붙여진 고전적 저작물을 인용하려면, 8.13절을 참조하라. 문구를 직접 인용하려면, 8.28절을 참조하라.

37. 셰익스피어

Shakespeare, W. (1995). *Much ado about nothing* (B. A. Mowat & P. Werstine, Eds.). Washington Square Press. (Original work published 1623)

소괄호 인용: (Shakespeare, 1623/1995)

서술식 인용: Shakespeare(1623/1995)은

- 셰익스피어와 고전적 문헌의 기타 저작물 인용에 관한 자세한 사항은 9.42절을 참조하라. 특정한 막, 장면, 또는 글귀를 인용하려면, 8.13절을 참조하라. 문구를 직접 인용하려면, 8.28절을 참조하라.

10.3 편집된 서적 장과 참고문헌 저작물에서의 입력자료

편집된 서적의 장 범주는 편집된 서적의 장과 선집에 있는 저작물을 포함한다. 참고문헌 저작물에서 입력자료의 범주는 사전, 유의어 사전, 그리고 백과사전(위키피디아 Wikipedia 포함) 입력자료를 포함한다. 전자책의 장 또는 입력자료의 경우, 형식, 플랫폼, 또는 장치(예, 킨들Kindle)는 참고문헌에 포함되지 않는다. 오디오북의 장 또는 입력자료의 경우, 특수한 경우에만 내레이터와 오디오북 표기를 포함하라(예시 22 참조). 저술된 서적에 있는 장의 경우, 전체 서적을 위한 참고문헌을 만들고(예시 20–23 참조), 본문 인용에 한해 장 번호를 제공하라(8.13절 참조). 다음에 제시된 템플릿을 사용하여 편집된 서적의 장과 참고문헌 저작물에 있는 입력자료에 대한 참고문헌을 구성하라.

장 저자	날짜	장 제목	출처	
			편집된 서적 정보	DOI 또는 URL
• Author, A. A., & Author, B. B. • Name of Group.	• (2020).	• Title of chapter.	• In E. E. Editor (Ed.), *Title of book* (pp. 3–13). Publisher Name. • In E. E. Editor & F. F. Editor (Eds.), *Title of book* (3rd ed., Vol. 2, pp. 212–255). Publisher Name.	• https://doi.org/xxxxx • https://xxxxx

38. 편집된 서적의 장, DOI 있음

Balsam, K. F., Martell, C. R., Jones, K. P., & Safren, S. A. (2019). Affirmative cognitive behavior therapy with sexual and gender minority people. In G. Y. Iwamasa & P. A. Hays (Eds.), *Culturally responsive cognitive behavior therapy: Practice and supervision* (2nd ed., pp. 287-314). American Psychological Association. https://doi.org/10.1037/0000119-012

소괄호 인용: (Balsam et al., 2019)

서술식 인용: Balsam 외(2019)는

39. 편집된 서적의 장, DOI 없음, 대부분의 학술적 연구 데이터베이스 또는 인쇄 버전으로부터

Weinstock, R., Leong, G. B., & Silva, J. A. (2003). Defining forensic psychiatry: Roles and responsibilities. In R. Rosner (Ed.), *Principles and practice of forensic psychiatry* (2nd ed., pp. 7-13). CRC Press.

소괄호 인용: (Weinstock et al., 2003)

서술식 인용: Weinstock 외(2003)는

• 참고문헌에서 데이터베이스 정보 포함에 관한 자세한 사항은 9.30절을 참조하라.

40. DOI가 없는 편집된 전자책(예, 킨들북) 또는 오디오북의 장, 비데이터베이스 URL 있음

Tafoya, N., & Del Vecchio, A. (2005). Back to the future: An examination of the Native American Holocaust experience. In M. McGoldrick, J. Giordano, & N. Garcia-Preto (Eds.), *Ethnicity and family therapy* (3rd ed., pp. 55-63). Guilford

Press. http://a.co/36xRhBT

소괄호 인용: (Tafoya & Del Vecchio, 2005)

서술식 인용: Tafoya와 Del Vecchio(2005)는

- 오디오북에 관한 세부정보는 예시 22와 29를 참조하라.

41. 타 언어로 편집된 서적의 장

Carcavilla González, N. (2015). Terapia sensorial auditiva: Activación cerebral por medio de la música [Auditory sensory therapy: Brain activation through music]. In J. J. García Meilán (Ed.), *Guía práctica de terapias estimulativas en el Alzhéimer* (pp. 67-86). Editorial Síntesis. https://www.sintesis.com/guias-profesionales-203/guia-practica-de-terapias-estimulativas-en-el-alzheimer-libro-1943.html

소괄호 인용: (Carcavilla González, 2015)

서술식 인용: Carcavilla González(2015)는

- 장이 논문원고와 다른 언어로 된 경우, 중괄호 안에 넣은 번역된 장 제목을 포함하라(자세한 사항은 9.38절 참조).

42. 편집된 서적의 장, 재출판된 번역본

Heidegger, M. (2008). On the essence of truth (J. Sallis, Trans.). In D. F. Krell (Ed.), *Basic writings* (pp. 111-138). Harper Perennial Modern Thought. (Original work published 1961)

소괄호 인용: (Heidegger, 1961/2008)

서술식 인용: Heidegger(1961/2008)는

- 번역물에 관한 자세한 사항은 9.39절을 참조하라.

43. 편집된 서적의 장, 학술지 논문으로부터 재인쇄된

Sacchett, C., & Humphreys, G. W. (2004). Calling a squirrel a squirrel but a canoe a wigwam: A category-specific deficit for artefactual objects and body parts. In D. A. Balota & E. J. Marsh (Eds.), *Cognitive psychology: Key readings in cognition* (pp. 100-108). Psychology Press. (Reprinted from "Calling a squirrel a squirrel but a canoe a wigwam: A category-specific deficit for artefactual objects and body parts," 1992, *Cognitive Neuropsychology*, *9*[1], 73-86, http://doi.org/d4vb59)

소괄호 인용: (Sacchett & Humphreys, 1992/2004)

서술식 인용: Sacchett와 Humphreys(1992/2004)는

- 사용한 재인쇄된 버전에 관한 정보를 제공하고, 오리지널 논문 제목(제목이 변하지 않았어도), 연도, 그리고 출처 정보를 소괄호 안에 제공하라(자세한 사항은 9.40절 참조).
- 오리지널 학술지 논문 호수는 소괄호보다는 중괄호 안에 넣어서 소괄호 내에 소괄호가 들어가는 것을 피하라.

44. 편집된 서적의 장, 다른 서적으로부터 재인쇄된

Bronfenbrenner, U. (2005). The social ecology of human development: A retrospective conclusion. In U. Bronfenbrenner (Ed.), *Making human beings human: Bioecological perspectives on human development* (pp. 27-40). SAGE Publications. (Reprinted from *Brain and intelligence: The ecology of child development*, pp. 113-123, by F. Richardson, Ed., 1973, National Educational Press)

소괄호 인용: (Bronfenbrenner, 1973/2005)

서술식 인용: Bronfenbrenner(1973/2005)는

- 사용한 재인쇄 버전에 관한 정보를 제공하고, 오리지널 서적 제목, 페이지 범위, 저자 또는 편집자명(편집자에 대해서는 "Ed." 포함), 연도, 그리고 출판사명을 소괄호 안에 제공하라(자세한 사항은 9.40절 참조).

45. 여러 권으로 된 저작물의 권에 있는 장

Goldin-Meadow, S. (2015). Gesture and cognitive development. In L. S. Liben & U. Mueller (Eds.), *Handbook of child psychology and developmental science: Vol. 2. Cognitive Processes* (7th ed., pp. 339-380). John Wiley & Sons. https://doi.org/10.1002/9781118963418.childpsy209

소괄호 인용: (Goldin-Meadow, 2015)

서술식 인용: Goldin-Meadow(2015)는

- 만일 권에 시리즈물 편집자(또는 편집장)와 권 편집자들이 있다면, 참고문헌에 권 편집자들만 제시하라.
- 이 예에서 권에는 자체적인 제목이 있다. 제목이 없는 권 정보를 서적 다음에 소괄호 안에 포함하는 방법에 관해서는 예시 30을 참조하라.

46. 선집에 수록된 저작물

Lewin, K. (1999). Group decision and social change. In M. Gold (Ed.), *The complete social scientist: A Kurt Lewin reader* (pp. 265-284). American Psychological Association. https://doi.org/10.1037/10319-010 (Original work published 1948)

소괄호 인용: (Lewin, 1948/1999)

서술식 인용: Lewin(1948/1999)은

- 선집anthology에 제시되기 전에 다른 곳에서 출판되었던 저작물은 재인쇄물보다는 재출판물(9.41절 참조)로 취급된다.

47. 사전, 유의어 사전, 또는 백과사전의 입력자료, 집단 저자 있음

American Psychological Association. (n.d.). Positive transference. In *APA dictionary of psychology*. Retrieved August 31, 2019, from https://dictionary.apa.org/positive-transference

Merriam-Webster. (n.d.). Self-report. In *Merriam-Webster.com dictionary*. Retrieved July 12, 2019, from https://www.merriam-webster.com/dictionary/self-report

소괄호 인용: (American Psychological Association, n.d.; Merriam-Webster, n.d.)

서술식 인용: American Psychological Association(n.d.)과 Merriam-Webster (n.d.)는

- 온라인 참고문헌 저작물이 지속적으로 업데이트되고(9.15절 참조) 버전이 아카이브 되지 않은 경우, 출판 연도로 "n.d."를 사용하고 검색일을 포함하라(9.16절 참조).

48. 사전, 유의어 사전, 또는 백과사전의 입력자료, 개인 저자 있음

Graham, G. (2019). Behaviorism. In E. N. Zalta (Ed.), *The Stanford encyclopedia of philosophy* (Summer 2019 ed.). Stanford University. https://plato.stanford.edu/archives/sum2019/entries/behaviorism/

소괄호 인용: (Graham, 2019)

서술식 인용: Graham(2019)은

- 이 예시는 편집된 서적의 장을 위한 참고문헌과 유사하게 구성되어 있다. 입력자료에는 개인 저자가 있고, 백과사전에는 편집자가 있으며, 단행본 저작물에는 출판사가 있기 때문이다.
- 입력자료의 이 버전은 아카이브 되어 있으므로 검색일은 필요하지 않다.

49. 위키피디아 입력자료

List of oldest companies. (2019, January 13). In *Wikipedia*. https://en.wikipedia.org/w/index.php?title=List_of_oldest_companies&oldid=878158136

소괄호 인용: ("List of Oldest Companies," 2019)

서술식 인용: "List of Oldest Companies" (2019)는

- 이 페이지의 아카이브 버전을 인용함으로써, 독자들이 논문작성자가 사용한 버전을 검색할 수 있도록 하라. "View history"를 선택한 다음 논문작성자가 사용한 버전의 시간과 날짜를 선택함으로써, 위키피디아Wikipedia의 아카이브 버전에 접속하라. 만일 위키에서 해당 페이지의 아카이브 버전에 대한 영구적인 링크를 제공하지 않는다면, 입력자료에 대한 URL과 검색일을 포함하라.

10.4 보고서와 회색 문헌

보고서reports의 종류로는 정부보고서, 기술보고서, 연구보고서를 비롯한 다수가 있다. 이러한 보고서들은 학술지 논문처럼 보통 오리지널 연구를 다루지만, 동료심사를 받거나 받지 않을 수 있다. 이들은 때로 **회색 문헌**gray literature으로 간주되는 일련의 문헌의 일부에 속한다. 회색 문헌의 범주에는 보도자료, 윤리강령, 연구지원금, 정책 개요, 쟁점 요약 등이 포함된다. 이러한 덜 일반적인 유형의 회색문헌을 제목 다음에 중괄호 안에 넣어 기술하는 것은 선택사항이지만 종종 유용하다. 보고서 자체는 때로 제안된 참고문헌 형식(저자, 날짜, 제목, 출처)을 포함한다. 이 참고문헌에는 보통 APA 양식 참고문헌 작성에 필요한 정보가 들어 있지만, 요소의 순서와 기타 형식을 조정하여 APA 양식에 부합되게 할 필요가 있을 수 있다. 출판사가 저자와 동일한 경우(흔히 집단 저자의 경우; 예시 50과 54 참조), 출처 요소로부터 출판사를 생략하라. 다음에 제시된 템플릿을 사용하여 보고서와 회색 문헌의 참고문헌을 구성하라.

저자	날짜	제목	출처	
			출판사 정보	DOI 또는 URL
• Author, A. A., & Author, B. B. • Name of Group.	• (2020). • (2020, May 2).	• *Title of report*. • *Title of report* (Report No. 123). • *Title of gray literature* [Description].	• Publisher Name.	• https://doi.org/xxxxx • https://xxxxx

50. 정부기관 또는 기타 단체의 보고서

Australian Government Productivity Commission & New Zealand Productivity Commission. (2012). *Strengthening trans-Tasman economic relations*. https://www.pc.gov.au/inquiries/completed/australia-new-zealand/report/trans-tasman.pdf

Canada Council for the Arts. (2013). *What we heard: Summary of key findings: 2013 Canada Council's Inter-Arts Office consultation*. http://publications.gc.ca/collections/collection_2017/canadacouncil/K23-65-2013-eng.pdf

National Cancer Institute. (2018). *Facing forward: Life after cancer treatment* (NIH Publication No. 18-2424). U.S. Department of Health and Human Services, National Institutes of Health. https://www.cancer.gov/publications/patient-education/life-after-treatment.pdf

소괄호 인용: (Australian Government Productivity Commission & New Zealand Productivity Commission, 2012; Canada Council for the Arts, 2013; National Cancer Institute, 2018)

서술식 인용: Australian Government Productivity Commission and New Zealand Productivity Commission(2012), Canada Council for the Arts(2013), 그리고 National Cancer Institute(2018)는

- 집단 저자명의 처리 방법은 9.11절을 참조하라.
- 집단 저자명에 제시되지 않는 모기관parent agencies명은 출처 요소에 출판사로 제시된다(9.11절 참조).
- 만일 다수의 기관이 보고서 한 편을 함께 저술했다면, 이름들을 앰퍼샌드로 연결하고, 쉼표를 사용하여 셋 또는 그 이상의 기관명을 분리하라.

51. 정부기관 또는 기타 단체의 개인 저자들에 의한 보고서

Fried, D., & Polyakova, A. (2018). *Democratic defense against disinformation*. Atlantic Council. https://www.atlanticcouncil.org/image/publications/Democratic_Defense_Against_Disinformation_FINAL.pdf

Segaert, A., & Bauer, A. (2015). *The extent and nature of veteran homelessness in Canada*. Employment and Social Development Canada. https://www.canada.ca/en/employment-social-development/programs/communities/homelessness/publications-bulletins/veterans-report.html

소괄호 인용: (Fried & Polyakova, 2018; Segaert & Bauer, 2015)

서술식 인용: Fried와 Polyakova(2018)와 Segaert와 Bauer(2015)는

52. 정부기관의 개인 저자들에 의한 보고서, 시리즈물의 일부로 출판된

Blackwell, D. L., Lucas, J. W., & Clarke, T. C. (2014). *Summary health statistics for U.S. adults: National Health Interview Survey, 2012* (Vital and Health Statistics Series 10, Issue 260). Centers for Disease Control and Prevention. https://www.cdc.gov/nchs/data/series/sr_10/sr10_260.pdf

소괄호 인용: (Blackwell et al., 2014)

서술식 인용: Blackwell 외(2014)는

53. 태스크포스, 실무진, 또는 기타 집단의 보고서

British Cardiovascular Society Working Group. (2016). *British Cardiovascular Society Working Group report: Out-of-hours cardiovascular care: Management of cardiac emergencies and hospital in-patients*. British Cardiovascular Society. http://www.bcs.com/documents/BCSOOHWP_Final_Report_05092016.pdf

소괄호 인용: (British Cardiovascular Society Working Group, 2016)

서술식 인용: British Cardiovascular Society Working Group(2016)은

- 태스크포스[task force] 또는 실무진[working group] 명칭은 고유명사이므로 참고문헌의 어떤 곳에 제시되더라도 첫 글자를 대문자로 표기하라.

10

54. 연차 보고서

U.S. Securities and Exchange Commission. (2017). *Agency financial report: Fiscal year 2017*. https://www.sec.gov/files/sec-2017-agency-financial-report.pdf

소괄호 인용: (U.S. Securities and Exchange Commission, 2017)

서술식 인용: U.S. Securities and Exchange Commission(2017)은

55. 윤리강령

American Counseling Association. (2014). *2014 ACA code of ethics*. https://www.counseling.org/knowledge-center

American Nurses Association. (2015). *Code of ethics for nurses with interpretive statements*. https://www.nursingworld.org/coe-view-only

American Psychological Association. (2017). *Ethical principles of psychologists and code of conduct* (2002, amended effective June 1, 2010, and January 1, 2017).

https://www.apa.org/ethics/code/index.aspx

소괄호 인용: (American Counseling Association, 2014; American Nurses Association, 2015; American Psychological Association, 2017)

서술식 인용: American Counseling Association(2014), American Nurses Association (2015), 그리고 American Psychological Association(2017)은

56. 연구지원금

Blair, C. B. (Principal Investigator). (2015-2020). *Stress, self-regulation and psychopathology in middle childhood* (Project No. 5R01HD081252-04) [Grant]. Eunice Kennedy Shriver National Institute of Child Health & Human Development. https://projectreporter.nih.gov/project_info_details.cfm?aid=9473071&icde=4009231

소괄호 인용: (Blair, 2015-2020)

서술식 인용: Blair(2015-2020)는

- 주 연구자를 소괄호 안에 이들의 역할과 함께 저자로, 프로젝트가 시작하고 종결된 연도를 날짜로, 프로젝트 제목을 제목으로, 그리고 재정지원 기관을 출처로 수록하라.
- 미 국립보건연구원National Institutes of Health(NIH)은 **연구지원금**grant을 프로젝트 번호로 나타낸다. 참고문헌에 연구지원금에 대한 적절한 용어를 사용하고, 제목 다음에 소괄호 안에 그 번호를 포함하라.
- 연구지원금 적용은 다시 찾을 수 있는 출처는 아니므로 방법론의 일부로 논의되어야 하지만, 참고문헌 목록에는 포함되지 않는다.

57. 짤막한 분석

Lichtenstein, J. (2013). *Profile of veteran business owners: More young veterans appear to be starting businesses* (Issue Brief No. 1). U.S. Small Business Administration, Office of Advocacy. https://www.sba.gov/sites/default/file/issue%20Brief%201,%20Veteran%20Business%20Owners.pdf

소괄호 인용: (Lichtenstein, 2013)

서술식 인용: Lichtenstein(2013)은

- 짤막한 분석issue briefs은 전형적으로 번호가 붙여진다. 짤막한 분석의 번호는 제

목 다음에 소괄호 안에 넣어서 알아볼 수 있게 하라.

- 만일 번호가 제공되지 않는다면, 저작물을 제목 다음에 중괄호 안에 넣어서 짤막한 분석으로 알아볼 수 있게 하라.

58. 정책 개요

Harwell, M. (2018). *Don't expect too much: The limited usefulness of common SES measures and a prescription for change* [Policy brief]. National Education Policy Center. https://nepc.colorado.edu/publication/SES

소괄호 인용: (Harwell, 2018)

서술식 인용: Harwell(2018)은

59. 보도자료

U.S. Food and Drug Administration. (2019, February 14). *FDA authorizes first interoperable insulin pump intended to allow patients to customize treatment through their individual diabetes management apparatus* [Press release]. https://www.fda.gov/NewsEvents/Newsroom/PressAnnouncements/ucm631412.htm

소괄호 인용: (U.S. Food and Drug Administration, 2019)

서술식 인용: U.S. Food and Drug Administration(2019)은

10.5 학술대회 세션 및 발표

학술대회 세션conference sessions **및 발표**presentations는 논문원고 발표, 포스터 세션, 기조강연, 그리고 심포지엄 기여를 포함한다. 발표가 학술대회에서 어떻게 기술되었는지와 일치하는 제목 다음에 중괄호 안에 라벨을 포함하라. 발표에 기여한 것으로 수록된 모든 저자를 포함하라(비록 이들이 물리적으로 제시되지 않았지만). 날짜는 전체 학술대회의 날짜와 일치시킴으로써, 비록 한 세션 또는 발표가 오직 하루에만 이루어지더라도 독자들이 출처를 찾는 데 도움이 되어야 한다. 학술대회의 위치를 포함하여 검색에 도움이 되도록 하라(위치 형식은 9.31절 참조). 학술지 또는 서적으로 출판된 학술대회 발표자료집proceedings은 학술지 논문(예시 1 참조), 편집된 서적(예시 24–26, 30 참조), 또는 편집된 서적의 장(예시 38–42, 45 참조)에 대한 것과 같은 형식을 따르라. 다음에 제시된 템플릿을 사용하여 학술대회 세션 및 발표에 대한 참고문헌을 구성하라.

저자	날짜	제목	출처	
			학술대회 정보	DOI 또는 URL
• Presenter, A. A., & Presenter, B. B	• (2020, September 18–20). • (2020, October 30–November 1).	• *Title of contribution* [Type of contribution].	• Conference Name, Location.	• https://doi.org/xxxxx • https://xxxxx

다음에 제시된 템플릿을 사용하여 심포지엄 기여에 대한 참고문헌을 구성하라.

저자	날짜	기여 제목	출처	
			학술대회 정보	DOI 또는 URL
• Contributor, A. A., & Contributor, • B. B.	• (2020, September 18–20). • (2020, October 30–November 1).	• Title of contribution.	• In C. C. Chairperson (Chair), *Title of sym-posium* [Symposium]. Conference Name, Location.	• https://doi.org/xxxxx • https://xxxxx

60. 학술대회 세션

Fistek, A., Jester, E., & Sonnenberg, K. (2017, July 12-15). *Everybody's got a little music in them: Using music therapy to connect, engage, and motivate* [Conference session]. Autism Society National Conference, Milwaukee, WI, United States. https://asa.confex.com/asa/2017/webprogramarchives/Session9517.html

소괄호 인용: (Fistek et al., 2017)

서술식 인용: Fistek 외(2017)는

61. 논문원고 발표

Maddox, S., Hurling, J., Stewart, E., & Edwards, A. (2016, March 30-April 2). *If mama ain't happy, nobody's happy: The effect of parental depression on mood dysregulation in children* [Paper presentation]. Southeastern Psychological Association 62nd Annual Meeting, New Orleans, LA, United States.

소괄호 인용: (Maddox et al., 2016)

서술식 인용: Maddox 외(2016)는

62. 포스터 발표

Pearson, J. (2018, September 27-30). *Fat talk and its effects on state-based body image in women* [Poster presentation]. Australian Psychological Society Congress, Sydney, NSW, Australia. http://bit.ly/2XGSThP

소괄호 인용: (Pearson, 2018)

서술식 인용: Pearson(2018)은

63. 심포지엄 기여

De Boer, D., & LaFavor, T. (2018, April 26-29). The art and significance of successfully identifying resilient individuals: A person-focused approach. In A. M. Schmidt & A. Kryvanos (Chairs), *Perspectives on resilience: Conceptualization, measurement, and enhancement* [Symposium]. Western Psychological Association 98th Annual Convention, Portland, OR, United States.

소괄호 인용: (De Boer & LaFavor, 2018)

서술식 인용: De Boer와 LaFavor(2018)는

10.6 박사 및 석사 학위논문

박사 · 석사 · 학사 학위논문에 대한 참고문헌은 미출판 또는 출판 여부에 따라 나뉜다. 미출판 저작물은 일반적으로 대학[college] 또는 대학교[university]로부터 인쇄된 형태로 직접 검색되어야 하는 반면, 출판된 저작물은 데이터베이스(예, ProQuest Dissertations and Theses Global Database), 대학 아카이브, 또는 개인 웹사이트로부터 이용 가능하다. 따라서 미출판된 박사 및 석사 학위논문의 경우, 대학명이 참고문헌의 출처 요소에 제시되는 반면, 출판된 박사 및 석사 학위논문의 경우, 대학명이 제목 다음에 중괄호 안에 제시된다. 다음에 제시된 템플릿을 사용하여 미출판된 박사 및 석사 학위논문에 대한 참고문헌을 구성하라.

저자	날짜	제목	출처
• Author, A. A.	• (2020).	• *Title of dissertation* [Unpublished doctoral dissertation]. • *Title of thesis* [Unpublished master's thesis].	• Name of Institution Awarding the Degree.

다음에 제시된 템플릿을 사용하여 출판된 박사 및 석사 학위논문에 대한 참고문헌을 구성하라.

저자	날짜	제목	출처	
			데이터베이스 또는 아카이브 명칭	URL
• 저자, A. A.	• (2020).	• *Title of dissertation* [Doctoral dissertation, Name of Institution Awarding the Degree]. • *Title of thesis* [Master's thesis, Name of Institution Awarding the Degree].	• Database Name. • Archive Name.	• https://xxxxx

64. 미출판된 박사 또는 석사 학위논문

Harris, L. (2014). *Instructional leadership perceptions and practices of elementary school leaders* [Unpualished doctoral dissertation]. University of Virginia.

소괄호 인용: (Harris, 2014)

서술식 인용: Harris(2014)는

65. 데이터베이스로부터의 박사 또는 석사 학위논문

Hollander, M. M. (2017). *Resistance to authority: Methodological innovations and new lessons from the Milgram experiment* (Publication No. 10289373) [Doctoral dissertation, University of Wisconsin-Madison]. ProQuest Dissertations and Theses Global.

소괄호 인용: (Hollander, 2017)

서술식 인용: Hollander(2017)는

66. 온라인에 출판된 박사 또는 석사 학위논문 (데이터베이스에서가 아님)

Hutcheson, V. H. (2012). *Dealing with dual differences: Social coping strategies of gifted and lesbian, gay, bisexual, transgender, and queer adolescents* [Master's thesis, The College of William & Mary]. William & Mary Digital Archive. https://digitalarchive.wm.edu/bitstream/handle/10288/16594/HutchesonVirginia2012.pdf

소괄호 인용: (Hutcheson, 2012)

서술식 인용: Hutcheson(2012)은

10.7 평론

서적, 영화, TV 쇼, 앨범, 그리고 기타 엔터테인먼트에 대한 평론은 학술지, 잡지, 신문, 웹사이트, 블로그를 비롯한 다양한 방식으로 출판된다. 평론에 대한 참고문헌 형식은 평론 대상 항목에 관한 정보는 평론 제목 다음에 중괄호 안에 추가하는 등, 해당 출처 내에서 제시된 콘텐츠 유형에 대한 형식과 동일해야 한다. 중괄호 안에 "~에 대한 평론Review of the"이라고 쓰고, ① 평론 대상 저작물 유형(예, 영화, 서적, TV 시리즈물 1회 방송분, 비디오 게임), ② 제목(6.17절에 기술된 문장 표기법[SC]으로; 제목을 이탤릭체 표기 또는 따옴표를 붙여야 하는지는 9.19절 참조), 그리고 ③ 저자 또는 편집자, 감독, 작가 등을 서적의 고정 저자를 제외한 모든 항목에 대한 역할 지정과 함께 기입하라. 다음에 제시된 템플릿을 사용하여 평론에 대한 참고문헌을 구성하라.

저자	날짜	제목		출처	
		평론 제목	평론 대상 저작물의 세부사항	정기간행물 정보	DOI 또는 URL
• Reviewer, A. A.	• (2020). • (2020, February 3).	• Title of review	• [Review of the book *Book title*, by A. A. Author]. • [Review of the book *Book title*, by E. E. Editor, Ed.]. • [Review of the film *Film title*, by D. D. Director, Dir.]. • [Review of the TV series episode "Episode title," by W. W. Writer, Writer, & D. D. Director, Dir.].	• *Periodical Title, 34*(2), 14–15. • *Blog Title*.	• https://doi.org/xxxxx • https://xxxxx

67. 학술지에 게재된 영화평론

Mirabito, L. A., & Heck, N. C. (2016). Bringing LGBTQ youth theater into the spotlight [Review of the film *The year we thought about love*, by E. Brodsky, Dir.]. *Psychology of Sexual Orientation and Gender Diversity, 3*(4), 499-500. https://doi.org/10.1037/sgd0000205

소괄호 인용: (Mirabito & Heck, 2016)

서술식 인용: Mirabito와 Heck(2016)은

68. 신문에 게재된 서평

Santos, F. (2019, January 11). Reframing refugee children's stories [Review of the book *We are displaced: My journey and stories from refugee girls around the world*, by M. Yousafzai]. *The New York Times*. https://nyti.ms/2HIgjk3

소괄호 인용: (Santos, 2019)

서술식 인용: Santos(2019)는

69. 웹사이트에 게재된 TV 시리즈물 에피소드 평론

Perkins, D. (2018, February 1). The good place *ends its remarkable second season with irrational hope, unexpected gifts, and a smile* [Review of the TV series episode "Somewhere else," by M. Schur, Writer & Dir.]. A.V. Club. https://www.avclub.com/the-good-place-ends-its-remarkable-second-season-with-i-1822649316

소괄호 인용: (Perkins, 2018)

서술식 인용: Perkins(2018)은

- 이 저작물은 웹사이트상의 웹페이지이므로, 제목이 이탤릭체로 표기된다(예시 112 참조). 참고문헌에서 이 쇼의 제목은 역이탤릭체(6.23절 참조)와 문장 표기법(SC)으로 제시된다.

10.8 미출판 저작물과 비공식적으로 출판된 저작물

미출판 저작물unpublished works로는 진행 중인 저작물, 완성되었으나 아직 출판을 위해 제출되지 않은 저작물, 그리고 제출되었지만 아직 출판 수락을 받지 못한 저작물이 포함된다. 비공식적으로 출판된 저작물에는 PsyArXiv 같은 사전인쇄 아카이브 또는 문서 저장소, ERIC 같은 전자 아카이브, 기관의 아카이브, 정부 아카이브, 개인 웹사이트 등으로부터 이용 가능한 저작물이 포함된다. 가능하면, 자신의 출처의 최종 출판 버전을 조회해 보라(8.5절 참조). 자신의 저작물 출판 또는 강의 과제물 제출에 앞서 참고문헌을 업데이트해야 하는 것을 기억하여 가장 최신 출판정보가 들어 있는지 확인하라.

미출판된 또는 **비공식적으로 출판된 저작물**informally published works의 경우, 날짜는 저작물이 완성된 연도 또는 초고가 작성된 연도여야 한다. 참고문헌의 날짜 요소에서는

"준비 중[in preparation]," "제출됨[submitted]," 또는 "출판을 위해 제출됨[submitted for publication]"이라는 단어를 사용하지 말라. 제목 다음에는 중괄호 안에 저작물(예, 원고, 보고서)의 적절한 서술어를 사용하여 저작물의 상태(예, 미출판, 준비 중, 출판을 위해 제출됨)를 기술하라. 미출판 저작물의 출처가 미상인 경우(예, 대학 또는 대학의 학과), 이를 참고문헌의 출처 요소에 포함하라. DOI 또는 URL은 비공식적으로 출판된 저작물을 위해 이용 가능한 경우에 포함하라. 다음에 제시된 템플릿을 사용하여 미출판 저작물에 대한 참고문헌을 구성하라.

저자	연도	제목	출처	
			대학 정보	URL
• Author, A. A., & Author, • B. B.	• (2020).	• *Title of the work* [Unpublished manuscript]. • *Title of work* [Manuscript in preparation]. • *Title of work* [Manuscript submitted for publication].	• Department Name, University Name.	• https://xxxxx

다음에 제시된 템플릿을 사용하여 비공식적으로 출판된 저작물에 대한 참고문헌을 구성하라.

저자	연도	제목	출처	
			데이터베이스 또는 아카이브 정보	DOI 또는 URL
• Author, A. A., & Author, B. B.	• (2020).	• *Title of the work*. • *Title of the work* • (*Publication* No. 123).	• Name of Database. • Name of Archive.	• https://doi.org/xxxxx • https://xxxxx

70. 미출판 원고

Yoo, J., Miyamoto, Y., Rigotti, A., & Ryff, C. (2016). *Linking positive affect to blood lipids: A cultural perspective* [Unpublished manuscript]. Department of Psychology, University of Wisconsin-Madison.

소괄호 인용: (Yoo et al., 2016)는

서술식 인용: Yoo 외(2016)

- 미출판 원고는 오직 저자들의 소유물이다. 이용 가능한 온라인 원고는 비공식적으로 출판된 것으로 취급하라(예시 73–74 참조).
- 가능하면, 저작물이 생성된 학과와 기관을 포함하라.

71. 준비 중인 원고

O'Shea, M. (2018). *Understanding proactive behavior in the workplace as a function of gender* [Manuscript in preparation]. Department of Management, University of Kansas.

소괄호 인용: (O'Shea, 2018)

서술식 인용: O'Shea(2018)는

- 준비 중인 원고[manuscript in preparation]는 오직 저자의 소유다. 온라인상에서 이용 가능한 원고는 비공식적으로 출판된 것으로 취급하라(예시 73–74 참조).
- 가능하면, 저작물이 산출된 학과와 기관명을 제시하라.

72. 게재를 위해 제출된 원고

Lippincott, T., & Poindexter, E. K. (2019). *Emotion recognition as a function of facial cues: Implications for practice* [Manuscript submitted for publication]. Department of Psychology, University of Washington.

소괄호 인용: (Lippincott & Poindexter, 2019)

서술식 인용: Lippincott와 Poindexter(2019)는

- 저작물이 제출된 학술지명을 기입하지 말라. 일단 원고가 학술지에 게재 허가를 받게 되면, 근간[in-press] 논문으로 인용하라(예시 8 참조).
- 학술지에 게재를 위해 제출된 원고는 일반인들에게 이용 가능하지 않다. 만일 원고가 온라인상에서 이용 가능하다면, 이를 비공식적으로 출판된 것으로 취급하라(예시 73–74 참조).

73. 비공식적으로 게재된 저작물, 아카이브 또는 기관 문서저장소의 사전인쇄된 저작물

Leuker, C., Samartzidis, L., Hertwig, R., & Pleskac, T. J. (2018). *When money talks: Judging risk and coercion in high-paying clinical trials*. PsyArXiv. https://doi.org/10.17605/OSF.IO/9P7CB

Stults-Kolehmainen, M. A., & Sinha, R. (2015). *The effects of stress on physical activity and exercise*. PubMed Central. https://www.ncbi.nlm.nih.gov/pmc/articles/PMC3894304

소괄호 인용: (Leuker et al., 2018; Stults-Kolehmainen & Sinha, 2015)

서술식 인용: Leuker 외(2018)와 Stults-Kolehmainen과 Sinha(2015)는

- 비공식적으로 출판된 저작물은 동료심사를 받지 않은 것(PsyArXiv로부터 검색된 Leuker 등의 사전인쇄 논문처럼) 또는 저자의 최종, 동료심사를 받아 게재 허가를 받은 것일 수 있다(PubMed Central로부터의 Stults-Kolehmainen와 Sinha의 원고처럼). 아카이브 버전 사용에 관한 자세한 사항은 8.5절을 참조하라.

74. 비공식적으로 게재된 저작물, ERIC 데이터베이스 저작물

Ho, H.-K. (2014). *Teacher preparation for early childhood special education in Taiwan* (ED545393). ERIC. https://files.eric.ed.gov/fulltext/ED545393.pdf

소괄호 인용: (Ho, 2014)

서술식 인용: Ho(2014)는

- ERIC에서는 데이터베이스에 수록된 저작물에 문서 번호를 할당한다. 이 번호를 소괄호 안에 넣어 저작물 제목 다음에 포함하라.

데이터 세트 · 소프트웨어 · 검사

10.9 데이터 세트

데이터 인용은 이들의 발견과 재사용을 지원함으로써, 결과의 타당화를 통해 더 나은 과학으로 이끈다. 이는 또한 데이터를 과학적 기록의 핵심적 일부로 인식하고 데이터 창출자들의 기여를 인정해 준다. 우리는 저자들이 ① 공개적으로 아카이브에 저장된 데이터에 대한 이차 분석을 수행하거나, ② 현재의 저작물에 처음으로 제시되는 저자들 자신의 데이터를 아카이브에 저장한 경우, 데이터 세트에 대한 본문 인용과 참고문헌 목록 입력자료를 포함할 것을 권장한다(데이터 보유와 공유에 관해서는 1.14절 참조).

출판된 데이터에 대한 날짜는 출판연도이고, 미출판 데이터에 대한 것은 수집연도다. 버전 번호가 있는 경우, 이를 소괄호 안에 넣어 제목 다음에 포함하라. 중괄호 내

의 서술은 유연하다(예, 데이터 세트, 데이터 세트와 코드 북). 참고문헌의 출처 요소에서 출판된 데이터의 경우, 데이터를 출판한, 아카이브에 저장한, 생산한, 또는 배포한 기관명을 제공하라. 미출판 데이터의 경우, 알려져 있다면 출처(예, 대학)를 제공하라. 데이터 세트가 시간의 흐름에 따라 변하도록 설계된 경우에만 검색일을 포함하라(예, 데이터를 여전히 수집하고 있는 상황; 검색일에 관한 자세한 사항은 9.16절 참조). 다음에 제시된 템플릿을 사용하여 데이터 세트에 대한 참고문헌을 구성하라.

저자	날짜	제목	출처	
			출판사	DOI 또는 URL
• Author, A. A., & Author, B. B. • Name of Group.	• (2020). • (2015–2019).	• *Title of data set* (Version 1.2) [Data set]. • *Title of data set* [Unpublished raw data]. • [Description of untitled data set] [Unpublished raw data].	• Publisher Name. • Source of Unpublished Data.	• https://doi.org/xxxxx • https://xxxxx • Retrieved October 21, 2020, from https://xxxxx

75. 데이터 세트

D'Souza, A., & Wiseheart, M. (2018). *Cognitive effects of music and dance training in children* (ICPSR 37080; Version V1) [Data set]. ICPSR. https://doi.org/10.3886/ICPSR37080.v1

National Center for Education Statistics. (2016). *Fast Response Survey System (FRSS): Teachers' use of educational technology in U.S. public schools, 2009* (ICPSR 35531; Version V3) [Data set and code book]. National Archive of Data on Arts and Culture. https://doi.org/10.3886/ICPSR35531.v3

Pew Research Center. (2018). *American trends panel Wave 26* [Data set]. https://www.pewsocialtrends.org/dataset/american-trends-panel-wave-26/

소괄호 인용: (D'Souza & Wiseheart, 2018; National Center for Education Statistics, 2016; Pew Research Center, 2018)

서술식 인용: D'Souza와 Wiseheart(2018), National Center for Education Statistics (2016), 그리고 Pew Research Center(2018)는

76. 미출판된 원데이터

Baer, R. A. (2015). [Unpublished raw data on the correlations between the Five Facet

Mindfulness Questionnaire and the Kentucky Inventory of Mindfulness Skills]. University of Kentucky.

Oregon Youth Authority. (2011). *Recidivism outcomes* [Unpublished raw data].

소괄호 인용: (Baer, 2015; Oregon Youth Authority, 2011)

서술식 인용: Baer(2015)와 Oregon Youth Authority(2011)는

- 제목이 없는 데이터 세트의 경우, 중괄호 내에 출판 상태와 데이터의 초점에 관한 기술을 제공하라.
- 미출판 원데이터[raw data]의 출처가 알려진 경우(예, 대학 또는 대학의 학과), 참고문헌 끝에 포함하라.

10.10 컴퓨터 소프트웨어, 모바일 앱, 장치, 장비

본문에서 언급되었지만 재진술 또는 직접 인용되지 않은 일반적인 소프트웨어와 모바일 앱은 인용할 필요가 없고, 프로그래밍 언어도 마찬가지다. "일반적인[common]"이란 말은 각 분야와 청중과 관련이 있다. 필수로 인용이 요구되지 않는 소프트웨어 또는 앱의 예로는 ① 마이크로소프트 오피스(예, 워드, 엑셀, 파워포인트), ② 소셜 미디어(예, 페이스북, 인스타그램, 트위터), ③ 설문조사 소프트웨어(예, 퀄트릭스[Qualtrics], 서베이 몽키[Survey Monkey]), ④ 어도비[Adobe] 제품(예, 어도비 리더[Adobe Reader], 포토샵[Photoshop], 어도비 애크로뱃[Adobe Acrobat]), ⑤ 자바[Java], 그리고 ⑥ 통계 프로그램(예, R, SPSS, SAS)이 포함된다. 만일 연구 과정에서 일반적인 소프트웨어 또는 모바일 앱을 사용했다면, 관련이 있다면 단순히 본문에 버전 번호와 함께 소프트웨어 또는 앱의 고유명사를 제공하라.

데이터는 IBM SPSS Statistics(버전 25)으로 분석되었다.

내담자들은 자신들의 모바일 장치에 페이스북 앱을 설치했다.

그러나 만일 소프트웨어 또는 앱으로부터 재진술 또는 직접 인용했다면, 참고문헌 목록 입력자료와 본문 인용을 포함하라. 또한 보급이 제한된(독자들이 친숙해할 것 같지 않다는 의미) 소프트웨어, 앱, 그리고 장치나 장비를 언급하는 경우 역시 참고문헌 목록 입력자료와 본문 인용을 제공하라. 컴퓨터 소프트웨어 또는 모바일 앱 참고문헌의 날짜는 사용된 버전의 출판 연도다. 소프트웨어와 앱의 제목은 참고문헌 목록 입력자료에 이탤릭체로 표기되어야 하지만, 본문에서는 이탤릭체로 표기되어서는 안

된다. 소셜 미디어 앱에 관한 내용을 인용하려면, 10.15절을 참조하라. 다음에 제시된 템플릿을 사용하여 보급이 제한된 소프트웨어와 모바일 앱과 장치 또는 장비에 대한 참고문헌을 구성하라.

저자	날짜	제목	출처	
			출판사	URL
• Author, A. A., & Author, B. B. • Name of Group.	• (2020).	• *Title of work* (Version 1.2) [Computer software]. • *Title of work*(Version 4.6) [Mobile app]. • *Name of apparatus* • (Model number) [Apparatus]. • *Name of equipment* • (Model number) [Equipment].	• Publisher. • App Store. • Google Play Store.	• https://xxxxx

다음에 제시된 템플릿을 사용하여 모바일 앱 참고문헌 저작물에서 입력자료에 대한 참고문헌을 구성하라. 모바일 앱 참고문헌 저작물에서 입력자료에 대한 형식은 편집된 서적의 장에 대한 것과 유사하다. 가장 일반적인 경우는 동일 저자가 전체 저작물과 모든 입력자료를 책임지는 것인데, 여기에 제시되어 있다.

저자	날짜	입력자료 제목	출처	
			모바일 앱 정보	URL
• Author, A. A., & Author, B. B. • Name of Group.	• (2020).	• Title of entry.	• In *Title of work* (Version 1.2) [Mobile app]. Publisher Name or App Store.	• https://xxxxx

77. 소프트웨어

Borenstein, M., Hedges, L., Higgins, J., & Rothstein, H. (2014). *Comprehensive meta-analysis* (Version 3.3.070) [Computer software]. Biostat. https://www.meta-analysis.com/

소괄호 인용: (Borenstein et al., 2014)

서술식 인용: Borenstein 외(2014)는

78. 장치 또는 장비

SR Research. (2016). *Eyelink 1000 plus* [Apparatus and software]. https://www.sr-research.com/eyelink1000plus.html

Tactile Labs. (2015). *Latero tactile display* [Apparatus]. http://tactilelabs.com/products/haptics/latero-tactile-display/

소괄호 인용: (SR Research, 2016; Tactile Labs, 2015)

서술식 인용: SR Research(2016)와 Tactile Labs(2015)는

- 만일 장치 또는 장비가 소프트웨어와 함께 제공된다면, 서술에서 둘 다 수록하라.
- 만일 장치 또는 장비에 제목에는 포함되지 않는 모델 번호가 있다면, 소괄호 안에 번호를 넣어 제목 다음에 포함하라.
- 저자와 출판사가 동일하므로, 출판사를 생략하라.

79. 모바일 앱

Epocrates. (2019). *Epocrates medical references* (Version 18.12) [Mobile app]. App Store. https://itunes.apple.com/us/app/epocrates/id281935788?mt=8

소괄호 인용: (Epocrates, 2019)

서술식 인용: Epocrates(2019)는

80. 모바일 앱 참고문헌 저작물의 입력자료

Epocrates. (2019). Interaction check: Aspirin+sertraline. In *Epocrates medical references* (Version 18.12) [Mobile app]. Google Play Store. https://play.google.com/store/apps/details?id=com.epocrates&hl=en_US

소괄호 인용: (Epocrates, 2019)

서술식 인용: Epocrates(2019)는

10.11 검사, 척도, 또는 평정도구

검사test, **척도**scale, 또는 평정도구inventory를 인용하려면, 이를 뒷받침하는 문헌(예, 편람; 이는 저술 또는 편집된 서적이거나 출판된 학술지 논문이 될 수 있음)에 대한 인용을 제공하라(예시 81 참조). 만일 뒷받침하는 문헌을 이용할 수 없다면, 검사 자체(예시 82 참조) 및/또는 검사에 대한 데이터베이스 기록(예시 83 참조) 인용이 가능하다. 검사, 척

도, 또는 평정도구의 제목은 논문원고에 제시되는 경우 제목 표기법(TC)을 사용하여 첫 글자는 대문자로 표기되어야 한다. 검사 제목은 참고문헌에서 이탤릭체로 표기될 수 있지만(예, 편람의 명칭에서 또는 검사 자체가 인용되는 경우), 본문에서 검사 제목은 표준형(이탤릭체가 아닌) 및 제목 표기법(TC)으로 제시되어야 한다. 검사 데이터베이스 명칭(예, PsycTESTS, ETS TestLink)은 검사 데이터베이스 기록(예시 83 참조)에 대해서만 포함된다. 다음에 제시된 템플릿을 사용하여 검사, 척도, 평정도구, 또는 검사 데이터베이스 레코드에 대한 참고문헌을 구성하라.

저자	날짜	제목	출처	
			데이터베이스	URL
• Author, A. A., & Author, B. B.	• (2020).	• *Title of the Test.* • *Title of the Test Database Record* [Database record].	• Test Database Name.	• https://xxxxx

81. 검사, 척도, 또는 평정도구 편람

Tellegen, A., & Ben-Porath, Y. S. (2011). *Minnesota Multiphasic Personality Inventory-2 Restructured Form (MMPI-2-RF): Technical manual*. Pearson.

소괄호 인용: (Tellegen & Ben-Porath, 2011)

서술식 인용: Tellegen과 Ben-Porath(2011)는

82. 검사, 척도, 또는 평정도구 자체

Project Implicit. (n.d.). *Gender-Science IAT*. *https://implicit.harvard.edu/implicit/takeatest.html*

소괄호 인용: (Project Implicit, n.d.)

서술식 인용: Project Implicit(n.d.)은

- 편람 또는 기타 뒷받침하는 문헌이 인용을 위해 이용할 수 없는 경우에만 검사, 척도, 또는 평정도구 자체를 인용하라. 만일 편람이 검사에 대해 이용 가능하다면, 검사가 아닌 편람을 인용하라(예시 81 참조).

83. 검사에 대한 데이터베이스 기록

Alonso-Tapia, J., Nieto, C., Merino-Tejedor, E., Huertas, J. A., & Ruiz, M. (2018). *Situated Goals Questionnaire for University Students (SGQ-U, CMS-U)* [Database record]. PsycTESTS. https://doi.org/10.1037/t66267-000

Cardoza, D., Morris, J. K., Myers, H. F., & Rodriguez, N. (2000). *Acculturative Stress Inventory (ASI)* (TC022704) [Database record]. ETS TestLink.

소괄호 인용: (Alonso-Tapia et al., 2018; Cardoza et al., 2000)

서술식 인용: Alonso-Tapia 외(2018)와 Cardoza 외(2000)는

- 검사 데이터베이스 기록(예, APA PsycTests, ETS TestLink 콜렉션, 또는 CINAHL 데이터베이스로부터의 기록)은 전형적으로 검사에 관한 독특한 기술용 · 관리용 정보를 제공한다. 만일 이 독특한 정보를 사용한다면, 데이터베이스 기록을 인용하라. 그렇지 않으면, 만일 이용 가능하다면, 검사를 뒷받침하는 문헌을 인용하라.

시청각 매체

시청각 매체audiovisual media는 시각적 · 청각적 구성요소(예, 영화, TV 쇼, 유튜브 동영상; 10.12절 참조) 둘 다, 청각적 구성요소(예, 음악, 연설 녹음자료; 10.13절 참조)만, 또는 시각적 구성요소(예, 예술품, 파워포인트 슬라이드PowerPoint slides, 사진; 10.14절 참조)만을 포함할 수 있다. 다음의 참고문헌 예시는 이 편람의 독자들에 대한 보조자료로 이러한 범주들로 나뉜다. 그러나 이들은 같은 형식을 따르므로, 여기서는 안내 지침이 함께 제시되어 있다.

시청각 참고문헌의 형식은 저작물이 독립형(예, 영화, 전체 TV 시리즈물, 팟캐스트, 웹비나, 음악앨범, 예술품, 유튜브 동영상)인지, 아니면 더 큰 전편whole(예, TV 시리즈물 1회 방송분, 팟캐스트 1회 방송분, 음악 앨범의 노래 곡)의 일부인지에 따라 한 가지 패턴을 따른다. 시청각 저작물의 저자는 다음에 제시된 것처럼, 미디어 유형에 따라 결정된다.

미디어 유형	저자로 포함하라
• 영화	• 감독
• TV 시리즈물	• 제작 책임자(들)
• TV 시리즈물 1회 방송분	• 1회 방송분의 작가와 감독
• 팟캐스트	• 호스트 또는 제작 책임자
• 팟캐스트 1회 방송분	• 1회 방송분의 호스트
• 웹비나	• 강사

미디어 유형	저자로 포함하라
• 클래식 음악 앨범 또는 노래	• 작곡가
• 현대 음악 앨범 또는 노래	• 녹음 아티스트
• 예술품	• 아티스트
• 온라인 스트리밍 동영상	• 개인 또는 비디오에 업로드된 집단
• 사진	• 사진작가

시청각 저작물은 중괄호 안에 기술하라. 예를 들면, 참고문헌의 제목 요소에 "[영화Film]," "[TV 시리즈물series]," "[오디오 팟케스트 1회 방송분Audio podcast episode]," "[노래 곡Song]," "[그림Painting]" 등을 기술하라. 참고문헌의 출처 요소에 ① 영화, TV 시리즈물, 또는 팟케스트 제작회사 이름, ② 음악 앨범의 라벨, ③ 박물관 명칭과 예술품 소재지, 또는 ④ 스트리밍 동영상을 진행하는 스트리밍 동영상 이름을 제공하라. 시청각 저작물로부터(예, 영화로부터) 인용문을 인용하려면, 8.28절을 참조하라. 인터뷰에 관해서는 8.7절을 참조하라. 만일 단순히 시청각 저작물(예, 사진 또는 클립아트) 인용보다 재생하기를 원한다면, 저작권 소유자에게 허가 신청 및/또는 이미지 라이센스 약관당 저작권 귀속을 제공할 필요가 있을 수 있다(12.15절 참조).

다음에 제시된 템플릿을 사용하여 독립형 시청각 매체에 대한 참고문헌을 구성하라.

저자	날짜	제목	출처	
			출판사	URL
• Director, D. D. (Director). • Producer, P. P. (Executive Producer). • Host, H. H. (Host). • Artist, A. A. • Uploader, U. U.	• (2020). • (1989–present). • (2013–2019). • (2019, July 21).	• *Title of work* [Description].	• Production Company. • Label. • Museum Name, Museum Location. • Department Name, University Name.	• https://xxxxx

다음에 제시된 템플릿을 사용하여 더 큰 전편의 일부인 시청각 매체에 대한 참고문헌을 구성하라.

저자	날짜	제목	출처	
			출판사	URL
• Writer, W. W. • (Writer), & Director, D. D. (Director). • Host, H. H. (Host). • Producer, P. P. (Producer). • Composer, C. C. • Artist, A. A.	• (2020). • (2020, March 26).	• Title of episode • (Season No., Episode No.) [Description]. • Title of song [Description].	• In P. P. Producer • (Executive Producer), *Title of TV series*. Production Company. • In *Title of podcast*. Production Company. • On *Title of album*. Label.	• https://xxxxxx

10.12 시청각 자료

84. 영화 또는 비디오

Forman, M. (Director). (1975). *One flew over the cuckoo's nest* [Film]. United Artists.

Fosha, D. (Guest Expert), & Levenson, H. (Host). (2017). *Accelerated experiential dynamic psychotherapy (AEDP) supervision* [Film; educational DVD]. American Psychological Association. https://www.apa.org/pubs/videos/4310958.aspx

Jackson, P. (Director). (2001). *The lord of the rings: The fellowship of the ring* [Film; four-disc special extended ed. on DVD]. WingNut Films; The Saul Zaentz Company.

소괄호 인용: (Forman, 1975; Fosha & Levenson, 2017; Jackson, 2001)

서술식 인용: Forman(1975), Fosha와 Levenson(2017), 그리고 Jackson(2001)은

- 감독에게는 영화의 저자로서 크레딧이 주어져야 한다. 그러나 만일 감독이 미상이라면(Fosha & Levenson 예시에서처럼), 대신 유사한 역할을 한 사람에게 크레딧이 주어져서 독자들의 저작물 검색을 도울 수 있다. 이 경우, 역할에 관한 기술은 저작물에 있는 것과 일치해야 하고 유연해야 한다.
- 영화 관람방법(예, 영화관, DVD, 스트리밍 온라인)을 밝힐 필요는 없다. 그러나 사용된 버전을 명시할 필요가 있는 경우(예, 영화의 DVD 출시물이 논문작성자가 사용한 해설 또는 특집 방송인 경우, 또는 영화가 제한 상영되는 교육적 비디오 또는

DVD인 경우), 형식 또는 기타 서술적인 정보를 중괄호 안에 "영화"와 세미콜론 다음에 포함할 수 있다. 필요하다면, 이 문구를 조정하라.

85. 타 언어로 된 영화 또는 비디오

Malle, L. (Director). (1987). *Au revoir les enfants* [Goodbye children] [Film]. Nouvelles Éditions de Films.

소괄호 인용: (Malle, 1987)

서술식 인용: Malle(1987)는

- 영화 제목이 논문원고와 다른 언어로 된 경우, 중괄호 안에 번역된 제목을 포함하라(9.38절 참조).

86. TV 시리즈물

Simon, D., Colesberry, R. F., & Kostroff Noble, N. (Executive Producers). (2002-2008). *The wire* [TV series]. Blown Deadline Productions; HBO.

소괄호 인용: (Simon et al., 2002-2008)

서술식 인용: Simon 외(2002-2008)는

- 시리즈물이 다수의 연도에 걸쳐 있는 경우, 연도는 엔 대시로 분리하라. 만일 시리즈물이 여전히 방영되고 있다면, 두 번째 연도는 "현재present"로 대체하라: (2015–현재present).

87. TV 시리즈물 1회 방송분 또는 웨비소드webisode(*역자 주. 인터넷으로 보거나 다운로드 받을 수 있는 TV 쇼나 영화 에피소드)

Barris, K. (Writer & Director). (2017, January 11). Lemons (Season 3, Episode 12) [TV series episode]. In K. Barris, J. Groff, A. Anderson, E. B. Dobbins, L. Fishburne, & H. Sugland (Executive Producers), *Black-ish*. Wilmore Films; Artists First; Cinema Gypsy Productions; ABC Studios.

Oakley, B. (Writer), Weinstein, J. (Writer), & Lynch, J. (Director). (1995, May 21). Who shot Mr. Burns? (Part one) (Season 6, Episode 25) [TV series episode]. In D. Mirkin, J. L. Brooks, M. Groening, & S. Simon (Executive Producers), *The Simpsons*. Gracie Films; Twentieth Century Fox Film Corporation.

소괄호 인용: (Barris, 2017; Oakley et al., 1995)

서술식 인용: Barris(2017)와 Oakley 외(1995)는

- 1회 방송분^episode^에 대해서는 작가와 감독을 포함하라. 소괄호 안에 기여한 사람의 역할을 기입하여 각 기여자의 이름 다음에 포함하라. "작가^Writer^"와 "감독^Director^"은 여기에 제시되어 있지만, "총감독^Executive Director^" 또는 기타 역할 기술 역시 사용될 수 있다.
- 계절 번호와 1회 방송분 번호는 소괄호 안에 넣어서 제목 다음에 제공하라.

88. TED Talk

Giertz, S. (2018, April). *Why you should make useless things* [Video]. TED Conferences. https://www.ted.com/talks/simone_giertz_why_you_should_make_useless_things

TED. (2012, March 16). *Brené Brown: Listening to shame* [Video]. YouTube. https://www.youtube.com/watch?v=psN1DORYYV0

소괄호 인용: (Giertz, 2018; TED, 2012)

서술식 인용: Giertz(2018)와 TED(2012)는

- TED Talk이 TED의 웹사이트로부터 오는 경우(Giertz 예시에서처럼), 발표자의 이름을 저자로 사용하라. TED Talk이 유튜브에서 방영되는 경우, 유튜브 계정의 소유자(여기서는 TED)를 저자로 수록하여 검색에 도움을 제공하라.
- 발표자가 저자로 수록되지 않는 경우, 원하면 이들의 이름을 내러티브로 통합하라: "브라운은 인간의 경험으로의 수치심에 관해 논의했다(TED, 2012)."
- TED Talk으로부터 인용문을 인용하려면, 8.28절을 참조하라.

89. 웹비나, 녹화물

Goldberg, J. F. (2018). *Evaluating adverse drug effects* [Webinar]. American Psychiatric Association. https://education.psychiatry.org/Users/ProductDetails.aspx?ActivityID=6172

소괄호 인용: (Goldberg, 2018)

서술식 인용: Goldberg(2018)는

- 이 형식은 녹화된, 검색 가능한 **웹비나**^webinars^에 대해서만 사용하라.
- 녹화되지 않은 웹비나는 사적 통신문으로 인용하라(8.9절 참조).

10

90. 유튜브 동영상 또는 기타 스트리밍 동영상

Cutts, S. (2017, November 24). *Happiness* [Video]. Vimeo. https://vimeo.com/244405542

Fogarty, M. [Grammar Girl]. (2016, September 30). *How to diagram a sentence (absolute basics)* [Video]. YouTube. https://youtu.be/deiEY5Yq1qI

University of Oxford. (2018, December 6). *How do geckos walk on water?* [Video]. YouTube. https://www.youtube.com/watch?v=qm1xGfOZJc8

소괄호 인용: (Cutts, 2017; Fogarty, 2016; University of Oxford, 2018)

서술식 인용: Cutts(2017), Fogarty(2016), 그리고 University of Oxford(2018)는

- 동영상을 업로드한 사람 또는 집단은 직접 저작물을 제작하지 않았어도 검색할 수 있게 한 것에 대해 저자로서의 크레딧이 주어진다. 원한다면, 텍스트 내러티브에 동영상에 출연한 다른 사람들의 기여를 명시하라(예시 88 참조).
- 사용자명[usernames] 제시 방법은 9.8절을 참조하라. 유튜브 또는 다른 스트리밍 동영상으로부터의 인용은 8.28절을 참조하라.

10.13 오디오 저작물

오디오 저작물[audio works]을 위한 템플릿은 시청각 매체 절의 서론을 참조하라.

91. 음악 앨범

Bach, J. S. (2010). *The Brandenburg concertos: Concertos BWV 1043 & 1060* [Album recorded by Academy of St Martin in the Fields]. Decca. (Original work published 1721)

Bowie, D. (2016). *Blackstar* [Album]. Columbia.

소괄호 인용: (Bach, 1721/2010; Bowie, 2016)

서술식 인용: Bach(1721/2010)와 Bowie(2016)는

- 고전적 저작물의 녹음자료의 경우, 작곡가를 저자로 제시하고, 제목 다음에 사용된 버전을 녹음한 개인 또는 집단을 명시하라(중괄호 안에). 사용된 버전에 대한 출판 날짜를 제시하고, 오리지널 작곡 연도를 소괄호 안에 넣어 참고문헌 끝에 제시하라.

- 모든 기타 녹음자료의 경우, 녹음자료 아티스트 또는 집단명을 저자로 제시하라.
- 보통 앨범을 어떻게 들었는지(예, 스포티파이Spotify, 아이튠즈iTunes, 아마존Amazon 음악, 판도라Pandora, 타이들Tidal상에서의 스트리밍으로, CD로)를 명시할 필요는 없다. 그러나 사용된 버전을 명시할 필요가 있는 경우, 형식 또는 기타 서술적 정보는 중괄호 안에 넣어 포함되고, "앨범Album"이라는 단어와 세미콜론이 기입될 수 있다(예, 이 버전의 앨범이 논문작성자가 접속한 특수한 트랙 또는 특징을 포함하는 경우). 필요하면, 이 문구를 조정하라.
- 만일 소재지가 유일한 검색 수단이라면, 참고문헌에 URL을 포함하라(예, SoundCloud 또는 이들의 웹사이트에서처럼, 한 곳에서만 음악을 제공하는 아티스트들의 경우).

92. 단일 노래 곡 또는 트랙

Beethoven, L. van. (2012). Symphony No. 3 in E-flat major [Song recorded by Staatskapelle Dresden]. On *Beethoven: Complete symphonies*. Brilliant Classics. (Original work published 1804)

Beyoncé. (2016). Formation [Song]. On *Lemonade*. Parkwood; Columbia.

Childish Gambino. (2018). This is America [Song]. mcDJ; RCA.

Lamar, K. (2017). Humble [Song]. On *Damn*. Aftermath Entertainment; Interscope Records; Top Dawg Entertainment.

소괄호 인용: (Beethoven, 1804/2012; Beyoncé, 2016; Childish Gambino, 2018; Lamar, 2017)

서술식 인용: Beethoven(1804/2012), Beyoncé(2016), Childish Gambino(2018), 그리고 Lamar(2017)는

- 만일 노래 곡이 연관된 앨범이 없다면(Childish Gambino 예시에서처럼), 참고문헌의 그 부분을 생략하라.
- 만일 소재지가 유일한 검색 수단이라면, 참고문헌에 URL을 포함하라(예, SoundCloud 또는 이들의 웹사이트에서처럼, 한 곳에서만 음악을 제공하는 아티스트들의 경우).

10

93. 팟캐스트

Vedantam, S. (Host). (2015-present). *Hidden brain* [Audio podcast]. NPR. https://www.npr.org/series/423302056/hidden-brain

소괄호 인용: (Vedantam, 2015-현재)

서술식 인용: Vedantam(2015-현재)은

- **팟캐스트**podcast의 호스트를 저자로 수록하라. 그렇지 않으면, 만일 알려져 있다면, 제작 책임자를 제시하라. 어느 경우에나 이들의 역할을 소괄호 안에 넣어 포함하라.
- 팟캐스트의 유형(오디오 또는 비디오)을 중괄호 안에 넣어 명시하라.
- 만일 팟캐스트의 URL이 미상이라면(예, 만일 앱을 통해 접속했다면), URL을 생략하라.

94. 팟캐스트 1회 방송분

Glass, I. (Host). (2011, August 12). Amusement park (No. 443) [Audio podcast episode]. In *This American life*. WBEZ Chicago. https://www.thisamericanlife.org/radio-archives/episode/443/amusement-park

소괄호 인용: (Glass, 2011)

서술식 인용: Glass(2011)는

- 팟캐스트의 호스트를 저자로 수록하고 이들의 역할을 소괄호 안에 넣어서 포함하라.
- 1회 방송분episode 번호를 소괄호 안에 넣어 제목 다음에 제시하라. 만일 팟캐스트가 1회 방송분에 번호를 붙이지 않는다면, 참고문헌으로부터 그 번호를 생략하라.
- 팟캐스트의 유형(오디오 또는 비디오)은 중괄호 안에 넣어 명시하라.
- 만일 팟캐스트의 URL 저자가 미상이면(예, 앱을 통해 접속한 것처럼), URL을 생략하라.

95. 디지털 아카이브에 소장된 라디오 인터뷰 녹음자료

de Beauvoir, S. (1960, May 4). *Simone de Beauvoir discusses the art of writing* [Interview]. Studs Terkel Radio Archive; The Chicago History Museum. https://

studsterkel.wfmt.com/programs/simone-de-beauvoir-discusses-art-writing

소괄호 인용: (de Beauvoir, 1960)

서술식 인용: de Beauvoir(1960)는

- 디지털 또는 물리적인 아카이브(오디오 또는 시청각 형태이든)에 저장된 인터뷰의 경우, 인터뷰 대상자에게 저자로서의 크레딧을 부여하라. 인터뷰에 관한 자세한 사항은 8.7절을 참조하라.

96. 연설 오디오 녹음자료

King, M. L., Jr. (1963, August 28). *I have a dream* [Speech audio recording]. American Rhetoric. https://www.americanrhetoric.com/speeches/mlkihaveadream.htm

소괄호 인용: (King, 1963)

서술식 인용: King(1963)은

10.14 영상물

영상물visual works을 위한 템플릿은 시청각 매체 절의 서론을 참조하라.

97. 박물관 소장 또는 박물관 웹사이트의 예술품

Delacroix, E. (1826-1827). *Faust attempts to seduce Marguerite* [Lithograph]. The Louvre, Paris, France.

Wood, G. (1930). *American gothic* [Painting]. Art Institute of Chicago, Chicago, IL, United States. https://www.artic.edu/aic/collections/artwork/6565

소괄호 인용: (Delacroix, 1826-1827; Wood, 1930)

서술식 인용: Delacroix(1826-1827)와 Wood(1930)는

- 이 형식을 사용하여 모든 유형의 박물관 예술품을 인용하라(회화, 조각 작품, 사진, 판화, 소묘, 그리고 설치 작품 포함). 항상 매개물 또는 형식에 관한 기술을 중괄호 안에 넣어 제목 다음에 포함하라.
- 제목이 없는 예술품의 경우, 이에 관한 기술을 중괄호 안에 넣어 제목의 위치에 포함하라.

98. 클립아트 또는 스톡 이미지

GDJ. (2018). *Neural network deep learning prismatic* [Clip art]. Openclipart. https://

openclipart.org/detail/309343/neural-network-deep-learning-prismatic

소괄호 인용: (GDJ, 2018)

서술식 인용: GDJ(2018)는

- 이 형식을 사용하여 대부분의 클립아트 또는 스톡 이미지를 인용하라(재생은 아님). 클립아트 또는 스톡 이미지를 재생하려면, 참고문헌 외에 허가 및/또는 저작권 귀속이 필요할 수 있다. 마이크로소프트 워드[Microsoft Word] 또는 파워포인트(12.15절 참조) 같은 프로그램으로부터의 클립아트에 대해서는 인용, 허가, 또는 저작권 귀속이 필요하지 않다.

99. 인포그래픽

Rossman, J., & Palmer, R. (2015). *Sorting through our space junk* [Infographic]. World Science Festival. https://www.worldsciencefestival.com/2015/11/space-junk-infographic/

소괄호 인용: (Rossman & Palmer, 2015)

서술식 인용: Rossman과 Palmer(2015)는

- 이 형식을 사용하여 인포그래픽[Infographic]을 인용하라(재생은 아님). 인포그래픽을 재생하려면, 참고문헌(12.15절 참조) 외에 허가 및/또는 저작권 귀속이 필요할 수 있다.

100. 지도

Cable, D. (2013). *The racial dot map* [Map]. University of Virginia, Weldon Cooper Center for Public Service. https://demographics.coopercenter.org/Racial-Dot-Map

Google. (n.d.). [Google Maps directions for driving from La Paz, Bolivia, to Lima, Peru]. Retrieved February 16, 2020, from https://goo.gl/YYE3GR

소괄호 인용: (Cable, 2013; Google, n.d.)

서술식 인용: Cable(2013)과 Google(n.d.)은

- 역동적으로 제작된 지도(예, 구글 맵[Google Maps])에는 제목이 없으므로, 지도는 중괄호 안에 기술하고, 검색일을 포함하라.

101. 사진

McCurry, S. (1985). *Afghan girl* [Photograph]. National Geographic. https://www.nationalgeographic.com/magazine/national-geographic-magazine-50-years-of-covers/#/ngm-1985-jun-714.jpg

Rinaldi, J. (2016). [Photograph series of a boy who finds his footing after abuse by those he trusted]. The Pulitzer Prizes. https://www.pulitzer.org/winners/jessica-rinaldi

소괄호 인용: (McCurry, 1985; Rinaldi, 2016)

서술식 인용: McCurry(1985)와 Rinaldi(2016)는

- 이 형식을 사용하여 박물관(박물관 예술품은 예시 97 참조)과 연결되지 않은 사진 또는 기타 예술품을 인용하라(재생은 아님). 사진을 재생하려면, 참고문헌(12.15절 참조), 허가 및/또는 저작권 귀속이 필요할 수 있다.
- 출처는 사진이 검색된 사이트명이다.
- 제목이 없는 사진의 경우, 기술은 중괄호 안에 넣어 제목의 위치에 포함하라.

102. 파워포인트 슬라이드 또는 강의노트

Canan, E., & Vasilev, J. (2019, May 22). [Lecture notes on resource allocation]. Department of Management Control and Information Systems, University of Chile. https://uchilefau.academia.edu/ElseZCanan

Housand, B. (2016). *Game on! Integrating games and simulations in the classroom* [PowerPoint slides]. SlideShare. https://www.slideshare.net/brianhousand/game-on-iagc-2016/

Mack, R., & Spake, G. (2018). *Citing open source image and formatting references for presentations* [PowerPoint slides]. Canvas@FNU. https://fnu.onelogin.com/login

소괄호 인용: (Canan & Vasilev, 2019; Housand, 2016; Mack & Spake, 2018)

서술식 인용: Canan과 Vasilev(2019), Housand(2016), 그리고 Mack와 Spake(2018)는

- 만일 슬라이드의 출처가 강의 웹사이트, 학습관리시스템learning management system (예, 캔버스Canvas, 블랙보드Blackboard), 또는 회사 인트라넷이고, 현재 그 출처에 접속하여 독자들 대상으로 글을 쓰고 있다면, 사이트명과 URL을 제공하라(로그인이 필수로 요구되는 사이트에 대한 로그인 페이지 URL을 사용하라; 8.8절 참조).

10

온라인 미디어

10.15 소셜 미디어

트위터, 페이스북, 레딧[Reddit](*역자 주. 사용자가 글을 등록하면 다른 사용자가 'up' 혹은 'down'을 선택해 투표하고, 이 순위에 따라 글이 메인 페이지에 등록되는 소셜 뉴스 웹사이트), 인스타그램, 텀블러[Tumblr](*역자 주. 마이크로블로그), 링크드인[LinkedIn](*역자 주. 기업들이 신규시장 개척과 바이어 발굴 등에 주로 활용하는 세계 최대 비즈니스 전문 소셜 네트워크 서비스) 같은 소셜 미디어 사이트로부터는 오리지널 콘텐츠만 인용하라. 즉, 만일 콘텐츠를 찾기 위해 소셜 미디어를 사용했고(예, 핀터레스트[Pinterest] [*역자 주. 미국 소셜 네트워크] 또는 트위터상에서 블로그 댓글에 대한 링크를 찾았고) 그 콘텐츠를 인용하고 싶다면, 이를 직접 인용하라. 소셜 미디어상의 링크를 통해 찾았다고 언급할 필요는 없다.

소셜 미디어 포스트에는 텍스트만, 시청각 자료(예, 사진, 동영상)와 텍스트, 또는 시청각 자료만 들어 있을 수 있다. 소셜 미디어 포스트의 텍스트는 첫 20단어까지만 포함하라. 시청각 자료(중괄호 안에)는 포스트의 텍스트 다음에 제시하라(예시 105 참조).

소셜 미디어 포스트 역시 표준화되지 않은 철자와 대문자 표기, 해시태그[hashtags](*역자 주. 널리 사용되고 있는 마이크로블로깅과 포토 공유 서비스), 링크, 그리고 이모티콘[emojis]이 들어 있을 수 있다. 소셜 미디어 참고문헌에 들어 있는 철자와 대문자 표기를 바꾸지 말라. 해시태그와 링크를 유지하라. 가능하면, 이모티콘을 복사해서 사용하라. 만일 이모티콘을 만들 수 없다면, 중괄호 안에 이모티콘의 명칭을 제공하라. 예를 들면, 에 대해서는 [기쁨의 눈물을 흘리는 얼굴]이라고 기입하라. 이모티콘 명칭에 대한 전체 목록은 유니코드 협회[Unicode Consortium]의 웹사이트(http://unicode.org/emoji/charts/index.html)에서 찾을 수 있다. 논문원고에서 단어 수를 계산하는 경우, 이모티콘을 한 단어로 계산하라.

다음에 제시된 템플릿을 사용하여 소셜 미디어 콘텐츠에 대한 참고문헌을 구성하라.

저자	날짜	제목	출처	
			소셜 미디어 사이트 명	URL
Twetter and Instagram: • Author, A. A. [@ username]. • Name of Group [@ username]. **Facebook and others**: • Author, A. A. • Name of Group. • Name of Group [Username]. • Username.	• (n.d.). • (2019, August 8).	• *Content of the post up* • *to the first 20 words*. • *Content of the post up* • *to the first 20 words* [Description of audiovisuals]. • [Description of audiovisuals].	• Site Name.	• https://xxxxx • Retrieved August 27, 2020, from https://xxxxx

103. 트윗

APA Education [@APAEducation]. (2018, June 29). *College students are forming mental-health clubs-and they're making a difference @washingtonpost* [Thumbnail with link attached] [Tweet]. Twitter. https://twitter.com/apaeducation/status/1012810490530140161

Badlands National Park [@BadlandsNPS]. (2018, February 26). *Biologists have identified more than 400 different plant species growing in @BadlandsNPS #DYK #biodiversity* [Tweet]. Twitter. https://twitter.com/BadlandsNPS/status/968196500412133379

White, B. [@BettyMWhite]. (2018, June 21). *I treasure every minute we spent together #koko* [Image attached] [Tweet]. Twitter. https://twitter.com/BettyMWhite/status/1009951892846227456

소괄호 인용: (APA Education, 2018; Badlands National Park, 2018; White, 2018)

서술식 인용: APA Education(2018), Badlands National Park(2018), 그리고 White (2018)는

• 만일 **트윗**tweet에 이미지(애니메이티드 지프animated gifs[*역자 주. 웹페이지상에서 마치 살아 있는 개체처럼 움직이는 그래픽 이미지] 포함), 동영상, 외부 자료와 연결시키는 섬네일 링크thumbnail links(*역자 주. 페이지 전체의 레이아웃을 검토할 수 있게 페이지 전체

를 작게 줄여 화면에 띄운 것), 다른 트윗에 대한 링크(논평을 동반한 리트윗[retweet][*역자 주. 다른 사람의 글을 글쓴이의 ID와 함께 전문을 인용해 다른 사람들에게 재전송을 통한 재게시]에서처럼), 또는 여론조사가 포함되어 있다면, 중괄호 안에 이를 제시하라. 트윗 댓글의 경우, "~에 대한 댓글[replying to]"이라는 정보를 포함하지 말라. 만일 명시해야 할 만큼 중요하다면, 텍스트 인용 내에 제시하라.

- 가능하면, 이모티콘을 복사하여 사용하라(자세한 사항은 10.15절 서론 참조).

104. 트위터 프로파일

APA 양식 [@APA_Style]. (n.d.). *Tweets* [Twitter profile]. Twitter. Retrieved November 1, 2019, from https://twitter.com/APA_Style

소괄호 인용: (APA Style, n.d.)

서술식 인용: APA Style(n.d.)은

- 페이지의 콘텐츠는 시간의 흐름에 따라 바뀔 수 있으므로 검색일을 제공하라.
- **트위터 프로파일**[Tweeter profile]에는 몇 가지 탭[tabs]이 있다("트윗[Tweets]"은 디폴트임). 다른 탭들 중 하나에 대한 참고문헌을 만들려면(예, "리스트[Lists]" 또는 "모멘트[Moments]"), 참고문헌에서 이 탭 명칭을 "트윗[Tweets]"으로 대체하라.
- 중괄호 안에 "트위터 프로파일[Tweeter profile]" 표기를 포함하라.

105. 페이스북 포스트

Gaiman, N. (2018, March 22). *100,000+ Rohingya refugees could be at serious risk during Bangladesh's monsoon season. My fellow UNHCR Goodwill Ambassador Cate Blanchett is* [Image attached] [Status update]. Facebook. http://bit.ly/2JQxPAD

National Institute of Mental Health. (2018, November 28). *Suicide affects all ages, genders, races, and ethnicities. Check out these 5 Action Steps for Helping Someone in Emotional Pain* [Infographic]. Facebook. http://bit.ly/321Qstq

News From Science. (2018, June 26). *These frogs walk instead of hop: https://scim.ag/2KlriwH* [Video]. Facebook. https://www.facebook.com/scienceNOW/videos/10155508587605108/

소괄호 인용: (Gaiman, 2018; National Institute of Mental Health, 2018; News From Science, 2018)

서술식 인용: Gaiman(2018), National Institute of Mental Health(2018), 그리고 News From Science(2018)는

- 이 형식은 기타 소셜 미디어 서비스(예, 텀블러Tumblr, 링크드인LinkedIn 등)에 대한 포스트를 위해 사용될 수 있다.
- 만일 상태 업데이트status update가 이미지, 동영상, 외부 자료와의 섬네일 링크, 또는 다른 페이스북 포스트로부터의 콘텐츠(링크를 공유하는 경우에서처럼)를 포함하고 있다면, 이를 중괄호 안에 제시하라.
- 가능하면 이모티콘emojis을 복사하여 사용하라(10.15절 서론 참조).

106. 페이스북 페이지

Smithsonian's National Zoo and Conservation Biology Institute. (n.d.). *Home* [Facebook page]. Facebook. Retrieved July 22, 2019, from https://www.facebook.com/nationalzoo

소괄호 인용: (Smithsonian's National Zoo and Conservation Biology Institute, n.d.)

서술식 인용: Smithsonian's National Zoo and Conservation Biology Institute(n.d.)는

- 참고문헌에서는 페이지 제목을 사용하라(예, "Timeline," "Home," "Photos," "About").
- 중괄호 안에 "페이스북 페이지Facebook page" 표기를 포함하라.
- 이 형식은 다른 플랫폼 또는 프로파일 페이지(예, 유튜브, 인스타그램, 텀블러Tumblr, 링크드인LinkedIn 등)에 대한 참고문헌으로 사용되거나 조정될 수 있다.

107. 인스타그램 사진 또는 비디오

Zeitz MOCAA [@zeitzmocaa]. (2018, November 26). *Grade 6 learners from Parkfields Primary School in Hanover Park visited the museum for a tour and workshop hosted by* [photographs]. Instagram. https://www.instagram.com/p/BqpHpjFBs3b/

소괄호 인용: (Zeitz MOCAA, 2018)

서술식 인용: Zeitz MOCAA(2018)는

10

108. 인스타그램 하이라이트

The New York Public Library [@nypl]. (n.d.). *The raven* [Highlight]. Instagram. Retrieved April 16, 2019, from https://bitly.com/2FV8bu3

소괄호 인용: (The New York Public Library, n.d.)

서술식 인용: The New York Public Library(n.d.)는

- 날짜에 대해서는 "n.d."를 사용하라. 하이라이트 내의 각 스토리에는 날짜가 기입되어 있지만, 하이라이트 자체는 날짜가 기입되어 있지 않고 다수의 날짜로 된 스토리들을 포함하고 있을 수 있다.
- 하이라이트는 언제든지 바뀔 수 있으므로, 검색일을 포함하라.
- URL은 길고 복잡하기 때문에 단축되었다(9.36절 참조). URL의 형태는 길든 짧든 간에 수용될 수 있다.

109. 온라인 포럼 포스트

National Aeronautics and Space Administration [nasa]. (2018, September 12). *I'm NASA astronaut Scott Tingle. Ask me anything about adjusting to being back on Earth after my first spaceflight!* [Online forum post]. Reddit. https://www.reddit.com/r/IAmA/comments/9fagqy/im_nasa_astronaut_scott_tingle_ask_me_anything/

소괄호 인용: (National Aeronautics and Space Administration, 2018)

서술식 인용: National Aeronautics and Space Administration(2018)은

- 사용자명 형식에 관한 자세한 사항은 9.8절을 참조하라.

10.16 웹페이지 · 웹사이트

만일 적합한 다른 참고문헌 범주가 없거나, 저작물이 웹사이트 자체 외에는 전체를 아우르는 출판물(예, 학술지, 블로그, 학술대회 발표자료집)이 없다면, 웹페이지와 웹사이트 범주를 사용하라(9.2절 참조). 만일 웹사이트로부터 다수의 웹페이지를 인용한다면, 각각에 대해 참고문헌을 구성하라. 일반적으로 웹사이트를 언급하려면, 참고문헌 목록 입력자료 구성 또는 텍스트 인용을 하지 말라. 대신, 본문에 웹사이트명을 포함하고, 소괄호 안에 URL을 제공하라(예시는 8.22절 참조).

저자가 맥락으로부터 어떻게 추론될 수 있는지 또는 "저자 소개about us" 또는 감사의

글 페이지상에서 어떻게 찾을 수 있는지를 포함하여, 웹페이지와 웹사이트 범주의 저자 결정에 관한 도움이 필요하다면, 9.7절뿐 아니라 예시 113을 참조하라. 가능하면, 가장 구체적인 날짜(예, ① 연도, 월, 일, ② 연도와 월, 또는 ③ 연도만)를 제공하라(업데이트된 날짜 또는 검토한 날짜를 처리하는 방법에 관한 정보는 9.15절 참조). 저자명과 사이트명이 같은 경우, 출처 요소로부터 사이트명을 생략하라. 콘텐츠가 시간의 흐름에 따라 변하도록 설계되어 있고 페이지가 아카이브에 저장되지 않는 경우에만 검색일을 포함하라(9.16절 참조).

다음에 제시된 템플릿을 사용하여 웹페이지 또는 웹사이트에 대한 참고문헌을 구성하라.

저자	날짜	제목	출처	
			웹사이트 명	URL
• Author, A. A., & Author, B. B. • Name of Group.	• (2020). • (2020, August). • (2020, September 28). • (n.d.).	• *Title of work.*	• Site Name.	• https://xxxxxx • Retrieved December 22, 2020, from https://xxxxx

110. 뉴스 웹사이트상의 웹페이지

Avramova, N. (2019, January 3). *The secret to a long, happy, healthy life? Think age-positive.* CNN. https://www.cnn.com/2019/01/03/health/respect-toward-elderly-leads-to-long-life-intl/index.html

Bologna, C. (2018, June 27). *What happens to your mind and body when you feel homesick?* HuffPost. https://www.huffingtonpost.com/entry/what-happens-mind-body-homesick_us_5b201ebde4b09d7a3d77eee1

소괄호 인용: (Avramova, 2019; Bologna, 2018)

서술식 인용: Avramova(2019)와 Bologna(2018)는

- 온라인 뉴스 출처에 출판된 논문에 대해서는 이 형식을 사용하라(예, BBC 뉴스, 블룸버그Bloomberg, CNN, 허프포스트HuffPost, MSNBC, 로이터 통신Reuters, 살롱Salon, 복스Vox). 온라인 잡지 또는 신문으로부터 기사를 인용하려면, 예시 15와 16을 참조하라.

111. 집단 저자가 있는 웹사이트상의 웹페이지

Centers for Disease Control and Prevention. (2018, January 23). *People at high risk for flu complications*. U.S. Department of Health and Human Services. https://www.cdc.gov/flu/about/disease/high_risk.htm

World Health Organization. (2018, March). *Questions and answers on immunization and vaccine safety*. https://www.who.int/features/qa/84/en/

소괄호 인용: (Centers for Disease Control and Prevention, 2018; World Health Organization, 2018)

서술식 인용: Centers for Disease Control and Prevention(2018)과 World Health Organization(2018)은

- 저자와 사이트명이 같은 경우, 출처 요소로부터 사이트명을 생략하라.

112. 개인 저자가 있는 웹사이트상의 웹페이지

Martin Lillie, C. M. (2016, December 29). *Be kind to yourself: How self-compassion can improve your resiliency*. Mayo Clinic. *https://www.mayoclinic.org/healthy-lifestyle/adult-health/in-depth/self-compassion-can-improve-your-resiliency/art-20267193*

소괄호 인용: (Martin Lillie, 2016)

서술식 인용: Martin Lillie(2016)는

113. 날짜가 없는 웹사이트상의 웹페이지

Boddy, J., Neumann, T., Jennings, S., Morrow, V., Alderson, P., Rees, R., & Gibson, W. (n.d.). *Ethics principles*. The Research Ethics Guidebook: A Resource for Social Scientists. http://www.ethicsguidebook.ac.uk/EthicsPrinciples

National Nurses United. (n.d.). *What employers should do to protect nurses from Zika*. https://www.nationalnursesunited.org/pages/what-employers-should-do-to-protect-rns-from-zika

소괄호 인용: (Boddy et al., n.d.; National Nurses United, n.d.)

서술식 인용: Boddy 외(n.d.)와 National Nurses United(n.d.)는

- Boddy 등의 예시에서, 저자들은 사이트의 감사의 글 페이지에 수록되어 있다(저자 결정에 관한 자세한 사항은 9.7절 참조).
- 저자와 사이트명이 같은 경우, 출처 요소로부터 사이트명을 생략하라.

114. 검색일이 있는 웹사이트상의 웹페이지

U.S. Census Bureau. (n.d.). *U.S. and world population clock*. U.S. Department of Commerce. Retrieved July 3, 2019, from https://www.census.gov/popclock/

소괄호 인용: (U.S. Census Bureau, n.d.)

서술식 인용: U.S. Census Bureau(n.d.)는

- 저자와 사이트명이 같은 경우, 출처 요소로부터 사이트명을 생략하라.
- 페이지의 콘텐츠가 시간의 흐름에 따라 변하도록 설계되어 있고 페이지 자체가 아카이브에 저장되지 않으므로, 검색일을 포함하라(9.16절 참조).

10

11

법적 참고문헌

목차

11

법적 참고문헌

APA 양식에서는 대부분의 법적 자료는 모든 학문 분야에 걸쳐 법적 참고문헌에 대해 사용되는 표준 법적 인용 양식에 따라 인용된다. 그러나 법적 양식은 제10장에 소개된 개요처럼 APA 양식 참고문헌과 뚜렷한 차이점이 있다.

이 장에서 우리는 ① APA 양식 참고문헌이 법적 양식 참고문헌legal style references과 어떻게 다른지에 관한 정보, ② APA 양식의 법적 참고문헌 구성을 위한 일반 지침, ③ 법적 출처에 대한 본문 인용 형식, 그리고 ④ APA 양식 논문원고에서 사용된 일반적인 법적 참고문헌 예시(법정 판결, 법령, 입법 자료, 행정 및 경영 자료, 특허, 헌법constitutions과 헌장charters, 그리고 조약과 국제회의 포함)를 제공한다. 간결성을 위해 이 장에서는 미국과 유엔의 법적 예시만 마련되어 있다. 이러한 그리고 다른 종류의 법적 참고문헌 준비에 관한 자세한 정보는『관보: 표준인용체계Bluebook: A Uniform System of Citation』(Bluebook, 2015)를 참조하라.

법적 참고문헌의 일반 지침

11.1 APA 양식 참고문헌 vs. 법적 참고문헌

기존의 법적 참고문헌은 보통 이미 법적 양식으로 작성되고, 혹시 있다면, APA 양식 참고문헌 목록 입력자료에 대해 거의 수정이 요구되지 않는다. 일부 법정 판결은 다수의 장소에서 보고된다(병렬인용parallel citation으로 불림)는 사실에 주목하라(예시 6 참조). 저작물에 병렬인용이 있는 경우, 참고문헌 목록 입력자료에 모든 인용을 포함하라. 기존의 법적 인용은 일반적으로 이미 병렬인용을 포함하고 있어서, 이를 찾기 위해 추가로 검색할 필요가 없다. 법적 저작물에 대한 본문 인용은 참고문헌 목록 입력자료로부터 만들어진다(11.3절 참조).

자신의 논문원고에서 참고한 법적 참고문헌이 정확한지, 그리고 독자들이 이러한 저작물을 찾는 데 필요한 모든 정보가 들어 있는지 확인하라. 만일 이 장에서 다룬 것의 범위를 넘어서는 질문이 있다면, 관보[Bluebook], 법 전문 사서, 또는 법학전문대학원 웹사이트에 자문을 구하라. 예를 들면, 코넬 법학전문대학원[Cornell Law School]의 법률정보연구원[Legal Information Institute]에서는 법률 인용에 관한 무료 안내 지침을 제공하고 있다(https://www.law.cornell.edu). 이러한 자원은 논문작성자의 법적 참고문헌이 ① 검색에 필요한 정보를 담고 있는지, 그리고 ② 인용된 법적 권한의 현재 상태를 반영하고 있는지에 대한 검증에 도움을 줌으로써, 항소로 뒤집혔거나 두드러지게 수정 또는 폐지된 제정법률에 의존할 가능성을 피할 수 있게 해 줄 것이다. 표 11.1에는 APA 양식 참고문헌과 법적 양식 참고문헌 간의 핵심적인 차이점이 요약되어 있다.

표 11.1 APA 양식 참고문헌과 법적 참고문헌 간의 핵심적인 차이점

차이	APA 양식	법적 양식
☐ 참고문헌 목록 입력자료의 요소 순서	• 보통 저자, 날짜, 제목, 그리고 출처 순	• 보통 제목, 출처, 그리고 날짜 순
☐ 본문 인용	• 보통 저자와 연도	• 보통 제목과 연도
☐ 참고된 저작물의 버전	• 사용된 정확한 버전	• 공식적인 법적 출판물로 출판된 것으로서 기록의 버전(예, 미연방법전 또는 연방기록부와 함께 사용된 버전에 대한 URL[선택적]
☐ 표준 약자 사용	• 저작물의 부분에 사용됨(예, 2판[second edition]의 경우 "2nd ed.")	• 일반적인 법적 단체와 출판물로 사용됨(예, 상원[Senate]은 "S.", 하원[Representatives]은 "H.R.")

11.2 일반 형식

다음 절에는 각각의 법적 참고문헌 유형에 대한 일반 형식이 마련되어 있다. 각 참고문헌 양식은 보통 대중적인 또는 공식적인 제목 또는 제정법의 명칭과 참고문헌 정보("인용[citation]"으로 불림)를 포함하고 있다.

주. "인용"이라는 용어는 법적 참고문헌에 대해서는 표준 APA 양식에서와는 다르게 사용된다. 이 장에서 "인용"이라는 단어에 대한 법적 참고문헌으로서의 감각은 "본문에서[in-text]" 라는 수식어 없이 제시되는 경우를 의미한다.

제정법이 성문화되어(예, 미연방법전United States Code의 특정 권volume의 특정 번호가 붙여진 절) 출판된 법으로 정한 입법 자료 모음집을 참조하라(만일 제정법이 성문화되어 있다면, 소괄호 안에 제시된 모음집의 출판일을 포함하여). 만일 제정법이 아직 성문화되지 않았다면, 특정 입법 회기에 제정위원회에 의해 할당된 제정법의 식별 라벨을 제공하라(예, 공법 번호에 의해 식별되는 법안의 구체적인 절).

제정법과 법정 판결의 경우, 참고문헌 다음에는 제정법 또는 법원 판결 내용, 제정

표 11.2 일반적인 법적 참고문헌 약자

단어 또는 구	약자
☐ **정부 부서**	
• 의회Congress	• Cong.
• 하원House of Representatives	• H.R.
• 상원Senate	• S.
☐ **법적 자료의 유형**	
• 규정Regulation	• Reg.
• 결의안Resolution	• Res.
☐ **법적 자료의 절**	
• 절section	• §
• 절들sections	• §§
• 번호Number	• No.
• 그리고 다음의And following	• *et seq.*
☐ **연방 법적 자료 리포터(출처)**	
• 미국 보고서United States Reports	• U.S.
• 연방 리포터Federal Reporter	• F.
• 연방 리포터, 제2시리즈Federal Reporter, Second Series	• F.2d
• 연방 리포터, 제3시리즈Federal Reporter, Third Series	• F.3d
• 연방 보충자료Federal Supplement	• F. Supp.
• 연방 보충자료, 제2시리즈Federal Supplement, Second Series	• F. Supp. 2d
• 연방 보충자료, 제3시리즈Federal Supplement Third Series	• F. Supp. 3d
• 미연방법전United States Code	• U.S.C.
• 의회 의사록Congressional Record	• Cong. Rec.
• 연방기록부Federal Register	• F.R.

법 또는 법원 판결의 역사(예, 법정 판결에 대한 추후의 항소 또는 제정법에 대한 추후의 수정안), 또는 제정법 또는 법정 인용이 검색될 수 있는 것으로부터의 기타 출처와 관련된 특정한 추가적인 정보가 올 수 있다. 이러한 추가 정보에 대한 적절한 형식에 관해서는 관보[Bluebook]를 참조하라.

법적 참고문헌은 수많은 정보를 포함할 수 있기 때문에(예, 판례 인용에는 항소에 관한 정보가 포함될 수 있음), 법적 참고문헌 양식은 약자를 사용하여 참고문헌을 더 짧게 만든다. APA 양식 논문원고에 제시되는 더 일반적인 법적 약자에 관한 예시는 표 11.2를 참조하라.

11.3 법적 자료의 본문 인용

법적 자료를 위한 참고문헌 형식이 APA 출판물에 인용된 다른 종류의 저작물의 것과 다르더라도, 본문 인용은 거의 같은 방식으로 구성되고 같은 목적을 위해 사용된다. 대부분의 법적 참고문헌 입력자료는 저작물의 제목으로 시작한다. 그 결과, 대부분의 본문 인용은 제목과 연도로 구성된다(예, Americans With Disabilities Act, 1990; *Brown v. Board of Education*, 1954). 만일 제목이 길면(예, 연방정부 증언), 본문 인용을 위해 줄여라(예시 14 참조). 그러나 본문 인용에서 충분한 정보를 제공함으로써 독자들이 참고문헌 목록에서 입력자료를 찾을 수 있게 하라. 법적 자료의 본문 인용과 참고문헌 입력자료의 예시는 다음 절에 제시되어 있다.

법적 참고문헌 예시

11.4 판례 또는 법정 판결

판례 또는 법원 판결에 관한 참고문헌에는 다음과 같은 정보가 포함된다.

- **판례 제목 또는 명칭**, 보통 한 당사자 대 다른 당사자(예, *Brown v. Board of Education*)
- **인용**, 보통 출판된 판례가 수록된 서적의 다양한 세트 중 하나의 권[volume]과 페이지에 대한 것으로, 이는 전형적으로 특정한 정치적 분할(사법권으로 불림[예, 연방 리포터, 제2시리즈[Federal Reporter, Second Series]])에서 법원의 결정이 포함됨
- **판결을 작성하는 법원의 정확한 사법권**(예, 대법원[Supreme Court], 뉴욕 최고법원[New York Court of Appeals]), 소괄호 내에

- **판결 날짜**, 소괄호 내에(만일 둘 다 제시된다면, 사법권으로서 같은 세트의 소괄호 내에)
- **URL**, 논문작성자가 검색한 판례 정보로부터의(선택적; 이는 법적 인용에 엄격하게 필수로 요구되지는 않으나, 독자들의 검색에 도움이 될 수 있음)

인용을 원하는 판례에 대한 참고문헌 목록 입력자료를 생성하려면, 먼저 판결을 내린 법원을 확인한 다음, 관련된 예시를 따르라. 흔히, 판례에 관한 문서에는 관련된 인용이 들어 있거나, 법원 판결명과 "인용citation"이라는 단어로 인터넷에서 쉽게 검색될 수 있다. 판례에 대한 참고문헌 목록 입력자료 또는 법원 판결에 페이지 범위가 포함되는 경우, 첫 페이지 번호만 제공하라. 전체 판례 또는 판결에 대한 페이지 범위를 제공하지 말라.

주. 다른 참고문헌 유형과는 달리, 판례의 제목 또는 명칭은 참고문헌 목록 입력자료에서 표준 유형으로, 본문 인용에서는 이탤릭체로 작성된다.

연방법원 판결. 미국은 연방법원과 주법원 체계로 되어 있다. 연방법원 내에는 다수의 권한 수준이 있고, 이러한 법원들로부터의 판결은 다른 출판물에 출판된다.

- **미국 대법원**: 미국 대법원(최고의 연방법원)으로부터의 판결은 미국보고서United States Reports(다른 리포터들 역시 출판할 수 있음)에 출판된다. 대법원 판결에 대한 템플릿은 다음과 같다.

  참고문헌 목록: Name v. Name, Volume U.S. Page (연도). URL

  소괄호 인용: (*Name v. Name*, 연도)

  서술식 인용: *Name v. Name*(연도)은

- **미국 순회법정**: 미국 순회법정U.S. Circuit Court의 판결은 '연방 리포터Federal Reporter'에 게재된다. 미국순회법정 판결의 템플릿은 다음과 같다.

  참고문헌 목록: Name v. Name, Volume F. [or F.2d, F.3d] Page (Court 연도). URL

  소괄호 인용: (*Name v. Name*, 연도)

  서술식 인용: *Name v. Name*(연도)은

- **미국 지방법원**: 미국 지방법원District Court으로부터의 판결은 연방 보충자료Federal

11

Supplements에 출판된다. 미국 지방법원 판결에 대한 템플릿은 다음과 같다.

참고문헌 목록: Name v. Name, Volume F. Supp. Page (Court 연도). URL

소괄호 인용: (*Name v. Name*, 연도)

서술식 인용: *Name v. Name*(연도)은

주 법원 결정. 주state 수준에서 법원들 역시 다른 권한 수준에서 작동된다. 하지만 다른 주는 수준에 대한 다른 명칭을 가지고 있다. 이러한 수준은 다음과 같다.

- **주 대법원**: 주 대법원state supreme court은 일반적으로 최고의 주법원이다(뉴욕주는 예외임; 이 주에서는 항소법원이 최고의 법원임).
- **주 항소법원**: 주 항소법원state appellate court(항소법원으로도 불림)은 판례 설정이 시작되는 중간법원이다.
- **주 1심 법원**: 주 1심 법원state trial court은 주의 가장 낮은 법원이다. 주 1심 법정 판결은 판례를 설정하지 않기 때문에 거의 인용되지 않고 눈에 잘 띄는 법적 데이터베이스 넥시스 유니Nexis Uni(종전에는 렉시스넥시스 아카데믹LexisNexis Academic으로 불렸음) 또는 웨스트로WestLaw에 보고되지 않는다.

주법원 판결에 대한 템플릿은 다음과 같다.

참고문헌 목록: Name v. Name, Volume Reporter Page (Court 연도). URL

소괄호 인용: (*Name v. Name*, 연도)

서술식 인용: *Name v. Name*(연도)은

1. 미국 대법원 판례, 페이지 번호 있음

Brown v. Board of Education, 347 U.S. 483 (1954). https://www.oyez.org/cases/1940-1955/347us483

소괄호 인용: (*Brown v. Board of Education*, 1954)

서술식 인용: *Brown v. Board of Education*(1954)

- 미 대법원 판결은 미국보고서United States Reports(참고문헌에서는 "U.S."로 축약됨)에 출판된다. 예를 들면, 공립학교에서의 인종분리 제거를 위한 판결(*Brown v. Board of Education*)은 1954년 미국보고서 제347권, 483페이지에 출판되었다. 가

능하면, 미국보고서에 출판된 대법원 판결을 인용하라. 미국보고서에 아직 출판되지 않은 판례에 대해서는 대법원 리포터Supreme Court Reporter를 인용하라.

2. 미국 대법원 판례, 페이지 번호 없음

Obergefell v. Hodges, 576 U.S. ________ (2015). https://www.supremecourt.gov/opinions/14pdf/14-556_3204.pdf

소괄호 인용: (*Obergefell v. Hodges*, 2015)

서술식 인용: *Obergefell v. Hodges*(2015)는

- 미국에서 동성결혼의 합법화를 위한 법원 판결(*Obergefell v. Hodges*)은 2015년에 내려졌고, 미국보고서 제576권에 출판되었다. 그러나 이 출판편람 인쇄의 경우처럼, 미국보고서의 페이지가 매겨진 권들은 2012 대법원 용어를 통해서만 출판되었다. 페이지 번호가 할당되지 않은 판례의 경우(*Obergefell v. Hodges*처럼), 참고문헌 목록 입력자료에서 페이지 번호 대신 3개의 밑줄을 포함하라.

3. 미국 순회법원 판례

Daubert v. Merrell Dow Pharmaceuticals, Inc., 951 F.2d 1128 (9th Cir. 1991). https://openjurist.org/951/f2d/1128/william-daubert-v-merrell-dow-pharmaceuticals

소괄호 인용: (*Daubert v. Merrell Dow Pharmaceuticals, Inc.*, 1991)

서술식 인용: *Daubert v. Merrell Dow Pharmaceuticals, Inc.*(1991)

- 임신 중 치료약물 사용으로 인해 초래된 선천성 기형에 관한 이 법원 판결은 연방 리포터, 제2시리즈의 제951권, 1128페이지에 제시되었고 1991년 제9순회법원에 의해 판결이 내려졌다.

4. 미국 지방법원 판례

Burriola v. Greater Toledo YMCA, 133 F. Supp. 2d 1034 (N.D. Ohio 2001). https://law.justia.com/cases/federal/district-courts/FSupp2/133/1034/2293141/

소괄호 인용: (*Burriola v. Greater Toledo YMCA*, 2001)

서술식 인용: *Burriola v. Greater Toledo YMCA*(2001)는

- 장애가 있는 아동과 청소년은 「1990 미국장애인법Americans With Disabilities Act of 1990」에 따라 공립 방과후 돌봄 제공기관에서 서비스를 위한 숙박시설을 받아야 한다고 언급한 이 법

원 판결은 연방 보충자료, 제2시리즈의 제133권, 1034페이지에 제시되었다. 이 판결은 2001년 오하이오 북부 미 지방법원에 의해 내려졌다.

5. 미국 지방법원 판례, 항소 있음

Durflinger v. Artiles, 563 F. Supp. 322 (D. Kan. 1981), *aff'd*, 727 F.2d 888 (10th Cir. 1984). https://openjurist.org/727/f2d/888/durflinger-v-artiles

소괄호 인용: (*Durflinger v. Artiles*, 1981/1984)

서술식 인용: *Durflinger v. Artiles*(1981/1984)는

- 제3자가 비자발적으로 감금 상태에 있는 정신의학적 환자들로부터 보호되어야 하는지에 관한 이 법원 판결은 1981년 캔자스 지방에 대한 연방 지방법원에 의해 내려졌다. 항소심에서 이 판결은 1984년 연방 수준 제10순회 항소법원에 의해 인정되었다. 오리지널 판결과 항소심 판결 둘 다에 관한 정보는 참고문헌 목록 입력자료에 제시된다.
- 만일 항소심에서 판결이 인정된다면, 두 가지 구성요소 사이에 이탤릭체로 표기되고, 쉼표로 분리된 약자 "*aff'd*"가 사용된다. 만일 판결이 뒤집히거나 반대로 내려진다면, 이탤릭체로 표기되고 쉼표로 분리된 약자 "*rev'd*"가 사용된다.
- 판례의 역사에서 다양한 단계의 적절한 형태에 대해서는 블루북을 참조하라.

6. 주 대법원 판례

Tarasoff v. Regents of the University of California, 17 Cal.3d 425, 131 Cal. Rptr. 14, 551 P.2d 334 (1976). https://www.casebriefs.com/blog/law/torts/torts-keyed-to-dobbs/the-duty-to-protect-from-third-persons/tarasoff-v-regents-of-university-of-california

소괄호 인용: (*Tarasoff v. Regents of the University of California*, 1976)

서술식 인용: *Tarasoff v. Regents of the University of California*(1976)는

- 이 법원 판결은 정신건강 전문가들에게는 환자에 의한 신체적 피해 위협을 받고 있는 사람들을 보호할 의무가 있음을 인정한 것이었다. 이 판결은 1976년 캘리포니아주 대법원에 의해 내려졌다.
- 이 법원 판결은 세 곳에서 보고되었고, 모두 병렬인용(11.1절 참조)에 포함되었는데, 여기서는 쉼표로 분리되어 제시되어 있다. 이 세 가지 출처로는 ① 캘리포니아 보고서[California Reports], 제3시리즈(Cal.3d)의 제17권, 425페이지, ② 캘리포니아 리포터[California Reporter](Cal.

Rptr.)의 제131권, 14페이지, 그리고 ③ 퍼시픽 보고서Pacific Reports, 제2시리즈(P.2d)의 제 551권, 334페이지가 있다. 모든 세 보고서 소재지는 일반적으로 함께 보고되므로, 이 자료를 찾기 위한 추가 검색은 필요하지 않다.

7. 주 항소법원 판례

Texas v. Morales, 826 S.W.2d 201 (Tex. Ct. App. 1992). https://www.leagle.com/decision/19921027826sw2d20111010

소괄호 인용: (*Texas v. Morales*, 1992)

서술식 인용: *Texas v. Morales*(1992)는

- 이 법원 판결은 텍사스 헌법의 동등한 보호와 정당한 법적 절차 구성요소가 사적으로 성인들 사이에 합의된 동성 활동에 대한 불법화를 금한다는 사실을 재확인했다. 이 판결은 1992년 텍사스주 항소법원에 의해 내려진 것으로, 사우스 웨스턴 리포터South Western Reporter, 제2시리즈의 제826권, 201페이지에 출판되었다.

11.5 법령 (법과 법률)

법령statute이란 입법부에 의해 통과된 법law 또는 법률act을 말한다. 법원 판결의 경우, 법령은 의회 또는 주정부에 의해 통과된 법안처럼 연방과 주 수준에 존재한다.

미연방법은 미연방법전United States Code(U.S.C.)에 출판된다. U.S.C.는 타이틀titles로 불리는 절들로 나뉜다(예, 타이틀 42는 공공보건과 복지를 나타냄). 새로운 법은 법의 체제 유지를 위한 방식으로 적절한 타이틀에 추가된다. 주 법령은 주별 모음집에 출판된다. 예를 들면, 플로리다주에 관한 법령은 플로리다 법령Florida Statutes에 출판된다.

연방 또는 주 법령에 대한 참고문헌 목록 입력자료에는 ① 법안의 명칭, ② 제목, 출처(블루북에 명시된 것처럼 축약된), 법령의 절 번호, 그리고 ③ 소괄호 내에 논문작성자가 사용한 법으로 정한 모음집(예, U.S.C. 또는 주별 모음집)의 출판일을 포함하라. 검색한 법령으로부터의 URL은 연도 다음에 포함할 수 있다. 이는 법적 인용에 엄격하게 필수로 요구되지는 않지만, 독자들의 검색에 도움을 줄 수 있다.

본문 인용에서는 법안의 대중적인 또는 공식적인 명칭(만일 있다면)과 법령의 연도를 제시하라. 법령에 대한 연도 결정은 혼란스러울 수 있다. 왜냐하면 종종 법령이 처음 통과된 연도, 수정된 연도, 그리고 보완된 연도가 있기 때문이다. 참고문헌 목록 입력자료와 본문 인용에서의 연도는 법령이 인용될 출처에 출판되었던 연도를 말한

다. 이 날짜는 법안의 명칭에 있는 연도와는 다를 수 있다. 연방 또는 주 법령을 위한 템플릿은 다음과 같다.

참고문헌 목록: Name of Act, 제목 출처 § 절 번호 (연도). URL

소괄호 인용: (Name of Act, 연도)

서술식 인용: Name of Act(연도)는

주 법령을 위한 형식은 주에 따라 다를 수 있지만, 미연방법을 위한 것과 같은 형식을 따른다. 특정 주에 관한 자세한 정보는 관보 또는 다른 법적 자원을 참조하라. 예를 들면, 몇몇 주에서는 절 번호 대신 장 또는 조항 번호를 사용한다. 이러한 주 중 한 주로부터의 법령을 위한 참고문헌의 경우, 절 번호의 위치에 참고문헌의 장 또는 법령 조항 번호를 사용하라. 약자 또는 기호는 블루북에 제시된 것처럼 사용하라.

미연방법(즉, 법 또는 법안)을 인용하려면, 미연방법전에 성문화된 것처럼 법령을 인용하라. 법안에서도 공법 번호를 확인할 수 있다. 이 번호는 법안이 흩어져 있는 절에 성문화된 경우(예시 9 참조) 또는 성문화되기에 앞서 법안을 나타내기 위해(예시 11 참조) 참고문헌 목록 입력자료에서 사용된다. 그러나 만일 법령이 미연방법전의 단일 절 또는 절들의 범위에 성문화되어 있다면(예시 8 참조), 참고문헌에 공법 번호를 포함할 필요는 없다. 다음은 APA 양식 논문원고에서 흔히 인용된 몇 가지 법안의 예시다. 다른 연방법의 인용은 같은 형식을 따른다.

8. 연방법, 1990 미국 장애인법

Americans With Disabilities Act of 1990, 42 U.S.C. § 12101 *et seq.* (1990). https://www.ada.gov/pubs/adastatute08.htm

소괄호 인용: (Americans With Disabilities Act, 1990)

서술식 인용: Americans With Disabilities Act(1990)는

- 이 법률은 미연방법전의 타이틀 42의 제12101절의 시작 부분에서 찾을 수 있고 1990년에 성문화되었다. "*et seq.*"라는 구는 "그리고 다음으로[and what follows]"라는 뜻의 라틴어로, 법률이 인용된 초기 절뿐 아니라 다음에 오는 다른 절들에 관해서도 다루고 있음을 나타내는 약칭이다.

9. 연방법, 1964 시민 권리에 관한 법률

Civil Rights Act of 1964, Pub. L. No. 88-352, 78 Stat. 241 (1964). https://www.govinfo.gov/content/pkg/STATUTE-78/pdf/STATUTE-78-Pg241.pdf

소괄호 인용: (Civil Rights Act, 1964)

서술식 인용: Civil Rights Act(1964)는

- 「1964 시민 권리에 관한 법률Civil Rights Act of 1964」(***역자 주.** 인종, 피부색, 종교, 출신 국가에 따른 차별 철폐를 목적으로 제정된 미연방법)은 미연방법전에서 3개의 흩어진 절에 성문화되어 있다(① 2 U.S.C., ② 28 U.S.C., ③ 42 U.S.C.). 전체 법률을 인용하려면, 예시에 제시된 것처럼 공법 번호를 사용하라.

10. 연방법, 모든 학생의 성공을 위한 법률

Every Student Succeeds Act, 20 U.S.C. § 6301 (2015). https://www.congress.gov/114/plaws/publ95/PLAW-114publ95.pdf

소괄호 인용: (Every Student Succeeds Act, 2015)

서술식 인용: Every Student Succeeds Act(2015)는

- 「모든 학생의 성공을 위한 법률Every Student Succeeds Act」은 공립 초·중등학교 학생들을 위한 교육정책에 관한 것이다. 이 법률은 2015년 미연방법전의 타이틀 20의 제6301절에 성문화되었다.

11. 연방법, 2009 릴리 레드베터 공정 급여에 관한 법률

Lilly Ledbetter Fair Pay Act of 2009, Pub. L. No. 111-2, 123 Stat. 5 (2009). https://www.govinfo.gov/내용/pkg/PLAW-111publ2/pdf/PLAW-111publ2.pdf

소괄호 인용: (Lilly Ledbetter Fair Pay Act, 2009)

서술식 인용: Lilly Ledbetter Fair Pay Act(2009)는

- 「2009 릴리 레드베터 공정보수에 관한 법률The Lilly Ledbetter Fair Pay Act of 2009」은 「시민 권리에 관한 법률Civil Rights Act」(1964)의 타이틀 VII와 다른 법률을 수정한 것으로, 공정한 보수 보상에 관한 법이다. 이 법률은 미연방법전에서 성문화되지 않았기 때문에 공법 번호를 인용하라. 이 법률은 2009년 미국 회기별 법전United States Statutes at Large(약자로는 "Stat.") 제123권에 출판되었는데, 5페이지에서 시작된다.

12. 연방법, 타이틀 IX (패치 밍크 동등한 교육기회에 관한 법률)

Patsy Mink Equal Opportunity in Education Act, 20 U.S.C. § 1681 *et seq.* (1972). https://www.justice.gov/crt/title-ix-education-amendments-1972

소괄호 인용: (Patsy Mink Equal Opportunity in Education Act, 1972)

서술식 인용: Patsy Mink Equal Opportunity in Education Act(1972)는

- 일반적으로 타이틀 IX로 알려진 「패치 밍크 동등한 교육 기회에 관한 법률The Patsy Mink Equal Opportunity in Education Act」은 연방정부의 재정지원을 받는 교육 프로그램(예, 스포츠)에서 성을 근거로 차별을 금지한다는 법이다. 이 법률은 1972년 미연방법전 제20권에 출판되었고, 제1681절에서 시작된다. "타이틀 IX"란 미연방법전의 타이틀 9가 아니라, 1972 교육수정안Education Amendments of 1972의 일부를 나타내고 있음에 주목하라.

13. 주 코드로 된 주 법령

Florida Mental Health Act, Fla. Stat. § 394 (1971 & rev. 2009). http://www.leg.state.fl.us/statutes/index.cfm?App_mode=Display_Statute&URL=0300-0399/0394/0394.html

소괄호 인용: (Florida Mental Health Act, 1971/2009)

서술식 인용: Florida Mental Health Act(1971/2009)는

- 이 플로리다 법률은 플로리다 법령Florida Statutes 제394절에서 찾을 수 있다. 이 법률은 1971년에 처음 성문화되었고 2009년에 개정되었다. 이 두 연도는 사선으로 분리되어 본문 인용에 제시된다.

11.6 입법 자료

입법 자료legislative materials는 연방정부 증언federal testimony, 청문회hearings, 법안bills, 결의안resolutions, 보고서, 그리고 관련된 문서들을 포함한다. 의회의 상하 양원에서 통과되고 대통령의 서명을 받은 법안과 결의안은 법이 되고, 법령으로 인용되어야 한다(11.5절 참조). 제정되지 않은 법안이나 결의안(즉, 의회의 상하 양원에서 통과되지 않은) 또는 법으로 서명되지 않은 제정 법안 또는 결의안을 인용하려면, 이 절에 제시된 형식을 따르라. 자료의 URL이 이용 가능한 경우, 이를 참고문헌 목록 입력자료의 끝에 포함하는 것은 선택적이다.

14. 연방 증언

템플릿:

Title of testimony, xxx Cong. (연도) (testimony of Testifier Name). URL

예시:

Federal real property reform: How cutting red tape and better management could achieve billions in savings, U.S. Senate Committee on Homeland Security and Governmental Affairs, 114th Cong. (2016) (testimony of Norman Dong). http://www.gsa.gov/portal/content/233107

소괄호 인용: (*Federal Real Property Reform*, 2016)

서술식 인용: *Federal Real Property Reform*(2016)은

- 연방 증언 제목의 경우, 저작물에 제시된 제목과 소위원회 및/또는 위원회 명칭(만일 있다면)을 쉼표로 분리하여 포함하라. 그런 다음, 의회 번호, 소괄호 안에 연도, 그리고 "~의 증언[testimony of]"을 제공하고, 분리된 소괄호에 증언을 한 사람의 이름을 기입하라. 증언이 온라인상에서 이용 가능한 경우 URL도 포함하라.

15. 전체 연방 청문회

템플릿:

Title of hearing, xxx Cong. (연도). URL

예시:

Strengthening the federal student loan program for borrowers: Hearing before the U.S. Senate Committee on Health, Education, Labor & Pensions, 113th Cong. (2014). https://www.help.senate.gov/hearings/strengthening-the-federal-student-loan-program-for-borrowers

소괄호 인용: (*Strengthening the Federal Student Loan Program*, 2014)

서술식 인용: *Strengthening the Federal Student Loan Program*(2014)은

- 전체 연방 청문회 제목의 경우, 청문회 명칭과 소위원회 명칭을 포함하라. 의회 번호와 연도를 제공하라. 청문회에 관한 동영상 또는 기타 정보가 온라인에서 이용 가능한 경우, 해당 URL을 포함하라.

16. 제정되지 않은 연방 법안 또는 결의안

템플릿:

제목 [if relevant], H.R. 또는 S. bill number, xxx Cong. (연도). URL

제목 [if relevant], H.R. 또는 S. Res. resolution number, xxx Cong. (연도). URL

예시:

Mental Health on Campus Improvement Act, H.R. 1100, 113th Cong. (2013). https://www.congress.gov/bill/113th-congress/house-bill/1100

소괄호 인용: (Mental Health on Campus Improvement Act, 2013)

서술식 인용: Mental Health on Campus Improvement Act(2013)는

- 제정되지 않은 법안 또는 결의안의 출처에 따라, 번호 앞에 "H.R."(하원[House of Representatives]) 또는 "S."(상원[Senate])이 와야 한다.

17. 제정된 단순 또는 동시 연방 결의안

상원에 대한 템플릿:

S. Res. xxx, xxx Cong., Volume Cong. Rec. Page (연도) (enacted). URL

하원에 대한 템플릿:

H.R. Res. xxx, xxx Cong., Volume Cong. Rec. Page (연도) (enacted). URL

예시:

S. Res. 438, 114th Cong., 162 Cong. Rec. 2394 (2016) (enacted). https://www.congress.gov/congressional-record/2016/04/21/senate-section/article/S2394-2

소괄호 인용: (S. Resolution 438, 2016)

서술식 인용: Senate Resolution 438(2016)은

- 이 형식을 사용하여 의회로부터 제정된 단순 또는 동시 결의안을 인용하라. 이러한 결의안은 의회 기록부[Congressional Record]에 보고된다(약자로 "Cong. Rec.").
- 제정된 법안과 합동 결의안은 법이므로, 법령으로 인용되어야 한다(11.5절 참조).
- 예시에서 상원은 2016년 9월을 전국뇌동맥류 인식의 달[National Brain Aneurysm Awareness Month]로 지정했다. 결의안에는 438이라는 번호가 붙여져 있고, 의회기록부 제162권, 2394페이지에 보고되어 있다.

18. 연방 보고서

상원에 대한 템플릿:

S. Rep. No. xxx-xxx (연도). URL

하원에 대한 템플릿:

H.R. Rep. No. xxx-xxx (연도). URL

예시:

H.R. Rep. No. 114-358 (2015). https://www.gpo.gov/fdsys/pkg/CRPT-114hrpt358/pdf/CRPT-114hrpt358.pdf

소괄호 인용: (H.R. Rep. No. 114-358, 2015)

서술식 인용: House of Representatives Report No. 114-358(2015)은

- 이 보고서는 「퇴역군인 고용, 교육 및 건강관리 개선에 관한 법률Veterans' Affairs concerning the Veterans Employment, Education, and Healthcare Improvement Act」에 대해 퇴역군인 문제 위원회에 의해 하원에 제출되었다.
- 상원에 제출되는 보고서의 경우, 참고문헌 목록 입력자료에 약자 "S. Rep. No."를, 본문 인용에서는 "상원 보고서 번호Senate Report No."를 사용하라.

11.7 행정 및 경영 자료

행정administrative 및 경영 자료executive materials는 규칙과 규정, 자문 의견, 그리고 행정 명령을 포함한다.

19. 연방 규정, 성문화됨

템플릿:

Title 또는 Number, Volume C.F.R. § xxx (연도). URL

예시:

Protection of Human Subjects, 45 C.F.R. § 46 (2009). https://www.hhs.gov/ohrp/sites/default/file/ohrp/policy/ohrpregulations.pdf

소괄호 인용: (Protection of Human Subjects, 2009)

서술식 인용: Protection of Human Subjects(2009)는

- 공식적인 연방 규정은 연방규정집Code of Federal Regulations에 출판된다. 참고문헌에서는 규

정의 제목 또는 번호, 규정이 연방규정집에 제시된 권수, 약자 "C.F.R.", 절 번호, 그리고 규정이 성문화된 연도를 제공하라. 만일 규정이 온라인에서 이용 가능하다면, URL을 제공하라.

20. 연방 규정, 아직 성문화되지 않음

템플릿:

제목 또는 Number, Volume F.R. 페이지 (제안된 월 일, 년) (to be codified at Volume C.F.R. § xxx). URL

예시:

Defining and Delimiting the Exemptions for Executive, Administrative, Professional, Outside Sales and Computer Employees, 81 F.R. 32391 (proposed May 23, 2016) (to be codified at 29 C.F.R. § 541). https://www.federalregister.gov/article/2016/05/23/2016-11754/defining-and-delimiting-the-exemptions-for-executive-administrative-professional-outside-sales-and

소괄호 인용: (Defining and Delimiting, 2016)

서술식 인용: Defining and Delimiting(2016)은

- 만일 규정이 아직 연방규정집에 성문화되지 않았다면, 이는 연방정부의 공보[Federal Register]에 먼저 게재될 것이다. 이를 약자 "C.F.R." 대신 "F.R."로 제시하라. 성문화된 연도 대신, 제안서 날짜를 제공하라. 또한 제안된 규칙이 성문화될 연방규정집의 절을 포함하라.

21. 행정 명령

템플릿:

Exec. Order No. xxxxx, 3 C.F.R. 페이지 (연도). URL

예시:

Exec. Order No. 13,676, 3 C.F.R. 294 (2014). https://www.govinfo.gov/내용/pkg/CFR-2015-제목3-vol1/pdf/CFR-2015-제목3-vol1-eo13676.pdf

소괄호 인용: (Exec. Order No. 13,676, 2014)

서술식 인용: Executive Order No. 13,676(2014)은

- 행정 명령[executive orders]은 연방규정집 타이틀 3에 보고되므로, "3 C.F.R."은 항상 행정 명령에 대한 참고문헌 목록 입력자료에 포함된다.

- 예시에서 행정 명령은 항생제 내성 박테리아[antibiotic-resistant bacteria]와 싸우는 법에 관한 것이었다. 이는 2014년 연방규정집 294페이지에 출판되었다.

11.8 특허

특허 참고문헌[patents references]은 전형적인 APA 양식 참고문헌처럼 보인다. 저자(창안자), 연도, 제목과 특허 번호, 그리고 출처가 순서대로 포함되기 때문이다.

참고문헌 목록: Inventor, A. A. (특허 발행연도). *Title of patent* (U.S. Patent No. x,xxx,xxx). U.S. Patent and Trademark Office. URL

소괄호 인용: (Inventor, 연도)

서술식 인용: Inventor(연도)는

특허의 URL은 선택적이지만 이용 가능하다면, 참고문헌 목록 입력자료에 포함될 수 있다.

22. 특허

Hiremath, S. C., Kumar, S., Lu, F., & Salehi, A. (2016). *Using metaphor to present concepts across different intellectual domains* (U.S. Patent No. 9,367,592). U.S. Patent and Trademark Office. http://patft.uspto.gov/netacgi/nph-Parser?patentnumber=9367592

소괄호 인용: (Hiremath et al., 2016)

서술식 인용: Hiremath 외(2016)는

- 이 특허는 2016년 컴퓨터 회사 IBM에서 근무했던 창안자 Hiremath 등에게 발행되었다. 특허 번호는 모든 특허에 대해 제공되는 독특한 식별 코드다. 연도는 특허가 적용된 연도가 아니라, 특허가 발행된 연도를 가리킨다.

11.9 헌법과 헌장

전체 연방 또는 주 헌법[constitution]을 인용하려면, 인용이 필요하지 않다. 단순히 본문에서 헌법을 언급하라.

The U.S. Constitution has 26 amendments.

The Massachusetts Constitution was ratified in 1780.

헌법constitutions 조항과 수정안의 인용을 위한 참고문헌 목록 입력자료와 본문 인용을 창출하라. 참고문헌 목록과 소괄호 인용에서는 미국 헌법U.S. Constitution을 "U.S. Const." 로 축약하고, 주 헌법에 대해서는 법적 주 약자를 사용하라(예, 메릴랜드 헌법Maryland Constitution은 "Md. Const."로). 법적 참고문헌을 위한 주 약자 목록은 법률정보원Legal Information Institute(https://www.law.cornell.edu/citation/4-500)을 참조하라. 내러티브에서는 미국 헌법은 "U.S." 또는 "United States"를 사용하고, 주 헌법은 주 명칭의 철자를 모두 써라(예, "the Wisconsin Constitution"). 미국 헌법 조항과 수정안 번호는 로마숫자다. 주 헌법 조항 번호 역시 로마숫자이지만, 주 헌법 수정안 번호는 아라비아 숫자다. 참고문헌으로는 URLs는 필요하지 않다. 원한다면, 인용된 출처에 관한 추가 정보는 내러티브에 포함할 수 있다.

23. 미국 헌법 조문

템플릿:

U.S. Const. art. xxx, § x.

예시:

U.S. Const. art. I, § 3.

소괄호 인용: (U.S. Const. art. I, § 3)

서술식 인용: Article I, Section 3, of the U.S. Constitution

24. 주 헌법 조문

템플릿:

State Const. art. xxx, § x.

예시:

S.C. Const. art. XI, § 3.

소괄호 인용: (S.C. Const. art. IX, § 3)

서술식 인용: Article IX, Section 3, of the South Carolina Constitution

25. 미국 헌법 수정안

템플릿:

U.S. Const. amend. xxx.

예시:

U.S. Const. amend. XIX.

소괄호 인용: (U.S. Const. amend. XIX)

서술식 인용: Amendment XIX to the U.S. Constitution

- 주 헌법 수정안은 미국 헌법 수정안과 같은 방식으로 인용된다.
- 만일 수정안이 폐지되지 않았다면, 참고문헌에 날짜 없음이 요구된다(예시 26 참조).

26. 폐지된 미국 헌법 수정안

템플릿:

U.S. Const. amend. xxx (repealed 연도).

예시:

U.S. Const. amend. XVIII (repealed 1933).

소괄호 인용: (U.S. Const. amend. XVIII, repealed 1933)

서술식 인용: Amendment XVIII to the U.S. Constitution, repealed in 1933

- 수정안이 폐지되었기 때문에 연도가 참고문헌에 포함된다.
- 폐지된 주 헌법 수정안은 폐지된 미국 헌법 수정안과 같은 방식으로 인용된다.

27. 미국 권리법안

U.S. Const. amend. I-X.

소괄호 인용: (U.S. Const. amend. I-X)

서술식 인용: Amendment I-X to the U.S. Constitution

- 첫 번째 10개의 미국 헌법 수정안은 집합적으로 권리법안[Bill of Rights]으로 지칭된다. 인용은 수정안의 범위가 인용에 포함된다는 것 외에는 헌법 수정안의 것과 같다.

28. 유엔헌장

템플릿:

U.N. Charter art. xx, para. xx.

예시:

U.N. Charter art. 1, para. 3.

소괄호 인용: (U.N. Charter art. 1, para. 3)

서술식 인용: 유엔 헌장 조항 1, 단락 3

- 유엔헌장United Nations Charter의 인용은 협정 명칭, 조항 번호, 그리고 단락 번호를 포함해야 한다. 전체 조항을 인용하려면 단락 번호를 생략하라.

11.10 조약과 국제회의

조약treaties 또는 국제회의international conventions에 대한 참고문헌은 ① 조약, 협약, 또는 기타 협정의 명칭, ② 서명 또는 승인 날짜, 그리고 ③ 이용 가능하다면 URL을 포함해야 한다. 본문에서는 조약 또는 협약 명칭과 연도를 제공하라.

참고문헌 목록: Name of Treaty 또는 Convention, Month Day, 연도, URL

소괄호 인용: (Name of Treaty 또는 Convention, 연도)

서술식 인용: Name of Treaty 또는 Convention(연도)은

29. 유엔협약

United Nations Convention on the Rights of the Child, November 20, 1989, https://www.ohchr.org/en/professionalinterest/pages/crc.aspx

소괄호 인용: (United Nations Convention on the Rights of the Child, 1989)

서술식 인용: United Nations Convention on the Rights of the Child(1989)는

12

논문게재 · 출판 과정

목차

12

논문게재 · 출판 과정

저자, 편집자, 심사위원, 그리고 출판사는 원고를 윤리적 · 효율적으로 다룰 공동책임이 있다. 이는 편집자가 원고를 받게 되면서 시작되고 출판 논문의 생애를 통해 확대된다.

이 장에서 우리는 저자들에게 ① 박사 또는 석사 학위논문의 학술지 논문으로의 개작, ② 제출을 위한 원고 준비, ③ 출판을 위해 적절하고 평판 있는 학술지 선정, 그리고 ④ 편집 · 출판 과정을 탐색하는 방법을 포함한 논문게재 준비에 관한 안내 지침을 제공한다. 다음은 특정한 종류의 저작권이 설정된 저작물의 재인쇄 또는 개작을 위한 저작권과 허가 지침, 저작권 귀속 작성을 위한 형식, 그리고 출판과정과 출판 후에 취해야 할 조치에 관한 절들이다.

논문게재를 위한 준비

12.1 박사 또는 석사 학위논문의 학술지 논문 형태로의 변환

박사 또는 석사 학위논문은 흔히 새로운 연구자의 첫 출판 저작물의 토대를 제공한다. 이 오리지널 연구는 두 가지 일반 전략 중 하나를 따름으로써, 학술지 제출을 위해 재구성될 수 있다.

박사 또는 석사 학위논문을 출판 논문 또는 논문으로 "뒤집기flipping"를 위한 가장 빠른 전략은 다수의 논문원고 형식을 사용하여 저작물을 구성하는 것, 즉 한 수준을 위한 필수요건을 충족하기 위해 제출한 최종 산물을 학술지 제출을 위해 구성된(또는 이에 버금가는) 논문원고 또는 일련의 논문원고로 구성하는 것이다. 이러한 논문원고는 보통 개념적으로 유사하지만(그리고 같은 중요한 프로젝트로부터 생겨나지만), 독립적인 연구보고서로 독자적으로 존재할 수 있다. 이러한 전략의 혜택은 논문작성자의 논문원고를 학술지 지침에 따라 구성하고 길이를 조정함으로써, 논문게재를 위한 준비 시간과 노력을 절약할 수 있게 된 것이다. 실제로, 논문 저작권에 관한 모든 정책이 충족되기만 한다면, 공동저술 및 검토 중이거나, 근간, 또는 박사 또는 석사 학위논문으로 출판된 원고조차 포함할 수 있다(12.20절 참조). 사전에 소속 대학의 편집실과 논의하여 이것이 수용할 수 있는 형식인지 확인하는 한편, 박사 또는 석사 학위논문을 작성 및 구성을 위한 구체적인 지침을 확보하라.

논문심사를 마친 후, 박사 또는 석사 학위논문을 학술지 논문으로 변환하기 위한 두 번째 전략은 저작물을 학술지 논문의 범위와 양식에 적합하도록 재구성하는 것이다. 이는 흔히 다음과 같은 요소에의 적응이 필수로 요구된다(자세한 사항은 APA 양식 웹사이트 https://apastyle.apa.org 참조).

- **길이**: 절 내에서 본문 삭제, 전체 절 삭제, 또는 별개의 연구질문을 개별 논문원고로 분리함으로써, 전반적인 논문원고 길이를 줄여라(그러나 1.16절 참조). 만일 저작물이 몇 가지 뚜렷이 다른 연구질문을 탐색했다면, 초점을 구체적인 주제로 좁혀서 각각의 논문원고를 작성하라. 양적, 질적, 그리고 혼합 방법 연구에서 보고를 위한 핵심 정보에 관해 자세히 알고 싶다면, 제3장의 학술지 논문 보고기준을 참조하라.
- **참고문헌**: 빈틈없는 완전한 목록을 제공하기보다는(특히, 서론과 문헌고찰에서) 가장 관련 있는 참고문헌만 포함하라(즉, 이론적으로 중요하거나 최신 자료). 인용한 저작물들이 독자들에게 특정 주제에 관한 지식을 제공하고, 현재 연구에 대한 이해와 맥락 파악에 도움을 주고 있는지 확인하라.
- **서론 절**: 탐구 중인 특정 연구 질문에 대해 독자들의 지식 또는 이해에 직접적으로 도움이 되지 않는 관련 없는 내용 또는 절을 삭제하라. 현재의 연구에 관한 정보를 제공하는 질문, 목표, 또는 가설에 관한 명확한 서술로 마무리하라.
- **방법 절**: 독자들이 데이터가 어떻게 수집 · 평가되었는지 이해할 수 있을 만큼 충분한 정보를 제공하라(제3장의 학술지 논문 보고기준을 따르라). 모든 단계 또는 그 이면의 근거에 관한 완전한 세부사항은 불필요하다. 대신, 현재 연구의 방법에 관해 알려 주는 선행연구 또는 보충자료에 관한 정보를 독자들에게 제공하라.

- **결과 및 논의 절**: 가장 관련 있는 결과를 보고하고 이에 따라 논의를 조정하라. 결과가 직접적으로 오리지널 연구질문 또는 가설에 대한 답변으로 기여하고 있는지 확인하라. 연구를 통해 발견한 내용에 대한 해석과 적용이 적절한지 체크하라.
- **표와 그림**: 표 또는 그림이 꼭 필요한지 확인하고(제7장 참조), 본문에 제공된 내용을 재현하지 말라.

학술지에 논문게재를 위해 자신의 박사 또는 석사 학위논문을 준비하고 있는 학생들은 해당 분야의 논문과 관련된 학술지를 살펴보고, 어떤 구조와 초점이 자신의 저작물에 적절한지 확인해 볼 것을 권한다. 학술지 논문이 어떤 모습이고, 어떤 것을 지니고 있고, 그렇지 않은지에 대한 안목을 넓히려면, 학생들은 지도교수와 함께(학술지 편집자로부터 허가를 받아) 학술지에 제출된 논문 검토 또는 학생 경연대회의 심사위원으로 참여해 볼 것을 고려할 수 있다. 이렇게 하는 것은 동료심사 과정에서 저자들이 어떻게 평가를 받는지에 대한 직접적인 안목을 제공한다(12.7절 참조). 추가로, 지도교수 또는 다른 동료들은 박사 또는 석사 학위논문에 근거한 원고에 대해 공저자가 될 수 있다. 학생들은 변환과정에서 이러한 공저자들의 입력을 요청 및 고려해야 한다(저자의 순서는 1.22절 참조).

12.2 논문게재를 위한 학술지 선택

논문게재를 위한 학술지 선택은 필수적이고 집필과정의 초기에 이루어져야 한다. 학술지 선택에 따라 원고의 형태가 바뀔 수 있기 때문이다. 예를 들면, 학술지마다 길이에 대한 필수요건이 다르다. 논문 외에 짧은 보고서를 출판하는 학술지가 있는 반면, 긴 논문만 출판하는 학술지들도 있다. 마찬가지로, 넓은 독자층을 겨냥하는 학술지가 있는 반면, 좀 더 전문화된 독자층을 대상으로 하는 학술지들도 있다. 추가적인 고려사항으로는 학술지의 주제 영역, 자유열람open access 정책, 영향력 지수impact factor, 출판 시기, 그리고 인용 양식이 있다. 학술지의 특징과 의도하고 있는 청중은 학술지 선정 과정에서 반드시 알고 있어야 할 사항이다.

만일 논문게재를 위한 학술지 선정 방법에 대해 확신이 없다면, 현재 작성 중인 참고문헌 목록을 살펴보라. 어떤 학술지의 논문을 반복적으로 인용하고 있는가? 그 학술지에 게재된 논문에 어떤 주제가 반영된 것으로 보이는가? 또한 자신의 것과 유사한 게재논문의 참고문헌 목록을 살펴봄으로써, 자신의 분야 연구자들이 어떤 학술지에 논문을 게재하고 있는지에 대한 아이디어를 얻을 수 있다. 또한 공저자 또는 동료에게 추천을 요청하라. 학술지 편집자와의 접촉을 통해 가능한 안내에 대해 더 알아봄으로써, 자신의 주제가 학술지의 범위 내에 있는지, 그리고 그 학술지의 독자들에게 관심을 끌 수 있는지를 확인해 보라. 편집자는 논문 주제가 자신의 학술지 영역 밖에 있는지 즉시 말해 줄 수 있을 것이고, 심지어 더 적합한 학술지를 제안까지 해 줄 수 있을 것이다. 이 과정을 통해 논문게재 가능성이 있는 학술지 목록 형성이 시작될 것이다. 다음 단계는 두 가지 요인, 즉 적절성과 권위를 평가해 봄으로써, 이 목록을 하나 또는 두 개의 가능한 학술지로 좁히는 것이다.

적절성. 모든 학술지는 특정 종류의 연구에 특화되어 있기 때문에, 자신의 연구가 선택한 학술지에 적절한 것은 중요하다. 편집자가 원고 게재를 거부하는 가장 일반적인 이유 중 하나는 연구가 학술지에 적절하지 않기 때문이다. 학술지의 범위에 관해 알려면, 과거의 쟁점을 숙독하고, 학술지의 웹사이트상에서 학술지에 관한 기술을 읽어 보라. 또한 학술지의 원고 제출 지침과 저자를 위한 지침을 참조하여, 학술지의 학문적 · 방법론적 경계를 확인하라. 다음의 영역에서 자신의 논문원고와의 유사성을 확인해 보라.

- **모집단**: 인구통계학적 특성, 진단, 세팅(예, 자연 vs. 실험실) 같은 요인을 고려하라.
- **방법**: 양적, 질적, 논평, 메타분석, 혼합방법, 그리고 기타 접근방법의 사용을 고려하라(1.1–1.9절 참조).
- **주제**: 학술지에 게재된 논문을 통합할 주제를 고려하라.
- **논문 특성**: 길이(예, 짧은 보고서 vs. 긴 평론), 복잡성, 인용 방식 등과 같은 특성을 고려하라.

권위. 권위 있는 학술지에 논문을 게재하는 것은 논문작성자의 커리어와 저작물에 좋은 벗^boon^이 될 것이다. 이것이 논문게재를 위한 학술지 선택이 되는 경우, 수준 높은 학술지보다 더 중요한 것은 자신의 논문에 적절한 적합성일 수 있다는 사실을 기억하는 것이다. 학술지의 권위는 다수의 방법으로 평가될 수 있다. 한 가지 방법은 영향력 지수^impact factor^, 게재거부율^rejection rate^, 그리고 학술지에서 논문에 대한 인용 수 같은 지수를 참조하는 것이다. 권위 있는 학술지는 동료심사가 이루어지고, 편집위원회가 해당 분야의 명망 높은 연구자들로 구성되어 있으며, 학술지가 핵심 독자들에게 다가

간다는 지표로서 그 분야의 신뢰성 있는 초록과 색인 연구 데이터베이스에 포함되어 있다.

12.3 잠재적 학술지의 우선순위 설정

출판은 단순히 가장 권위 있는 학술지에 제출하는 문제가 아니라, 자신의 연구에 가장 적절한 일련의 학술지를 확인한 다음, 좋게 평가되는 것을 선정하는 것이다. 우리는 연구를 제출할 학술지 두 편, 즉 선호하는 학술지와 예비backup 학술지를 정할 것을 제안한다. 사회과학 분야에서는 한 번에 한 편의 학술지에만 원고를 제출할 수 있다는 사실을 기억하여, 이에 따라 학술지에 우선순위를 매겨라. 두 편의 가능성 있는 학술지의 사전 선정은 첫 번째 학술지에 의해 게재 거부된 원고에 대해 학술지 심사를 다시 받아야 하는 부담을 더는 데 도움이 될 것이다.

만일 옵션 사이에서 결정할 수 없다면, 권위보다는 적절성에 우선순위를 매겨라. 논문게재의 목적은 연구를 학술적 공동체와 공유하는 것이다. 따라서 만일 권위 있는 학술지에 논문을 게재하지만 적절한 학술지가 아니라면, 관심 있는 독자들이 논문작성자의 저작물을 발견하기가 더 어려울 것이다. 연구자들은 전형적으로 특정 학술지를 구독함으로써, 계속해서 새롭고 관련 있는 연구에 관한 정보를 수집하고, 새로운 자료가 출판될 때마다 통보받게 된다. 그러므로 논문게재를 위해 적절하고 좋은 평가를 받고 있는 학술지를 선택하는 것은 논문작성자의 저작물이 해당 학문 분야에 잘 알려진 연구자들에 의해 알려질 수 있고, 그 분야의 지식 성장에 더 잘 기여할 수 있게 된다. 논문작성자의 결정에 정보가 될 수 있는 기타 고려사항으로는 첫 번째 반응 또는 논문게재에 대한 시간(졸업 전에 자신의 박사 또는 석사 학위논문을 학술지에 게재하고자 하는 대학원생과 관련된 수 있음), 논문게재 경비(연구지원금을 받지 않는 연구자들과 관련될 수 있음), 논문작성자 또는 그 동료들이 심사위원으로 활동하는 학술지인지의 여부, 국제화 범위 또는 독자 수(층), 그리고 자유열람open access 상태가 있다.

12.4 포식성 학술지 피하기

이 절에는 편집자와 저자들을 위한 경고성 안내 지침이 마련되어 있다. 연구를 수행할 때, 저자들이 윤리적 · 전문적 기준을 준수할 의무가 있는 것과 같은 방식으로, 학술지 편집국과 출판사들은 자신들이 출판하는 논문 평가에 엄격할 것이 기대된다. 그러나 안타깝게도, 논문을 간청, 평가, 및/또는 출판하는 다수의 비윤리적 또는 태

만한 수단 사용을 포함하여, 포식적 또는 기만적 행태를 일삼는 학술지와 출판사들이 있다. **포식성 학술지**predatory journals(**기만적 학술지**deceptive journals로도 불림)란 출판사들이 공격적으로 학술지에 게재할 원고를 청탁하고 게재비를 청구하면서도 게재비에 타당한 서비스 제공을 하지 않는 학술지를 말한다. 이러한 행태 역시 기만적 출판deceptive publishing으로도 불린다. 저자에게 출판 경비를 지불하게 하는 자유열람open access 학술지는 본질적으로 포식성은 아니지만, 포식성 학술지들은 흔히 이 모델을 사용한다. 이러한 학술지들은 흔히 다음과 같은 특징이 있다.

- **비공식적 요청**: 학술지는 (다수의 감탄부호가 담긴) 비공식적이고 형편없는 글로 된, 그리고 편집자와는 달리 편집 보조원이 서명한 이메일을 통해 논문게재를 청탁할 수 있다. 만일 편집자가 이메일 또는 학술지 웹사이트에서 확인된다면, 그 편집자의 웹사이트 또는 CV(*역자 주. curriculum vitae, 즉 이력서)를 체크하여 학술지 편집자 명단에 수록되어 있는지 확인하라.
- **숨겨진 출판사 또는 웹사이트**: 학술지의 웹사이트 또는 출판사는 목적성 있게 의사소통을 차단함으로써, 정밀조사(특히 학술지명이 그 분야의 선두적인 학술지명으로 오해될 수 있음에 대한)를 피할 수 있게 되어 있을 수 있다. 만일 이메일에서 유일한 링크가 온라인 동료심사 체제와 일반적인 편집자 이메일(예, 학술지편집자@[publisher].com)이라면, 학술지의 온라인을 찾아보고, 이 학술지의 웹사이트를 검토해 보라.
- **엄정한 평가 결여**: 학술지는 엄정한 평가기준rigorous evaluation standards을 사용하지 않을 수 있다. 예를 들면, 동료심사를 생략하거나 피상적인 동료심사 과정만 사용하고, 편집, 아카이브 저장, 및/또는 색인 서비스가 결여되어 저질의 논문원고를 초래할 수 있다.
- **투명성 결여**: 학술지의 웹사이트는 편집과정 또는 출판 작업에 관한 정보를 확인하기 어렵게 만들어졌을 수 있다(예, 출판 경비, 편집 스태프; Masten & Ashcraft, 2017).
- **낮은 평판**: 학술지의 출판사는 좋은(또는 어떤) 평판을 받고 있지 않을 수 있다. 이러한 출판사의 웹사이트(만일 있다면)는 비전문적으로 보이고, 접촉정보(예, 이메일, 우편주소, 작동되는 전화번호)가 결여되어 있을 수 있다. 영향력 지수 또는 다른 학술

지 평가기준은 실제 데이터라기보다는 "비공식적인 추정값informal estimates"을 나타내는 별표가 붙여져 있을 수 있다.

- **비표준 제출과정**: 학술지는 일반적인(예, 학술지 또는 기관명 라벨이 없는) 온라인 동료심사 체제를 사용하거나 원고를 이메일로 제출할 수 있게 되어 있다.
- **데이터베이스 색인 결여**: 학술지, 그리고 동일 출판사의 다른 학술지가 APA PsycInfo 또는 다른 신뢰성 있는 연구 데이터베이스에 색인되어 있지 않을 수 있다. 주요 연구 데이터베이스에 포함되는 것이 학술지 또는 출판사의 좋은 실천good practice을 완벽하게 보장해 주는 것은 아니지만, 데이터베이스 출판사들은 보통 이들이 상대하는 학술지들을 평가 · 모니터하는 과정을 갖추고 있다. 학술지명이 이메일에 제시된 것과 정확하게 일치하는지 찾아봄으로써 확인하라. 일부 포식성 학술지는 평판이 좋은 학술지명과 현혹될 정도로 유사한 제목을 사용하고 있다.

평판이 좋은 학술지들은 보통 연구 데이터베이스에 색인된다. 출판사 정보가 포함된 APA PsycInfo의 학술지 범위 목록은 공개적으로 온라인(https://on.apa.org/2TRvolj)에서 이용할 수 있다.

한 가지 또는 그 이상의 이러한 일반적인 특징을 공유하고 있음에도 불구하고, 포식성 학술지는 이들의 행태에 있어서 동일하지 않다. 출판 경비를 청구하거나 자유열람 모델을 사용하는 것이 포식성 학술지의 보편적인 표시가 아닌 것처럼, 이러한 행태가 보이지 않는다고 해서 학술지가 엄격성과 평가의 높은 기준을 준수하고 있음을 보장하는 것은 아니다. 궁극적으로, 가능성 있는 학술지가 사용하는 기준을 부지런하고 비판적으로 평가해야 하는 것은 저자의 책임이다.

양질의 정기간행물들은 전형적으로 자신들의 논문을 위한 디지털 콘텐츠 식별시스템digital object identifiers(DOIs)과 정기간행물을 위한 ISSN(*역자 주. International Standard Serial Number, 즉 국제표준자료번호)을 갖추고 있다(Beaubien & Eckard, 2014). 이러한 학술지들은 보통 ① 이들이 출판하는 논문의 내용과 일치하는 잘 정의된 범위, ② 명확하게 기술된 동료심사, 수정, 철회 과정, 그리고 ③ 인정된 출판사와 해당 분야에 적임인 사람들로 구성된 편집위원회를 갖추고 있다(Shamseer et al., 2017). 만일 논문 처리 또는 게재료가 부과된다면, 이러한 경비는 학술지 웹사이트에 명확하게 공지되어야 하고, 제공될 서비스를 커버하기에 적절할 수준이어야 한다.

저자들의 학술지 조사와 가능성 있는 포식성 학술지 구별을 돕기 위한 자원들이 있다. 예를 들어, 세계의학편집인협회World Association of Medical Editors(Laine & Winker, 2017)에서는 편집자, 연구자, 재정지원기관, 학자, 그리고 기타 이해당사자들이 포식성 학술지와 합법적인 학술지 구별을 돕기 위해 안내 지침을 출판해 오고 있다. Shamseer 등(2017)은 경험적 데이터를 사용하여 가능성 있는 포식성 학술지를 식별하기 위한 일련의 증거기반 기준을 개발했다. 이러한 지표들은 학술지의 질을 평가하기 위한 시작점을 제공한다. Directory of Open Access Journals(DOAJ; https://doaj.org)와 Quality Open Access Market(QOAM; https://www.qoam.eu)은 평판이 좋은 자유열람, 동료심사를 받는 학술지의 화이트 리스트white list(*역자 주. 바람직한 것들의 목록)를 계속해서 업로드하고 있다. 저자들은 'Think. Check. Submit. 웹사이트(https://thinkchecksubmit.org)'를 방문할 수 있다. 이 웹사이트는 신뢰성 있는 학술지 식별을 돕기 위해 체크리스트와 추가적인 무료 자원들을 제공하고 있다. Open Scholarship Initiative(OSI, 2019)에서도 포식성 또는 기만적인 출판에 관한 가치 있는 정보를 제공하고 있다.

만일 질문 또는 관심이 있다면, 선택하려는 학술지가 합법적인지에 관한 확인을 도울 수 있는 소속 대학의 사서에게 연락해 보라. 연구의 진실성 보호를 위해 취할 수 있는 가장 중요한 조치는 학술지 게재를 위해 자신의 논문을 제출할 것인지를 결정하기에 앞서 성실하게 가능성 있는 학술지를 평가하는 일이다.

편집 · 출판 과정의 이해

12.5 편집 · 출판 과정

편집 · 출판 과정은 저자가 원고를 학술지에 제출하는 순간에 시작된다. 그림 12.1의 플로차트는 원고가 제출에서 게재 · 출판까지 거칠 수 있는 가능한 경로를 묘사하고 있다. 맥락상 이 과정을 이해하는 것이 중요하다. 즉, 학술지 논문은 오리지널이고, 일차출판물(이전에 출판된 적이 없다는 의미)이며, 과학적 지식체계에 기여하고, 일단의 동료들에 의해 심사된다는 것이다. 동료심사를 받고 ISSN이 있는 학술지 또는 ISBN이 있는 독립형 저작물로 제시되는 저작물은 출판된 것으로 간주된다(중복출판에 관한 자세한 사항은 1.16절 참조). 논문원고 온라인(예, 사전인쇄 서버상에서)의 포스팅 버전으로 비공식적 출판이 가능하지만, 이것만으로 출판이 되는 것은 아니다(논문 공유에 관한 자세한 사항은 12.23절 참조).

그림 12.1 제출부터 게재 · 출판까지 원고 진행 플로차트

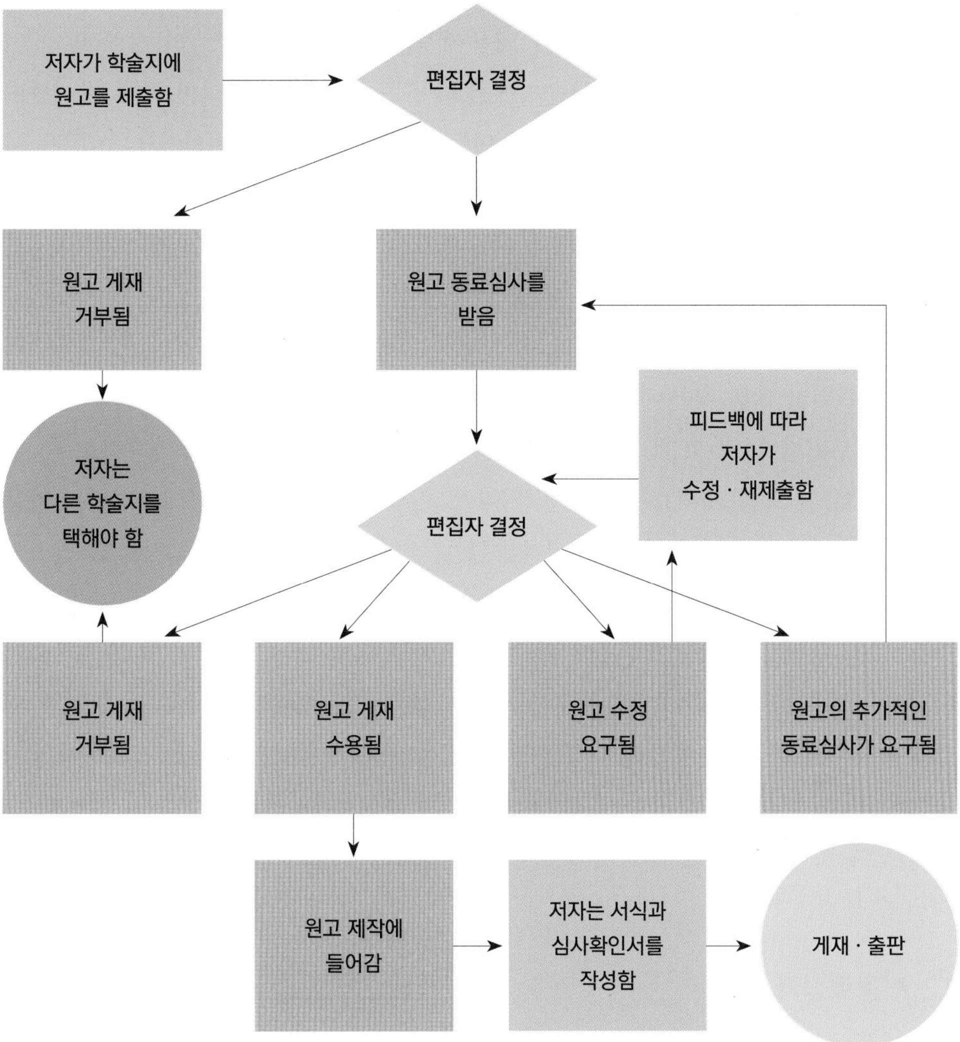

한 분야에서 동료심사를 받은 문헌은 함께 그 분야의 축적된 지식을 제시한 개인의 기여에 의해 창출된다. 각 기여의 질(저작물이 원본이고, 엄밀하며, 중요한지)을 확인하려면, 한 분야의 하위 전문분야의 학자들은 신중히 제출된 원고들을 심사해야 한다. 동료심사를 받는 학술지에 원고를 제출함으로써, 저자는 암묵적으로 심사위원들 사이에 원고 순환과 논의에 동의하는 것이다. 심사과정에서 원고는 비밀유지 및 특권적 문서로 간주된다. 그러나 출판사마다 정책이 다르므로, 학술지의 원고제출 지침과 저자에 대한 지침을 확인하라(원고 심사위원들에 대한 윤리기준에 대한 자세한 사항은 1.20절과 1.23절 참조).

12.6 편집자의 역할

학술지의 출판 결정은 학술지의 질과 내용에 책임지는 편집자editors의 손에 달려 있다. 학술지 편집자는 원고가 ① 학술지에서 다루는 내용 영역에 의미 있게 기여하고 있는지, ② 명료하고 간결하게 소통하고 있는지, 그리고 ③ 학술지의 양식 지침을 따르고 있는지를 살핀다. 편집자의 위계를 이해하는 것은 저자로서 무엇을 기대해야 하고, 제출 및 게재 과정에서 어떻게 교신해야 하는지 아는 데 도움이 될 수 있다.

학술지 대표 편집자lead editor 또는 **편집장**editor-in-chief에게는 원고에 관한 결정에 최종적인 편집상의 권한이 있다. 이들은 흔히 학술지의 구체적인 내용 영역 또는 학술지에 제출된 원고의 한 부분에 책임을 맡은 부편집자들의 도움을 받는다. 일부 학술지의 경우, **부편집자**associate editors는 원고심사의 모든 단계에서 편집자로 활동하고(즉, 편집자 대리로) 원고의 채택, 수정, 또는 거부에 관해 저자들과 소통하기도 한다. **자문 및 고문 편집자**advisory editors와 **특별 심사위원들**ad hoc reviewers은 원고를 심사하고 편집자 또는 부편집자들에게 처리에 관해 권고한다. 편집자는 흔히 부편집자, 자문 편집자, 또는 고문 편집자들에게 자신들이 덜 친숙한 연구 방법(예, 질적, 혼합방법)을 기술한 원고에 관한 조언을 구하고, 사용 중인 탐구에 대한 접근법에 관한 논리를 고려할 때 갈등을 유발하는 심사 평가에 대해 도움을 청한다(3.4절 참조). 저자로서 논문작성자는 소통해 온 편집자에게 중간 교신interim correspondence에 관해 언급해야 한다. 그러나 대표 편집자 또는 편집장은 심사위원 또는 부편집자들이 추천하는 것과는 다른 결정을 내릴 수 있다.

12.7 동료심사 과정

편집자의 역할 이해가 제출과정에서 기대되는 것을 아는 데 도움이 되는 것처럼, **동료심사**peer review 과정의 이해도 그럴 것이다.

심사위원의 역할. 실무 편집자action editors는 보통 편집상의 결정에 도달하기 위해 제출된 원고의 내용 영역에 있는 학자인 몇몇 심사위원의 도움을 구한다. 실무 편집자는 연구주제 또는 방법론적 접근에의 친숙성, 특정 논란에의 친숙성, 그리고 관점의 균형에 대한 바람을 비롯한 여러 가지 이유로 특정 심사위원들로부터 심사를 요청할 수 있다. 만일 심사위원들이 특정 원고를 능숙하게 심사할 지식이 없다면, 이들은 자신들의 심사 내에서 또는 편집자와의 의사소통에서 이러한 한계를 밝힐 것으로 기대된다.

심사위원은 편집상의 결정으로 학술적 입력을 제공하지만, 출판을 위해 원고를 수용할 것인지에 관한 결정은 궁극적으로 실무 편집자 또는 편집장에게 달려 있다. 동료심사 과정 또는 심사위원으로 활동하는 것에 관해 더 알고 싶은 독자는 APA의 온라인 동료심사 자원(https://on.apa.org/2KCTE6O)과 APA 심사위원 자원센터Reviewer Resource Center(https://on.apa.org/2F6MNn0)를 참조하라.

원고를 제출할 때, 가능성 있는 심사위원들의 접촉정보와 함께 이들의 목록을 제공하도록 촉구될 수 있다(학술지에의 온라인 제출에 관한 자세한 사항은 12.10절 참조). 심사위원의 선택은 신중히 고려하되, 논문작성자의 논문 원고 주제와 일치되는 연구를 수행하고, 저작물이 논문작성자의 원고에 인용된 연구자들에게 주의를 기울여라. 또한 그 분야에서 가능성 있는 심사위원들의 영향력을 고려할 수 있다(예, 최근 졸업생들은 많은 학술적 기록을 갖추고 있지 않을 수 있는 반면, 명성 있는 학자들은 다수의 심사 요청을 받지만, 참여하지 못할 수 있다). 편집자는 논문작성자가 추천하는 모든 (또는 일부) 심사위원을 전원(또는 일부) 뽑지 못할 수 있다. 일반적으로 직접적으로 함께 근무하는 동료들을 심사위원으로 추대하는 것은 부적절한 것으로 간주된다. 왜냐하면 논문작성자와 저작물에 대한 이들의 친밀성은 심사과정을 왜곡할 수 있기 때문이다. 특히 학술지가 무기명 심사를 채택하지 않는다면 더더욱 그렇다.

무기명 심사. 학술지 편집자는 일상적으로 또는 저자의 요청에 따라 **무기명 심사**masked review를 채택할 수 있다. 무기명 심사에서는 심사과정에서 심사위원들로부터 원고 저자의 신분을 감춘다. 저자명은 심사과정이 종결될 때까지 저자의 동의 없이는 심사위원들에게 노출되지 않는다. 심사위원 명단 역시 노출되지 않을 수 있다. 그렇지만 심사에 자신의 이름을 포함함으로써 자신의 신분을 노출할 수는 있다. 따라서 학술지는 양방향 무기명 심사(저자와 심사위원 둘 다의 이름을 무기명으로), 한 방향 무기명 심사(저자 또는 심사위원의 이름 둘 중 하나를 무기명으로), 또는 공개 심사(모든 이름을 공개함)를 할 수 있다. 저자 지침을 참조하여 원고를 제출하는 학술지가 일상적으로 무기명 심사를 채택하게 할 것인지, 아니면 무기명 심사를 요청하여 저자에게 무기명 심사를 제공하게 할 것인지를 결정하라. 저자는 무기명 심사를 받게 될 원고에서 자신의 신분을 가릴 책임이 있다. 예를 들면, 저자는 문서작성자의 신분이 쉽게 드러나지 않도록 자신의 원고를 작성하고, 연구가 진행된 장소와 참여자를 일반적인 용어로 서술해야 한다(예, "미 중서부의 소규모 문과대학 학생들").

동료심사 시기. 동료심사 완결에 필수로 요구되는 시간은 원고의 길이와 복잡성, 그리고 평가를 요청받은 심사위원 수에 따라 다르다. 만일 학술지 편집자가 원고가 학술지의 범위 내에 있는지와 주요 결점 또는 한계(예, 규정 페이지 한도를 초과하는 논문은 수정하기 전까지는 게재 가능한 논문으로 간주되지 않음)가 없다고 결정을 내리면, 이들은 원고를 직접 심사위원이나 추후에 실행 편집자로 활동할 부편집자 중 한 사람에게 보낸다. 부편집자는 접수된 심사 결과에 근거하여 학술지 편집자에게 권고사항을 보낸다. 편집자가 공식적인 동료심사 없이 논문원고에 대해 게재 수락을 하는 일은 극히 드물다. 예외는 특수 절 또는 사설에 대한 서론을 포함할 수 있다.

일반적으로, 심사과정은 약 2–3개월이 걸린다. 이 기간에 저자는 전형적으로 학술지의 원고 제출 포털을 통해 자신의 원고 상태(예, 편집자에게 있는지, 심사위원들에게 보내졌는지)를 살펴볼 수 있다. 이 시간이 지나면, 저자는 자신의 원고에 관한 결정이 통보될 것을 기대할 수 있다. 만일 3개월이 지나도 결정에 관한 소식이 없다면, 저자가 직접 편집자와 접촉하는 것이 적절할 것이다.

12.8 원고 결정

심사위원들은 원고의 학술적 질에 대한 평가, 저작물이 제공할 수 있는 기여의 중요성, 그리고 특정 학술지에 대한 저작물의 적절성을 토대로 수행된 원고에 대한 평가 결과를 편집자에게 제공한다. 원고 수락, 수정 요청, 또는 거부 결정은 편집자의 책임이다. 편집자의 결정은 심사위원 전원 또는 일부의 권고사항과 다를 수 있다.

수락. 일단 원고가 수락되면, 이는 출판의 제작 국면, 즉 원고 교열 및 조판에 들어간다. 이 국면 동안 저자는 교열담당자의 권장사항 외에는 내용에 대해 상당한 정도의 수정은 하지 않을 것이다(예, 분석에 관한 새로운 절 또는 표 추가). 저자는 연관된 모든 서류작업(예, 저작권 이전 서명, 공시[disclosures] 제출, 재인쇄 또는 개작된 표와 그림에 대한 허가 확보) 완결에 대한 책임이 있다. 필수로 요구되는 모든 서류작업 완결 불이행은 원고 수락 철회를 초래할 수 있다. 원고 조판 후, 저자는 교정지를 받게 된다. 저자는 조판 오류와 이것에 대해 얼마만큼 경미한 수정을 할 수 있는지 검토할 것이 권장된다(논문 교정지 검토에 관한 자세한 사항은 12.19절 참조).

수정 및 재제출 요청. 궁극적으로 학술지 게재가 가능하지만, 아직 최종 수락을 위한 준비가 되지 않은 원고는 수정 및 재제출 요청을 받게 된다. 이 범주에 속하는 원고는 편집자가 상당한 정도의 재작업이 필요하다고 판단한 것(추가적인 경험적 데이터 수집이 요구되거나, 전적으로 새로운 실험들이 추가될 필요가 있거나, 분석이 수정될 필요가 있거나, 또는 원고가 상당한 정도로 단축될 필요가 있을 가능성 포함)에서부터 소수의 구체적인 수정만이 필요한 원고에 이르기까지 다양하다. 일부 학술지에서는 이러한 수정의 후자에 해당하는 **조건부 수락**conditional acceptance으로 불리는 범주를 사용한다. 이 경우, 편집자는 명시된 수정이 완결되고 나서야 논문이 학술지에 게재될 것임을 통보한다. 수정 및 재제출 요청은 해당 학술지에 의해 논문원고의 궁극적인 게재를 보장하지 않는다. 추가로, 수정 및 재제출 요청은 시간제한이 있다. 이는 지정된 날짜를 초과하여 연장할 수 없다.

대부분의 원고는 수정될 필요가 있고, 일부 원고는 1회 이상 수정될 필요가 있다(수정은 수락을 보장하지 않음). 원고 수정은 오리지널 원고에서 명백하지 않았던 결함이 저자 또는 편집자에게 드러날 수 있고, 편집자는 이러한 결함을 더 수정할 것을 요청할 수 있다. 심사과정 동안 편집자는 저자에게 원고에 보충할 자료(예, 복잡한 통계표, 참여자들에 대한 지시사항)를 보완하도록 요구할 수 있다. 원고가 심사과정을 거치면서, 편집자는 자유롭게 초기 심사위원단에 속하지 않았던 심사위원들에게 심사를 요청한다. 만일 특정한 전문성이 요구되거나 이전의 심사위원이 더 이상 참여할 수 없다면, 추가로 심사위원들이 선발될 수 있다.

만일 편집자가 수정을 위해 원고를 저자에게 반송한다면, 편집자는 수정이 필수로 요구되는 이유를 설명한다. 편집자는 심사위원들의 논평을 저자에게 제공할 필요는 없지만, 자주 그렇게 하곤 한다. 편집자는 원고의 주요 편집상의 수정을 떠맡지 않는다. 저자는 편집자와 심사위원들의 수정을 위한 권고사항을 처리할 것으로 기대된다. 그러나 논문의 내용과 스타일은 온전히 저자의 책임으로 남게 된다.

저자는 심사위원들의 권고사항에 대해 사려 깊고 분별력 있게 반응해야 한다. 저자에게는 자주 심사위원의 피드백에 기초하여 수정된 사항을 반영한 오리지널 원고 버전의 재제출이 요구된다. 수정한 원고를 재제출하는 경우, 저자는 또한 심사위원들의 모든 논평에 대해 어떻게 반응했는지를 설명하는 문서와 함께 편집자와 심사위원들의 피드백에 감사를 표하는 커버레터를 동봉할 것이 권장된다(논평에 동의하든 그렇지 않든 간에). 흔히 **심사위원들에 대한 반응**a response to reviewers으로 알려진 이 파일에는 저자들이 심사위원에 의해 수행된 각각의 비평을 어떻게 처리했는지, 그리고 수정 부분을 수정된 원고의 어느 부분에서 찾을 수 있는지 명시되어 있다. 저자는 심사위원의 제안을 반드시 모두 수정할 필요는 없지만, 반응에는 저자의 결정 이면의 근거(수정하지 않겠다는 결정 포함)를 설명해야 한다. 심사위원에 대한 반응 제공은 후속 질문 수를 감소시킴으로써 심사과정의 적시성을 촉진하고, 궁극적으로 편집자가 해당 논문의 게재 여부 결정에 도움을 준다. 심사위원에 대한 반응 샘플은 APA 양식 웹사이트(https://apastyle.apa.org)를 참조하라.

일부 학술지는 저자에게 논문원고를 짧은 보고서로 수정할 기회를 제공한다. 학술지의 정책에는 이러한 옵션이 존재하는지 제시되어 있을 것이다. 이러한 학술지의 경우, 저자는 또한 처음에는 짧은 보고서를 제출할 수도 있다. 이러한 유형의 논문은 일반적으로 제한된 범위의 연구를 기술하거나, 추가적인 반복이 필요한 참신하거나 자극적인 연구 결과를 포함하거나, 또는 이전에 게재된 저작물의 반복 및 확대를 나타낸다. 이러한 형식으로 게재된 연구는 일반적으로 다른 곳에 더 긴 연구 논문으로 재제출될 수 없다(중복출판은 1.16절 참조).

게재 거부. 원고는 보통 ① 저작물이 학술지의 관심 영역을 벗어나거나, ② 설계, 방법론, 분석, 또는 해석에 심각한 결함이 있어서 편집자가 연구 결과의 타당성에 의문을 제기하거나, 또는 ③ 해당 분야에 제한된 기여를 하는 것으로 판단된다는 이유로 게재가 거부rejection된다. 때로 편집자는 좋은 원고에 대해 게재를 거부하는데, 그 이유는 학술지에 제출된 모든 양질의 원고를 게재할 공간이 부족하기 때문이다.

편집자는 초기 심사 후, 부편집자 또는 심사위원들의 심사에 앞서, 두 가지 경우에 원고의 노골적인 탁상 거부desk reject를 할 수 있다. 첫 번째는 원고의 내용 또는 형식이 학술지의 임무와 일치하지 않기 때문에 편집자가 원고가 학술지에 적절하지 않다고 결정하는 경우다. 두 번째는 논문원고가 동료심사 과정에서 호의적으로 평가될 것 같지 않은 경우다. 이 두 가지 결정은 더 효율적이고 효과적인 심사과정을 가능하게 한다. 마찬가지로, 원고에 대한 초기 심사로 형식상의 결함이 발견되는 경우(예, 규정 페이지 한도 초과), **편집상의 거부**editorial reject로 처리되기도 한다.

학술지에 의해 게재 거부 판정을 받은 원고는 편집자로부터 요청 없이 동일 학술지에 대해 수정 및 재제출될 수 없다. 만일 원고가 동료심사를 토대로 게재가 거부된다면, 편집자는 거부된 사유를 설명해 주고 심사위원들로부터의 피드백을 제공할 수 있다. 관련된 포인트가 심사위원들에 의해 간과 또는 오해되었다고 생각하는 저자는 편집자와 접촉하여 결정에 대해 이의를 제기할 수 있다. 자신의 원고가 불공정하게 게재 거부 판정을 받았다고 느끼는 사람은 이의제기 과정에서 학술지 또는 학술지 웹사이트에 문의해야 한다. 저자는 자유롭게 게재가 거부된 원고를 다른 학술지에 제출할 수 있다. 심사위원은 저자가 자신의 원고를 수정하는 경우, 유용하다고 생각하는 피드백을 제공할 수 있다. 저자는 이러한 논평과 동료들로부터의 제안에 세심한 주의를 기울이고, 이들을 통합하여 과학적 엄격함과 논문원고의 전반적인 질을 업그레이드해야 한다.

원고 준비

12.9 제출원고 준비

이 절에서는 학술지에 제출하기 위한 원고 준비에서 따라야 할 단계가 요약되어 있다. 첫째, 논문원고를 구성 · 작성하는 경우, 이 편람에 기술된 APA 양식 지침을 따르라. 특히, 제3장을 참조하여 논문작성자가 수행한 연구 유형에 따른 보고기준을 숙지하라. 또한 자신의 원고를 제출할 학술지에 원고 제출을 위한 체크리스트 또는 구체적인 지침이 있는지 확인하라. APA 학술지를 위한 원고 준비와 제출에 관한 지침은 APA 웹사이트(https://on.apa.org/2E0FPOT)상에서 찾을 수 있다. APA를 포함한 다수의 학술지는 저자 서비스와 지원 모음을 제공함으로써, 글쓰기, 번역, 그림 제작 등에 대해 도움을 제공하고 있다. 저자는 이러한 서비스를 활용하여 자신이 학술지에 제출하는 원고가 가능한 한 최상의 상태에 있는지를 확인하도록 권장된다. 이러한 지침과 서비스는 계속해서 업데이트된다. 저자는 자신의 저작물을 제출하려는 학술지의 가장 최근의 지침을 따라야 한다(APA 학술지의 경우, https://on.apa.org/2P01l9j의 학술지 원고준비 지침 참조).

12.10 온라인 제출 포털 사용

논문 제출은 온라인 원고 제출 포털을 통해 전자적으로 이루어질 가능성이 매우 높다. APA 학술지의 경우, 각 학술지는 웹사이트를 통해 접속되는 독자적인 제출 포털을 갖추고 있다. 제출 포털 사용을 위한 지침을 검토하고, 제출과정을 시작하기 전에 모든 파일 저장을 위한 형식을 이해하라. 모든 APA 학술지에서 사용되는 편집 관리자 시스템 탐색을 위한 안내 지침은 APA 웹사이트(https://on.apa.org/2FLydBA)에서 찾아볼 수 있다.

원고를 제출하고 나면, 적어도 2개 파일(원고 파일과 커버레터)의 업로드 요청을 받게 될 것이다. 학술지의 필요요건에 따라 추가 파일이 요구될 수 있다.

원고 파일. **원고 파일**manuscript file은 제목 페이지, 초록, 본문(몸체), 그리고 참고문헌 목록을 비롯하여 논문작성자의 원고와 참고문헌뿐 아니라, 적용 가능하다면 표와 그림, 각주, 그리고 부록으로 구성된다. 모든 절을 단일 파일로 받아들이는 학술지들이 있는가 하면, 저자들에게 분리된 파일을 업로드하도록 요구하는 학술지들도 있다(예, 무기명 심사를 위해 제목 페이지를 분리된 파일에, 모든 그림을 분리된 파일에).

만일 원고와 함께 보충자료를 제출하고자 한다면, 학술지의 웹사이트를 확인하여 선호되는 형식을 결정하라(2.15절 참조). 만일 원고가 수락되면, 보충자료는 교열되지 않을 가능성이 높으므로, 제출된 정확한 형식으로 독자들이 볼 수 있도록 조치해야 할 것이라는 점을 기억하라. 제출하기 전에 모든 보충자료의 내용과 적절한 형식을 반드시 검토하라.

커버레터 파일. 저자들은 종종 원고와 함께 **커버레터**cover letter를 분리된 파일로 제출해야 한다. 학술지의 웹사이트에서 현재의 편집자명과 제출에 관한 구체적인 지침을 확인하라. 학술지 편집자에게 보내는 커버레터에 포함할 것에 관한 안내 지침은 12.11절을 참조하라.

추가 정보. 끝으로, 제출 포털을 통해 다음과 같은 추가 정보를 보완할 필요가 있을 수 있다.

- 논문 제목과 초록
- 저자란, 소속, 접촉정보, 그리고 저자의 순서
- 논문 단어 수 또는 페이지 수
- 표와 그림 수
- 핵심어
- 잠재적 심사위원 명단(12.7절 참조)

추가 정보에 대한 필수요건은 각 학술지와 출판사에 따라 특화되어 있다. 원고 제출 포털에 따른 지침을 준수하여 모든 요청된 정보가 입력 또는 업로드되었는지 확인하라.

12.11 커버레터 작성

논문게재를 위해 원고를 고려해 줄 것을 요청하는 **커버레터**cover letter를 작성하는 경우, 학술지에서 요청하는 정보를 포함하라. 커버레터는 흔히 다음과 같은 요소를 포함한다.

- 원고에 관한 세부사항(예, 제목과 저자)
- 모든 저자가 원고의 내용과 저자권 순서에 동의하고 있음에 대한 확증(1.21–1.22절 참조)
- 교신저자corresponding author가 공저자들에게 편집상의 결정, 받은 심사, 편집상의 심사에 대한 반응에서 이루어진 수정, 그리고 수정 내용을 적시에 알릴 책임을 질 것에 대한 확증(만일 원고가 수락된다면, 모든 저자에게 저자권 자격이 부여될 것임)
- 같은 또는 다른 학술지에 게재하기 위해 제출된 어떤 긴밀하게 관련된 원고의 존재에 관한 정보(단편 출판과 예외는 1.16절 참조)
- 연구에 영향을 주고 있는 것으로 보일 수 있는 이권충돌 또는 활동(예, 검사 또는 절차에서 재정적 이해, 약물 연구에 대한 제약회사의 재정지원)에 관한 통보
- 무기명 심사 요청, 학술지가 제공하는 옵션이고 논문작성자가 이를 택하는 경우(12.7절 참조)
- 인간 참여자 또는 비인간 동물 피험자 처치가 설정된 윤리기준에 부합되었음에 대한 입증(1.18절, 12.13절 참조)
- 저작권이 있는 자료 재생을 위해 승인된 허가서 사본 또는 허가가 진행 중이라는 통보(12.14–12.18절 참조; 출판사는 저작물이 출판될 수 있기 전에 모든 승인된 허가 사본을 보유하고 있어야 함)
- 향후 교신을 위한 교신저자의 전화번호, 이메일 주소, 그리고 우편주소

일부 학술지는 저자가 커퍼레터와 함께 또는 대신 반드시 제출해야 하는 저자 동의 체크리스트를 갖추고 있다. 원고를 제출하려는 학술지의 구체적인 정책을 확인하고 이러한 정책을 준수하라. 제출 지침에 대한 불이행은 심사과정을 지체시킬 수 있다. 샘플 커버레터의 경우, APA 양식 웹사이트(https://apastyle.apa.org)를 참조하라.

12

12.12 논문게재 · 출판 과정에서의 교신

원고가 검토되고 있는 동안, 필요한 실질적인 수정, 접촉정보의 수정 등을 편집자에게 알리는 것은 저자의 책임이다. 출판과정에서 이루어지는 모든 교신에는 완전한 원고 제목, 저자명, 그리고 (원고가 처음 접수되었을 때 할당된) 원고 번호를 포함하라. 어떤 저자라도 원고 제출과 출판과정 동안 편집자 또는 편집 스태프와 교신할 수 있다. 그러나 가장 흔한 교신은 교신저자corresponding author에 의해 이루어진다.

논문게재 · 출판이 되면, 교신저자는 접촉의 주요 요체가 되어 출판된 논문에 관한 질문에 대한 답변을 담당한다. 모든 저자는 제출에 앞서 누가 교신저자가 될 것인지 결정해야 한다. 어떤 저자든 교신저자가 될 수 있지만, 교신저자는 흔히 연구 수행을 주도하거나 데이터가 수집된 실험실의 책임을 맡고 있는 사람이 된다. 저자 주에 교신저자의 정보를 제시하는 방법은 2.7절을 참조하라.

12.13 윤리적 필수요건 인증

제1장(1.11절과 1.18절)에서 우리는 저자들에게 연구와 그 연구의 학술적 출판에 대한 윤리기준(APA 윤리강령의 연구 및 출판, 기준 8 참조; APA, 2017a)을 준수했음을 입증할 책임이 있다고 밝힌 바 있다. 학술지에 원고를 제출하는 경우, 이러한 기준을 준수했다는 증거를 제공할 것을 요청받게 될 수 있다. 논문작성자는 또한 다른 사람들의 저작물을 재인쇄 또는 개작하는 경우 공정한 사용에 관한 법적 기준을 준수하고 학술지 출판사에 의해 설정된 출판정책을 준수할 것으로 기대된다. 학술지에 논문을 게재하기 위해 APA에서 필수로 요구하는 형식과 그 형식을 위한 지침은 APA 웹사이트(https://on.apa.org/2zuMDk2)에서 찾아볼 수 있다.

윤리준수. 원고를 제출할 때, 연구 수행에서 윤리기준을 준수했음을 입증하도록 요청받을 수 있다. 여기에는 연구가 기관심의위원회institutional review board(IRB) 또는 기관동물돌봄과 사용위원회institutional animal care and use committee(IACUC)에 의해 평가 · 승인되었는지가 포함된다(이러한 승인이 필수로 요구된다면). 미국 외부에서 연구를 수행한 저자들은 IRB 평가와 다른 경우, 자신들의 연구에 대해 수행된 윤리적 심의과정을 기술해야 한다. APA 학술지에 원고를 제출하는 저자들 역시 연구에 인간 참여자 또는 비인간 동물 피험자를 포함한다면, APA 윤리원칙 준수 증명서 양식Certificate of Compliance With APA Ethical Principles Form(https://on.apa.org/2NrGSsY)을 필수로 제출해야 한다.

이권충돌. 제1장(1.20절)에서 논의된 것처럼, 만일 다른 사람들에게 알려져 있다면, 저자는 반드시 가능성 있는 **이권충돌**conflict of interest로 보일 수 있는 활동과 관계(예, 논문원고에 사용되었거나 논의된 제품 또는 서비스에 대한 재정적 동의나 제휴 또는 잠재적 편견)를 개방해야 한다. 알려진 이권충돌이 없는 저자는 이 사실을 명확하게 기술해야 한다. 이러한 공시는 저자 주에 제시되어야 한다(2.7절 참조). APA 학술지의 경우, 모든 저자는 필수로 전체지분공시 양식Full Disclosure of Interests Form의 제출이 필수로 요구된다(https://on.apa.org/2E0FlIr). 연구에서 이권충돌과 윤리원칙에 대한 자세한 정보는 APA 윤리강령 기준 3.06 이권충돌을 참조하라.

표절 탐지. APA를 비롯한 대부분의 학술지는 현재 일상적으로 표절 탐지 소프트웨어에 원고를 제출하여 제출된 저작물과 오픈 웹상에 나타나 있는 내용뿐 아니라, 수백만 편의 학술적 문서와 대조하고 있다. 이는 학술지 편집자가 제출된 원고와 이전에 출판된 자료와의 중복 가능성을 체크하고, 그 중복이 합리적인지 아니면 문제가 있는 것인지를 평가할 수 있게 해 주고 있다. 표절과 자기표절에 관한 자세한 정보는 1.17절, 8.2절, 그리고 8.3절을 참조하라.

저작권과 허가 지침

12.14 자료의 재출판 또는 조정을 위한 일반 지침

대부분의 경우, 저자는 다른 저자들의 단어 또는 아이디어에 적절한 크레딧을 제공하기 위해 저자-날짜 본문 인용과 참고문헌 목록 입력자료를 제공할 필요가 있다(제8-11장 참조). 그러나 미국 저작권법에 의하면, 특정한 종류의 저작물(예, 학술지 논문에 게재된 그림, 웹사이트로부터의 이미지, 긴 인용문)에 대한 재인쇄 또는 개작은 **저작권 귀속**copyright attribution(원저작물과 저작권자의 신원에 관한 세부사항이 담긴 짧은 진술)과 저작권자의 이름 양식에 재인쇄 또는 개작된 저작물에 대한 더 포괄적인 감사의 말 제시가 필수로 요구된다(구성에 관한 안내 지침은 12.18절 참조).

재인쇄reprinting란 자료를 원자료가 의도되었던 방식으로, 수정 없이 원래 제시된 그대로 정확하게 재생하는 것을 의미한다. **개작**adapting이란 자료가 새로운 목적(예, 논문원고에 새로운 표 또는 그림에서 표 또는 그림의 일부를 사용하는 것)에 적합하도록 자료를 수정하는 것을 말한다. 저작권 귀속은 이러한 저작물에 대해 크레딧을 제공하기

12

위해 저자–날짜 본문 인용 대신 사용된다. 각 저작물은 또한 참고문헌 목록에 제시되어야 한다. 이러한 경우의 하위세트에 대해 저자는 저작권자로부터 자료의 재인쇄 또는 개작을 위한 명시적인 서면 허가를 신청 · 습득할 필요가 있다. 이 과정은 상당한 시간이 걸릴 수 있고, 저작권자가 사용에 동의할 보장이 없다. 이러한 정책들은 구체적으로 말하면 APA 양식에 관한 문제가 아니라 법에 관한 문제이기 때문에, 모든 저자가 (저작물이 공식적으로 출판되지 않을 학생들조차) 이러한 정책들을 따라야 한다. 이 절의 나머지 부분은 다음과 같은 과정을 통해 저자들을 안내한다.

- 어떤 유형의 자료가 저작권 귀속이 필수로 요구되는지에 대한 이해
- 자료의 저작권 상태 확인 및 의도된 사용에 대한 시사점 이해
- 저작권 상태와 공정한 사용의 법적 개념을 근거로 자료 재생을 위한 허가의 필요성 여부 결정
- 자료 재생을 위한 허가 확보(필요하다면)
- APA 양식에서 저작권 귀속 작성

12.15 저작권 귀속이 필수로 요구되는 자료

다음은 저자들이 흔히 저작권 귀속이 필수로 요구될 수 있는 것을 재인쇄 또는 개작하기 원하는 자료의 예시들이다. 이들은 또한 허가도 필수로 요구된다(12.17절 참조). 노래 곡, 시, 그리고 아트 같은 기타 자료들 역시 재인쇄 또는 개작되기 전에 저작권 귀속과 허가가 필수로 요구될 수 있다.

- **그림, 표, 그리고 기타 이미지**: 대부분의 비주얼 디스플레이 유형은 재인쇄 또는 개작을 위한 저작권 귀속이 필수로 요구된다(학술지 논문, 서적, 보고서, 웹페이지와 웹사이트, 그리고 기타 저작물에 게재된 표와 그림뿐 아니라, 도해, 인포그래픽[infographics][***역자 주.** 시각적으로 제시된 데이터], 사진, 스크린숏[screenshots][***역자 주.** 현재의 디스플레이 화면상의 이미지를 그대로 파일로 보존한 것], 그리고 대부분의 클립아트 같은 인터넷으로부터의 이미지 포함). 저작물의 출판 장소와 저작권 상태에 따라 허가가 필수로 요구될 수도 있고 그렇지 않을 수도 있다. 저작권 소유권과 허가 상태는 특히 인터넷으로부터 다운로드된 이미지에 대해 설정하기가 특히 어려울 수 있지만, 학술지는 완전한 문서화 없이는 이들을 출판할 수 없다. 목적이 학술적 연구를 위해 자극물의 자유로운 방출

인 데이터베이스로부터 검색된 이미지에 대해 허가를 신청하거나 저작권 귀속에 관한 서류를 작성할 필요는 없다. 이러한 경우, 저자-날짜 인용이면 충분하다(예, 국제정동사진시스템International Affective Picture System).

- **데이터**: 다른 출처로부터의 출판 또는 미출판 데이터는 직접적으로 재생하는 데 필수로 저작권 귀속과 허가가 요구된다. 변경 또는 재분석되어 다른 숫자들을 생산하는 데이터는 허가 또는 저작권 귀속이 필수로 요구되지 않는다. 대신, 이러한 데이터는 보통 저자-날짜 인용 형식으로 인용하라(10.9절 참조).
- **검사 · 척도 문항, 질문지, 짧은 글**vignette **등**: 저작권이 설정된 또는 상업적으로 이용 가능한 검사 또는 척도(예, 미네소타 다면적 인성검사-2Minnesota Multiphasic Personality Inventory-2, 웩슬러 성인지능검사Wechsler Adult Intelligence Scale, 스탠퍼드-비네 지능검사Stanford-Binet Intelligence Scale)로부터 재인쇄 또는 개작된 문항은 필수로 저작권 귀속과 허가가 요구된다. 이런 허가를 받는 일은 많은 시간이 걸린다. 원고에서 정확한 문항 재생의 선호되는 대안은 대신 이런 문항의 문구를 바꾸어 쓰거나reword 재진술paraphrase하는 것일 수 있다. 그러한 도구로부터 심지어 한 문항을 재생하더라도 허가는 필수로 요구되고, 허가를 받지 못할 수도 있다. 더욱이, 다수의 검사와 척도 개발자들은 저자가 자신의 연구에서 검사 또는 척도를 참여자들에게 사용하기에 앞서, 측정도구 사용을 위한 요청서(전형적으로 이들의 웹사이트 또는 이메일을 통해)를 제출하고, 도구 사용 결과로 인한 출판에 관해 그들에게 알릴 것을 요구한다. 마찬가지로, 개발자들은 측정도구를 변형하기 전에 자신들과 협의할 것으로 요구한다(예, 다른 연령집단을 위한 개작, 특정한 문항의 번역). 저자는 또한 검사 자료의 재인쇄 또는 개작 자료의 진실성과 안전성에 대한 위협 가능성 여부를 고려해야 한다(APA 윤리강령 기준 9.11, 검사 안전성 유지Maintaining Test Security 참조).
- **긴 인용문**: 출판된 저작물로부터의 인용문 대부분은 저자-날짜 인용만 필요하지만, 저작권자에 따라 달리 정의되는 긴 인용문 재생에는 허가 신청과 저작권 귀속 제공이 필수로 요구된다. 각 저작권자의 정책을 결정하는 것은 저자의 책임이다. 대형 출판사들은 보통 자신들의 웹사이트에 독자적인 허가 정책을 제공하고 있다. APA의 정책에 관해서는 12.17절을 참조하라.

저작권 필수요건이 있는 두 가지 특수한 경우는 상업적인 스톡포토와 클립아트다.

만일 온라인 검색엔진을 통해 사진, 클립아트, 그리고 기타 이미지를 찾는다면, 이 절의 지침이 그러한 검색 결과에도 적용된다.

- **상업적 스톡포토**: 스톡 이미지stock image가 크리에이티브 커먼즈 라이센스Creative Commons (*역자 주. 일정한 기준 아래에서는 창작물을 마음대로 활용해도 좋다는 허가 표시)를 가지고 있지 않거나(12.16절 참조) 공공영역에 있지 않다면, 판매회사로부터의 라이센스 구매 없이 재생하는 것은 허용되지 않는다. 일반적으로 사용되는 스톡 이미지의 판매회사로는 게티 이미지Getty Images, 셔터스톡Shutterstock, 그리고 아이스톡iStock이 있다. 라이센스는 보통 라이센스 보유자가 저작권 귀속 없이 이미지를 재생하는 것을 허용한다. 그러나 라이센스 없이는 이미지를 재생할 수 없다.
- **클립아트**: 대부분의 **클립아트**clip art는 재생에 허가를 필수로 요구되지 않지만, 저작권 귀속이 필수로 요구될 수 있다. 컴퓨터 프로그램(예, 마이크로소프트 워드Microsoft Word)과 함께 포함된 클립아트의 경우, 프로그램의 구매는 클립아트에 대한 라이센스를 제공하므로, 저작권 귀속 또는 저자–날짜 인용 없이 학술적 논문원고 또는 학술적 논문에 사용될 수 있다. 만일 클립아트가 무료 클립아트 웹사이트의 것이라면, 이미지의 저작권 상태를 확인하여 저작권 귀속 또는 인용이 요구되는지를 결정하라(12.16절 참조). 참고문헌이 요구되는 경우, 클립아트에 대한 참고문헌 목록 입력자료는 제10장의 예시 98을 참조하라.

12.16 저작권 상태

저작물의 저작권 상태는 논문작성자가 자신의 논문원고에서 어떻게 사용 허가를 받게 되는지를 결정한다. 저작권은 보통 논문의 첫 페이지, 서적 또는 보고서의 저작권 페이지, 출판된 온라인 이미지 아래, 또는 웹사이트의 꼬리말에 제시된다. 다음은 몇몇 일반적인 저작권 상태다.

- **일반 저작권**: 저작권은 흔히 단순히 "저작권copyright" 또는 저작권 기호로 제시된다.

  Copyright 2020 by the American Psychological Association.

  © 2018 Bianca T. Burquest, all rights reserved.

때로 누가 저작권을 소유하고 있는지의 결정(특히 오래된 저작물에 대한)은 도전이 될 수 있다. 그 이유는 출판사들이 합병될 수 있고, 저작권 소유자가 바뀔 수 있기 때문이다. 12.15절에 제시된 자료는 저작권 귀속이 필수로 요구되고, 허락 역시 필수로 요구될 수 있다.

- **저작물 사용 허가 표시 저작권**: 저작물 사용 허가 표시Creative Commons licenses(CCL)(*역자 주. 저작권자가 자신의 창작물에 대해 몇 가지 이용 방법과 조건을 붙여 자유롭게 이용할 수 있도록 한 이용 허락표시 제도 또는 운동)는 "크리에이티브 커먼즈Creative Commons" 또는 "CC"로 제시된다. 대부분의 크리에이티브 커먼즈 라이센스는 논문작성자가 저작권 귀속 양식을 통해 오리지널 저자에게 크레딧을 제공하고, 라이센스 유형을 명시하고, 오리지널에 대한 개작 여부를 제시하는 한, 저작권자로부터의 허가 없이 논문작성자의 저작물(이미지 포함)을 재인쇄 및/또는 개작할 수 있도록 허용한다. 크리에이티브 커먼즈 라이센스의 구체적인 용어들은 다르므로, 재생하기를 원하는 저작물과 연관된 라이센스를 체크하여, 허락을 받아야 하는지와 구체적인 저작권 귀속이 필수로 요구되는지(만일 있다면)를 결정하라.
- **공공영역**: 저작권에 묶이지 않은 저작물들은 공공영역에 속하는 것으로 간주된다. 이는 저작권 귀속 양식에 오리지널 저자에게 크레딧을 제공하는 조건에서 원하는 저작물을 재인쇄 및/또는 개작할 수 있음을 의미한다. 저작물상에 "공공영역public domain"이라는 단어가 없다면, 저작물이 저작권 아래에 있거나 미국 정부에 의해 제작된 것(이 경우, 자동으로 공공영역에 속함)으로 추정하라. 저작권은 시간이 지남에 따라 만료되지만(일단 저작권이 설정된 저작물이 현재 공공영역에 속할 수 있다는 의미), 이 과정을 관장하는 법은 복잡하고 국가에 따라 다르다. 만일 만료된 저작권에 관해 질문이 있다면, 사서에게 문의하라.
- **제시된 저작권 없음**: 만일 저작권이 제시되어 있지 않다면, 해당 자료는 저작권이 설정된 것으로 취급하라. 미 저작권법에 따르면, 저작물이 유형으로 고정되는 순간, 저작물에 "저작권copyright"이라는 단어가 제시되어 있지 않거나 저작권 기호가 없어도, 그리고 널리 보급되거나 전문적으로 출판되지 않는 경우(예, 컴퓨터 화면 또는 논문원고에 볼 수 있는 경우)에도 저작권이 설정된다. 예를 들면, 학생들은 자신들의 강의 과제물에 대해 자동으로 저작권을 소유하게 된다.

12.17 허가와 공정한 사용

허가의 필요성 여부 결정. 저작물이 크리에이티브 커먼즈 라이센스를 가지고 있거나 공공영역에 속해 있는 경우, 저작물의 재인쇄 또는 개작을 위한 허가는 필수로 요구되지 않는다(예시는 12.15절 참조). 그러나 대부분의 경우, 저작권 귀속은 여전히 필수로 요구된다. 저작권이 설정된 저작물의 경우, 저작물의 재인쇄 또는 개작에는 항상 허가가 필수로 요구되는 것은 아니다. 오리지널 출판(즉, 학술적 저작물 vs. 상업적 출판)의 특징과 공정한 사용의 개념은 허가가 요구되는지를 관장한다.

학술적 저작물. 학술지 출판사는 전형적으로 학술지에 게재된 자료에 대한 저작권을 소유한다. 다수의 과학적, 기술적, 그리고 의학적 출판사(APA 포함)에서는 다음 상황에서는 내용 재생을 위한 서면 허가 또는 요금을 필수로 요구하지 않는다.

- 사용 목적이 학술적 논평, 비영리적 연구, 또는 교육적인 경우
- 전적인 크레딧이 완전하고 정확한 저작권 귀속을 통해 저작권자로서 저자와 출판사에게 주어지는 경우
- 최대 총 3개의 그림 또는 표가 학술지 논문 또는 서적의 장으로부터 재인쇄 또는 개작되는 경우
- 재인쇄될 단일 텍스트 발췌물이 400단어 미만, 또는 재인쇄될 일련의 텍스트 발췌물이 총 800단어 미만인 경우. 이러한 역치하에 있는 인용문의 경우, 저자-날짜 인용(허가와 저작권 귀속은 필수로 요구되지 않음)을 사용하라.

모든 출판사는 독자적인 허가 정책을 갖추고 있는데, 이는 여기에서 제공되는 지침과 다를 수 있고, 이 절에서 기술되지 않은 경우들을 다루고 있을 수 있다(예, 전체 논문 또는 장의 재생). 자료의 출판사에 문의하여 허가가 필요한지를 결정하라.

공정한 사용. 만일 논문작성자의 사용이 "공정한^fair^" 것으로 간주된다면, 허가 없이 12.15절에 기술된 것처럼 저작권이 설정된 저작물을 재인쇄 또는 개작할 수 있을 것이다. **공정한 사용**^fair use^은 느슨하게 정의되는 복잡한 법적 개념(요약은 U.S. Copyright Office, 2019 참조)이지만, 일반적으로 저작권 귀속과 함께 저작권의 크레딧을 인정하는 한, 허가 없이 저작권이 설정된 표, 그림, 이미지, 검사 문항, 질문지, 또는 긴 인용문을 재인쇄 또는 개작하는 것이 허용됨을 의미한다. 만일 의구심이 든다면, 저작권

자와 협의하여 이들이 특히 측정도구, 질문지, 척도, 검사 또는 도구의 문항에 대해 공정한 사용으로 간주하는지를 결정하라. 그러나 만일 다음의 기준을 충족한다면 공정한 사용으로 간주될 것이다.

- 영리 목적이 아니라, 학술적 저작물에서의 사용을 위함(예, 강의보고서, 학술지 논문)
- 창의적인 자기표현(예, 예술품; 그렇지만 일부 유명 아트 저작물은 공공영역에 속하고 허가가 필수로 요구되지 않음)이라기보다는 사실 또는 데이터를 제시함(예, 차트 또는 다이어그램)
- 전체 저작물에 비해 작고(예, 보고서 내의 차트), 전체 저작물 또는 저작물의 핵심이 아님(예, 전체 카툰cartoon).
- 저작물 재생이 오리지널의 시장 또는 가능성 있는 시장에 해를 입히지 않을 것임

식별 가능한 사람들의 사진에 대한 허가. 만일 논문작성자가 식별 가능한 사람의 사진을 촬영했다면, 그 사람으로부터 출판될 사진을 방출해도 좋다는 서명된 문서를 제출해야 한다. 이 방출은 전자식 및 인쇄 허가에 대해 승인된 것임이 명시되어 있어야 한다. 이는 저작권의 문제가 아니라, 자신의 화상likeness이 재생될 개인으로부터의 허가에 관한 문제다. 논문원고에 방출에 관해 언급하거나 이러한 사진에 대해 저작권 귀속에 관한 글을 작성하는 것은 필요하지 않다. 만일 사진이 논문원고의 저자 중 한 사람의 것이라면 방출허가서는 필요하지 않다.

허가 확보. 허가가 필수로 요구되지 않는 경우, 저작권자로부터 모든 형식(예, 인쇄와 전자식 둘 다)으로 자료 재생을 위한 허가를 반드시 요청해야 한다. 일부의 경우, 허가는 모든 후속적인 판과 외국어-언어 판에 대해서도 확대된다. 허가 정책은 기관에 따라 다르다. 그러므로 항상 허가가 후속적인 또는 출판의 외국어-언어판에 대해 필수로 요구되는지에 관해 출판사에 문의하라. 다수의 출판사는 자신들의 웹사이트에 저자들이 허가를 요청하는 방식을 마련해 놓고 있다(예, APA에서 출판된 자료의 재생 또는 개작 허가 요청은 https://on.apa.org/2Aswon8 참조). 허가는 또한 이메일, 팩스, 또는 우편을 통해서도 받을 수 있다. 허가 요청에는 자료에 관한 세부사항(예, 저작물의 제목, 출판 연도, 페이지 번호)과 재사용의 성격(예, 학술지 논문에서)이 명시되어야 한다. 일부 출판사는 또한 오리지널 저작물의 저자로부터 허가를 받을 것을 필수로 요구하기도 한다. 출판사들은 보통 저작권 귀속의 포함과 표, 그림, 또는 페이지당 요금 지

불 여부에 따라 허가를 승인한다.

허가 확보를 위해 충분한 시간(몇 주)을 감안하라. 일단 허가가 승인되면, 다음과 같은 작업이 요구된다.

- 글쓰기 허가 습득
- 수락된 원고에 대한 허가서 사본 포함(출판을 위해 제출되는 경우; 그렇지 않으면, 과제물 제출 시 이를 제공하라)
- APA 학술지 저자들을 위한 허가 경보 양식Permissions Alert Form 작성(APA 학술지에 논문을 게재하는 경우)
- 12.18절에 기술된 문구와 형식 또는 저작권자가 제공하는 구체적인 문구 다음에 원고에 저작권 귀속 포함

대부분의 출판사는 모든 인쇄식 및 전자식 허가서가 확보되고 문서가 제공되기 전까지는 원고를 제작 단계에의 진입을 허락하지 않을 것이다.

12.18 저작권 귀속 형식

APA 양식 저작권 귀속은 저작물의 참고문헌 목록 입력자료로부터의 정보를 포함하고 있지만, 참고문헌 입력자료에서와는 다른 순서로 되어 있고, 자료의 저작권과 허가 상태에 관한 추가 정보와 함께 제시된다. 저작권 귀속을 작성하려면, 다음과 같이 하라.

- 자료가 재인쇄 또는 개작되었는지를 기술하라(재인쇄물에 대해서는 "~로부터From"를, 개작에 대해서는 "~로부터 개작됨Adapted from"을 사용하라).
- 자료의 제목, 저자, 출판 연도, 그리고 출처를 제공하라.
- 자료의 저작권 상태를 나타내라. 이는 저작권 연도와 저작권자명, 저작물이 크리에이티브 커먼즈에서 라이센스를 받았다는 진술, 또는 저작물이 공공영역에 속한다는 진술이 될 것이다.
- 만일 허가가 요청되어 받았다면, 저작권자에 의해 요청된 허가 진술을 제공하라.

저작권 귀속은 다음과 같은 위치에 배치하라.

- 재인쇄 또는 개작된 표, 그림, 또는 기타 이미지(표에서 재생된[그러나 재분석되지는

않은] 데이터)의 경우, 저작권 귀속은 표 또는 그림의 일반 주의 끝에 배치하라(7.14절, 7.28절 참조).

- 재생된 검사 문항, 질문지, 또는 긴 인용문의 경우, 저작권 귀속은 재생된 텍스트에 대한 각주 내에 배치하라(2.13절 참조).

저작권 귀속 템플릿은 표 12.1을, 예시는 표 12.2를 참조하라. 맥락에서의 예시는 다음 사항을 비롯하여 제7장을 참조하라.

표 12.1 저작권 귀속 템플릿

<table>
<tr><th>출처[a]</th><th>재인쇄 또는 개작 상태</th><th>출처 정보</th><th>저작권 상태</th><th>허가 진술[b]</th></tr>
<tr><td>☐ 학술지, 잡지, 신문, 또는 블로그</td><td rowspan="4">From
또는
Adapted from</td><td>"Title of Article," by A. A. Author and B. B. Author, 연도, Title of Periodical, Volume (Issue), p. xx (DOI 또는 URL).</td><td rowspan="4">Copyright year by Name of Copyright holder.
또는
In the public domain.
또는
CC BY-NC.[c]</td><td rowspan="4">Reprinted with permission.
또는
Adapted with permission.</td></tr>
<tr><td>☐ 저자가 있는 서적 또는 보고서</td><td>Title of Book or Report (p. xx), by A. A. Author and B. B. Author, 연도, Publisher (DOI 또는 URL).</td></tr>
<tr><td>☐ 편집된 서적 장</td><td>"Title of Chapter," by A. A. Author and B. B. Author, in E. E. Editor and F. F. Editor (Eds.), Title of Book (판 또는 권수, p. xx), 연도, Publisher (DOI 또는 URL).</td></tr>
<tr><td>☐ 웹페이지 또는 웹사이트</td><td>Title of Webpage, by A. A. Author and B. B. Author, 연도, Site Name (DOI 또는 URL).
또는
Title of Webpage, by Group Author Same as Site Name, 연도 (DOI 또는 URL).[d]</td></tr>
</table>

[a] 여기에 수록되지 않은 저작물의 경우, 저작물에 적절한 제목, 저자, 연도, 그리고 출처 정보를 제공하라. [b] 허가가 요청 · 수락된 경우에 한해 허가 진술문을 포함하라. [c] 크리에이티브 커먼즈 라이센스의 경우(예, CC BY-NC, CC BY 4.0), 재인쇄 또는 개작 중인 자료와 연계된 라이센스 유형에 대해 명시된 약자를 사용하라; "CC BY-NC"는 단지 하나의 예에 불과하다. [d] 웹페이지 또는 웹사이트의 경우, 사이트명과 저자가 같은 경우(흔히 집단 저자가 있는 경우), 사이트명을 생략하라.

- 허가가 필수로 요구되지 않는 개작된 표(7.21절의 표 7.14)
- 허가가 필수로 요구되지 않는 재인쇄된 그림(7.36절의 그림 7.3),
- 공공영역에 있는 재인쇄된 그림(7.36절의 그림 7.14)
- 허가와 함께 재생된 그림(7.36절의 그림 7.21).

저작권 귀속을 사용하는 경우 역시 저작물에 대해 참고문헌 목록 입력자료를 제공하라. 그러나 본문 인용 대신, 저작권 귀속이 사용된다. 둘 다를 포함할 필요는 없다.

출판 중 및 출판 후

12.19 논문 교정지

원고가 수락된 후, 그러나 출판하기에 앞서, 논문작성자는 논문 교정지proofs 검토를 위해 학술지의 편집 스태프와 접촉하게 될 것이다. 교정지는 보통 주석annotation 웹사이트를 통해 다루어진다. 사이트를 통해 논문작성자는 경미한 양식 또는 형식상의 오류 교정을 위해 교정지에 직접 수정하거나 주석을 달 수 있을 것이다. 이 웹사이트는 논문작성자가 교열담당자copyeditors 또는 편집 스태프의 구체적인 질문을 받고 이에 대한 답변 요청을 받는 공간이 될 것이다. 교정 단계가 논문작성자가 자신의 논문을 수정할 마지막 기회라는 사실을 기억하라. 그러나 이는 본문을 다시 쓰거나 새로운 분석, 인용, 또는 해석을 추가할 시간은 아니다. 교정지에서 본문 또는 분석에 대한 어떤 수정이라도 편집자에 의한 심사가 필수로 요구될 수 있다.

교정지를 신중히 검토하라. 교열copyediting 과정에서 부주의하게 발생할 수 있는 의미 변화에 유의하고 소제목 수준과 통계, 등식, 표 등의 형식에 주의를 기울여라. 교열담당자들은 오류를 교정하고, 양식의 일관성을 확인하며, 표현을 명확하게 한다. 논문작성자는 교정지를 오리지널 원고와 비교하여 수정된 것이 전달하고자 했던 의미와 일치하는지 확인해야 한다. 교정은 철자 또는 문법 수정, 교열 또는 조판typesetting 오류 수정, 그리고 참고문헌 업데이트(근간 인용 업데이트, 더 이상 작동하지 않는 DOI와 URL 수정)로 제한하라. 만일 수정을 요청한다면, 명확하게 하라. 왜냐하면 조판공typesetter은 저작물에 대한 논문작성자의 서면 지시사항만을 가지게 될 것이므로, 수정을 올바르게 실행하기 위한 명확한 지침이 필요할 것이다. 추가로, 다음 사항을 반드시 확인하라.

표 12.2 재인쇄 또는 개작된 표와 그림에 대한 저작권 귀속 예시

표 또는 그림이 재생된 저작물	저작권 귀속 예시
▢ 학술지 논문, 저작권 설정이 되어 있고 허가가 필요하지 않은 경우	• From "Romantic Relationship Development: The Interplay Between Age and Relationship Length," by A. Lantagne and W. Furman, 2017, *Developmental Psychology, 53*(9), p. 1744 (https://doi.org/10.1037/dev0000363). Copyright 2017 by the American Psychological Association.
▢ 학술지 논문, 크리에이티브 커먼즈 라이센스가 있는 경우	• Adapted from "Comprehensive Overview of Computer-Based Health Information Tailoring: A Systematic Scoping Review," by A. K. Ghalibaf, E. Nazari, M. Gholian-Aval, and M. Tara, 2019, *BMJ Open, 9*, p. 6 (https://doi.org/cz6h). CC BY−NC.
▢ 전체 서적, 저작권 설정이 되어 있고 허가가 필요하지 않은 경우	• Adapted from *Managing Therapy-Interfering Behavior: Strategies From Dialectical Behavior Therapy* (p. 172), by A. L. Chapman and M. Z. Rosenthal, 2016, American Psychological Association (https://doi.org/10.1037/14752-000). Copyright 2016 by the American Psychological Association.
▢ 편집된 서적 장, 저작권이 설정되어 있고 허가가 필요하지 않은 경우	• From "Pharmacokinetics," by V. Yellepeddi, in K. Whalen (Ed.), *Pharmacology* (6th ed., p. 2), 2015, Wolters Kluwer. Copyright 2015 by Wolters Kluwer. Reprinted with permission.
▢ 웹페이지 또는 웹사이트, 공공영역에 있는 경우	• From *What Parents Can Expect in Behavior Therapy*, by Centers for Disease Control and Prevention, 2017 (https://www.cdc.gov/ncbddd/adhd/infographics/what-parents-expect.html). In the public domain.
▢ 미국 통계국, 공공영역으로부터의 데이터	• Data are from "Annual Estimates of the Resident Population for the United States, Regions, States, and Puerto Rico: April 1, 2010 to July 1, 2018 (NST-EST2018-01)," by the U.S. Census Bureau, 2018 (http://bit.ly/2v0bucA). In the public domain.

주. 이 표는 학술적 논문원고에서 다른 저작물로부터 표 또는 그림을 재인쇄 또는 개작하는 경우에 포함될 저작권 귀속의 예시를 나타낸 것이다. 재인쇄 또는 개작된 표 또는 그림에 대한 저작권 귀속은 표 또는 그림의 일반 주의 끝에 배치하라(표 7.14와 그림 7.3 예시 참조). 저작권 귀속이 필요한 경우(그리고 가능한 허가도)를 결정하려면, 12.14–12.18절을 참조하라. 저작권자의 필수요건에 따라 여기에 제시된 것과는 다른 문구를 사용할 필요가 있을 수 있다.

- 모든 교열담당자의 질문에 완전하게 답했는가?
- 저자명과 소속이 올바르고 이전 출판물과 일관되는가?
- 소제목과 하위 소제목의 위계는 정확한가가?
- 본문, 표, 그리고 수학 및 통계 복사본에 있는 모든 숫자와 기호는 정확한가?
- 표는 정확한가? 모든 열은 기대한 대로 줄이 맞추어져 있고, 위첨자는 표 주에 들어맞는가? 모든 표 주는 정확한가?
- 그림은 정확한가? 라벨은 적절히 표기되어 있는가? 범례의 기호는 그림의 것과 일치하는가? 사진은 성공적으로 재생되어 있는가? 모든 그림 주는 정확한가?

만일 공저자들이 교정지 검토에 참여한다면, 교신저자corresponding author는 필요한 수정을 통합하여 교정지에 포함시킬 책임이 있다. 설정된 마감일 내에 출판사에 요청된 수정사항을 제출함으로써 논문게재가 지체되지 않도록 하는 것은 중요하다.

제작사무소에 모든 교정 자료를 제출하고 나면, 논문은 곧 이용 가능하게 될 것이다. 종종 출판사들은 **사전 온라인 출판**advance online publication으로 알려진 최종적인 조판 논문을 온라인에 게재하는데, 인쇄 버전은 이후에 출판된다(8.5절 참조). 이는 공식적인 출판 시점이고, 논문은 이제 검색 및 인용될 수 있다.

12.20 학술지에 게재된 논문에 대한 저작권 정책

출판되기 전까지 원고의 저작권은 저자(들)에게 속해 있다. 그러나 출판 시점에서는 저작물의 저작권은 흔히 바뀐다. 가장 일반적인 시나리오 중 두 가지는 출판사로의 저작권 이전과 입력자료의 공공영역으로의 이전이다.

출판사로의 저작권 이전. 원고가 게재 수락을 받으면, 저자는 전형적으로 자신의 원고를 출판사로 이전한다. 저작권 이전을 통해 저자는 출판사가 ① 논문을 널리 보급하고, ② 다른 사람들에 의한 논문의 재출판(전체 또는 부분적으로)을 모니터 및 통제하며, ③ 저작권 등록과 관리에 포함된 서류작업을 다룰 수 있게 한다. 결과적으로, 출판사는 몇 가지 방식으로 저자들의 이익을 대변하고 저자들이 자신들의 논문을 자유롭게 재사용할 수 있게 한다. 법적으로 출판사는 출판 시점으로부터 95년간 자신들의 학술지 논문에 대한 저작권을 소유한다. 저작권 이전은 논문에 대한 인쇄 및 전자식 권리를 포함함으로써, 출판사가 저작물을 가능한 한 널리 보급할 수 있게 한다.

APA 학술지는 APA 출판 권리 양식Publication Rights Form(https://on.apa.org/32psDvX 참조)을 사용하여 저작권 이전 작업을 완수한다.

미국 정부의 피고용인을 위한 공공영역 저작권. 만일 주 저자가 미국 정부와 부처(예, 국가보훈처Veterans Affairs)의 피고용인이고 저작물이 이들의 고용 범위 내에서 수행되었다면, 저작물은 공공영역에 있는 것으로 간주된다(즉, 저자 또는 출판사에 의해 저작권이 설정되지 않음; 12.16절 참조). 미국 정보의 계약하에 수행된 저작물의 경우, 출판사는 저작권을 보유할 수 있지만(공공영역에 있지 않다는 의미), 논문의 모든 또는 일부 재생을 위한 미국 정부의 로열티 없는 허가를 승인하고, 미국 정부의 목적을 위해 수행하도록 다른 사람들에게 권한을 부여하기도 한다. 이러한 저작물로부터 자료를 재생 또는 개작하기를 원하는 저자들은 저작권 귀속을 제공하고, 허가가 필요한지를 결정해야 한다. APA 학술지는 저작물이 미국 정부 피고용인에 의해 제작된 경우, 문서로 기록하기 위해 APA 출판 권리 양식(https://on.apa.org/32psDvX 참조)을 사용한다.

12.21 자유열람예치정책 / Open Access Deposit Policies

전 세계의 수많은 재정지원자와 기관들은 자신들이 지원하는 저작물이 출판 후 의무적으로 일반인들이 무료로 이용할 수 있게 하는 것을 요구한다(또는 자유열람저장소에 예치하도록). 이러한 아이디어는 재정지원을 받은 연구 결과물은 공공영역에 소장되어 인간 진보를 가속화해야 한다는 것이다. 실제로, 자유열람은 몇 가지 형태로 이루어질 수 있고, 재정지원자와 기관들은 이들이 수락 또는 필수로 요구하는 형식의 개요를 제시한다. 예를 들면, 이들 중 일부는 게재가 수락된 최종 원고의 출판 전 사본을 필수로 요구함으로써 지정된 문서저장소에 포스트될 수 있게 한다. 그런가 하면, 다른 재정지원자와 기관은 (학술지 구독 열람으로 제한하기보다) 최종 학술지가 출판되는 즉시 재사용에 대한 최소 또는 장벽 없이 무료로 이용할 수 있게 한다(즉, 독자들은 학술적 출판에 대한 전통적인 저작권 제약 없이 자유열람을 통해 저작물을 널리 보급·개발할 수 있다). 출판사들은 보통 이런 목적으로 위해 고안된 재정지원자 또는 기관의 자원을 이용하는 저자들이 지불하는 논문 처리 비용을 통해 자유열람출판 모델을 지지한다.

논문을 어디에 제출할 것인지 결정하려는 경우, 자신의 재정지원자와 기관의 자유열람에 관한 방침을 체크하고 이러한 것들을 다른 출판사들이 지지하는 옵션과 비교하라. 만일 자유열람 APA 학술지를 고려하고 있다면, APA 학술지 웹사이트(https://on.apa.org/2vJ3oGq)를 참조하라.

12.22 수정 통보문 작성

1.13절에 기술된 것처럼, 때로 출판된 학술지 논문에서 오류가 발생하기도 한다. 만일 자신의 게재논문에서 오류가 발견되어(사전 온라인 출판 포함) 수정이 필요하다고 생각한다면, 학술지 편집자와 출판사에게 수정 통보문correction notice을 제출하라. 공식적인 수정은 독자들에게 ① 정확하게 오류가 무엇이고, ② 올바른 정보는 무엇이며, ③ 오리지널 논문의 일부 또는 모든 버전이 수정되었는지를 알린다(즉, 더 이상의 오류가 없음을). 오류에 대해 비난하는 것이 수정의 목적이 아니므로, 수정 통보는 오류의 출처를 밝히지 않는다(예, 비의도적 간과, 수학적 오류).

출판된 논문에서 발견된 모든 오류를 공식적으로 수정하는 것은 필요하지 않다. 경미한 인쇄상의 오류는 과학의 출판 기록의 일부로 고려될 필요는 없다. 다음은 공식적인, 공개적인 수정이 필요한 오류의 예시다.

- 저자 추가 또는 저자권 순서 재배열
- 소속의 전면적 수정(예, 출판된 저작물상의 소속이 연구가 수행되었을 때 저자가 근무했던 기관을 반영하고 있지 않기 때문)
- 참고문헌 목록의 입력자료를 완전히 다른 참고문헌으로 대체
- 결과의 유의성에 변화를 줄 수 있거나 그렇지 않을 수 있는 방식으로 데이터 변경
- 실질적으로 의미에 영향을 줄 수 있는 방식으로 한 단어 대체 또는 문장이나 단락 재작성

수정 통보에는 다음과 같은 사항을 포함해야 한다.

- 학술지 제목과 연도, 권수, 호수, DOI, 그리고 수정될 논문의 포괄적인 페이지 번호(적용 가능한)
- 완전한 논문 제목과 모든 저자명(출판된 논문에 제시된 것처럼 정확하게)
- 오류 부분의 정확한 위치(예, 페이지, 열, 행)
- 오류에 대한 정확한 인용문, 또는 길이가 긴 오류 또는 표나 그림에서의 오류의 경우, 오류에 대한 정확한 재진술
- 수정에 대한 간결하고 모호하지 않은 문구, 또는 표나 그림에서의 오류의 경우, 표

또는 그림의 대체 버전

일단 제안된 수정이 편집자와 출판사에 의해 검토되면, 수정 통보대로 진행할 것인지 아니면 게재된 논문 상태 그대로 놔둘 것인지에 대한 결정이 내려진다. 수정이 승인되는 경우, 출판사는 저자가 제공한 정보를 사용하여 공식적인 템플릿에 수정 통보문을 제작한다. 수정 통보문은 보통 논문과 같이 DOI로 출판되고, 인쇄 및 온라인으로 제시된다. 만일 수정 중인 논문이 이미 인쇄 버전으로 제시되었다면, 수정 통보문은 학술지 다음 호의 쟁점에 게재된다. 만일 수정 중인 논문이 아직 인쇄본으로 제시되지 않았다면, 수정 통보문은 동일 쟁점 내에 기사로 게재된다. 만일 수정 중인 논문이 온라인에만 게재되었고 학술지의 다음 쟁점 뒤에 남겨지게 된다면, 수정 통보문의 온라인 버전이 출판되어 논문과 수정 통보가 인쇄 쟁점에서 배치를 기다리는 동안 논문을 수정한다. 샘플 수정 통보문은 APA 양식 웹사이트(https://apastyle.apa.org)를 참조하라.

12.23 게재된 논문의 온라인 공유

특정 권리는 저작권 소유권과 연결되어 있다(저작권이 설정된 저작물의 재생과 보급에 대한 독점권 포함). 학술지는 오리지널 저작물 출판과 동료심사를 받은 논문을 인쇄본과 전자 형식으로 보급함으로써 기록 버전의 기능을 담당할 수 있게 하는 책임이 있다. 따라서 다수의 출판사는 저자들이 논문을 인터넷에 게재할 수 있는 조건이 명시된 정책을 갖추고 있다.

다수의 출판사(APA 포함)는 저자가 자신의 원고를 온라인(예, PsyArXiv 같은 사전인쇄 아카이브 또는 문서저장소, ERIC 같은 전자식 아카이브, 기관의 아카이브, 개인 웹사이트, 고용주의 서버, 기관의 문서저장소, 멘델레이[Mendeley] 같은 참고문헌 매니저, 그리고 저자의 사회적 네트워크)에 포스팅하는 것을 허용한다. 그러나 수많은 조건이 적용되고 있다. 예를 들면, 원고는 보통 최종적인 조판 버전이 아니라, 게재 수락을 받은 최종 원고의 출판 전 사본이어야 한다. 추가로, 포스팅된 출판 전 원고 사본은 반드시 저작권 공지문이 포함되어 있어야 하고 논문의 DOI를 사용하여 출판사의 웹사이트에 최종 논문에의 링크가 포함되어 있어야 한다. APA 학술지에 게재된 논문의 경우, 다음과 같은 진술을 사용하라.

© American Psychological Association, [연도]. This paper is not the copy of record and may not exactly replicate the authoritative document published in the APA journal. Please do not copy or cite without the author's permission. The final article is available, upon publication, at https://doi.org/[Article DOI]

인터넷 포스팅을 위한 APA의 지침은 원고 수락 후 절차와 보급에 관한 일반 자원과 FAQs(https://on.apa.org/2KEBBgn)와 함께 APA 웹사이트(https://on.apa.org/2r7Eptq)에서 이용할 수 있다. 만일 논문작성자의 논문이 자유열람예치정책open access deposit policies을 통해 학술지에 게재된다면, 이 버전 역시 온라인에서 무료로 사용될 수 있다(12.21절 참조).

12.24 게재된 논문의 홍보

저자들은 게재 후 자신들의 논문을 홍보할 것이 권장된다. 이들이 이렇게 할 수 있는 한 가지 방법은 자신들의 저작물을 평범한 언어로 서술하는 짧은 요약문을 제작하여 자신들의 소셜 미디어 네트워크를 통해 논문 DOI와 함께 공유하는 것이다. 학술지 역시 공중보건 중요성 진술public health significance statement 또는 영향력 진술impact statement을 논문의 일부로 요청할 수 있다. 저자들은 이 진술을 자신들의 저작물과 일반 대중에 대한 이 저작물의 폭넓은 영향력을 소통하기 위한 토대로 사용할 수 있다. 이 절의 제목과 이것이 필수로 요구되는지는 학술지에 달려 있지만, 그 목적은 연구가 일반 대중에게 더 다가갈 수 있게 하는 것이다. 공중보건 중요성 진술 또는 영향력 진술문 작성을 위한 안내 지침은 APA 웹사이트(https://on.apa.org/2DKj1lH)에서 찾을 수 있다. 마찬가지로, 저자가 고용된 기관 또는 대학은 텍스트를 요청하여 보도자료를 통해 연구로부터의 핵심적인 결과를 널리 알릴 수 있다. 이러한 자료들은 전형적으로 짧으므로, 언어가 명확하고 연구 결과가 정확하고 적절하게 보고되는지를 반드시 확인하라.

자신의 연구를 평이한 언어로 일반 대중에게 소통하는 것은 다른 방법으로는 연구의 존재와 연구의 가능한 중요성을 알지 못할 수 있는 다양한 독자에게 다가가는 데 중요하다. 다수의 출판사는 저자들이 자신들의 저작물을 홍보하고 영향력을 발견하도록 돕기 위한 다양한 도구를 제공하고 있다. 게재된 논문 홍보에 관한 조언(미디어와의 협력, 소셜 미디어 포스트 작성, 그리고 논문의 독자층을 추적하는 방법 포함)은 APA 웹사이트(https://on.apa.org/2KEsnR6)에서 찾을 수 있다. 자신의 저작물 출판은 중요한 업적을 나타내지만, 여러 측면에서 출판은 더 큰 일반 대중에 대한 영향의 시작에 불과하다.

이 책에 인용된 표, 그림, 논문원고의 출처

이 책에 제시된 다수의 표와 그림뿐 아니라, 전문적 샘플 논문원고들은 출판된 저작물로부터 인용되었다. 이러한 저작물에 대한 저작권 귀속은 여기에 제시된 순서로 명시되어 있다. APA 양식 팀은 모든 기타 표와 그림, 그리고 학생 샘플 보고서를 창안했다.

그림 2.1: Adapted from "The Role of Compulsive Texting in Adolescents' Academic Functioning," by K. M. Lister-Landman, S. E. Domoff, and E. F. Dubow, 2017, *Psychology of Popular Media Culture*, *6*(4), p. 311 (https://doi.org/10.1037/ppm0000100). Copyright 2015 by the American Psychological Association.

그림 2.5: Adapted from "Age and Gender Differences in Self-Esteem—A Cross-Cultural Window," by W. Bleidorn, R. C. Arslan, J. J. A. Denissen, P. J. Rentfrow, J. E. Gebauer, J. Potter, and S. D. Gosling, 2016, *Journal of Personality and Social Psychology*, *111*(3), pp. 396–410 (https://doi.org/10.1037/pspp0000078). Copyright 2015 by the American Psychological Association.

전문적 샘플 논문원고: Adapted from "A Comparison of Student Evaluations of Teaching With Online and Paper-Based Administration," by C. J. Stanny and J. E. Arruda, 2017, *Scholarship of Teaching and Learning in Psychology*, *3*(3), pp. 198–207 (https://doi.org/10.1037/stl0000087). Copyright 2017 by the American Psychological Association.

표 3.1: Adapted from "Journal Article Reporting Standards for Quantitative Research in Psychology: The APA Publications and Communications Board Task Force Report," by M. Appelbaum, H. Cooper, R. B. Kline, E. Mayo-Wilson, A. M. Nezu, and S. M. Rao, 2018, *American Psychologist*, *73*(1), pp. 6–8 (https://doi.org/10.1037/amp0000191). Copyright 2018 by the American Psychological Association.

표 3.2: Adapted from "Journal Article Reporting Standards for Qualitative Primary, Qualitative Meta-Analytic, and Mixed Methods Research in Psychology: The APA Publications and Communications Board Task Force Report," by H. M. Levitt, M. Bamberg, J. W. Creswell, D. M. Frost, R. Josselson, and C. Suárez-

Orozco, 2018, *American Psychologist*, *73*(1), pp. 34–37 (https://doi.org/10.1037/amp0000151). Copyright 2018 by the American Psychological Association.

표 3.3: Adapted from "Journal Article Reporting Standards for Qualitative Primary, Qualitative Meta-Analytic, and Mixed Methods Research in Psychology: The APA Publications and Communications Board Task Force Report," by H. M. Levitt, M. Bamberg, J. W. Creswell, D. M. Frost, R. Josselson, and C. Suárez-Orozco, 2018, *American Psychologist*, *73*(1), pp. 41–43 (https://doi.org/10.1037/amp0000151). Copyright 2018 by the American Psychological Association.

그림 3.1: Adapted from "Journal Article Reporting Standards for Quantitative Research in Psychology: The APA Publications and Communications Board Task Force Report," by M. Appelbaum, H. Cooper, R. B. Kline, E. Mayo-Wilson, A. M. Nezu, and S. M. Rao, 2018, *American Psychologist*, *73*(1), p. 5 (https://doi.org/10.1037/amp0000191). Copyright 2018 by the American Psychological Association.

표 7.2: Adapted from "Internet-Based Cognitive-Behavior Therapy for Procrastination: A Randomized Controlled Trial," by A. Rozental, E. Forsell, A. Svensson, G. Andersson, and P. Carlbring, 2015, *Journal of Consulting and Clinical Psychology*, *83*(4), p. 815 (https://doi.org/10.1037/ccp0000023). Copyright 2015 by the American Psychological Association.

표 7.3: Adapted from "Introduction of the *DSM–5* Levels of Personality Functioning Questionnaire," by S. K. Huprich, S. M. Nelson, K. B. Meehan, C. J. Siefert, G. Haggerty, J. Sexton, V. B. Dauphin, M. Macaluso, J. Jackson, R. Zackula, and L. Baade, 2018, *Personality Disorders: Theory, Research, and Treatment*, *9*(6), p. 557 (https://doi.org/10.1037/per0000264). Copyright 2017 by the American Psychological Association.

표 7.4: Adapted from "A Meta-Analysis of Context Integration Deficits Across the Schizotypy Spectrum Using AX-CPT and DPX Tasks," by C. A. Chun, L. Ciceron, and T. R. Kwapil, 2018, *Journal of Abnormal Psychology*, *127*(8), pp. 795–797 (https://doi.org/10.1037/abn0000383). Copyright 2018 by the American Psychological Association.

표 7.5: Adapted from "A Further Assessment of the Hall–Rodriguez Theory of Latent Inhibition," by H. T. Leung, A. S. Killcross, and R. F. Westbrook, 2013, *Journal of Experimental Psychology: Animal Behavior Processes*, *39*(2), p. 119 (https://doi.org/10.1037/a0031724). Copyright 2013 by the American Psychological Association.

표 7.6: Adapted from "Low Social Rhythm Regularity Predicts First Onset of Bipolar Spectrum Disorders Among At-Risk Individuals With Reward Hypersensitivity," by L. B. Alloy, E. M. Boland, T. H. Ng, W. G. Whitehouse, and L. Y. Abramson, 2015, *Journal of Abnormal Psychology*, *124*(4), p. 946 (https://doi.org/10.1037/abn0000107). Copyright 2015 by the American Psychological Association.

표 7.7: Adapted from "I Don't Believe It!

Belief Perseverance in Attitudes Toward Celebrities," by N. H. Bui, 2014, *Psychology of Popular Media Culture*, *3*(1), p. 43 (https://doi.org/10.1037/a0034916). Copyright 2013 by the American Psychological Association.

표 7.8: Adapted from "The Slow Developmental Time Course of Real-Time Spoken Word Recognition," by H. Rigler, A. Farris-Trimble, L. Greiner, J. Walker, J. B Tomblin, and B. McMurray, 2015, *Developmental Psychology*, *51*(12), p. 1697 (https://doi.org/10.1037/dev0000044). Copyright 2015 by the American Psychological Association.

표 7.9: Adapted from "Students' Implicit Theories of University Professors," by J. Yermack and D. R. Forsyth, 2016, *Scholarship of Teaching and Learning in Psychology*, *2*(3), p. 176 (https://doi.org/10.1037/stl0000067). Copyright 2016 by the American Psychological Association.

표 7.10: Adapted from "Build or Buy? The Individual and Unit-Level Performance of Internally Versus Externally Selected Managers Over Time," by P. S. DeOrtentiis, C. H. Van Iddekinge, R. E. Ployhart, and T. D. Heetderks, 2018, *Journal of Applied Psychology*, *103*(8), p. 922 (https://doi.org/10.1037/apl0000312). Copyright 2018 by the American Psychological Association.

표 7.11: Adapted from "Academic Disidentification in Black College Students: The Role of Teacher Trust and Gender," by S. McClain and K. Cokley, 2017, *Cultural Diversity and Ethnic Minority Psychology*, *23*(1), p. 128 (https://doi.org/10.1037/cdp0000094). Copyright 2016 by the American Psychological Association.

표 7.12: Adapted from "Living in a Continuous Traumatic Reality: Impact on Elderly Persons Residing in Urban and Rural Communities," by I. Regev and O. Nuttman-Shwartz, 2016, *American Journal of Orthopsychiatry*, *86*(6), p. 656 (https://doi.org/10.1037/ort0000165). Copyright 2016 by the Global Alliance for Behavioral Healthand Social Justice. Reprinted with permission.

표 7.13: Adapted from "Work-Related Self-Efficacy as a Moderator of the Impact of a Worksite Stress Management Training Intervention: Intrinsic Work Motivation as a Higher Order Condition of Effect," by J. Lloyd, F. W. Bond, and P. E. Flaxman, 2017, *Journal of Occupational Health Psychology*, *22*(1), p. 121 (https://doi.org/10.1037/ocp0000026). Copyright 2016 by the American Psychological Association.

표 7.14: Adapted from "Individual Differences in Activation of the Parental Care Motivational System: Assessment, Prediction, and Implications," by E. E. Buckels, A. T. Beall, M. K. Hofer, E. Y. Lin, Z. Zhou, and M. Schaller, 2015, *Journal of Personality and Social Psychology*, *108*(3), p. 501 (https://doi.org/10.1037/pspp0000023). Copyright 2015 by the American Psychological Association.

표 7.15: Adapted from "Too Tired to Inspire or Be Inspired: Sleep Deprivation and Charismatic Leadership," by C. M. Barnes, C. L. Guarana, S. Nauman, and D. T. Kong, 2016, *Journal of Applied Psychology*, *101*(8), p. 1195 (https://doi.org/10.1037/apl0000123). Copyright 2016 by the American Psychological Association.

표 7.16: Adapted from "I Just Want to Be Left Alone: Daily Overload and Marital Behavior," by M. S. Sears, R. L. Repetti, T. F. Robles, and B. M. Reynolds, 2016, *Journal of Family Psychology*, *30*(5), p. 576 (https://doi.org/10.1037/fam0000197). Copyright 2016 by the American Psychological Association.

표 7.17: Adapted from "Creativity and Academic Achievement: A Meta-Analysis," by A. Gajda, M. Karwowski, and R. A. Beghetto, 2017, *Journal of Educational Psychology*, *109*(2), p. 286 (https://doi.org/10.1037/edu0000133). Copyright 2016 by the American Psychological Association.

표 7.18: Adapted from "The Role of Social Class, Ethnocultural Adaptation, and Masculinity Ideology on Mexican American College Men's Well-Being," by L. Ojeda and B. Piña-Watson, 2016, *Psychology of Men & Masculinity*, *17*(4), p. 376 (https://doi.org/10.1037/men0000023). Copyright 2016 by the American Psychological Association.

표 7.19: Adapted from "Tutorial: The Practical Application of Longitudinal Structural Equation Mediation Models in Clinical Trials," by K. A. Goldsmith, D. P. MacKinnon, T. Chalder, P. D. White, M. Sharpe, and A. Pickles, 2018, *Psychological Methods*, *23*(2), p. 203 (https://doi.org/10.1037/met0000154). Copyright 2017 by the American Psychological Association.

표 7.20: Adapted from "Do Unto Others or Treat Yourself? The Effects of Prosocial and Self-Focused Behavior on Psychological Flourishing," by S. K. Nelson, K. Layous, S. W. Cole, and S. Lyubomirsky, 2016, *Emotion*, *16*(6), p. 855 (https://doi.org/10.1037/emo0000178). Copyright 2016 by the American Psychological Association.

표 7.21: Adapted from "An Empirical Analysis of Three Intelligences," by K. A. Crowne, 2013, *Canadian Journal of Behavioural Science/Revue canadienne des sciences du comportement*, *45*(2), p. 108 (https://doi.org/10.1037/a0029110). Copyright 2012 by the Canadian Psychological Association. Reprinted with permission.

표 7.22: Adapted from "Harmony, Dissonance, and the Gay Community: A Dialogical Approach to Same-Sex Desiring Men's Sexual Identity Development," by B. R. Davis, 2015, *Qualitative Psychology*, *2*(1), p. 84 (https://doi.org/10.1037/qup0000017). Copyright 2015 by the American Psychological Association.

표 7.23: Adapted from "Tuning Into Fantasy: Motivations to View Wedding Television and Associated Romantic Beliefs," by V. Hefner, 2016, *Psychology of Popular Media Culture*, *5*(4), p. 313 (https://doi.org/10.1037/ppm0000079). Copyright 2015 by the American Psychological Association.

표 7.24: Adapted from "The Effects of Topic Familiarity, Author Expertise, and Content Relevance on Norwegian Students' Document Selection: A Mixed Methods Study," by M. T. McCrudden, T. Stenseth, I. Bråten, and H. I. Strømsø, 2016, *Journal of Educational Psychology*, *108*(2), p. 157 (https://doi.

org/10.1037/edu0000057). Copyright 2015 by the American Psychological Association.

그림 7.2: Adapted from "Framing of Online Risk: Young Adults' and Adolescents' Representations of Risky Gambles," by C. M. White, M. Gummerum, and Y. Hanoch, 2018, *Decision*, *5*(2), p. 124 (https://doi.org/10.1037/dec0000066). Copyright 2016 by the American Psychological Association.

그림 7.3: Adapted from "Large Continuous Perspective Change With Noncoplanar Points Enables Accurate Slant Perception," by X. M. Wang, M. Lind, and G. P. Bingham, 2018, *Journal of Experimental Psychology: Human Perception and Performance*, *44*(10), p. 1513 (https://doi.org/10.1037/xhp0000553). Copyright 2018 by the American Psychological Association.

그림 7.4: Adapted from "An Investigation of Implied Miranda Waivers and *Powell* Wording in a Mock-Crime Study," by N. D. Gillard, R. Rogers, K. R. Kelsey, and E. V. Robinson, 2014, *Law and Human Behavior*, *38*(5), p. 504 (https://doi.org/10.1037/lhb0000093). Copyright 2014 by the American Psychological Association.

그림 7.5: Adapted from "Towards Personalized, Brain-Based Behavioral Intervention for Transdiagnostic Anxiety: Transient Neural Responses to Negative Images Predict Outcomes Following a Targeted Computer-Based Intervention," by R. B. Price, L. Cummings, D. Gilchrist, S. Graur, L. Banihashemi, S. S. Kuo, and G. J. Siegle, 2018, *Journal of Consulting and Clinical Psychology*, *86*(12), p. 1034 (https://doi.org/10.1037/ccp0000309). Copyright 2018 by the American Psychological Association.

그림 7.6: Adapted from "Meeting the Mental Health Needs of Children and Youth Through Integrated Care: A Systems and Policy Perspective," by D. de Voursney and L. N. Huang, 2016, *Psychological Services*, *13*(1), p. 84 (https://doi.org/10.1037/ser0000045). In the public domain.

그림 7.7: Adapted from "Mothers' Depressive Symptoms and Children's Cognitive and Social Agency: Predicting First-Grade Cognitive Functioning," by N. Yan and T. Dix, 2016, *Developmental Psychology*, *52*(8), p. 1295 (https://doi.org/10.1037/dev0000120). Copyright 2016 by the American Psychological Association.

그림 7.8: Adapted from "The Chills as a Psychological Construct: Content Universe, Factor Structure, Affective Composition, Elicitors, Trait Antecedents, and Consequences," by L. A. Maruskin, T. M. Thrash, and A. J. Elliot, 2012, *Journal of Personality and Social Psychology*, *103*(1), p. 143 (https://doi.org/10.1037/a0028117). Copyright 2012 by the American Psychological Association.

그림 7.9: Adapted from "Camera-Ready: Young Women's Appearance-Related Social Media Consciousness," by S. Choukas-Bradley, J. Nesi, L. Widman, and M. K. Higgins, 2018, *Psychology of Popular Media Culture*, advance online publication (https://doi.org/10.1037/ppm0000196). Copyright 2018 by the American Psychological Association.

그림 7.10: Adapted from "Racial Microaggression Experiences and Coping Strategies of Black Women in Corporate Leadership," by A. M. B. Holder, M. A. Jackson, and J. G. Ponterotto, 2015, *Qualitative Psychology*, *2*(2), p. 171 (https://doi.org/10.1037/qup0000024). Copyright 2015 by the American Psychological Association.

그림 7.11: Adapted from "Traditions and Alcohol Use: A Mixed-Methods Analysis," by F. G. Castro and K. Coe, 2007, *Cultural Diversity and Ethnic Minority Psychology*, *13*(4), p. 271 (https://doi.org/10.1037/1099-9809.13.4.269). Copyright 2007 by the American Psychological Association.

그림 7.12: Adapted from "Children Understand That Agents Maximize Expected Utilities," by J. Jara-Ettinger, S. Floyd, J. B. Tenenbaum, and L. E. Schulz, 2017, *Journal of Experimental Psychology: General*, *146*(11), p. 1582 (https://doi.org/10.1037/xge0000345). Copyright 2017 by the American Psychological Association.

그림 7.13: Adapted from "The Limits of Learning: Exploration, Generalization, and the Development of Learning Traps," by A. S. Rich and T. M. Gureckis, 2018, *Journal of Experimental Psychology: General*, *147*(11), p. 1560 (https://doi.org/10.1037/xge0000466). Copyright 2018 by the American Psychological Association.

그림 7.14: Adapted from *2017 Poverty Rate in the United States*, by the U.S. Census Bureau, 2017 (https://www.census.gov/library/visualizations/2018/comm/acs-poverty-map.html). In the public domain.

그림 7.15: Adapted from "Empathic Accuracy for Happiness in the Daily Lives of Older Couples: Fluid Cognitive Performance Predicts Pattern Accuracy Among Men," by G. Hülür, C. A. Hoppmann, A. Rauers, H. Schade, N. Ram, and D. Gerstorf, 2016, *Psychology and Aging*, *31*(5), p. 550 (https://doi.org/10.1037/pag0000109). Copyright 2016 by the American Psychological Association.

그림 7.16: Adapted from "An Empirically-Derived Taxonomy of Moral Concepts," by J. F. Landy and D. M. Bartels, 2018, *Journal of Experimental Psychology: General*, *147*(11), p. 1752 (https://doi.org/10.1037/xge0000404). Copyright 2018 by the American Psychological Association.

그림 7.17: Adapted from "Out of Place, Out of Mind: Schema-Driven False Memory Effects for Object-Location Bindings," by A. R. Lew and M. L. Howe, *Journal of Experimental Psychology: Learning, Memory, and Cognition*, *43*(3), p. 405 (https://doi.org/10.1037/xlm0000317). Copyright 2016 by the American Psychological Association.

그림 7.18: Adapted from "Bayesian Mixture Modeling of Significant p Values: A Meta-Analytic Method to Estimate the Degree of Contamination From H_0," by Q. F. Gronau, M. Duizer, M. Bakker, and E. -J. Wagenmakers, 2017, *Journal of Experimental Psychology: General*, *146*(9), p. 1227 (https://doi.org/10.1037/xge0000324). Copyright 2017 by the American Psychological Association.

그림 7.19: Adapted from "Enhanced Processing

of Untrustworthiness in Natural Faces With Neutral Expressions," by A. Lischke, M. Junge, A. O. Hamm, and M. Weymar, 2018, *Emotion*, *18*(2), p. 185 (https://doi.org/10.1037/emo0000318). Copyright 2017 by the American Psychological Association.

그림 7.20: Adapted from "Denying Humanity: The Distinct Neural Correlates of Blatant Dehumanization," by E. Bruneau, N. Jacoby, N. Kteily, and R. Saxe, 2018, *Journal of Experimental Psychology: General*, *147*(7), p. 1087 (https://doi.org/10.1037/xge0000417). Copyright 2018 by the American Psychological Association.

그림 7.21: Adapted from "*NF1* Microduplications: Identification of Seven Nonrelated Individuals Provides Further Characterization of the Phenotype," by K. J. Moles, G. C. Gowans, S. Gedela, D. Beversdorf, A. Yu, L. H. Seaver, R. A. Schultz, J. A. Rosenfeld, B. S. Torchia, and L. G. Shaffer, 2012, *Genetics in Medicine*, *14*, p. 509 (https://doi.org/10.1038/gim.2011.46). Copyright 2012 by the American College of Medical Geneticsand Genomics. Reprinted with permission.

그림 8.1: Adapted from "Clever People: Intelligence and Humor Production Ability," by A. P. Christensen, P. J. Silvia, E. C. Nusbaum, and R. E. Beaty, 2018, *Psychology of Aesthetics, Creativity, and the Arts*, *12*(2), p. 136 (https://doi.org/10.1037/aca0000109). Copyright 2018 by the American Psychological Association.

그림 8.3: Adapted from "Can Journalistic 'False Balance' Distort Public Perception of Consensus in Expert Opinion?" by D. J. Koehler, 2016, *Journal of Experimental Psychology: Applied*, *22*(1), pp. 24–38 (https://doi.org/10.1037/xap0000073). Copyright 2016 by the American Psychological Association.

그림 8.4: Adapted from "Discrimination, Work Outcomes, and Mental Health Among Women of Color: The Protective Role of Womanist Attitudes," by B. L. Velez, R. Cox Jr., C. J. Polihronakis, and B. Moradi, 2018, *Journal of Counseling Psychology*, *65*(2), pp. 178, 193 (https://doi.org/10.1037/cou0000274). Copyright 2018 by the American Psychological Association.

그림 8.5: Adapted from "Play Therapists' Perceptions of Wellness and Self-Care Practices," by K. K. Meany-Walen, A. Cobie-Nuss, E. Eittreim, S. Teeling, S. Wilson, and C. Xander, 2018, *International Journal of Play Therapy*, *27*(3), p. 177 (https://doi.org/10.1037/pla0000067). Copyright 2018 by the American Psychological Association.

그림 8.6: Adapted from "Tabloids as Windows Into Our Interpersonal Relationships: A Content Analysis of Mass Media Gossip From an Evolutionary Perspective," by C. J. S. De Backer and M. L. Fisher, 2012, *Journal of Social, Evolutionary, and Cultural Psychology*, *6*(3), p. 421 (https://doi.org/10.1037/h0099244). Copyright 2012 by the American Psychological Association.

그림 8.7: Adapted from "Women Athletes' Self-Compassion, Self-Criticism, and Perceived

Sport Performance," by M. E. Killham, A. D. Mosewich, D. E. Mack, K. E. Gunnell, and L. J. Ferguson, 2018, *Sport, Exercise, and Performance Psychology*, *7*(3), p. 297 (https://doi.org/10.1037/spy0000127). Copyright 2018 by the American Psychological Association.

그림 9.1: Adapted from "Sensitivity to the Evaluation of Others Emerges by 24 Months," by S. V. Botto and P. Rochat, 2018, *Developmental Psychology*, *54*(9), p. 1723 (https://doi.org/10.1037/dev0000548). Copyright 2018 by the American Psychological Association.

그림 9.4: Adapted from "Aging and Recognition Memory: A Meta-Analysis," by S. H. Fraundorf, K. L. Hourihan, R. A. Peters, and A. S. Benjamin, 2019, *Psychological Bulletin*, *145*(4), pp. 359–368 (https://doi.org/10.1037/bul0000185). Copyright 2019 by the American Psychological Association.

참고문헌

Accord Alliance. (n.d.). *Learn about DSD*. http://www.accordalliance.org/learn-about-dsd/

American Educational Research Association, American Psychological Association, & National Council on Measurement in Education. (2014). *Standards for educational and psychological testing*. https://www.apa.org/science/programs/testing/standards.aspx

American Psychological Association. (n.d.-a). *Definitions related to sexual orientation and gender diversity in APA documents*. https://www.apa.org/pi/lgbt/resources/sexuality-definitions.pdf

American Psychological Association. (n.d.-b). *Task force on statistical inference*. https://www.apa.org/science/leadership/bsa/statistical/

American Psychological Association. (2010). *Publication manual of the American Psychological Association* (6th ed.).

American Psychological Association. (2012a). *Guidelines for ethical conduct in the care and use of nonhuman animals in research*. https://www.apa.org/science/leadership/care/care-animal-guidelines.pdf

American Psychological Association. (2012b). Guidelines for psychological practice with lesbian, gay, and bisexual clients. *American Psychologist*, *67*(1), 10–42. https://doi.org/10.1037/a0024659

American Psychological Association. (2012c). Guidelines for the evaluation of dementia and age-related cognitive change. *American Psychologist*, *67*(1), 1–9. https://doi.org/10.1037/a0024643

American Psychological Association. (2014). Guidelines for psychological practice with older adults. *American Psychologist*, *69*(1), 34–65. https://doi.org/10.1037/a0035063

American Psychological Association. (2015a). Guidelines for psychological practice with transgender and gender nonconforming people. *American Psychologist*, *70*(9), 832–864. https://doi.org/10.1037/a0039906

American Psychological Association. (2015b). *Key terms and concepts in understanding gender diversity and sexual orientation among students*. https://www.apa.org/pi/lgbt/programs/safe-supportive/lgbt/key-terms.pdf

American Psychological Association. (2017a). *Ethical principles of psychologists and code of conduct* (2002, amended effective June 1, 2010, and January 1, 2017). https://www.apa.org/ethics/code/index.aspx

American Psychological Association. (2017b). *Multicultural guidelines: An ecological approach to context, identity, and intersectionality*. https://www.apa.org/about/policy/multicultural-guidelines.aspx

American Psychological Association. (2018). *APA resolution for the use of the term* patient *in American Psychological Association policies, rules, and public relations activities when referring to the health-related and scientific activities of health service psychologists and scientists in health care services and settings*. https://www.apa.org/about/policy/resolution-term-patient.pdf

American Psychological Association of Graduate Students. (2015). *Proud and prepared: A guide for LGBT students navigating graduate training*. American Psychological Association. https://www.apa.org/apags/resources/lgbt-guide.aspx

APA Publications and Communications Board Working Group on Journal Article Reporting Standards. (2008). Reporting standards for research in psychology: Why do we need them? What might they be? *American Psychologist*, *63*(9), 839–851. https://doi.org/10.1037/0003-066X.63.9.839

Appelbaum, M., Cooper, H., Kline, R. B., Mayo-Wilson, E., Nezu, A.M., & Rao, S. M. (2018). Journal article reporting standards for quantitative research in psychology: The APA Publications and Communications Board Task Force report. *American Psychologist*, *73*(1), 3–25. https://doi.org/10.1037/amp0000191

The Asexual Visibility & Education Network. (n.d.). *General FAQ: Definitions*. https://www.asexuality.org/?q=general.html#def

Beaubien, S., & Eckard, M. (2014). Addressing faculty publishing concerns with open access journal quality indicators. *Journal of Librarianship and Scholarly Communication*, *2*(2), Article eP1133. https://doi.org/10.7710/2162-3309.1133

Bentley, M., Peerenboom, C. A., Hodge, F. W., Passano, E. B., Warren, H. C., & Washburn, M. F. (1929). Instructions in regard to preparation of manuscript. *Psychological Bulletin*, *26*(2), 57–63. https://doi.org/10.1037/h0071487

Blackless, M., Charuvastra, A., Derryck, A., Fausto-Sterling, A., Lauzanne, K., & Lee, E. (2000). How sexually dimorphic are we? Review and synthesis. *American Journal of Human Biology*, *12*(2), 151–166. http://doi.org/bttkh4

The bluebook: A uniform system of citation (20th ed.). (2015). Harvard Law Review Association.

Bowleg, L. (2008). When Black + woman + lesbian ≠ Black lesbian woman: The methodological challenges of quantitative and qualitative intersectionality research. *Sex Roles*, *59*(5–6), 312–325. https://doi.org/10.1007/s11199-008-9400-z

Bowman, J. D. (2014). Predatory publishing, questionable peer review, and fraudulent conferences. *American Journal of Pharmaceutical Education*, *78*(10), Article 176. https://doi.org/10.5688/ajpe7810176

Brown, L. (n.d.). *Identity-first language*. Autistic Self Advocacy Network. https://autisticadvocacy.org/home/about-asan/identity-first-language (Original work published 2011)

Brueggemann, B. J. (2013). Disability studies/disability culture. In M. L. Wehmeyer (Ed.), *The Oxford handbook of positive psychology and disability* (pp. 279–299). Oxford University Press. https://doi.org/10.1093/oxfordhb/9780195398786.013.013.0019

Cooper, H. (2016, May 12). Principles of good writing: Avoiding plagiarism. *APA Style*. https://blog.apastyle.org/apastyle/2016/05/avoiding-plagiarism.html

Cooper, H. (2018). *Reporting quantitative research inpsychology: How to meet APA Style journal article reporting standards* (2nd ed.). American Psychological Association. https://doi.org/10.1037/0000103-000

Copyright Act of 1976, 17 U.S.C. §§ 101–810 (1976).

Crenshaw, K. W. (1989). Demarginalizing the intersections of race and sex: A Black feminist critique of antidiscrimination doctrine, feminist theory, and antiracist politics. *University of Chicago Legal Forum*, *1989*(1), Article 8. https://chicagounbound.uchicago.edu/uclf/vol1989/iss1/8/

Creswell, J. W. (2015). *A concise introduction to mixed methods research*. SAGE Publications.

Creswell, J. W., & Plano Clark, V. L. (2017). *Designing and conducting mixed methods research* (3rd ed.). SAGE Publications.

Creswell, J. W., & Poth, C. N. (2018). *Qualitative inquiry and research design: Choosing among five approaches* (4th ed.). SAGE Publications.

Data Sharing Working Group. (2015). *Data sharing: Principles and considerations for policy development*. American Psychological Association. https://www.apa.org/science/leadership/bsa/data-sharing-report.pdf

de Onís, C. M. (2017). What's in an "x"? An exchange about the politics of "Latinx." *Chiricú Journal: Latina/o Literatures, Arts, and Cultures*, *1*(2), 78–91. https://doi.org/10.2979/chiricu.1.2.07

Diemer, M. A., Mistry, R. S., Wadsworth, M. E., López, I., & Reimers, F. (2013). Best practices in conceptualizing and measuring social class in psychological research. *Analyses of Social Issues and Public Policy*, *13*(1), 77–113. https://doi.org/10.1111/asap.12001

DuBois, J. M., Walsh, H., & Strait, M. (2018). It is time to share (some) qualitative data: Reply to Guishard (2018), McCurdy and Ross (2018), and Roller and Lavrakas (2018). *Qualitative Psychology*, *5*(3), 412–415. https://doi.org/10.1037/qup0000092

Dunn, D. S., & Andrews, E. E. (n.d.). *Choosing words for talking about disability*. American Psychological Association. https://www.apa.org/pi/disability/resources/choosing-words.aspx

Dunn, D. S., & Andrews, E. E. (2015). Person-first *and* identity-first language: Developing psychologists' cultural competence using disability language. *American Psychologist*, *70*(3), 255–264. https://doi.org/10.1037/a0038636

Fine, M. (2013). Echoes of Bedford: A 20-year social psychology memoir on participatory action research hatched behind bars. *American Psychologist*, *68*(8), 687–698. https://doi.org/10.1037/a0034359

Fisher, C. B. (2017). *Decoding the ethics code: A practical guide for psychologists* (4th ed.). SAGE Publications.

Gastil, J. (1990). Generic pronouns and sexist language: The oxymoronic character of masculine generics. *Sex Roles*, *23*(11–12), 629–643. https://doi.org/10.1007/BF00289252

Greene, J. C. (2007). *Mixed methods in social inquiry*. Jossey-Bass.

Guishard, M. A. (2018). Now's not the time! Qualitative data repositories on tricky ground: Comment on DuBois et al. (2018). *Qualitative Psychology*, *5*(3), 402–408. https://doi.org/10.1037/qup0000085

Guishard, M. A., Halkovic, A., Galletta, A., & Li, P. (2018). Toward epistemological ethics: Centering communities and social justice in qualitative research. *Forum: Qualitative Social Research*, *19*(3), Article 27. https://doi.org/10.17169/fqs-19.3.3145

Hallock, R. M., & Dillner, K. M. (2016). Should title lengths really adhere to the American Psychological Association's twelve word limit? *American Psychologist*, *71*(3), 240–242. https://doi.org/10.1037/a0040226

Hegarty, P., & Buechel, C. (2006). Androcentric reporting of gender differences in APA journals: 1965–2004. *Review of General Psychology*, *10*(4), 377–389. https://doi.org/10.1037/1089-2680.10.4.377

Hill, C. E. (Ed.). (2012). *Consensual qualitative research: A practical resource for investigating social science phenomena*. American Psychological Association.

Howard, J. A., & Renfrow, D. G. (2014). Intersectionality. In J. D. McLeod, E. J. Lawler, & M. Schwalbe (Eds.), *Handbook of the social psychology of inequality* (pp. 95–121). Springer. https://doi.org/10.1007/978-94-017-9002-4

International Committee on Standardized Genetic Nomenclature for Mice & Rat Genome and Nomenclature Committee. (2018). *Guidelines for nomenclature of genes, genetic markers, alleles, and mutations in mouse and rat*. Mouse Genome Informatics. http://www.informatics.jax.org/mgihome/nomen/gene.shtml

International Journal of Indigenous Health. (n.d.). *Defining Aboriginal Peoples within Canada*. https://journals.uvic.ca/journalinfo/ijih/IJIHDefiningIndigenousPeoplesWithinCanada.pdf

Intersex Society of North America. (n.d.). *How common is intersex?* http://www.isna.org/faq/frequency

Jamali, H. R., & Nikzad, M. (2011). Article title type and its relation with the number of downloads and citations. *Scientometrics*, *88*(2), 653–661. https://doi.org/10.1007/s11192-011-0412-z

Knatterud, M. E. (1991). Writing with the patient in mind: Don't add insult to injury. *American Medical Writers Association Journal*, *6*(1), 10–17.

Laine, C., & Winker, M. A. (2017). Identifying predatory or pseudo-journals. *Biochemia Medica*, *27*(2), 285–291. https://doi.org/10.11613/BM.2017.031

Levitt, H. M. (2019). *Reporting qualitative research in psychology: How to meet APA Style journal article reporting standards*. American Psychological Association. https://doi.org/10.1037/0000121-000

Levitt, H. M., Bamberg, M., Creswell, J. W., Frost, D. M., Josselson, R., & Suárez-Orozco, C. (2018). Journal article reporting standards for qualitative primary, qualitative meta-analytic, and mixed methods research in psychology: The APA Publications and Communications Board Task Force report. *American Psychologist*, *73*(1), 26–46. https://doi.org/10.1037/amp0000151

Levitt, H. M., Motulsky, S. L., Wertz, F. J., Morrow, S. L., & Ponterotto, J. G. (2017). Recommendations for designing and reviewing qualitative research in psychology: Promoting methodological integrity. *Qualitative Psychology*, *4*(1), 2–22. https://doi.org/10.1037/qup0000082

Lindland, E., Fond, M., Haydon, A., & Kendall-Taylor, N. (2015). *Gauging aging: Mapping the gaps between expert and public understandings of aging in America*. FrameWorks Institute. https://frameworksinstitute.org/assets/files/aging_mtg.pdf

Lundebjerg, N. E., Trucil, D. E., Hammond, E. C., & Applegate, W. B. (2017). When it comes to older adults, language matters: *Journal of the American Geriatrics Society* adopts modified American Medical Association Style. *Journal of the American Geriatrics Society*, *65*(7), 1386–1388. https://doi.org/10.1111/jgs.14941

Masten, Y., & Ashcraft, A. (2017). Due diligence in the open-access explosion era: Choosing a reputable journal for publication. *FEMS Microbiology Letters*, *364*(21), Article fnx206. https://doi.org/10.1093/femsle/fnx206

McCurdy, S. A., & Ross, M. W. (2018). Qualitative data are not just quantitative data with text but data with context: On the dangers of sharing some qualitative data: Comment on DuBois et al (2018). *Qualitative Psychology*, *5*(3), 409–411. https://doi.org/10.1037/qup0000088

Merriam, S. B., & Tisdell, E. J. (2016). *Qualitative research: A guide to design and implementation* (4th ed.). Jossey-Bass.

Merriam-Webster. (n.d.–a). *Words we're watching: 'Patchwriting': Paraphrasing in a cut-and-paste world*. https://www.merriam-webster.com/words-at-play/words-werewatching-patchwriting

Merriam-Webster. (n.d.-b). *Words we're watching: Singular 'they': Though singular 'they' is old, 'they' as a nonbinary pronoun is new—and useful*. https://www.merriam-webster.com/words-at-play/singular-nonbinary-they

Morrow, S. L. (2005). Quality and trustworthiness in qualitative research in counseling psychology. *Journal of Counseling Psychology*, *52*(2), 250–260. https://doi.org/10.1037/0022-0167.52.2.250

Morse, J. M. (2008). "What's your favorite color?" Reporting irrelevant demographics in qualitative research. *Qualitative Health Research*, *18*(3), 299–300. https://doi.org/10.1177/1049732307310995

Moulton, J., Robinson, G. M., & Elias, C. (1978). Sex bias in language use: "Neutral" pronouns that aren't. *American Psychologist*, *33*(11), 1032–1036. https://doi.org/10.1037/0003-066X.33.11.1032

National Academies of Sciences, Engineering, and Medicine. (2019). *Reproducibility and replicability in science*. The National Academies Press. https://doi.org/10.17226/25303

National Institutes of Health. (n.d.). *NIH data sharing policies*. U.S. Department of Health & Human Services, U.S. National Library of Medicine. https://www.nlm.nih.gov/NIHbmic/nih_data_sharing_policies.html

Neimeyer, R. A., Hogan, N. S., & Laurie, A. (2008). The measurement of grief: Psychometric considerations in the assessment of reactions to bereavement. In M. S. Stroebe, R. O. Hansson, H. Schut, & W. Stroebe (Eds.), *Handbook of bereavement research and practice: Advances in theory and intervention* (pp. 133–161). American Psychological Association. https://doi.org/10.1037/14498-007

Open Scholarship Initiative. (2019, March 19). *OSI brief: Deceptive publishing*. http://osiglobal.org/2019/03/19/osi-brief-deceptive-publishing/

Parker, I. (2015). *Psychology after discourse analysis: Concepts, methods, critique*. Routledge.

Ponterotto, J. G. (2005). Qualitative research in counseling psychology: A primer on research paradigms and philosophy of science. *Journal of Counseling Psychology*, *52*(2), 126–136. https://doi.org/10.1037/0022-0167.52.2.126

Rappaport, J. (1977). *Community psychology: Values, research and action*. Holt, Rinehart, & Winston.

Shamseer, L., Moher, D., Maduekwe, O., Turner, L., Barbour, V., Burch, R., Clark, J., Galipeau, J., Roberts, J., & Shea, B. J. (2017). Potential predatory and legitimate biomedical journals: Can you tell the difference? A cross-sectional comparison. *BMC Medicine*, *15*(1), Article 28. https://doi.org/10.1186/s12916-017-0785-9

Singh, A. A. (2017). Understanding trauma and supporting resilience with LGBT people of color. In K. L. Eckstrand & J. Potter (Eds.), *Trauma, resilience, and health promotion in LGBT patients: What every healthcare provider should know* (pp. 113–119). Springer.

Solomon, A. (2012). *Far from the tree: Parents, children, and the search for identity*. Scribner.

Stiles, W. B. (1993). Quality control in qualitative research. *Clinical Psychology Review*, *13*(6), 593–618. https://doi.org/10.1016/0272-7358(93)90048-Q

Stout, J. G., & Dasgupta, N. (2011). When *he* doesn't mean *you*: Gender-exclusive language as ostracism. *Personality and Social Psychology Bulletin*, *37*(6), 757–769. https://doi.org/10.1177/0146167211406434

Sweeney, L., Crosas, M., & Bar-Sinai, M. (2015, October 16). Sharing sensitive data with confidence: The datatags system. *Technology Science*. https://techscience.org/a/2015101601/

Sweetland, J., Volmert, A., & O'Neil, M. (2017). *Finding the frame: An empirical approach to reframing aging and ageism*. FrameWorks Institute. http://frameworksinstitute.org/assets/files/aging_elder_abuse/aging_research_report_final_2017.pdf

Tashakkori, A., & Teddlie, C. (Eds.). (2010). *SAGE handbook of mixed methods in social & behavioral research* (2nd ed.). SAGE Publications. https://doi.org/10.4135/9781506335193

Tuck, E., & Yang, K. W. (2014). Unbecoming claims: Pedagogies of refusal in qualitative research. *Qualitative Inquiry*, *20*(6), 811–818. https://doi.org/10.1177/1077800414530265

University of Kansas, Research and Training Center on Independent Living. (2013). *Guidelines: How to write and report about people with disabilities* (8th ed.). https://rtcil.drupal.ku.edu/sites/rtcil.drupal.ku.edu/files/images/galleries/Guidelines%208th%20edition.pdf

U.S. Copyright Office. (2017). *Copyright basics* (Circular 1). Copyright.gov. https://www.copyright.gov/circs/circ01.pdf

U.S. Copyright Office. (2019). *More information on fair use*. Copyright.gov. https://www.copyright.gov/fair-use/more-info.html

Wain, H. M., Bruford, E. A., Lovering, R. C., Lush, M. J., Wright, M. W., & Povey, S. (2002). Guidelines for human gene nomenclature. *Genomics*, *79*(4), 464–470. https://doi.org/10.1006/geno.2002.6748

Wainer, H. (1997). Improving tabular displays, with NAEP tables as examples and inspirations. *Journal of Educational and Behavioral Statistics*, *22*(1), 1–30. https://doi.org/10.2307/1165236

Web Accessibility Initiative. (2018). *Web content accessibility guidelines (WCAG) overview*. https://www.w3.org/WAI/standards-guidelines/wcag

Wilkinson, L., & the Task Force on Statistical Inference. (1999). Statistical methods in psychology journals: Guidelines and explanations. *American Psychologist*, *54*(8), 594–604. https://doi.org/10.1037/0003-066X.54.8.594

World Health Organization. (2001). *International classification of functioning, disability and health (ICF)*. https://www.who.int/classifications/icf/en/

World Health Organization. (2011). *World report on disability*. https://www.who.int/disabilities/world_report/2011/en/

Younging, G. (2018). *Elements of Indigenous style: A guide for writing by and about Indigenous Peoples*. Brush Education.

Zell, E., Krizan, Z., & Teeter, S. R. (2015). Evaluating gender similarities and differences using metasynthesis. *American Psychologist*, *70*(1), 10–20. https://doi.org/10.1037/a0038208

찾아보기

나

편집진과 기여한 분들

프로젝트 디렉터

Emily L. Ayubi

APA 양식 팀

Chelsea L. Bromstad Lee

Hayley S. Kamin

Timothy L. McAdoo

Anne T. Woodworth

Ayanna A. Adams

논문작성법 개정 태스크포스

James Campbell Quick, 팀장

Mark Appelbaum

Jacklynn Mary Fitzgerald

Scott Hines

Heidi M. Levitt

Arthur M. Nezu

Pamela Reid

APA 저널논문 보고기준을 위한 출판 · 커뮤니케이션 위원회 태스크포스

APA 양적 연구 보고기준 실무진

Mark Appelbaum, 팀장

Harris Cooper

Rex B. Kline

Evan Mayo-Wilson

Arthur M. Nezu

Stephen M. Rao

James Campbell Quick, 출판 · 커뮤니케이션 위원회 간사

APA 질적 연구 보고기준 실무진

Heidi M. Levitt, Chair

Michael Bamberg

John W. Creswell

David M. Frost

Ruthellen Josselson

Carola Suárez-Orozco

James Campbell Quick, 출판 · 커뮤니케이션 위원회 간사

APA 공익 공정 언어위원회

노화Aging 담당위원회

Walter R. Boot

Brian Carpenter

Erin E. Emery-Tiburcio

Margaret Norris

Patricia A. Parmelee

Maggie L. Syme

Deborah A. DiGilio, 스태프 간사

심리학에서의 장애 쟁점 담당위원회

Erin E. Andrews
Susan D'Mello
Jennifer J. Duchnick
Dana S. Dunn
John W. Hagen
Pooma Kushalnagar
Eun-Jeong Lee
Erin M. Liebich
Treven Curtis Pickett
Jennifer Reesman
Karrie A. Shogren
Maggie K. Butler, 스태프 간사

소수민족 업무 담당위원회

A. Kathleen Burlew
Milton A. Fuentes
Daniel Gaztambide
Scott Graves
Kelli Johnson
Michelle Madore
Sandra Mattar
Helen A. Neville
Don Operario
Wendy Peters
Don Pope-Davis
Tiffany Townsend, 스태프 간사
Alberto Figueroa-García, 스태프 간사

성 지향성 · 성별 다양성 담당위원회

Mark Brennan-Ing
Sarah Burgamy
Arlene Noriega
Seth T. Pardo
Julia Z. Benjamin, APA of Graduate Students CSOGD 회장
Clinton Anderson, 스태프 간사
Ron Schlittler, 스태프 간사

사회경제적 지위 담당위원회

Rosario Ceballo
Ramani Durvasula
John Ruiz
Wendy R. Williams
Keyona King-Tsilkata, 스태프 간사
Maha Khalid, 스태프 간사

심리학에서의 여성 담당위원회

Alette Coble-Temple
Paola Michelle Contreras
Sarah L. Cook
Diya Kallivayalil
Shannon Lynch
Charlotte McCloskey
Alayne J. Ormerod
Lauen Stutts
Shari E. Miles-Cohen, 스태프 간사
Tanya Burrwell Dozier, 스태프 간사

심의위원

Tricia B. Bent-Goodley
Melinda Knight
Rachel Mack
Cynthia Saver
Frank C. Worrell
Jeff Zuckerman

역자 소개

강진령(姜鎭靈 / Jin-ryung Kang, Ph.D. in Counseling Psychology)

미국 인디애나 대학교 상담심리학 석사(M.S.)·박사(Ph.D.)

미국 일리노이 주립대학교 임상인턴

한국청소년상담원 상담교수

미국 플로리다 대학교 초빙교수 역임

현 경희대학교 교수

주요 저서

심리학개론(마인드포럼, 2022)

상담과 심리치료: 이론과 실제(학지사, 2021)

상담이론과 실제의 이해(마인드포럼, 2021)

상담심리학(학지사, 2020)

집단상담과 치료: 이론과 실제(학지사, 2019)

집단상담의 실제(3판, 학지사, 2019)

상담연습: 치료적 의사소통 기술(학지사, 2016)

학교상담과 생활지도: 이론과 실제(학지사, 2015)

학교집단상담(학지사, 2012)

상담자 윤리(공저, 학지사, 2009)

상담심리 용어사전(양서원, 2008) 외 다수

주요 역서

DSM-5 아동·청소년 정신건강 가이드북(학지사, 2018)

DSM-5 노인 정신건강 가이드북(학지사, 2018)

DSM-5 진단사례집(학지사, 2018)

DSM-5 가이드북(학지사, 2018)

학교상담 핸드북(학지사, 2017)

상담심리치료 수퍼비전(학지사, 2017)

DSM-5 Selections(전 6권, 학지사, 2017)

학교에서의 DSM-5 진단(시그마프레스, 2017)

DSM-5 임상사례집(학지사, 2016)

APA 논문작성법(6판, 학지사, 2013)

간편 정신장애진단통계편람/DSM-IV-TR: Mini-D(학지사, 2008) 외 다수

APA 논문작성법(원서 7판)

Publication Manual of the American Psychological Association, 7th Edition

2022년 1월 15일 1판 1쇄 발행
2023년 9월 20일 1판 3쇄 발행

엮은이 • 미국심리학회
옮긴이 • 강 진 령
펴낸이 • 김 진 환
펴낸곳 • (주) 학지사
04031 서울특별시 마포구 양화로 15길 20 마인드월드빌딩 5층
대표전화 • 02) 330-5114 팩스 • 02) 324-2345
등록번호 • 제313-2006-000265호
홈페이지 • http://www.hakjisa.co.kr
인스타그램 • https://www.instagram.com/hakjisabook

ISBN 978-89-997-2547-0 93180

정가 28,000원

역자와의 협약으로 인지는 생략합니다.
파본은 구입처에서 교환하여 드립니다.